新编21世纪研究生系列教材·应用统计硕

量化风险管理

肖争艳　关国卉 / 编著

中国人民大学出版社
·北京·

前　言

在当今这个复杂多变、风险无处不在的时代，风险管理已经成为经济社会发展的重要课题。党中央和习近平总书记多次强调，必须高度重视和切实防范化解各种重大风险，坚持底线思维，增强忧患意识，确保我国经济社会持续健康发展。党的二十大报告共 16 次提及风险。提高“防风险”“化解风险”的能力是党的二十大对广大党员干部的一项重要要求。习近平总书记指出：“把困难估计得更充分一些，把风险思考得更深入一些，下好先手棋，打好主动仗。”这些重要论述为我们认识风险、管理风险提供了根本遵循和行动指南。

目前，国内风险管理相关教材主要侧重于以银行、保险或企业为对象，阐述各自风险管理的特点、要素和具体步骤，从理论上与实践上对风险管理的理念、技术、决策和监控进行详细论述。然而，这些教材在涉及金融量化模型时往往较为简略。一方面，随着金融市场和保险市场中风险因素的日益多样化，以及监管部门对全面风险刻画的更高要求，传统教材所提供的风险管理框架在量化实践应用中显得力不从心；另一方面，信息技术的飞速发展使得数据获取与处理的成本大幅降低，无论是学术界还是业界，都对学生运用量化统计方法进行风险管理的能力提出了更高的要求和更多的需求。因此，本书结合数学及统计学知识和行业实践需求，构建了一套全面的风险管理知识体系，旨在帮助读者通过系统学习，熟练掌握量化统计方法在风险管理领域的实际运用。

本书强调并注重量化统计方法，同时也注重知识的实际运用。本书分为两部分。第一部分包括第 1～4 章，从定性描述和定量建模两个方面，全面阐述了风险管理的基础知识和风险建模基本技术，为读者提供了一个完整的量化风险管理分析框架。其中，第 1 章作为概述，介绍了风险管理的基本概念和基本框架；第 2 章建立风险映射和风险度量的一般框架，后续章节都围绕这一框架展开讨论；第 3 章则聚焦于时间序列的波动率模型，解释其在风险管理中的应用；第 4 章进一步介绍了多元风险模型，展示了如何处理和分析多个风险因素的相关性。第二部分包括第 5～10 章，在全面风险管理的框架下将第一部分的风险建模技术运用于实际风险的度量和管理。其中，第 5～9 章刻画了金融机构和企业所面临的各类风险（包括市场风险、信用风险、操作风险）的特征、风险度量模型和风险管理策略。最后，第 10 章从全面风险管理的角度出发，深入论述了风险管理与经济资本之间的密切关系，为读者提供了一个全面的视角来理解和管理风险。

本书可作为统计学、金融学和管理学相关专业的高年级本科和研究生课程“金融风险管理”的教材和方法用书，也可以作用备考金融风险管理师（FRM）的参考用书。为了便于自学，本书提供了很多计算实例，所有模型和方法的运用均采用实际的金融或保险数据，特别是在第二部分，提供了丰富的银行和保险公司风险管理的实际案例。通过相关案例的学习，读者可以了解实际市场中的需求，熟悉风险管理的框架，更好地应用第一部分介绍的量化方法进行风险识别、度量和决策，为解决实际问题提供实用工具。读者可以通过扫描封底的二维码下载本书的扩展阅读资源及案例数据和 R 代码等。

本教材为中国人民大学研究生精品教材建设项目成果，受到中国人民大学“中央高校建设世界一流大学（学科）和特色发展引导专项资金”支持，在本书的编写和审校过程中，得到了许多老师和学生的宝贵意见和支持。感谢高敏雪、李静萍、赵俊龙、刘汉中、尹建鑫、张原等老师对本书提出的宝贵意见。感谢在“金融风险管理”和“量化风险管理”的课程教学中为本书提供宝贵建议的同学。感谢中国人民大学博士生陈衎、程硕、江艳和夏贺彦，硕士生王莹、唐馨乐和舒可欣，他们为本书的案例代码编写和文字校对付出了辛苦的劳动。

对于本书中存在的疏忽和错误，敬请各位读者不吝批评指正！

目 录

第 1 章

风险管理概述

本章主要介绍风险管理的基础知识和基础理论，首先介绍风险的概念和特征等基本知识，然后从定性和定量的角度阐述风险分析和风险统计方法，最后在此基础上，围绕风险管理的相关知识展开，从风险识别、风险度量、风险分析和全面风险管理等方面对风险管理框架进行阐述。

1.1 风险的基本概念

现代金融风险管理通过风险（risk）和收益（return）两个方面的平衡来实现管理目标，平衡的基础是对风险和收益的科学计量。然而，人们对风险和收益两个概念的认识水平并不相同。会计、财务管理以及投资理论的发展使得学术和实务中形成了较为一致的关于收益的基本概念和计量方法的认识与实践，而关于风险的基本概念和计量方法并未形成统一的认识，同样是在讨论风险，不同的场合有很大的差异。

我们首先从风险的基本概念、金融风险管理中的风险定义和风险的可计量性三个角度对风险的基本概念进行辨析。

风险的基本概念总结起来有三个方面：

(1) 风险是指结果的不确定性，指人们无法确切知道和掌握事物的未来状况。美国经济学家奈特指出，风险是可以测定的不确定性，认为风险与不确定性是不同的概念，前者是不确定性可度量的情形。这个定义将风险限制在概率分布已知的随机变量范畴内。

(2) 风险是事物未来的不确定状态及其各种状况发生的可能性，而且这种可能性是可以用频率和概率分布来刻画随机事件的基础。但风险与概率有一定差异，在概率论中可以考虑退化的随机变量，即取值确定（概率为 1 和 0）的情形，而在现实中，风险一般不包含这种情形。

(3) 风险是指实际结果与预期值的偏差。这里的预期值一般指随机变量的数学期望，所以风险就是随机变量的取值与预期值的偏差。当然，无论是偏差还是随机变量，其随机性没有本质的变化，但是人们会采用该偏差的绝对值或平方的数学期望来表示风险，例如，资产收益率的标准差——波动率（volatility）等。

在金融风险管理实践中，可以见到一些使用中的风险定义。例如，威廉姆斯等人的《风险管理与保险》[①] 一书中，风险被定义为："在给定的情况下和特定的时间内，那些可能发生的结果间的差异。如果肯定只有一个结果发生，则差异为零，风险为零；如果有多种可能结果，则有风险，且差异越大，风险越大。"我国保险监督管理委员会（简称保监会）在《人身保险公司全面风险管理实施指引》中对风险的定义是"对公司实现经营目标可能产生不利影响的不确定因素"。损失与盈利是经营的结果，而风险与损失是两个不同的概念，风险是事前的概念，是对尚未出现的损失的度量，而损失是事后的概念，即一旦损失发生，风险也就不存在了。所以，从风险管理的角度看，当前盈利（或亏损）的业务是没有差异的，风险管理就是要识别那些对未来经营目标可能有不利影响的因素。

从是否可以计量的角度看，风险又可以分为以下三类。第一类风险是指已经得到较为有效的识别、评估和计量的风险，人类积累了较为充分的经验，并且风险计量的方法也得到了较为充分的验证和评估。但损失总是会发生的，风险计量的有效性并不会完全消灭损失的发生，只是通过风险管理可以事先了解并对损失进行有效的管理。第二类风险是指已经得到识别、评估和计量的风险，人类积累了一定的经验，但同时清楚地认识到风险计量方法并未得到验证，无法验证的原因可能是多方面的，例如，对风险因子（如基准利率、人民币汇率、各种信用等级的信用因子）的随机动态模型、经济周期的影响和其他前提假设的认识不足、评估方法缺乏等。第三类风险是指已经得到识别、评估和计量的风险，但仍处于初步经验积累阶段，并且形成了统一的风险计量方法。造成这种情况的原因有风险成因的体制不清楚、风险的理论模型尚未形成等。这类风险大多由外部事件引起，并且风险因素对损失的传导机制非常复杂。

理解和区别风险的不同含义是理解经济资本和风险调整后的收益等现代风险管理概念的关键。我们对风险概念的直观理解和正规风险处理方式的主要差异在于，后者使用统计工具来确定风险敞口的程度和潜在成本。为了计算意外损失的数值，银行风险管理经理首先需要找到造成任何波动的风险因素，然后使用统计分析计算所考察的头寸和投资组合出现不同结果的概率。通过不同方式来利用这种概率分布，例如给定损失发生的概率，风险管理经理就能够准确地确定风险机构所关心的分布区域和损失程度。

1.2 金融风险的类别

下面将从金融行业所涉及的风险类型开始，重点讲述以下几种可控、可管理的主要风险类别——市场风险、信用风险、操作风险以及其他风险的定义和特征。

1.2.1 市场风险

最为大众所熟悉的风险可能是市场风险，该风险是由投资组合中的基础资产（比如

① 威廉姆斯，汉斯．风险管理与保险．陈伟，等，译．北京：中国商业出版社，1990.

股票和债券的价格、汇率、大宗商品价格等的波动）所引起的财务状况或者投资组合发生变动的风险。市场风险可以分解为一般市场风险和特定市场风险，前者是整体市场价值下跌的风险，后者则指一些金融交易特有的市场风险。投资组合发生变动的风险源于投资交易活动中未平仓（对冲）头寸以及相互抵消的市场头寸之间的不完全相关性。根据风险因子类型划分，主要的市场风险包括利率风险、股价风险、外汇风险和大宗商品价格风险。

1. 利率风险

利率风险是指市场利率变动的不确定性给资产组合造成损失的可能性。利率变动使原本投资于固定利率的金融工具的实际收益低于预期收益，或实际成本高于预期成本，从而导致银行或保险公司的实际收益与预期收益或实际成本与预期成本发生背离。最简单的一种利率风险是固定收益证券价值由于市场利率上升而下跌的风险。在对利率敏感的复杂资产组合中，资产类（即多头）工具的现金流与负债类（即空头）工具的现金流的期限，以及付息日的差异可能导致许多不同种类的利率风险。有时，即使相互抵消的多头和空头的头寸期限相同，如果头寸利率不完全相关，也可能产生基差风险。例如，3 个月期欧洲美元工具和 3 个月期国库券都支付 3 个月利息，由于这些利率彼此不完全相关，它们的收益率利差也会随着时间变化，因此，用 3 个月期欧洲美元存款融资的 3 个月期国库券并不能完全抵消或对冲头寸。

2. 股价风险

股价风险主要是指与股价波动性相关的风险。股票的一般市场风险是指某种工具或投资组合的价值对广义股市指数水平变化的敏感度。股票的特定风险或特质风险是指公司特征（例如业务品种、管理质量或生产流程细分）决定的那部分股票价格的波动性。根据投资组合理论，一般市场风险不能通过投资组合分散化消除，而特定风险可以通过分散化消除。

3. 外汇风险

外汇风险是指在一定时期的国际经济交易中，以外币计价的资产（或债权）与负债（或债务）由于汇率的波动而价值涨跌的可能性。当一家公司从事以该公司所在国家的货币以外的货币计价的金融交易时，就会产生外汇风险。基础货币的任何升值或贬值以及计价货币的升值或贬值都将影响该交易产生的现金流。外汇风险也会影响在国际市场进行交易的投资者，以及向多个国家进出口产品或服务的企业。汇率波动可能让跨国投资产生的高收益一扫而空，同时将公司置于与外国竞争对手相比的不利竞争地位。汇率的上涨或下跌还可能产生巨额经营亏损。影响外汇波动的主要因素是货币价格变化和国际利率波动的不完全相关性。

4. 大宗商品价格风险

大宗商品是指同质化、可交易、被广泛用作工业基础原材料的商品。根据性质的不同，大宗商品按照特征分类如下：硬商品（或不易腐商品）和软商品（即保存期较短、难以储存的商品)。其中,硬商品可以进一步分为具有高价重比的贵金属(例如黄金、白银和白金)和金属(例如铜、锌和锡);软商品主要包括农产品(例如谷物、咖啡和糖)以及能源商品(例如石油、天然气、电力和其他能源产品)。

大宗商品的交易特征使得大宗商品价格风险显著不同于利率风险和外汇风险,因为在大宗商品的交易市场中,供给集中在少数供应商手中,这使得价格波动性更加明显。持有商品直接敞口的市场参与者数量非常有限,影响了交易的流动性,这反过来又会导致更高的价格波动水平。储存商品的便利性和成本是影响商品价格的主要因素,不同的商品市场有很大的差异(例如黄金市场、电力市场和小麦市场)。由于这些因素,大宗商品价格的波动性和价格的不连续性(即价格从一个水平跃至另一个水平的情况)普遍高于大多数证券产品。

1.2.2 信用风险

接下来介绍的重要风险种类是信用风险。信用风险是交易对手未能履行合约义务而产生经济损失的风险,或者交易期限内违约风险增加而产生经济损失的风险。最常见的信用风险是借款人无法按照与银行签订的贷款合同,定期支付利息或到期偿还本金,银行的贷款组合发生违约损失的风险。

当信用事件发生后,债权人公司可能收回的价值称为回收价值;回收率则表示为信用风险敞口市场价值的某个百分比。公司预期将损失金额与信用风险敞口的占比称为违约损失率(LGD)。信用风险是影响资产信用质量的因素,主要包括信用评级变化(包括违约)和回收率变化导致的负面影响。信用风险可以进一步分为四个主要类型:违约风险、破产风险、降级风险和结算风险。

违约风险是指到期日以后的合理宽限期(通常为 60 天)内,债务人无力或拒偿还其债务(贷款的利息或本金)的风险。

破产风险是指实际接管违约借款人或交易对手所涉及的担保资产或托管资产的风险。以破产公司为例,指债权人从股东手中接管公司的控制权。

降级风险是指借款人或交易对手的信用评级可能降低的风险。如果外部评级机构(如美国的标准普尔(S&P)、穆迪或惠誉等)宣布降低借款人或交易对手的信用评级,将会导致该交易对手的贷款风险溢价增加或借款人的信用利差(credit spread)上升。借款人的信用显著降低可能是违约的先兆。

结算风险是指结算交易时由于现金流交换而产生的风险。未能进行结算可能是交易对手违约、流动性约束或操作问题导致的。在衍生品交易中,只有在头寸是资产时(即表现出正置换价值时),交易对手的信用风险才会出现。与附息债券或贷款的潜在违约损失不同,衍生头寸的违约损失通常远远低于交易名义金额,在很多情况下,它只是该金额的一部分。这是因为衍生工具的经济价值取决于标的资产的市场价值,而不是名义价值或面值。然而,衍生工具重置价值引发的信用风险是动态的:它们在某个时点可能是负值,但随着市场条件的变化,在某个时点可能变为正值。因此,公司不仅必须研究用当前重置价值衡量的当前敞口,还必须研究交易终结时潜在未来敞口的分布。我们将在第 8 章讨论交易对手信用风险。

1.2.3　操作风险

操作风险也称运营风险，是指不完善或者失效的内部流程、人员和系统，以及外部事件所引发的潜在亏损，包括系统不完善、管理失灵、控制缺陷、欺诈和人为错误。银行业也经常面临操作风险，包括自然和人为灾害风险（例如地震、恐怖主义）以及其他非金融风险。在过去的 10 年中，衍生工具交易的许多大额亏损都是操作失灵的直接后果。衍生品交易比现金交易更容易产生操作风险，因为衍生品在性质上属于杠杆化交易。复杂衍生品所需的估值过程也会产生相当高的操作风险。如果公司想避免大额损失，就需要实施非常严格的控制措施。

人为因素风险是一种特殊形式的操作风险，它与人为错误可能导致的损失相关，例如按下错误的电脑按钮、不小心毁坏一份文件或输入错误的模型参数值等都属于人为因素风险。操作风险还包括欺诈行为，例如，交易员或其他员工有意篡改和虚假陈述交易产生的风险。技术风险主要是电诈系统风险，它也属于操作风险的范畴。

市场风险、信用风险和操作风险是本书中涉及最多的三类风险，但整个金融机构所面临的风险远不止这些，同时它们之间的边界定义也并不十分清晰。比如，某企业债券出现折价是市场风险，但折价通常与发行人的信用水平恶化相关，这也就意味着市场风险与信用风险相关。处理金融风险的理想方式是综合分析，比如同时考虑所有类型的风险以及它们之间的相互影响来进行分析。

1.2.4　其他风险

其他重要的风险类型还包括流动性风险、模型风险、法律与监管风险、保险风险。

流动性风险是指因市场成交量不足或缺乏愿意交易的对手，未能在理想的时点完成买卖的风险。流动性的极度不足会导致银行破产，因此流动性风险是一种致命的风险。但这种极端情况往往是其他风险导致的结果。例如，某大客户的违约给银行造成的重大损失可能会引发流动性问题和人们对该银行前途的疑虑，这足以触发大规模的资金抽离，或导致其他金融机构和企业为预防该银行可能出现违约而对其信用额度实行封冻。两种情况均可引发银行严重的流动性风险，甚至破产。流动性风险主要分为融资流动性风险和交易流动性风险。

模型风险是指在度量风险时使用了不合适的模型。比如，当使用 Black-Scholes 模型来为一个奇异期权定价时，该 Black-Scholes 模型违反了标的资产（假设其收益率服从正态分布）的基本假设条件。当然还有一种说法是，模型风险在某种程度上是始终存在的。

法律风险是指由于合约在法律范围内无效而无法履行，或者合约订立不当等原因引起的风险。法律风险主要发生在场外交易中，多由金融创新引发法律滞后所致。有些金融衍生工具的创设就是从规避法律的管制开始的。监管风险是指法律或监管规定的变化可能影响商业银行的正常运营，或削弱其竞争能力、生存能力的风险。按照《巴塞尔新资本协议》的规定，法律与监管风险是一种特殊类型的操作风险，它包括但不限于因监管措施和解决民商事争议而支付的罚款、罚金或者惩罚性赔偿所导致的风险敞口。

保险风险是在保险领域，其中一类风险称为承保风险（underwriting risk），此类风险是保单销售的内生风险，引发这类风险的主要因素有自然灾害、寿险类产品依赖的人口统计表的变化、政治或法律干预以及顾客行为（例如投保人变更保单）。

1.3 企业风险管理流程

风险管理的目的不是消灭风险，而是了解企业财务绩效意外波动的原因并对其进行有效管理，通过减少不必要的损失来增加和创造价值。对于现代企业来说，风险管理就是通过风险的识别、预测和衡量，选择有效的手段来尽可能地降低成本，有计划地处理风险以获得企业安全生产的经济保障。这就要求企业在生产经营过程中应对可能发生的风险进行识别，预测各种风险发生后对资源及生产经营造成的消极影响，使生产能够持续进行。图 1－1 展示了一家企业风险管理的流程。

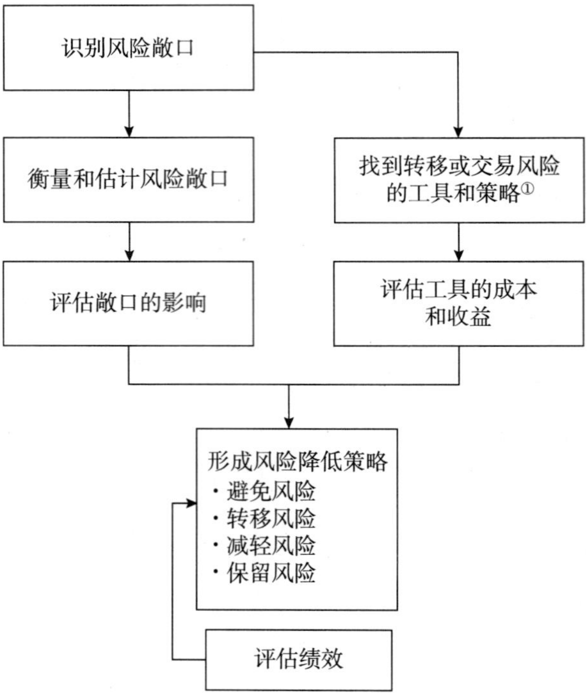

图 1－1 风险管理流程

在风险管理之前，公司必须明确风险和收益目标。如果没有董事会确定和接受的明确风险目标，风险管理就有可能是一项随意对冲风险、不持续且成本高昂的活动。这些目标一部分是公司特有的目标，也有一部分是重要的一般目标。因此，首先需要确定董事会定义的风险偏好。风险偏好可以用多种形式来表达，包括定性和定量的表述。例

① 资料来源：米歇尔・克劳伊，丹・加莱，罗伯特・马克．风险管理精要：第 2 版．路蒙佳，译．北京：中国金融出版社，2016.

如，风险偏好可能规定了公司愿意容忍的风险类型，也规定了哪些风险应该对冲，哪些风险应由公司发展战略承担。风险偏好还可以是在给定的时期内在某个概率水平下愿意承担的最大亏损。如今，许多公司都使用压力测试来帮助阐明其风险偏好，也就是说，公司会分析一系列可能发生但极为不利的情形，然后董事会明确表示哪些亏损是可以容忍的，哪些亏损是不能容忍的。确定风险偏好后，风险管理者为降低违反风险偏好的极端亏损进行风险管理活动，并且为这种活动编制预算。

1.3.1 识别与评估风险

确定目标后，接下来的工作是识别风险来源、评估风险大小，这是风险管理的关键步骤。在此基础上，企业才能根据不同的风险特征，寻找可能有助于最小化公司风险敞口的策略。通常可以从外部因素和内部因素两个方面进行分析。外部因素包括经济、市场、自然环境、政治、社会和技术等方面的因素。例如商品价格、利率和汇率变动导致的市场风险；竞争性准入的障碍降低导致更高或更低的资本成本以及新的竞争者的出现；新的法律和市场监管导致对国外金融市场的开放或对金融活动的限制，或者征收更高或更低的税收；银行部门引入金融科技可能会带来新的信用风险。内部因素包括和管理者的选择相关的因素，如组织结构、人员、程序、技术等。例如工作场所的意外事故、欺诈行为以及劳动合同到期，它们可能会导致失去可利用的人员、货币性或声誉性的损失以及生产中断。

通过风险评估，风险管理部门应能区别出能保险的风险、能对冲的风险和不能保险与对冲的风险。这种分类很重要，因为下一步是风险管理部门通过审查企业的战略规划、经营计划、财务报告、分析报告和风险经理的报告，以及访谈、研讨和调查等多种方式来识别风险来源。例如，在着手进行软件开发项目之前，某公司的风险管理部门审查了软件开发项目所固有的一般风险的一个目录，这个目录包含了许多具有不同特征的公司的风险，为利用其他经历过这个项目领域的人积累的风险知识提供了一种有效的途径。

风险管理部门还应监控相关损失事件数据，这样有助于识别具有负面影响的过去事项，并量化相关的损失，以便预测将来发生的事情。损失事件数据可分为内部数据和外部数据。内部数据是公司在过去的经营过程中发生的损失事件的记录，详细记录了事件发生原因、持续时间、对公司产生的负面影响和成本。外部数据一般由第三方机构提供。风险识别既要关注过去，也要着眼于未来。例如，考虑诸如交易对手支付违约的历史、商品价格的变动以及浪费时间的事故等问题；考虑诸如人口统计的变化、新的市场情况以及竞争对手等问题。

通过认真细致的访谈、研讨和调查，风险管理部门列出可能会发生风险的事项清单，并对这些可能的风险事项会对企业的生产经营等各个方面造成的影响和损失的可能性进行定性和定量的评估。定性评估可通过“高”“中”“低”这样的表述来界定风险事件的后果、可能性及风险等级。如将后果和可能性两者结合起来，并与定性的风险准则相比较，即可评估最终的风险等级。半定量法可利用数字分级尺度来测度风险的可能性及后果，并运用公式将二者结合起来，得出风险等级。定量分析则是根据历史数据或风险预判，估计风险后果及其可能发生的损失分布，运用多种风险度量指标（如方差、在险价值（value at risk，VaR）、预期亏损、扭曲度量等）来衡量风险。

风险评估完成后，企业的风险管理部门通常会从风险带来的后果和风险发生的可能性两个维度绘制出风险矩阵图（见图1-2），对风险进行展示和排序。图1-2中左下角的深灰色区域表示风险发生的可能性低，损失严重程度低；右上角的黑色区域表示风险发生的可能性高，损失严重程度高。

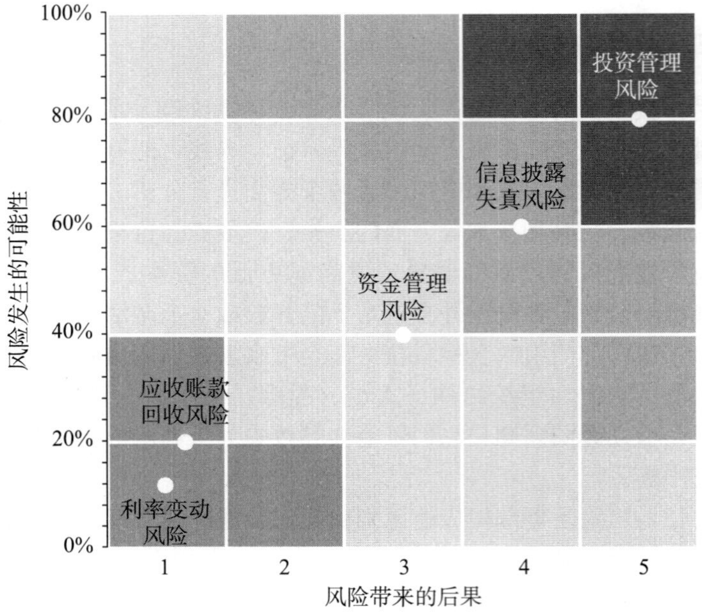

图1-2 风险矩阵图示例

1.3.2 制定风险策略

对于一家企业而言，常见的风险策略主要有规避、控制、分担和承担。公司应该比较多种可转移风险或可保险风险的管理方法，并评估可能的成本和收益。

风险规避：避免采取有风险的行动，退出会产生风险的活动。它可能包括退出一条业务线，拒绝向一个新的地区拓展市场，或者卖掉一个分部。如一家非营利组织识别和评估出向它的会员提供直接医疗服务的风险，并决定不承受相关风险，于是它决定改为提供推荐服务。

风险控制：降低风险的可能性或减少风险的影响。风险控制是指采取措施降低风险的可能性或影响，或者同时降低两者，它几乎涉及各种日常的经营决策。如一家股票交割公司识别和评估它的系统几小时不能用的风险，并得出它不能承受这种情况的结论。这家公司选择投资于改进故障恢复和系统备份的技术，以降低系统无法使用的可能性。

风险分担：通过将风险转移出去或只承担一部分来降低风险的可能性或减少风险的影响。常见的技术包括购买保险产品、对冲（hedging）或外包业务活动。

风险承担：不采取任何措施去干预风险的可能性或影响。如一个政府机构识别和评估它在不同地理区域的基础设施发生火灾的风险，并评估通过保险来分担风险影响的成本。然而，结论显示保险和相关的扣除所增加的成本超过了回避应对所需的成本，意味着所确定的应对方案不能把风险的影响和可能性降低到一个可接受的水平，于是决定承受这项风险。

1.3.3　评估风险绩效

公司必须定期评估风险管理系统。评估的关键在于总体目标的实现程度，而非具体交易的盈利或亏损。例如，如果公司采取了对冲策略来减少风险，只要对冲了某种风险，对冲交易的一方就不可避免地产生利润，而对方会不可避免地产生亏损。公司永远不可能提前知道哪一方的价值将增加，哪一方的价值将减少。这就是起初要管理风险的原因。因此，如果目标是消除风险，而且风险消除了，那么即使对冲头寸产生了经济亏损或会计亏损（与初始未对冲头寸相比），风险经理也仍然完成了任务。

然而，降低利润波动性可能不是唯一的标准。公司可以合理地根据风险经理管理对冲交易成本（包括使用衍生工具可能产生的税款）的效果对其进行评估。风险经理应该在给定预算内采取行动；对于严重偏离预算的行为，应该进行研究和解释。

在评估风险管理绩效时，董事会还应该决定是否改变公司政策。只要这些变化是基于全面分析，并且与公司的其他活动的目标一致，公司改变目标就没有错。当地对风险披露的监管要求可能意味着如果市场风险管理政策发生重大变化，就应该向公众披露这种变化。

1.3.4　金融机构如何应对风险

然而对于金融机构而言，风险管理还能走得更远。一家金融企业对风险的态度绝不是消极和被动防御式的。银行和保险机构特别希望能与风险相随，因为风险意味着收益，无风险则意味着没有收益。实际上，风险管理被视为保险企业或者银行的核心业务。通过有效使用其经验、市场地位和资本结构，一个金融机构能通过定制化的方式重新组合或者捆绑风险，并将风险向市场转移。

金融机构有两大类风险管理战略手段：第一类战略手段是对每种风险进行识别，然后对各类风险单独管理，通常由前台交易员做对冲，这种管理方式有时称为风险分解(risk decomposition)；第二类战略手段是通过多元化的方式来解决风险，由金融机构的中台实施，这种方式有时称为风险聚集（risk aggregation）。在实践中，银行会采用这两种方式来管理以下将要讨论的市场风险与信用风险。

作为实例，我们考虑一家美国银行交易业务所面临的市场风险。市场风险源于多个风险因子变量（利率、汇率、股价）未来变化的不确定性。为了实施风险分解，交易平台会指定交易员来管理某一特殊风险因子，以减少该风险因子的变动对交易组合价值的影响。例如，交易平台可能指定一个交易员（或一组交易员）来管理所有美元/日元汇率交易，在每个交易日结束时，交易员要保证相关的交易额度在银行事先设定的额度之内。在一天的交易即将结束时，交易员如果发现某个或多个交易额度超出银行的规定，要么取得批准来持有当前头寸，要么进行新的对冲交易来减持头寸，以满足额度要求。我们将在第 6 章讨论交易员如何计算风险额度和对冲方法。

风险管理人员在银行的中台对市场风险实施风险聚集管理，管理过程涉及在每天结束时将银行市场风险进行汇总，来计算银行所面临的市场变动所触发的整体风险。对风险进行汇总后，银行希望自身所面临的风险已被有效地分解，并希望自身面临的市场风险足够小。当风险达到不可接受的程度时，银行必须找出根源并采取相应措施。我们将在第 10 章讨论对风险进行汇总计算的模型。

风险聚集管理也是保险公司采用的重要管理方式。考虑给某汽车提供保险的保险公司，单一保单所对应的赔偿数量具有不确定性，但是依据大数定律，保险公司可以做到在一定精度下对 100 000 张保单的整体赔偿进行预测。

信用风险的传统管理方式是对信用组合进行多元化管理（也就是风险聚集）。如果银行将其 40%的资金借给某个单一借贷人，风险就没有分散，这将导致银行面临巨大的风险。当借贷人自身的财务状况出现问题以致不能支付贷款利息及本金时，银行就可能会解体。但如果银行选择另外一个多元化的策略，例如，将 0.01%的资金分别借给 10 000 个不同的借贷人时，银行的处境会相对更为安全。举个例子，假设在某一年，借贷人的违约概率为 1%，那么在每年我们将看到大约有 100 个借贷人违约，而由此造成的损失会被其他 99%的贷款的盈利弥补。为增大风险分散的效果，银行应在不同的地区及不同的行业选择借贷人，一家在全球范围有不同借贷人的国际性银行的风险分散性要比一家只在某个城市对企业进行放贷的城市商业银行好。

当然，无论如何分散风险，金融机构都不能完全消除系统风险，该风险会导致所有借贷人的违约概率随时间而变化。我们的例子中采用的 1%的违约概率是在正常年份所观测到的。当经济形势良好时，违约概率会低于这个数字，而当经济下滑时，则会显著高于这个数字。我们会在后面的章节中讨论用于捕捉系统性风险的模型。

金融机构的风险管理包含诸多任务（具体见图 1－3）。首先，从监管和经济资本管理的角度来看，企业需要确定所持有的资金能对冲损失，同时也需要对账面进行风险管理。这就要求投资组合多样化，并根据风险收益来优化投资组合。这些投资组合可以通

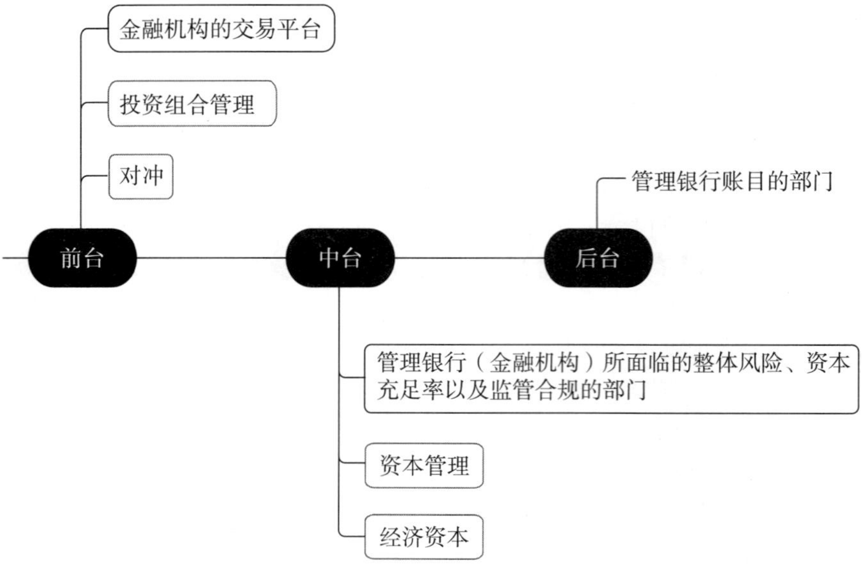

图 1－3　金融机构的风险管理

过引入衍生品来对冲一部分风险，比如利率风险、汇率风险。其次，一些风险能通过证券化的形式被重新打包并销售给投资者，常见于保险风险管理，比如天气险衍生品以及长寿衍生品（longevity derivatives），以及信用风险管理，比如抵押贷款支持证券、担保债务凭证（CDO）。使用衍生品的企业需要管理好衍生品账面，比如定价策略、对冲方式以及一些贸易条款下的担保品管理。最后，金融机构需要管理其交易对手的信用风险敞口，这一风险源于双边场外交易（OTC）衍生品，也存在于再保险条约等情况中。

1.4　风险管理与资本的关系

1.4.1　资产、负债和资产负债表

我们可以通过查看银行或保险公司的资产负债表来进一步了解现代金融机构的整体风险。资产负债表是显示资产和负债的财务报表。粗略地说，资产指的是金融机构的投资，而负债指的是筹集资金的方式以及筹资后的债务。

以银行为例，一家典型的银行通过吸收客户存款、发行债券以及从其他银行或央行借款来筹集资金，这些共同构成了银行的债务资本，银行的债务资本以多种方式投资。最重要的是，它用于向零售、企业和主权客户发放贷款，投资于可交易证券，放贷给其他银行，或者投资于房地产或其他公司。还有一小部分以现金形式持有。表 1-1 展示了一个简化的银行（DLC 银行）的资产负债表。在这些财务报表中，资产和负债是在给定的日期估值的。资产负债表负债一侧标有股权的位置是资产负债表等式中定义的剩余价值。

资产价值＝负债价值＝债务＋股权

表 1-1　DLC 银行 2018 年年末的资产负债表　　单元产：百万元

资产		负债及净现值	
现金	50	存款	900
有价证券	100	长期次优先级债券	50
贷款	800	股权资本	50
固定资产	50		
汇总	1 000	汇总	1 000

资料来源：约翰·赫尔. 风险管理与金融机构：第 5 版. 王勇，董方鹏，张翔，译. 北京：机械工业出版社，2021.

银行的一个明显的风险来源是其资产负债表上资产方面的投资价值的下降。这包括市场风险（如有价证券交易损失）和信用风险（放出的贷款违约）。另一个重要的风险是与资金的期限错配相关的风险。对于一家典型的银行来说，资产端大部分是流动性相对较差的长期投资，如贷款或房地产，而负债端大部分是短期债务，如从货币市场借入的资金和大多数客户存款。这可能会导致资金期限错配：当短期利率上升时，短期再融

资成本增加，而银行可能难以通过出售长期资产来筹集资金，从而导致有偿付能力的银行出现技术上的违约；在极端情况下，甚至可能发生银行挤兑，就像2007—2009年金融危机发生时出现的情况一样。这清楚地表明，风险存在于资产负债表的两端，风险管理者不应只关注资产一侧。

类似地，保险公司的主要业务是出售保险合同，收取保费，另外也通过发行债券筹集资金。因此，保险公司的责任包括它对投保人的义务（采取针对未来索赔的技术准备金的形式）和对债券持有人的义务。然后将筹集到的资金投资于可交易的证券（尤其是债券）以及房地产等其他资产。表1-2展示了一个简化的保险公司（XYZ公司）的资产负债表。

表1-2　XYZ公司的资产负债表　　单位：百万元

资产		负债	
投资	50	保单准备金	80
债券	5	债券发行	10
股票	5	股权	10
房地产	30		
结构化投资产品			
其他资产	10		
合计	100	合计	100

保险公司的主要风险显然是偿付能力不足，即投保人的索赔不能得到赔付的风险。这种情况有多种原因，如保费计算不精确、赔款准备金不足或投资损失等不良事件影响资产负债表的资产端或负债端。在资产方面，风险与银行类似；在负债方面，主要的风险是赔款准备金不足以支付未来的索赔。特别要注意的是，由于人寿保险销售年金这类产品，负债是长期性的，因此受制于许多类别的风险，包括利率风险、通货膨胀风险和长寿风险，其中一些也会影响资产端。因此，保险公司风险管理策略的一个重要方面是通过将保费收入进行适当的投资来对冲部分风险。

在这两种情况下，都有少量额外资金来自偶尔发行的股票，这些股票构成了银行或保险公司的股本。这种融资方式至关重要，因为它不需要对外部各方承担义务。在给定的时间内，如果一家金融机构的权益是非负的，就意味着公司此时是有偿付能力的；否则就会资不抵债。需要注意的是，资不抵债与违约不同，违约发生在公司未能向其债权人或其他债权人付款的情况下。

1.4.2　抵御风险的资本

在目前复杂的经济和经营环境下，金融机构（及其各个组成部分）对未预期损失的管理是其健康发展的基础。通过长期的实践，人们认识到有效地计量和管理未预期损失可以落实到某种“资本”的层面，也就出现了各种基于风险的资本的概念。

资本不仅具有能够吸收损失的财务价值，而且也是一种适用的、直观的计量风险的工具。

下面，我们主要通过银行的资产负债表来阐述风险与资本的关系。表 1－3 给出了 DLC 银行 2020 年的收入。表中第一项收入为净利息收入，此项收入为利息收入与利息费用的差，这项收入占总资产的 3%。表中第二项为贷款损失，这里的损失量占总资产的 0.8%。显然，信用风险的管理及其量化对银行也是至关重要的。但在贷款前，无论银行如何谨慎地评估客户的财务状态，部分客户仍然会违约，从而造成贷款损失。我们将在第 7 章讨论贷款损失的计算问题。第三项是非利息收入，是银行非信贷业务所带来的收入，其中包括为客户提供服务收取的各种费用。在 DLC 银行的利润表中，非利息收入占总资产的 0.9%。非利息费用占总资产的 2.5%，非利息费用是除利息以外的其他所有费用，包括薪水以及与技术有关的其他开销等。

表 1－3　DLC 银行 2020 年收入报告

资产	负债及净价值（%）
净利息收入	30
贷款损失	8
非利息收入	9
非利息费用	25
税前利润	6

衡量银行表现的一个指标是净资产收益率，即股权收益率（return on equity，ROE）。如表 1－1 和表 1－3 所示，DLC 的税前利润为 6（＝30＋9－8－25），税前 ROE 为 12%（＝6÷50）。如果这个收益表现不能令股东满意，那么 DLC 可采用以下手段改善 ROE：回购部分股票，并用吸纳的存款替换它们。

那么 DLC 到底需要多少股权资本才足够呢？股权资本太多会使 ROE 下降，但太少也会使银行陷于困境。一种回答这一问题的方法是考虑极端条件下银行是否可以生存。假定第二年经济极为萧条，银行的贷款损失占资产的比率上升 3.2 个百分点，达到 4%。我们假定银行的其他收入没有受到影响。在此情形下，银行的税前损失占资产的比率为 2.6%（3.2%－0.6%＝2.6%）。假定税率为 30%，在此税率下，税后损失占资产的比率为 1.8%。

表 1－1 显示，股权资本占资产的 5%，虽然占资产 1.8%的损失令股东失望，但对银行来讲，股权资本仍然可以承担得起非预期损失，这时资本充足率会减至 3.2%，即使第二年有类似的损失，资本也不会彻底耗尽。

但是，如果 DLC 采用了如表 1－4 所示的更加激进的资本结构，则其生存的可能性会大大降低。在这种情形下，损失为资产 4%的事件会彻底耗尽股权资本，这样的损失会使银行陷入巨大的财务困境。毫无疑问，在困境之中，银行希望提高资本持有率，但在虚弱的财务状况下，银行几乎不可能找到自己所寻求的资本。在银行危机到来时，会造成存款人的“挤兑现象”（run on deposit，这时所有存款人可能会同时提取存款）。这样的事件可能会造成银行破产。如果所有资产可以以账面价格卖出（这是一个很乐观的假设），长期债权人可以收到 4 200 万元而不是 5 000 万元的本金（长期债权人吸收了超出股权资本部分的损失），而存款人能得到全额的存款。

表 1-4 DLC 银行在资本充足率为 1%的情形下的资产负债表　　单位：百万元

资产		负债及净现值	
现金	50	存款	940
有价证券	100	长期次优先级债券	50
贷款	800	股权资本	10
固定资产	50		
汇总	1 000	汇总	1 000

显然，银行的股权资本只占资产的 1%是不充足的。相比之下，股权资本占资产的 5%更为合理。我们注意到股权资本及长期次优先级债券都是资本的来源，股权资本在不利情形下给银行提供了最好的保护（在我们的例子中，当持有 5 000 万元而不是 1 000 万元资本时，银行不太可能破产）。长期次优先级债券在破产时排名低于存款，但是长期次优先级债券抵御风险的效果不如股权资本，我们的例子显示长期次优先级债券并不能抵御银行破产。

从例子中可以看出，DLC 确定最低股权资本依赖于银行的风险偏好以及发生极端损失的概率。假若银行有较保守的风险偏好，并希望抵御 0.1%的非预期损失，但发生 6%的极端损失的概率为 0.1%，这时股权资本仅占资产的 5%可能无法满足风险需求。银行应该增加足够的高质量的资本来应对未预期的损失。

与银行类似，金融公司的业务活动通常具有一定风险，所以金融公司需要一定的风险资本以防范风险带来的不利财务结果。需要多少风险资本取决于公司董事会承受风险的程度，一般是要保证公司陷入不可承受的财务困境（如破产）的概率低于某一给定水平，并据此确定所需的资本。例如，对一家公司风险敞口的统计分析表明，该公司预期的经营性资本为 5 亿元，但有 5%的可能需要 7.5 亿元，1%的可能需要 10 亿元。为应付后面两种可能发生的情况，公司还需要 2.5 亿元或 5 亿元的风险资本。

风险资本是否充足还取决于其他方的认可程度，如投资者、供应商、监管者、评级机构、分析部门等对公司资本是否充足的评价。这些外部相关者所使用的风险分析工具和公司自己所使用的分析方法往往是不同的，它们也不会了解公司所面临的所有风险。相反，这些部门往往有自己喜欢使用的一套风险分析工具，这些工具不仅可以用来度量公司资本的充足性，还可以用来比较不同公司的财务稳健程度。由于这类工具不可能像公司内部使用的财务分析工具那样精细，因而所得结果通常比较保守，会高估公司所需的风险资本。

我们将在第 10 章讨论银行对于某种特定风险以及某些特定业务部门如何估算经济资本，并且说明银行如何将这些经济资本汇总来形成对整个银行的经济资本的估计。我们还将在第 10 章讨论风险调整后的资本收益率（risk-adjusted return on capital，RAROC），该收益率等于某业务部门的收益除以该部门的资本配额。RAROC 既可以用于检测业务部门在过去某一时间段内的业绩，也可以用于预测该业务部门未来的表现，从而帮助管理层计划未来资本的分配方式，并为某些业务活动在未来的发展规划中应该停止还是扩充提供决策基础。

1.5 金融监管与全面风险管理

1.5.1 银行监管

对于一般企业来说，过度膨胀未必会对整个经济产生巨大的影响。而金融机构作为社会资金的中介机构，资金的来源和运用涉及面非常广泛，如果出现问题，对整个社会将产生很大的影响，并且其影响面要比一般企业大得多。以纺织企业为例，尽管纺织企业破产对社会有影响，但影响仅限于上下游企业。纺织企业破产会影响它的上游如化工原料、染料企业，影响下游服装生产、批发零售企业，这种影响是线性的、逐渐衰减的，并且随着时间的推移而减弱。但一家银行的破产对整个社会的影响是破坏性的，因为它处于社会网络的中心位置，将金融机构与非金融机构联结在一起。一旦某家银行破产，将会对整个网络、各行各业造成冲击。首先会影响其他金融企业，由于银行彼此之间是交易对手，一家银行破产会波及其他银行和金融机构；其次会影响借款人，影响企业和个人消费者，而且这种影响不会互相叠加。2008 年的国际金融危机再次说明了这一问题。因此，银行经营本身变成了一个非常严肃的社会问题。由于银行自身很容易过度膨胀，如果银行经营出现问题，就会对整个社会产生负面影响。同时，因为银行又是整个社会风险（包括流动性风险、信用风险、市场风险等）的集中地，这种影响会进一步放大，银行的问题就不再像一般企业那样简单，而是容易对全社会造成重大影响。银行的贷款行为或经营行为需要约束，否则很难防范银行失败对社会的负面影响。

历史上，商业银行的失败无不与其风险管理有关。银行危机的历史也伴随着金融监管的历史。2 000 多年前，希腊出现了早期银行的雏形，一些商人通过本外币兑换和向需要流动资金的商人贴现商业票据来赚取利润。但相比较而言，风险和收入并不相称，许多人因此而退出。为增加利润并同时增强抗风险的能力，一些商人和机构开始从富人那里吸收存款，并向资金短缺者融出短期贷款，于是真正意义上的银行开始出现。然而银行经营的风险和失败、失误也相伴而生，例如 1346 年意大利银行的危机和失败等。随着商业银行经营失败的案例不断累积，公众对银行风险的认知不断加深，对风险管理的意义和重要性的认识也在不断提高。1863 年是银行业风险管理历史上的一个重要时点。这一年，美国国会创立了货币监理署（OCC），由其代表国会行使核准国民银行成立的职能。这样，美国形成了由联邦政府和州政府对商业银行共同进行监管的模式，并延续至今。

1929 年的大萧条之后，监管发生了重大变化。1929—1933 年的大萧条给美国经济和金融体系造成了致命打击，11 000 多家银行破产、合并，整个国家的银行数目减少了 40%，银行信用几乎全部丧失。这次危机导致银行监管发生了重大变革。监管者开始专注于“系统性风险”，即一个地区、国家或者世界范围内的银行接连倒闭所引发的多米诺骨牌效应。1933 年，《格拉斯-斯蒂格尔法案》明确限制银行业与证券业的跨业经营，规定禁止商业银行关联企业主要从事证券发行、上市和承销等业务。存款保险制度的建立提供了银行存款的安全性，Q 条例对存款的最高利率进行了限定，准备金要求银行扩展不用支付利息的活期存款账户。美联储被赋予实质性的监管权，开始发挥监管的核心作用。美联储可以利用货币政策工具、信贷控制和规定证券买卖保险金等方式加强监管力度，与美国联邦储蓄贷款保险公司（FSLIC）和美国联邦储蓄保险公司（FDIC）共同构成了银行业的监管体系。随后在监管改革、宽松货币政策和积极财政政策的作用下，美国走出了大萧条。

现代的银行监管以巴塞尔协议体系为基本框架。第二次世界大战后，各国进入战后经济恢复状态，银行监管环境逐步放松，监管规则也变得非常简单和粗放，主要关注结构、资产分配规则和利率等方面，并没有过多关注银行的资本状况。此时发达国家的政府不再充当某些风险的保险人或管理者，建立银行监管体系最主要的动力来自巴塞尔银行监管委员会（Basel Committee on Banking Supervision）。这是美、英、德、法等12个国家的监管当局和中央银行组成的委员会，主要职责是交流金融监督信息，建立各个领域能够认同的最低监管标准，加强各国监管当局的国际合作与协调，维护国际银行体系稳健运行。由于20世纪70年代布雷顿森林体系的崩溃，多个国家开始实施浮动汇率制和利率市场化，银行经营所面临的市场环境更加复杂。与此同时，银行业国际化的趋势日益明显，各国金融体系之间的联系日益紧密。20世纪70年代中期，德国Herstatt银行等多家著名的国际性银行破产倒闭，引起了全球对银行业国际监管问题的重视。1975年9月，巴塞尔银行监管委员会通过了1975年协议（简称《库克协议》）。这是国际银行业监管组织首次共同对国际性银行实施监管，开创了巴塞尔银行监管委员会协调各国监管政策的先例。巴塞尔银行监管委员会目前已成为实际的国际标准制定者。1988年，巴塞尔银行监管委员会签署了《关于统一国际银行资本衡量和资本标准的协议》，即《巴塞尔协议Ⅰ》。该协议提出了统一的资本充足率标准，覆盖信用风险和市场风险，促使全球银行业的经营从注重规模转向注重资本量等风险因素，体现了资本质量和数量的统一，从整体上改变了国际监管的理念。尽管巴塞尔银行监管委员会并不是一个对各成员的政府监管有直辖权的机构，其发布的文件也不具有法律效力，但是各成员的监管当局都自愿以其发布的文件中的原则来约束商业银行。自《巴塞尔协议Ⅰ》发布以来，发达国家基于风险的资本比例确实有显著的提高，十国集团大银行的资本充足率从1988年的平均9.3%上升到1996年的平均11.2%，在一定程度上增强了抵御风险的能力。

资本决定了银行所能承受的最大风险水平。要想获得持续稳健的增长和发展，就必须准确识别、计量风险水平，持有与之相匹配的资本，这是银行资本监管的基本原理。从1988年的《巴塞尔协议Ⅰ》到2010年的《巴塞尔协议Ⅲ》，逐步确立了这样的指导思想。1988年的《巴塞尔协议Ⅰ》首次提出了银行资本监管的理念，确定了资本充足率的计算公式，并要求银行达到8%的最低资本要求。《巴塞尔协议Ⅰ》将资本分为核心资本和附属资本两类，核心资本主要包括股本和公开储备等，而附属资本则包括非公开储备、资产重估储备、普通准备金或普通呆账准备金和混合资本工具等。《巴塞尔协议Ⅰ》对于风险加权资产的计算仅仅覆盖了信用风险，提供的0%、20%、50%和100%四个风险权重档次与资产的实际风险程度有一定脱节，风险的敏感性明显不足。此外，西方银行通过业务创新监管套利，进一步削弱了资本的约束作用。因此，《巴塞尔协议Ⅰ》并没有建立与资本的匹配机制，资本对银行经营的约束效力远未发挥。

20世纪90年代，信用风险计量技术突飞猛进，巴塞尔银行监管委员会将这些成果进一步应用到资本协议的要求上，于2004年6月26日发布了《巴塞尔协议Ⅱ》，也称为《巴塞尔新资本协议》。《巴塞尔协议Ⅱ》真正确立了资本与风险之间的动态联系机制，构成了以三大支柱为核心的资本监管体系：一是最低资本要求；二是监管当局对资本充足率的监督检查（外部监管）；三是银行业必须满足的信息披露要求（市场约束）。这三点也通常概括为资本要求、监督检查和市场纪律。对于有相对成熟的识别和计量方法的信用风险、市场风险和操作风险，《巴塞尔协议Ⅱ》将其放到第一支柱中，并提出了一套完整的风险资产计量规则，而这套规则正是源于银行内部风险管理实践。对于信用风险，《巴塞尔协议Ⅱ》提供了三种不同的风险加权资产计算方法（标准法、初级内部模型法和内部高级评级法），银行可根据风险管理状况选择使用；对于市场风险，《巴塞尔协议Ⅱ》提供了标准法和内部模型法用于计算包括利率风险、汇率风险、商品风险和股票风险在内的市场风险资本要求；对于操作风险，《巴塞尔协议Ⅱ》将其作为一种新型的风险，提供了基本指标法、标准法和高级计量法用于计算操作风险监管资本。

对于没有成熟做法或者未被第一支柱完全覆盖的其他风险，例如银行账户利率风险、流动性风险、集中度风险等，《巴塞尔协议Ⅱ》则将其放在第二支柱中，并通过银行内部的资本充足评估程序（ICAAP）来评估持有资本的充足性，监管机构则通过审查来控制其有效性。此外，对于第一支柱和第二支柱的实际情况，银行必须按照第三支柱的信息披露要求进行披露，以进一步发挥市场有关方的监督作用，夯实资本约束的有效性。《巴塞尔协议Ⅱ》真正建立了一套完整的资本监管体系，确立了资本与风险的联动机制，同时也真正实现了银行内部风险管理的融合，搭建起了全面风险管理体系框架（见图1-4）。

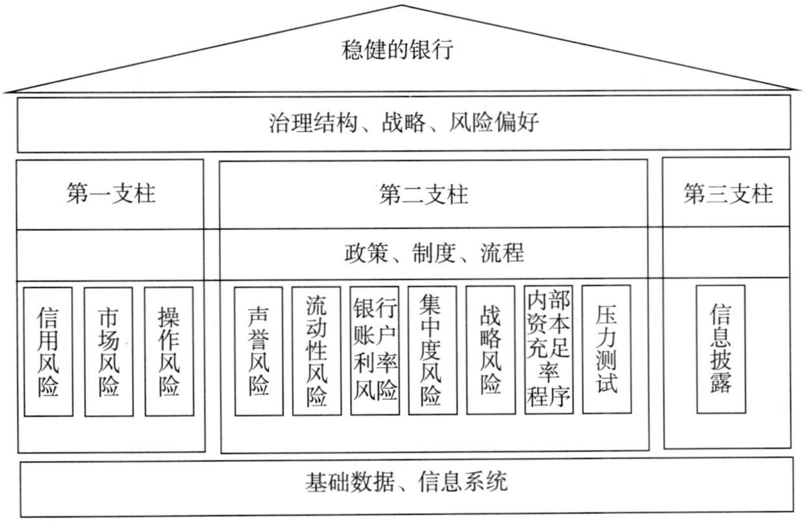

图1-4 全面风险管理体系框架

由于2007—2009年的金融危机，全球实施《巴塞尔协议Ⅱ》的指导方针遭遇延误。不过，实施中也暴露出对资本质量没有提出新标准、对表外业务或复杂证券资产风险约束不力、忽视资本监管顺周期性等问题。银行通过资产证券化以及信贷衍生品（如

CDS、CDO、CMO等）将大量风险资产移出表外，大幅降低了资本占用率。即使是《巴塞尔协议Ⅱ》也不能充分地堵住这个漏洞，结果导致了2008年的国际金融危机。针对这些不足，巴塞尔银行监管委员会于2010年12月出台了《巴塞尔协议Ⅲ》，主要内容包括以下几点：一是修改合格资本定义，明确普通股作为核心资本应占主导地位；二是扩大资本覆盖风险面，增加对交易账户新增风险、交易对手风险、再证券化资产风险等风险的资本覆盖；三是新增留存超额资本要求、系统重要性附加资本要求、逆周期超额资本要求；四是建立杠杆率标准，增强对银行表内外资产总规模的资本约束；五是增设流动性覆盖率与净稳定融资比率两项监管指标；六是要求加强银行公司治理，建立薪酬管理机制。

在金融危机中，对于《巴塞尔协议Ⅱ》的一个最主要的批判就是它的顺周期性。《巴塞尔协议Ⅱ》迫使银行在商业周期中的错误时点增加它们的资本充足率，这样会影响流动性并使形势更加恶化。《巴塞尔协议Ⅲ》的一项新内容就是确立了宏微观结合的审慎监管体系，既要管好银行业务风险，又要有效抵御系统性风险冲击，开展压力测试，有效应对经济周期波动。该体系的基本理念是通过设立超额资本缓冲来增强银行及银行业吸收不利冲击造成损失的能力。这个超额资本缓冲要求有三个层次：宏观层面的逆周期资本缓冲要求、中观（行业）层面的资本留存缓冲要求以及机构（公司）层面的系统重要性银行附加资本要求。三个层次的超额资本缓冲均有明确的监管目标，具体的操作方式也有所差异，但更多的是监管操作上的要求。除资本留存缓冲要求为普遍强制性要求外，逆周期资本缓冲要求和系统重要性银行附加资本要求在监管上都有相应的操作标准。实际上，当资本充足率下降并开始接近于最低资本要求时，并不容易区分资本缓冲发挥作用的次序。而且，也无须进行区分，重点是保留的超额资本能够充分吸收损失，避免银行及银行体系破产给实体经济带来冲击。

1.5.2 保险监管

除了银行业外，保险也是需要监管的行业。首先，保险经营与风险密不可分，保险事故的随机性、损失程度的不可知性、理赔的差异性使得保险经营本身存在不确定性，加上激烈的同业竞争和保险道德风险及欺诈的存在，使得保险成为高风险行业。保险公司经营亏损或倒闭不仅会直接损害公司自身的存在和利益，还会严重损害被保险人的利益。保险监管的首要目的是维护保险市场的正常秩序，保护被保险人的合法权益。其次，保险公司同样具有金融业的特殊性，即高杠杆率和在一国经济中的重要地位。保险公司先获得保费收入，再进行赔付支出，主要盈利模式是利用保费收入进行投资增值。保险产品是一类复杂的金融产品，投保人一般为个人，由于金额少、信息不充分，因此需要代理人为其代理相关的权益。这个代理人可以是股东，也可以是监管当局，这取决于其经营状况。而保险公司偿还债务的能力（简称偿付能力）或资本水平是最重要的参考指标之一。当偿付能力正常时，可以由股东行使对公司的控制权；当偿付能力较低时，股东的风险偏好可能增大。在这种情况下，就需要监管当局及时介入来行使控制权，加强干预；当偿付能力低于某个底线，也就是资本充足率非常低时，就要由监管当局接管。所以，偿付能力监管是保险监管活动的出发点，是最基本的监管活动。

然而，与国际银行监管普遍遵循巴塞尔协议的情况不同，国际保险监管界尚未建立全球统一的保险监管规则。目前，国际上相对比较成熟的偿付能力监管体系是欧盟的第二代偿付能力监管体系（Solvency Ⅱ）和美国的风险资本（Risk-based Capital，RBC）制度。

欧盟体系主要应用法定偿付能力额度法，通过对固定比率的规定确定法定最低偿付能力标准，要求保险公司的实际偿付能力或偿付能力保证基金不得低于法定最低偿付能力。这是一种较为直观、操作较为简单的偿付能力监管方法，被欧洲各国普遍应用。与银行领域的监管类似，欧盟偿付能力监管体系也经历了从简单粗暴地要求保险公司资本规则约束过渡到风险敏感型的管理办法。Solvency Ⅰ于 2004 年生效，是一个非常基本的规则框架，要求公司拥有 300 万欧元的最低保证金（最低资本），同时要求非寿险保费的 16%～18%作为偿付能力保证金以及 4%的寿险保费作为准备金。这一规定建立了一个单一、强大、易于理解且监控成本低廉的系统。然而，从消极方面来看，Solvency Ⅰ的偿付能力指标依赖于业务规模，主要反映承保风险，未能全面反映保险公司面临的总体风险和风险变化，很多国家都忽视了担保、嵌入式期权以及资产和负债的适当匹配等问题。为了弥补这些不足，欧盟于 2001 年启动了 Solvency Ⅱ并发布了具有影响力的《夏玛报告》（Sharma Report）。2011 年，欧盟提出偿付能力“综合二号指令”，并陆续进行了 5 次量化影响测试，经过不断的修改与完善，Solvency Ⅱ最终于 2016 年 1 月 1 日正式生效。Solvency Ⅱ借鉴了银行业巴塞尔协议的“三支柱”监管体系，对量化分析、定性监管和公开信息披露这三个维度进行了规定。这个体系是目前全球最先进的监管体系。欧洲保险和职业养老金管理局（EIOPA）主导该框架的细化过程，该过程的一个特征是一系列定量影响研究（QIS），其中公司层面已经充分测试并反馈了新规定的影响和实用性。Solvency Ⅱ的目标是，通过减少保险行业消费者的损失以及市场混乱来加强资本充足率制度，因此，Solvency Ⅱ既有保单保障，又有金融稳定的作用。此外，欧洲监管的协调也应促进欧盟保险市场的深度整合和欧洲保险公司竞争力的提高。

在美国，保险监管通常是州政府的事情。美国全国保险监督官协会（NAIC）为各州的保险监管机构提供支持，并促进公认的监管标准和最佳实践的发展，这取决于各州是否将这些标准纳入法律以及以何种形式纳入。20 世纪 90 年代早期，全国保险监督官协会提出了风险资本（RBC）的概念，以应对前几年出现的一些破产事件；全国保险监督官协会在保险公司里推动风险资本指标，该指标被认为“在考虑了所报告的经营主体的规模和利润的情况下，能够度量出支持它全部业务运营所需的最小资本额”。这一以规则而非模型为基础的方法成为美国保险监管的主要方法。

美国的偿付能力监管制度在早期以各州为基础，但是 20 世纪八九十年代，美国先后爆发了责任保险危机和巨灾损失危机，各州监管制度不一致的弊端逐渐显露，各界呼吁联邦政府的介入，于是各州保险监督官协会开始统一采用全国保险监督官协会指定的财务监管指标，在这些财务监管指标的基础上，全国保险监督官协会借鉴巴塞尔协议对商业银行的资本监管要求，建立了风险资本制度，并于 1992 年、1993 年先后在寿险、健康险和非寿险部门实施。由此，美国的偿付能力监管形成了联邦和各州的两级监管体制，由全国保险监督官协会负责制定监管规则并对各州进行协调指导，而各州保险监督官协会实际行使对保险公司的监管，并且有一定的自由裁量权。2008 年国际金融危机爆发后，美国开始了偿付能力现代化变革（solvency modernization initiative，SMI），对原有的风险资本制度进行了完善，扩展了其风险覆盖能力。

风险资本制度是监管机构采取监管行动的依据。除此之外，美国的偿付能力监管体系还包括保险监管信息系统（Insurance Regulatory Information System，IRIS）、财务分析和偿付能力跟踪系统（Financial Analysis and Solvency Tracking，FAST）。IRIS是分析保险公司经营状况的财务指标体系，对于寿险公司和非寿险公司分别根据收入情况、盈利情况等设置了12个公开指标，并设置了指标的正常范围，同一家公司只要有4个及以上的指标超出正常范围，就列为优先受检级别。FAST是分析保险公司偿付能力的财务指标体系，区分产险、寿险和健康险，分别设置财务指标，并对不同的财务指标设置不同的权重，加总得到一个FAST得分，得分越高，偿付能力可能越存在问题，也越容易受到监管部门的关注，但FAST的指标设置及权重设置都是不公开的，保险公司无法提前试算以调整财务报表，从而弥补了IRIS的不足。

近年来，以风险资本思想为基础的监管体系已经成为国际偿付能力监管的一个主要趋势，包括许多新兴亚洲国家和国际监管机构都已经试行风险资本方法或开展相关研究。我国偿付能力监管制度几经改革，日益完善，目前也形成了稳定的三支柱体系。我国第一代偿付能力监管体系（“偿一代”）基本照搬欧盟和美国的第一代监管体系，始建于2003年，以规模为导向，要求保险公司资本与业务规模相适应，随着行业的发展，这一衡量标准过于简单，已不能清晰反映保险公司的风险。我国属于新兴保险市场，若生搬硬套，则有些地方并不适合我国的国情和行业现状。2012年，我国保监会启动“偿二代”建设。2015年2月，其正式发布了《保险公司偿付能力监管规则1—17号》，并进入实施过渡期。我国的“偿二代”监管制度是建立在国际偿付能力监管制度的发展经验基础之上的，在监管理念上综合了欧盟Solvency Ⅱ原则和美国风险资本制度规则导向的原则，在监管框架上借鉴了Solvency Ⅱ的“三支柱”结构，并且吸收了Solvency Ⅱ对于最低资本要求的计算方法，在保险集团的监管、再保险的监管、压力测试等方面借鉴了美国的SMI。监管标准基于防范“两百年一遇”（99.5%的概率）的风险，这些都与银行业巴塞尔协议相通。2021年12月，“偿二代”二期工程正式发布，并于2022年元旦正式实施。

“偿二代”二期工程背后的核心还体现在偿付能力是否达标以及风险高低上。该工程主要体现在以下几个方面：(1) 将偿付能力监管指标扩充到3个，分别是核心偿付能力充足率、综合偿付能力充足率、风险综合评级，全方位衡量保险公司的资本充足度和偿付能力风险大小。(2) 增加了一项监管规则，对所有资产进行穿透，这将成为资产风险计量的普遍原则。“偿二代”二期工程穿透到底的原则，就是要求保险公司将所有非基础资产逐层穿透至基础资产或者豁免穿透的非基础资产。如果资产无法穿透，将会使用惩罚性的资本要求。(3) 调整了部分保险业务的基础因子，取消了超额累退，只设置了一档基础因子，大小公司的资本要求基本保持一致，新增疾病趋势风险因子。

值得注意的是，“偿二代”二期工程抓住了部分资产过高估值或“资本不实”带来的偿付能力虚高这一主要矛盾，要求全面穿透，一穿到底。在现行规则下，行业的重心都放在了最低资本计量上，而回望过去几年，真正出现偿付能力风险的公司很多都是因不实资本而产生风险的，资产层层嵌套，通过做高股权估值来提升认可资产。“偿二代”二期工程敏锐地抓住了这个关键点，用组合拳来解决这个问题。第一是要求资产全面穿透，在一期工程中仅原则性地提出了资产需要穿透计量，但是对于结构较为复杂的资管产品并未给出明确建议，“偿二代”二期工程对此进行了调整：一方面明确了资产分类，定义为可豁免穿透的基础资产和必须穿透的非基础资产；另一方面对于表层和底层明确了计量方法，并加大了嵌套惩罚，既看清了底层风险，也避免了虚高估值带来的套利。第二是对于经常会被做高估值的资产明确了要求。例如，在一期工程下，部分主营地产的股东会要求保险公司参股或者控股地产项目公司，而此类子公司都会逐步按权益法提高项目价值，抬高子公司估值，进而抬升总资产、实际资本和偿付能力。

1.5.3 企业全面风险管理

巴塞尔协议和偿付能力监管实际上都是一套细致的全面风险管理的方法论。虽然表面上看是通过资本约束银行和保险的投资行为，但本质上是希望把风险管理的方法论落实到各项实操和作业流当中，起到真正的一、二、三道风险管理的职责要求。银行的全面风险管理是伴随着《巴塞尔协议Ⅱ》的推出而逐渐提出的。1988年发布的《巴塞尔协议Ⅰ》没有考虑市场风险。但随着银行业务的不断创新和发展，市场风险的破坏力日益显现。针对这一问题，巴塞尔银行监管委员会在1996年和1998年先后出台了《资本协议关于市场风险的补充规定》和《有效银行监管的核心原则》，并于2001年发布了覆盖商业银行信用风险、市场风险和操作风险在内的《巴塞尔协议Ⅱ》草案，其核心理念就是强调风险管理的全面化。从《巴塞尔协议Ⅱ》的转变可以看出，随着商业银行提供的产品和服务的日益广泛和复杂，商业银行的风险管理不能再仅仅局限于传统的信贷风险管理，而需要扩大到市场风险管理和操作风险管理。同时，银行和保险公司的各类风险又是紧密关联、相互交织的，相同的产品和业务可能同时面临信用风险、市场风险、操作风险和流动性风险，如金融市场业务：某类风险的暴露有可能由其他风险引发，如巴林银行、爱尔兰银行、法国兴业银行巨额损失事件等。因此，无论是监管要求还是实践需要，构建全面风险管理体系都是当前金融风险管理的必然选择。

全面风险管理思想可以分为两个主要流派：第一个流派是COSO，第二个流派是巴塞尔银行监管委员会。COSO是美国的一个民间组织，全名为“反虚假财务报告委员会”，这个委员会是美国的会计师、注册会计师学会和上市公司协会联合成立的。成立这个委员会的目的是防止上市公司的财务报表欺诈或披露虚假信息。美国安然事件发生之后，美国通过了《萨班斯-奥克斯利法案》，这个法案涉及内部控制、财务欺诈、财务报表不实等内容。COSO经常发布一些研究性的文件，最著名的是《企业内部控制整体框架》。这些文件在美国仅具有参考性，但在中国被财政部和证监会认可。由于监管机构的推动，银行的董事会、管理层对建立内部控制体系高度重视，许多银行按照内部控制要求建立了具体的职能部门。内部控制体系的内容之一是风险管理框架，提出了风险管理的基本要素，目前关于全面风险管理的很多管理思想就来自COSO的内部控制要求。COSO的关注点是内控，着眼于流程。COSO中最核心的是风险识别、计量、管理、控制、报告的流程化处理方式。巴塞尔协议的核心是怎么管理损失和资本，要建立一套管理体系去计量不同风险的损失大小，然后用足够的资本去抵御风险，形成以计量为基础的全面风险管理体系。

COSO定义全面风险管理是一个过程，受董事会、管理层和其他人员的影响。这个过程从企业战略制定一直贯穿到企业的各项活动中，用于识别那些可能影响企业的潜在事件并管理风险，使之在企业的风险偏好之内，合理确保企业实现既定的目标。由于COSO提出的定义通用于所有企业，如果将定义的对象特定为商业银行，则应将其修正为：银行全面风险管理是一个过程，该过程从银行的战略制定一直贯穿到银行的全部经营活动中，用于识别和评估可能给银行造成损失的潜在事件，并能够通过有效的应对和控制措施防止或减少损失的发生，从而为银行经营目标的实现提供保障。

从上述定义出发，全面风险管理至少包括三层含义：一是管理所有不同类别的风险，即从不同业务线的角度来管理风险，包括信用风险、操作风险、市场风险和流动性风险等；二是管理各个层面的风险，即从不同层级的角度来管理风险，比如从银行组织层级来说，涵盖了总行级、分行级和支行级三个层级的风险管理；三是管理全过程的风险，即全面风险管理应渗透到业务的全过程之中。全面风险管理对各条业务线的风险点给予全过程的重视和管理，真正反映了点、线、面相结合的全新的风险管理理念。例如，银行全面风险管理是全业务、全流程和全岗位的，作为风险管理中的一项重要内容，市场风险管理自然应包含在全面风险管理之中，它与信用风险管理体系、操作风险管理体系一起构成全面风险管理体系的三大支柱。

参考文献及扩展阅读

[1] Alexander J. McNeil，Rüdiger Frey，Paul Embrechts. 量化风险管理——概念、技术和工具（修订版）. 卜永强，译. 北京：电子工业出版社，2020.

[2] 米歇尔·克劳伊，丹·加莱，罗伯特·马克. 风险管理精要：第2版. 路蒙佳，译. 北京：中国金融出版社，2016.

[3] 菲利普·乔瑞. 风险价值VAR——金融风险管理新标准：第3版. 郑伏虎，万峰，杨瑞琪，译. 北京：中信出版社，2010.

[4] 上海国家会计学院. 企业风险管理. 北京：经济科学出版社，2012.

[5] 米歇尔·科罗赫，丹·加莱，罗伯特·马克. 风险管理. 曾刚，罗晓军，卢爽，译. 北京：中国财政经济出版社，2005.

[6] 陈文辉，等. 中国偿付能力监管改革的理论和实践. 北京：中国经济出版社，2015.

[7] 约翰·赫尔. 风险管理与金融机构：第5版. 王勇，董方鹏，张翔，译. 北京：机械工业出版社，2021.

[8] 杨军. 风险管理与巴塞尔协议十八讲. 2版. 北京：中国金融出版社，2020.

第 2 章

风险度量框架

为了统一描述各种风险建模方法，本章的目的是建立风险映射和风险度量的一般框架，后续章节都是围绕这一框架展开讨论的。我们用概率空间（Ω, F, P）来表示未来世界状态的不确定性，代表市场上所有信息的集合。

2.1 风险映射

考虑一个给定的资产和可能负债的投资组合，这个组合可能是某些股票或债券的集合，或者一系列衍生品或高风险贷款的集合。更一般地说，它也可能是一个由债券等证券投资支持的人寿保险合同（负债）组合，甚至可能是一家金融机构的整体资产负债表。我们用随机变量 V_t 表示投资组合在 t 时刻的价值，并假设在 t 时刻我们可以从已知信息得到 V_t 的值。为了简化，我们假设在未来的给定时间范围 Δt 内，投资组合的成分和数量保持不变，且投资组合没有获得中间收入。这些假设可能只维持大约 1 天或 10 天的时间，不太可能维持超过 1 年，因为在这 1 年的时间里，投资组合中的有些项目可能会到期（例如贷款到期）或者被其他投资项目取代，并且收到股息或利息。

在实践中，无论是出于投资还是风险管理的目的，都是对 $t+\Delta t$ 时刻的未知变量 $V_{t+\Delta t}$ 的分布或某些特征进行预测。为了方便起见，我们将连续时间随机变量转换为离散时间序列，以时间间隔 Δt 的倍数记录时间，若 V_t 表示投资组合在 t 时刻的价值，在 $t+\Delta t$ 时刻的价值记为 V_{t+1}，则投资组合的价值变化为 $\Delta V_{t+1}=V_{t+1}-V_t$。时间间隔 Δt 的确定依赖于风险类型和风险管理的目的。如果要研究市场风险，Δt 可能是 1 天或 10 天，此时无须考虑货币的时间价值。如果要研究信用风险、保险风险或企业的整体风险管理，Δt 通常等于 1 年，此时应将损失进行贴现，即定义 $\Delta V_{t+1}=\dfrac{V_{t+1}}{1+r_{t,1}}-V_t$，其中，$r_{t,1}$ 是从 t 时刻到 $t+1$ 时刻的即期无风险利率。

通常来说，投资组合的价值 V_t 可以用时间 t 和 d 个风险因子 $\boldsymbol{Z}_t=(Z_{t,1}, Z_{t,2}, \cdots, Z_{t,d})^{\mathrm{T}}$ 构建的估值模型来表示，即

$$V_t=g(t, \boldsymbol{Z}_t) \tag{2-1}$$

式中，函数 g：$\mathbb{R}^{+}\times\mathbb{R}^{d}\to\mathbb{R}$称为风险映射。函数 g 和风险因子 $\boldsymbol{Z}_t$ 的选择反映了投资组合的结构，也反映了风险模型所需的精度水平。一般而言，估值模型中的时间单位通常是年。

我们将 t 时刻到 $t+1$ 时刻的风险因子变化定义为 $\boldsymbol{X}_{t+1}=\boldsymbol{Z}_{t+1}-\boldsymbol{Z}_t$，利用风险映射式（2－1），投资组合损失可以表示为

$$L_{t+1}=-\Delta V_{t+1}=-(g(t+1,\boldsymbol{Z}_t+\boldsymbol{X}_{t+1})-g(t,\boldsymbol{Z}_t)) \tag{2-2}$$

L_{t+1} 的取值应该是随机的，它的分布称为损失分布。注意，投资行业的从业者经常关注投资组合的价值变化 ΔV_{t+1} 的分布，也就是收益的分布。而在本书中，我们将重点关注投资组合损失 L_{t+1} 的分布，由于风险因子 $\boldsymbol{Z}_t$ 的取值在 t 时刻已知，因此 t 时刻的损失分布实际由风险因子的变化 $\boldsymbol{X}_{t+1}$ 的分布决定。

如果函数 g 可微，我们对式（2－2）中的损失进行一阶泰勒展开近似：

$$L_{t+1}\approx L_{t+1}^{\Delta}=-(g(t,\boldsymbol{Z}_t)+\sum_{i=1}^{d}g_{Z_i}(t,\boldsymbol{Z}_t)X_{t+1,i}) \tag{2-3}$$

式中，g_{Z_i} 表示偏导数。通过这种一阶近似，我们可以将损失近似为风险因子变化的线性函数 L_{t+1}^{Δ}，如果风险因子变化很小（例如一天内的变化），并且投资组合的价值与风险因子线性相关（此时 g 的二阶导数很小），那么式（2－3）的近似效果是非常好的。

下面给出有关市场风险和信用风险等的一些例子，通过这些例子说明在风险管理问题中是如何运用风险映射框架的。

例 2－1（股票投资组合） 考虑一个包含 d 只股票的固定投资组合，t 时刻投资组合中股票 i 的份额为λ_i，股票 i 的价格序列用（$S_{t,i}$）$_{t\in\mathbb{N}}$表示。根据金融风险管理的标准做法，我们使用股价的自然对数作为风险因子，即 $Z_{t,i}:=\ln S_{t,i}$，其中 $1\leqslant i\leqslant d$，于是投资组合在 t 时刻的价值为 $V_t=\sum_{i=1}^{d}\lambda_i\exp(Z_{t,i})$。显然，由于 t 时刻的股价已知，因此 V_t 的值也是已知的。我们真正关心的是 $t+1$ 时刻的投资组合价值 V_{t+1} 的分布。风险因子变化表示为$X_{t+1,i}=\ln S_{t+1,i}-\ln S_{t,i}$，即股票 i 的对数收益率。从 t 时刻到 $t+1$ 时刻的投资组合的损失可以由下式得出：

$$L_{t+1}=-(V_{t+1}-V_t)=-\sum_{i=1}^{d}\lambda_i S_{t,i}(\mathrm{e}^{X_{t+1,i}}-1) \tag{2-4}$$

线性化损失 L_{t+1}^{Δ} 可以由下式得到：

$$L_{t+1}^{\Delta}=-\sum_{i=1}^{d}\lambda_i S_{t,i}X_{t+1,i}=-V_t\sum_{i=1}^{d}w_{t,i}X_{t+1,i}$$

式中，权重 $w_{t,i}:=(\lambda_i S_{t,i})/V_t$ 是t 时刻投资于股票i 的投资组合价值的比例。若假设随机向量 $\boldsymbol{X}_{t+1}$ 服从均值向量为 $\boldsymbol{\mu}$、协方差矩阵为 $\boldsymbol{\Sigma}$ 的多元正态分布，则线性化损失 L_{t+1}^{Δ} 的分布也是正态分布，其均值和方差分别是

$$E(L_{t+1}^{\Delta})=-V_t\sum_{i=1}^{d}w_{t,i}\mu_i$$

$$\operatorname{var}(L_{t+1}^{\Delta})=V_t^2\boldsymbol{w}^{\mathrm{T}}\boldsymbol{\Sigma}\boldsymbol{w}$$

例 2－2（欧式看涨期权）　考虑投资者持有一只以零息股票为标的资产，到期日为 T，行权价为 K 的标准欧式看涨期权，该资产在 t 时刻的估值 V_t 可由 Black-Scholes 公式 $C^{\mathrm{BS}}(t,S_t,r,\sigma)$ 给出①，即

$$V_t=C^{\mathrm{BS}}(t,S_t,r,\sigma)=S_t\Phi(d_1)-K\mathrm{e}^{-r(T-t)}\Phi(d_2) \tag{2－5}$$

式中，S_t 是 t 时刻的股票价格，Φ 是标准正态分布函数，r 是连续复利年化无风险利率，σ 是标的股票的年化波动率，并且

$$d_1=\frac{\ln(S_t/K)+\left(r+\frac{1}{2}\sigma^2\right)(T-t)}{\sigma\sqrt{T-t}},\ d_2=d_1-\sigma\sqrt{T-t}$$

在期权的定价公式中，股票价格的对数（$\ln S_t$）显然是组合中的风险因子。虽然通常假设 r 和 σ 为常数，但在现实市场中，利率和价格波动不断发生变化。因此，我们将 $\boldsymbol{Z}_t=(\ln S_t,r_t,\sigma_t)^{\mathrm{T}}$ 定义为期权的风险因子向量，风险因子变化量即为

$$\boldsymbol{X}_t=(\ln(S_t/S_{t-1}),r_t-r_{t-1},\sigma_t-\sigma_{t-1})^{\mathrm{T}}$$

风险映射 $g(\tau_t,\boldsymbol{Z}_t)=C^{\mathrm{BS}}(t,S_t,r_t,\sigma_t)$，用一阶泰勒展开来近似 $V_{t+\Delta t}$，可得

$$\begin{aligned}V_{t+\Delta t}-V_t\approx&\ \Delta(S_{t+\Delta t}-S_t)+\frac{1}{2}\gamma(S_{t+\Delta t}-S_t)^2\\&+v(\sigma_{t+\Delta t}-\sigma_t)+\bar{\rho}(r_{t+\Delta t}-r_t)+\theta\Delta t\end{aligned} \tag{2－6}$$

式中，希腊字母 $\Delta=\frac{\partial g}{\partial S}$，$\gamma=\frac{\partial^2 g}{\partial S^2}$，$v=\frac{\partial g}{\partial \sigma}$，$\bar{\rho}=\frac{\partial g}{\partial r}$，$\theta=\frac{\partial g}{\partial t}$，分别表示关于时间和风险因子的偏导。在实践中，式（2－6）表示期权价值对风险因子的敏感性。

注意，对于含衍生品的投资组合，其线性化损失 L_{t+1}^{Δ} 与真实损失 L_{t+1} 相差甚远，因为投资组合的价值往往是风险因子的非线性函数。这促进了高阶近似值的发展，比如运用了一阶导和二阶导的 delta-gamma 近似值。我们将在第 5 章进行详细讨论。

例 2－3（典型的贷款组合）　考虑 m 个不同借款人或债务人的贷款组合，这些贷款在 t 时刻发放，并使用账面价值方法进行估值。遵循信用风险管理的标准做法，时间间隔 Δt 取一年。为了简化例子，我们假定所有贷款将在 $t+1$ 时刻被偿还。我们用 k_i 表示债务人 i 要偿还的金额（包括支付的 $t+1$ 时刻的利息及偿还的贷款本金），债务人的风险敞口由本金和利息以约定利率折现得到，公式为 $e_i=k_i/(1+r_{t,1})$。

考虑违约的可能性，我们引入了一系列随机变量 $(Y_{t,i})_{t\in\mathbb{N}}$，表示债务人 i 在 t 时刻的违约状态，如果债务人 i 在 t 时刻违约，则 $Y_{t,i}=1$，否则 $Y_{t,i}=0$。这些变量称为违约示性函数。为简单起见，我们假设所有债务人在 t 时刻处于非违约状态，因此对于任意 $1\leqslant i\leqslant m$，$Y_{t,i}=0$。贷款方关心的问题是债务人 i 在 $(t,t+1]$ 期间的违约损失。我们用 p_i 表示债务人 i 在 $(t,t+1]$ 期间违约的概率，$p_i=P(Y_{t+1,i}=1)$。如果违约发生，

① 附录 D 中给出了 Black-Scholes 公式的说明和推导。

则在借款人 i 违约的情况下，贷方可以在到期日 $t+1$ 收回金额 $(1-\delta_i)k_i$，其中，$\delta_i\in(0,1]$，表示贷款 i 的违约损失率（LGD），即在违约情况下损失的风险的百分比。因此，债务人 i 违约所造成的贴现期望损失为

$$\frac{1}{1+r_{t,1}}\delta_i p_i k_i=\delta_i p_i e_i$$

在本例中，我们假设 δ_i 和 p_i 是已知的常数。在风险管理实践中，可以使用估计违约概率的统计模型估计 p_i。我们将在第 7 章进行详细的讨论。

根据实践中的贷款估值惯例，我们将贷款的账面价值定义为贷款的风险敞口减去因违约而减少的贴现期望损失，这样，估值就包括了违约风险准备金。因此，贷款 i 的账面价值 $V_t^{(i)}$ 等于 $e_i(1-\delta_i p_i)$，即货款的贴现预期收益。此外，还应注意，账面价值不是对贷款公允价值的估计①，后者通常低于贷款的贴现预期收益，因为投资者要承担违约风险的溢价。但在本例中，我们忽略两者的不一致。因此，贷款组合在 t 时刻的账面价值为

$$V_t=\sum_{i=1}^{m}e_i(1-\delta_i p_i) \tag{2-7}$$

在到期日 $t+1$ 时刻，债务人 i 的贷款价值等于还款金额，此时有两种情况可能发生：如果 $Y_{t+1,i}=0$，则等于 k_i（债务人 i 无违约）；如果 $Y_{t+1,i}=1$，则等于 $(1-\delta_i)k_i$（债务人 i 违约）。因此，在 $t+1$ 时刻，贷款组合价值 V_{t+1} 等于

$$V_{t+1}=\sum_{i=1}^{m}((1-Y_{t+1,i})k_i+Y_{t+1,i}(1-\delta_i)k_i)=\sum_{i=1}^{m}k_i(1-\delta_i Y_{t+1,i}) \tag{2-8}$$

由于 Δt 等于 1 年，所以计算组合损失时要将 V_{t+1} 折现。再次利用公式 $e_i=k_i/(1+r_{t,1})$，得到

$$\begin{aligned}L_{t+1}&=V_t-\frac{V_{t+1}}{1+r_{t,1}}=\sum_{i=1}^{m}e_i(1-\delta_i p_i)-\sum_{i=1}^{m}e_i(1-\delta_i Y_{t+1,i})\\&=\sum_{i=1}^{m}\delta_i e_i Y_{t+1,i}-\sum_{i=1}^{m}\delta_i e_i p_i\end{aligned}$$

这样，贷款组合损失就是关于贷款风险敞口 e_i、违约概率 p_i、违约损失率 δ_i 和违约示性函数 $\boldsymbol{Z}_t=(Y_{t,1},Y_{t,2},\cdots,Y_{t,m})^{\mathrm{T}}$ 的函数。

最后，我们用风险映射框架式（2-1）和式（2-2）来描述

$$g(s,\boldsymbol{Z}_s)=\sum_{i=1}^{m}(1-Y_{s,i})\frac{k_i}{(1+r_{s,1})^{t+1-s}}(1-(t+1-s)\delta_i p_i)+\sum_{i=1}^{m}Y_{s,i}k_i(1-\delta_i)$$

本例假定 δ_i、p_i 和 e_i 是给定的，那么风险因子就是违约示性函数变量 $\boldsymbol{Z}_{t|}=(Y_{t,1},Y_{t,2},\cdots,Y_{t,m})^{\mathrm{T}}$。我们将在第 4 章介绍如何找到并调整适用于风险因子变化 $\boldsymbol{Z}_{t+1}-\boldsymbol{Z}_t$ 的

① 公允价值估计，即对贷款在证券化交易中可以出售的金额的估计。注意，在实践中还需进一步规定管理、再融资和资本成本，但为了简单起见，我们忽略这些问题。

联合分布的模型。

2.2　损失分布

在定义了投资组合的风险映射 $g(t,\boldsymbol{Z}_t)$ 后，本节将讨论如何获得损失 L_{t+1} 的分布，以便用于风险度量和风险管理。假设当前时间为 t，回顾一下式（2-2）：

$$L_{t+1}=-\Delta V_{t+1}=-(g(t+1,\boldsymbol{Z}_t+\boldsymbol{X}_{t+1})-g(t,\boldsymbol{Z}_t))$$

可以看出，为了确定损失分布（即 L_{t+1} 的分布），我们需要做两件事情：

（1）确定风险因子变化 $\boldsymbol{X}_{t+1}$ 的分布，通常根据风险因子变化的历史数据 $(\boldsymbol{X}_s)_{s\leqslant t}$ 来预测未来风险因子变化 $\boldsymbol{X}_{t+1}$ 的分布。我们可以选用 $\boldsymbol{X}_{t+1}$ 的无条件分布，也可以根据给定的 t 时刻的过去信息确定 $\boldsymbol{X}_{t+1}$ 的条件分布。

（2）确定估值 $V_{t+1}=g(t+1,\boldsymbol{Z}_t+\boldsymbol{X}_{t+1})$ 的分布，进而估计 L_{t+1} 的分布。例如在例 2-2 中，先使用 Black-Scholes 公式对欧式看涨期权估值，然后确定 L_{t+1}。这个步骤的难度较大，特别是对于某些复杂的衍生品组合。这时可考虑一阶或二阶的线性化损失来近似。

从广义上讲，解决这些分布问题有三种方法：解析法（参数法）、历史模拟法（非参数法）、模拟方法（也称为蒙特卡罗方法）。

1. 解析法

在解析法中，我们通常为 $\boldsymbol{X}_{t+1}$ 的分布和映射函数 $g(\cdot,\cdot)$ 选择一个参数模型，这样就可以确定损失 L_{t+1} 的分布。这种方法的一个典型例子是方差-协方差法，它被用于度量投资组合的市场风险。在典型的方差-协方差法中，假定风险因子 $\boldsymbol{Z}_t$ 遵循连续时间多元布朗运动，风险因子变化 $\boldsymbol{X}_{t+1}$ 服从多元正态分布，记为 $\boldsymbol{X}_{t+1}\sim N(\boldsymbol{\mu},\boldsymbol{\Sigma})$，其中，$\boldsymbol{\mu}$ 是均值向量，$\boldsymbol{\Sigma}$ 是分布的协方差（或方差-协方差）矩阵。

如果假设投资组合的线性化损失 L_{t+1}^{Δ} 是对损失 L_{t+1} 足够精确的近似，则可以考虑用式（2-3）中定义的 L_{t+1}^{Δ} 的分布来简化问题。此时将线性化损失表示为如下结构：

$$L_{t+1}^{\Delta}=-(\boldsymbol{c}_t+\boldsymbol{b}_t^{\mathrm{T}}\boldsymbol{X}_{t+1})\tag{2-9}$$

式中，常数 $\boldsymbol{c}_t$ 和常数向量 $\boldsymbol{b}$ 在 t 时刻是已知的。我们以例 2-1 为例，其中，损失表示为 $L_{t+1}^{\Delta}=-V_t\boldsymbol{w}_t^{\mathrm{T}}\boldsymbol{X}_{t+1}$，$\boldsymbol{w}_t$ 是 t 时刻资产的权重向量，此时 $\boldsymbol{c}_t=\boldsymbol{0}$，$\boldsymbol{b}_t=V_t\boldsymbol{w}_t^{\mathrm{T}}$。

根据多元正态分布的性质，由 $L_{t+1}^{\Delta}=-(\boldsymbol{c}_t+\boldsymbol{b}_t^{\mathrm{T}}\boldsymbol{X}_{t+1})$，$L_{t+1}^{\Delta}$ 作为 $\boldsymbol{X}_{t+1}$ 的线性组合服从一元正态分布，即

$$L_{t+1}^{\Delta}\sim N(-\boldsymbol{c}_t-\boldsymbol{b}_t^{\mathrm{T}}\boldsymbol{\mu},\boldsymbol{b}_t^{\mathrm{T}}\boldsymbol{\Sigma}\boldsymbol{b}_t)$$

上述方差-协方差法为风险度量问题提供了一个简单的解决方案，但这种便利是建立在粗略的简化假设之上的，存在以下缺点：

（1）线性化近似 L_{t+1}^{Δ} 可能并非总能很精确地得到真实损失分布与风险因子变化的

关系的近似值，尤其对于期权衍生品组合。

（2）$\boldsymbol{X}_{t+1}$ 的分布可能是动态的，表现出自相关性和波动集聚性。因此均值向量 $\boldsymbol{\mu}$ 和协方差矩阵 $\boldsymbol{\Sigma}$ 通常不是常数，而是动态变化的。

（3）$\boldsymbol{X}_{t+1}$ 分布的多元正态性不一定满足，特别是随价格变化的日数据，有时周数据甚至月数据也是如此。大量的实证研究表明，金融风险因子收益率分布不满足正态性假定，呈现出尖峰且厚尾的特征。这导致风险因子的正态性假设往往会低估损失分布的尾部，进而低估投资组合的风险。

针对 $\boldsymbol{X}_t$ 可能存在自相关性和波动集聚性，我们应该基于过去风险因子变化的经验数据 $(\boldsymbol{X}_s)_{s\leqslant t}$ 来预测未来风险因子变化 $\boldsymbol{X}_{t+1}$ 的条件分布 $F(\boldsymbol{X}_{t+1}|F_t)$，这里 F_t 表示过去和现在的全部信息集。我们将在第 3 章分别对给定 F_{t-1} 条件下 $\boldsymbol{X}$ 的条件均值和条件方差建模，用 ARMA 模型描述均值方程 μ_t，对扰动用 GARCH 模型来刻画波动集聚性，通过拟合历史数据 $x_{t-n+1},\cdots,x_t$，推导 $\boldsymbol{X}_{t+1}$ 的条件分布。

针对 $\boldsymbol{X}_{t+1}$ 不服从多元正态分布这一缺陷，我们在第 4 章将多元正态分布扩展到椭圆分布和广义双曲分布，这样既可以解决正态分布的缺陷，又保留了正态分布的一些优良性质；通过引入 Copula 函数，将风险因子的边际分布和相关性结构分离开来研究，进一步扩大多元分布的类型，从而更加灵活地进行风险建模。

2. 历史模拟法

历史模拟法主要运用于市场风险度量，它并不对 L_{t+1} 的分布做假设，而是使用过去风险因子变化的经验分布来近似损失的分布，因而，历史模拟法实际上是非参数方法。该方法收集某段时间内历史风险因子变化的 n 个数据（例如 $n=500$ 天），并用 $\boldsymbol{X}_{t-n+1},\cdots,\boldsymbol{X}_t$ 表示这些数据。从这些数据中获得从 $t-n+1$ 时刻到 t 时刻风险因子变化的 n 种不同情形。具体地说，在历史模拟法中，根据风险映射构建了以下假想的损失数据集：

$$\{\widetilde{L}_s=-(g(t+1,\boldsymbol{Z}_t+\boldsymbol{X}_s)-g(t,\boldsymbol{Z}_t)):s=t-n+1,\cdots,t\}$$

如果风险因子在 $t+1$ 时刻还会再次发生类似于历史 s 时刻到 $s+1$ 时刻的变动，那么，$\widetilde{L}_s$ 的值表示当前投资组合在该情形下将发生的损失值。如果假设风险因子的变化过程 $\boldsymbol{X}_t$ 是平稳的，且分布函数同为 $\boldsymbol{F_X}$，那么在一定的假设下，历史模拟损失的经验分布函数是损失分布 $\boldsymbol{F_X}$ 的一致估计。利用历史模拟损失的经验分布可以计算出损失分布任何统计量的估计（例如损失的期望、损失的方差或在险价值）。例如，损失的期望可以通过公式 $E(L_{t+1})\approx n^{-1}\sum\limits_{s=t-n+1}^{t}\widetilde{L}_s$ 来估计，损失的方差可以通过 $\{\widetilde{L}_s\}$ 的样本方差来估计。我们将在第 5 章讨论历史模拟法的技术细节。

历史模拟法简单且容易实现，并将损失分布计算问题降为一维问题。然而，该方法的成功与否取决于我们是否能收集足够数量的、相关的、同步的风险因子历史数据。由于数据的可得性和相对较短的风险管理时间跨度，这种方法主要用于银行的市场风险管理。

3. 蒙特卡罗方法

如果风险因子变化不满足正态性假定，或者对于较为复杂的衍生品组合，人们无法推导出类似于参数法中投资组合损失 L_{t+1} 分布的简单表达式，更无法精确度量损失风险，蒙特卡罗方法可以解决这些问题。该方法首先对风险因子 $\boldsymbol{Z}_t$（或 $\boldsymbol{X}_t$）设定合适的随机过程和分布模型，然后产生足够多的风险因子 $z_{t+1}^{(i)}$ 或 $x_{t+1}^{(i)}$（$i=1,2,\cdots,m$）的随机数，再将产生的随机数代入风险映射 $g(t+1,\boldsymbol{Z}_{t+1})$ 对投资组合进行估值，进而生成投资组合的价值 V_{t+1} 的随机数 $\{v_{t+1}^{(i)},\ i=1,2,\cdots,m\}$，以及 L_{t+1} 的随机数 $\{l_{t+1}^{(i)}\}$，最后将 $\{l_{t+1}^{(i)}\}$ 的经验分布函数作为损失分布的估计。实际上，任何涉及风险因子变化的显式参数模型所模拟的风险度量都可以用蒙特卡罗方法。但由于该方法需根据选取的模型来产生随机数，所得到的任何结果都只与选取的模型一致，因此模型风险不可避免。

对于大型投资组合，蒙特卡罗方法的计算成本是相当可观的，因为每个模拟都需要重新评估投资组合，如果投资组合中包含许多无法以封闭形式定价的衍生品，则计算时间将十分长。

随机模拟技术在风险管理中的应用非常广泛。保险行业中使用的所谓经济情景生成器也属于蒙特卡罗方法，这些模型是经济驱动的模型，同时也是不同风险因子演变且相互作用的动态模型。我们将在第 5 章和第 6 章讨论其在市场风险建模中的应用，在第 8 章讨论其在交易对手信用风险中的作用，在第 9 章讨论其在操作风险建模中的应用。

2.3 风险度量指标

风险度量将发生损失 L 的金融头寸和衡量“L 风险”的实数相关联。在风险管理实践中，风险度量出于多种不同的目的：一是金融机构通过风险度量来确定对冲投资组合非预期亏损所需持有的资本，从而满足监管部门对其偿付能力的要求；二是在交易所交易的投资者通过风险度量来确定合适的保证金，以降低衍生品对各种风险因子的敏感性；三是风险度量经常作为一种管理工具来限制一个公司内业务单元可能承担的交易限额。例如，银行的交易员可能会受到交易限额的限制，每日头寸 95%以下的风险价值不能超过给定界限。

风险度量指标经历了很多变化，其发展如图 2－1 所示。最开始是使用一些简单的指标（如证券的面值或名义价值），然后发展到更复杂的价格敏感性测度指标（如债券的久期和凸度，期权的德尔塔），再到在险价值（VaR）和预期亏损（ES）的各种方法，以及基于极端情景的风险度量。每种测度方法最初都是针对单个资产的，然后进一步发展，用于测度那些含有衍生品的复杂资产组合的风险。不过总的来说，现有度量金融头寸风险的指标可分为三类：名义金额、基于损失分布的风险度量指标和基于情景的风险度量指标。

图 2－1 风险度量指标的发展

2.3.1 名义金额

名义金额法是量化资产组合风险的最古老的方法。使用名义金额指标时，一个投资组合的风险敞口被定义为该投资组合中各项资产名义价值的加权总和，其中权重是代表该资产或衍生品工具所属的资产大类的风险评估因子。名义金额法通常用来测定金融机构的整体风险敞口程度。该方法在实践中应用的典型例子是，巴塞尔监管框架中信用风险加权资本的标准法以及在操作风险中的标准法。

专栏 库克比率

《巴塞尔协议Ⅰ》是监管部门第一次尝试以风险为基础来定义资本充足率的国际性条约。条约产生之后，有人曾指出这一条约过于简单随意，但事实上这一条约是一个伟大的成就。所有12个巴塞尔银行监管委员会的参与国均签署了这一条约，这一条约大大增强了银行自身的风险管理意识，同时也大大提高了银行对风险管理的投入。协议中引入的**库克比率**（Cooke ratio）被认为是一个关键创新。

库克比率将资产负债表内及表外所有的信用风险敞口都纳入了考虑范围。它建立在风险加权资产（risk-weighted assets，有时也称作风险加权总量（risk-weighted amounts)）这一概念的基础上，这一指标被用来测定银行的整体信用风险敞口。

信用风险敞口可以分为以下三类：

(1) 表内风险敞口：对资产负债表内的资产的敞口（排除衍生品）；

(2) 表外风险敞口：对资产负债表外的项目的敞口（排除衍生品）；

(3) 对场外交易的衍生品的敞口。

首先考虑第一类信用风险敞口。表内每项资产都对应一个权重，这一权重反映了资产所对应的风险。表2-1展示了1988年《巴塞尔协议Ⅰ》中某些表内资产的风险加权权重。现金及OECD（经济合作与发展组织）政府债券被认为是没有风险的资产，因此其对应权重为0，企业债券的权重为100%，OECD银行债券及OECD政府管理部门发行的证券对应的权重为20%，无保险的按揭贷款的权重为50%。例如，某银行的表内资产包括1亿美元的企业贷款、1 000万美元的OECD政府债券及5 000万美元的住房贷款，则风险加权资产的总和为 $1\times100+0\times10+0.5\times50=125$（百万美元），即12 500万美元。

表2-1 1988年《巴塞尔协议Ⅰ》中表内资产的风险加权权重

权重（%）	资产类型
0	现金、金块、OECD政府债券、有保险的按揭贷款
20	OECD银行债券、OECD政府管理部门发行的证券（例如美国政府机构证券）、市政债券
50	无保险的按揭贷款
100	企业债券、非发达国家发行的债券、非OECD国家银行债券

现在考虑第二类信用风险敞口。表外项目包括银行承兑票据（banker's acceptance）、保函（guarantee）和贷款承诺（loan commitment）等。将这些产品的本金乘以一个信用转换系数（CCF），就可以得到所谓的等价信用量（credit equivalent amount）。简单地讲，等价信用量与某一贷款本金对等，而这一贷款本金的信用风险与所讨论资产的信用风险等同。对于非衍生品，等价信用量等于某转换因子乘以产品的面值。与贷款信用风险类似的产品，例如，银行承兑票据的转换因子为 100%。而其他保险证（如票据发行便利（note insurance facilities），即银行同意担保某家企业在将来某一时间以某些既定条款来发行短期债券）的转换因子会低些。

接下来考虑第三类信用风险敞口。对于场外衍生品，例如利率互换或远期合约等，等价信用量的计算方式为

$$\max\{V_t, 0\} + aL \qquad (2-10)$$

式中，V_t 为衍生品合约的当前价值，a 为附加因子，L 为面值。式（2－10）的第 1 项为当前信用风险敞口。若 V_t 为正，则合同对于银行而言是资产，如果对手发生违约，银行就会损失 V_t；若 V_t 为负，则合同对于对手而言是资产，无论对手是否违约，银行都没有损失，也无收益。因此，银行的风险敞口为 $\max\{V_t, 0\}$。第 2 项中的附加因子 a 是为了应对信用风险敞口在未来有增值的可能，表 2－2 列举了附加因子 a 的数值。

表 2－2 衍生品附加因子（面值的百分比）和剩余期限

剩余期限	利率	外汇及黄金	股票	贵金属（不包括黄金）	其他商品
<1	0.0	1.0	6.0	7.0	10.0
1～5	0.5	5.0	8.0	7.0	12.0
>5	1.5	7.5	10.0	8.0	15.0

1998 年以后的巴塞尔协议进行了多次改革，但标准法的框架没有发生变动，只是细化了标准法信用风险敞口的分类，调整了部分信用风险敞口的权重以及表外项目的信用转换系数。

虽然名义金额法考虑了不同资产类别和期限等风险特征，但还是存在一些明显的缺点：

（1）没有区分多头头寸和空头头寸。例如，某家机构拥有公司债券多头头寸，并且用信用违约互换（CDS）的抵消头寸对冲公司债券的信用风险，名义金额法计算的风险将会是未对冲债券头寸风险的两倍。另一个例子是，假设公司与许多不同的交易对手进行利率互换，其中一些互换被用于对冲其他互换产生的市场风险。在这个例子中，对冲的目的是抵消彼此对投资组合总市场风险的影响。如果加总交易的名义金额，将使人们对投资组合的市场风险产生完全错误的印象（尽管它将提供一些关于整体信用风险敞口的信息）。

（2）这种方法忽略了投资组合中资产的相关性，无法反映分散化在减少投资组合整体风险方面的优势。例如，如果我们使用名义金额法，则会出现这种情况，即一个由许

多公司的贷款组成的多样化的信贷组合，分散状况良好，其风险与将全部资金贷款给单个公司的风险相同。

（3）名义金额法在处理衍生品投资组合时存在问题。对于衍生工具头寸，其标的资产的名义金额（通常很大）和真实市场敞口金额（通常很小）差异很大。例如，如果相同名义价值、相同到期日的同种基础工具的两种看涨期权执行价格不同，那么它们的市场价值可能大相径庭。因为第一种期权可能处于深度价内，而第二种期权可能处于深度价外，或者第一种期权可能价值很高，而第二种期权可能几乎一文不值，这意味着它们的风险敞口截然不同。

2.3.2 风险因子敏感性测度

风险因子敏感系数测度的是投资组合价值对风险因子的微小变动的敏感性。在交易部门和特定金融市场上，交易员早就专为各种资产建立了它们对主要风险因子数值变化的敏感性指标。根据不同的市场，这些主要风险因子可能为利率、到期收益、波动率、股价、大宗商品价格等。

1. 债券的久期和凸度

在债券产品中，交易员常用的一种风险指标是 DV01，也称为基点价值。DV01 是收益率或利率变化 1 个基点（0.01 个百分点，小数形式为 0.000 1）时债券组合价值的变化值。DV01 指标与传统的债券久期分析一致。下面用一个简单的年息支付为 cF，T 年后支付本金为 F，到期收益率为 y 的债券价格公式来进行说明：

$$P(T,y)=\frac{cF}{1+y}+\frac{cF}{(1+y)^2}+\cdots+\frac{cF}{(1+y)^{T-1}}+\frac{cF+F}{(1+y)^T} \tag{2-11}$$

我们将 $P(T,y)$ 简记为 P，将债券价格公式式（2-11）进行一阶泰勒展开后可得

$$\Delta P\approx -P\frac{D}{1+y}\Delta y=-PD^*\Delta y,\ D^*=\frac{D}{1+y} \tag{2-12}$$

式中，D 称为马考勒久期，等于债券的每次息票利息和本金支付时间的加权平均，即

$$D=\frac{\dfrac{1\cdot cF}{1+y}+\dfrac{2\cdot cF}{(1+y)^2}+\cdots+\dfrac{(n-1)\cdot cF}{(1+y)^{T-1}}+\dfrac{n\cdot(cF+F)}{(1+y)^T}}{P}$$

D^* 称为修正久期，它衡量了债券价格对收益率的弹性，简单地说，是市场收益率变化 1%导致的债券价值变化的百分比，即 $\frac{\Delta P}{P}=-D^*\Delta y$。由式（2-12）可知，修正久期越高，引起的债券价值的变动越大。

基点价值（DV01）实际上就是到期收益率变化 $\Delta y=0.000\,1$ 时导致的债券价值变化量，即 $\mathrm{DV01}=-PD^*0.000\,1$。

然而，久期和相关指标只提供了收益率变化对债券价格的影响的一阶近似值。更准确的价格变化近似值需要进行二阶调整，称为凸度调整（见图 2-2），反映的是债券久

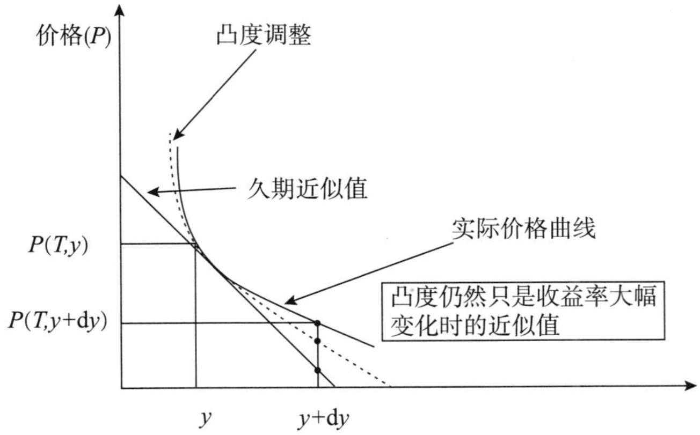

图 2-2　债券价格的久期和凸度示意图

期对利率变化的敏感性，即

$$\frac{\mathrm{d}P}{P}=-D^{*}\,\mathrm{d}y+\frac{1}{2}\mathrm{CX}\mathrm{d}y^{2}$$

式中，CX 代表债券的凸度。

图 2-2 中的直线表示采用一阶久期调整价值变化时，当前债券价值附近的债券价值。虚线表示在同时对久期和凸度调整后，围绕当前债券价值的债券价值。对凸度进行了调整的债券价值非常接近于债券的确切价格，用连续曲线表示，它并不完美，仍然只是收益率大幅变化时的近似值。

如果一个债券组合中所有债券都是按同一条收益曲线来定价的，则可以通过计算资产组合中各债券的加权平均久期来简单地加总出价格敏感性。具体来说，假定 P 代表债券组合的价值，将零息收益率曲线的所有点平移一个等同数量 Δy（见图 2-3）后，我们观察到债券组合相应价值的变化为 ΔP，组合久期被定义为

$$D=-\frac{1}{P}\frac{\Delta P}{\Delta y} \tag{2-13}$$

若假定组合由多种资产组成，第 i 种资产的价值为 P_i，其对应的久期为 D_i（$i=1,2,\cdots,n$）。定义 ΔP_i 为收益率变化 Δy 时 P_i 的相应变化量，则由式（2-13）可得

$$D=-\frac{1}{P}\sum_{i=1}^{n}\frac{\Delta P_i}{\Delta y}=\sum_{i=1}^{n}\frac{P_i}{P}D_i$$

式中，D_i 是第 i 种资产的久期，即 $D_i=-\frac{1}{P_i}\frac{\Delta P_i}{\Delta y}$。

人们有时用一个代表性的债券期限利率久期（如 4 年期国债利率）来表示债券组合利率变动的敏感性。在这种情况下，不同债券久期都被转化为相关工具（即 4 年期国债）久期的若干倍数。例如，10 年期国债的久期是 4 年期国库券久期的 2.1 倍，因此可以说，100 万美元 10 年期国债和 210 万美元 4 年期国库券等价。因此，可以把整个资产组合看作单一的相关工具敞口，由此来测度利率风险。

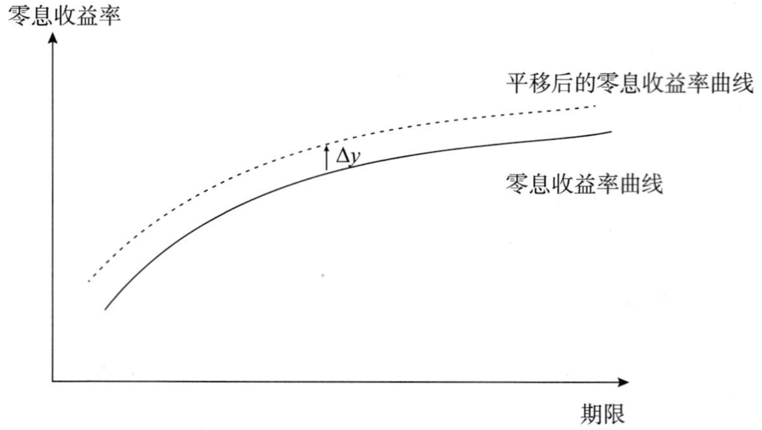

图 2-3 零息收益率曲线的所有点平移一个等同数量 Δy

金融实证研究表明，某些关键的整数期限的利率对金融市场交易者心理产生的影响是至关重要的。1 年期利率、5 年期利率和 10 年期利率就是这些关键期限利率的典型代表。关键利率久期（key-rate duration）正是以这些关键期限利率为基础，衡量固定收益证券价格对利率敏感性的分析方法。具体而言，它描述的是关键年期的利率发生变化时债券价格的敏感性。一般而言，人们假定关键年期利率对其他非关键年期利率的影响是简单的线性关系（例如线性递减关系），且关键利率的变动对其他关键年期的影响为零。

2. 衍生品的希腊字母

对于一般的金融产品，风险因子的敏感性指标即为线性化损失表达式中 $X_{t+1,i}$ 前的系数 $g_{Z_i}(t,\boldsymbol{Z}_t)$

$$L_{t+1}^{\Delta}=-\left(g(t,\boldsymbol{Z}_t)+\sum_{i=1}^{d}g_{Z_i}(t,\boldsymbol{Z}_t)X_{t+1,i}\right)$$

例如，在例 2-2 中，在欧式看涨期权的 Black-Scholes 定价模型中，$\boldsymbol{Z}_t=(\ln S_t,r_t,\sigma_t)^{\mathrm{T}}$ 定义为风险因子向量，式（2-6）给出了期权价格变动对风险因子的敏感性：

$$\Delta V_t=-\left(C_t^{\mathrm{BS}}+C_S^{\mathrm{BS}}S_tX_{t+1,1}+C_r^{\mathrm{BS}}X_{t+1,2}+C_\sigma^{\mathrm{BS}}X_{t+1,3}\right)$$

式中，下标 t 和 S 分别表示 Black-Scholes 公式中关于时间和风险因子的偏导数。注意，S_t 项的出现是因为我们将股票价格的对数而不是股票价格作为股票的风险因子。将 $S_t=\mathrm{e}^{z_1}$ 应用于链式法则，可以得到

$$C_{z_1}^{\mathrm{BS}}=C_S^{\mathrm{BS}}\left.\frac{\mathrm{d}S}{\mathrm{d}z_1}\right|_{z_1=\ln S_t}=C_S^{\mathrm{BS}}S_t$$

人们通常用一系列希腊字母来表示式（2-6）中的偏导数，这种表示方法也同样应用于衍生品的风险度量。最广为使用的希腊字母有如下几种：

（1）Δ（delta）：衡量了衍生品受标的资产价格小幅变动影响的程度，等于$\frac{\partial V_t}{\partial S_t}$；

（2）ρ（rho）：衡量了衍生品价值对利率变化的敏感性，等于$\frac{\partial V_t}{\partial r}$；

（3）ν（vega）：衡量了衍生品对标的资产波动率的敏感性，等于$\frac{\partial V_t}{\partial \sigma}$；

（4）θ（theta）：衡量了衍生品价值对时间推移的敏感性，即时间衰减，等于$\frac{\partial V_t}{\partial t}$；

（5）γ（gamma）：衡量了看涨期权的标的资产价格变化时期权 Δ 的变化程度，它实际上是二阶导数，即$=\frac{\partial \Delta}{\partial S_t}=\frac{\partial^2 V_t}{\partial S_t^2}$。

这些希腊字母体系广泛用于度量期货、互换等衍生品对各种风险因子的敏感性。该体系将期权头寸风险分解成若干风险组成部分，包括标的价格风险、时间风险、波动率风险和利率风险，并用希腊字母估计当其他风险因子条件不变时，一个单位的某种风险因子变动所造成的期权的价值变化。在 2010 年出台的《巴塞尔协议Ⅲ》中，市场风险新标准法要求计算敏感性资本，根据资产的内部估值模型，对风险因子一阶和二阶的敏感性进行分类和汇总。

希腊指标被衍生品交易部门的交易员广泛用于度量交易中存在的不同方面的风险，并与交易部门的风险经理讨论相关风险。在每个交易日结束时，交易员都要计算自己交易组合的各个希腊指标值。如果结果显示风险已经超出了本金融机构确定的内部风险额度（internal risk limit），交易员应立即采取对冲措施来降低风险敞口，并使资产组合能够根据所需的风险敞口进行再平衡。如果不采取适当措施，交易员可能会被解雇。我们将在第 6 章讨论希腊字母组合在中性对冲策略中的应用。

但是希腊指标只能衡量市场风险，而且每种敏感性都只表示部分金融风险。Δ、γ 和 ν 是彼此互补的，但不能加总它们得到头寸或投资组合的整体风险指标。即使是同一资产在不同类型风险下的敏感性也不能加总，例如，同一个头寸的 Δ 风险和 γ 风险不能加总。同样，不同市场的敏感性也不能加总，例如，我们不能将欧元/美元看涨期权的 Δ 和股票看涨期权的 Δ 相加。

敏感性不能用于评估风险因素变化可能产生的整体损失水平，因此，敏感性不能直接用于衡量金融机构的风险资本金额，也不便于控制金融风险。因为 Δ、γ 和 ν 无法方便地转化为头寸的“最大可接受损失”，所以用它们表示的头寸限额通常是无效的。为了满足人们对单只证券和投资组合的市场风险综合指标的需求，需要一个能够汇总不同资产组合和业务组合风险的一致的市场风险指标，而基于损失分布的风险度量正是解决方案之一。

2.3.3　基于损失分布的风险度量

目前，大多数投资组合风险度量利用损失 L_{t+1} 基于有条件或无条件分布计算得到相关统计量，包括期望损失（均值）、波动率（方差）、偏矩、在险价值（VaR）和预期亏损（ES）等风险度量。假设我们为 L_{t+1} 设定了合适的无条件分布 $F_{L_{t+1}}(x)$ 或条件

分布 $F(L_{t+1}|F_t)$，为了叙述方便，我们省略时间下标，将损失 L_{t+1} 记为 L，将有条件或无条件分布都简记为 F_L。下面按照从简单到复杂的顺序介绍常见的基于损失分布的风险度量。

1. 期望损失：$E(L)$

期望损失用来衡量投资组合在 $t+1$ 期的平均损失，平均损失越高，说明风险越大。但期望损失无法区分组合价值波动带来的风险。例如，债券组合价值波动小，则风险应该小于具有相同价值的股票组合。

2. 方差：$\mathrm{var}(L)=E(L-E(L))^2$

方差反映了投资组合价值波动的大小。在过去很长的一段时间里，损失分布的方差一直主导着金融风险度量方法。这主要归功于马科维茨组合理论（Markowitz，1952）对金融行业的巨大影响，该理论将方差作为风险的度量。方差是一个相对容易理解的概念，也较容易使用和分析。然而，作为风险度量的工具，它有两个缺点。一是在技术层面，如果我们想要使用方差，就必须假设损失分布的二阶矩存在。而对于操作风险损失和保险行业的巨灾损失，损失分布往往具有厚尾特征，不一定存在二阶矩。二是在概念层面，由于方差的定义对偏离均值的正偏差和负偏差没有区别，因此，方差主要适用于对称分布，如正态分布或（有限方差）学生 t 分布，如果数据在均值两侧的分布不对称，方差可能无法全面反映数据的波动情况。然而，在风险管理的诸多领域，比如信用风险评估或操作风险管理等，实际面临的损失数据往往需要通过不对称分布来更准确地拟合，这使得方差的应用在这些情境下显得局限。

3. 上偏矩和下偏矩

上偏矩和下偏矩是对分布左尾或右尾风险的度量。给定指数 $k\geqslant 0$ 和参考点 q，损失分布的上偏矩 $\mathrm{UPM}(k,q)$ 定义如下：

$$\mathrm{UPM}(k,q)=\int_q^{+\infty}(l-q)^k\,\mathrm{d}F_L(l),\ k\in[0,+\infty)$$

从上述表达式可以看出，上偏矩等于损失超过参考值 q 的平均值，度量了损失分布的右尾的内在风险。如果我们用收益而不是损失分布，则可类似定义下偏矩来表示收益小于参考值 q 的平均值，用来衡量收益分布左尾的内在风险。与方差相比，上偏矩（下偏矩）解决了不对称损失（收益）分布的风险度量问题。

当 k 和 q 取某些值时，对应有特殊的解释：

（1）当 $k=0$ 时，我们可以得到 $P(L\geqslant q)$，即损失大于 q 的概率；

（2）当 $k=1$ 时，我们可以得到 $E[(L-q)I_{\{L\geqslant q\}}]$；

（3）当 $k=2$ 和 $q=E(L)$ 时，我们可以得到 L 的右半方差。

当然，k 的取值越大，我们的风险度量越保守，这是因为我们给参考点 q 的偏差赋予了更大的权重。

4. 在险价值（VaR）

置信水平为 α 的在险价值（VaR_α）定义为

$$\mathrm{VaR}_\alpha=\mathrm{VaR}_\alpha(L)=F_L^{\leftarrow}(\alpha)=\inf\{x\in\mathbb{R}:F_L(x)\geqslant\alpha\} \tag{2-14}$$

式中，inf 表示下确界，即对任意 $x<\mathrm{VaR}_\alpha$，有 $F_L(x)<\alpha$。从概率的角度看，在险价值实际上就是损失分布的 α 分位数。α 通常取 0.95 或 0.99。VaR 的含义说明我们有 $100\alpha\%$的把握保证损失不会超过 $\mathrm{VaR}_\alpha(L)$，也就是说损失超过 $\mathrm{VaR}_\alpha(L)$ 是一个小概率事件。这样，VaR 方法从概率的角度解决了最大损失的度量问题。

若损失 L 是连续型随机变量，$f_L(x)$ 是损失密度函数，由式（2－14）可以推出

$$\int_{-\infty}^{\mathrm{VaR}_\alpha} f_L(x)\mathrm{d}x=\alpha$$

图 2－4 说明了在险价值的概念，损失分布的概率密度函数在 $\mathrm{VaR}_{0.99}$ 值处以垂直线表示。注意图中平均损失为负数，说明投资组合的期望收益为正。由于 VaR 衡量的是损失风险，因此我们关注损失分布的右尾。假设 $\mathrm{VaR}_{0.99}$ 大约是 200 万元，则意味着只有 1%的概率损失会超过这个数。

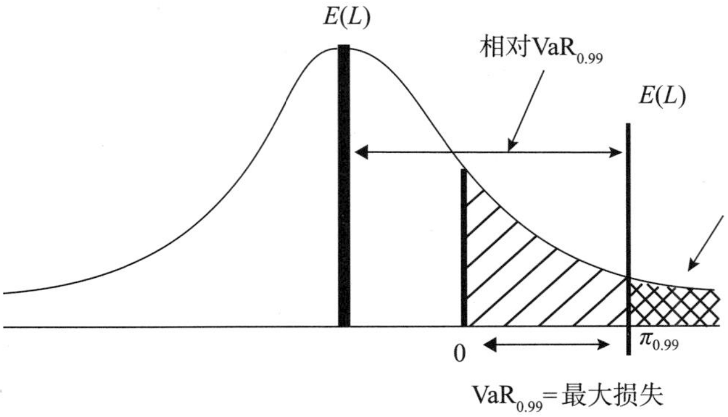

图 2－4 $\mathrm{VaR}_{0.99}$ 示意图

式（2－14）定义的 VaR 实际上是相对于零的最坏损失。而在某些文献中，VaR 的定义是在置信水平 α 下，在时间间隔 Δt 后资产组合的收益与期望收益的差距。为了区别，本书将这样定义的 VaR 称为相对 VaR，也称均值调整 VaR，记为VaR(mean)，而将式（2－14）定义的 VaR 称为绝对 VaR，记为 VaR(zero)。具体来说，假设某资产组合在 t 时刻价值为 V_t，$L_{t+1}=-(V_{t+\Delta t}-V_t)$，$\pi_\alpha(L_{t+1})$ 表示损失分布 $F_{L_{t+1}}$ 的 α 分位数，则该资产组合在 $t+1$ 时刻的绝对 VaR 和相对 VaR 值可以分别表示为

$$\mathrm{VaR(zero)}=\pi_\alpha(L_{t+1})$$
$$\mathrm{VaR(mean)}=\pi_\alpha(L_{t+1})-E(L_{t+1})$$

如果时间间隔 Δt 较短，期望收益率接近于 0，那么在这种情况下，绝对 VaR 和相对 VaR 相差不大。相对 VaR 在概念上更符合风险管理的要求，这是因为在充分考虑资金时间价值的基础上，风险来自与期望收益的差距。如果期望收益为正，相对 VaR 度

量的风险更为保守（见图 2－4）。因此，相对 VaR 的概念在风险管理界使用更为广泛，例如信用风险的非预期亏损、资本管理中的经济资本和风险调整后的资本收益率都基于相对 VaR。

与前面的几种风险度量指标相比，VaR 作为风险度量指标具有显著的优点和广泛的用途：

(1) VaR 是所有风险的总风险指标，可以计算出公司每项业务活动（例如交易活动）和公司整体业务风险的 VaR。

(2) VaR 提供了适用于不同风险因素、工具和资产类别的普遍性、一致性、综合性指标。例如，它使管理者衡量固定收益头寸风险的方法与评估股票衍生工具头寸风险的方法具有可比性和一致性。而且，VaR 还考虑了不同风险因素之间的相关性，可以体现投资组合论的分散化效应（见第 5 章）。

(3) VaR 提供了风险和风险调整绩效的综合指标，这个数字可以轻松转化为一项资本要求。VaR 还可用于衡量风险调整绩效，根据员工活动创造的风险调整后的资本收益率对员工进行奖励（见第 10 章）。

(4) VaR 为高管、董事会和监管机构提供了它们能理解的风险指标，管理者、股东和监管机构可以决定它们对银行承担的风险水平（用金额表示）是否满意。VaR 还提供了预期风险调整后的资本收益率，可以用于事先评估投资并搭建项目框架。

(5) VaR 让公司可以评估某种业务和不同业务的投资组合的分散化收益，让经理可以估计给定交易领域的日收入预期波动性，也让他们能比较不同业务领域（例如股票业务、固定收益业务等）的波动性，从而让他们能更好地了解每种业务如何抵消或增加整个公司收入的波动性（见第 6 章）。

因此，VaR 已经成为行业标准的内部报告与外部报告工具，业务经理每天提交 VaR 报告汇总供高管参考，VaR 也被汇报给监管机构，并成为某些风险衡量领域的监管资本计算工具。评级机构在确定银行评级时会考虑 VaR 的计算结果，银行年报将基于 VaR 计算的风险资本作为重要的风险指标公布。

但是，VaR 也存在一些明显的缺点。首先，VaR 不满足次可加性，不是一致性风险度量（参见 2.4 节）。其次，VaR 的计算忽略了参数估计误差、模型风险和市场流动性风险。模型风险就是我们错误指定损失分布模型的风险。比如，我们可能使用正态分布作为损失的模型，但真实的分布是厚尾分布。或者，在建立潜在损失风险因子变化分布的模型时，我们没有关注波动集聚性或者尾部相关性的存在（参见第 3 章和第 4 章）。特别是如果我们在较高的置信水平 α 下计算 VaR，这些问题就会比较显著。市场流动性风险指的是任何试图清算一个巨额亏损头寸的行为，都可能导致价格对我们不利，从而加剧亏损。最后，VaR 不能给出超过 $100\alpha\%$ 的损失严重程度的信息。

5. 预期亏损（ES）

对于金融资产损失 L，在 VaR 的基础上，可以给出置信水平 α 的预期亏损定义如下：

$$\mathrm{ES}_\alpha(L)=E[L\,|\,L>\mathrm{VaR}_\alpha(L)] \tag{2-15}$$

如果损失 L 的分布连续且 $ES_\alpha(L)$ 的值是有限的，对式（2-15）积分，则 $ES_\alpha(L)$ 可写为

$$\mathrm{ES}_\alpha(L)=\frac{\int_{\mathrm{VaR}_\alpha}^{+\infty} xf(x)\mathrm{d}x}{1-F_L(\mathrm{VaR}_\alpha)}=\frac{\int_\alpha^1 \mathrm{VaR}_u(L)\mathrm{d}u}{1-\alpha}$$

我们还可以推出 VaR 和 ES 两者之间的关系：

$$\mathrm{ES}_\alpha(L)=\mathrm{VaR}_\alpha(L)+\frac{\int_{\mathrm{VaR}_\alpha}^{+\infty}(x-\pi_\alpha)f(x)\mathrm{d}x}{1-\alpha}=\mathrm{VaR}_\alpha(L)+e(\mathrm{VaR}_\alpha) \quad (2-16)$$

式中，$e(\cdot)$ 称为剩余期望函数或平均超额函数，满足 $e(u)=\dfrac{\int_u^{+\infty}(x-u)f(x)\mathrm{d}x}{1-F(u)}$。

因此，ES_α 可以看作高于 VaR_α 的损失的平均值。ES_α 比 VaR_α 揭示了更多关于分布尾部的信息。图 2-5 给出了损失服从偏 t 分布的 95%和 99.9%的 VaR 和 ES 的值。可以看出，与左尾相比，该损失分布右尾较长，预期亏损远远超出了 VaR 的值。事实上，对于厚尾的损失分布，平均超额函数 $e(\pi_\alpha)$ 随着 α 取值的增大而递增，因此，α 越接近于 1，ES_α 与 VaR_α 的差异越大，ES_α 对极端风险的描述越精确。

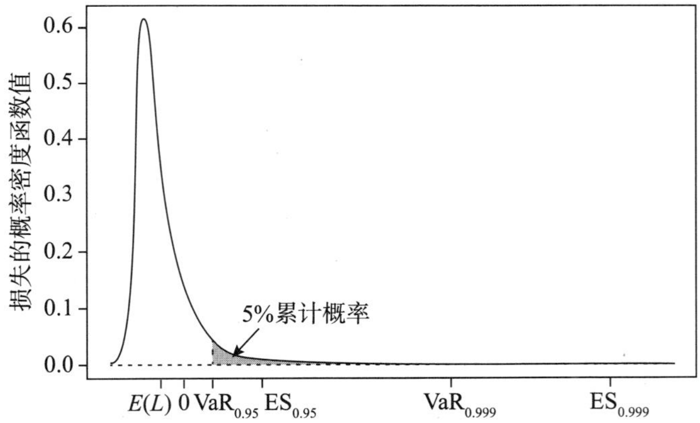

图 2-5　损失分布的 ES_α 和 VaR_α 示意图

例 2-4　假设损失 L 服从标准正态分布 $N(0,1)$，设 $\varphi(x)$ 和 $\Phi(x)$ 分别表示标准正态分布的密度函数和累积分布函数，于是有

$$\mathrm{VaR}_\alpha(L)=\Phi^{-1}(\alpha)$$

$$\mathrm{ES}_\alpha(L)=\frac{1}{1-\alpha}\int_\alpha^1\Phi^{-1}(u)\mathrm{d}u=\frac{1}{1-\alpha}\int_{\Phi^{-1}(\alpha)}^{+\infty}x\varphi(x)\mathrm{d}x$$

如果损失 L 服从均值为 μ，方差为 σ^2 的正态分布 $N(\mu,\sigma^2)$，则由正态分布性质可得

$$\mathrm{VaR}_\alpha(L)=\mu+\sigma\Phi^{-1}(\alpha)$$

$$\mathrm{ES}_\alpha(L)=\mu+\sigma\mathrm{ES}_\alpha(\widetilde{L})=\mu+\sigma\frac{\varphi(\Phi^{-1}(\alpha))}{1-\alpha}$$

由上述两式可证

$$\lim_{\alpha\to1}\frac{\mathrm{ES}_\alpha(L)}{\mathrm{VaR}_\alpha(L)}=1$$

这说明对于正态分布，预期亏损和在险价值的差异并不明显。

例 2-5 假设损失 L 服从自由度为 ν 的 t 分布 $t(v,\mu,\sigma^2)$。当 $\nu\geqslant2$ 时，可推导出 $E(L)=\mu$，$\mathrm{var}(L)=\nu\sigma^2/(\nu-2)$。因此，$\sigma$ 不是 t 分布的标准差。类似于正态分布，我们可以计算

$$\mathrm{VaR}_\alpha(L)=\mu+\sigma t_\nu^{-1}(\alpha)$$

$$\mathrm{ES}_\alpha(L)=\mu+\sigma\frac{f_{t_v}(t_v^{-1}(\alpha))(v+t_v^{-1}(\alpha)^2)}{(1-\alpha)(v-1)}$$

式中，$t_v(x)$ 为自由度为 ν 的标准 t 分布函数，$f_{t_v}(x)$ 为其密度函数。①

由以上两式可证 $\lim_{\alpha\to1}\frac{\mathrm{ES}_\alpha(L)}{\mathrm{VaR}_\alpha(L)}=\frac{v}{v-1}>1$，说明随着置信水平的提高，$t$ 分布的预期亏损明显高于在险价值。

下面比较一个标准正态分布和一个自由度为 4、标准差为 1 的 t 分布在尾部风险 VaR 和 ES 的差异。图 2-6 绘制了随着 $1-\alpha$ 逐渐变大，两个分布模型的 VaR_α 和 ES_α 的变化情况。由图 2-6 可以看出，$\mathrm{VaR}_\alpha^{t_4}\geqslant\mathrm{VaR}_\alpha^{\mathrm{normal}}$，$\mathrm{ES}_\alpha^{t_4}\geqslant\mathrm{ES}_\alpha^{\mathrm{normal}}$，即 t 分布比正态分布的尾部风险更大，说明在 t 分布下更有可能出现极端损失。然而，如果我们使用 95%或 97.5%的置信水平的 VaR 来度量风险，则正态分布的风险和 t 分布至少一样大；只有在超过 99%的置信水平下，t 分布的 VaR 才会明显高于正态分布。另外，如果我们使用预期亏损度量尾部风险，那么在超过 99%的置信水平下，t 分布的尾部风险更明显地大于正态分布。

基于损失分布的风险度量有许多优点。损失分布的概念不仅适用于由单一工具组成的投资组合，也可以用来度量金融机构的整体头寸。此外，如果估计得当，损失分布反映了净额结算和分散化效应的影响。

但基于损失分布的风险度量还是存在一些缺陷，使用时要注意以下几点。第一，对损失分布的任何估计都是基于过去的数据，如果金融市场的监管法律发生变化，这些过去的数据在预测未来风险方面的作用也是有限的。第二，即使是在稳定的市场环境中，也很难准确估计损失分布，特别是对于大型的投资组合，许多看似复杂的风险管理系统都是基于相对粗糙的损失分布统计模型（例如，纳入了不符合现实的正态性假设）。这些问题要求我们改进估计损失分布的方式，当然也要求我们在实际应用中谨慎地使用基于损失分布的风险管理模型。第三，模型风险不可避免。虽然合适的模型是有力的工具，但它们必然经过简化，没有哪个模型能完全充分地反映风险、潜在的相互作用和后

① 大多数统计计算机软件包中都有标准正态分布和 t 分布函数、密度函数及其逆函数。

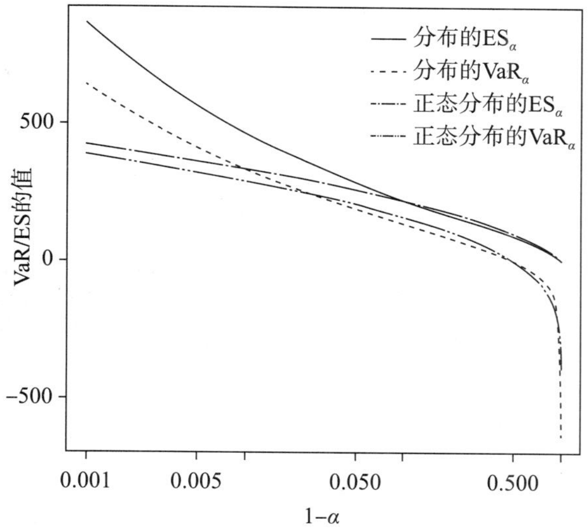

图 2-6　t 分布和标准正态分布的 VaR 和 ES 的比较

果。因此，基于损失分布的风险计量可通过假设情景中的信息加以完善，也可纳入反映市场参与者预期的前瞻性信息（如隐含波动率），这些信息应与统计估计（必须基于过去的信息）一起使用，以校准损失分布模型。

2.3.4　基于情景的风险度量

2007—2009 年的金融危机说明，将风险模型、风险评级、VaR 或 ES 等风险指标结果作为风险度量的目标，可能是一个识别风险的障碍。因此，专家判断、批判分析和从更宏观的角度思考问题始终是有必要的。

例如，VaR 是 20 世纪 90 年代末以来银行业的标准风险模型，它衡量了通常市场条件下的特定类型的风险。然而，此次金融危机凸显了它在极端情景发生时度量风险的缺陷。第一，VaR 作为静态模型，不能充分反映流动性耗竭或发生厚尾事件时的影响，也无法解决波动性骤升和相关性变化的问题。第二，可能没有考虑次级债务抵押债券等结构性产品的重要非线性特征。大多数 VaR 模型重点关注假想的盯市市场价值（MTM）变化，但是无法对风险和追加担保品要求（例如，对回购交易的追加担保品要求）、与信用相关的降级、操作风险事件（例如，欺诈）等的关系建立模型。第三，传统的 VaR 模型无法轻松反映出市场泡沫期间组合风险敞口和工具价格出现非线性变化的风险，例如，奇异期权隐含波动性的骤升。实际上，VaR 不是此次金融危机中唯一丧失可信性的风险指标。更普遍地看，金融业过度量化的风险方法、依赖“黑箱”模型结果的趋势以及缺乏理解系统相关性和“做最坏打算”的能力也遭到非议。2007—2009 年的金融危机凸显了风险管理和风险模型的一些重大缺陷。

这正是压力测试和情景分析的用武之地。压力测试就是采用以定量分析为主的风险分析方法，测算压力情景下净资本和流动性等风险控制指标、财务指标、金融机构内部风险限额及业务指标的变化情况，评估风险承受能力，并采取必要的应对措施的过程。这是一种更具整体性的方法。压力测试包括：情景分析；压力模型、变量、相关性设定；开发应对策略。其中，情景分析要考虑多个可能对资产产生影响的因素，以评估其对资产质量产生的影响。风险管理者在实务中有多种选择来设计相应情景。

（1）敏感性分析，即单一因素分析。该方法的主要思想是通过改变模型中的某个或某组特定的风险因子来观测模型结果随之发生的变化，从而得知相应的资产变化。这是一种非常简单且直观的方法。然而遗憾的是，评估金融变量间的共同变动情况是非常困难的。这是因为所有变量同时向最极端的情况变动的可能性极低。例如，即使发生次贷危机和欧债危机这样的极端事件，各国政府也会不遗余力地救市和增加市场流动性，根本不可能在经济已经遭受重创的情况下采取紧缩的货币政策和财政政策。

（2）历史情景模拟法。该方法是通过观察特定历史事件发生时期，市场风险因子在某一天或某一阶段的历史变化可能对金融机构目前拥有的投资组合市场价值的影响来进行模拟测试。国际先进银行通常会采用如下情景进行模拟：1987 年股市突然崩盘、1992 年英镑贬值、1994 年债券市场崩溃以及 2008 年雷曼兄弟倒闭等。这种方法的优点在于测试结果的可信度高，并且测试结果易于沟通和理解。然而，其缺点在于难以测试那些在该历史事件发生后才出现的创新性金融资产，或者是由于监管要求或行为特性变化而在该事件发生后发生改变的风险因素。

（3）建立预期情景。例如假设本国资本市场突然崩溃给金融机构造成的直接和间接影响，理论上讲，这种情景用于评估最极端市场条件发生时给金融机构投资组合的当前头寸造成的影响最合适。

（4）反向压力测试（reverse stress test）。该方法以假设一起巨大的损失事件为起点来思考可能引发此类规模损失的情景。这种方法要求金融机构进行深入分析，以便找出在常规压力测试中可能无法发现的情况，例如气候危机的蔓延。这对风险管理者的专业判断和经验要求极高，因为需要能够设计反向压力测试并从中找到潜在的致命问题，这是证明其优异风险管理能力的有效证据之一。

下面给出基于情景的风险度量的数学表述。记集合 $\boldsymbol{x}=\{\boldsymbol{x}_1,\cdots,\boldsymbol{x}_n\}$ 表示 n 种风险因子的极端变化情形（即情景变化）。为了计量的合理性，情景也可以加权。我们用向量 $\boldsymbol{w}=(w_1,\cdots,w_n)^{\mathrm{T}}\in[0,1]^n$ 表示权重，$L(\boldsymbol{x})$ 表示在情景 $\boldsymbol{x}$ 下投资组合遭受的损失，则

$$L(\boldsymbol{x}):=-(g(t+1,\boldsymbol{z}_t+\boldsymbol{x})-g(t,\boldsymbol{z}_t)),\ \boldsymbol{x}\in\mathbb{R}^d$$

基于情景的投资组合风险可由下式度量：

$$\psi_{[\boldsymbol{x},\boldsymbol{w}]}:=\max\{w_1L(\boldsymbol{x}_1),\cdots,w_nL(\boldsymbol{x}_n)\} \tag{2-17}$$

我们可以将式（2-17）推广到广义情景风险度量。如果假设 $L(\boldsymbol{0})=0$，即如果所有风险因子保持不变，则头寸的价值是不变的。这时我们可以将表达式 $w_iL(\boldsymbol{x}_i)$ 看作风险因子变化空间概率测度 $\boldsymbol{P}_{[\boldsymbol{x},\boldsymbol{w}]}$ 下 L 的期望值，$\boldsymbol{P}_{[\boldsymbol{x},\boldsymbol{w}]}$ 将权重 $w_i\in[0,1]$ 与点 $\boldsymbol{x}_i$ 相关联，权重 $1-w_i$ 与点 $\boldsymbol{0}$ 相关联，即

$$P_{[\boldsymbol{x},\boldsymbol{w}]}=\{w_1\delta_{\boldsymbol{x}_1}+(1-w_1)\delta_0,\cdots,w_n\delta_{\boldsymbol{x}_n}+(1-w_n)\delta_0\}$$

于是 $\psi_{[\boldsymbol{x},\boldsymbol{w}]}$ 可以写成如下形式的风险度量：

$$\psi_{[x,w]}=\max\{E^{P}(L(\boldsymbol{x})):P\in P_{[x,w]}\} \tag{2-18}$$

式中，$P_{[x,w]}$ 被某些风险因子变化空间上所有概率测度集合的任意子集 P 替换，称为广义情景。广义情景度量可以基于损失分布的统计值，为风险度量提供有价值的补充信息，它也满足一致性风险度量的四条公理，但难点在于确定一组合适的情景和权重因子。

例 2-6　下面我们来简单描述芝加哥商品交易所（CME）开发的用来确定所需保证金的系统，参见 Chicago Mercantile Exchange（2010）。以计算一个简单投资组合的初始保证金为例，该投资组合包含远期合约以及该合约的看涨、看跌期权，因此我们需要考虑 16 种情景。前 14 种情景包含向上波动、向下波动和没有波动的情况，其中给定期货价格向上波动或向下波动的范围分别为 1/3、2/3 或 3/3 个单位。该 14 种情景中权重 w_i（$i=1,\cdots,14$）之和为 1。其余两种极端情景的权重为 $w_{15}=w_{16}=0.35$。交易要求的该投资组合所需的保证金由式（2-17）确定。

下面的专栏展示了我国金融监管部门要求金融机构进行整体压力测试时情景设置应考虑的因素。

专栏　我国监管部门对金融机构压力测试中的情景要求

1. 证券公司①

第十四条　压力测试应当涵盖证券公司面临的主要风险，包括经营风险、市场风险、信用风险、操作风险、流动性风险等风险类型。证券公司应当根据上述风险类型确定相应的风险因素，并考虑不同风险因素之间的相互作用和共同影响，风险因素的变化情况一般包括：

（一）经营风险因素：证券交易量大幅下降、经纪业务佣金费率快速下滑、资产管理、投资银行、融资融券、股票质押等主要业务规模大幅变动等。

（二）市场风险因素：利率或信用价差大幅变动、权益市场、汇率大幅波动、商品市场的大幅波动等。

（三）信用风险因素：违约事件发生、信用评级下调、融资类业务违约率或违约损失率上升等。

（四）操作风险因素：信息系统重大故障、人员重大操作失误、出现违法违规事件等。

（五）流动性风险因素：融资成本持续高企、融资渠道受限、出现大额资金缺口、负债集中到期或赎回以及可能导致流动性风险的其他因素。

2. 银行②

第二十八条　商业银行应在充分识别风险特征的基础上进行情景设计。压力情景应反映银行主要风险因素，不同业务条线情况，外部环境冲击的影响变化；考虑各风险因子在一系列宏观经济和金融冲击下的相互作用和反馈效应。

---

① 摘自中国证券业协会 2016 年 12 月 30 日发布的《证券公司压力测试指引》。

② 摘自中国银行业监督管理委员会 2014 年 12 月 8 日发布的《商业银行压力测试指引》。

压力情景一般分为轻度压力、中度压力以及重度压力。三种压力情景按照顺序不断增强，其中轻度压力应比基准情况更为严峻，重度压力应反映极端但可能发生的情况。

第三十条 压力情景设计涵盖的风险类型应主要包括信用风险（含集中度风险、国别风险）、市场风险（含银行账户利率风险）、流动性风险、操作风险和声誉风险等，并考虑不同风险之间的相互影响。

第三十一条 针对信用风险的压力情景包括但不限于以下内容：国内及国际主要经济体宏观经济增长下滑，房地产价格出现较大幅度向下波动，贷款质量和抵押品质量恶化，授信较为集中的企业和主要交易对手信用等级下降乃至违约，部分行业出现集中违约，部分国际业务敞口面临国别风险或转移风险，其他对银行信用风险带来重大影响的情况等。

第三十二条 针对市场风险的压力情景包括但不限于以下内容：利率重新定价、基准利率不同步以及收益率曲线出现大幅变动、期权行使带来的损失，主要货币汇率出现大的变化，信用价差出现不利走势，商品价格出现大幅波动，股票市场大幅下跌以及货币市场大幅波动等。

第三十三条 针对流动性风险的压力情景包括但不限于以下内容：流动性资产变现能力大幅下降，批发和零售存款大量流失，批发和零售融资的可获得性下降，交易对手要求追加抵（质）押品或减少融资金额，主要交易对手违约或破产，信用评级下调或声誉风险上升，市场流动性状况出现重大不利变化，表外业务、复杂产品和交易对流动性造成损耗，银行支付清算系统突然中断运行等。

第三十四条 针对操作风险的压力情景包括但不限于受到以下重大操作事件影响：内部欺诈事件，外部欺诈事件，就业制度和工作场所安全事件，客户、产品和业务活动事件，实物资产的损坏，信息科技系统事件，执行、交割和流程管理事件等。信息系统事件应充分考虑业务中断系统失灵导致的直接和间接损失。

上述监管压力测试倡议的整体结果是，对于某些银行而言，压力测试已成为监管资本充足性的一个重要影响因素。如果没有通过监管压力测试，将严重影响金融机构的声誉。因此，金融机构一般会确保其压力测试和资本规划相对保守。

2.4 一致性风险度量

需要注意的是，2.3 节中涉及的风险度量仅仅是一个统计量，它给出了未来潜在风险的一个估计值，但通常不能提供可能损失的全面描述。那么问题是，怎样的风险度量才是一个好的风险度量呢？一个好的风险度量应该具有良好的性质，能很好地描述我们在金融中碰到的损失，应用要广，同时和基本的金融理论一致。Artzner et al.（1999）提出了一致性风险度量的概念，认为一个好的风险度量应该满足单调性、平移不变性、次可加性和正齐性四条公理，并将满足这些公理的风险测度称为一致性风险度量。在本节，我们将讨论这些公理。

为了便于说明，我们先用 M 表示所有风险度量指标组成的集合，其元素就是随机变量空间到实数空间的实值函数，也包含常数。在风险管理实践中，M 中的元素有两种可能的含义：第一种，M 中的元素可以看作投资组合或头寸中的未来净资产价值，在这种情况下，M 中的元素用 V 表示，当前净资产的现值用 V_0 表示；第二种，M 中的元素可以看作投资组合或头寸中的未来损失 L，其中 $L=-(V-V_0)$，可见这些损失也与未来价值有关，但此处为了简化，我们没有对 V 贴现，忽略时间的价值。

相应地，对 M 的风险度量有两种理解：第一种，我们可以将风险度量视为额外资本的数量，额外资本需要和未来净资产价值 V 一起加到头寸中，这个头寸要能让监管者或谨慎的经理人接受，这种情况下我们用 $\tilde{\rho}(V)$ 来表示这类风险度量；第二种，我们会将风险度量解释为总股权资本，总股权资本需要能够覆盖头寸的非预期亏损，这种情况下我们把此类风险度量记为 $\rho(L)$。由于"总资本＝可用资本＋额外资本"，因此上述两种风险度量的理解由以下公式联系起来：

$$\rho(L)=V_0+\tilde{\rho}(V)$$

然而，这两种不同的概念影响了人们表述公理和理解公理的方式。由于本书中我们主要关注损失分布，因此采用第二种理解方式，并用 ρ：$L\rightarrow\rho(L)$ 来度量损失 L 的风险值。需要注意的是，另一种理解在文献中也很常见。

定义 2.1　一致性风险度量（Artzner，1999）　一个定义在凸锥 M 上的风险度量如果满足以下公理（1）～（4），那么该风险度量值称为 M 上的一致性风险度量。

（1）单调性。

对于 L_1，$L_2\in M$，如果 $L_1\leqslant L_2$ 几乎必然发生，我们就有 $\rho(L_1)\leqslant\rho(L_2)$。

单调性指出，如果在任何情况下，第一个资产组合的损失均低于第二个资产组合的损失，即 $L_1\leqslant L_2$ 恒成立，则第一个组合的风险度量一定比第二个小。从经济学的角度来看，单调性是显而易见的：更高损失的头寸需要更多风险资本，持有 $L\leqslant 0$ 的头寸不需要任何资本。

（2）平移不变性。

对于所有 $L\in M$ 和每个 $k\in\mathbb{R}$，有 $\rho(L+k)=\rho(L)+k$。

平移不变性表明，如果没有附加的不确定性，就不会有附加的风险，因为在统计上对一个随机变量加一个常数不会影响它的波动性。因此，如果将数量为 $\rho(L)$ 的资本或保证金加入投资组合，则恰好可以抵消组合损失 L 的风险。因此，平移不变性要求风险度量在数值上就是为抵消投资组合风险而需要提供的资本或保证金。这意味着风险是用货币来衡量的。

（3）次可加性。

对所有 L_1，$L_2\in M$，有 $\rho(L_1+L_2)\leqslant\rho(L_1)+\rho(L_2)$。

次可加性指出，两个交易组合相加所组成的一个新交易组合的风险小于或等于最初两个交易组合的风险。如果监管机构在确定一家金融机构的监管资本时使用了一种不满足次可加性的风险度量方法，该机构就有动机将其合法拆分为多个子公司，以降低其监管资本要求。可见，次可加性保证了风险监管的有效性。次可加性也使风险管理系统的分散化成为可能。以两个导致损失 L_1 和 L_2 的交易席位为例，假设风险经理想要确保

$\rho(L)$，总体损失的风险 $L=L_1+L_2$ 小于某个数字 M，如果他使用了次可加性风度量 ρ，则可以简单地选择风险限额 M_1 和 M_2，使 $M_1+M_2\leqslant M$，并对每个交易账簿施加 $\rho(L_i)\leqslant M_i$ 的约束，ρ 的次可加性自动确保 $\rho(L)\leqslant M_1+M_2\leqslant M$。

（4）正齐性。

对所有 $L\in M$ 以及任意正数 $\lambda>0$，有 $\rho(\lambda L)=\lambda\rho(L)$。

正齐性的意义在于：第一，它表明金融头寸加倍后风险也应该加倍；第二，它意味着风险不依赖度量风险的货币。如果次可加性成立，正齐性也很容易证明。对 $n\in\mathbb{N}$，次可加性意味着

$$\rho(nL)=\rho(L+\cdots+L)n\rho(L) \tag{2-19}$$

由于在这个投资组合中，损失之间不存在净额结算或分散化，因此式（2-19）自然成立，这就导致了正齐性。

但是考虑到大额头寸的资产交易时，可能会面临流动性风险，一些学者建议对大额乘以一个数 λ，我们应该有 $\rho(\lambda L)>\lambda\rho(L)$。Follmer and Schied（2002）提出了凸性风险度量，放松了次可加性和正齐性的要求，取而代之的是只需要一个较弱的凸性特征。

（5）凸性。

对于所有 L_1，$L_2\in M$ 以及所有 $\lambda\in[0,1]$，我们都有 $\rho(\lambda L_1+(1-\lambda)L_2)\leqslant\lambda\rho(L_1)+(1-\lambda)\rho(L_2)$。

显然，凸性的经济原理是分散化可以减少风险。

定义 2.2　凸性风险度量（Follmer and Schied，2002） 如果基于 M 风险度量的值 ρ 满足单调性、平移不变性和凸性，那么称 ρ 在 M 上具有凸性。

虽然每个一致性风险度量都是凸的，但反过来却并非如此。特别地，在凸性风险的类别中，可以找到惩罚集中度风险的风险度量，即对于 $\lambda>1$，$\rho(\lambda L)\geqslant\rho(L)$。另外，对于正的同质凸性和次可加性的风险度量，它们是等价的。凸性结合了次可加性和同质性，体现了投资组合中风险分散的性质。更重要的是，一致性和凸性保证了我们在求解凸性优化问题时能够得到唯一满足风险目标贡献的资产权重，即优化问题有唯一解。这也是我们在此讨论风险度量性质的重要意义所在。

我们可以很容易地证明，VaR 是平移不变的、单调的和正齐的。然而，下面的例子将会显示 VaR 在一般情况下是具有非次可加性的，因此它既不是一个凸性风险度量，也不是一个一致性风险度量。

例 2-7 考虑由两笔独立贷款组成的组合，其期限为 1 年，且两笔贷款违约是相互独立的。假定两笔贷款的违约概率完全相同，都为 $p=2\%$。贷款金额都为 1 000 万元，贷款利息为 6%。如果没有违约，一年之后将收到 1 060 万元；如果发生违约，将收不到任何钱，也就是说，回收率为零。把贷款的损失记为 L_i，则有

$$P(L_i=-60)=1-p=0.98$$
$$P(L_i=1\ 000)=0.02$$

两项单笔贷款在展望期为 1 年、97.5%的置信区间下，VaR 都为 -60 万元。

现在考虑一个由两笔贷款叠加产生的贷款组合，相应的损失为 $L=L_1+L_2$。由于

两笔贷款违约是相互独立的，这个贷款组合有

$$P(L=-120)=(1-p)^2=0.98\times0.98=0.960\ 4$$
$$P(L=940)=2p(1-p)=2\times0.02\times0.98=0.039\ 2$$
$$P(L=2\ 000)=0.02\times0.02=0.000\ 4$$

由于 $P(L\leqslant-120)=0.960\ 4<0.975$ 和 $P(L\leqslant940)>0.975$，因此一年后，在 97.5%的置信水平下，$\mathrm{VaR}_\alpha(L)=940>-120=\mathrm{VaR}(L_1)+\mathrm{VaR}(L_2)$。

两项单笔贷款所对应的 VaR 的和为−120 万元，贷款组合的 VaR 比单笔贷款 VaR 的总和高，违反了次可加性。

在这个反例中，VaR 的非次可加性的产生是因为组成投资组合的资产具有非常偏斜的损失分布；如果投资组合中有违约债券或期权，则这种情况很容易发生。如果使用 VaR 来为交易员设置风险限制，那么非次可加性可能会带来特别大的问题，因为这会导致投资组合的集中度风险。例如，在例 2－7 的设置中，假设一名交易员希望在他的头寸的 VaR 小于某个给定正数的约束下，使两种违约债券的投资组合的预期收益最大化且不允许卖空。显然，这名交易员的最佳策略是将所有资金投资于这两种债券中的一种，这是一个非常集中的头寸。对于这个案例的细化，参考 Frey and McNeil (2002)。

利用分位数的性质容易证明，预期亏损满足单调性、平移不变性、次可加性和正齐性。例如，正齐性可通过下式说明：

$$\mathrm{ES}_\alpha(\lambda L)=\frac{1}{1-\alpha}\int_\alpha^1 q_u(\lambda L)\mathrm{d}u=\frac{1}{1-\alpha}\int_\alpha^1 \lambda q_u(L)\mathrm{d}u=\lambda\,\mathrm{ES}_\alpha(L)$$

关于预期亏损满足次可加性的证明稍微复杂一些，有兴趣的读者可参阅 McNeil et al. (2015)。

相比在险价值，预期亏损具有明显的优势。首先，它对于尾部损失的估计是充分的，更为保守，更能体现潜在的风险价值。其次，它的计算可通过构造功能函数转化为一个凸性优化问题，因此必定存在最优解。求预期亏损时，还可以同时获得在险价值，因此可以对风险实行双重监管。再次，预期亏损非常直观且易于理解，而且是一个一致性风险度量。相对于分位数而言，它的抽样误差更加稳健，因此目前它被认为是一种比在险价值更为合理有效的指标。在新版《巴塞尔协议Ⅲ》中，它替代了现行内模法的在险价值指标，用于计算预期亏损资本。它也被美国和加拿大权益联结寿险用于随机准备金和偿付能力的计算。

下面简单说明式（2－18）中的广义情景风险度量是一致性风险度量。单调性、平移不变性、正齐性是非常明显的。至于次可加性的证明，可以利用下面的公式：

$$\max\{E^P(L_1(\boldsymbol{x})+L_2(\boldsymbol{x})):P\in P_{[\boldsymbol{x},\boldsymbol{w}]}\}$$
$$\leqslant\max\{E^P(L_1(\boldsymbol{x})):P\in P_{[\boldsymbol{x},\boldsymbol{w}]}\}+\max\{E^P(L_2(\boldsymbol{x})):P\in P_{[\boldsymbol{x},\boldsymbol{w}]}\}$$

式中，$\boldsymbol{x}$ 表示情景假设中风险因子的变化，$L_i(\boldsymbol{x})$ 表示情景发生时的头寸损失（$i=1,2$）。

参考文献及扩展阅读

[1] Alexander J. McNeil，Rüdiger Frey，Paul Embrechts. 量化风险管理——概念、技术和工具（修订版）. 卜永强，译. 北京：电子工业出版社，2020.

[2] 约翰·赫尔. 风险管理与金融机构：第5版. 王勇，董方鹏，张翔，译. 北京：机械工业出版社，2021.

[3] 米歇尔·克劳伊，丹·加莱，罗伯特·马克. 风险管理精要：第2版. 路蒙佳，译. 北京：中国金融出版社，2016.

[4] Brown，A. Red-blooded risk：the secret history of Wall Street. Hoboken，New Jersey：John Wiley & Sons，2012.

[5] Artzner，P.，Delbaen，F.，Eber，J. M.，et al.（1997）. Thinking coherently. Risk，10(11)：68-71.

[6] Artzner，P.，Delbaen，F.，Eber，J. M.，et al.（1999）. Coherent measures of risk. Mathematical Finance，9(3)：203-228.

[7] Acerbi，C.，Tasche，D.（2002）. On the coherence of expected shortfall. Journal of Banking and Finance，26：1487-1503.

[8] Jorion，P.（2000）. Risk management lessons from long-term capital management. European Financial Management，6：277-300.

第 3 章

波动率

在金融市场中，波动率是一个十分重要的概念，它在风险管理中扮演着关键的角色。

首先，波动率是评估金融资产风险的常用度量之一。它反映了资产价格的波动程度，即价格的涨跌幅度。高波动率意味着价格波动大，风险相对较高；而低波动率则意味着价格相对稳定，风险相对较低。因此，通过对波动率的度量和分析，投资者可以更好地评估和管理其投资组合的风险水平。

其次，波动率在金融衍生品定价过程中也十分关键。金融衍生品的价格是基于标的资产的预期波动率计算的。波动率作为定价模型中的一个关键参数，对于正确估计衍生品的价值至关重要。不同的波动率模型可以用来估计不同类型的衍生品的价格，例如期权、期货等。

最后，波动率还在资产组合风险管理中起着重要作用。资产组合的风险不仅取决于各项资产的风险水平，还受到不同资产之间的相关性的影响。通过动态化和分散化技术处理资产组合的波动率，投资者可以有效降低整体风险并寻求套利机会。因此，了解和预测波动率对于设计有效的资产组合和套利策略至关重要。

基于此，本章将全面探讨波动率的定义、特征、模型、预测方法和风险度量，以帮助读者更好地理解和应用波动率。

本章内容通常会出现在绝大多数时间序列的教材中，熟悉此内容的读者可略过前三节，直接阅读 3.4 节。

3.1 波动率的定义和特征

3.1.1 波动率的定义

波动率是用来衡量资产价格变动强度的指标，它被广泛用作风险度量的工具。当股票的收益率波动很大时，表明该股票的风险较高；相反，波动率较低则意味着风险较低。通过观察某只股票的波动率，我们可以对这只股票的风险有一个直观的了解。然而，波动率本身并不能直接观测到，需要借助一定的统计方法进行度量，资产收益率的标准差就是一种常用的波动率测量方式。不同的波动率计算方法使用不同的数据源，以

IBM 股票为例，有如下三种数据源可供使用：（1）每个交易日的价格；（2）盘中交易和报价的分笔数据；（3）伴随 IBM 股票的期权数据。通过选择不同的数据源，可以计算出不同类型的波动率。

（1）**历史波动率**：根据每个交易日的收盘价的变动可计算资产收益率的历史波动率。根据样本数据的频率，历史波动率分为日波动率、月波动率和年波动率。某项资产收益率的**日波动率** σ_t 定义为这一资产的价格 S_t 日相对变化的标准差。

$$\Delta S_t = \frac{S_t - S_{t-1}}{S_{t-1}}$$

由于资产价格的日相对价格变化也近似等于日对数收益率 $r_t = \ln(S_t / S_{t-1})$，因此波动率也可以定义为 r_t 的标准差。例如，利用最近 m 天的该资产收益率数据可以估计得到 S_t 的历史日波动率 σ_t：

$$\hat{\sigma}_t = \sqrt{\frac{1}{m-1}\sum_{i=1}^{m}(r_{t-i} - \bar{r})^2} \tag{3-1}$$

式中，$\bar{r}$ 为过去 m 天的收益率的平均值。$\hat{\sigma}_t$ 反映了过去 m 天内的平均波动水平，也称历史波动率。若 m 设置为 252，$\hat{\sigma}_t^2$ 即为最近一年内的平均日波动率。一般来说，每天市场价格变化的期望值远远小于市场价格变化的标准差，可假设 $\bar{r}=0$，则有

$$\hat{\sigma}_t^2 = \frac{1}{m-1}\sum_{i=1}^{m} r_{t-i}^2$$

如果假设连续交易日的资产收益率是独立的，并且具有相同的标准差 σ，则 T 个交易日的资产波动率 $\sigma_T = \sigma\sqrt{T}$。例如，一般假定每月有 20 个交易日，因此**月波动率** $\sigma_{\text{month}} = \sigma_t\sqrt{20}$。每年有 252 个交易日，故**年波动率** $\sigma_{\text{year}} = \sigma_t\sqrt{252}$，说明日波动率大约为年波动率的 6%。类似于年化利率，人们在金融风险中度量波动率的时间区间一般取一年，因此波动率通常是指年波动率。

（2）**已实现波动率（RV）**：衡量的是资产价格在一天内波动的剧烈情况。如果将一天的交易时间段划分成 $n=1/\Delta$（Δ 为采样频率，如 5 分钟）个子区间，第 t 个交易日的已实现波动率 RV 定义为该日所有高频收益率的平方和：

$$\text{RV}_t = \sum_{i=1}^{1/\Delta} r_{t,i}^2 \tag{3-2}$$

式中，$r_{t,i} = \ln S_{t,i} - \ln S_{t,i-1}$，是 t 时刻第 i 个交易间隔内的对数收益率；$S_{t,i}$ 是标的资产价格在第 t 天 $i\Delta t$ 时刻的价格；$S_{t,i-1}$ 是标的资产价格在第 t 天 $(i-1)\Delta t$ 时刻的价格。

（3）**隐含波动率**：该波动率是利用期权市场价格倒推出的标的资产价格的波动率。例如，欧式看涨期权定价模型（Black-Scholes 模型）已经给出了期权价格与五个基本参数（标的股价 S_t、执行价格 K、利率 r、到期时间 T、波动率 σ）之间的定量关系：

$$C^{\text{BS}}(t, S_t, r, \sigma) = S_t\Phi(d_1) - K\mathrm{e}^{-r(T-t)}\Phi(d_2)$$

式中，Φ 是标准正态分布的累积分布函数，$d_1=\frac{\ln(S/K)+(r+\sigma^2/2)(T-t)}{\sigma\sqrt{T-t}}$，$d_2=d_1-\sigma\sqrt{T-t}$。在这五个参数中，只有波动率是不可观测的未知参数，其余四个参数在 t 时刻都可以由市场信息获得。如果标的资产的期权价格为期权的真实价格，将市场上的标的资产价格和相应期权价格代入期权定价模型反推出来的波动率 σ 的数值就是隐含波动率。一般来说，计算得到的隐含波动率往往要比历史日波动率数值大。隐含波动率反映了投资者对未来标的股票价格波动的预期。图 3-1 给出了在不同行权价下上证 50ETF 期权的隐含波动率的波动情况。

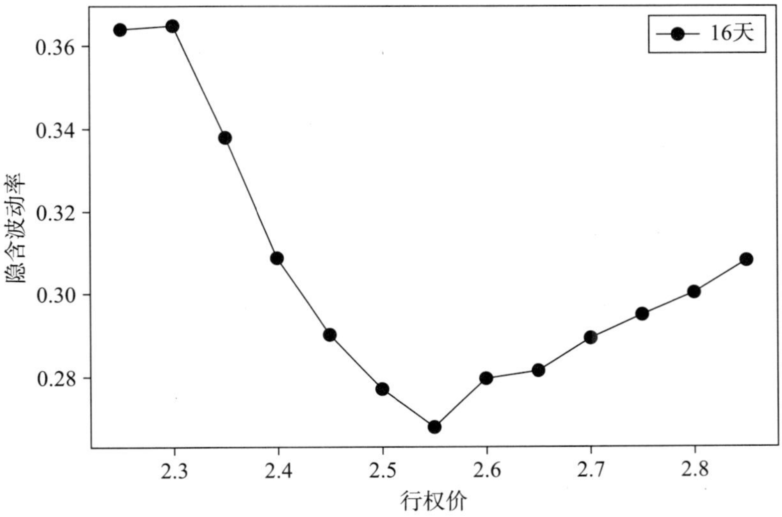

图 3-1 上证 50ETF 期权的隐含波动率

说明：选择了剩余到期时间为 16 天的期权，具体到期日为 2018 年 10 月 24 日。标的资产的初始价格为 2.533 元，无风险利率近似采用 SHIBOR，其值为 0.025。

从图 3-1 可以看出，16 天到期的隐含波动率随着执行价格的变化，先下降，接近标的价格后开始逐渐上升，呈现出典型的波动率微笑形态。距离到期时间越短，隐含波动率通常越高。波动率微笑反映了隐含波动率与执行价格的关系，而在股票期权中，这种波动率微笑往往是不对称的，形成了所谓的波动率倾斜（volatility skew）。

隐含波动率、期权行权价格和到期期限之间存在一定关联。在实证研究中，通过传统的 Black-Scholes 期权定价模型计算出来的隐含波动率呈现出一种称为“波动率微笑”（volatility smiles）的现象：具有相同到期日和标的资产但执行价格不同的期权，其执行价格偏离标的资产现货价格越远，隐含波动率越大。这意味着市场上的投资者对于不同行权价格的期权有不同的看法和预期，导致相应的隐含波动率出现偏离。

波动率期限结构描述了隐含波动率随期权剩余期限的不同而产生的相应变化。对于平价期权，隐含波动率与期权剩余期限的关系是：当短期波动率非常低时，隐含波动率函数是期权剩余期限时间的增函数；当短期波动率较高时，隐含波动率函数是期权剩余期限时间的减函数。这一点与波动率均值回归有关。从长期来看，波动率多是均值回归，也就是在到期日接近时，隐含波动率的变化就比较剧烈，而随着到期日的不断延长，隐含波动率就会逐渐向历史波动率的均值靠近。

专栏　VIX 指数

VIX 指数由美国芝加哥期权交易所（CBOE）发布，选取的是到期时间在 23～37 天之间的标普 500 指数的看涨期权和看跌期权，总共包括 8 个期权系列。首先，分别计算 8 个近月和次近月的最接近平价的期权序列的隐含波动率。接着，通过插补法将近月和次近月期权的隐含波动率进行平滑处理，并结合加权平均，最终生成 VIX 指数。权重的计算基于当前时刻到最近到期期权和次近月到期期权的剩余时间，以确保 VIX 指数能够准确反映未来 30 天的市场波动性预期。由于隐含波动率主要反映市场投资者对未来指数波动的预期，这也意味着当 VIX 指数升高时，表示投资者预期未来指数波动将加剧；反之，当 VIX 指数走低时，则表示投资者预期未来指数波动将趋缓，指数也将陷入狭幅盘势格局。因而，VIX 不仅代表市场多数人对于未来指数波动的看法，更可以清楚地透露市场预期心理的变化情形，故 VIX 指数又称为投资者恐慌指标。VIX 指数在金融市场上发挥着重要作用，事实上，波动率指数的期货和期权也在芝加哥期权交易所进行交易。VIX 指数的走势如图 3－2 所示。

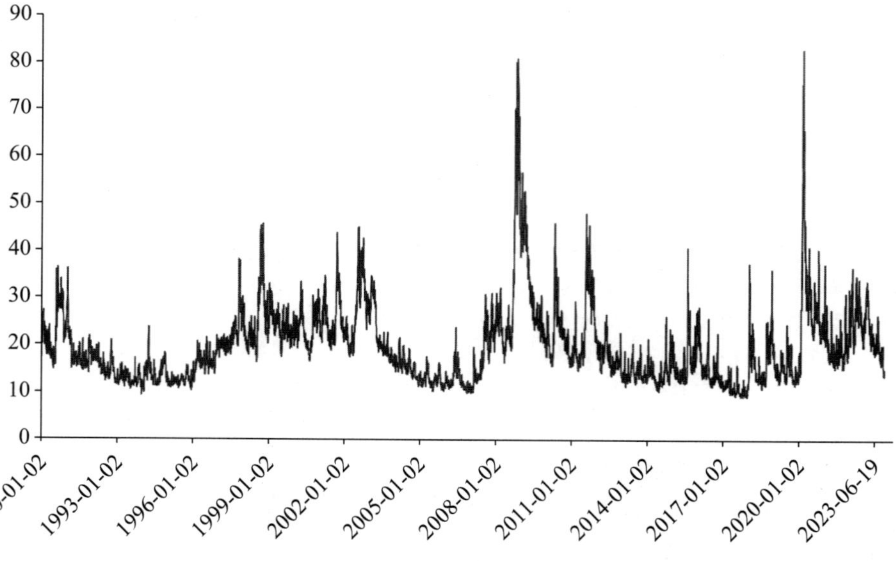

图 3－2　VIX 指数走势图

资料来源：美国芝加哥期权交易所（CBOE）.

例 3－1（波动率计算）　给定 2010 年 1 月 4 日至 2022 年 5 月 31 日我国沪深 300 指数的价格序列（见图 3－3），可以根据前 20 天的对数收益率数据估计第 21 天的波动率，计算得出 2022 年的历史波动率。

本例中，我们使用调整后的价格来计算股票的对数收益率，因为在样本期间，调整后的股票价格考虑了股票的分割。结合式（3－1）可以给出 2022 年沪深 300 指数的历史日波动率，如图 3－4 所示。

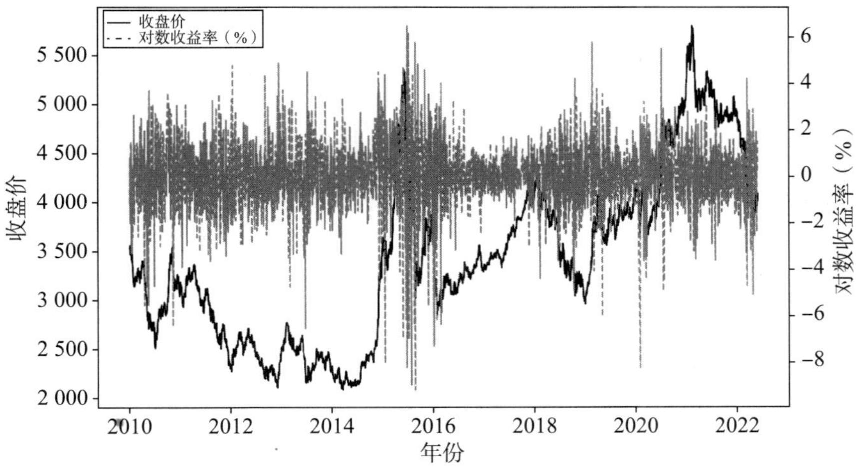

图 3-3 沪深 300 指数的价格和收益率图

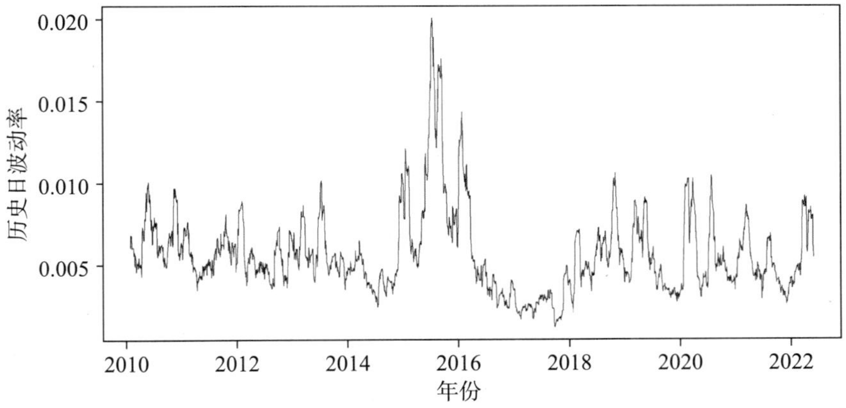

图 3-4 沪深 300 指数历史日波动率

在给出沪深 300 指数每隔 5 分钟的价格序列①后，还可以根据式（3-2）给出当天的**已实现波动率**（见图 3-5）。

从图 3-3 可以看到资产收益率有如下特点：(1) 存在一些大的异常值；(2) 这些收益率序列在某些时期（如 2016 年 1 月）波动很大，而在其他时候是稳定的。前者称为资产收益率厚尾现象，后者称为收益率波动集聚（volatility clustering）现象。例 3-2 中的图 3-6 至图 3-8 比较了正态分布和 t 分布的模拟数据与真实收益率数据在波动率集聚性上的差异。

例 3-2（波动率集聚） 图 3-6 至图 3-8 分别展示了真实收益率数据、正态分布模拟和 t 分布模拟的独立同分布数据。在后两种情况下，模型参数都是在独立同分布的假设下，使用最大似然估计法将模型拟合到真实的沪深 300 收益率数据中。在正态分布模型下，$\hat{\mu}=\sum_{t=1}^{n} r_i$，$\hat{\sigma}^2=\frac{1}{n}\sum_{i=1}^{n}(r_i-\bar{r}_n)^2$。在 t 分布模型下，我们通过数值方法求似然

① 价格序列为 2022 年 6 月 27 日我国沪深 300 指数每隔 5 分钟的价格变动，具体数据见附件。

函数的最大值，解出自由度 $v=3.59$。

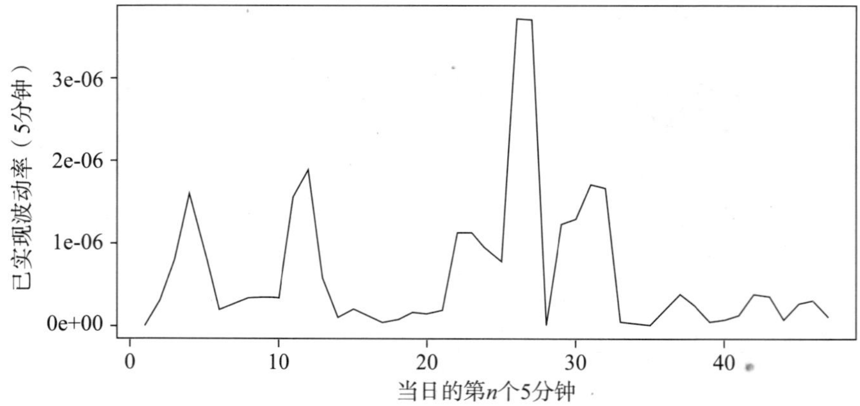

图 3-5　2022 年 6 月 27 日沪深 300 指数的已实现波动率（5 分钟频率）

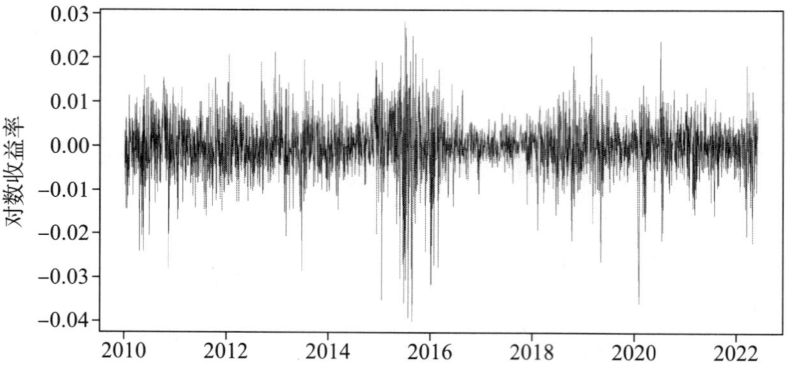

图 3-6　真实收益率数据

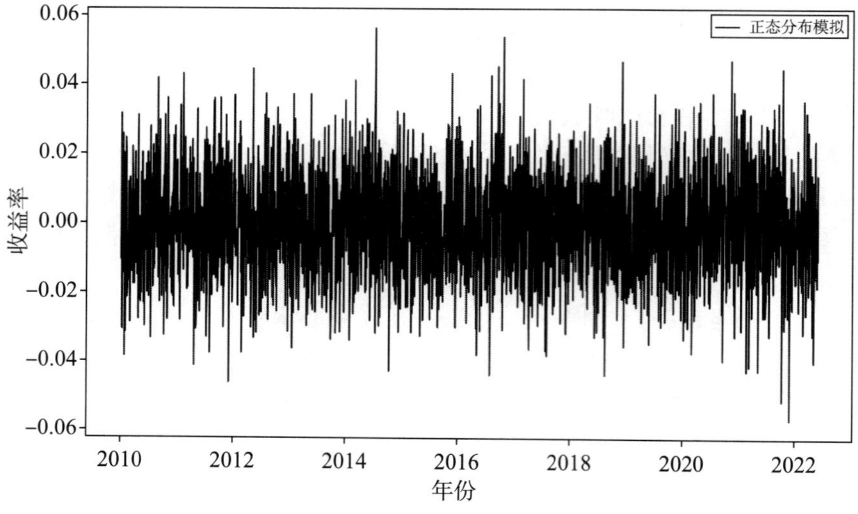

图 3-7　正态分布模拟数据

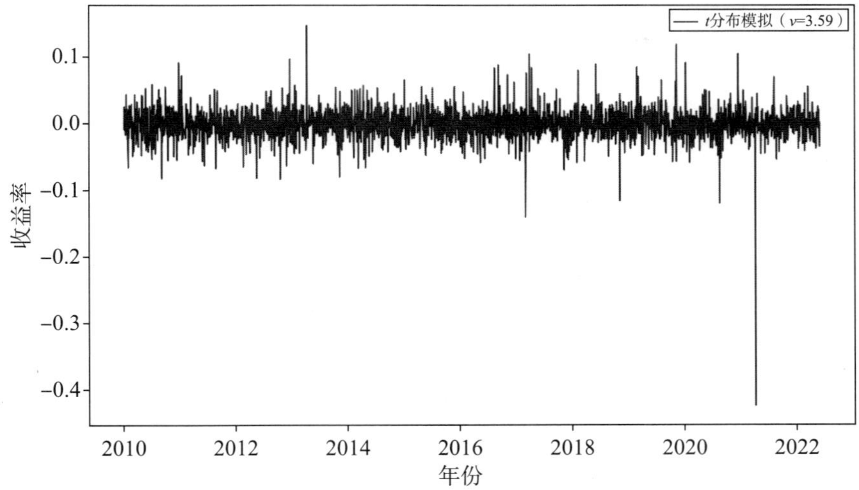

图 3-8 *t* 分布模拟数据

显然，通过正态分布模型模拟出的数据和真实的沪深 300 指数收益率数据大不相同，并且极值的范围也不同。而 t 分布模型模拟出的极值与真实数据的极值相似。通过细致的观察可以发现，真实收益率数据显示出波动率集聚现象，而通过模拟所得的数据没有表现出集聚特征。

其他风险因子汇率和债券收益率也存在与股票收益率类似的时间序列特征。图 3-9 是美国 10 年期国债收益率及收益率的变化趋势图，10 年期国债的收益率显示出与沪深 300 指数日收益率（见图 3-3）类似的特征。图 3-10 是 1999 年 1 月 5 日至 2023 年 2 月 3 日欧元兑美元汇率日对数收益率的时序图。同样，汇率的日对数收益率和股票的日对数收益率表现出了相同的特征。图 3-11 给出了欧元兑美元的汇率变化，数据来自 FRED（https://fred.stlouisfed.org/series/DEXUSEU）。

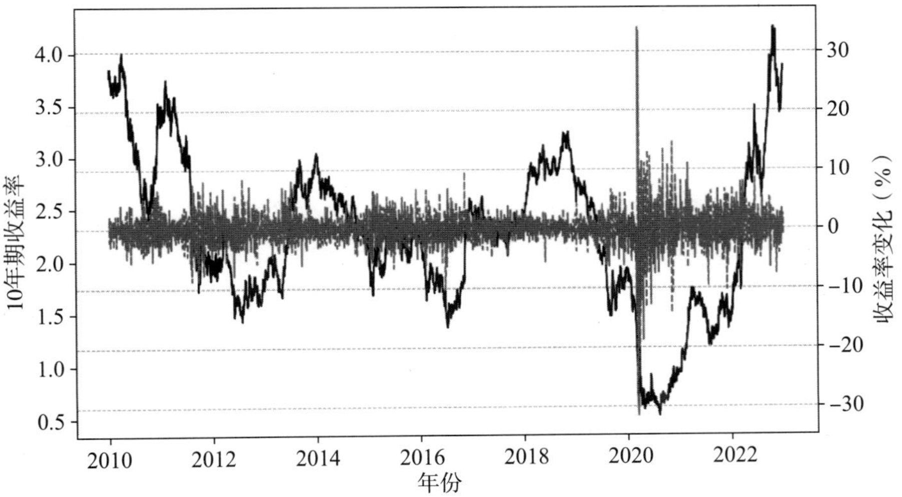

图 3-9 美国 10 年期国债收益率及收益率的变化趋势图

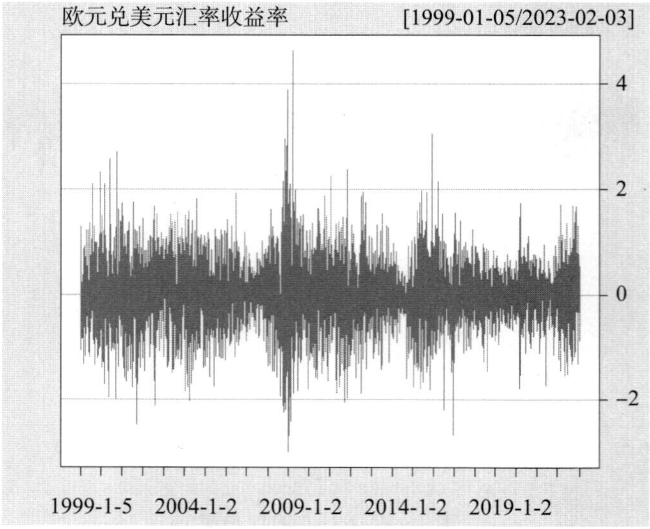

图 3 - 10　欧元兑美元汇率日对数收益率的时序图

图 3 - 11　欧元兑美元的汇率变化

3.1.2　波动率的特征

从上面的时间序列图可知，绝大多数资产收益率的波动都会表现出以下几个动态特征：

（1）波动率随时间连续变化，一般不会出现波动率的跳跃式变动。

（2）波动率一般在固定的范围内变化，这意味着动态的波动率是平稳的；同时我们发现，序列前期波动率情况和后期波动率情况之间存在某种相关性（即序列相关性），因此在没有其他数据时，对后期波动率的最佳预测可以近似取前期波动率。

（3）波动率集聚，即在某个特定的时间段波动率高，而在其他时间段波动率较低。

（4）在资产价格大幅上扬和大幅下跌两种情形下，波动率的反应不同，大幅下跌时，波动率一般也更大，这种现象称为杠杆效应（leverage effect）。

为了让读者进一步直观理解序列相关性与波动率集聚性之间的关系，我们绘制了沪深 300 指数收益率的自相关图（见图 3-12），其中虚线是序列相关性的 95%的置信区间。由图 3-12 可以看出，虽然所有原始数据中几乎没有证据表明存在序列相关性，但沪深 300 指数收益率的绝对值显示出了序列相关性，这是因为超过 5%的序列相关性位于虚线之外。这也验证了波动率集聚现象。对比由正态分布生成的模拟数据，无论原始数据还是绝对收益率数据，都没有观察到序列相关性。t 分布产生的模拟收益率也不存在序列相关性。这是因为对真实的独立同分布序列，该检验不能拒绝原假设（独立同分布），而对于沪深 300 指数收益率数据，可以拒绝原假设，即不能认为沪深 300 指数收益率序列是独立同分布的。

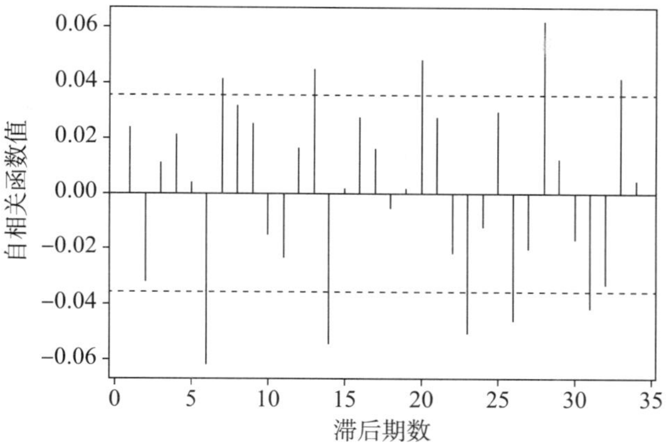

图 3-12　沪深 300 指数收益率自相关图

我们也可以用 Ljung-Box 统计量对 r_t 的多个自相关系数是否同时为零进行联合检验。Ljung and Box（1978）利用 Q 统计量来检验原假设 H_0：$\rho_1=\rho_2=\cdots=\rho_m=0$，备择假设 H_a：存在 $\rho_i\neq 0$（$i\in\{1,2,\cdots,m\}$）：

$$Q(m)=T(T+2)\sum_{l=1}^{m}\frac{\hat{\rho}_l^2}{T-l} \tag{3-3}$$

检验规则是：当 $Q(m)>\chi_\alpha^2$ 时，拒绝 H_0，其中，χ_α^2 是自由度为 m 的 χ^2 分布的上 α 分位点。大部分软件包都会给出 $Q(m)$ 的 p 值。如果 p 值小于显著性水平 α，则拒绝 H_0。在本书的例子中，沪深 300 指数原始收益率 r_t 的 Ljung-Box 统计量 $Q(12)$ 等于 31.4，相应的 p 值为 0.002，收益率绝对值 $|r_t|$ 的 $Q(12)$ 等于 894.18，相应的 p 值接近零，说明存在序列相关性。综上所述，沪深 300 指数对数收益率序列是前后不相关的，但不是独立的。

表 3-1 表明，沪深 300 指数股票收益率、10 年期国债收益率和美元兑人民币汇率这 3 个常见的基础风险因子的日收益率及其绝对值均不满足独立同分布假设，其中表 3-1 第 3～6 列列举了 Ljung-Box 检验的 p 值。这说明序列的绝对值存在自相关性。如果我们将波动率定义为给定历史数据下金融收益率的条件标准差，那么即使条件预期收益始终接近于零，波动率集聚的存在也表明条件标准差以部分可预测的方式不断变化。也就

是说，由于市场的乐观，过去几天的收益率很大，那么有理由相信，明天的收益率的预测分布应该有很大的方差。

表 3-1 风险因子变动的 Ljung-Box 检验结果

风险因子名称	符号缩写	原始序列（日度）	绝对值序列（日度）	原始序列（月度）	绝对值序列（月度）
沪深 300 指数股票收益率	HS300	0.00	0.00	0.68	0.18
10 年期国债收益率	GZ	0.00	0.00	0.32	0.10
美元兑人民币汇率	USDCNY	0.00	0.00	0.00	0.00
黄金价格收益率	GOLD	0.12	0.00	0.09	0.58

注：(1) 10 年期国债从 2013 年 3 月 7 日才有对应数据，因此该变量的数据区间为 2013 年 3 月 7 日—2022 年 5 月 31 日。

(2) 黄金价格收益率选择中金黄金（SH600489）作为分析代表。

例 3-3（非正态性和厚尾） 图 3-13 给出了波动率集聚的进一步证据，其绘制了 100 个最大单日跌幅的沪深 300 指数收益率数据和根据 t 分布模拟出的 100 个最大损失数据。McNeil et al.（2015）指出，对于独立同分布的序列，最大值的独立增量过程服从泊松分布，跳跃等待时间独立同分布并且服从指数分布。图 3-13（b）和（d）部分

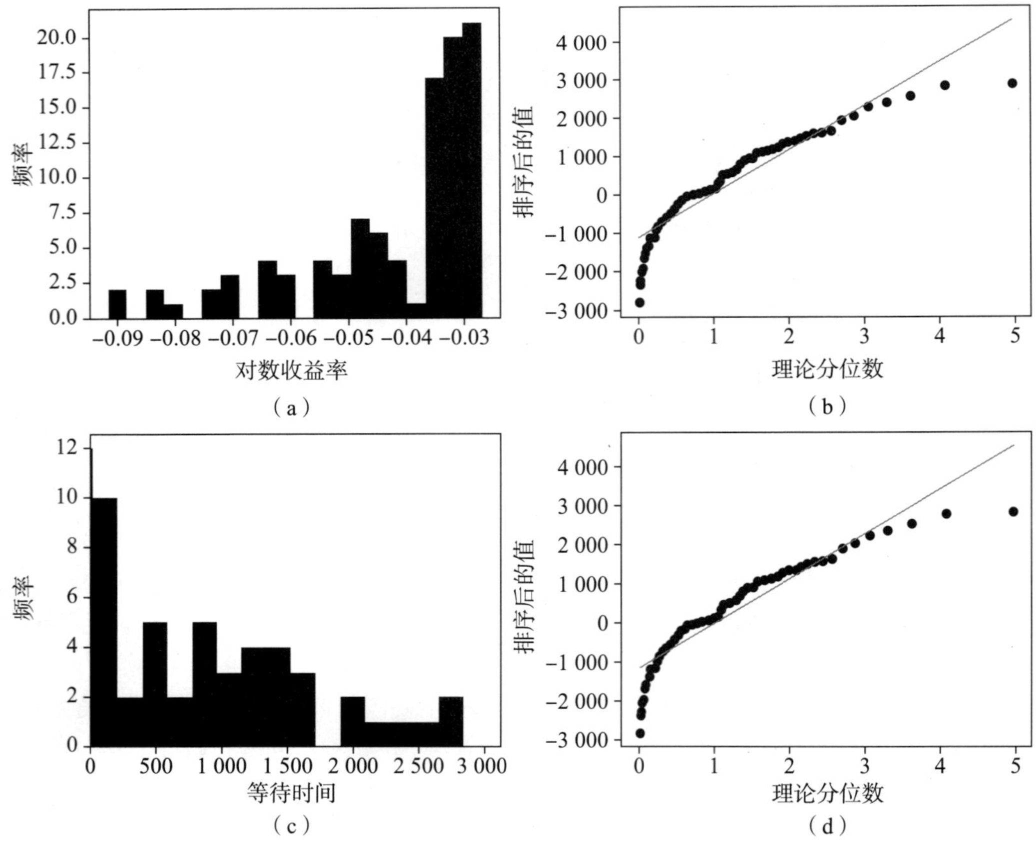

图 3-13 沪深 300 指数收益率数据和 t 分布模拟的 100 个最大损失数据及 Q-Q 图

显示了这些等待时间与指数参考分布的 Q-Q 图。如果独立同分布数据极值的出现遵循泊松过程的假设，那么沪深 300 指数数据中极值的集聚导致出现过多的超短等待时间与超长等待时间的现象，无法支持指数函数分布的假设。因此，这也是对沪深 300 指数收益率数据的独立同分布假设的进一步的有力反驳。

这些特征使得计算资产收益历史波动率的式（3-1）不够精确，我们需要构建动态波动率模型来描述资产价格收益率。本章下面几节将介绍能反映真实收益率数据的动态波动率模型：ARCH 模型、GARCH 模型及其拓展模型。这些模型可以准确地刻画前面讨论的收益率的波动特征和非正态性分布的特征。

3.1.3 波动率模型的结构

用 r_t 表示某项资产在 t 时刻的对数收益率，一元波动率模型就是试图刻画收益率序列 $\{r_t\}$ 是前后不相关的或低阶前后相关的，但序列不是独立的等特征。

为了把波动率模型放在一个适当的框架中，有必要分别对给定 F_{t-1} 条件下 r_t 的条件均值和条件方差建模，即

$$r_t = \mu_t + a_t$$
$$\mu_t = E(r_t \mid F_{t-1})$$
$$\sigma_t^2 = \mathrm{var}(a_t \mid F_{t-1}) = E[(r_t - \mu_t)^2 \mid F_{t-1}]$$

式中，F_{t-1} 是在 $t-1$ 时刻已知的信息集，包含过去收益率的一切信息；μ_t 称为条件均值，描述 μ_t 的模型称为 r_t 的均值方程；a_t 称为资产收益率在 t 时刻的残差，也称扰动或新息。描述 σ_t^2 的模型称为 r_t 的波动率方程。

（1）均值方程。

对于大部分资产收益率序列，可能存在一定的序列相关性，因此可假设均值 μ_t 服从 ARMA(p,q) 过程（p 为自回归阶数，q 为移动平均阶数），即

$$\mu_t = \phi_0 + \sum_{i=1}^{p} \phi_i \mu_{t-i} - \sum_{j=1}^{q} \theta_j a_{t-j} \tag{3-4}$$

ARMA 模型的阶 p 和 q 可能取决于收益率序列的频率。例如，股票指数的日收益率往往有较小的前后相关性，因此，一个简单的 AR(1) 模型就足以描述其均值方程。而指数的月收益率可能没有任何显著的前后相关性，这时只需一个常数就足以描述其均值方程。我们可通过自相关（ACF）图和偏自相关（PACF）图来判断 ARMA 模型的阶数：对于 AR(p) 模型，ACF 图会呈现出拖尾的特征，而 PACF 图则会出现 p 阶截尾；对于 MA(q) 模型，ACF 图会在 q 阶后截尾，而 PACF 图则呈现出拖尾的特征。

此外，如果序列的 ACF 和 PACF 图也不是十分明确，我们还可以使用赤池信息量准则（AIC）或贝叶斯信息准则（BIC）进一步判别。AIC 和 BIC 都是用于模型选择的指标，它们综合考虑了模型的拟合程度和简单性。较小的 AIC 或 BIC 值表示在保持模型简单性的同时，能够更好地拟合时间序列数据。

如果假设 $\{r_t\}$ 还受到其他外生的解释变量的影响，则式（3-4）改写为

$$\mu_t = \phi_0 + \sum_{i=1}^{k}\beta_i x_{i,t-1} + \sum_{i=1}^{p}\phi_i y_{t-i} - \sum_{j=1}^{q}\theta_j a_{t-j} \tag{3-5}$$

式中，$y_{t-i}=r_{t-i}-\phi_0-\sum_{i=1}^{k}\beta_i x_{i,t-i-1}$，代表剔除解释变量影响后的调整收益率序列；$x_{i,t-j}$ 是 $t-j$ 时刻可得的外生解释变量。例如，可以对星期一这天应用一个哑变量来研究股票日收益率的周末效应。

例 3-4（ARMA 模型） 对我国沪深 300 指数收益率序列 $\{r_t\}$ 建立 ARMA(p,q) 模型。

首先，对样本进行单样本 t 检验，从输出结果来看，p 值=0.864 8>0.05，即在 5% 的显著性水平下，保留序列 $\{r_t\}$ 的均值等于零的原假设。然后，使用自相关（ACF）图和偏自相关（PACF）图确定模型的阶数（见图 3-14 和图 3-15），得到 $p=3$，$q=2$。

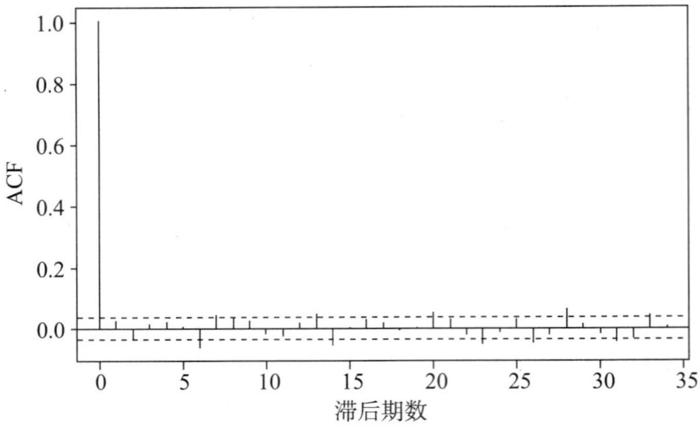

图 3-14 沪深 300 指数收益率的自相关图

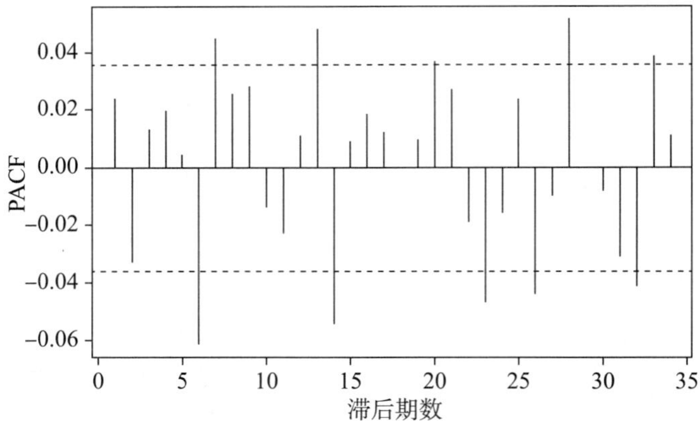

图 3-15 沪深 300 指数收益率的偏自相关图

基于图 3-14 和图 3-15 给出的定阶结果，确定自回归阶数 p 为 3，序列不进行差分，模型的移动平均阶数 q 为 2，即构建的是 ARMA(3,2) 模型。使用 R 软件给出相关参数的估计结果，并建立均值方程如下：

$$\mu_t=0.0014+0.1894\mu_{t-1}-0.9626\mu_{t-2}+0.0467\mu_{t-3}+0.1652a_{t-1}$$
$$-0.9339a_{t-2}$$

（2）波动率模型。

建立均值方程后，我们可以从数据中移除样本均值，得到均值方程的残差项 $a_t=r_t-\mu_t$，然后对残差序列 $\{a_t\}$ 建立波动率模型，即

$$\sigma_t^2=\mathrm{var}(r_t|F_{t-1})=\mathrm{var}(a_t|F_{t-1})$$

式中，σ_t^2 的正平方根 σ_t 就是波动率。

条件异方差性建模就是对时间序列模型 $\{r_t\}$ 增加一个动态方程，该动态方程用来刻画资产收益率的条件方差 $\{\sigma_t\}$ 随时间演变的规律。依据 σ_t^2 随时间演变的方式，条件异方差模型可分为两类：第一类是用确定的函数来刻画 σ_t^2 的演变，第二类是用随机方程来描述 σ_t^2。GARCH 模型属于第一类，而随机波动率（SV）模型属于第二类。本书主要介绍 GARCH 模型的原理和应用。

因此，对资产收益率序列建立波动率模型包括如下 4 个步骤：

① 通过检验数据的前后相关性建立一个均值方程，如有必要，对收益率序列建立含有外生解释变量的 ARMA 模型来消除所有线性依赖。

② 对均值方程的残差进行 ARCH 效应检验。

③ 如果 ARCH 效应在统计上是显著的，则选取一个合适的波动率模型，并对均值方程和波动率方程进行联合估计。

④ 仔细检验所拟合的模型，如果有必要，则进行改进。

我们将在下一节详细描述建模过程的每个步骤。

3.2 建立波动率模型

本节将以我国沪深 300 指数为例讨论如何建立资产价格日收益率序列的波动率模型，并学习 GARCH 模型的原理和性质。

3.2.1 ARCH 效应检验

根据波动率集聚的现象，较大的平方“扰动”会导致较大的条件异方差。所谓 ARCH 效应，就是条件异方差序列的序列相关性。ARCH 效应可以通过对残差平方序列 a_t^2 进行 Ljung-Box 序列自相关检验来判断。还有一种检验方法是 Engle（1982）提出的拉格朗日乘子检验。该检验等价于在如下线性回归中检验 $\alpha_i=0$（$i=1,2,\cdots,m$），通常选用 F 统计量：

$$a_t^2=\alpha_0+\alpha_1a_{t-1}^2+\cdots+\alpha_ma_{t-m}^2+e_t,\ t=m+1,\cdots,T \tag{3-6}$$

式中，e_t 表示误差项，m 是事先指定的正整数，T 是样本容量。检验的原假设是 H_0：$\alpha_1=\alpha_2=\cdots=\alpha_m=0$；而备择假设是对于某个在 $1\sim m$ 之间取值的 i，有 H_1：$\alpha_i\neq0$。令

$SSR_0=\sum_{t=m+1}^{T}(a_t^2-\overline{\omega})^2$，其中 $\overline{\omega}=(1/T)\sum_{t=1}^{T}a_t^2$ 是 a_t^2 的样本均值；$SSR_1=\sum_{t=m+1}^{T}\hat{e}_t^2$，其中 $\hat{e}_t$ 是前面线性回归最小二乘估计的残差。于是，我们有

$$F=\frac{(SSR_0-SSR_1)/m}{SSR_1/(T-2m-1)}$$

在原假设 H_0 下，上述统计量 F 服从自由度为 m 和 $T-2m-1$ 的 F 分布。当 T 充分大时，也可以用 mF 作为检验统计量，在原假设下，它渐近服从自由度为 m 的 χ^2 分布。如果 $mF>\chi_\alpha^2(m)$ 或 mF 的 p 值小于第一类错误 α，则拒绝原假设，这里 $\chi_\alpha^2(m)$ 是自由度为 m 的 χ^2 分布的上 α 分位点。

例 3－5（ARCH 效应检验） 对沪深 300 指数对数收益率进行 ARCH 效应检验。

在例 3－4（ARMA 模型）中，我们已经估计出了沪深 300 指数的均值方程。用 $\hat{a}_t=r_t-\hat{\mu}_t$ 作为 a_t 的估计，计算出 $\{\hat{a}_t\}$ 的 Ljung-Box 统计量 $Q(12)=796.52$，其 p 值接近于零，因此它表明有很强的 ARCH 效应。如果应用 Engle 的拉格朗日乘子法 $(m=12)$，计算出统计量 $F=29.15$，相应的 p 值为零，该检验进一步验证了沪深 300 指数对数收益率有很强的 ARCH 效应。

最常用的波动率模型是 ARCH 和 GARCH 模型。我们先给出它们的定义，然后讨论它们的一些数学性质，最后讨论它们在实践中的应用。

3.2.2 ARCH 模型

ARCH 模型最早由 Engle（1982）提出，其基本思想是：

（1）资产收益率的扰动序列 a_t 是前后不相关的，但不是独立的；

（2）a_t 的值由其滞后项 a_{t-i} 的简单二次函数来描述，并且由于条件方差不断变化，因此是条件异方差的。

具体地说，ARCH(m) 模型假定

$$a_t=\sigma_t\varepsilon_t,\quad \sigma_t^2=\alpha_0+\alpha_1a_{t-1}^2+\cdots+\alpha_ma_{t-m}^2 \tag{3-7}$$

式中，系数 $\alpha_0>0$，对 $i>0$ 有 $\alpha_i\geqslant0$，系数 α_i 必须满足一些正则性条件以保证 a_t 的无条件方差是有限的；$\{\varepsilon_t\}$ 是均值为 0、方差为 1 的独立同分布的随机变量序列，称为标准化新息（或标准化残差）。实际上，通常假定新息 ε_t 服从标准正态分布、标准化的学生 t 分布或者广义误差分布（generalized error distribution，GED）。在一些应用中，刻画 ε_t 的分布是有偏分布。

从式（3－7）的结构来看，过去较大的平方扰动 $\{a_{t-i}^2\}_{i=1}^m$ 会导致扰动 a_t 具有较大的条件方差 σ_t^2。这与我们在资产收益率中所观察到的波动率集聚现象相似。因此，a_t 前面的系数倾向于取绝对值较大的值。这里用倾向这个词是因为大的方差并不一定意味着大的实际值。它只表示大的变化发生的概率比小的变化发生的概率高。

注意：有些教材中，作者用 h_t 表示式（3－7）的条件方差。这时“扰动”变为 $a_t=\sqrt{h_t}\varepsilon_t$。

我们通过研究最简单的 ARCH(1)

$$a_t=\sigma_t\varepsilon_t,\ \sigma_t^2=\alpha_0+\alpha_1 a_{t-1}^2,\ \alpha_0>0,\ \alpha_1\geqslant 0$$

来理解 ARCH 模型的性质。容易证明：

(1) a_t 的无条件均值仍是零，因为 $E(a_t)=E[E(a_t|F_{t-1})]=E[\sigma_t E(\varepsilon_t)]=0$。

(2) 如果 $0\leqslant\alpha_1<1$，则 $\{a_t\}$ 是协方差平稳过程，且无条件方差是 $\mathrm{var}(a_t)=\dfrac{\alpha_0}{1-\alpha_1}$。

(3) 若 ε_t 服从正态分布且 a_t 是四阶平稳，$1-3\alpha_1^2>0$，则 $E(a_t^4)=\dfrac{3\alpha_0^2(1+\alpha_1)}{(1-\alpha_1)(1-3\alpha_1^2)}$。

由这个结果推出 a_t 的无条件峰度（kurtosis）大于 3，因为

$$\frac{E(a_t^4)}{[\mathrm{var}(a_t)]^2}=3\times\frac{\alpha_0^2(1+\alpha_1)}{(1-\alpha_1)(1-3\alpha_1^2)}\times\frac{(1-\alpha_1)^2}{\alpha_0^2}=3\times\frac{1-\alpha_1^2}{1-3\alpha_1^2}>3$$

这说明，a_t 的峰度比正态分布高，a_t 分布的尾部也比正态分布的尾部厚。换句话说，条件高斯 ARCH(1) 模型的扰动 a_t 比高斯白噪声序列更容易产生异常值（outliers）。

(4) 如果 $E(a_t^4)<+\infty$，$\alpha_1<1$，则$\{a_t^2\}$是 AR(1) 过程，形式如下：

$$a_t^2-\frac{\alpha_0}{1-\alpha_1}=\alpha_1\left(a_{t-1}^2-\frac{\alpha_0}{1-\alpha_1}\right)+\varepsilon_t \tag{3-8}$$

式中，新息 $\varepsilon_t=\sigma_t^2(\varepsilon_t^2-1)$。

根据 ARCH 模型的性质，我们已经知道该模型可以产生波动率集聚，而且模型的扰动 a_t 有厚尾。但该模型也有一些缺点：

- 波动率依赖于过去扰动的平方，这意味着该模型假定正向扰动和负向扰动对波动率产生的影响相同。然而，金融资产价格对正向扰动和负向扰动的反应是不同的，这一点在模型中没有考虑。
- ARCH 模型对参数的限制相当严格。比如，在有限的四阶矩情况下，ARCH 模型的参数必须在区间$\left[0,\dfrac{1}{3}\right]$中取值。对于高阶模型，这种参数约束变得更加复杂。在实际应用中，这限制了带高斯新息的 ARCH 模型刻画超额峰度的能力。
- ARCH 模型给出的波动率的预测值通常偏高，因为它对收益率序列大的孤立的扰动反应较为缓慢。
- ARCH 模型只是提供一种机械的描述条件异方差行为的方式，并没有引入其他变量来解释异方差行为，这可能会限制模型解释实际情况的能力。

例 3-6（ARCH 模型） 对沪深 300 指数对数收益率建立 ARCH 模型。

为了建立 ARCH 模型，首先，计算减去收益率均值之后的残差，并绘制其平方的自相关图和偏自相关图以确定阶数（见图 3-16 和图 3-17）。

综合自相关图和偏自相关图，以及 AR 模型建模经验，不宜选用过高的阶数，可考虑建立 ARCH(5) 作为波动率方程。

然后建立 ARCH 模型并估计相关参数，设 r_t 为沪深 300 指数的对数收益率，结果中的估计值都是显著的，具体如下：

均值方程：$r_t=0.000\,1+a_t$，$a_t=\varepsilon_t\sigma_t$，$\varepsilon_t\overset{\mathrm{iid}}{\sim}N(0,1)$。

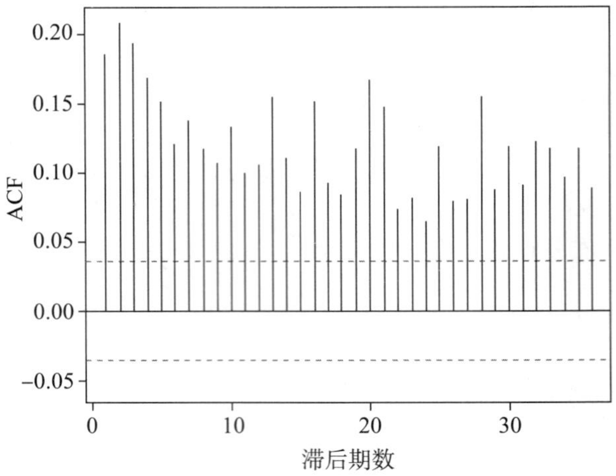

图 3 - 16 沪深 300 指数平方的自相关图

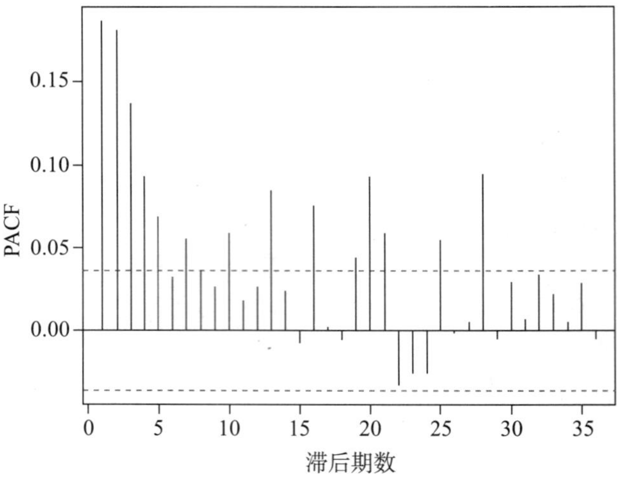

图 3 - 17 沪深 300 指数平方的偏自相关图

波动率方程：$\sigma_t^2=0.000\ 02+0.072a_{t-1}^2+0.158a_{t-2}^2+0.094a_{t-3}^2+0.113a_{t-4}^2+0.085a_{t-5}^2$。

3.2.3 GARCH 模型

针对 ARCH 模型的缺陷，Bollerslev（1986）提出了广义 ARCH 模型——GARCH。对于残差序列 $\{a_t\}$，若 a_t 满足

$$a_t=\sigma_t\varepsilon_t,\ \sigma_t^2=\alpha_0+\sum_{i=1}^{m}\alpha_i a_{t-i}^2+\sum_{j=1}^{s}\beta_j\sigma_{t-j}^2 \tag{3-9}$$

则称 $\{a_t\}$ 服从 GARCH(m,s) 模型，其中，系数满足 $\alpha_0>0$，$\alpha_i\geqslant0$，$\beta_j\geqslant0$。若 $s=0$，就简化成一个 ARCH(m) 模型。α_i 和 β_j 分别称为 ARCH 参数和 GARCH 参数；$\{\varepsilon_t\}$ 是均值为 0、方差为 1 的独立同分布随机变量序列，通常假定 ε_t 服从标准正态分

布或者标准化的学生 t 分布或偏 t 分布。

GARCH 模型推广了 ARCH 模型，同样也刻画了波动率集聚，这一点可以从式（3-9）看出，大的扰动 a_{t-1}^2 或条件方差 σ_{t-1}^2 引起了大的 σ_t^2。这意味着大的 a_{t-1}^2 会紧跟着另一个大的 a_t^2。但是，因为 σ_t^2 对 a_{t-i} 的依赖是通过 a_{t-i}^2，所以对于一个取正值的扰动 a_{t-i} 和一个取负值的扰动 a_{t-i}，只要它们的绝对值相等，对后续波动率的影响就是相同的，也不能体现出杠杆效应。

我们同样通过研究最简单的 GARCH(1,1) 模型

$$\sigma_t^2=\alpha_0+\alpha_1 a_{t-1}^2+\beta_1\sigma_{t-1}^2,\ 0\leqslant\alpha_1,\ \beta_1\leqslant 1,\ \alpha_1+\beta_1<1 \tag{3-10}$$

来理解 GARCH 模型与 ARCH 模型的异同。GARCH(1,1) 模型具有如下优点：

（1）严平稳：如果 $E(\ln(\alpha_1 a_t^2+\beta_1))<+\infty$，则 $\{a_t\}$ 是严平稳时间序列。

（2）协方差平稳：$\{a_t\}$ 是协方差平稳序列 $\Leftrightarrow \alpha_1+\beta_1<1$，这时无条件方差 $\operatorname{var}(a_t)=\dfrac{\alpha_0}{1-\alpha_1-\beta_1}$。

（3）尖峰厚尾性：若 $1-2\alpha_1^2-(\alpha_1+\beta_1)^2>0$，则有

$$\frac{E(a_t^4)}{[E(a_t^2)]^2}=\frac{3[1-(\alpha_1+\beta_1)^2]}{1-(\alpha_1+\beta_1)^2-2\alpha_1^2}>3$$

与 ARCH 模型类似，GARCH(1,1) 过程分布的尾部比正态分布的尾部厚。如果标准化新息 $\{\varepsilon_t\}$ 的峰度大于 1，则 $\{a_t\}$ 的峰度比 $\{\varepsilon_t\}$ 大，例如对于正态分布和标准 t 分布，$\{a_t\}$ 的峰度大于 3.77。这一性质描述了收益率序列的尖峰厚尾性。

（4）如果 $E(a_t^4)<+\infty$，$\alpha_1+\beta_1<1$，则残差平方序列 $\{a_t^2\}$ 是一个 ARMA(1,1) 过程。

若要将性质（4）推广到更高阶的 GARCH(m,s) 模型，可令 $\eta_t=a_t^2-\sigma_t^2$，因此 $\sigma_t^2=a_t^2-\eta_t$。把 $\sigma_{t-i}^2=a_{t-i}^2-\eta_{t-i}$ $(i=0,1,\cdots,s)$ 代入式（3-9），我们就能把 GARCH 模型改写成：

$$a_t^2=\alpha_0+\sum_{i=1}^{\max\{m,s\}}(\alpha_i+\beta_i)a_{t-i}^2+\eta_t-\sum_{j=1}^{s}\beta_j\eta_{t-j} \tag{3-11}$$

容易验证 $\{\eta_t\}$ 是一个鞅差序列（即 $E(\eta_t)=0$ 且对 $j\geqslant 1$ 有 $\operatorname{cov}(\eta_t,\eta_{t-j})=0$）。然而，$\{\eta_t\}$ 一般不是独立同分布序列。式（3-11）是残差平方序列 a_t^2 的 ARMA 形式，利用 ARMA 模型的无条件均值，我们有

$$E(a_t^2)=\frac{\alpha_0}{1-\sum_{i=1}^{\max\{m,s\}}(\alpha_i+\beta_i)}$$

只要 $\sum_{i=1}^{\max\{m,s\}}(\alpha_i+\beta_i)<1$ 且 $E(a_t^4)$ 有限，就可保证 a_t 的无条件方差是有限的，同时它的条件方差 σ_t^2 是随时间变化的。

3.2.4 GARCH 模型的拟合

将 GARCH 模型与数据进行拟合的最常用的方法是最大似然法。下面依次考虑 ARCH(1) 和 GARCH(1,1) 模型的拟合。更一般的 ARCH(m) 和 GARCH(m,s) 的拟合很容易依此类推。

1. 似然函数

为简单起见，先假设收益率序列 $\{r_t\}$ 的均值方程恒等于 0，即 $\mu_t=0$。因此不妨假设 $\{r_t\}$ 服从 ARCH(1) 或 GARCH(1,1) 模型。设我们已经得到 $n+1$ 个收益率数据 $r_0,r_1,\cdots,r_n$，在给定初始值 r_0，σ_0 的情况下，$\{r_t\}_{t=1}^n$ 的联合密度可以写为

$$f_{r_1,\cdots,r_n|r_0,\sigma_0}(r_1,\cdots,r_n|r_0,\sigma_0)=\prod_{t=1}^n f_{r_t|r_{t-1},\cdots,r_0,\sigma_0}(r_t|r_{t-1},\cdots,r_0,\sigma_0) \qquad (3-12)$$

然而，式（3-12）中的边际密度还没有准确的解析解，这使得基于式（3-12）得到的似然函数存在一定的问题。在实践中，由于 σ_t 是用 σ_{t-1} 递归定义的，我们通过给定 r_0 和 σ_0 来构造 $r_0,r_1,\cdots,r_n$ 的条件似然函数进行求解，形式如下：

$$f_{r_1,\cdots,r_n|r_0}(r_1,\cdots,r_n|r_0)=\prod_{t=1}^n f_{r_t|r_{t-1},\cdots,r_0,\sigma_0}(r_t|r_{t-1},\cdots,r_0) \qquad (3-13)$$

对于纯 ARCH(1) 模型，使用 $\sigma_t^2=\alpha_0+\alpha_1 r_{t-1}^2+\beta_1\sigma_{t-1}^2$ 递归给出 $r_0,r_1,\cdots,r_n$。因此 r_t 的条件密度函数 $f_{r_t|r_{t-1},\cdots,r_0,\sigma_0}(r_t|r_{t-1},\cdots,r_0,\sigma_0)$ 仅取决于 σ_t 过去的信息或 r_{t-1}，因此可看作一个马尔可夫过程，于是我们得到 r_t 的条件密度函数

$$f_{r_t|r_0,\sigma_0}(r_t|r_{t-1},\cdots,r_0)=\prod_{t=1}^n f_{r_t|r_{t-1}}(r_t|r_{t-1})=\prod_{t=1}^n \frac{1}{\sigma_t}f_\varepsilon\left(\frac{r_t}{\sigma_t}\right) \qquad (3-14)$$

式中，f_ε 是标准化新息 $\{\varepsilon_t\}$ 的密度函数，它必须满足均值等于 0，方差等于 1，通常选择标准正态分布、标准 t 分布和偏 t 分布。似然函数式（3-13）就变成了

$$L(\alpha_0,\alpha_1;r)=f_{r_1,\cdots,r_n|r_0}(r_1,\cdots,r_n|r_0)=\prod_{t=1}^n \frac{1}{\sigma_t}f_\varepsilon\left(\frac{r_t}{\sigma_t}\right)$$

式中，$\sigma_t=(\alpha_0+\alpha_1 a_{t-1}^2)^{1/2}$。对于 ARCH($m$) 模型，我们能用类似的办法，即给定前 m 个值来得到条件似然方程。

在 GARCH(1,1) 模型中，σ_t 用 σ_{t-1} 递归定义，这里我们不使用式（3-13），而是构造 $r_1,\cdots,r_n$ 以 r_0，σ_0 的实现值为条件，即

$$f_{r_1,\cdots,r_n|r_0}(r_1,\cdots,r_n|r_0,\sigma_0)=\prod_{t=1}^n f_{r_t|r_{t-1},\cdots,r_0,\sigma_0}(r_t|r_{t-1},\cdots,r_0,\sigma_0)$$

条件密度函数 $f_{r_t|r_0,\sigma_0}(r_t|r_{t-1},\cdots,r_0)$ 仅通过 σ_t 依赖于过去的信息，使用 $\sigma_t^2=\alpha_0+\alpha_1 r_{t-1}^2+\beta_1\sigma_{t-1}^2$ 递归给出 $\sigma_0,r_1,\cdots,r_n$。这样我们就能得到如下的条件似然函数：

$$L(\alpha_0,\alpha_1,\beta_1;r)=\prod_{t=1}^{n}\frac{1}{\sigma_t}f_\varepsilon\left(\frac{r_t}{\sigma_t}\right),\ \sigma_t=\sqrt{\alpha_0+\alpha_1 r_{t-1}^2+\beta_1\sigma_{t-1}^2}$$

注意，初始值 σ_0^2 的值实际上没有观测到，所以我们经常通过设定合理的初始值来解决，如采用 $r_0,r_1,\cdots,r_n$ 的样本方差作为初始值，或者直接令 σ_0^2 等于 0。若假定了标准化新息 ε_t 的分布，则 GARCH(1,1) 模型的参数 α_0，α_1，β_1 可通过最大似然函数估计得到。

如果均值方程 μ_t 是一个 ARMA(p,q)模型，则

$$\mu_t=\mu+\sum_{i=1}^{p}\phi_i(r_{t-i}-\mu)+\sum_{j=1}^{q}\theta_j(r_{t-j}-\mu_{t-j})$$

对于残差序列 $a_t=r_t-\mu_t$，用前面类似的方法可推导出 $\{r_t\}$ 的条件似然函数：

$$L(\theta;r)=\prod_{t=1}^{n}\frac{1}{\sigma_t}f_\varepsilon\left(\frac{r_t-\mu_t}{\sigma_t}\right)$$

式中，$\{\sigma_t\}$是 GARCH(m,s) 模型。我们将所有未知参数 $(\phi_0,\phi_i,\theta_j,\alpha_0,\alpha_1,\beta_1)$ 都收集在向量 $\boldsymbol{\theta}$ 中。为保证 μ_t 和σ_t 是 F_{t-1} 可测的，需要保证此处 ARMA(p,q) 过程是一个因果和可逆的线性过程，即 $\tilde{\phi}(z)=1-\phi_1 z-\cdots-\phi_p z^p$ 和 $\tilde{\theta}(z)=1+\theta_1 z+\cdots+\theta_q z^q$ 没有共同的根，并且在单位圆内没有根。

参数向量 $\boldsymbol{\theta}$ 的最大似然函数还取决于新息 $\{\varepsilon_t\}$ 的分布，下面以 ARCH(m) 为例，列举不同新息分布对应的似然函数。

(1) 正态分布假设。

假定新息 ε_t 为独立同标准正态分布的随机变量序列，在已知 $a_1,a_2,\cdots,a_{t-1}$ 的条件下，将

$$\sigma_t^2=\alpha_0+\alpha_1 a_{t-1}^2+\cdots+\alpha_m a_{t-m}^2$$

看作已知数，$a_t=\varepsilon_t\sigma_t$ 的条件分布为 $N(0,\sigma_t^2)$，记模型参数 $\boldsymbol{\alpha}=(\alpha_0,\alpha_1,\cdots,\alpha_m)^{\mathrm{T}}$，于是似然函数为

$$f(a_1,a_2,\cdots,a_T|\boldsymbol{\alpha})=\prod_{t=m+1}^{T}\frac{1}{\sqrt{2\pi}\sigma_t}\exp\left(-\frac{1}{2}\frac{a_t^2}{\sigma_t^2}\right)f(a_1,\cdots,a_m|\boldsymbol{\alpha})$$

式中，$f(a_1,a_2,\cdots,a_m|\boldsymbol{\alpha})$ 的形式比较复杂，常常从似然函数中去掉此项，变成条件似然函数，当 T 较大时，去掉此项的影响很小。条件似然函数为

$$f(a_{m+1},\cdots,a_T|\boldsymbol{\alpha})=\prod_{t=m+1}^{T}\frac{1}{\sqrt{2\pi}\sigma_t}\exp\left(-\frac{1}{2}\frac{a_t^2}{\sigma_t^2}\right)$$

最大化条件对数似然函数得到的估计称为正态假设下的条件最大似然估计。

(2) t 分布假设。

因为收益率分布厚尾，有些应用中假设 $\{a_t\}$ 的方差模型中的 ε_t 服从标准化 t 分

布，自由度为 v，其分布密度为

$$f(\varepsilon_t|v)=\frac{\Gamma\left(\frac{v+1}{2}\right)}{\Gamma\left(\frac{v}{2}\right)\sqrt{(v-2)\pi}}\left(1+\frac{\varepsilon_t^2}{v-2}\right)^{-\frac{v+1}{2}},\ \varepsilon_t\in(-\infty,+\infty),\ v>2$$

这时，由 $a_t=\varepsilon_t\sigma_t$，其中 $\sigma_t^2=\mathrm{var}(a_t|F_{t-1})$，得到条件似然函数

$$\begin{aligned}&f(a_{m+1},\cdots,a_T|\boldsymbol{\alpha},a_1,\cdots,a_m)\\&=\left[\frac{\Gamma\left(\frac{v+1}{2}\right)}{\Gamma\left(\frac{v}{2}\right)\sqrt{(v-2)\pi}}\right]^{T-m}\prod_{t=m+1}^{T}\frac{1}{\sigma_t}\left(1+\frac{\varepsilon_t^2}{(v-2)\sigma_t^2}\right)^{-\frac{v+1}{2}}\end{aligned}\tag{3-15}$$

可以先验地取定自由度 v 的值，通常取 v 在 3～6 之间，然后在式（3－15）中关于 $\boldsymbol{\alpha}$ 求最大值，对数似然函数为

$$\begin{aligned}&l(a_{m+1},\cdots,a_T|\boldsymbol{\alpha},a_1,\cdots,a_m)\\&=-\sum_{t=m+1}^{T}\left\{\frac{v+1}{2}\ln\left(1+\frac{a_t^2}{(v-2)\sigma_t^2}\right)+\frac{1}{2}\ln\sigma_t^2\right\}+c\end{aligned}\tag{3-16}$$

式中，c 为常数项。也可以在式（3－16）中将 v 和 $\boldsymbol{\alpha}$ 一起求最大值，这样得到的参数估计称为 t 分布下的条件最大似然估计。

（3）有偏 t 分布假设。

资产收益率分布除了厚尾之外还常常有偏。可以修改新息分布使其变成标准化的有偏的单峰分布，例如将 $t(v)$ 分布进行有偏化后的密度为

$$g(\varepsilon|v,\xi)=\begin{cases}\dfrac{2c_2}{\xi+\dfrac{1}{\xi}}f(\xi(c_2\varepsilon_t+c_1)|v), & \varepsilon_t<-\dfrac{c_1}{c_2}\\[2ex]\dfrac{2c_2}{\xi+\dfrac{1}{\xi}}f((c_2\varepsilon_t+c_1)/\xi|v), & \varepsilon_t\geqslant-\dfrac{c_1}{c_2}\end{cases}$$

式中，$f(\cdot|v)$ 是标准化 $t(v)$ 分布的密度，参数 v 是自由度，可以控制厚尾程度；参数 ξ^2 是密度在峰度右边的面积与在峰度左边的面积之比，代表了有偏的程度，当 $\xi=1$ 时是标准化 $t(v)$ 分布，当 $\xi>1$ 时右偏，当 $\xi<1$ 时左偏。

$$c_1=\frac{\Gamma\left(\frac{v-1}{2}\right)\sqrt{v-2}}{\sqrt{\pi}\,\Gamma\left(\frac{v}{2}\right)}\left(\xi-\frac{1}{\xi}\right)$$

$$c_2^2=\xi^2-\frac{1}{\xi^2}-1-c_1^2$$

对标准化 t 分布，取 $v=5$，10，30，绘制密度图，如图 3-18 所示。

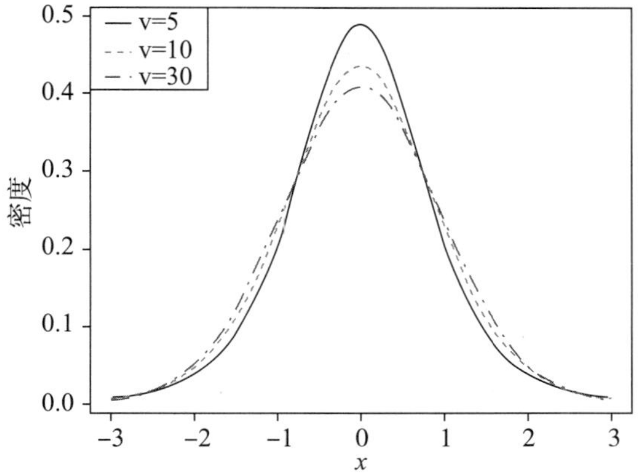

图 3-18　标准化 t 分布的密度图

2. 两步法估计参数

最大似然估计 $\hat{\theta}$ 就是使得（条件）对数似然函数

$$\ln L(\boldsymbol{\theta};\boldsymbol{r})=\sum_{t=1}^{n} l_t(\boldsymbol{\theta})$$

达到最大值，可通过解如下似然方程

$$\frac{\partial}{\partial\boldsymbol{\theta}}\ln L(\boldsymbol{\theta};\boldsymbol{r})=\sum_{t=1}^{n}\frac{\partial l_t(\boldsymbol{\theta})}{\partial\boldsymbol{\theta}}=\mathbf{0} \tag{3-17}$$

得到，其中，左侧也称为条件似然的得分向量。式（3-17）通常使用所谓的修正牛顿迭代法（Newton-Raphson）进行数值求解。GARCH 模型中广泛使用的一种特殊方法是 Berndt et al.（1974）提出的 BHHH 算法。①

在参数估计中，我们可以考虑两种情况。其一，我们假设模型完全正确设定，并且数据确实是从已假定新息分布和动态特征的时间序列模型中生成的（例如通过随机模拟方法）。在这种情况下，我们描述了最大似然估计（MLE）在渐近情况下的性质，通过最大化似然函数获得参数估计值。其二，我们假设正确设定了波动率的动态特征，把新息分布假设成高斯分布。在这种情况下，我们需使用拟最大似然法（QML）来估计模型参数，得到的估计值为拟最大似然估计值。需要注意的是，高斯似然函数是需要被最大化的目标函数，而不是一个合适的似然函数。只要新息分布的假设合理，这样得到的参数估计值可能就是合理的。

对于有均值方程的参数估计，参考对 ARMA 的模仿：

---

① R 的 maxLik 包中添加了使用 BHHH 算法快速求解 MLE 的程序，包括 summary 和 print 泛型函数，精准计算标准误差，并可以轻松交换最大化算法。

$$a_t^2=\alpha_0+\sum_{i=1}^{\max\{m,s\}}(\alpha_i+\beta_i)a_{t-i}^2+\eta_t-\sum_{j=1}^{s}\beta_j\eta_{t-j}$$

综上，采用如下的两步法来估计参数向量（$\phi_0,\phi_i,\theta_j,\alpha_0,\alpha_1,\beta_1$）。

第一步，忽略 ARCH 效应，用线性时间序列建模方法（如最大似然估计）对收益率序列建立均值方程 ARMA。残差序列用 a_t 表示。

第二步，将 $\{a_t^2\}$ 作为观测序列，选择合适的新息分布，用最大似然法估计 GARCH(p,q) 模型中的参数。用 $\hat{\phi}_i$ 和 $\hat{\theta}_i$ 分别表示 AR 和 MA 部分的系数估计值，则 GARCH 模型的参数估计为$\hat{\beta}_i=-\hat{\theta}_i$。一些经验显示，这样的估计往往能够给出不错的近似结果，尤其是对大中样本情形。

实际上，常用的统计软件如 R、Python 和 MATLAB 都有软件包，直接调用相应函数即可完成参数估计。

例 3－7（GARCH 模型） 针对沪深 300 指数的日收益率建立 GARCH 模型，并使用两步法估计 GARCH 模型。

为了估计 GARCH 模型，首先用常数作为均值方程，计算残差 a_t；然后使用 ARMA(1,1) 模型来估计 a_t^2，估计结果显示 $\hat{\phi}_1=0.9729$，$\hat{\theta}_1=-0.8924$，所以 $\hat{\beta}_1=0.8924$，$\hat{\alpha}_1=0.0805$，$\hat{\alpha}_0=\hat{\mu}(1-\hat{\phi}_1)=0$。因此这样的两步法得到的模型估计为

$$r_t=0.001+a_t,\ a_t=\sigma_t\varepsilon_t,\ \sigma_t^2=0.0805a_{t-1}^2+0.8924\sigma_{t-1}^2$$

此外，将本节利用两步法得到的误差波动率与利用 R 中的 grachfit 函数并使用有偏 t 分布拟合的 GRACH 模型估计沪深 300 指数收益率得到的误差波动率进行比较，会发现二者之间的相关系数为 0.977，表现出较强的相关性。

3.2.5 模型的验证和选择

我们通常会用残差的特征来验证已拟合的 GARCH 模型是否合适。在进行模型拟合时，我们要区分非标准残差和标准残差这两个概念。前者是从均值方差模型 ARMA 部分得到的残差序列 $\hat{a}_1,\hat{a}_2,\cdots,\hat{a}_n$，可用式（3－18）提到的方法计算。

$$\hat{a}_t=r_t-\hat{\mu}_t,\ \hat{\mu}_t=\hat{\mu}+\sum_{i=1}^{p}\hat{\phi}_i(r_{t-i}-\hat{\mu})+\sum_{j=1}^{q}\hat{\theta}_j\hat{a}_{t-j} \tag{3-18}$$

在正确设定均值方程的基础上，非标准残差序列 $\{\hat{a}_t\}$ 应满足 GARCH 过程。而标准化残差则是用残差序列 $\{\hat{a}_t\}$ 除以条件方差$\{\hat{\sigma}_t\}$后的序列。

$$\hat{\varepsilon}_t=\hat{a}_t/\hat{\sigma}_t,\ \hat{\sigma}_t^2=\hat{\alpha}_0+\sum_{i=1}^{p_2}\hat{\alpha}_i\hat{\varepsilon}_{t-i}^2+\sum_{j=1}^{q_2}\hat{\beta}_j\hat{\sigma}_{t-j}^2 \tag{3-19}$$

如果模型选择正确，$\{\hat{\varepsilon}_t\}$ 应该是一个严格白噪声（SWN）过程，即满足独立同分布，均值为 0，方差为 1。

因此模型的验证应检查标准化残差是否满足 SWN 的性质。我们可通过序列 $\{\hat{\varepsilon}_t\}$

的 Ljung-Box 统计量来检验均值方程的充分性，同时 $\{\hat{\varepsilon}_t^2\}$ 的 Ljung-Box 统计量也可用来检验波动率方程的正确性，或画出原始数据和绝对值数据的自相关图来验证其 SWN 特性。若无法拒绝 SWN 假设，就说明 GARCH 模型能较好地反映数据的特征。

为使用式（3-19），需要设定一些初始值，一种解决办法是令残差初始值 $\hat{\varepsilon}_t=0$，令波动率初始值 $\hat{\sigma}_t$ 等于样本方差或零。因为最初几个估计值会被这些初始值设定影响，同时也会被用于计算非标准化残差的初始值影响，所以它们在后面的分析中可能被忽略。

此外，在进行参数最大似然估计时，我们要提前假定新息的分布。在模型验证时还应对标准化残差序列验证分布假定的有效性。可通过计算 $\{\hat{\varepsilon}_t\}$ 的偏度、峰度、分位点对分位点图（即 Q-Q 图）来检验分布假定的有效性。例如，对标准正态分布和标准 t 分布绘制 Q-Q 图和实施拟合优度检验来判断新息分布假设是否合适。① 如果高斯似然函数能合理地拟合数据特征，但残差并不符合独立的标准正态分布，则应使用 QML 拟合法，而标准误差则应通过下面公式中的估计量估计得出：

$$\sqrt{n}(\hat{\boldsymbol{\theta}}_n-\boldsymbol{\theta})\xrightarrow{\mathrm{d}}N_{p+q+1}(\mathbf{0},J(\boldsymbol{\theta})^{-1}I(\boldsymbol{\theta})J(\boldsymbol{\theta})^{-1})$$

在实践中，常用两阶段方法来进行模型的估计和验证：在第一阶段，假设新息分布是正态分布，用 QML 来估计拟合收益率序列数据；在第二阶段，用该动态模型提供的残差作为数据来获取新息残差分布。第一阶段有时也称为数据的首次预白噪声化。在第二阶段，我们可选择适用于非对称新息的厚尾模型来替代高斯分布。

两阶段方法使得 GARCH 模型的建立更加透明，可以分别进行波动性建模和模拟冲击驱动过程。在高维风险因素建模中，这可能是一种实用的方法。但该方法的缺点是，很难量化时间序列建模的误差传播到第二阶段和总体的分布拟合误差。

例 3-8（沪深 300 指数的 GARCH 模型） 在例 3-6 中，我们已对沪深 300 指数对数收益率数据进行了 ARCH 效应检验。虽然原始数据没有显示出序列相关性，但其绝对序列却显示出了序列相关性，并在 5%的置信水平上拒绝了 Ljung-Box 检验。

对于这些数据，由于 t 分布比高斯分布更适合拟合新息，我们选择带有 t 分布新息的模型，并用最大似然估计法来估算模型参数。我们对比标准 GARCH(1,1) 模型（均值固定）和那些含有 ARMA 结构（AR(1)，MA(1)，ARMA(1,1)）且均值为条件均值的模型：ARMA 结构似乎在模型结构上只实现了细微的进步，经 AIC 检验，基本的 GARCH(1,1) 是更好的选择。就从模型中获取的标准误而言，无论是原始数据还是绝对值，都没有显示出序列相关性，也不能拒绝 Ljung-Box 检验。经模型计算后，t 分布的自由度为 4.87。残差的 Q-Q 图显示出模型的选择十分恰当。

首先，图 3-19 和图 3-20 给出了沪深 300 指数对数收益率和波动率的变动。

然后，图 3-21 给出了对数收益率和 GARCH(1,1) 模型的自相关图。

选择带有 t 分布新息的模型，绘制出标准化残差相对于标准 t 分布的 Q-Q 图，如图 3-22 所示。

① R 包 fGarch 提供了拟合波动率模型的许多图形。

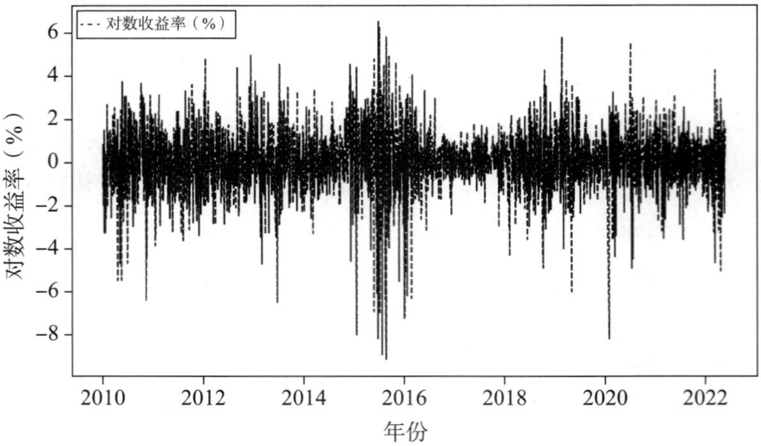

图 3-19　沪深 300 指数对数收益率

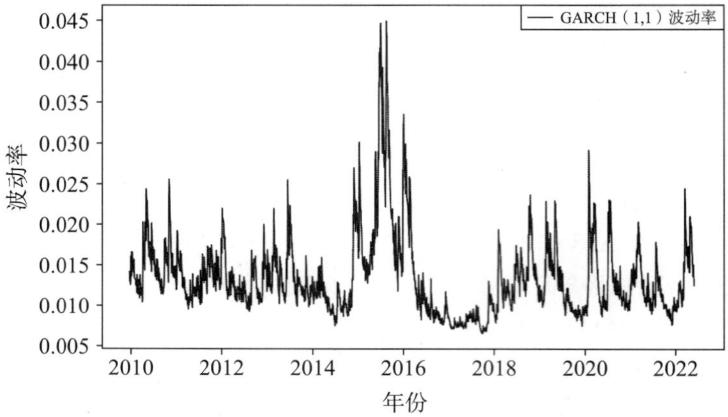

图 3-20　带有杠杆项的 GARCH(1,1) 的波动率估计

由此，在新息分布为标准 t 分布的假设下，参数的最大似然估计值及带有杠杆项的 GARCH(1,1) 模型的标准误如表 3-2 所示。

表 3-2　参数估计结果

参数	估计	标准误	p 值
μ	1.75×10^{-4}	8.22×10^{-5}	0.03
α_0	2.67×10^{-7}	9.23×10^{-8}	0.00
α_1	5.75×10^{-2}	8.23×10^{-3}	0.00
β_1	9.38×10^{-1}	8.01×10^{-3}	0.00
Δ	4.87	0.45	0.00

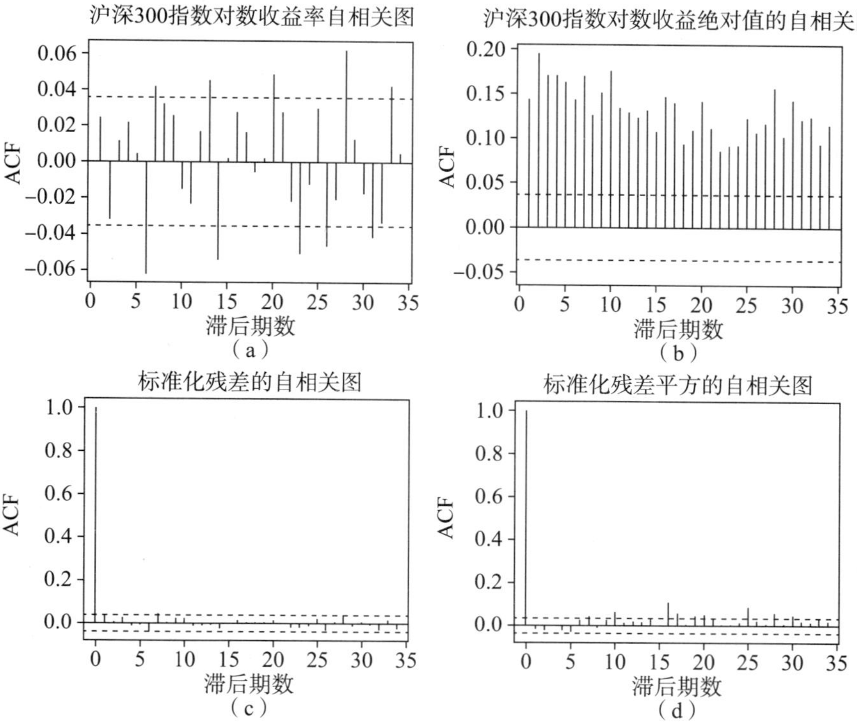

图 3-21　沪深 300 指数 2010—2022 年对数收益率和 GARCH(1,1)模型的自相关图

说明:(a)原数据;(b)绝对值数据;(c)标准化残差数据;(d)标准化残差的平方数据。

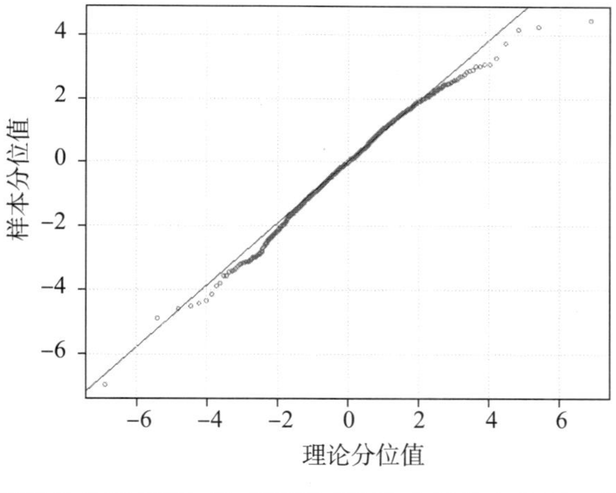

图 3-22　带有杠杆项的 GARCH(1,1) 模型残差和自由度为 4.87 的 t 分布残差的 Q-Q 图

3.3　GARCH 模型的简单扩展

此外，针对收益率、波动率的其他特点，学者们在 GARCH 模型的基础上也提出了扩展模型。本节将列举这些常用的扩展模型，简要解释模型的性质，并使用 R 实现部分模型，代码见中国人民大学出版社网站。

3.3.1 IGARCH(p,q) 模型

若 GARCH 模型的 AR 多项式有一个单位根（有特征根等于 1），则对应的模型不再满足 GARCH 模型的平稳性条件，这种模型称为 IGARCH 模型，或单位根 GARCH 模型。类似于 ARIMA 模型，IGARCH 模型的扰动 $\eta_t = a_t^2 - \sigma_t^2$ 对 a_t^2 的影响是持久的、不衰减的。因此 IGARCH(p,q) 是不平稳过程，具有无限方差。

下面以 IGARCH(1,1) 为例说明模型特点。IGARCH(1,1) 的形式如下：

$$a_t = \sigma_t \varepsilon_t,\ \sigma_t^2 = \alpha_0 + \alpha_1 a_{t-1}^2 + (1-\alpha_1)\sigma_{t-1}^2$$

IGARCH(1,1) 模型的参数的估计值与 GARCH(1,1) 模型差距不大，但这两个模型有一个主要区别：在 IGARCH(1,1) 模型下，a_t 的无条件方差是未定义的，因此 r_t 的无条件方差也是未定义的。这是因为难以验证对数收益率序列的无条件方差。从理论上看，IGARCH 现象可能是由波动率经常发生平移引起的。在金融时间序列分析中，波动率的持续性是一个重要特征，但对于 IGARCH 模型，其无法提供无条件方差的估计值。因此，若要研究波动率持续性的原因，需要考虑其他模型或方法，并进行深入研究。

当 $\alpha_1 + \beta_1 = 1$ 时，由式（3-20）重复替代得到式（3-21）：

$$\sigma_h^2(\ell) = \alpha_0 + (\alpha_1 + \beta_1)\sigma_h^2(\ell - 1),\ \ell > 1 \tag{3-20}$$

$$\hat{\sigma}_{t+h}^2 = \hat{\sigma}_{t+1}^2 + (h-1)\alpha_0,\ h \geqslant 1 \tag{3-21}$$

式中，t 是当前时刻，因此，$\hat{\sigma}_{t+1}^2$ 对将来波动率的效应也是持续的，波动率预测值形成了一条斜率为 α_0 的直线。Nelson（1990）证明了过程 $\{\sigma_t^2\}$ 是一个鞅。在某些条件下，波动率过程是严平稳的，这是因为它的前两阶矩不存在，所以它不是弱平稳的。

在研究 IGARCH(1,1) 模型时，$\alpha_0 = 0$ 的情形是特别令人感兴趣的。这时，对所有预测步长，波动率的预测值都是 $\hat{\sigma}_{t+1}^2$。这个特殊的 IGARCH(1,1) 模型也是序列 $\{a_t^2\}$ 的指数平滑模型。为了说明这一点，将模型改写为

$$\begin{aligned}\sigma_t^2 &= (1-\beta_1)a_{t-1}^2 + \beta_1\sigma_{t-1}^2 \\ &= (1-\beta_1)a_{t-1}^2 + \beta_1[(1-\beta_1)a_{t-2}^2 + \beta_1\sigma_{t-2}^2] \\ &= (1-\beta_1)a_{t-1}^2 + (1-\beta_1)\beta_1 a_{t-2}^2 + \beta_1^2\sigma_{t-2}^2\end{aligned}$$

重复迭代，我们可以得到

$$\sigma_t^2 = (1-\beta_1)(a_{t-1}^2 + \beta_1 a_{t-2}^2 + \beta_1^2 a_{t-3}^3 + \cdots)$$

这就是贴现因子为 β_1 的指数平滑公式。因此，指数平滑方法可以用来估计上述 IGARCH(1,1) 模型。

例 3-9（IGARCH 模型） 对沪深 300 指数建立 IGARCH 模型。

通过 R 的 rugarch 包可以对沪深 300 指数的收益率建立 IGARCH 模型，最后建立的模型如下：

$$r_t = 0.00011 + a_t, \quad a_t = \sigma_t \varepsilon_t$$
$$\sigma_t^2 = 0.06897 a_{t-1}^2 + 0.93103 \sigma_{t-1}^2$$

标准化残差及其平方的白噪声检验通过，残差 ARCH 效应检验通过。

3.3.2 非对称效应的 GARCH 模型

标准 ARCH 和 GARCH 过程被广为诟病的一个特征是，波动率依赖于过去扰动的平方，而没有体现出市场对正的和负的收益率的非对称效应。金融理论认为，市场信息对波动性具有非对称效应，导致公司股票价值下跌的坏消息往往会增加波动性。这种现象称为杠杆效应，因为股票价值的下降会导致公司的债务与权益比率上升，而承担公司剩余风险的股东认为其未来现金流风险相对较大。从行为金融的角度，对于股价相同程度的上升和下跌，投资者总是对股价下跌表现得更紧张。为了刻画波动率对大的正或负资产收益率的不对称性，许多扩展版本和变化版本已被提出，本节将简单介绍这类非对称效应 GARCH 模型。

1. TGARCH 模型

在 GARCH(1,1) 模型中引入杠杆效应的一种方法是在波动率方程式（3-9）中引入一个额外的参数来获取杠杆效应。

$$\sigma_t^2 = \alpha_0 + \alpha_1 (a_{t-1} + \delta |a_{t-1}|)^2 + \beta_1 \sigma_{t-1}^2 \tag{3-22}$$

式中，$\delta \in [-1,1]$，$\alpha_1 \geqslant 0$。式（3-22）可以改写为

$$\sigma_t^2 = \begin{cases} \alpha_0 + \alpha_1 (1+\delta)^2 a_{t-1}^2 + \beta_1 \sigma_{t-1}^2, & a_{t-1} \geqslant 0 \\ \alpha_0 + \alpha_1 (1-\delta)^2 a_{t-1}^2 + \beta_1 \sigma_{t-1}^2, & a_{t-1} < 0 \end{cases}$$

因此

$$\frac{\partial \sigma_t^2}{\partial a_{t-1}^2} = \begin{cases} \alpha_1 (1+\delta)^2 \sigma_{t-1}^2, & a_{t-1} \geqslant 0 \\ \alpha_1 (1-\delta)^2 \sigma_{t-1}^2, & a_{t-1} < 0 \end{cases}$$

这样，波动率对最近收益率的反馈机制就取决于收益率的正负。一般 $\delta < 0$，即坏消息对波动率会产生更大的影响。

如果将式（3-22）简单地改写为

$$\sigma_t^2 = \alpha_0 + \tilde{\alpha}_1 r_{t-1}^2 + \tilde{\delta}_1 I_{\{r_{t-1} < 0\}} r_{t-1}^2 + \beta_1 \sigma_{t-1}^2 \tag{3-23}$$

式中，$\tilde{\alpha}_1 = \alpha_1 (1+\delta)^2$，$\tilde{\delta} = -4\delta\alpha_1$。式（3-23）即为门限（threshold）GARCH（简记为 TGARCH）模型。这里门限已设置为零级，在 t 时刻，波动率的动态变化取决于过程 r_{t-1}（或新息 ε_{t-1}）之前的值是低于还是高于该阈值。

当然也可以在式（3-23）的 TGARCH 模型中设置非零门限值。Glosten et al.（1993）和 Zakoian（1994）提出了 TGARCH(m,s) 模型的一般形式：

$$\sigma_t^2 = \alpha_0 + \sum_{i=1}^{m} (\alpha_i + \gamma_i N_{t-i}) a_{t-i}^2 + \sum_{j=1}^{3} \beta_j \sigma_{t-j}^2 \tag{3-24}$$

式中，N_{t-i} 是关于 a_{t-i} 是否为负值的指示变量，即

$$N_{t-i}=\begin{cases}1, & a_{t-i}<0\\ 0, & a_{t-i}\geqslant 0\end{cases}$$

α_i、γ_i 和 β_j 为非负参数，它们所满足的条件类似于 GARCH 模型的条件。从模型中可以看出，正的 a_{t-i} 对 σ_t^2 的贡献为 $\alpha_i a_{t-i}^2$，而负的 a_{t-i} 对 σ_t^2 有更大的贡献 $(\alpha_i+\gamma_i)a_{t-i}^2$，其中 $\gamma_i>0$。该模型用零作为门限来区分过去扰动的影响，也可以采用非零门限。因为 Glosten et al.（1993）实质上给出了同样的模型，故式（3-24）也称为 GJR 模型。

2. EGARCH 模型

Nelson（1991）提出了指数 GARCH（简记为 EGARCH）模型，考虑加权的新息：

$$g(\varepsilon_t)=\theta\varepsilon_t+\gamma[|\varepsilon_t|-E(|\varepsilon_t|)]$$

式中，θ 和 γ 是实常数。ε_t 和 $|\varepsilon_t|-E(|\varepsilon_t|)$ 都是零均值的独立同分布序列，且序列的分布为连续分布。因此，$E[g(\varepsilon_t)]=0$。为了更容易看出其非对称性，改写 $g(\varepsilon_t)$ 为

$$g(\varepsilon_t)=\begin{cases}(\theta+\gamma)\varepsilon_t-\gamma E(|\varepsilon_t|), & \varepsilon_t\geqslant 0\\ (\theta-\gamma)\varepsilon_t-\gamma E(|\varepsilon_t|), & \varepsilon_t<0\end{cases}$$

例如，一个简单的 EGAECH(1,1) 模型如下：

$$a_t=\sigma_t\varepsilon_t,\quad (1-\alpha B)\ln\sigma_t^2=(1-\alpha)\alpha_0+g(\varepsilon_{t-1}) \tag{3-25}$$

其中，假设 $\{\varepsilon_t\}$ 是独立同分布的标准正态序列。在这种情况下，$E(|\varepsilon_t|)=\sqrt{2/\pi}$，$(1-\alpha B)\ln\sigma_t^2$ 变成

$$(1-\alpha B)\ln\sigma_t^2=\begin{cases}\alpha_*+(\gamma+\theta)\varepsilon_{t-1}, & \varepsilon_{t-1}\geqslant 0\\ \alpha_*+(\gamma-\theta)(-\varepsilon_{t-1}), & \varepsilon_{t-1}<0\end{cases}$$

式中，$\alpha_*=(1-\alpha)\alpha_0-\sqrt{2/\pi}\gamma$。这是一个非线性函数，类似于 Tong（1978，1990）中的门限自回归（threshold autoregressive，TAR）模型。对这个简单的 EGARCH 模型来说，条件方差以非线性方式依赖于 a_{t-1} 的符号。具体地说，我们有

$$\sigma_t^2=\sigma_{t-1}^{2\alpha}e^{\alpha_0^n}\begin{cases}\exp\left[(\gamma+\theta)\dfrac{a_{t-1}}{\sigma_{t-1}}\right], & a_{t-1}\geqslant 0\\ \exp\left[(\gamma-\theta)\dfrac{|a_{t-1}|}{\sigma_{t-1}}\right], & a_{t-1}<0\end{cases}$$

系数 $\gamma+\theta$ 和 $\gamma-\theta$ 表明模型对正的和负的 a_{t-1} 的响应是非对称的。因此，当 $\theta\neq 0$ 时，模型是非线性的。由于负的扰动往往带来更大的影响，所以我们希望 θ 是负的。

对高阶 EGARCH 模型来讲，非线性变得很复杂。EGARCH(m,s) 模型可以写成：

$$a_t=\sigma_t\varepsilon_t,\quad \ln\sigma_t^2=\alpha_0+\frac{1+\beta_1B+\cdots+\beta_{s-1}B^{s-1}}{1-\alpha_1B-\cdots-\alpha_mB^m}g(\varepsilon_{t-1}) \tag{3-26}$$

式中，α_0 是常数；B 是延迟（或滞后）算子，使得 $Bg(\varepsilon_t)=g(\varepsilon_{t-1})$，$1+\beta_1 B+\cdots+\beta_s B^{s-1}$ 和 $1-\alpha_1 B-\cdots-\alpha_m B^m$ 是多项式，它们的根都在单位圆外且没有公因子。

3. NGARCH 模型

NGARCH 模型最早由 Engle and Ng（1993）提出，并由 Duan（1995）进行了研究，模型的形式假定为：

$$r_t=\mu_t+a_t,\ a_t=\sigma_t\varepsilon_t,\ \varepsilon_t\sim D(0,1)$$
$$\sigma_t^2=\beta_0+\beta_1\sigma_{t-1}^2+\beta_2(a_{t-1}-\theta\sigma_{t-1})^2 \tag{3-27}$$

式中，μ_t 是条件均值，$D(0,1)$ 表示均值为 0、方差为 1 的某个分布，β_i 为非负实数且 $\beta_0>0$，θ 为杠杆参数。式（3-27）中的模型也称为非对称 GARCH(1,1) 模型，或者 NGARCH(1,1) 模型。如果 $\theta=0$，则该模型简化为 GARCH(1,1) 模型。

4. APARCH 模型

Ding et al.(1993) 提出了非对称幂自回归条件异方差（asymmetric power autoregressive conditional heteroscedastic，APARCH）模型来描述非对称性。APARCH(m,s) 模型可以写为

$$r_t=\mu_t+a_t,\ a_t=\sigma_t\varepsilon_t,\ \varepsilon_t\sim D(0,1)$$
$$\sigma_t^\delta=\omega+\sum_{i=1}^{m}\alpha_i(|a_{t-i}|+\gamma_i a_{t-i})^\delta+\sum_{j=1}^{s}\beta_j\sigma_{t-j}^\delta \tag{3-28}$$

式中，μ_t 是条件均值，$D(0,1)$ 表示均值为 0、方差为 1 的某个分布，δ 为正实数，系数 ω、α_i、γ_i 和 β_j 满足某些正则性条件使得波动率为正。和 GARCH 模型类似，在实际中常用的是 APARCH(1,1) 模型。

式（3-28）中的幂函数旨在提高模型拟合的一个变换。当幂参数 δ 取值为如下三个特殊值时，APARCH 模型可简化为：

- 当 $\delta=2$ 时，APARCH 模型可简化为 TGARCH 模型；
- 当 $\delta=1$ 时，APARCH 模型直接应用波动率方程中的波动率；
- 当 $\delta\to 0$ 时，模型可简化为 Nelson（1991）提出的 EGARCH 模型。

例 3-10（非对称效应的 GARCH 模型） 对沪深 300 指数收益率序列建立非对称的 GARCH 效应模型。为此，对沪深 300 指数分别建立 TGARCH 模型、EGARCH 模型、NGARCH 模型和 APARCH 模型，并将模型的估计结果汇总在表 3-3 中。

表 3-3 非对称效应的 GARCH 模型估计结果

模型	估计模型表达式及简要分析
TGARCH(1,1)	$r_t=0.000\,093+a_t$，$a_t=\sigma_t\varepsilon_t$，$\varepsilon_t\sim N(0,1)$ $\sigma_t^2=(0.064\,712+0.005\,076N_{t-1})a_{t-1}^2+0.930\,052\sigma_{t-1}^2$ 注：(1) 模型输出结果中 μ 不显著，γ_1 也不显著，说明杠杆效应不显著。 (2) 模型标准化残差的白噪声检验未通过，但标准化残差平方的白噪声检验通过。

续表

模型	估计模型表达式及简要分析
EGARCH(1,1)	$r_t=0.000\,083+a_t$，$a_t=\sigma_t\varepsilon_t$，$\varepsilon_t\sim N(0,1)$ $\ln\sigma_t^2=-0.104\,822-0.009\,425\varepsilon_{t-1}+0.153\,984(\lvert\varepsilon_{t-1}\rvert-E\lvert\varepsilon_{t-1}\rvert)+0.988\,956\ln\sigma_{t-1}^2$ 注：(1) 模型输出结果中 μ 和 α_1 不显著。 (2) 模型标准化残差的白噪声检验未通过，但标准化残差平方的白噪声检验通过。
NGARCH(1,1)	$r_t=0.019\,7+a_t$，$a_t=\sigma_t\varepsilon_t$，$\varepsilon_t\sim N(0,1)$ $\sigma_t^2=0.021+0.927\sigma_{t-1}^2+0.069(a_{t-1}-0.079\sigma_{t-1})^2$ 注：模型标准化残差的白噪声检验和标准化残差平方的白噪声检验均未通过，结果显著地拒绝了白噪声零假设。
APARCH(1,1)	$r_t=9.209\times10^{-5}+a_t$，$a_t=\sigma_t\varepsilon_t$，$\varepsilon_t\sim N(0,1)$ $\sigma_t^{1.51}=3.399\times10^{-6}+0.076(\lvert a_{t-1}\rvert-0.040a_{t-1})^{1.67}+0.931\sigma_{t-1}^{1.51}$ 注：(1) 模型标准化残差的白噪声检验未通过，标准化残差平方的白噪声检验通过。 (2) δ 的估计是 1.67，r_1 在 0.05 水平下不显著，可以不需要反映杠杆效应的模型。

3.3.3 GARCH-M 模型

有些金融资产的收益率的条件均值受到其波动率的影响，称为风险溢价。GARCH-M 模型就用来描述这样的现象，M 表示条件均值依赖于 GARCH 模型。一种简单的 GARCH-M(1,1)模型为

$$
\begin{aligned}
r_t &= \mu + c\sigma_t^2 + a_t \\
a_t &= \sigma_t\varepsilon_t \\
\sigma_t^2 &= \alpha_0 + \alpha_1 a_{t-1}^2 + \beta_1\sigma_{t-1}^2
\end{aligned}
\tag{3-29}
$$

模型中收益率的条件均值为 $E(r_t\mid F_{t-1})=\mu+c\sigma_t^2$，需要用条件方差 $\sigma_t^2=\mathrm{var}(r_t\mid F_{t-1})$ 来描述。参数 c 称为风险溢价参数，如果 c 为正值，则收益率与波动率正相关。

文献中还有其他的风险溢价模型形式，如

$$
\begin{aligned}
r_t &= \mu + c\sigma_t + a_t \\
r_t &= \mu + c\ln\sigma_t^2 + a_t
\end{aligned}
$$

注意，式（3-29）中的收益率 $\{r_t\}$ 不再是不相关序列，而是序列相关的，相关性来自 σ_t^2 的序列相关性。风险溢价的存在是股票收益率具有序列相关性的原因之一。

3.3.4 SV 模型和长记忆波动模型

另一种描述金融时间序列动态波动率的方法是：对 a_t 的条件方差方程引进一个新息 v_t，这样得到的模型就称为随机波动率（stochastic volatility，SV）模型：

$$a_t = \sigma_t \varepsilon_t,\ (1 - \alpha_1 B - \cdots - \alpha_m B^m) \ln \sigma_t^2 = \alpha_0 + v_t$$

式中，$\{\varepsilon_t\}$是独立同分布的，服从 $N(0,1)$ 分布；v_t 独立同服从 $N(0,\sigma_v^2)$ 分布；$\{\varepsilon_t\}$和$\{v_t\}$是相互独立的；α_0 是常数；多项式 $1-\sum_{i=1}^{m}\alpha_i B^i$ 所有根的模大于 1。与 EGARCH 模型相似，为了保证条件方差为正值，SV 模型用 $\ln \sigma_t^2$ 而不用σ_t^2，加入新息 v_t 后，极大地增加了模型在刻画 σ_t^2 演变上的灵活性，但也增加了参数估计的困难。为了估计 SV 模型，我们需要通过卡尔曼滤波或者蒙特卡罗方法来应用伪似然（quasi-likelihood）方法。关于随机波动率模型的更多讨论，可以参考 Taylor（1994）。①

利用分数差分的思想，SV 模型进一步推广，从而允许波动率有长记忆性。一个时间序列是长记忆过程，如果间隔增加，自相关函数将以双曲函数（而不是指数函数）速度衰减。在波动率研究中引进长记忆模型的动机是基于这样一个事实：虽然资产收益率序列本身没有前后相关性，但收益率的平方序列或绝对值序列的自相关函数常常衰减得很慢，参见 Ding et al.（1993）。图 3－23 所示的是沪深 300 指数 2010—2022 年日对数收益率的绝对值的自相关图，可以看到长记忆现象的存在。

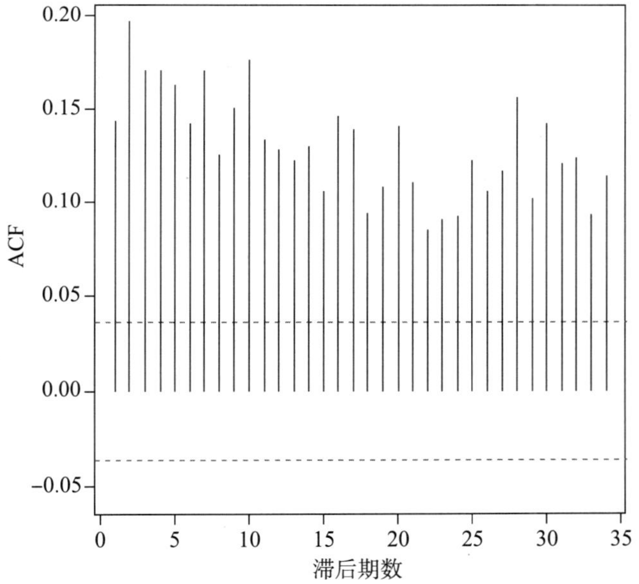

图 3－23　沪深 300 指数日对数收益率的绝对值的自相关图

简单的长记忆随机波动率（long memory stochastic volatility，LMSV）模型②可以写成：

$$a_t = \sigma_t \varepsilon_t,\ \sigma_t = \sigma \exp(u_t/2),\ (1-B)^d u_t = \eta_t \tag{3-30}$$

式中，$\sigma>0$；$\{\varepsilon_t\}$ 是独立同分布的，该序列服从 $N(0,1)$；η_t 独立同服从 $N(0,\sigma_\eta^2)$ 且

① Taylor, S. J. (1994). Modeling stochastic volatility: a review and comparative study. Math Finance, 4(2): 183－204.

② 目前，还有基于长短期记忆的 SV 模型——LSTMSV 模型，提供的相关的 MATLAB 代码具体可见 https://github.com/vbayeslab，其中提供了一个用户友好的软件包以及预测波动率的方法。

和 ε_t 相互独立；$0<d<0.5$。长记忆特征源于分数差分 $(1-B)^d$，它意味着 u_t 的 ACF 以双曲函数（而不是指数函数）速度缓慢衰减。对于 LMSV 模型，我们有

$$\begin{aligned}\ln a_t^2 &= \ln \sigma^2 + u_t + \ln \varepsilon_t^2 \\ &= [\ln \sigma^2 + E(\ln \varepsilon_t^2)] + \mu_t + [\ln \varepsilon_t^2 - E(\ln \varepsilon_t^2)] \\ &\equiv \mu + \mu_t + e_t\end{aligned}$$

3.4 波动率预测与风险度量

3.4.1 波动率预测

已知收益率 $r_{t-n+1},\cdots,r_t$ 的实现值，下面我们要预测 $t+1$ 时刻到 $t+h$ 时刻收益率的波动率。由于

$$E(a_{t+h}^2 | F_t) = E((r_{t+h} - \mu_{t+h})^2 | F_t)$$

因此，实际上只需预测 $t+1$ 时刻到 $t+h$ 时刻 $(r_{t+h}-\mu_{t+h})^2$ 的值即可。由于 ARCH 模型与 GARCH 模型的波动率预测类似，故我们仅以 ARMA(p,q)－GARCH$(1,1)$ 模型为例说明如何预测未来 h 个时期内的波动率。

考虑一个金融头寸的损失变量 x_t，它的通用时间序列模型可以写为

$$x_t = \phi_0 + \sum_{i=1}^{p} \phi_i x_{t-i} + a_t - \sum_{j=1}^{q} \theta_j a_{t-j} \tag{3-31}$$

$$a_t = \sigma_t \varepsilon_t,\ \sigma_t^2 = \alpha_0 + \alpha_1 a_{t-i}^2 + \beta_1 \sigma_{t-1}^2 \tag{3-32}$$

式（3－31）和式（3－32）分别是 x_t 的均值方程和波动率方程。假设我们已经估计了该模型的参数并验证模型是合适的，则可以利用这两个方程得到 x_t 的条件均值与条件方差的超前 1 步预测。具体地，我们有

$$\hat{x}_t(1) = \phi_0 + \sum_{i=1}^{p} \phi_i x_{t+1-i} - \sum_{j=1}^{q} \theta_j a_{t+1-j} \tag{3-33}$$

$$\hat{\sigma}_t^2(1) = \alpha_0 + \sum_{i=1}^{u} \alpha_i a_{t+1-i}^2 + \sum_{j=1}^{v} \beta_j \sigma_{t+1-j}^2 \tag{3-34}$$

式中，$\hat{x}_t(1)$ 是基于 t 时刻及以前的新息对 x_{t+1} 的预测，$\hat{\sigma}_t^2(1)$ 是对 σ_{t+1}^2 的预测。

当我们在 t 时刻估计 $t+h$ 时刻的收益率时，x_{t+h}^2 和 σ_{t+h}^2 都是随机变量，其预测是一致的。对超前 h 步预测均值方程比较容易，由式（3－33）可得

$$\hat{x}_t(h) = \phi_0 + \sum_{i=1}^{p} \phi_i\, \hat{x}_{t+h-i} + \sum_{j=1}^{q} \theta_j\, \hat{a}_{t+h-j}$$

当 $t+h-i \leqslant t$ 时，$\hat{x}_{t+h-i} = x_{t+h-i}$；当 $t+h-j > t$ 时，$\hat{a}_{t+h-j} = 0$。预测误差为 $e_t(h) = x_{t+h} - \hat{x}_{t+h}$。

对于超前多步的条件方差预测，我们利用 $a_t^2 = \sigma_t^2 \varepsilon_t^2$，并把波动率方程改写为

$$\sigma_{t+1}^2=\alpha_0+(\alpha_1+\beta_1)\sigma_t^2+\alpha_1\sigma_t^2(\varepsilon_t^2-1)$$

当时间由 t 变为 $t+1$ 时，此方程变为

$$\sigma_{t+2}^2=\alpha_0+(\alpha_1+\beta_1)\sigma_{t+1}^2+\alpha_1\sigma_{t+1}^2(\varepsilon_{t+1}^2-1)$$

因为 $E(\varepsilon_{t+1}^2-1|F_t)=0$，所以以 t 为预测原点的波动率的超前 2 步预测满足

$$\sigma_t^2(2)=\alpha_0+(\alpha_1+\beta_1)\sigma_t^2(1)$$

类似地，我们有

$$\sigma_t^2(h)=\alpha_0+(\alpha_1+\beta_1)\sigma_t^2(h-1),\ h>1 \tag{3-35}$$

这个结果与自回归多项式为 $1-(\alpha_1+\beta_1)B$ 的 ARMA(1,1) 模型是完全相同的。对式（3-35）重复迭代，我们得到超前 h 步预测，可以写成

$$\sigma_t^2(h)=\frac{\alpha_0\lfloor 1-(\alpha_1+\beta_1)^{h-1}\rfloor}{1-\alpha_1-\beta_1}+(\alpha_1+\beta_1)^{h-1}\sigma_t^2(1)$$

因此，只要 $\alpha_1+\beta_1<1$，就可证明 $\sigma_t^2(h)$ 趋向于$\frac{\alpha_0}{1-\alpha_1-\beta_1}=\text{var}(a_t)$，所以波动率平方的预测收敛于过程的无条件方差。因此，只要 a_t 的无条件方差 $\text{var}(a_t)$ 存在，当预测步长趋于无穷时，GARCH(1,1) 模型的超前多步波动率预测就收敛于 a_t 的无条件方差 $\text{var}(a_t)$。

例 3-11（波动率预测） 预测沪深 300 指数的波动率。

由于联合使用均值方程和波动率方差建模可以更好地描述数据（模型诊断图见图 3-24），也可以得到更合理的预测区间，因此将 ARMA(2,3) 和 GARCH(1,1) 模型结合起来对沪深 300 指数的波动率进行预测，预测结果如图 3-25 所示。

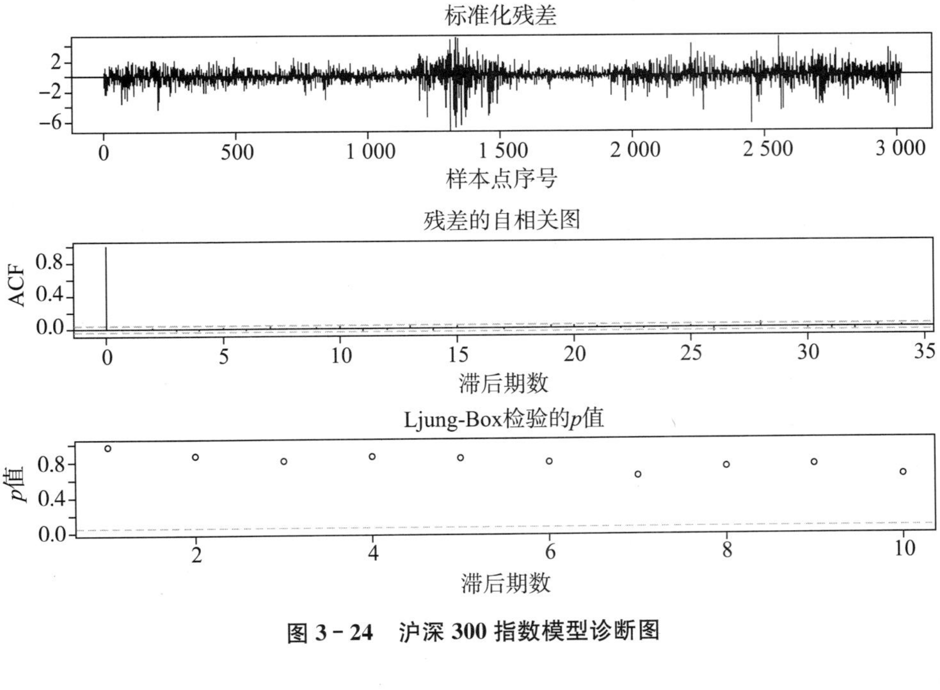

图 3-24　沪深 300 指数模型诊断图

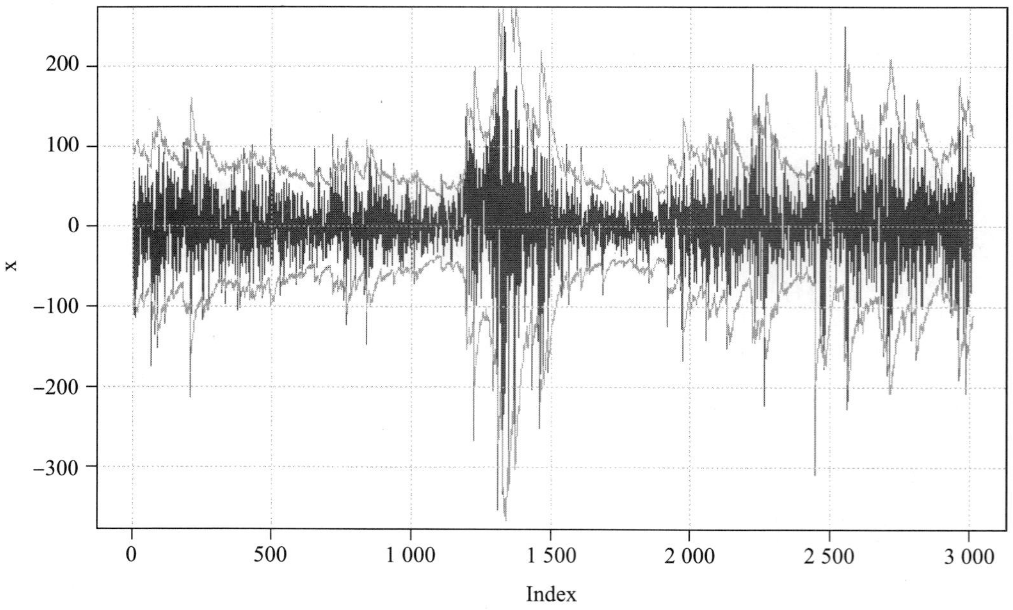

图 3-25 序列及其两倍波动率

图 3-24 上面第一张图为标准化残差的时序图，结果显示虽然小部分序列仍呈现集聚现象，但大部分序列在两步标准差的范围内；中间第二张图为残差的自相关图，可见残差不存在自相关；下面第三张图为 Ljung-Box 检验的 p 值，结果显示无法拒绝原假设，进一步验证了无自相关关系。

3.4.2 波动率的指数平滑

在前面的分析中，假设我们使用的是纯 GARCH(1,1) 模型，基于 F_t 的 r_{t+1}^2 的自然预测值就是其条件均值 σ_{t+1}^2。在实践中，我们必须基于此公式进行近似，因为我们无法使用 σ_t^2 的无穷级数的历史值。在应用中，经常通过残差方程计算出的波动率平方 $\hat{\sigma}_t^2$ 的估计值来近似 σ_t^2，由此我们对 r_{t+1}^2 的近似预测也可以作为对 $t+1$ 时刻的平方波动率的估计：

$$\hat{\sigma}_{t+1}^2=\hat{E}(r_{t+1}^2 \mid F_t)=\alpha_0+\alpha_1 r_t^2+\beta_1 \hat{\sigma}_t^2 \tag{3-36}$$

现在假设不对式（3-36）中的 σ_t 和 μ_t 的结构做出详细的假设。我们考虑一种基于指数平滑思想的更简单的波动率预测方法，它需要假设数据中不存在确定的周期性变化因素，而不必假定数据来自一个平稳序列。通常来说，这种方法不太适用于存在经常性变化信号的收益率序列，更适用于没有经过差分的资产价格或价值序列。

指数平滑的基本想法是选择一个合理的参数 λ，随机序列 X_{t+1} 在 t 时刻基于所有信息的预测量 $P_t(X_{t+1})$ 能够通过以下更新后的公式得出：

$$P_t(X_{t+1})=\lambda X_t+(1-\lambda)P_{t-1}(X_t)$$

前面在计算历史日波动率 $\hat{\sigma}_t^2$ 时，对 $r_t^2, r_{t-1}^2, \cdots, r_{t-m}^2$ 所有项均赋予了相等的权重。

而风险管理的目标是估计第 $t+1$ 天的波动率水平$\hat{\sigma}_t^2$，因此赋予较新的数据更高的权重就更合理。假设其权重 α_i 随时间延长而按指数速度递减，$\alpha_{i+1}=\lambda\alpha_i$，其中 λ 是介于 0～1 之间的某个常数。此时

$$\sigma_t^2=\lambda\sigma_{t-1}^2+(1-\lambda)r_{t-1}^2 \tag{3-37}$$

$$P_t(r_{t+1}-\mu_{t+1})^2=\alpha(r_t-\mu_t)^2+(1-\alpha)P_{t-1}(r_t-\mu_t)^2$$

上式表明第 t 天的波动率 σ_t 是由第 $t-1$ 天的波动率 σ_{t-1} 和最近一天的价格变化率 r_{t-1} 决定的。用式（3-36）计算出 $\hat{\sigma}_{t-1}^2$ 并代入式（3-37），整理可得

$$\sigma_t^2=(1-\lambda)(r_{t-1}^2+\lambda r_{t-2}^2)+\lambda^2\sigma_{t-2}^2$$

依此类推，我们得出

$$\sigma_t^2=(1-\lambda)(r_{t-1}^2+\lambda r_{t-2}^2+\lambda^2 r_{t-3}^2)+\lambda^3\sigma_{t-3}^2$$

重复计算，我们得出

$$\sigma_t^2=(1-\lambda)\sum_{i=1}^{m}\lambda^{i-1}r_{t-i}^2+\lambda^m\sigma_{t-m}^2$$

3.4.3 在险价值和预期损失的估计

下面计算基于资产收益率的条件分布的风险度量 VaR 和 ES。如果进一步假定标准化新息 ε_t 已知，如服从高斯分布或者标准学生 t 分布，则可推出 r_{t+1} 在已知 t 时刻信息的条件下的分布函数

$$F_{r_{t+1}|F_t}(x)=P(\mu_{t+1}+\sigma_{t+1}\varepsilon_{t+1}\leqslant x|F_t)=F_\varepsilon((x-\mu_{t+1})/\sigma_{t+1}) \tag{3-38}$$

式中，F_ε 是标准化新息的分布。

令VaR_α^t 表示 r_{t+1} 的预测分布 $F_{r_{t+1}|F_t}$ 的 $1-\alpha$ 分位数，ES_α^t 表示相应的预期损失，如果 F_ε 是标准正态分布和 t 分布，则

$$\mathrm{VaR}_\alpha^t=\mu_{t+1}+\sigma_{t+1}q_{1-\alpha}(\varepsilon),\quad \mathrm{ES}_\alpha^t=\mu_{t+1}+\sigma_{t+1}\mathrm{ES}_{1-\alpha}(\varepsilon) \tag{3-39}$$

显然，如果可以估算 μ_{t+1} 和 σ_{t+1}，那么只需估算 $q_{1-\alpha}(\varepsilon)$ 和 $\mathrm{ES}_{1-\alpha}(\varepsilon)$ 的新息分布，就可以获得式（3-39）中风险度量的估计数。参数或非参数（或半参数）方法都可以解决这个问题。如果我们用 3.2.4 节中提到的最大似然法来估算完全指定的 GARCH 模型，就能直接计算出新息分布的 $q_{1-\alpha}(\varepsilon)$ 和 $\mathrm{ES}_{1-\alpha}(\varepsilon)$。另外，我们使用指数平滑技术来估计波动率和条件均值，这样就可获得标准化残差 $\hat{\varepsilon}_t=(r_t-\hat{\mu}_t)/\hat{\sigma}_t$，并对这些残差应用分位数和预期损失估计方法。我们将在第 7 章继续讨论从数据中获取风险度量的统计方法。

例 3-12（VaR 和 ES 的估计） 估计沪深 300 指数收益率的在险价值（VaR）和预期损失（ES）。结合式（3-39），给出了沪深 300 指数收益率的 VaR 和 ES 的样本外预测结果，如图 3-26 所示。

根据前面的例子，假设我们考虑一个金融头寸的损失变量 x_t，它的通用时间序列

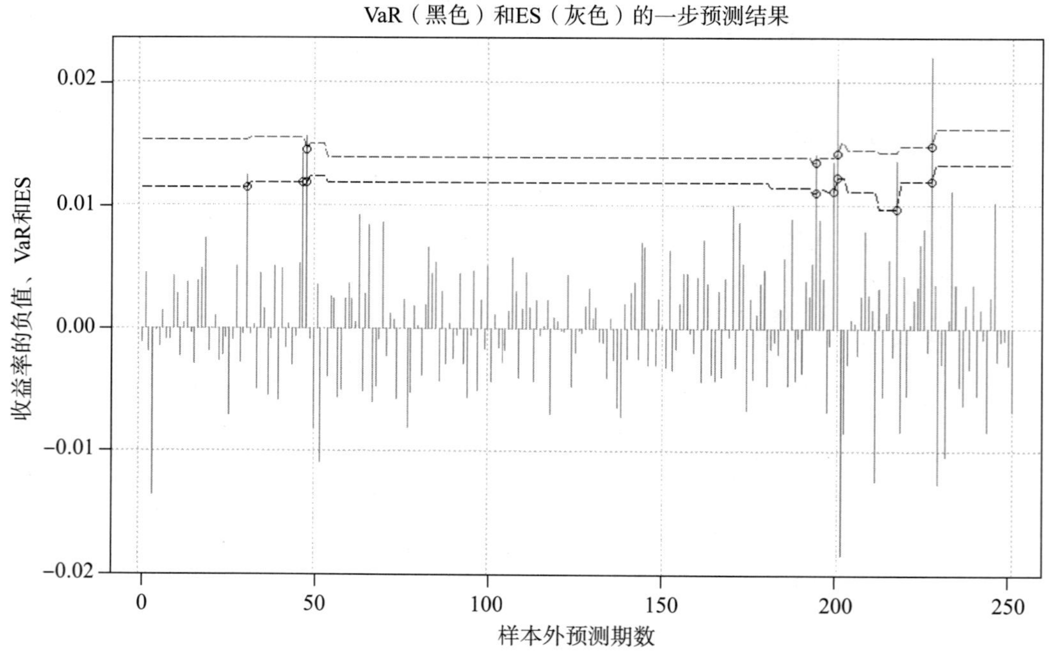

图 3-26　VaR 和 ES 的样本外预测

模型可以写为

$$x_t = \phi_0 + \sum_{i=1}^{p} \phi_i x_{t-i} + a_t - \sum_{j=1}^{q} \theta_j a_{t-j} \tag{3-40}$$

$$a_t = \sigma_t \varepsilon_t$$

$$\sigma_t^2 = \alpha_0 + \sum_{i=1}^{u} \alpha_i a_{t-i}^2 + \sum_{j=1}^{v} \beta_j \sigma_{t-j}^2 \tag{3-41}$$

式（3-40）和式（3-41）分别是 x_t 的均值方程和波动率方程。假定参数已知时，可以利用这两个方程得到 x_t 的条件均值与条件方差的超前 1 步预测。具体地，我们有

$$\hat{x}_t(1) = \phi_0 + \sum_{i=1}^{p} \phi_i x_{t+1-i} - \sum_{j=1}^{q} \theta_j a_{t+1-j}$$

$$\hat{\sigma}_t^2(1) = \alpha_0 + \sum_{i=1}^{u} \alpha_i a_{t+1-i}^2 + \sum_{j=1}^{v} \beta_j \sigma_{t+1-j}^2$$

对于单一金融资产，

$$V_{t+1} = (1+r_t)V_t,\ L_t = V_{t+1} - V_t = r_t V_t$$

$$\mathrm{VaR}(L_t) = V_t(\mu_{t+1} + \sigma_{t+1} q_\alpha(\varepsilon))$$

$$\mathrm{ES}_\alpha(L_t) = \mu_{t+1} + \sigma_{t+1} \mathrm{ES}_\alpha(\varepsilon)$$

参考文献及扩展阅读

[1] Ruey S. Tsay. 金融数据分析导论——基于 R 语言. 李洪成，尚秀芬，郝瑞丽，译. 北京：机械工业出版社，2013.

[2] Ruey S. Tsay. 金融时间序列分析：第 3 版 . 王远林，王辉，潘家柱，译. 北京：人民邮电出版社，2012.

[3] Alexander J. McNeil，Rüdiger Frey，Paul Embrechts. 量化风险管理——概念、技术和工具（修订版）. 卜永强，译. 北京：电子工业出版社，2020.

[4] Ding，Z.，Granger，C. W. J.，Engle，R. F. (1993). A long memory property of stock market returns and a new model. Journal of Empirical Finance，1：83-106.

[5] Nelson，D. B. (1991). Conditional heteroskedasticity in asset returns：a new approach. Econometrica，59：347-370.

[6] Engle，R. F. (1982). Autoregressive conditional heteroscedasticity with estimates of the variance of United Kingdom inflation. Econometrica，50(4)：987-1007.

[7] Engle，R. F.，Ng，V. K. (1993). Measuring and testing the impact of news on volatility. Journal of Finance，48：1749-1778.

[8] Fernandez，C.，Steel，M. F. J. (1998). On Bayesian modeling of fat tails and skewness. Journal of the American Statistical Association，93：359-371.

[9] Glosten，L. R.，Jagannathan，R.，Runkle，D. E. (1993). On the relation between the expected value and the volatility of nominal excess return on stocks. Journal of Finance，48：1779-1801.

[10] Zakoian，J. M. (1994). Threshold heteroscedastic models. Journal of Economic Dynamics and Control，18：931-955.

[11] Bollerslev，T. (1986). Generalized autoregressive conditional heteroskedasticity. Journal of Econometrics，31(3)：307-327.

[12] Bollerslev，T.，Chou，R. Y.，Kroner，K. F. (1992). ARCH modeling in finance：a review of the theory and empirical evidence. Journal of Econometrics，52：5-59.

[13] Berndt，E. K.，Hall，B. H.，Hall，R. E.，et al. (1974). Estimation and inference in nonlinear structural models. Annals of Economic and Social Measurement，3：653-665.

[14] Taylor，S. J. (1994). Modeling stochastic volatility：a review and comparative study. Mathematical Finance，4(2)：183-204.

第 4 章

多元风险模型

在金融领域，风险模型是非常重要的工具，它们可以帮助机构和个人更好地理解风险并管理风险。在金融风险模型中，无论是市场风险模型还是信用风险模型，基本都是多元的。市场风险模型通常涉及多个风险因子，如股票价格、利率、汇率等。这些因子的变化会导致交易工具组合的市场价值发生变化。信用风险模型通常涉及多个交易对手方的风险，这些交易对手方的风险可能是相关的。为了量化这种变化或相关性，我们需要建立一个多元风险模型来描述这些风险因素之间的关系。

在低维情形下，我们可以使用多元正态分布来描述这种关系。多元正态分布是一种连续型概率分布，它能够描述多个变量之间的线性关系。然而，在实际情况下，这些变量之间的关系可能不是线性的，因此，我们需要使用更加复杂的模型，如多元混合正态分布。此外，通过 Copula 函数，我们可以将边际分布和相关性分离开来研究，这对于风险管理非常重要。

在高维情形下，因子模型和主成分分析是两种常用的多元建模方法。因子模型是一种基于因子分解的模型，它将高维数据转化为一些低维因子的线性组合。这些因子代表了原始变量的共同变化，从而可以更好地描述数据之间的相关性。主成分分析是另一种常见的方法，它通过寻找数据的主成分来降低数据的维度。主成分是原始变量的线性组合，它们能够解释数据的大部分方差。这些方法可以帮助我们更好地理解市场风险和信用风险，并进行有效的风险管理。

4.1 多元正态分布的基础知识

本节介绍多元正态分布的基础知识，这些内容在大多数概率论与数理统计的教科书中都有所涉及。但是，由于后面章节的内容与之联系密切，并且我们将引入更多的多元分布，因此本节列举了一些基本内容，没有进行详细的证明。

4.1.1 多元正态分布的定义

多元正态分布是最常见的多元分布族，具有很多优良性质，在金融中有着广泛的应用。为了叙述简洁，我们用向量和矩阵的形式给出其定义和性质。

定义 4.1 $\boldsymbol{X}=(X_1,X_2,\cdots,X_d)^{\mathrm{T}}$ 服从多元正态分布，如果

$$\boldsymbol{X}\stackrel{\mathrm{d}}{=}\boldsymbol{\mu}+\boldsymbol{AZ} \tag{4-1}$$

式中，$\boldsymbol{Z}=(Z_1,Z_2,\cdots,Z_k)^{\mathrm{T}}$ 是一元标准正态分布组成的向量，$\boldsymbol{A}\in\mathbb{R}^{d\times k}$ 和 $\boldsymbol{\mu}\in\mathbb{R}^d$ 分别是一个矩阵和一个常数向量。

很容易验证，$\boldsymbol{X}$ 的均值向量是 $E(\boldsymbol{X})=\boldsymbol{\mu}$，协方差矩阵为 $\mathrm{cov}(\boldsymbol{X})=\boldsymbol{\Sigma}$，其中，$\boldsymbol{\Sigma}=\boldsymbol{AA}^{\mathrm{T}}$，是一个正定矩阵。此外，$\boldsymbol{X}$ 的特征函数为

$$\phi_{\boldsymbol{X}}(\boldsymbol{t})=E(\mathrm{e}^{\mathrm{i}\boldsymbol{t}^{\mathrm{T}}\boldsymbol{X}})=\exp\left(\mathrm{i}\boldsymbol{t}^{\mathrm{T}}\boldsymbol{\mu}-\frac{1}{2}\boldsymbol{t}^{\mathrm{T}}\boldsymbol{\Sigma}\boldsymbol{t}\right),\ \boldsymbol{t}\in\mathbb{R}^d \tag{4-2}$$

从特征函数的形式式（4-2）可以看到，多元正态分布的特征函数只依赖于均值向量和协方差矩阵的二次型$\boldsymbol{t}^{\mathrm{T}}\boldsymbol{\Sigma}\boldsymbol{t}$。因此，我们通常用 $N_d(\boldsymbol{\mu},\boldsymbol{\Sigma})$ 来表示多元正态分布，其联合密度函数为

$$f(\boldsymbol{x})=\frac{1}{(2\pi)^{d/2}|\boldsymbol{\Sigma}|^{1/2}}\exp\left\{-\frac{1}{2}(\boldsymbol{x}-\boldsymbol{\mu})^{\mathrm{T}}\boldsymbol{\Sigma}^{-1}(\boldsymbol{x}-\boldsymbol{\mu})\right\} \tag{4-3}$$

式中，$|\boldsymbol{\Sigma}|$ 表示 $\boldsymbol{\Sigma}$ 的行列式。

关于多元正态分布的定义，我们需要说明两点。其一，集合 $S_c=\{\boldsymbol{x}\in\mathbb{R}^d:(\boldsymbol{x}-\boldsymbol{\mu})^{\mathrm{T}}\boldsymbol{\Sigma}^{-1}(\boldsymbol{x}-\boldsymbol{\mu})=c\}(c>0)$ 描绘了等分布密度的点，也就是说在集合 S_c 上，正态分布的密度函数有相同的取值，等密度线的轮廓 S_c 为椭圆体。如果一个多元分布密度函数 $f_{\boldsymbol{X}}(\boldsymbol{x})$ 仅通过二次型（$(\boldsymbol{x}-\boldsymbol{\mu})^{\mathrm{T}}\boldsymbol{\Sigma}^{-1}(\boldsymbol{x}-\boldsymbol{\mu})$）依赖于 $\boldsymbol{x}$，则称 $f_{\boldsymbol{X}}(\boldsymbol{x})$ 是**椭圆分布**的密度函数。因此，多元正态分布属于椭圆分布。对于标准多元正态分布，其等密度线的轮廓 S_c 为球形，标准多元正态分布属于**球形分布**。

其二，在式（4-2）和式（4-3）中，需假定 $\boldsymbol{\Sigma}$ 是正定对称阵，否则该表达式没有意义。但是利用特征函数式（4-2）可以把形如式（4-3）的密度函数拓广到一般非负定对称阵。当 $\boldsymbol{\Sigma}$ 是正定对称阵时，其密度函数由式（4-3）给出；但是当$|\boldsymbol{\Sigma}|=0$ 时，密度函数无法写出。可以证明，若 $\boldsymbol{\Sigma}$ 的秩为 r（$r<d$），则此时概率分布集中在一个 r 维子空间上，这种正态分布称为退化正态分布。

4.1.2 多元正态分布的性质

下面不加证明地给出多元正态分布的性质。

（1）**独立性**：$\boldsymbol{X}\sim N_d(\boldsymbol{\mu},\boldsymbol{\Sigma})$ 的各分量是相互独立的当且仅当 $\boldsymbol{\Sigma}$ 是对角矩阵。

（2）**线性组合**：多元正态随机向量的线性组合仍服从多元正态分布，$\boldsymbol{X}\sim N_d(\boldsymbol{\mu},\boldsymbol{\Sigma})$，$\boldsymbol{B}\in\mathbb{R}^{k\times d}$ 和 $\boldsymbol{b}\in\mathbb{R}^k$，则

$$\boldsymbol{BX}+\boldsymbol{b}\sim N_k(\boldsymbol{B\mu}+\boldsymbol{b},\boldsymbol{B\Sigma B}^{\mathrm{T}})$$

（3）**可加性**：$\boldsymbol{X}\sim N_d(\boldsymbol{\mu},\boldsymbol{\Sigma})$，$\boldsymbol{Y}\sim N_d(\widetilde{\boldsymbol{\mu}},\widetilde{\boldsymbol{\Sigma}})$，且 $\boldsymbol{X}$ 与 $\boldsymbol{Y}$ 相互独立，则

$$\boldsymbol{X}+\boldsymbol{Y}\sim N_d(\boldsymbol{\mu}+\widetilde{\boldsymbol{\mu}},\boldsymbol{\Sigma}+\widetilde{\boldsymbol{\Sigma}})$$

（4）**二次型**：如果 $\boldsymbol{X}\sim N_d(\boldsymbol{\mu},\boldsymbol{\Sigma})$，且 $\boldsymbol{\Sigma}$ 为正定矩阵，那么

$$(\boldsymbol{X}-\boldsymbol{\mu})^{\mathrm{T}}\boldsymbol{\Sigma}^{-1}(\boldsymbol{X}-\boldsymbol{\mu})\sim\chi_d^2$$

即自由度为 d 的卡方分布，这个性质可以用于检验多元正态性。

（5）**径向对称**：对于 $\boldsymbol{X}\sim N_d(\boldsymbol{\mu},\boldsymbol{\Sigma})$，$\boldsymbol{X}-\boldsymbol{\mu}\overset{\mathrm{d}}{=}\boldsymbol{\mu}-\boldsymbol{X}$。

（6）**边际分布**：若把 $\boldsymbol{X}$ 分为任意两个分量 $\boldsymbol{X}=(\boldsymbol{X}_1^{\mathrm{T}},\boldsymbol{X}_2^{\mathrm{T}})^{\mathrm{T}}$，记 $\boldsymbol{\mu}=\begin{pmatrix}\boldsymbol{\mu}_1\\\boldsymbol{\mu}_2\end{pmatrix}$，$\boldsymbol{\Sigma}=\begin{pmatrix}\boldsymbol{\Sigma}_{11}&\boldsymbol{\Sigma}_{12}\\\boldsymbol{\Sigma}_{21}&\boldsymbol{\Sigma}_{22}\end{pmatrix}$，其中 $\boldsymbol{\mu}_1$ 和 $\boldsymbol{\mu}_2$ 分别是 $\boldsymbol{X}_1$ 和 $\boldsymbol{X}_2$ 的均值向量，$\boldsymbol{\Sigma}_{11}$、$\boldsymbol{\Sigma}_{22}$ 分别是 $\boldsymbol{X}_1$ 和 $\boldsymbol{X}_2$ 的协方差矩阵，$\boldsymbol{\Sigma}_{12}=\mathrm{cov}(\boldsymbol{X}_1,\boldsymbol{X}_2)$，则 $\boldsymbol{X}_1\sim N_k(\boldsymbol{\mu}_1,\boldsymbol{\Sigma}_{11})$，$\boldsymbol{X}_2\sim N_{d-k}(\boldsymbol{\mu}_2,\boldsymbol{\Sigma}_{22})$，$\boldsymbol{X}_1$ 和 $\boldsymbol{X}_2$ 相互独立的充要条件是 $\boldsymbol{\Sigma}_{12}=\boldsymbol{0}$。

（7）**条件分布**：若把 $\boldsymbol{X}$ 分为两个子向量 $\boldsymbol{X}=(\boldsymbol{X}_1^{\mathrm{T}},\boldsymbol{X}_2^{\mathrm{T}})^{\mathrm{T}}$，则 $(\boldsymbol{X}_2|\boldsymbol{X}_1=\boldsymbol{x}_1)\sim N_{d-k}(\boldsymbol{\mu}_{2.1},\boldsymbol{\Sigma}_{22.1})$，其中，$\boldsymbol{\mu}_{2.1}=\boldsymbol{\mu}_2+\boldsymbol{\Sigma}_{21}\boldsymbol{\Sigma}_{11}^{-1}(\boldsymbol{x}_1-\boldsymbol{\mu}_1)$，$\boldsymbol{\Sigma}_{22.1}=\boldsymbol{\Sigma}_{22}-\boldsymbol{\Sigma}_{21}\boldsymbol{\Sigma}_{11}^{-1}\boldsymbol{\Sigma}_{12}$。

正态分布作为一种常见的概率分布，具有很多优良性质。它符合中心极限定理，可以描述许多金融变量（如收益率、波动率等）的分布。正态分布具有径向对称性，这使其在描述随机变量关于均值的波动性时能取得很好的效果。

4.1.3 多元正态性的检验

根据多元正态分布的上述性质，下面说明如何检验数据 $\boldsymbol{X}_1,\boldsymbol{X}_2,\cdots,\boldsymbol{X}_n$ 是否来自多元正态分布 $\boldsymbol{N}_d(\boldsymbol{\mu},\boldsymbol{\Sigma})$。

首先，对边缘分布进行一元正态性检验。如果 $\boldsymbol{X}_1,\boldsymbol{X}_2,\cdots,\boldsymbol{X}_n$ 是独立且服从多元正态分布的 n 个观测向量，那么对于 $1\leqslant j\leqslant d$，样本 $X_{1,j},X_{2,j},\cdots,X_{n,j}$ 也是正态的。最直观的方法是采用 Q-Q 图来进行单变量正态性检验。除了 Q-Q 图之外，还可以使用常见的拟合优度检验（如 K-S 检验、A-D 检验、Shapiro-Wilk 正态性检验等）从统计上检验一元正态性。

其次，检验观测数据 $\boldsymbol{X}_1,\boldsymbol{X}_2,\cdots,\boldsymbol{X}_n$ 的联合分布是否满足多元正态性。一种简单的方法是利用性质（4），构建数据集

$$\{D_i^2=(\boldsymbol{X}_i-\overline{\boldsymbol{X}})^{\mathrm{T}}\boldsymbol{S}^{-1}(\boldsymbol{X}_i-\overline{\boldsymbol{X}}),\ i=1,2,\cdots,n\}\tag{4-4}$$

如果观测数据 $\boldsymbol{X}_1,\boldsymbol{X}_2,\cdots,\boldsymbol{X}_n$ 满足多元正态性假设，则 $D_1^2,D_2^2,\cdots,D_n^2$ 类似于一个服从 χ_d^2 分布的样本。为了简单起见，我们可以针对数据集 $D_1^2,D_2^2,\cdots,D_n^2$ 绘制 Q-Q 图来进行判断。

我们也可以基于偏度和峰度进行多元正态性检验，即定义

$$b_d=\frac{1}{n^2}\sum_{i=1}^n\sum_{j=1}^n D_{ij}^3,\quad k_d=\frac{1}{n}\sum_{i=1}^n D_i^4$$

式中，D_i 已在式（4-4）中给出，称为马氏距离（Mahalanobis distance），用于刻画 $\boldsymbol{X}_i$ 和 $\overline{\boldsymbol{X}}$ 的距离；$D_{ij}=(\boldsymbol{X}_i-\overline{\boldsymbol{X}})\boldsymbol{S}^{-1}(\boldsymbol{X}_j-\overline{\boldsymbol{X}})$，称为 $\boldsymbol{X}_i-\overline{\boldsymbol{X}}$ 和 $\boldsymbol{X}_j-\overline{\boldsymbol{X}}$ 之间的马氏角（Mahalanobis angle）。在总体服从多元正态分布的假设下，当 $n\rightarrow+\infty$ 时，这些统计量的渐近分布为

$$\frac{1}{6}nb_d \sim \chi^2_{d(d+1)(d+2)/6}, \quad \frac{k_d - d(d+2)}{\sqrt{8d(d+2)/n}} \sim N(0,1)$$

这一性质可以用来进行正态性检验。

例 4-1（正态性检验） 对贵州茅台、招商银行、科大讯飞、格力电器这四只股票的日收益率（对数收益率）和月收益率（对数收益率）进行多元正态性检验。样本区间为 2017 年 3 月 1 日至 2022 年 3 月 31 日。

首先，对四只股票的日收益率和月收益率进行边际分布的正态性检验。绘制四只股票日收益率（正态分布）的 Q-Q 图，如图 4-1 所示。

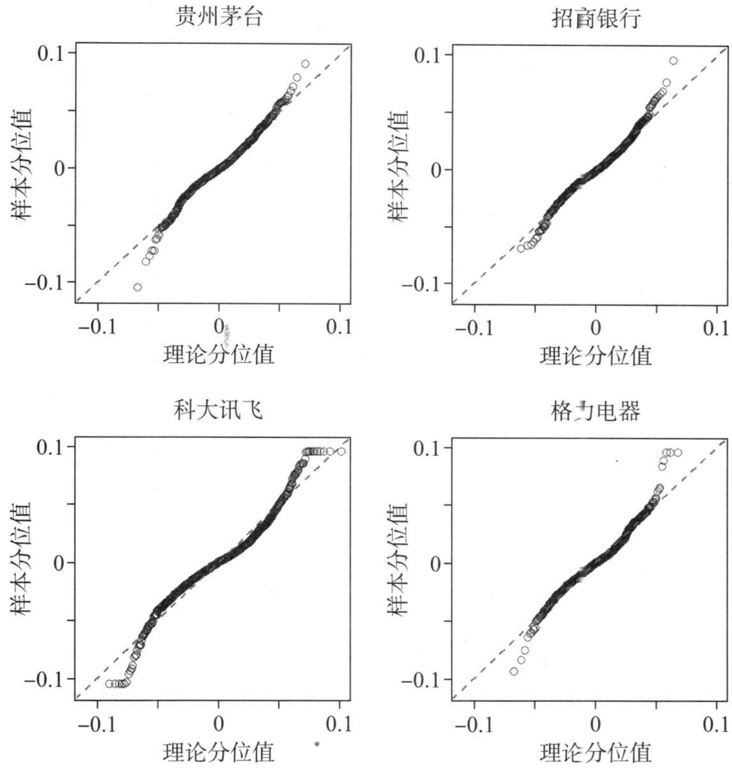

图 4-1　四只股票日收益率（正态分布）的 Q-Q 图

绘制四只股票月收益率（正态分布）的 Q-Q 图，如图 4-2 所示。

由图 4-1 可以明显看出，四只股票的日收益率均不服从正态分布，尾部差异较大；由图 4-2 可以基本判断招商银行和科大讯飞两只股票的月收益率基本服从正态分布（尾部差异相对较小），贵州茅台和格力电器两只股票的月收益率则偏离正态分布（尾部差异相对较大）。

然后，分别对上述四只股票的日收益率、月收益率进行 Shapiro-Wilk 检验。检验结果如表 4-1 所示。

上述检验结果在 5%的置信水平下拒绝了原假设。因此，我们倾向于认为四只股票的日收益率数据不服从正态分布。贵州茅台和格力电器两只股票的月收益率数据分别在

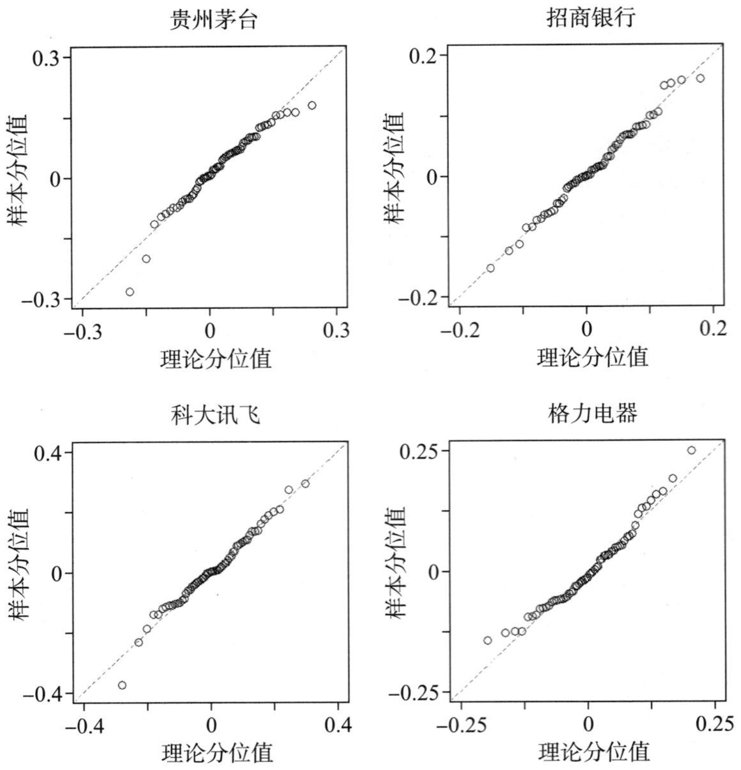

图 4-2 四只股票月收益率（正态分布）的 Q-Q 图

表 4-1 Shapiro-Wilk 检验（p 值）

股票名称	贵州茅台	招商银行	科大讯飞	格力电器
日收益率	1.271e-11	2.005e-12	<2.2e-16	2.465e-14
月收益率	0.031	0.796	0.546	0.089

5%和10%的置信水平下拒绝了原假设，我们认为这两只股票的月收益率不服从正态分布；招商银行和科大讯飞两只股票的月收益率数据无法在10%的置信水平下拒绝原假设，因此我们倾向于认为这两只股票的月收益率服从正态分布。

接着，进行联合正态性检验。在正态分布假设下，计算 b_4 和 k_4 统计量，结果如表 4-2 所示。

表 4-2 统计量 b_4 和 k_4 相应的 p 值

	日收益率	月收益率
样本量	1 239	61
b_4	**843.86**	**31.73**
p 值	0.000	0.046
k_4	**91.63**	**1.70**
p 值	0.000	0.090

上述结果中，日收益率的 b_4 和 k_4 统计量的 p 值均小于 0.05，因此有理由拒绝原假设，即四只股票的日收益率不服从多元正态分布；月收益率的 b_4 统计量的 p 值小于 0.05，k_4 统计量的 p 值大于 0.05，综合来看，月收益率的多元分布与多元正态分布间存在一定的差异，但没有非常充分的把握拒绝样本来自多元正态分布的原假设。

最后，绘制四只股票的日收益率和月收益率的 $D_1^2,D_2^2,\cdots,D_n^2$（卡方分布）的 Q-Q 图，如图 4-3 所示。

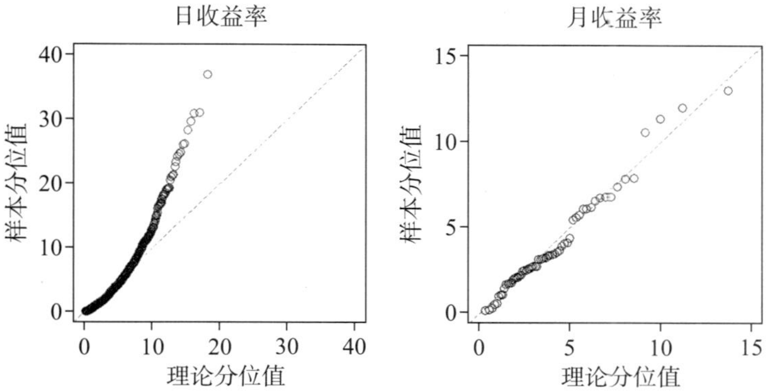

图 4-3　四只股票的日收益率和月收益率的 $D_1^2,D_2^2,\cdots,D_n^2$（卡方分布，自由度=4）的 Q-Q 图

由图 4-3 可以看出，四只股票的日收益率的 $D_1^2,D_2^2,\cdots,D_n^2$ 明显不服从卡方分布，但四只股票的月收益率基本服从卡方分布，计算 K-S 统计量的 p 值，如表 4-3 所示。

表 4-3　K-S 检验

	日收益率	月收益率
p 值	$<$2.2e-16	0.454

正如例 4-1 所示，大部分资产收益率的日度数据不能通过正态分布的拟合优度检验，但是正态分布作为风险管理中最常见的分布，具有很多优良的性质，具有广泛的应用。

（1）正态分布的线性组合仍然服从正态分布，这使得计算投资组合的收益率、风险等指标变得方便。

（2）正态分布的均值和方差可以完全描述其分布，这使得在金融领域中进行风险度量和风险管理变得容易。

（3）正态分布的参数容易计算，可以方便地计算 VaR 和 ES 等风险指标。

（4）正态分布的协方差矩阵可以通过相关系数描述变量之间的关系，这使得在金融领域中处理多个变量之间的关系变得方便。正态分布的均值对称性适合描述随机变量关于均值的波动性。

然而，正态分布也存在一些缺陷，如一元正态分布的尾部太薄，无法很好地描述极端事件的概率分布；多元正态分布的联合尾部太薄，无法很好地描述多个风险因子同时发生极端变动的事件；正态分布的径向对称性与实际金融数据的表现不一致。因此，在实际应用中，需要根据具体情况选择更适合的分布形式。

4.2 正态混合分布

本节将多元正态分布扩展为多元正态混合分布，既可以弥补正态分布的缺陷，又保留了正态分布的一些优良性质。首先，我们在协方差矩阵中引入随机性，得到正态方差混合分布，这类分布可以更加灵活、真实地描述风险因子之间的依赖关系，而且可以描述风险因子的极端值分布。然后，我们在协方差矩阵和均值向量中都引入随机性，得到正态均值-方差混合分布，这允许数据中存在不同的子种群或不同的状态，可以描述风险因子变动的非对称性。多元正态混合分布可以提供更准确、更真实的金融数据模型，从而弥补正态分布的一些缺陷。

4.2.1 正态方差混合分布

定义 4.2 称随机向量 $\boldsymbol{X}$ 服从（多元）正态方差混合分布，如果

$$\boldsymbol{X} \overset{\mathrm{d}}{=} \boldsymbol{\mu} + \sqrt{W}\boldsymbol{A}\boldsymbol{Z}$$

式中：

(1) $\boldsymbol{Z} \sim N_k(\boldsymbol{0}, \boldsymbol{I}_k)$；

(2) $W \geqslant 0$ 是一个非负的随机变量，并且独立于 $\boldsymbol{Z}$；

(3) $\boldsymbol{A} \in \mathbb{R}^{d\times k}$ 和 $\boldsymbol{\mu} \in \mathbb{R}^d$ 分别是矩阵和常数向量。

根据定义，在已知随机变量 $W=w$ 的条件下，$\boldsymbol{X}$ 的条件分布是 $N_d(\boldsymbol{\mu}, w\boldsymbol{\Sigma})$，其中 $\boldsymbol{\Sigma}=\boldsymbol{A}\boldsymbol{A}^{\mathrm{T}}$。因此 $\boldsymbol{X}$ 的分布是一个混合分布，称为正态方差混合分布。这里混合分布是指基于一组“权重”从多元正态分布中随机抽取样本，这组权重由随机变量 W 的分布决定，因此混合分布本身并不是多元正态分布。在风险因子收益率建模中，随机变量 W 表示来自外生的冲击，它将影响所有风险因子的波动。当 W 等于 1 时，正态方差混合分布就退化为多元正态分布。

如果 W 的期望值有限，那么可以很容易地计算出 $\boldsymbol{X}$ 的期望向量仍然等于 $\boldsymbol{\mu}$，即

$$E(\boldsymbol{X}) = E(\boldsymbol{\mu} + \sqrt{W}\boldsymbol{A}\boldsymbol{Z}) = \boldsymbol{\mu} + E(\sqrt{W})\boldsymbol{A}E(\boldsymbol{Z}) = \boldsymbol{\mu}$$

但 $\boldsymbol{X}$ 的协方差矩阵依赖于 $E(W)$ 的取值，即

$$\mathrm{cov}(\boldsymbol{X}) = E((\sqrt{W}\boldsymbol{A}\boldsymbol{Z})(\sqrt{W}\boldsymbol{A}\boldsymbol{Z})^{\mathrm{T}}) = E(W)\boldsymbol{A}E(\boldsymbol{Z}\boldsymbol{Z}^{\mathrm{T}})\boldsymbol{A}^{\mathrm{T}} = E(W)\boldsymbol{\Sigma}$$

式中，$\boldsymbol{\mu}$ 和 $\boldsymbol{\Sigma}$ 称为正态方差混合分布的位置向量和分散矩阵。

假设分散矩阵 $\boldsymbol{\Sigma}$ 是正定的，并且 W 在零点处没有概率，我们可以推导出正态方差混合分布的联合密度，$\boldsymbol{X}$ 的密度函数由以下公式给出：

$$\begin{aligned} f_{\boldsymbol{X}}(\boldsymbol{x}) &= \int f_{\boldsymbol{X}|W}(\boldsymbol{x} \mid w)\mathrm{d}H(w) \\ &= \int \frac{w^{-d/2}}{(2\pi)^{d/2}|\boldsymbol{\Sigma}|^{1/2}} \exp\left\{-\frac{(\boldsymbol{x}-\boldsymbol{\mu})^{\mathrm{T}}\boldsymbol{\Sigma}^{-1}(\boldsymbol{x}-\boldsymbol{\mu})}{2w}\right\}\mathrm{d}H(w) \end{aligned} \tag{4-5}$$

从式（4-5）可以看出，$f_X(\boldsymbol{x})$ 仅通过二次型 $(\boldsymbol{x}-\boldsymbol{\mu})^{\mathrm{T}}\boldsymbol{\Sigma}^{-1}(\boldsymbol{x}-\boldsymbol{\mu})$ 依赖于 $\boldsymbol{x}$，那么正态方差混合分布属于椭圆分布，满足径向对称性。这一点也可以从正态方差混合分布的特征函数看出：

$$\begin{aligned}\varphi_{\boldsymbol{X}}(\boldsymbol{t}) &= E(E(\mathrm{e}^{\mathrm{i}\boldsymbol{t}^{\mathrm{T}}\boldsymbol{X}}\mid W)) = E\left(\exp\left(\mathrm{i}\boldsymbol{t}^{\mathrm{T}}\boldsymbol{\mu}-\frac{1}{2}W\boldsymbol{t}^{\mathrm{T}}\boldsymbol{\Sigma}\boldsymbol{t}\right)\right)\\ &= \mathrm{e}^{\mathrm{i}\boldsymbol{t}^{\mathrm{T}}\boldsymbol{\mu}}\hat{H}\left(\frac{1}{2}\boldsymbol{t}^{\mathrm{T}}\boldsymbol{\Sigma}\boldsymbol{t}\right)\end{aligned}$$

式中，$\hat{H}(\theta)=\int_0^{+\infty}\mathrm{e}^{-\theta v}\mathrm{d}F_W(v)$，是随机变量 W 分布的拉普拉斯-斯蒂尔杰斯（Laplace-Stieltjes）变换。由于正态方差混合分布的特征函数仅依赖于 $\boldsymbol{\mu}$，$\boldsymbol{\Sigma}$ 和 $\hat{H}$，我们使用符号 $\boldsymbol{X}\sim M_d(\boldsymbol{\mu},\boldsymbol{\Sigma},\hat{H})$ 指代正态方差混合分布。

下面给出几个常见的正态方差混合分布的例子。

例 4-2（多元两点正态混合分布） 正态混合分布是由多个正态分布组成的概率分布模型，其中每个正态分布都有一个对应的权重。当权重为离散取值时，我们可以得到正态混合分布的简化形式，其中最简单的情况是两点正态混合模型，它指的是权重变量 W 仅取 k_1 和 k_2 两个值，并且它们的概率分别为 p 和 $1-p$。在两点正态混合模型中，假设随机变量 X 服从正态混合分布，则其概率密度函数可以表示为

$$f(x)=pf_1(x)+(1-p)f_2(x)$$

式中，$f_1(x)$ 和 $f_2(x)$ 分别是两个正态分布的概率密度函数，p 和 $1-p$ 分别是对应的权重。这个式子的意义是，随机变量 X 以概率 p 从 f_1 中取值，以概率 $(1-p)$ 从 f_2 中取值。

这种模型通常用于描述两种不同情况的概率分布，比如描述正常和极端压力的情况。例如，在金融领域，我们可以使用两点正态混合模型来描述股票价格的波动情况，其中一个正态分布表示正常波动，另一个正态分布表示极端波动。

当需要更多的混合组成部分时，可以使用 k 点混合模型进行扩展。在 k 点混合模型中，权重变量 W 可以取 k 个离散值，每个权重对应一个正态分布。这种模型通常需要使用 EM 等迭代算法来估计参数。

例 4-3（多元 t 分布） 随机变量 W 服从逆伽马分布：$W\sim \mathrm{IG}\left(\frac{1}{2}v,\frac{1}{2}v\right)$，那么可以证明 $\boldsymbol{X}$ 为一个多元 t 分布，其自由度为 v，记为 $\boldsymbol{X}\sim t_d(v,\boldsymbol{\mu},\boldsymbol{\Sigma})$。因为 $E(W)=v/(v-2)$，我们有 $\mathrm{cov}(\boldsymbol{X})=(v/(v-2))\boldsymbol{\Sigma}$，这个分布的协方差矩阵（和相关矩阵）只有在 $v>2$ 时才有定义，同时可以计算出密度函数为

$$f(\boldsymbol{x})=\frac{\Gamma\left(\frac{1}{2}(v+d)\right)}{\Gamma\left(\frac{1}{2}v\right)(\pi v)^{d/2}|\boldsymbol{\Sigma}|^{1/2}}\left(1-\frac{(\boldsymbol{x}-\boldsymbol{\mu})^{\mathrm{T}}\boldsymbol{\Sigma}^{-1}(\boldsymbol{x}-\boldsymbol{\mu})}{v}\right)^{-(v+d)/2}$$

式中，$\boldsymbol{\mu}\in\mathbb{R}^d$，$\boldsymbol{\Sigma}\in\mathbb{R}^{d\times d}$ 正定，v 表示自由度。与多元正态分布相比，多元 t 分布在尾

部区域具有更高的概率密度，并且更容易产生极端值。这是因为在多元 t 分布中引入了一个称为自由度的参数 v，该参数控制了分布的尾部形状。当自由度较低时，多元 t 分布的尾部比多元正态分布更厚，因此在这种情况下，多元 t 分布更容易产生极端值。随着自由度的增加，多元 t 分布趋向于多元正态分布，并且在自由度趋近于无穷大时，多元 t 分布变为多元正态分布。

例 4-4（对称广义双曲分布） W 服从广义逆高斯（GIG）分布：$W\sim N^{-}(\lambda,\chi,\psi)$，用这种混合密度构造的正态方差混合分布具有如下联合密度：

$$f(\boldsymbol{x})=\frac{(\sqrt{\chi\psi})^{-\lambda}\psi^{d/2}}{(2\pi)^{d/2}|\boldsymbol{\Sigma}|^{1/2}K_{\lambda}\sqrt{\chi\psi}}\frac{K_{\lambda-(d/2)}\sqrt{(\chi+(\boldsymbol{x}-\boldsymbol{\mu})^{\mathrm{T}}\boldsymbol{\Sigma}^{-1}(\boldsymbol{x}-\boldsymbol{\mu}))\psi}}{(\sqrt{(\chi+(\boldsymbol{x}-\boldsymbol{\mu})^{\mathrm{T}}\boldsymbol{\Sigma}^{-1}(\boldsymbol{x}-\boldsymbol{\mu}))\psi})^{d/2-\lambda}}$$

式中，K_{λ} 表示一个修正的第三类贝塞尔函数。GIG 混合分布非常灵活，包含了作为特殊边界情况的伽马和逆伽马分布（分别对应于 $\lambda>0$，$\chi=0$ 和 $\lambda<0$，$\psi=0$）。对称广义双曲分布在金融学和风险管理等领域得到了广泛的应用，常用于描述金融资产收益率的分布特征，尤其适用于具有厚尾特征的数据。

正态方差混合分布保留了正态分布的许多优良性质。

命题 4.1（正态方差混合分布的独立性） 令 $\boldsymbol{X}=\boldsymbol{\mu}+\sqrt{W}\boldsymbol{I}_d\boldsymbol{Z}$，满足 $E(W)<+\infty$（不相关的正态方差混合分布），则 $\boldsymbol{X}_i$ 和 $\boldsymbol{X}_j$ 相互独立⇔W 几乎处处是一个常量，即 $\boldsymbol{X}\sim N_d(\boldsymbol{\mu},\boldsymbol{I}_d)$。

关于正态方差混合分布的线性运算，有如下命题。

命题 4.2 如果 $\boldsymbol{X}\sim M_d(\boldsymbol{\mu},\boldsymbol{\Sigma},\hat{H})$，$\boldsymbol{Y}=\boldsymbol{B}\boldsymbol{X}+\boldsymbol{b}$，其中 $\boldsymbol{B}\in\mathbb{R}^{k\times d}$ 和 $\boldsymbol{b}\in\mathbb{R}^{k}$，则$\boldsymbol{Y}\sim M_k(\boldsymbol{B}\boldsymbol{\mu}+\boldsymbol{b},\boldsymbol{B}\boldsymbol{\Sigma}\boldsymbol{B}^{\mathrm{T}},\hat{H})$。

证明：利用特征函数表达式容易证明

$$\varphi_{\boldsymbol{Y}}(\boldsymbol{t})=E(\mathrm{e}^{\mathrm{i}\boldsymbol{t}^{\mathrm{T}}(\boldsymbol{BX}+\boldsymbol{b})})=\mathrm{e}^{\mathrm{i}\boldsymbol{t}^{\mathrm{T}}\boldsymbol{b}}\phi_{\boldsymbol{X}}(\boldsymbol{B}^{\mathrm{T}}\boldsymbol{t})=\mathrm{e}^{\mathrm{i}\boldsymbol{t}^{\mathrm{T}}(\boldsymbol{B\mu}+\boldsymbol{b})}\hat{H}\left(\frac{1}{2}\boldsymbol{t}^{\mathrm{T}}\boldsymbol{B}\boldsymbol{\Sigma}\boldsymbol{B}^{\mathrm{T}}\boldsymbol{t}\right)$$

命题 4.2 说明，混合分布在线性变换下是封闭的，例如，如果 $\boldsymbol{X}$ 服从一个自由度为 v 的多元 t 分布，那么，关于任何 $\boldsymbol{X}$ 的线性变换都服从多元 t 分布；线性组合 $\boldsymbol{a}^{\mathrm{T}}\boldsymbol{X}$ 服从一个单变量的 t 分布，即服从自由度为 v 的一元 t 分布（更确切地，分布 $\boldsymbol{a}^{\mathrm{T}}\boldsymbol{X}\sim t_1(v,\boldsymbol{a}^{\mathrm{T}}\boldsymbol{\mu},\boldsymbol{a}^{\mathrm{T}}\boldsymbol{\Sigma}\boldsymbol{a})$）。

正态方差混合分布很容易进行随机模拟，可以使用以下算法：

（1）模拟产生 $\boldsymbol{Z}\sim N_d(\boldsymbol{0},\boldsymbol{I}_d)$ 的随机数；

（2）利用拉普拉斯-斯蒂尔杰斯变换，模拟生成与 $\boldsymbol{Z}$ 独立且分布函数为 F_W 的随机变量 W；

（3）计算 $\boldsymbol{\Sigma}$ 的 Cholesky 因子 $\boldsymbol{A}$ 使得 $\boldsymbol{A}\boldsymbol{A}^{\mathrm{T}}=\boldsymbol{\Sigma}$；

（4）得到 $\boldsymbol{X}=\boldsymbol{\mu}+\sqrt{W}\boldsymbol{A}\boldsymbol{Z}$。

4.2.2 正态均值-方差混合分布

正态方差混合分布可看作多个具有不同方差但均值相同的正态分布混合而成的概率

分布。这种分布的一维边缘分布都是对称的，这可能与某些股票收益的经验事实相违背。金融数据往往表明，联合损失较联合收益有更厚的尾部且不对称，因此需要一种能够更准确地描述这种数据特征的模型。多元正态均值-方差混合分布是一种能够解决这个问题的概率分布，它由多个具有不同均值和不同协方差矩阵的多元正态分布混合而成。这种混合分布能够增加一些不对称性，更准确地描述金融数据的特征，例如具有更厚的尾部和更多峰值。在金融和风险管理等领域，多元正态均值-方差混合分布广泛用于建立风险模型和投资组合优化模型，以提高数据分析的准确性和稳健性。

定义 4.3　称随机向量 $\boldsymbol{X}$ 具有（多元）正态均值-方差混合分布，如果

$$\boldsymbol{X} \overset{\mathrm{d}}{=} \boldsymbol{m}(W) + \sqrt{W}\boldsymbol{A}\boldsymbol{Z}$$

式中：

（1）$\boldsymbol{Z} \sim N_k(\boldsymbol{0}, \boldsymbol{I}_k)$；

（2）$W \geqslant 0$ 是一个非负随机变量，并且独立于 $\boldsymbol{Z}$；

（3）$\boldsymbol{A} \in \mathbb{R}^{d\times k}$ 是一个矩阵；

（4）$\boldsymbol{m}$：$[0, +\infty) \to \mathbb{R}^d$ 是一个可测函数。

此时，在 $W=w$ 的条件下，$\boldsymbol{X}$ 服从均值为 $\boldsymbol{m}(w)$、方差为 $w\boldsymbol{\Sigma}$ 的正态分布，即

$$\boldsymbol{X} \mid W = w \sim N_d(\boldsymbol{m}(w), w\boldsymbol{\Sigma})$$

式中，$\boldsymbol{\Sigma} = \boldsymbol{A}\boldsymbol{A}^{\mathrm{T}}$。

从定义 4.3 中可以明显看出，随机变量 W 不仅影响均值向量，而且影响协方差矩阵，因此这样的分布称为均值-方差混合分布。一般来说，这些分布不再是椭圆分布了。

在定义 4.3 中，常见的均值函数 $\boldsymbol{m}(W)$ 为

$$\boldsymbol{m}(W) = \boldsymbol{\mu} + W\boldsymbol{\gamma} \tag{4-6}$$

式中，$\boldsymbol{\mu}$ 和 $\boldsymbol{\gamma}$ 是 $\mathbb{R}^d$ 中的参数向量，由于 $E(\boldsymbol{X} \mid W) = \boldsymbol{\mu} + W\boldsymbol{\gamma}$，$\mathrm{cov}(\boldsymbol{X} \mid W) = W\boldsymbol{\Sigma}$，此时，通过简单计算，可以得到

$$\begin{aligned} E(\boldsymbol{X}) &= E(E(\boldsymbol{X} \mid W)) = \boldsymbol{\mu} + E(W)\boldsymbol{\gamma} \\ \mathrm{cov}(\boldsymbol{X}) &= E(\mathrm{cov}(\boldsymbol{X} \mid W)) + \mathrm{cov}(E(\boldsymbol{X} \mid W)) \\ &= E(W)\boldsymbol{\Sigma} + \mathrm{var}(W)\boldsymbol{\gamma}\boldsymbol{\gamma}^{\mathrm{T}} \end{aligned} \tag{4-7}$$

从式（4-7）中可以看出，参数 $\boldsymbol{\mu}$ 和 $\boldsymbol{\Sigma}$ 不再是 $\boldsymbol{X}$ 的均值向量和协方差矩阵。只有 $\boldsymbol{\gamma} = \boldsymbol{0}$ 可以导出（椭圆）正态方差混合分布。

如果 W 服从广义逆高斯分布（GIG 分布），则得到的 $\boldsymbol{X}$ 的分布称为广义双曲分布，这是一个非对称边际分布，其特征函数等于

$$\phi_{\boldsymbol{X}}(\boldsymbol{t}) = E(\mathrm{e}^{\mathrm{i}\boldsymbol{t}^{\mathrm{T}}\boldsymbol{X}}) = \mathrm{e}^{\mathrm{i}\boldsymbol{t}^{\mathrm{T}}\boldsymbol{\mu}} \widehat{H}\left(\frac{1}{2}\boldsymbol{t}^{\mathrm{T}}\boldsymbol{\Sigma}\boldsymbol{t} - \mathrm{i}\boldsymbol{t}^{\mathrm{T}}\boldsymbol{\gamma}\right)$$

式中，$\widehat{H}$ 表示 GIG 分布的拉普拉斯-斯蒂尔杰斯变换，因此我们用 $\boldsymbol{X} \sim \mathrm{GH}_d(\lambda, \chi, \psi, \boldsymbol{\mu}, \boldsymbol{\Sigma}, \boldsymbol{\gamma})$ 表示 $\boldsymbol{X}$ 服从广义双曲分布。

命题 4.3（广义双曲分布族在线性变换下是封闭的）　假设随机向量 $\boldsymbol{X} \sim \mathrm{GH}_d(\lambda, \chi,$

$\psi,\boldsymbol{\mu},\boldsymbol{\Sigma},\boldsymbol{\gamma}$）且 $\boldsymbol{Y}=\boldsymbol{B}\boldsymbol{X}+\boldsymbol{b}$，其中 $\boldsymbol{B}\in\mathbb{R}^{k\times d}$ 且 $\boldsymbol{b}\in\mathbb{R}^{k}$，则 $\boldsymbol{Y}\sim \mathrm{GH}_k(\lambda,\chi,\psi,\boldsymbol{B\mu}+\boldsymbol{b},\boldsymbol{B\Sigma B}^{\mathrm{T}},\boldsymbol{B\gamma})$。

证明： 利用式（4-7），我们计算得到 $\boldsymbol{Y}$ 的特征函数形式

$$\phi_{\boldsymbol{Y}}(\boldsymbol{t})=\mathrm{e}^{\mathrm{i}\boldsymbol{t}^{\mathrm{T}}(\boldsymbol{B\mu}+\boldsymbol{b})}\ \hat{H}\left(\frac{1}{2}\boldsymbol{t}^{\mathrm{T}}\boldsymbol{B\Sigma B}^{\mathrm{T}}\boldsymbol{t}-\mathrm{i}\boldsymbol{t}^{\mathrm{T}}\boldsymbol{B\gamma}\right)$$

通过特征函数的形式

$$\phi_{\boldsymbol{Y}}(\boldsymbol{t})=E(\mathrm{e}^{\mathrm{i}\boldsymbol{t}^{\mathrm{T}}(\boldsymbol{BX}+\boldsymbol{b})})=\mathrm{e}^{\mathrm{i}\boldsymbol{t}^{\mathrm{T}}\boldsymbol{b}}\phi_{\boldsymbol{X}}(\boldsymbol{B}^{\mathrm{T}}\boldsymbol{t})=\mathrm{e}^{\mathrm{i}\boldsymbol{t}^{\mathrm{T}}(\boldsymbol{B\mu}+\boldsymbol{b})}\ \hat{H}\left(\frac{1}{2}\boldsymbol{t}^{\mathrm{T}}\boldsymbol{B\Sigma B}^{\mathrm{T}}\boldsymbol{t}-\mathrm{i}\boldsymbol{t}^{\mathrm{T}}\boldsymbol{B\gamma}\right)$$

可验证 $\boldsymbol{Y}$ 服从 GH 分布（$\lambda,\chi,\psi,\boldsymbol{B\mu}+\boldsymbol{b},\boldsymbol{B\Sigma B}^{\mathrm{T}},\boldsymbol{B\gamma}$）。

由命题 4.3，我们可以很容易地计算 $\boldsymbol{X}$ 的边际分布，即 $X_i\sim \mathrm{GH}_1(\lambda,\chi,\psi,\mu_i,\Sigma_{ij},\gamma_i)$。

多元广义双曲分布族包含许多常见的分布族，还包含许多可以用其他名字命名的特殊多元分布，如正态分布、t 分布、多元偏 t 分布、双曲分布、正态逆高斯（NIG）分布、GIG 分布，等等，这些分布已经被广泛应用于金融收益率数据分析。在统计软件中我们可调用 R 中的 ghyp 包进行参数的拟合估计。

例 4-5 用正态逆高斯分布、广义双曲分布、非对称 t 分布、非对称正态逆高斯分布、非对称广义双曲分布来拟合贵州茅台、招商银行、科大讯飞、格力电器这四只股票的日收益率（对数收益率）和月收益率（对数收益率）数据，并检验哪一子类广义双曲分布更适合描述收益率的分布。

调用 R 中的 ghyp 包，选用不同的广义双曲分布子类，依次拟合四只股票各自的日收益率和月收益率的边际分布以及联合分布。采用最大似然函数估计参数，得到模型的 AIC 结果，如表 4-4 至表 4-6 所示。

表 4-4 四只股票日收益率边际分布拟合结果（AIC）

	正态逆高斯	广义双曲	非对称 t	非对称正态逆高斯	非对称广义双曲
贵州茅台	−6 183.80	−6 184.66	−6 179.06	−6 183.84	**−6 186.35**
招商银行	−6 415.72	−6 415.87	−6 414.22	−6 419.82	**−6 422.09**
科大讯飞	**−5 474.63**	−5 466.54	−5 469.46	−5 473.76	−5 464.87
格力电器	−6 240.62	−6 242.17	−6 241.16	−6 246.28	**−6 247.29**

由表 4-4 可知，贵州茅台、招商银行和格力电器三只股票的日收益率适合采用非对称广义双曲分布来描述，科大讯飞股票的日收益率适合采用正态逆高斯分布来描述。

表 4-5 四只股票月收益率边际分布拟合结果（AIC）

	正态逆高斯	广义双曲	非对称 t	非对称正态逆高斯	非对称广义双曲
贵州茅台	−117.49	−117.43	−120.02	−120.17	**−120.20**
招商银行	**−148.39**	−148.39	−146.39	−146.39	−146.39

续表

	正态逆高斯	广义双曲	非对称 t	非对称正态逆高斯	非对称广义双曲
科大讯飞	**−81.79**	−81.79	−79.75	−79.80	−79.82
格力电器	−124.55	−124.55	−127.80	−128.02	**−128.04**

由表 4－5 可知，贵州茅台和格力电器两只股票的月收益率适合采用非对称广义双曲分布来描述，招商银行和科大讯飞两只股票的月收益率适合采用正态逆高斯分布来描述。

表 4－6　四只股票收益率多元分布拟合结果（AIC）

日收益率					
	正态逆高斯	广义双曲	非对称 t	非对称正态逆高斯	非对称广义双曲
四只股票联合多元分布	−25 086.36	−25 070.38	−25 088.71	**−25 091.90**	−25 078.70
月收益率					
	正态逆高斯	广义双曲	非对称 t	非对称正态逆高斯	非对称广义双曲
四只股票联合多元分布	**−505.79**	−505.78	−469.35	−502.23	−502.15

由表 4－6 可知，四只股票日收益率的联合多元分布适合采用非对称正态逆高斯分布来描述，月收益率的联合多元分布适合采用正态逆高斯分布来描述。

4.3　Copula 模型

Copula 建模也是一种建立多维变量联合分布的方法，它将一个 d 维多元联合分布分解为 d 个边缘分布和一个描述多元变量间的相依性的 Copula 函数。相比联合分布函数的建模方法，Copula 模型更为灵活。首先，Copula 模型不限制边缘分布的选择，可以选择不同的边缘分布和 Copula 函数来更好地拟合多维数据。其次，Copula 模型能将随机变量间的相关程度和相关模式有机地结合在一起，不仅可以得到度量相关程度的相关参数，而且可以得到描述相关模式的具体 Copula 函数，更全面地刻画随机向量间的相关关系。

基于 Copula 函数，我们可以采用自下而上的方法构建多变量模型，这在风险管理中特别有用。例如，在信用风险度量中，我们对单个债务人的个别违约行为的了解往往比对多个债务人违约风险之间的相互依赖结构的了解更为充分。Copula 建模使我们先单独估计每个债务人的违约时间分布模型，然后将这些边际分布模型与各种可能的依赖关系结合起来，研究债务人的相依性对违约风险的敏感性。

本节将重点讨论 Copula 函数的定义和性质、Copula 与相关性的关系、拟合优度检验以及几类常用 Copula 函数的性质和随机模拟步骤等内容。

4.3.1 Copula 函数的定义和性质

定义 4.4（Copula） d 维 Copula 函数 $C(\boldsymbol{u})$ 是定义在单位超立方体 $[0,1]^d$ 上的多元分布函数，满足以下性质：

（1）如果存在 $j\in\{1,2,\cdots,d\}$，$u_j=0$，则 $C(u_1,u_2,\cdots,u_d)=0$ 成立。

（2）C 的边际分布为标准均匀分布，即对所有 $u_j\in[0,1]$，$j\in\{1,2,\cdots,d\}$，$C(1,\cdots,1.u_j,1,\cdots,1)=u_j$ 成立。

（3）C 是递增函数，即对于所有 $(a_1,a_2,\cdots,a_d)$，$(b_1,b_2,\cdots,b_d)\in[0,1]^d$ 与 $a_i\leqslant b_i$，有

$$\sum_{i_1=1}^{2}\cdots\sum_{i_d=1}^{2}(-1)^{i_1+\cdots+i_d}C(u_{1i_1},\cdots,u_{di_d})\geqslant 0$$

其中，$u_{j1}=a_j$，$u_{j2}=b_j$，$j\in\{1,2,\cdots,d\}$。

定义 4.4 中的第二条性质实际上是要求 C 的边际分布为均匀分布，第三条性质确保了如果随机向量 $(U_1,U_2,\cdots,U_d)^{\mathrm{T}}$ 有分布函数 C，则 $P(a_1\leqslant U_1\leqslant b_1,\cdots,a_d\leqslant U_d\leqslant b_d)$ 是非负的。这三条性质是 Copula 函数的特征，如果一个函数 C 满足上述三条性质，它就是一个 Copula 函数。

为了进一步了解多元联合分布与 Copula 函数之间的联系，我们必须熟悉概率变换和广义逆变换的运算以及广义逆的性质。

定义 4.5（广义逆变换） 对任意递增函数 T：$\mathbb{R}\to\mathbb{R}$，$T(-\infty)=\lim\limits_{x\to-\infty}T(x)$，$T(+\infty)=\lim\limits_{x\to+\infty}T(x)$，定义函数 T 的广义逆函数为 $T^{\leftarrow}$：$\mathbb{R}\to\overline{\mathbb{R}}=[-\infty,+\infty]$ 为

$$T^{\leftarrow}(y)=\inf\{x\in\mathbb{R}:T(x)\geqslant y\},\quad y\in\mathbb{R}$$

约定 $\inf\varnothing=+\infty$。显然，如果 T 是一个分布函数，则 $T^{\leftarrow}:[0,1]\to\overline{\mathbb{R}}$ 是 T 的分位数。

引理 4.1（概率变换） 如果随机变量 X 的分布函数 F 连续，则 $F(X)$ 服从均匀分布 $U(0,1)$。

注意，F 必须是连续的，否则 $F(X)$ 不能覆盖所有的 $[0,1]$ 区间。

引理 4.2（分位点变换） 设 $U\sim U(0,1)$，且 $F(x)$ 是任意分布函数，则变量 $X=F^{\leftarrow}(U)$ 的分布函数是 $F(x)$。

概率变换和分位点变换是所有涉及 Copula 函数的应用的关键，它们使我们能用取值于 $\mathbb{R}^d$ 的随机向量得到取值于 $[0,1]^d$ 的随机向量，反之亦然。此外，分位点变换是随机模拟的理论基础。

在研究 Copula 函数和多元联合分布的关系时，下面的 Sklar 定理起着重要的作用，Sklar 定理是 Copula 理论中的一个重要定理，它表明任何多元联合分布都可以通过 Copula 函数来表示。

定理 4.1（Sklar 定理） 设 $\boldsymbol{X}$ 的多元联合分布函数 $F(x_1,\cdots,x_d)$ 的边际分布为 $F_1,\cdots,F_d$，则

（1）存在一个 Copula 函数 $C:[0,1]^d \to [0,1]$，使得对所有在 $\overline{\mathbb{R}}=[-\infty,+\infty]$ 中的 $x_1,\cdots,x_d$，

$$F(x_1,\cdots,x_d)=C(F_1(x_1),\cdots,F_d(x_d)) \tag{4-8}$$

成立。若边际分布是连续的，则 C 是唯一的；否则 C 由 $\text{Ran}\, F_1 \times \text{Ran}\, F_2 \times \cdots \times \text{Ran}\, F_d$ 唯一决定，其中 $\text{Ran}\, F_i = F_i(\overline{\mathbb{R}})$ 表示 F_i 的极差。

（2）反过来，如果 C 是一个 Copula 函数并且 $F_1,\cdots,F_d$ 是一元分布函数，则式（4-8）定义的函数 F 是一个边际分布为 $F_1,\cdots,F_d$ 的联合分布函数。

证明：此处我们仅证明 Copula 函数在边际分布连续的情况下是存在且唯一的，并且在一般情况下是不成立的。更一般的结果可通过复杂的分布式变换来证明，读者可查阅 McNeil et al.（2015）。[①]

首先，对于 $\boldsymbol{X}$ 的 d 个分量 X_i（$i=1,\cdots,d$），定义 $U_i=F_i(X_i)$，由概率变换引理知 U_i 服从均匀分布。又由分位点变换引理，对于均匀分布 $U_i \sim U(0,1)$，$F_i^{\leftarrow}(U_i)$ 的分布等于 F_i。设 C 表示 $U_1,\cdots,U_d$ 的分布函数，由定义 4.4 知它是一个 Copula 函数。因此，我们可以推出：

$$\begin{aligned}F(x_1,\cdots,x_d)&=P(X_1\leqslant x_1,\cdots,X_d\leqslant x_d)\\&=P(F_1^{\leftarrow}(U_1)\leqslant x_1,\cdots,F_d^{\leftarrow}(U_d)\leqslant x_d)\\&=P(U_1\leqslant F_1(x_1),\cdots,U_d\leqslant F(x_d))\\&=C(F_1(x_1),\cdots,F_d(x_d))\end{aligned} \tag{4-9}$$

于是得到式（4-8），Copula 的存在性成立。

接下来，说明 $C(\boldsymbol{u})$ 的唯一性，如果边际分布 F_i 是连续的，则对任意 $0\leqslant u_i\leqslant 1$，广义逆 $F_i^{\leftarrow}(u_i)$ 唯一存在，这时我们将参数 $x_i=F_i^{\leftarrow}(u_i)(0\leqslant u_i\leqslant 1, i=1,2,\cdots,d)$ 代入式（4-9），得到

$$C(u_1,\cdots,u_d)=F(F_1^{\leftarrow}(u_1),\cdots,F_d^{\leftarrow}(u_d)) \tag{4-10}$$

这样以 F 和它的边际分布的形式给出了 C 的一个显式表达，并据此说明了唯一性。

最后，假设 $C(\boldsymbol{u})$ 是一个 Copula 函数，$F_1,\cdots,F_d$ 是 d 个任意的一元分布函数，定义随机变量 $X_i=F_i^{\leftarrow}(U_i)$，并组合成随机向量 $\boldsymbol{X}=(X_1,\cdots,X_d)$，则 X 的联合分布函数 $F(x_1,\cdots,x_d)$ 满足

$$\begin{aligned}F(x_1,\cdots,x_d)&=P(F_1^{\leftarrow}(U_1)\leqslant x_1,\cdots,F_d^{\leftarrow}(U_d)\leqslant x_d)\\&=C(F_1(x_1),\cdots,F_d(x_d))\end{aligned}$$

Sklar 定理的第（1）部分指出，在研究分布模型时，我们可以将一个联合分布分解为一系列边际分布和一个 Copula 函数的组合。这个 Copula 函数描述了各个变量之间的

---

① McNeil, A. J., Frey, R., Embrechts, P. Quantitative risk management: concepts, techniques and tools. Princeton: Princeton University Press, 2015.

相关性。实际上，Copula 函数是一种将联合分布函数与其对应的边际分布函数连接在一起的结构（见图 4－4），因此有时也称为连接函数。通过使用 Copula 函数，我们可以将边际分布和变量间的相关结构分开来研究，从而降低多变量概率模型建模和分析的难度，并使建模和分析过程更加清晰。在金融风险管理中，Sklar 定理可以用于分析不同风险因素之间的相关性，并为资产组合优化、风险度量和风险分散提供基础，对不同保险产品的联合风险进行评估和管理。

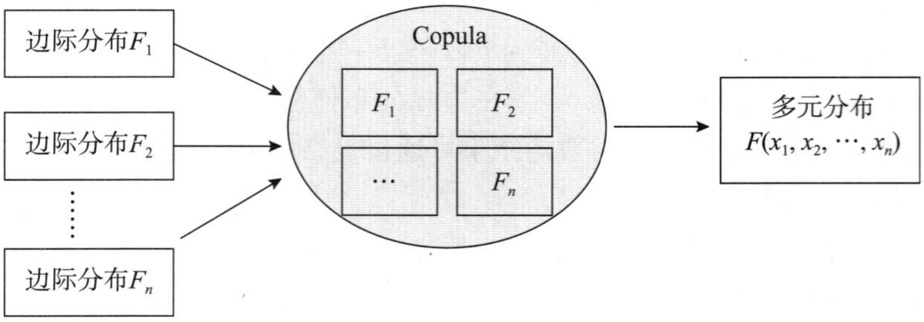

图 4－4 Sklar 定理示意图

在边际分布连续的情况下，我们可以建立起 Copula 函数和多元分布函数 F 的唯一联系，于是定义一个多元分布的 Copula 函数的概念是自然的。

定义 4.6（$\boldsymbol{F}$ 的 Copula） 如果随机向量 $\boldsymbol{X}$ 的联合分布函数为 F，边际分布 $F_1,\cdots,F_d$ 连续，则 F（或者 $\boldsymbol{X}$）的 Copula 函数是（$F_1(X_1),\cdots,F_d(X_d)$）的分布函数 C。

例 4－6（高斯 Copula 或正态 Copula） 如果 $\boldsymbol{X}\sim N_d(\boldsymbol{0},\boldsymbol{\Sigma})$ 是一个多元正态随机向量，边际分布 X_i 是标准正态分布，则它的 Copula 函数就是正态 Copula 函数，形式如下：

$$\begin{aligned}C_P^{\mathrm{Ga}}(\boldsymbol{u}) &= P(\Phi(X_1)\leqslant u_1,\cdots,\Phi(X_d)\leqslant u_d)\\ &=\Phi_P(\Phi^{-1}(u_1),\cdots,\Phi^{-1}(u_d))\end{aligned}$$

式中，$\Phi(\cdot)$ 是标准正态随机变量。显然，高斯 Copula 函数由协方差矩阵决定，高斯 Copula 函数不是简单的闭合形式，它可以通过对 $\boldsymbol{X}$ 的密度函数积分得到，在二维情形下，当 $|\rho|<1$ 时

$$C_\rho^{\mathrm{Ga}}(u_1,u_2)=\int_{-\infty}^{\Phi^{-1}(u_1)}\int_{-\infty}^{\Phi^{-1}(u_2)}\frac{1}{2\pi(1-\rho^2)^{1/2}}\exp\left(\frac{-(s_1^2-2\rho s_1 s_2+s_2^2)}{2(1-\rho^2)}\right)\mathrm{d}s_1\mathrm{d}s_2$$

在二维情形下，高斯 Copula 函数的参数 ρ 刻画了变量间依赖性的强度。当 ρ 为正时，表示变量间存在正相关关系；当 ρ 为负时，表示变量间存在负相关关系；当 ρ 为 0 时，表示变量间不存在线性相关关系，而是相互独立的。

这就自然而然地产生了一个问题：如果 $\boldsymbol{X}\sim N_d(\boldsymbol{\mu},\boldsymbol{\Sigma})$，即 $\boldsymbol{X}$ 不是标准的多元正态分布，那么它的 Copula 函数是否为高斯 Copula 函数？是否存在这样一类多元分布：其边际分布不服从正态分布，但它的连接函数仍然是高斯 Copula 函数？要回答这些问题，我们需要用到多元分布的连接函数的一个有用的性质，即连接函数在严格递增变换下的

不变性。

定理 4.2（不变原理）　设 d 维随机向量 $\boldsymbol{X}$ 的边际分布 $F_1,\cdots,F_d$ 连续，Copula 函数为 $C(\boldsymbol{u})$，对所有 Ran X_j 上单调递增的函数 T_j，$(T_1(X_1),\cdots,T_d(X_d))$ 的 Copula 函数也为 $C(\boldsymbol{u})$。

证明：我们首先注意到 $(T_1(X_1),\cdots,T_d(X_d))$ 也是一个具有连续边际分布的随机向量。作为 F 的唯一连接函数 C，满足

$$C(u_1,\cdots,u_d)=P(X_1\leqslant F_1^{\leftarrow}(u_1),\cdots,X_d\leqslant F_d^{\leftarrow}(u_d))$$

对于严格递增变换 T_i，有 $\{X_i\leqslant x\}=\{T_i(X_i)\leqslant T_i(x)\}$，且对任意 $0\leqslant\alpha\leqslant1$，$F_{T_i(\boldsymbol{X})}^{\leftarrow}(\alpha)=T(F_{\boldsymbol{X}}^{\leftarrow}(\alpha))$，因此

$$\begin{aligned}C(u_1,\cdots,u_d)&=P(T_1(X_1)\leqslant T_1(F_1^{\leftarrow}(u_1)),\cdots,T_d(X_d)\leqslant T_d(F_d^{\leftarrow}(u_d)))\\&=P(T_1(X_1)\leqslant F_{T_1(X_1)}^{\leftarrow}(u_1),\cdots,T_d(X_d)\leqslant F_{T_d(X_d)}^{\leftarrow}(u_d))\end{aligned}$$

这说明 C 也是 $(T_1(X_1),\cdots,T_d(X_d))$ 的唯一连接函数。

结合不变原理和 Sklar 定理，我们可以深入理解 Copula 函数的意义。Sklar 定理的第（2）部分说明了如何从具有连续边际分布的多元分布函数中提取 Copula 函数。不变原理则说明如果 $X_1,\cdots,X_d$ 的 Copula 函数为 C，对分量 X_i 做任意严格递增的变换 T_i，则 $(T_1(X_1),\cdots,T_d(X_d))$ 的 Copula 函数仍然为 C。换句话说，变量之间的相依性完全由 Copula 函数决定，与边际分布无关。

利用 Sklar 定理的第（1）部分可使任意多元密度函数分解为它的边际密度与 Copula 函数，这与 Copula 函数的不变性共通，从而可以通过 $U=(F_1(X_1),\cdots,F_d(X_d))$ 而不是 $\boldsymbol{X}=(X_1,\cdots,X_d)$ 来研究相关性，第（2）部分允许为特定应用构造灵活的多元联合分布。例如，假设 (X_1,X_2) 服从二元正态分布：

$$\boldsymbol{X}\sim N_d(\boldsymbol{\mu},\boldsymbol{\Sigma}),\ \boldsymbol{\mu}=\begin{pmatrix}\mu_1\\\mu_2\end{pmatrix},\ \boldsymbol{\Sigma}=\begin{pmatrix}\sigma_1^2&\sigma_{12}\\\sigma_{12}&\sigma_2^2\end{pmatrix}$$

如果将一元正态分布的分布函数分别作用于 X_1 和 X_2，即得到随机变量 $U_1=\Phi_{\mu_1,\sigma_1}(X_1)$，$U_2=\Phi_{\mu_2,\sigma_2}(X_2)$，则随机向量 (U_1,U_2) 的 Copula 函数和 (X_1,X_2) 的 Copula 函数都是高斯 Copula 函数。再次运用 Sklar 定理，我们将均值等于 4 的指数分布函数的反函数 $-\log(1-u)/2$ 作用于 (U_1,U_2)，得到 $Y_1=-\log(1-U_1)/2$，$Y_2=-\log(1-U_2)/2$，则 (Y_1,Y_2) 的连接函数也是正态 Copula 函数，但边际分布是均值等于 2 的指数分布。

图 4-5 和图 4-6 展示了产生上述随机向量 (Y_1,Y_2) 的随机数的过程。图 4-5（a）是来自分布 $(X_1,X_2)\sim N_2(\boldsymbol{0},\boldsymbol{P})$ 的样本量为 1 000 的样本散点图，其中 $\boldsymbol{P}=\begin{pmatrix}1&0.4\\0.4&1\end{pmatrix}$；图 4-5（b）是在应用了正态分布 $N(0,1)$ 的分布函数 Φ 之后，相应的高斯 Copula 的散点图。图 4-6（a）是与图 4-5（b）相同的高斯 Copula 散点图；图 4-6（b）是应用递增反函数变换 $F_j^{-1}(u)=-\log(1-u)/2$ $(j\in\{1,2\})$ 后的随机变量散点图。

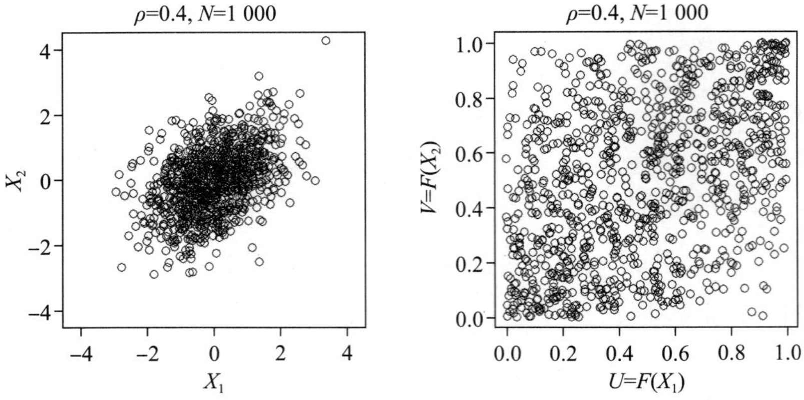

（a）二元正态分布（X_1, X_2）的散点图　　（b）二元高斯Copula的散点图

图 4－5　由正态分布随机数生成正态 Copula 随机数

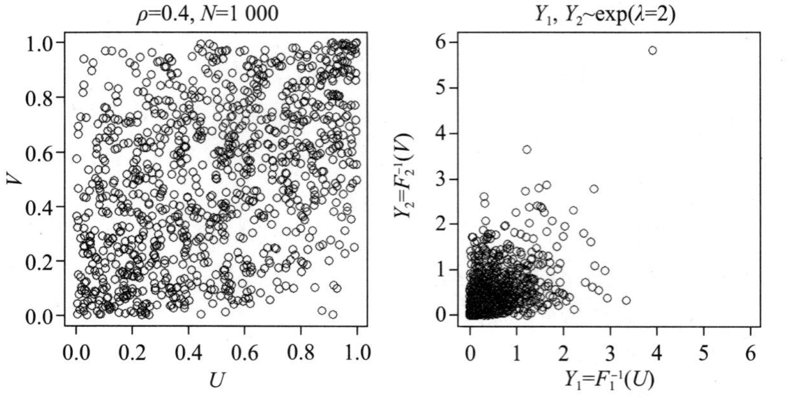

（a）二元高斯Copula的散点图　　（b）指数分布分位变换后的散点图

图 4－6　由正态 Copula 函数生成随机向量 *Y*

图 4－5 和图 4－6 也为我们提供了一个构造具有任意边际分布和 Copula 函数的多元分布的强有力的技巧。这类分布与 Copula 有关，称为元分布（meta distribution）。例如，我们称具有高斯 Copula 函数且边际分布为任意分布的分布为 meta 高斯分布。推而广之，一个 meta-t_ν 分布族是具有 t_ν Copula 函数且边际分布为任意分布的多元分布族，一个 meta-Clayton 分布族是具有 Clayton Copula 函数且边际分布为任意分布的多元分布族。

4.3.2　常见的 Copula 函数

常见的 Copula 函数可分为以下四类。

1. 基础 Copula 函数

这类函数代表了一些重要的特殊相依结构。

（1）独立 Copula 函数：$\Pi(u_1,\cdots,u_d)=\prod_{i=1}^{d} u_i$。

由 Sklar 定理，连续随机变量 $X_1,\cdots,X_d$ 是相互独立的当且仅当它们的 Copula 函数是 $\Pi(u_1,\cdots,u_d)$；密度函数为 $c(\boldsymbol{u})=1$，$\boldsymbol{u}\in[0,1]^d$。

（2）同单调 Copula 函数：$M(\boldsymbol{u})=\min\{u_1,\cdots,u_d\}$，即（$U_1,\cdots,U_d$）的分布函数。如果 $X_1,\cdots,X_d$ 完全正相依（$X_2,\cdots,X_{d-1}$ 几乎处处是 X_1 的严格增函数），则它们的 Copula 函数为 $M(\boldsymbol{u})$。

（3）反单调 Copula 函数：$W(\boldsymbol{u})=\max\left\{\sum_{j=1}^{2} u_j-2,0\right\}$，即（$U,1-U$）的分布函数。如果两个随机变量 X_1，X_2 完全负相依（X_2 几乎处处是 X_1 的严格减函数），则它们的 Copula 函数为 $W(\boldsymbol{u})$。

同单调和反单调 Copula 函数实际上给出了 Copula 函数的上下界（称为 Fréchet-Hoffding 边界）。

定理 4.3（Fréchet-Hoffding 边界） 对任意 d 维 Copula 函数 C，都满足

$$W(\boldsymbol{u})\leqslant C(\boldsymbol{u})\leqslant M(\boldsymbol{u}),\quad u\in[0,1]^d$$

式中，$W(\boldsymbol{u})=\max\left\{\sum_{j=1}^{d} u_j-d+1,0\right\}$。

证明：对所有 i，由于 $\bigcap_{1\leqslant j\leqslant d}\{U_j\leqslant u_j\}\subset\{U_i\leqslant u_i\}$，因此可以推出第二个不等式。

对于第一个不等式，注意到

$$\begin{aligned}C(\boldsymbol{u})&=P\Big(\bigcap_{1\leqslant i\leqslant d}\{U_i\leqslant u_i\}\Big)=1-P\Big(\bigcup_{1\leqslant i\leqslant d}\{U_i>u_i\}\Big)\\&\geqslant 1-\sum_{i=1}^{d}P(U_i>u_i)=1-d+\sum_{i=1}^{d}u_i=W(\boldsymbol{u})\end{aligned}$$

同单调 Copula 函数和反单调 Copula 函数是两类特殊的 Copula 函数。根据不变原理，可证明 $X_1,\cdots,X_d$ 是同单调的当且仅当存在随机变量 Z 和增函数 $v_1,\cdots,v_d$ 满足

$$(X_1,\cdots,X_d)\overset{\mathrm{d}}{=}(v_1(Z),\cdots,v_d(Z))$$

令 $X_1,\cdots,X_d$ 是具有连续密度函数的随机变量。它们是同单调的当且仅当对任意一对（i,j），存在递增变换 T_{ji} 使得 $X_j=T_{ji}(X_i)$ 几乎处处成立。

同样，X_1 和 X_2 是反单调的当且仅当存在随机变量 Z 和增函数 v_1，减函数 v_2（反之亦然）满足

$$(X_1,X_2)\overset{\mathrm{d}}{=}(v_1(Z),\ v_2(Z))$$

注意，与同单调 Copula 函数不同，反单调 Copula 函数的概念不能拓展到二维以上的维度。

2. 隐式 Copula 函数

它是指从某些多元分布中提取出来的连接函数。由于分布函数的逆函数比较复杂，

隐式 Copula 函数无法写出简单的显性表达式。例 4－6 中出现的高斯 Copula 函数是最常见的隐式 Copula 函数，另一种常见的隐式 Copula 函数是由多元 t 分布产生的 t Copula 函数。

考虑 $\boldsymbol{X} \sim t_d(\nu, 0, \boldsymbol{P})$，$t_\nu$ Copula 函数表示为

$$\begin{aligned} C_{\nu,\boldsymbol{P}}^t(\boldsymbol{u}) &= P(t_\nu(X_1) \leqslant u_1, \cdots, t_\nu(X_d) \leqslant u_d) \\ &= t_{\nu,\boldsymbol{P}}(t_\nu^{-1}(u_1), \cdots, t_\nu^{-1}(u_d)) \end{aligned} \tag{4-11}$$

式中，$t_{\nu,\boldsymbol{P}}$ 是 $t_d(\nu, 0, P)$ 的密度函数，t_ν 是自由度为 ν 的标准 t 分布的密度函数。由 Sklar 定理可以得到 $C_{\nu,P}^t$ 的密度函数为

$$c_{\nu,\boldsymbol{P}}^t(\boldsymbol{u}) = \frac{\Gamma((\nu+d)/2)}{\Gamma(\nu/2)\sqrt{\det \boldsymbol{P}}} \left(\frac{\Gamma(\nu/2)}{\Gamma((\nu+1)/2)}\right)^d \frac{(1+\boldsymbol{x}^{\mathrm{T}}\boldsymbol{P}^{-1}\boldsymbol{x}/\nu)^{-(\nu+d)/2}}{\prod_{j=1}^{d}(1+x_j^2/\nu)^{-(\nu+1)/2}}$$

注意，高斯 Copula 函数和 $t_{\nu,P}$ Copula 函数都与相关系数矩阵 $\boldsymbol{P}$ 有关。当 $\boldsymbol{P}=\boldsymbol{J}_d=\boldsymbol{1}\boldsymbol{1}^{\mathrm{T}}$ 时，这两类 Copula 函数可以得到同单调 Copula 函数。当 $\boldsymbol{P}=\boldsymbol{I}_d$ 时，由正态 Copula 函数可以推出独立 Copula 函数，这是由正态分布的特有性质“独立性等价于不相关性”决定的，但是 t Copula 函数不能推出独立 Copula 函数（假设 $\nu<+\infty$），因为不相关的多元 t 分布随机变量不一定是独立的。

图 4－7 给出了在相同的相关系数（$\rho=0.4$）情形下，二维正态 Copula $C_{\rho=0.4}^{\mathrm{Ga}}$（见图4－7（a））和自由度等于 4 的 t Copula $C_{4,\rho=0.4}^t(\boldsymbol{u})$（见图 4－7（b））的密度函数透视图。从图 4－7 可以看出，这两个 Copula 函数都呈现出径向对称（两侧尾部相同）的特征，这也是椭圆分布的特点；t Copula 的尾部更尖，说明变量间的尾部依赖性更强。

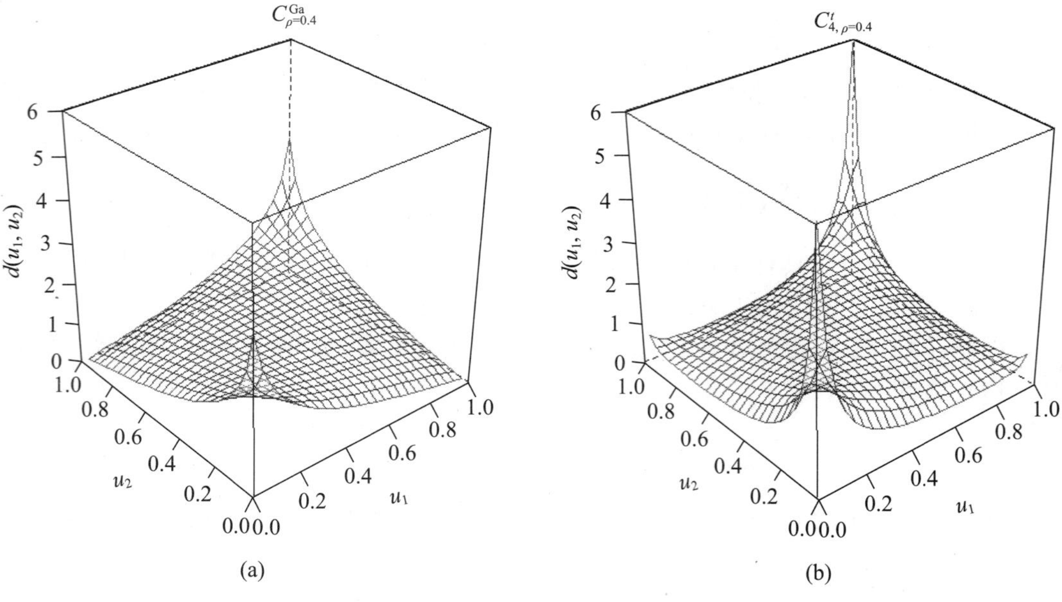

图 4－7　$C_{\rho=0.4}^{\mathrm{Ga}}$ 和 $C_{4,\rho=0.4}^t(\boldsymbol{u})$ 的密度函数透视图

根据 Sklar 定理的第（2）部分，我们可以从具有连续边际分布的多元分布中提取连接函数，因此，隐式 Copula 函数可根据如下算法模拟产生随机数。

算法 4.1（隐式 Copula 函数的模拟）

（1）模拟 $\boldsymbol{X}\sim F$，其中 F 是密度函数，边际分布的密度函数 $F_1,\cdots,F_d$ 连续；

（2）返回 $\boldsymbol{U}=(F_1(X_1),\cdots,F_d(X_d))$（概率变换）。

例 4-7　模拟产生高斯 Copula C_P^{Ga} 的随机数的算法。

（1）模拟 d 维向量 $\boldsymbol{X}\sim N_d(\boldsymbol{0},\boldsymbol{P})$ 的随机数；

（2）做变换 $\boldsymbol{U}=(\Phi(X_1),\cdots,\Phi(X_d))$ 得到 d 维随机数，对应的 Copula 是 C_P^{Ga}。

例 4-8　模拟产生 t_νCopula $C_{\nu,P}^t$ 的随机数的算法。

（1）模拟 $\boldsymbol{X}\sim t_d(\nu,0,\boldsymbol{P})\left(\boldsymbol{X}\overset{\mathrm{d}}{=}\sqrt{W}\boldsymbol{AZ},\text{其中},W=\dfrac{1}{V},V\sim\Gamma\left(\dfrac{\nu}{2},\dfrac{\nu}{2}\right)\right)$；

（2）做变换 $\boldsymbol{U}=(t_\nu(X_1),\cdots,t_\nu(X_d))$ 得到 d 维随机数，对应的 Copula 是 $C_{\nu,P}^t$。

例 4-9　模拟 meta-t_ν 分布的随机数。

（1）先模拟产生 $\boldsymbol{U}\sim t_\nu$ Copula 的随机数；

（2）做分位点变换得到 $\boldsymbol{X}=(F_1^{\leftarrow}(U_1),\cdots,F_d^{\leftarrow}(U_d))$ 的随机数，其分布是 meta-t_ν。

3. 显式 Copula 函数

它是指具有简单解析表达形式的连接函数。常见的显式 Copula 函数是阿基米德 Copula 函数，其具有下面的形式

$$C(\boldsymbol{u})=\psi(\psi^{-1}(u_1)+\cdots+\psi^{-1}(u_d)),\quad \boldsymbol{u}\in[0,1]^d \tag{4-12}$$

式中，ψ 是一个连续凸函数，满足 $[0,+\infty)\to[0,1]$ 在 $[0,1]$ 上递减，且满足 $\psi(0)=1$，$\lim\limits_{t\to+\infty}\psi(t)=0$；定义 $\psi^{-1}(0)=\inf\{t:\psi(t)=0\}$。函数 ψ 称为阿基米德 Copula 生成器，我们用 Ψ 来表示所有生成 ψ 的集合。

例如，令 $\psi(t)=\exp(-t^{1/\theta})$，$\theta\geqslant1$，则 $\psi^{-1}(u)=(-\ln u)^\theta$，产生的二维 Copula 函数称为 Gumbel Copula，其具有如下显式表达式：

$$C_\theta^{\mathrm{Gu}}(u_1,u_2)=\exp\{-((-\ln u_1)^\theta+(-\ln u_2)^\theta)^{1/\theta}\},\quad 1\leqslant\theta\leqslant+\infty$$

如果 $\theta=1$，则 C_θ^{Gu} 等同于独立 Copula 函数；当 $\theta\to+\infty$时，C_θ^{Gu} 的极限是二维同单调 Copula 函数 $M(\boldsymbol{u})$。

表 4-7 列举了 4 个常见的阿基米德 Copula 生成器，包括允许的参数取值范围，以及参数趋于参数空间的边界时 Copula 函数的上下边界（表 4-7 第 6 列和第 7 列）。注意，参数 $\theta=0$ 的生成器是 $\psi(t)=\lim\limits_{\theta\to0}\psi_\theta(t)$，其中，对于 Clayton Copula 和 Frank Copula，$\psi(t)=\exp(-t)$，它是独立 Copula 的生成器。当参数 $\theta\to+\infty$时，Clayton Copula 和 Frank Copula 的极限是同单调 Copula。

但是，对于 $d>2$，不是所有的阿基米德 Copula 生成器 ψ 产生的函数 $C(\boldsymbol{u})=\psi\left(\sum\limits_{j=1}^{d}\psi^{-1}(u_j)\right)$ 都满足 Copula 的条件。例如，令 $\psi(t)=1-t$，由 ψ 生成的$C(\boldsymbol{u})$ 等于

表 4-7 常见的阿基米德 Copula 及相关指标

Copula 名称	生成器	参数范围	$\psi\in\Psi_\infty$	V	上边界	下边界
Gumbel Copula C_θ^{Gu}	$\exp(-t^{1/\theta})$	$\theta\geqslant1$	是	稳定分布 $\mathrm{St}\left(\frac{1}{\theta},1,\gamma,0\right)$	Π	M
Clayton Copula C_θ^{Cl}	$\max\{(1+\theta t)^{-1/\theta},0\}$	$\theta\geqslant-1$	$\theta\geqslant0$	伽马分布 $\mathrm{Ga}\left(\frac{1}{\theta},1\right)$	W	M
Frank Copula C_θ^{Fr}	$-\frac{1}{\theta}\ln(1+(\mathrm{e}^{-\theta}-1)\mathrm{e}^{-t})$	$\theta\in\mathbb{R}$	$\theta\geqslant0$	离散变量 $p(k)=(1-\mathrm{e}^{-\theta})^k/(k\theta)$	W	M
广义的 Clayton Copula C_θ^{GC}	$(1+\theta t^{1/\delta})^{-1/\theta}$	$\theta\geqslant0$ $\delta\geqslant0$	$\theta\geqslant0$		N/A	N/A

注：表中 Π，M，W 分别表示独立 Copula 函数、同单调 Copula 函数和反单调 Copula 函数。

$1-d+\sum_{i=1}^{d}u_i$，即 Fréchet-Hoffding 下界，只有当 $d=2$ 时才是 Copula 函数。为了保证能得到任意维度的合适的 Copula 函数，我们要在 ψ 上加上完全单调的性质：一个连续递减函数 ψ 如果满足对所有 $t\in(0,+\infty)$ 和 $k\in N_0$，都有$(-1)^k\psi^{(k)}(t)\geqslant0$ 成立，则称函数 ψ 是完全单调的（completely monotone）。我们用 Ψ_∞ 表示由完全单调的阿基米德 Copula 生成器组成的集合。于是，下面的定理给出了阿基米德 Copula 成立的充要条件。

定理 4.4（Kimberling（1974）） 如果 $\psi\in\Psi$，对 $\forall d$，$C(\boldsymbol{u})=\psi\left(\sum_{j=1}^{d}\psi^{-1}(u_j)\right)$ 是一个 Copula 函数当且仅当 $\psi\in\Psi_\infty$。

专栏 拉普拉斯-斯蒂尔杰斯变换

设 V 是一个随机变量，对应的分布函数为 G，定义

$$\hat{G}(t)=\int_0^{+\infty}\mathrm{e}^{-tx}\,\mathrm{d}G(x)=E(\exp(-tV))$$

为 G 的拉普拉斯-斯蒂尔杰斯变换。不难证明，$\hat{G}(t)$：$[0,+\infty)\rightarrow[0,1]$ 是一个具有完全单调性的、连续的、严格递减的函数。此外，$\hat{G}(0)=1$，并且排除点大多集中于零点的分布，从而保证了 $\lim_{t\to+\infty}\hat{G}(t)=0$。

我们曾在 4.2 节中介绍正态混合分布时提及拉普拉斯-斯蒂尔杰斯变换。由于正态方差混合分布的特征函数仅依赖于 $\boldsymbol{\mu}$，$\boldsymbol{\Sigma}$ 和 $\hat{H}$，我们使用符号 $\boldsymbol{X}\sim M_d(\boldsymbol{\mu},\boldsymbol{\Sigma},\hat{H})$ 指代正态方差混合分布，其中，$\hat{H}(\theta)=\int_0^{+\infty}\mathrm{e}^{-\theta v}\,\mathrm{d}F_W(v)$ 是随机变量 W 分布的拉普拉斯-

斯蒂尔杰斯变换。

下面的 Bernstein 定理表明一个完全单调的阿基米德 Copula 生成器实际上是一个定义在 $[0,+\infty)$ 上的分布函数 $G(G(0)=0)$ 的拉普拉斯-斯蒂尔杰斯变换。

Bernstein 定理：$\psi(0)=1$，ψ 完全单调，当且仅当存在 $[0,+\infty)$ 上的分布函数 G，满足 $G(0)=0$ 且 $\psi(t)=E(\exp(-tV))$，其中，V 是分布函数为 G 的随机变量，即 $V\sim G$，$V\geqslant 0$。

因此，我们不妨使用 $\psi=\hat{G}$ 这一概念，并且将所有满足 $\psi\in\Psi_\infty$ 的显式 Copula 称为 LT-Archimedean Copula。表 4-7 的第 4 列给出了满足完全单调性的参数 θ 的取值范围。

随机表达的相关性质：令 $\psi\in\Psi_\infty$，满足 $V\sim G$，$\hat{G}=\psi$；令 $E_1,\cdots,E_d$ 是与 V 独立的 d 个随机变量，且服从均值等于 1 的指数分布，则以下结论成立：

(1) $\boldsymbol{X}=\left(\frac{E_1}{V},\cdots,\frac{E_d}{V}\right)$ 的生存 Copula 是显式的多元阿基米德 Copula。

(2) 假设 V 满足 $P(U_j\leqslant u\mid V=v)=\exp(-v\psi^{-1}(u))$，则 $\boldsymbol{U}=(\psi(X_1),\cdots,\psi(X_d))\sim C$ 并且和 U_j 是条件独立的。

Bernstein 定理还有很多实际的用途。一方面，我们能由考虑在 $[0,+\infty)$ 上不同分布的拉普拉斯-斯蒂尔杰斯变换来产生很多类型的阿基米德 Copula 函数。另一方面，我们能依据该定理得到产生阿基米德 Copula 的随机数。

因此，产生阿基米德 Copula 的随机数的步骤如下：

(1) 生成具有分布函数 G 的变量 V，满足 G 的拉普拉斯-斯蒂尔杰斯变换 $\hat{G}=\psi$。

(2) 对 $i=1,\cdots,d$，生成独立均匀分布变量 $Z_1,\cdots,Z_d$，令 $Y_i=\ln Z_i$，于是得到 d 个独立的标准指数分布随机数 $Y_1,\cdots,Y_d$。

(3) 令 $i=1,\cdots,d$，$U_i=\psi\left(\frac{Y_i}{V}\right)$，则得到一个 d 维 Copula 随机数 $\boldsymbol{U}=(U_1,\cdots,U_d)$。

例 4-10 随机模拟生成 Clayton Copula 随机数。

Clayton Copula 的对应变量 V 服从伽马分布 $\mathrm{Ga}(1/\theta,1)$。V 的分布函数具有拉普拉斯变换 $G(t)=(1+t)^{-1/\theta}$。虽然与表 4-7 常见的阿基米德 Copula 及相关指标中的 Clayton 生成器有一些不同，但是 $G(\theta t)$ 和 $G(t)$ 产生同样的阿基米德连接函数。图 4-8 是 Clayton Copula 的概率密度图和散点图。

4. 离散分布的 Copula 函数

需要注意的是，当 X_i 服从离散分布时，对应的 Copula 函数不是唯一的，这可以通过下面的例 4-11 说明。

例 4-11（二元伯努利的 Copula） 设 (X_1,X_2) 服从二元伯努利分布，满足

$$P(X_1=0,X_2=0)=\frac{1}{8},\quad P(X_1=1,X_2=1)=\frac{3}{8}$$

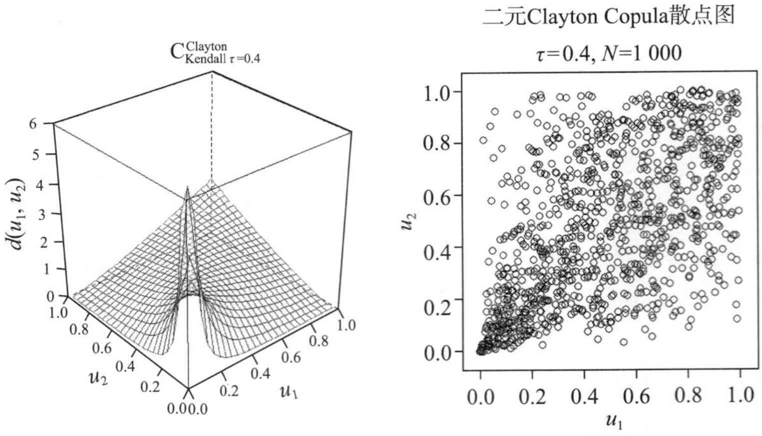

图 4-8　Clayton Copula 的概率密度图和散点图

$$P(X_1=0,X_2=1)=\frac{2}{8},\quad P(X_1=1,X_2=0)=\frac{2}{8}$$

显然，$P(X_1=0)=P(X_2=0)=\frac{3}{8}$，$X_1$ 的边际分布 F_1 与 X_2 的边际分布 F_2 相同。由 Sklar 定理知，对所有 x_1，x_2 以及 Copula C，有 $P(X_1\leqslant x_1,X_2\leqslant x_2)=C(P(X_1\leqslant x_1),P(X_2\leqslant x_2))$，由于 $\text{Ran } F_1=\text{Ran } F_2=\left\{0,\frac{3}{8},1\right\}$，显然对 C 唯一的限制就是$C\left(\frac{3}{8},\frac{3}{8}\right)=\frac{1}{8}$。任意满足这一条件的 Copula 都是（$X_1,X_2$）的一个 Copula，并且有无穷多这样的 Copula 函数。

4.3.3　基于 Copula 的相关性

根据不变原理，即使对各分量变量分别进行严格单调递增变换，由 Copula 函数导出的变量间的相关性也不会改变。因此，基于 Copula 函数的相关性测度反映的是严格单调递增变换下的相关性，比线性相关系数的适用范围更广泛。在本小节，我们将讨论基于 Copula 的相关性测度。

1. 完全相依

我们首先给出完全正相依和完全负相依的概念。之所以用“相依”而不用“相关”，是为了避免与线性相关中完全正相关和负相关冲突。在线性相关的概念中，随机变量 X 和 Y 完全正相关通常是指两者都可以表示为对方的线性组合形式。但是对于其他严格递增变换，如 $Y=X^2$，则 X 和 Y 就不是完全线性相关的，虽然两者同时增长的步调一致。完全相依则不受线性变换的限制。

定义 4.7　如果（$X_1,\cdots,X_d$）的 Copula 为 $M(\boldsymbol{u})=\min\{u_1,\cdots,u_d\}$，则随机变量 $X_1,\cdots,X_d$ 是同单调的。

同单调的随机变量可以看作单一变量的单调递增函数。即存在 d 个递增函数

$v_1,\cdots,v_d$，使得

$$(X_1,\cdots,X_d)\stackrel{\mathrm{d}}{=}(v_1(Z),\cdots,v_d(Z))$$

换句话说，若用 $X_1,\cdots,X_d$ 表示 d 个同单调的风险因子，说明存在某个风险来源 Z，并且这些同单调的风险因子都在同一方向上随着 Z 的变动而变动。

类似于同单调，我们也可以用 Copula 定义反单调。

定义 4.8　如果（X_1,X_2）的 Copula 为 $W(\boldsymbol{u})=\max\{u_1+u_2-1,0\}$，则 X_1,X_2 是反单调的。

反单调表示两个变量增长的趋势相反。（X_1,X_2）反单调当且仅当存在一个随机变量 Z、一个递增函数 v_1 和一个递减函数 v_2，使得

$$(X_1,X_2)\stackrel{\mathrm{d}}{=}(v_1(Z),v_2(Z))$$

但是，反单调不能推广到 $d\geqslant 2$ 的维度，因为 Fréchet-Hoffding 下界在 $d\geqslant 2$ 时不是一个正常的分布，此时不满足 Copula 定义中的第（3）个条件，即

$$\sum_{i_1=1}^{2}\cdots\sum_{i_d=1}^{2}(-1)^{i_1+\cdots+i_d}C(u_{1i_1},\cdots,u_{di_d})\geqslant 0$$

2. 秩相关

秩相关和线性相关都是刻画随机变量相关性的重要概念。线性相关描述了变量间线性相关的程度。秩相关是反映等级相关程度的指标。秩相关系数的标准经验估计值可以通过单独查看数据的秩来计算。考察两个变量 X 和 Y 的秩相关性时，最简单、直观的方法就是考察它们的变化趋势是否一致。若一致，表明变量间存在正相关，X 随着 Y 的增加而增加；反之则表明 X 随着 Y 的增加而减少，由此建立与秩相关性测度的联系。令（x_1,y_1）和（x_2,y_2）为随机向量（X,Y）的两组观测值，如果 $x_1<x_2$ 且 $y_1<y_2$ 或者 $x_1>x_2$ 且 $y_1>y_2$，即 $(x_1-x_2)(y_1-y_2)>0$，则称（x_1,y_1）和（x_2,y_2）是一致的；类似地，如果 $x_1<x_2$ 且 $y_1>y_2$ 或者 $x_1>x_2$ 且 $y_1<y_2$，即 $(x_1-x_2)(y_1-y_2)<0$，则称（x_1,y_1）和（x_2,y_2）是不一致的。

与线性相关不同，秩相关仅与双变量的 Copula 有关，而与边际分布无关。本节研究秩相关的主要实际原因是可以用它们根据经验数据来校准 Copula 函数的参数，而且在理论层面上，秩相关系数由 Copula 函数决定，具有比线性相关更吸引人的性质。秩相关系数主要有两类——Kendall τ 和 Spearman ρ 秩相关系数，它们都可以理解为二元随机向量一致性的度量。

（1）Kendall τ 秩相关系数。

Hollander and Wolfe（1973）、Lehmann（1975）给出了 Kendall 经验秩相关系数的定义。令 $\{(x_1,y_1),(x_2,y_2),\cdots,(x_N,y_N)\}$ 为一个由随机向量（X,Y）的 N 组观测值组成的样本数据对，其中 X，Y 均为连续型随机变量。用 C_N^r 表示从 N 个样本中取 r 个样本的组合数，显然样本中共包含 C_N^2 项由观测值（x_i,y_i）和（x_j,y_j）（$i\neq j$，$i,j=1,2,\cdots,N$）构成的组合，且每项组合中两组观测值（x_i,y_i）和（x_j,y_j）（$i\neq j$）

要么是一致的，要么是不一致的。X 与 Y 的 Kendall 经验秩相关系数就是从样本中随机选取的两组观测值（x_i, y_i）和（x_j, y_j）（$i \neq j$）出现一致的概率和不一致的概率之差，即

$$\hat{\rho}_\tau = \frac{1}{\binom{N}{2}} \sum_{1 \leqslant i \leqslant j \leqslant N} \text{sgn}((X_{i_1 1} - y_i)(X_{i_1 2} - y_j)) \tag{4-13}$$

计算 $\hat{\rho}_\tau$ 时，可将两两组合的 C_N^2 项数据分为两部分，即 $C_N^2 = c + d$，其中，c 表示一致的组合数量，d 表示不一致的组合数量，则可证明

$$\hat{\rho}_\tau = \frac{c-d}{c+d} = \frac{c-d}{C_N^2} = \frac{2(c-d)}{N(N-1)} \tag{4-14}$$

当 $\hat{\rho}_\tau = 1$ 时，表明 X 的变化与 Y 的变化完全一致，即 X 与 Y 正相关；当 $\hat{\rho}_\tau = -1$ 时，表明 X 的变化与 Y 的反向变化完全一致，即 X 与 Y 负相关；当 $\hat{\rho}_\tau = 0$ 时，表明 X 的变化与 Y 的变化一半是一致的，一半是不一致的，因此不能判断 X 与 Y 是否相关。

由式（4-14），我们给出两个随机变量 X_1 和 X_2 的 Kendall τ 的正式定义。

定义 4.9（Kendall τ 相关） 假设 $X_j \sim F_j$，$j \in \{1,2\}$，且 F_j 连续，（X_1', X_2'）是（X_1, X_2）的一个独立副本，Kendall τ 定义为

$$\rho_\tau = E(\text{sgn}((X_1 - X_1')(X_2 - X_2')))$$

式中，$\text{sgn}(x) = I_{(0,+\infty)}(x) - I_{(-\infty,0)}(x)$（即 $x<0$ 时取 -1，$x=0$ 时取 0，$x>0$ 时取 1）。

对于 $d>2$ 的高维情形，可定义随机向量 $\boldsymbol{X}$ 的 Kendall 相关矩阵：

$$\rho_\tau(\boldsymbol{X}) = \text{cov}(\text{sgn}(\boldsymbol{X} - \widetilde{\boldsymbol{X}}))$$

式中，$\widetilde{\boldsymbol{X}}$ 是 $\boldsymbol{X}$ 的一个独立副本，$\text{sgn}(\boldsymbol{X} - \widetilde{\boldsymbol{X}}) = (Y_1, \cdots, Y_d)$，这里 $Y_i = \text{sgn}(X_i - \widetilde{X}_i)$，$i = 1, \cdots, d$。由于 $\rho_\tau(\boldsymbol{X})$ 可以表示成 $\text{sgn}(\boldsymbol{X} - \widetilde{\boldsymbol{X}})$ 的协方差矩阵，所以它显然是半正定的。

容易证明

$$\begin{aligned}\rho_\tau &= P((X_1 - X'_1)(X_2 - X'_2) > 0) - P((X_1 - X'_1)(X_2 - X'_2) < 0) \\ &= 2P((X_1 - X'_1)(X_2 - X'_2) > 0) - 1\end{aligned}$$

显然，$\rho_\tau \in [-1, 1]$，同时对任何严格单调递增的函数 $S(\cdot)$ 和 $T(\cdot)$，有

$$(S(X_1) - S(X_1'))(T(X_2) - T(X_2')) > 0 \Leftrightarrow (X_1 - X_1')(X_2 - X_2') > 0$$

因此，ρ_τ 对严格单调递增的变换是不变的，这就充分说明了 ρ_τ 作为相关性测度所具有的优点。

下面的命题说明 Kendall 秩相关系数值只依赖于变量的相依结构 Copula，与边际分布无关。

命题 4.4（Kendall τ 与 Copula 的关系） 假设 X_1 和 X_2 的边际分布函数是连续的，并且存在唯一的 Copula 函数 $C(u_1, u_2)$，则

$$\rho_\tau = 4\int_0^1\int_0^1 C(u_1,u_2)\mathrm{d}C(u_1,u_2) - 1 = 4E(C(U_1,U_2)) - 1$$

此处省略证明，请查阅 McNeil et al.（2015）。①

（2）Spearman 秩相关系数。

Spearman 秩相关系数是另一类等级相关的测度。将 X 和 Y 两个变量的样本观测值分别按数据的大小顺序排列，记 R_i 表示 X_i 在 X 的观察值（$X_1,X_2,\cdots,X_n$）中的位次（秩），Q_i 表示 Y_i 在（$Y_1,\cdots,Y_n$）中的位次（秩），如果 X_i 与 Y_i 具有一致的变化趋势，那么 R_i 和 Q_i 也表现出一致性，反之亦然。仿照样本线性相关系数 $\rho(X,Y)$ 的计算方法，定义 Spearman ρ_S 的经验估计为

$$\hat{\rho}_S = \frac{\sum_{i,j}(R_i - \overline{R})(Q_j - \overline{Q})}{\sqrt{\sum_i (R_i - \overline{R})^2}\sqrt{\sum_j (Q_j - \overline{Q})^2}} \tag{4-15}$$

式中，$\overline{R} = \frac{1}{n}\sum_{i=1}^n R_i$，$\overline{Q} = \frac{1}{n}\sum_{i=1}^n Q_i$ 是秩的平均值。由于

$$\sum_{i=1}^n R_i = \sum_{i=1}^n Q_i = \frac{n(n+1)}{2}$$

$$\sum_{i=1}^n R_i^2 = \sum_{i=1}^n Q_i^2 = \frac{n(n+1)(2n+1)}{6}$$

因此，$\hat{\rho}_S = 1 - \frac{6\sum_{i=1}^n d_i^2}{n(n-1)}$，$d_i = R_i - Q_i$。

定义 4.10 随机向量 X_1 和 X_2 的边际分布函数分别为 F_1 和 F_2，Spearman 秩相关系数用下式来表示：

$$\rho_S(X_1,X_2) = \rho(F_1(X_1),F_2(X_2))$$

式中，ρ 是线性相关系数。对于高维向量 $\boldsymbol{X}$，定义 Spearman 秩相关系数矩阵为

$$\rho_S(\boldsymbol{X}) = \rho(F_1(X_1),\cdots,F_d(X_d))$$

由定义 4.10，Spearman 秩相关系数可以看作变量的概率变换的线性相关。根据不变原理，对于连续型随机变量，Spearman 秩相关系数也是其对应的 Copula 的线性相关系数。下面的命题说明了 Copula 函数与 Spearman 秩相关系数的关系。

命题 4.5 假设 X_1 和 X_2 的边际分布函数是连续的，并且存在唯一的 Copula 函数 $C(u_1,u_2)$，则

$$\rho_S = 12\int_0^1\int_0^1 C(u_1,u_2)\mathrm{d}u_1\mathrm{d}u_2 - 3$$

---

① McNeil，A. J.，Frey，R.，Embrechts，P. Quantitative risk management：concepts，techniques and tools. Princeton：Princeton University Press，2015.

证明：使用 Hoffding 公式。

$$\rho_S(X_1,X_2)=\rho(F_1(X_1),F_2(X_2))=12\int_0^1\int_0^1(C(u_1,u_2)-u_1u_2)\mathrm{d}u_1\mathrm{d}u_2$$
$$=12\int_0^1\int_0^1 C(u_1,u_2)\mathrm{d}u_1\mathrm{d}u_2-3$$

例 4-12 考虑表 4-8，表中包含来自两个风险因素 A 和 B 的 10 个联合观测值，表的最后 3 行给出了 A 和 B 的线性相关系数、Spearman ρ_S 和 Kendall ρ_τ。

表 4-8 两个风险因素 A 和 B 的 10 个联合观测值

观测值编号	Risk A	Risk B	Risk A 秩	Risk B 秩
1	0.5	0.2	5	1
2	0.6	0.9	6	8
3	0.4	0.6	4	5
4	0.8	0.3	8	2
5	0.3	0.4	3	3
6	0.2	0.7	2	6
7	0.9	0.5	9	4
8	0.7	0.9	7	8
9	0.1	1	1	10
10	100	0.8	10	7
线性相关系数	0.21			
Spearman ρ_S	−0.19			
Kendall ρ_τ	−0.16			

从表 4-8 可以看出，A 和 B 的线性相关系数为正，说明 A 和 B 线性正相关，但 Spearman 和 Kendall 秩相关系数都为负，说明 A 和 B 负相关。为什么会产生截然相反的结果？究竟哪个相关系数正确反映了 A 和 B 的关系？仔细研究数据发现，线性相关系数受到极端值（A 的最后一个观测值等于 100）的影响，如果剔除该点，则秩相关和线性相关的结果一致。

例 4-13 阿基米德 Copula 的秩相关系数：生成元为 ψ 的阿基米德 Copula 的 Kendall ρ_τ 如下：

$$\rho_\tau(X_1,X_2)=1+4\int_0^1\frac{\psi^{-1}(t)}{\mathrm{d}\psi^{-1}(t)/\mathrm{d}t}\mathrm{d}t$$

例 4-14 高斯 Copula 的秩相关系数：二元高斯 Copula C_ρ^{Ga} 的秩相关系数如下：

$$\rho_\tau(X_1,X_2)=\frac{2}{\pi}\arcsin\rho$$

$$\rho_S(X_1,X_2)=\frac{6}{\pi}\arcsin\frac{1}{2}\rho$$

下面不加证明地给出 Kendall ρ_τ 和 Spearman ρ_S 具有的共同的性质：

（1）它们都是取值于区间 $[-1,1]$ 的对称的依赖性度量；

（2）对于相互独立的随机变量，它们的秩相关系数为零，但反过来，秩相关系数为零并不意味着相互独立；

（3）对于 ρ_τ 和 ρ_S，当且仅当 X_1 与 X_2 同单调时，它们都等于 1，并且当且仅当 X_1 与 X_2 反单调时，ρ_τ 和 ρ_S 都等于 -1。

3. 尾相关

尾相关是指当两个随机变量同时处于它们各自分布的尾部时，它们之间是否存在相关性。尾相关系数主要用于度量这种极值相关性，它是一种衡量变量之间非对称相关性的指标。下面给出尾相关的定义。

定义 4.11（尾相关） 假设 X_1 和 X_2 的边际分布连续。如果极限存在，则 X_1 和 X_2 的左侧尾相关系数 λ_l 和右侧尾相关系数 λ_u 定义为

$$\lambda_l=\lim_{u\downarrow 0}P(X_2\leqslant F_2^{\leftarrow}(u)\mid X_1\leqslant F_1^{\leftarrow}(u))$$

$$\lambda_u=\lim_{u\uparrow 1}P(X_2>F_2^{\leftarrow}(u)\mid X_1>F_1^{\leftarrow}(u))$$

如果 $\lambda_l\in(0,1]$，则 (X_1,X_2) 是左（上）尾相关的；如果 $\lambda_l=0$，则 (X_1,X_2) 是左（上）尾不相关的。类似地，由 $\lambda_u\in(0,1]$ 可定义右（下）尾相关。由于尾相关系数是（条件）概率，显然有 $\lambda_l,\lambda_u\in[0,1]$。

两个变量 X_1 和 X_2 的尾相关性是指给定 X_1 是一个较大或者较小的值时，观察到 X_2 是一个较大或者较小值的概率。显然，X_1 和 X_2 的角色是可以互换的，尾相关系数也是成对依赖关系的度量，它只取决于一对具有连续边际分布函数的随机变量 X_1 和 X_2 的 Copula，这是因为

$$\begin{aligned}P(X_2\leqslant F_2^{\leftarrow}(u)\mid X_1\leqslant F_1^{\leftarrow}(u))&=\frac{P(X_1\leqslant F_1^{\leftarrow}(u),X_2\leqslant F_2^{\leftarrow}(u))}{P(X_1\leqslant F_1^{\leftarrow}(u))}\\&=\frac{F(F_1^{\leftarrow}(u),F_2^{\leftarrow}(u))}{F_1(F_1^{\leftarrow}(u))}=\frac{C(u,u)}{u},\quad u\in(0,1)\end{aligned}$$

因此，如果 $u\mapsto C(u,u)$ 在零的邻域内可导且极限存在，则 $\lambda_l=\lim\limits_{u\downarrow 0}\frac{\mathrm{d}}{\mathrm{d}u}C(u,u)$。

右侧尾相关系数与上述过程相似，可证明

$$\lambda_u=\lim_{u\downarrow 0}\frac{\widehat{C}(u,u)}{u}=2-\lim_{u\uparrow 1}\frac{1-C(u,u)}{1-u}$$

式中，$\widehat{C}$ 是 C 的生存 Copula，$\widehat{C}(u_1,u_2)=1-u_1-u_2+C(u_1,u_2)$。进一步地，如果 C 在零的邻域内完全可导且极限存在，则

$$\lambda_l=\lim_{u\downarrow 0}(D_1C(u,u)+D_2C(u,u))$$

如果 C 是对称 Copula，则

$$\lambda_l=2\lim_{u\downarrow 0}D_1C(u,u)=2\lim_{u\downarrow 0}C_{2|1}(u|u)=2\lim_{u\downarrow 0}P(U_2\leqslant u|U_1=u)$$

再结合分布函数 F 的连续性，由分位点变换引理知，$(X_1,X_2)\overset{d}{=}(F_1^{\leftarrow}(U_1),F_2^{\leftarrow}(U_2))$，得到

$$\lambda_l=2\lim_{x\downarrow -\infty}P(X_2\leqslant x|X_1=x)=2\lim_{x\downarrow -\infty}\int_{-\infty}^{x}f_{X_2|X_1=x}(x_2)\mathrm{d}x_2$$

式中，f 是 X_2 的条件密度函数。对所有椭圆分布的 Copula（比如二元 G_P^{Ga} 和 $C_{\nu,P}^{t}$Copula），容易证明 $\lambda_l=\lambda_u=\lambda$ 成立。

例 4-15 计算二元高斯和 t Copula 的尾相关系数。

首先，考虑二元正态分布 $N(0,P)$ 的密度函数，利用 $f_{X_2|X_1}(x_2|x_1)=\dfrac{f_{X_1,X_2}(x_1,x_2)}{f_{X_1}(x_1)}$，可以证明 $X_2|X_1=x\sim N(\rho x,1-\rho^2)$。由此推断出 $\lambda=2\lim\limits_{x\downarrow -\infty}P(X_2\leqslant x|X_1=x)=2\lim\limits_{x\downarrow -\infty}\Phi\left(\dfrac{x(1-\rho)}{\sqrt{1-\rho^2}}\right)=I_{\{\rho=1\}}$。因此，只有当 $\rho=1$ 时存在尾相关性，在其他情况下，高斯 Copula 没有尾相关。

其次，对于 $C_{\nu,P}^{t}$，可类似证明 $X_2|X_1=x\sim t_{\nu+1}\left(\rho x,\dfrac{(1-\rho^2)(\nu+x^2)}{\nu+1}\right)$以及

$$P(X_2\leqslant x|X_1=x)=t_{\nu+1}\left(\frac{x-\rho x}{\sqrt{\dfrac{(1-\rho^2)(\nu+x^2)}{\nu+1}}}\right)$$

因此

$$\lambda_l=2t_{\nu+1}\left(-\sqrt{\frac{(\nu+1)(1-\rho)}{1+\rho}}\right)$$

若假设 $\rho>-1$，则二元 t 分布的连接函数在左尾和右尾都是渐近相关的。表 4-9 列出了不同类型的 t Copula 中 ν 和 ρ 取不同值所对应的尾相关系数。对于固定的 ρ，当 ν 减少时，尾相关性增加；对于固定的 ν，当 ρ 增加时，尾相关性增加。甚至对于零相关值或者负相关值，尾部依赖性也存在。

表 4-9 ν 和 ρ 取不同值所对应的 t Copula 的尾相关系数

ν	$\rho=-0.5$	$\rho=0$	$\rho=0.5$	$\rho=0.9$	$\rho=1$
∞	0	0	0	0	1
10	0.00	0.01	0.08	0.46	1
4	0.01	0.08	0.25	0.63	1
2	0.06	0.18	0.39	0.72	1

对于显式 Copula，其中 ψ 是严格生成器，由洛必达法则知：

$$\lambda_l=\lim_{u\downarrow 0}\frac{\psi(2\psi^{-1}(u))}{u}=\lim_{t\to+\infty}\frac{\psi(2t)}{\psi(t)}=2\lim_{t\to+\infty}\frac{\psi'(2t)}{\psi'(t)}$$

$$\lambda_u=2-\lim_{u\uparrow 1}\frac{1-\psi(2\psi^{-1}(u))}{1-u}=2-\lim_{t\downarrow 0}\frac{1-\psi(2t)}{1-\psi(t)}=2-2\lim_{t\downarrow 0}\frac{\psi'(2t)}{\psi'(t)}$$

代入对应的 ψ，可推出：

Clayton Copula：$\lambda_l=2^{-\frac{1}{\theta}}$ （$\theta>0$），$\lambda_u=0$。因此对 $\theta>0$，Clayton Copula 仅左尾相关。

Gumbel Copula：$\lambda_l=0$，$\lambda_u=2-2^{1/\theta}$。因此，Gumbel Copula 仅右尾相关。

表 4-10 给出了阿基米德 Copula 的 Kendall 秩相关系数和尾相关系数表达式。

表 4-10　阿基米德 Copula 的 Kendall 秩相关系数和尾相关系数表达式

Copula	ρ_τ	λ_u	λ_l
C_θ^{Gu}	$1-1/\theta$	$2-2^{1/\theta}$	0
C_θ^{Gl}	$\theta/(\theta+2)$	0	$\begin{cases}2^{-1/\theta}, & \theta>0\\ 0, & \theta\leqslant 0\end{cases}$
C_θ^{Fr}	$1-4\theta^{-1}(1-D_1(\theta))$	0	0
$C_{\theta,\delta}^{\mathrm{GC}}$	$\frac{(2+\theta)\delta-s}{(2+\theta)\delta}$	$2-2^{1/\delta}$	$2^{-1/(\theta\delta)}$

4.3.4　Copula 的拟合估计

我们用 $\boldsymbol{X}_t=(X_{1,t},\cdots,X_{d,t})$ 表示 t 时刻 d 类金融资产收益率或风险因子的变动，假设 d 维随机序列 $\boldsymbol{X}_1,\cdots,\boldsymbol{X}_n$ 独立且同分布于 $\boldsymbol{X}$，即 $\boldsymbol{X}_1,\cdots,\boldsymbol{X}_n\overset{\text{ind}}{\sim}F$，边际分布 $F_1,\cdots,F_d$ 连续，F 有唯一的 Copula 表达式。目前我们已获得 n 个 d 维历史数据 $\boldsymbol{x}_1,\cdots,\boldsymbol{x}_n$，本小节的目的是估计多元分布 F 的参数和 Copula 的参数。

为了达到这个目的，我们先对参数引入适当的记号。对于边际分布，我们用 $\boldsymbol{\theta}_{0,j}\in\Theta_j(j\in\{1,\cdots,d\})$ 表示边际分布 F_j 的参数向量，即 $F_j=F_j(\cdot;\boldsymbol{\theta}_{0,j})$；对于 Copula 函数，我们用 $\theta_{0,C}\in\Theta_C$ 表示 C 的参数，即 $C=C(\cdot;\theta_{0,C})$。于是需要估计的 F 的未知参数向量包含

$$\boldsymbol{\theta}_0=(\theta'_{0,C},\theta'_{0,1},\cdots,\theta'_{0,d})$$

为了方便起见，我们假设边际分布 $F_1,\cdots,F_d$ 和 Copula C 是绝对连续的，相应的密度函数为 $f_1,\cdots,f_d$ 和 C，此外假设所选的 Copula 是合适的。对于边际分布的参数估计方法在数理统计教科书中都有所涉及，此处不再赘述。这里，我们主要关注 Copula C 的参数 $\theta_{0,C}$ 的估计方法。

需注意的是，Copula 函数实际上是定义在 $[0,1]^d$ 上的联合分布函数，每个分量的边际分布都是 $[0,1]$ 上的均匀分布。但样本数据的边际分布 F_j 并不是均匀分布，因此为了估计 Copula 参数，我们首先需对样本数据 $\boldsymbol{x}_1,\cdots,\boldsymbol{x}_n$ 进行调整，变为 Copula 函数

的伪观测值 $\boldsymbol{u}_1,\cdots,\boldsymbol{u}_n$。具体做法如下，假设我们已经为 $X_j(j=1,\cdots,d)$ 选择了合适的边际分布 F_j，根据概率变换原理，$U_j=F_j(X_j)$ 服从均匀分布，且 $U=(U_1,\cdots,U_d)$ 的分布函数就是 Copula 函数 C。因此，令 $\{\boldsymbol{u}_t=(F_1(x_{1,t}),\cdots,F_d(x_{d,t})):t=1,\cdots,n\}$，则可以得到 Copula 函数的伪观测值。另外，当样本数据量很大时，经验分布也表现出"连续"的特征，这时直接以经验分布 $F_{j,n}$ 作为 X_j 的边际分布也是常见的做法，这样得到的伪观测值序列是 $\{(F_{1,n}(x_{1,t}),\cdots,F_{d,n}(x_{d,t})):t=1,\cdots,n\}$。

由于 Copula 的数据几乎从未被直接观测过，因此在运用最大似然估计法进行 Copula 的参数估计时，还需要估计边际分布来形成完整的多元分布似然值。具体来说，设 $\boldsymbol{X}$ 的联合分布 $F(\boldsymbol{x})=C(F_1(x_1),\cdots,F_d(x_d))$ 的密度函数存在且等于

$$f(\boldsymbol{x};\boldsymbol{\theta}_0)=c(F_1(x_1;\theta_{0,1}),\cdots,F_d(x_d;\theta_{0,d});\theta_{0,C})\prod_{j=1}^{d}f_j(x_j;\theta_{0,j})$$

$\boldsymbol{X}_1,\cdots,\boldsymbol{X}_n$ 的对数似然函数为

$$\begin{aligned}l(\boldsymbol{\theta};\boldsymbol{X}_1,\cdots,\boldsymbol{X}_n)&=\sum_{i=1}^{n}l(\boldsymbol{\theta};\boldsymbol{X}_i)\\&=\sum_{i=1}^{n}l_C(\boldsymbol{\theta}_C;F_1(X_{i1};\theta_1),\cdots,F_d(X_{id};\theta_d))\\&\quad+\sum_{i=1}^{n}\sum_{j=1}^{d}l_j(\theta_j;X_{ij})\end{aligned}$$

式中

$$l_C(\boldsymbol{\theta}_C;u_1,\cdots,u_d)=\log c(u_1,\cdots,u_d;\boldsymbol{\theta}_C)$$
$$l_j(\theta_j;\boldsymbol{x})=\log f_j(\boldsymbol{x};\theta_j),\ j\in\{1,\cdots,d\}$$

因此，待估计参数向量 $\boldsymbol{\theta}_0=(\theta'_{0,C},\theta'_{0,1},\cdots,\theta'_{0,d})$ 的最大似然估计值满足

$$\widehat{\boldsymbol{\theta}}_n^{\text{MLE}}=\underset{\boldsymbol{\theta}\in\Theta}{\operatorname{argsup}}\ l(\boldsymbol{\theta};\boldsymbol{X}_1,\cdots,\boldsymbol{X}_n)$$

最大似然估计通常是通过数值优化算法完成的，但这个优化算法的复杂度比较大，尤其是在高维情况下。我们利用 Sklar 定理将联合分布分解为一系列边际分布和一个 Copula 函数的组合的基本思想，采用两阶段法进行参数估计（Genest et al.，1995）。①

第一阶段：对 $j\in\{1,\cdots,d\}$，用最大似然估计 $\widehat{\boldsymbol{\theta}}_{n,j}^{\text{MLE}}$ 来估计边际分布 F_j 的参数 $\theta_{0,j}$，记 $\widehat{F}_1,\cdots,\widehat{F}_d$ 为边际分布的估计。

第二阶段：估计 Copula 的参数 $\theta_{0,C}$。先产生 Copula 的伪样本 $\widehat{\boldsymbol{u}}_t=(\widehat{u}_{t,1},\cdots,\widehat{u}_{t,d})=(\widehat{F}_1(x_{t,1}),\cdots,\widehat{F}_d(x_{t,d}))$，然后估计

$$\widehat{\boldsymbol{\theta}}_{n,C}^{\text{MPLE}}=\underset{\boldsymbol{\theta}_C\in\Theta_C}{\operatorname{argsup}}\sum_{i=1}^{n}\ell_C(\boldsymbol{\theta}_C;\widehat{u}_{i1},\cdots,\widehat{u}_{id})=\underset{\boldsymbol{\theta}_C\in\Theta_C}{\operatorname{argsup}}\sum_{i=1}^{n}\log c_{\boldsymbol{\theta}}(\widehat{\boldsymbol{u}}_i;\boldsymbol{\theta}_C)$$

---

① Genest，C.，Ghoudi，K.，Rivest，L.（1995）. A semi-parametric estimation procedure of dependence parameters in multivariate families of distributions. Biometrika，82：543 - 552.

式中，$c_{\boldsymbol{\theta}}$ 是 Copula 的密度函数。于是得到$\boldsymbol{\theta}_0$ 的伪最大似然估计（maximum pseudo-likelihood estimator，MPLE），可以写为

$$\hat{\boldsymbol{\theta}}_n^{\mathrm{MPLE}}=(\hat{\theta}_{n,C}^{\mathrm{MPLE}},\hat{\theta}_{n,1}^{\mathrm{MLE}},\cdots,\hat{\theta}_{n,d}^{\mathrm{MLE}})$$

一般说来，两阶段法的计算要比直接估计 $\hat{\boldsymbol{\theta}}_n^{\mathrm{MLE}}$ 容易得多。很多学者的实证也都表明采用一步最大似然估计法和两阶段最大似然估计法来估计 Copula 模型，得到的参数估计值差异不显著，所以一般采用两阶段最大似然估计法来估计 Copula 模型的参数。

在两阶段估计过程中，边际分布是否合适直接影响 Copula 的参数估计。在金融风险建模中，获取合适的边际分布的方法主要有以下三类。

（1）参数法。如果数据量不大，我们对研究问题中的数据选择一个合适的模型并用最大似然估计来拟合它。例如对于金融风险因子收益率数据，如股票、汇率，我们可以考虑广义双曲分布，或者其特殊情况之一，如学生 t 或正态逆高斯（NIG）分布；对于保险或运营损失数据，我们可能会考虑取值非负的损失分布，如帕累托或对数正态分布。

（2）非参数法。如果样本数据量较大，我们采用

$$F_{j,n}^{*}(x)=\frac{1}{n+1}\sum_{t=1}^{n}I_{\{X_{t,j}\leqslant x\}} \tag{4-16}$$

来估计 F_j。当样本量 n 趋近于无穷时，$F_{i,n}^{*}(x)$ 趋向于边际分布 $F_i(x)$。式（4－16）与通常的经验分布函数不同，分母用 $n+1$ 而不是 n，这是为了保证 Copula 的伪随机数 $\hat{\boldsymbol{U}}_{ij}=\frac{n}{n+1}\hat{F}_{n,j}(X_{ij})=\frac{R_{ij}}{n+1}$（$R_{ij}$ 表示 X_{ij} 在 $X_{1j},\cdots,X_{nj}$ 中的顺序）严格位于单位立方体内部。为了进行最大似然估计，我们必须求出 Copula 函数关于 $\hat{\boldsymbol{U}}_i$ 的密度，在很多情况下，这个密度在立方体边界上是无限的。因此要求 $\hat{\boldsymbol{U}}_{ij}$ 位于立方体内部是非常自然的。

（3）基于极值分布的半参数法。经验分布函数对样本分布尾部的刻画通常不够细致，一种更细致的估计边际分布的方法是：寻找一个合适的阈值，对低于阈值的数据运用经验分布建模，对高于阈值的数据运用广义帕累托（GPD）分布建模。

Copula 的参数估计还可以用矩估计来获取。假设所选择的 Copula 是一个合适的模型，然后利用秩相关系数和 Copula 函数之间的理论关系，通过将样本的经验秩相关系数与理论秩相关系数相匹配，来获得部分或全部 Copula 参数的估计。矩估计法得到的参数可以用来作为最大似然估计的初始值。

例如，对于二维单参数 Copula 函数 $C(u_1,u_2;\theta_{0,C})$，只有一个参数 $\theta_{0,C}$。根据 X_1 和 X_2 的样本数据，由式（4－14）计算经验 Kendall r_n^{τ}，由命题 4.4，用自变量为 θ 的函数 $\rho_{\tau}(\cdot)$ 表示理论 Kendall τ 秩相关系数，如果函数 $\rho_{\tau}(\cdot)$ 存在反函数，令 $\hat{\theta}_{n,C}^{\mathrm{IKTE}}=\rho_{\tau}^{-1}(r_n^{\tau})$，则可以得到 $\theta_{0,C}$ 的矩估计表达式。椭圆 Copula 的协方差矩阵 $\boldsymbol{P}$ 可以通过 Kendall τ 的两两反函数来估计，如果 $r_{n,j_1j_2}^{\tau}$ 表示数据（j_1,j_2）的样本 Kendall τ 值，则 $\hat{P}_{n,j_1j_2}^{\mathrm{IKTE}}=\sin\left(\frac{\pi}{2}r_{n,j_1j_2}^{\tau}\right)$。

例 4－16　利用 Kendall τ 来校准二维 Gumbel Copula、Clayton Copula 和 Frank

Copula 的参数。在这类阿基米德 Copula 中，Kendall τ 的表达式相对比较简单，如表 4－10 所示。这说明我们能校准这些 Copula 函数的参数。首先计算 Kendall τ 的样本值 r_n^τ，然后解方程 $r_n^\tau=\rho_\tau(\hat{\theta})$ 得到 $\hat{\theta}$，这里假设 $\hat{\theta}$ 在 Copula 参数的有效范围内。比如，令 $\hat{\theta}=(1-r_n^\tau)^{-1}$，则可以校准 Gumbel Copula 参数。但为保证 $\hat{\theta}$ 在 Gumbel Copula 的参数范围内，需假设 $r_n^\tau\geqslant 0$。Clayton Copula 处在完全负相关和完全正相关之间，可以使用区间（$-1,1$）中任意的 Kendall τ 的值来进行校准。

注： $D_1(\theta)$ 是德拜（Debye）函数：$D_1(\theta)=\theta^{-1}\int_0^\theta t/(\exp(t)-1)\mathrm{d}t$。

类似地，也可以用 Spearman 秩相关系数和命题 4.5 来估计 $\theta_{0,C}$。

例 4－17 使用 Spearman 秩相关系数来校准高斯 Copula 的参数。设 X 服从具有连接函数 C_P^{Ga} 和连续边际分布的 meta 高斯分布，由于秩相关系数与相关系数 ρ 满足如下关系：

$$\rho_S=\frac{6}{\pi}\arcsin\frac{\rho}{2}\approx\rho$$

$$\rho_S(X_i,X_j)=(6/\pi)\arcsin\frac{1}{2}\rho_{ij}\approx\rho_{ij}$$

因此，ρ_S 和 ρ 的估计误差相对来说很小，Spearman 秩相关系数矩阵是 $\boldsymbol{P}$ 的一个合适的估计。

4.3.5 Copula 的检验和评价

Copula 模型的检验和评价主要是指边际分布模型和 Copula 函数的检验和拟合度评价。

1. 边际分布的拟合优度检验

选定的边际分布模型能否很好地拟合变量的实际分布，对 Copula 函数能否正确地描述变量间的相关结构至关重要，因此首要任务是边际分布的检验和拟合度评价。

根据概率变换引理，若变量 X 的分布函数 $F(x)$ 连续，则随机变量 $U=F(X)$ 服从（0,1）均匀分布。这为边际分布的拟合优度检验提供了理论基础。首先对原序列做概率变换，然后通过检验变换后的序列是否服从（0,1）均匀分布来检验密度函数模型。我们可以运用 K-S 检验、Q-Q 图等方法来检验变换后的序列是否服从（0,1）均匀分布，进而判断关于研究变量边际分布的假设是否正确。

此外，还要检验概率积分变换后的序列是否独立。可以对变换后的序列进行自相关检验，若序列不存在自相关，即可认为序列是独立的。然后检验序列 $F(X)$ 是否服从（0,1）均匀分布。

2. Copula 函数的拟合度评价

假设随机向量 $\boldsymbol{X}$ 的边际分布都连续，我们用某类 Copula 函数族 $\mathbb{C}_0$ 来描述 $\boldsymbol{X}$ 的各分量之间的相关性，但 Copula 参数未知。假设我们已经利用最大似然法估计了 Copula

参数，接下来的问题就是，Copula 函数族 $\mathbb{C}_0$ 是否适合描述变量间的相关性？我们构造原假设

$$H_0: C_{\theta_n} \in \mathbb{C}_0$$

其中，θ_n 是参数 θ 的最大似然估计或矩估计（Kendall 或 Spearman）。Genest，Rémillard 和 Beaudoin（2009）① 通过比较经验 Copula 和 C_{θ_n} 的差值来进行拟合优度检验。类似于 Cramér-von Mises 检验和 K-S 检验，他们用统计量

$$S_n = \int_{[0,1]^d} \mathbb{G}_n^C(\boldsymbol{u})^2 \mathrm{d}C_n(\boldsymbol{u}), \quad T_n = \sup_{\boldsymbol{u}\in[0,1]^d} |\mathbb{G}_n^C(\boldsymbol{u})|$$

来进行拟合优度检验，其中，$\mathbb{G}_n^C(\boldsymbol{u}) = \sqrt{n}\{C_n(\boldsymbol{u}) - C_{\theta_n}(\boldsymbol{u})\}$，$C_n(\boldsymbol{u})$ 是经验 Copula，

$$C_n(\boldsymbol{u}) = \frac{1}{n}\sum_{i=1}^{n} I_{(U_{i1}\leqslant u_1,\cdots,U_{id}\leqslant u_d)}$$

S_n 或 T_n 的值越大，越容易拒绝原假设。Genest and Rémillard（2008）② 证明了在 $\mathbb{C}_0$ 和 θ_n 满足适当的正则条件下 $\mathbb{G}_n^C(\boldsymbol{u})$ 的分布的收敛性。S_n 和 T_n 的极限分布取决于原假设下的 Copula 族，特别是未知参数 θ。因此，检验统计量的渐近分布没有通用的统计表（类似于正态分布表），我们只能通过特定的蒙特卡罗方法获得近似的 p 值。R 包 copula 提供了常见的 Copula 函数的参数估计，并给出了 Genest and Rémillard（2008）检验的 p 值。

例 4－18　用高斯 Copula、t Copula、Gumbel Copula 拟合四只股票的收益率数据。具体建模步骤如下：

（1）选择合适的边际分布，估计参数并进行拟合优度检验。

这里我们沿用例 4－5 中关于四只股票日收益率边际分布的拟合结果。其中，贵州茅台、招商银行和格力电器三只股票选用非对称广义双曲分布进行拟合，科大讯飞股票选用正态逆高斯分布进行拟合。分布的参数估计值见表 4－11。

表 4－11　四只股票的边际分布参数估计结果

	λ	$\bar{\alpha}$	μ	σ	γ
贵州茅台 （非对称广义双曲）	1	0.809 4 (0.000)***	−0.001 2 (0.000)***	0.020 5 (0.000)***	0.002 5 (0.000)***
招商银行 （非对称广义双曲）	1	0.778 8 (0.000)***	−0.002 6 (0.000)***	0.018 6 (0.000)***	0.003 3 (0.000)***
科大讯飞 （正态逆高斯）	−0.5	0.534 2 (0.000)***	−0.000 2 (0.000)***	0.029 3 (0.000)***	0

① Genest，C.，Rémillard，B.，Beaudoin，D.（2009）. Goodness-of-fit tests for copulas：a review and a power study. Insurance：Mathematics and Economics，44(2)：199－213.

② Genest，C. and Rémillard，B.（2008）. Validity of the parametric bootstrap for goodness-of-fit testing in semiparametric models. Annales de l' Institut Henri Poincaré Probabilités et Statistiques，44(6)：1096－1127.

续表

	λ	$\bar{\alpha}$	μ	σ	γ
格力电器（非对称广义双曲）	1	0.787 9 (0.000)***	−0.003 2 (0.000)***	0.020 0 (0.000)***	0.003 3 (0.000)***

表 4 - 11 中，λ 和 $\bar{\alpha}$ 均表示形状参数，其中 $\bar{\alpha}$ 包含 χ 和 ψ 的信息，表示另一种参数化方式；μ 表示位置参数；σ 表示离散参数；γ 表示偏度参数，其中科大讯飞股票所拟合的正态逆高斯分布具有对称性，因此本参数设定为 0。表中括号外的数字是参数估计值，括号内的数字是近似 t 检验的 p 值。可以看到，所有参数估计结果均显著。

基于上述边际分布参数估计结果，可通过 R 包 ghyp 中的 pghyp 函数对四只股票的日收益率分别进行概率变换，映射到［0,1］区间上，检验其是否服从［0,1］上的均匀分布。直观来看，Q-Q 图（见图 4 - 9）显示四只股票的概率变换日收益率基本排列在对角线上，与［0,1］上的均匀分布差异很小；表 4 - 12 的 K-S 检验进一步支持了该结论，在 5%的显著性水平下无法拒绝概率变换后样本来自均匀分布的原假设。综上，我们认为对这四只股票边际分布（一元分布）的拟合是恰当的。

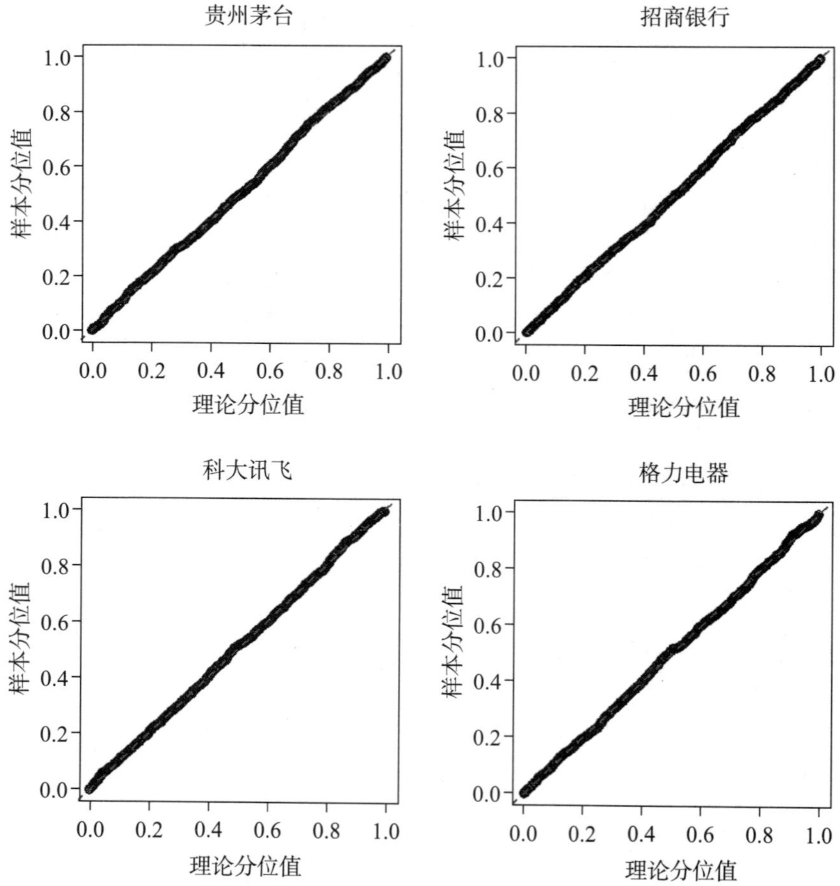

图 4 - 9　概率变换后日收益率的［0,1］上的均匀分布 Q-Q 图

表 4－12　概率变换后日收益率的［0,1］上的均匀分布 K－S 检验

	贵州茅台	招商银行	科大讯飞	格力电器
K-S 检验 p 值	0.642 1	0.831 6	0.809 3	0.774 8

（2）绘制 Copula 的伪随机数的 Q－Q 图。

通过应用边际分布概率变换函数得到变换后的样本，可看作一组 Copula 伪观测值。通过 R 包 copula 中的：pairs2 函数绘制出四只股票的概率变换后日收益率的成对散点图，见图 4－10。从图中可以看出，两两股票间具有明显的正相关性，且有尾部相依的潜在特征。

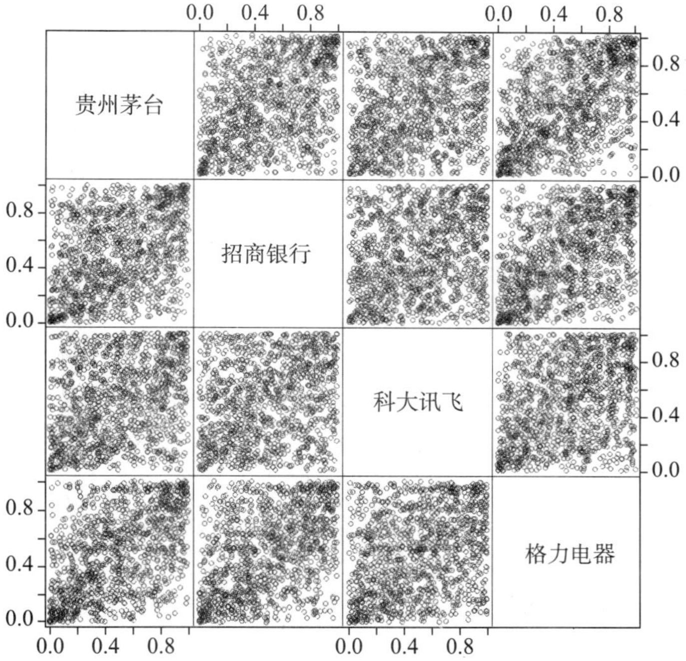

图 4－10　四只股票日收益率的 Copula 伪观测值

（3）进行 Copula 参数估计。

这里以高斯 Copula、t Copula 和 Gumbel Copula 为例进行参数估计和模型选择。借助 R 包 copula 中的 normalCopula、tCopula、gumbelCopula、fitCopula 等函数，使用概率变换后，就能得到对应 Copula 的参数估计值。三种 Copula 模型的拟合效果如表 4－13 所示。在对数似然值和 AIC 两个指标下，t Copula 的表现都是最佳的，因此选择四元 t Copula 作为四只股票日收益率的连接函数。

表 4－13　Copula 模型选择

	对数似然值	AIC
高斯 Copula	434.8	－857.6
t Copula	**452.9**	**－891.8**
Gumbel Copula	288.7	－575.4

t Copula 的参数估计值如下：

$$\nu = 14(13.944),\ \boldsymbol{\Sigma} = \begin{pmatrix} 1 & 0.41 & 0.30 & 0.50 \\ 0.41 & 1 & 0.22 & 0.46 \\ 0.30 & 0.22 & 1 & 0.29 \\ 0.50 & 0.30 & 0.41 & 1 \end{pmatrix}$$

其中，贵州茅台、招商银行、科大讯飞、格力电器分别对应 1～4 维。

（4）进行 Copula 的拟合优度检验。

调用 R 包 copula 中的 gofCopula 函数，设定检验统计量为 S_n，进行 1 000 次参数化 bootstrap 重抽样，计算得到经验近似 p 值为 0.133 4，在 5%的显著性水平下无法拒绝样本来自 t Copula 的原假设，因此 Copula 拟合优度检验通过。

4.4 因子模型和主成分分析

当投资组合的基础风险因子的维数变得很高或投资构成比较复杂时，采用多元正态分布、多元广义双曲分布，甚至引入元分布来描述风险因子间的关系将会变得非常复杂，而且不可避免地会导致信息的大量重叠，有时甚至会掩盖事物的真正特征和内在规律。因此，在高维的金融风险管理中，降维技术是必不可少的工具。特别是当历史观测值的数量 T 小于资产数量 N，且资产之间线性相关时，高维协方差矩阵不一定是正定的，需要对协方差矩阵进行降维，从而减少计算量和提高分析效率。

降维技术中的因子模型和主成分分析是多元统计分析的核心，广泛应用于计量经济学模型和金融风险管理。在变量较多的情况下，因子模型的降维技术可以有效地减少分析过程中需要的计算量。因子模型是一种用于描述多个变量之间关系的线性模型，它可以将原始变量分解成若干个因子，每个因子代表一组相关性强的变量。因此，通过因子模型的降维技术，可以将原始变量降维到较少的因子上，从而大大减少了计算量，提高了分析效率。当变量内部相关性较强时，主成分分析的降维技巧可以提取变量间的共同影响因子，继而对这些因子进行研究，提高参数估计的稳健性。主成分分析是一种用于分析多个变量之间关系的统计方法，可以将原始变量转换为一组相互独立的主成分，从而提取变量间的共同影响因子。通过对这些共同影响因子进行研究，可以提高参数估计的稳健性，从而更准确地评估资产组合的风险。

对于金融风险管理而言，降维技术可以帮助投资者更好地理解资产组合所面对的系统风险。特别是当变量为资产组合中各种产品的收益率时，降维求出的共同因子就是资产组合所面对的系统风险，是不可通过分散投资减少的风险。因此，通过降维技术的应用，投资者可以更好地管理风险，制定更科学合理的投资决策。

4.4.1 因子模型

因子分析是一种多变量统计分析方法，从研究原始变量相关矩阵内部的依赖关系出发，把具有错综复杂关系的变量归结为少数几个综合因子。这种方法可以有效地降低变量的维度，从而简化数据分析的过程。例如，如果股票的成分代表了股票收益，那么它们的大部分变化都是由股票市场基本面来解释的，我们可以使用单因子模型来描述这种相关性，从而更好地理解股票市场的变化。与主成分分析不同，因子分析更倾向于描述原始变量之间的相关关系，因此，因子分析的出发点是原始变量的相关矩阵。通过因子分析，我们可以了解原始变量之间的关系，找出变量之间的共同因素，从而更好地理解数据的本质，为进一步分析提供更有价值的信息。

相比传统的多变量分析方法，因子分析可以提供更丰富、更准确的信息，有助于我们更好地理解数据，为决策提供更科学、更有针对性的依据。

定义 4.12（线性因子模型） 随机向量 $\boldsymbol{X}$ 被称为遵循一个 p-因子模型，如果它可以分解为

$$\boldsymbol{X}=\boldsymbol{a}+\boldsymbol{BF}+\boldsymbol{\varepsilon} \tag{4-17}$$

式中：

（1）$\boldsymbol{F}=(F_1,\cdots,F_p)^{\mathrm{T}}$ 是一个公共因子的随机向量，其中 $p<d$ 且 $\boldsymbol{F}$ 的协方差矩阵正定。

（2）$\boldsymbol{\varepsilon}=(\varepsilon_1,\cdots,\varepsilon_d)^{\mathrm{T}}$ 是一个特异性误差项的随机向量，误差彼此不相关且均值为零。

（3）$\boldsymbol{B}\in\mathbb{R}^{d\times p}$ 是一个因子载荷矩阵，$\boldsymbol{a}\in\mathbb{R}^d$ 是一个常数向量。

（4）$\mathrm{cov}(\boldsymbol{F},\boldsymbol{\varepsilon})=E((\boldsymbol{F}-E(\boldsymbol{F}))\boldsymbol{\varepsilon}^{\mathrm{T}})=\boldsymbol{0}$。

注意，误差彼此不相关的假设（2）以及与公共因子不相关的假设（4）是定义 4.12 中至关重要的部分。我们通常不要求变量独立，而只要求不相关。然而如果向量 $\boldsymbol{X}$ 是多元正态分布，并且遵循因子模型，就有可能找到一个因子模型，在该模型中，$\boldsymbol{F}$ 和 $\boldsymbol{\varepsilon}$ 服从多元正态分布，并且可以假设误差 ε_i 是相互独立的，同时误差与公共因子也独立。

从定义 4.12 的基本假设可以看出，因子模型意味着协方差矩阵 $\boldsymbol{\Sigma}$ 有如下特殊结构：

$$\boldsymbol{\Sigma}=\mathrm{cov}(\boldsymbol{X})=\boldsymbol{B\Omega B}^{\mathrm{T}}+\boldsymbol{\gamma}$$

式中，$\boldsymbol{\Omega}$ 是 $\boldsymbol{F}$ 的协方差矩阵，$\boldsymbol{\gamma}$ 是 $\boldsymbol{\varepsilon}$ 的协方差矩阵。如果因子模型式（4-17）成立，那么可以对公共因子进行转换，使得新的公共因子的均值为零，其协方差矩阵等于单位矩阵 $\boldsymbol{I}_d$。这样变换得到的因子模型被称为标准因子模型。例如，定义 $\boldsymbol{F}^*=\boldsymbol{\Omega}^{-1/2}(\boldsymbol{F}-E(\boldsymbol{F}))$ 和 $\boldsymbol{B}^*=\boldsymbol{B\Omega}^{1/2}$，则新的因子模型的表示形式为

$$\boldsymbol{X}=\boldsymbol{\mu}+\boldsymbol{B}^*\boldsymbol{F}^*+\boldsymbol{\varepsilon}$$

式中，$\boldsymbol{\mu}=E(\boldsymbol{X})$，$\boldsymbol{\Sigma}=\boldsymbol{B}^*(\boldsymbol{B}^*)^{\mathrm{T}}+\boldsymbol{\gamma}$

反过来，可以证明，对于一些 $\boldsymbol{B}\in\mathbb{R}^{d\times p}$ 与 $\mathrm{rank}(\boldsymbol{B})=p<d$ 和对角矩阵 $\boldsymbol{\gamma}$，如果一个随机向量 $\boldsymbol{X}$ 的协方差矩阵满足以下条件：

$$\boldsymbol{\Sigma}=\boldsymbol{BB}^{\mathrm{T}}+\boldsymbol{\gamma}$$

则 $\boldsymbol{X}$ 可表示为 p-因子模型，该因子模型具有 p 维因子向量 $\boldsymbol{F}$ 和 d 维标准误差向量 $\boldsymbol{\varepsilon}$。

因此，为了简单起见，除非特别说明，本节中讨论的因子模型都是标准因子模型。

例 4－19（对角模型） 假设 N 只股票的收益率 $R_i(i=1,\cdots,N)$ 只与一个公共因子（股票市场指数收益率）有关，可建立如下的单因子模型：

$$R_i=\alpha_i+\beta_i R_m+\varepsilon_i$$

其中，$E(\varepsilon_i)=0$，$E(\varepsilon_i R_m)=0$，$E(\varepsilon_i\varepsilon_j)=0$。

下面计算 $R_i(i=1,\cdots,N)$ 的协方差矩阵 $\boldsymbol{\Sigma}$。记 $\sigma_i^2=\mathrm{var}(R_i)$，$\sigma_m^2=\mathrm{var}(R_m)$，$\mathrm{var}(\varepsilon_i)=\sigma_{\varepsilon,i}^2$。由于 ε_i 独立，且 ε_i 与 R_m 不相关，即 $E(\varepsilon_i\varepsilon_j)=0$，$\mathrm{cov}(\varepsilon_i,R_m)=0$，因此

$$\begin{aligned}\sigma_i^2&=\mathrm{var}(\beta_i R_m+\varepsilon_i)\\&=\beta_i^2\sigma_m^2+2\mathrm{cov}(\beta_i R_m,\varepsilon_i)+\mathrm{var}(\varepsilon_i)\\&=\beta_i^2\sigma_m^2+\sigma_{\varepsilon,i}^2\end{aligned}$$

$$\sigma_{i,j}=\mathrm{cov}(\beta_i R_m+\varepsilon_i,\beta_j R_m+\varepsilon_j)=\beta_i\beta_j\sigma_m^2$$

协方差矩阵 $\boldsymbol{\Sigma}$：

$$\boldsymbol{\Sigma}=\begin{pmatrix}\beta_1\beta_1\sigma_m^2+\sigma_{\varepsilon,1}^2 & \cdots & \beta_1\beta_N\sigma_m^2\\ \vdots & & \vdots\\ \beta_N\beta_1\sigma_m^2 & \cdots & \beta_N\beta_N\sigma_m^2+\sigma_{\varepsilon,N}^2\end{pmatrix}$$

$$=\begin{pmatrix}\beta_1\\ \vdots\\ \beta_N\end{pmatrix}(\beta_1\quad\cdots\quad\beta_N)\sigma_m^2+\begin{pmatrix}\sigma_{\varepsilon,1}^2 & \cdots & 0\\ \vdots & & \vdots\\ 0 & \cdots & \sigma_{\varepsilon,N}^2\end{pmatrix}$$

$$\boldsymbol{\Sigma}=\boldsymbol{\beta}\boldsymbol{\beta}^{\mathrm{T}}\sigma_m^2+\boldsymbol{D}_\varepsilon$$

若对这 N 只股票按照 w_i 权重分别投资，则资产组合的收益率 R_p 等于 $\sum_{i=1}^{N}w_iR_i=\boldsymbol{w}^{\mathrm{T}}\boldsymbol{R}$，$R_p$ 的方差为

$$\mathrm{var}(R_p)=\mathrm{var}(\boldsymbol{w}^{\mathrm{T}}\boldsymbol{R})=\boldsymbol{w}^{\mathrm{T}}\boldsymbol{\Sigma}\boldsymbol{w}=\boldsymbol{w}^{\mathrm{T}}(\boldsymbol{\beta}\boldsymbol{\beta}^{\mathrm{T}}\sigma_m^2+\boldsymbol{D}_\varepsilon)\boldsymbol{w}=(\boldsymbol{w}^{\mathrm{T}}\boldsymbol{\beta})(\boldsymbol{\beta}^{\mathrm{T}}\boldsymbol{w})\sigma_m^2+\boldsymbol{w}^{\mathrm{T}}\boldsymbol{D}_\varepsilon\boldsymbol{w}$$

当资产的数目 N 增加且投资组合足够分散化时（不妨设各项权重等于 $1/N$），$\boldsymbol{w}^{\mathrm{T}}\boldsymbol{D}_\varepsilon\boldsymbol{w}$ 趋于零，因此投资组合的方差趋于

$$\mathrm{var}(R_p)\to(\boldsymbol{w}^{\mathrm{T}}\boldsymbol{\beta}\boldsymbol{\beta}^{\mathrm{T}}\boldsymbol{w})\sigma_m^2=(\beta_p\sigma_m)^2$$

式中，$\beta_p=\boldsymbol{w}^{\mathrm{T}}\boldsymbol{\beta}$。因此，若用方差度量风险，则资产多样化的投资组合的风险主要取决于公共因子，特异性风险对于大型投资组合来说并不重要。这一简化模型称作 β 模型。

例 4－20（等相关模型） $\boldsymbol{X}$ 表示 d 个不同公司的收益向量，各分量均值都等于 0，方差都等于 1，假设各分量间的协方差都等于 ρ，那么协方差矩阵可写为

$$\boldsymbol{\Sigma}=\rho\boldsymbol{J}_d+(1-\rho)\boldsymbol{I}_d$$

式中，$\boldsymbol{J}_d$ 为元素均为 1 的 d 阶方阵，$\boldsymbol{I}_d$ 为 d 阶单位矩阵。

为了得到 $\boldsymbol{X}$ 的因子分解式，定义 d 维向量 $\boldsymbol{B}=\sqrt{\rho}\boldsymbol{1}$，定义一个均值为 0、方差为 1

且与 $\boldsymbol{X}$ 的各个分量独立的随机变量 Y，令单公共因子 F 与特殊因子 $\boldsymbol{\varepsilon}$ 的表达式如下：

$$F=\frac{\sqrt{\rho}}{1+\rho(d-1)}\sum_{j=1}^{d}X_j+\sqrt{\frac{1-\rho}{1+\rho(d-1)}}Y$$
$$\varepsilon_j=X_j-\sqrt{\rho}F$$

可以证明，这样构造的 F 均值为 0，方差为 1。对任意 j，$\mathrm{cov}(F,\varepsilon_j)=0$。当$j\neq k$，$\mathrm{cov}(\varepsilon_k,\varepsilon_j)=0$ 时，满足 $\boldsymbol{X}=\boldsymbol{B}F+\boldsymbol{\varepsilon}$。

若对各个公司的资产进行等额投资，$Z_{(d)}=\frac{1}{d}\sum_{j=1}^{d}X_j$ 为组合的收益率，可得 $Z_{(d)}=\sqrt{\rho}F+\frac{1}{d}\sum_{j=1}^{d}\varepsilon_j$。当资产组合包括的公司数 d 增加时，上式的第一项不受影响，第二项表明风险减少。当我们利用方差度量风险时，可以得到：

$$\mathrm{var}(Z_{(d)})=\rho+\frac{1-\rho}{d}\rightarrow\rho,\ d\rightarrow+\infty$$

上式说明，系统风险是大规模资产组合的主要风险来源。

以上表明等相关模型可以表示为单因子的线性因子模型。由于我们选取任何满足上述条件的随机变量 Y，因此这个分解中的因子和误差是不唯一的。如果 $\boldsymbol{X}$ 服从正态分布，那么选择服从正态分布的随机变量 Y 无疑是最方便的，此时因子模型为

$$X_j=\sqrt{\rho}F+\sqrt{1-\rho}\varepsilon_j,\quad j=1,\cdots,d$$

式中，F，ε_j（$j=1,\cdots,d$）都是相互独立的标准正态随机变量。这个模型可以应用于同质性信用组合建模。

4.4.2　因子模型的求解方法

现在假设有数据 $\boldsymbol{x}_1,\cdots,\boldsymbol{x}_n\in\mathbb{R}^d$，它们代表风险因子在时间 $t=1,\cdots,n$ 上的变化值。每个向量观测值都假定是来自风险因子模型 $\boldsymbol{X}_t$ 的一次实现：

$$\boldsymbol{X}_t=\boldsymbol{a}+\boldsymbol{B}\boldsymbol{F}_t+\boldsymbol{\varepsilon}_t,\ t=1,\cdots,n \tag{4-18}$$

式中，$\boldsymbol{F}_t=(F_{t,1},\cdots,F_{t,p})^{\mathrm{T}}$ 为公共因子向量，$\boldsymbol{\varepsilon}_t$ 为误差向量，$\boldsymbol{a}\in\mathbb{R}^d$ 为常数向量，$\boldsymbol{B}\in\mathbb{R}^{d\times p}$ 为载荷矩阵。在大多数情况下，假设 $\boldsymbol{a}$ 和 $\boldsymbol{B}$ 不随时间变化。

因子模型能够捕捉数据中可变性的主要来源，然而不是所有的公共因子都像股票市场收益率那样可以被观测到，有时我们还需要额外构建公共因子，如例 4-20 所示。在金融风险管理中，我们的目的是求解公共因子 $\boldsymbol{F}_t$ 和因子载荷矩阵 $\boldsymbol{B}$，并分析维数较低的公共因子 $\boldsymbol{F}_t$ 的特征。相比之下，特殊因子 $\boldsymbol{\varepsilon}_t$ 的重要性较低。公共因子可分为可观测公共因子和不可观测公共因子两类，不同类别的公共因子的求解方法也不同：当公共因子可观测时，可以利用多元线性回归求解式（4-18）中的因子载荷矩阵 $\boldsymbol{B}$；当公共因子不可观测时，可以利用主成分分析产生因子，或者进行统计因子分析。后面我们将介绍主成分分析方法。

在金融风险应用中，通常有三种类型的因子模型：宏观经济、基本面和统计因子模

型。下面将逐一介绍这三种因子模型的求解方法。

(1) 宏观经济因子模型。

假设因子 $\boldsymbol{F}_t$ 是可观测的，我们可以收集时间序列观测值 $\boldsymbol{F}_1,\cdots,\boldsymbol{F}_n\in\mathbb{R}^p$。例如，宏观经济模型中的可观测因子常常是宏观经济变量，如 GDP、通货膨胀和利率的变化。在金融中最简单的应用就是例 4－19 的市场模型，其中 $R_{m,1},\cdots,R_{m,n}$ 是市场指数收益率的 n 个观测值。

可观测因子的宏观经济因子模型的参数是常数向量 $\boldsymbol{a}$ 和载荷矩阵 $\boldsymbol{B}$，可以通过时间序列回归实现，回归方法可以分为单变量回归和多变量回归两种。

① 单变量因子模型。

考虑如下的单变量回归模型：

$$X_{t,j}=a_j+\boldsymbol{b}_j^{\mathrm{T}}\boldsymbol{F}_t+\varepsilon_{t,j},\ t=1,\cdots,n$$

式中，$X_{1,j},\cdots,X_{n,j}$ 是可观测的单变量时间序列，而因子 $\boldsymbol{F}_1,\cdots,\boldsymbol{F}_n$ 是可观测的多元时间序列，参数 a_j 和 $\boldsymbol{b}_j$ 可以用标准普通最小二乘（OLS）法来估计。一般假设误差 $\varepsilon_{1,j},\cdots,\varepsilon_{n,j}$ 是同分布的，并且不相关。读者在所有关于线性回归的教材中都可找到技术细节，此处不再赘述。

② 多变量因子模型。

为了将问题设定为多元线性回归问题，我们先构造一些矩阵。

$$\boldsymbol{X}=\underbrace{\begin{pmatrix}\boldsymbol{X}_1^{\mathrm{T}}\\ \vdots\\ \boldsymbol{X}_n^{\mathrm{T}}\end{pmatrix}}_{n\times d},\quad \boldsymbol{F}=\underbrace{\begin{pmatrix}1 & \boldsymbol{F}_1^{\mathrm{T}}\\ \vdots & \vdots\\ 1 & \boldsymbol{F}_n^{\mathrm{T}}\end{pmatrix}}_{n\times(p+1)},\quad \boldsymbol{B}_2=\underbrace{\begin{pmatrix}\boldsymbol{a}^{\mathrm{T}}\\ \boldsymbol{B}^{\mathrm{T}}\end{pmatrix}}_{(p+1)\times d},\quad \boldsymbol{E}=\underbrace{\begin{pmatrix}\boldsymbol{\varepsilon}_1^{\mathrm{T}}\\ \vdots\\ \boldsymbol{\varepsilon}_n^{\mathrm{T}}\end{pmatrix}}_{n\times d}$$

式中，$\boldsymbol{X}$ 的每一行对应于一个固定时间点 t 的观测，而第 i 列则对应于边际变量 $X_{t,i}$ 的时间序列。因此，模型式（4－18）可以用矩阵表示为

$$\boldsymbol{X}=\boldsymbol{F}\boldsymbol{B}_2+\boldsymbol{E}\tag{4-19}$$

式中，$\boldsymbol{B}_2$ 是待估计的回归参数的矩阵，$\boldsymbol{E}$ 的每行由未观测到的误差向量 $\boldsymbol{\varepsilon}_1,\cdots,\boldsymbol{\varepsilon}_n$ 组成。假设 $\boldsymbol{\varepsilon}_1,\cdots,\boldsymbol{\varepsilon}_n$ 同分布且不相关，那么式（4－19）就是一个标准多元线性回归模型，系数矩阵 $\boldsymbol{B}_2$ 的估计值可以通过多元 OLS 得到：

$$\widehat{\boldsymbol{B}}_2=(\boldsymbol{F}^{\mathrm{T}}\boldsymbol{F})^{-1}\boldsymbol{F}^{\mathrm{T}}\boldsymbol{X}$$

得到 $\boldsymbol{a}$ 和 $\boldsymbol{B}_2$ 的估计后，还要根据因子模型的定义 4.12 的初始条件进行严格检验。主要是检验误差向量 $\boldsymbol{\varepsilon}_t$ 是否不相关（检验协方差矩阵是否为对角矩阵），以及 $\boldsymbol{\varepsilon}_t$ 和因子之间是否不相关。我们构造残差矩阵 $\widehat{\boldsymbol{E}}=\boldsymbol{X}-\boldsymbol{F}\widehat{\boldsymbol{B}}_2$，这个矩阵的第 i 行就是在时间点 i 的因子模型的误差 $\widehat{\boldsymbol{\varepsilon}}_i$ 的推断值。计算这些误差向量的样本相关系数矩阵，如果相关性很小，说明误差中的相关性很小。那么 $\widehat{\boldsymbol{\varepsilon}}$ 的样本协方差矩阵可以作为 $\boldsymbol{\varepsilon}$ 的协方差矩阵 $\boldsymbol{Y}$ 的估计值 $\widehat{\boldsymbol{Y}}$。

例 4－21 对贵州茅台、招商银行、科大讯飞、格力电器这四只股票的日收益率

(对数收益率) 建立单变量因子模型，选择的风险因子是沪深 300 指数 ($\boldsymbol{R}_m$)。样本区间为 2017 年 3 月 1 日至 2022 年 3 月 31 日。估计线性回归模型 $\boldsymbol{R}_i = \boldsymbol{\alpha}_i + \boldsymbol{\beta}_i \boldsymbol{R}_m + \boldsymbol{\varepsilon}_i$，回归结果和相关系数矩阵如表 4-14 所示。

表 4-14 回归结果和相关系数矩阵

		贵州茅台	招商银行	科大讯飞	格力电器
系数 β		1.108 1	1.042	1.184	0.985
R^2		0.44	0.42	0.24	0.36
样本相关系数矩阵	贵州茅台	1	0.442	0.270	0.486
	招商银行	0.442	1	0.191	0.445
	科大讯飞	0.270	0.191	1	0.241
	格力电器	0.486	0.445	0.241	1
因子模型系数矩阵	贵州茅台	1	0.430 3	0.323	0.398 7
	招商银行	0.430 3	1	0.316 2	0.390 4
	科大讯飞	0.323	0.316 2	1	0.293
	格力电器	0.398 7	0.390 4	0.293	1
两者之差	贵州茅台	0.00	−0.01	0.05	−0.09
	招商银行	−0.01	0.00	0.13	−0.05
	科大讯飞	0.05	0.13	0.00	0.05
	格力电器	−0.09	−0.05	0.05	0.00

表 4-14 展示了模型估计的系数 β。β 值大的股票可能具有更高的和市场相关的期望收益率 (但是常常有更高的风险)。它们的收益率都与沪深 300 指数的收益率有相近的波动。第 3 行展示了四只股票与沪深 300 指数回归的 R^2，这个值度量了 R_j 和 R_m 之间的回归关系的强弱，并且可以看作股票收益率变动中受市场收益率变动影响的比例。可以看出，贵州茅台的 R^2 最大，为 0.44；招商银行的 R^2 也较大，达到了 0.42；科大讯飞的 R^2 最小，为 0.24。

表 4-14 中接下来的 4 行是数据 R 的样本相关系数矩阵，而中间的 4 行是因子模型系数矩阵 (对应 $\boldsymbol{F}$)，最后 4 行是两个矩阵的差。从表 4-14 中可以看出，因子模型系数矩阵具有样本相关系数矩阵的大部分结构特征，但并不是全部结构特征。样本相关系数矩阵显示贵州茅台与招商银行和格力电器具有较强的相关性，招商银行与贵州茅台和格力电器有较强的相关性，科大讯飞和各个公司的相关性都较弱，格力电器与贵州茅台和招商银行的相关性较强。因子模型系数矩阵显示，各公司之间的相关性更趋于平均水平。但二者总体差异并不特别大。一些差值比较大的元素表明，该因子模型并不能完美捕捉到这些公司的相关系数，特别是对于技术类股票很明显，更广泛的市场的指数收益率是一个重要的公共因子，但是这样的市场中有重要的系统效应，而指数并不能捕捉到这个效应。

(2) 基本面因子模型。

与宏观经济因子模型不同，这里我们假设因子载荷矩阵 $\boldsymbol{B}$ 是已知的，但基本因子 $\boldsymbol{F}_t$ 是未观测到的。因子值 $\boldsymbol{F}_1,\cdots,\boldsymbol{F}_n$ 必须从数据中估计，可以通过使用每个时间点的 $\boldsymbol{X}_1,\cdots,\boldsymbol{X}_n$ 进行横断面回归来估计。

基本面因子模型源于对股票收益进行建模的应用，即根据股票的基本面进行分类，如国家、行业部门和市值规模（小盘、大盘）等。这些基本面一般都是分类变量，并假定存在潜在的不可观测的因子，这类因子与每一层次的分类变量相关。例如，有一家经营化工业的美国公司，其收益有 90%可由美国化工业收益的指数解释，10%可由该公司本身的个体条件解释。

如果每个风险因子变动 $X_{t,i}$ 可以用一组基本要素的独特值来标识，例如因子 F 仅是一个国家或行业类别相关的因子，则矩阵 $\boldsymbol{B}$ 的行可以由 0 和 1 组成，表示 $X_{t,i}$ 归属于的国家或行业部门等。如果 $X_{t,i}$ 还与基本面的不同取值相关，则 $\boldsymbol{B}$ 可能包含相加起来等于 1 的因子权重。例如，一家德国公司的股票收益率的 75%归属于未被观测的德国保险行业因子，25%归属于德国银行业，且其收益的 20%可由该公司本身的个体条件解释。

为了估计一个基本面因子模型，我们考虑在每个时间 t 的截面回归：

$$\boldsymbol{X}_t=\boldsymbol{B}\boldsymbol{F}_t+\boldsymbol{\varepsilon}_t \tag{4-20}$$

式中，$\boldsymbol{X}_t\in\mathbb{R}^d$ 是风险因子变化，$\boldsymbol{B}\in\mathbb{R}^{d\times p}$ 是已知的因子载荷矩阵，$\boldsymbol{F}_t\in\mathbb{R}^p$ 是要估计的因子，$\boldsymbol{\varepsilon}_t$ 是具有对角线协方差矩阵 $\boldsymbol{\gamma}$ 的误差。为了提高估计 $\boldsymbol{F}_t$ 的精度，风险因子向量的维度 d 要远大于因子的数量 p。需要注意的是，误差向量的分量 $\boldsymbol{\varepsilon}_t$ 一般不能假定同方差，所以方程是一个带异方差的回归问题。在基本面因子模型式（4-20）中并不需要截距项 $\boldsymbol{a}$，这是因为截距会作为因子的一部分体现。

在股票收益模型中，这些因子经常被识别为国家、行业部门和市值规模效应。如果 $X_{t,i}$ 归属于单一的国家或行业部门，那么矩阵 $\boldsymbol{B}$ 的行由 0 和 1 组成。如果 $X_{t,i}$ 表示不止一个国家或行业，那么 $\boldsymbol{B}$ 的行就是一些权重值，这种情形在投资组合信用风险的建模中比较常见，我们将在 7.3.3 节详细讨论这类因子模型的应用。

式（4-20）中的因子 $\boldsymbol{F}_t$ 的无偏估计可以通过 OLS 计算：

$$\widehat{\boldsymbol{F}}_t^{\mathrm{OLS}}=(\boldsymbol{B}^{\mathrm{T}}\boldsymbol{B})^{-1}\boldsymbol{B}^{\mathrm{T}}\boldsymbol{X}_t \tag{4-21}$$

注意，式（4-21）是在误差为同方差的情况下的最佳线性无偏估计。然而，在一般情况下，误差为异方差，我们可以用广义最小二乘（GLS）法获得协方差矩阵较小的线性无偏估计。如果 $\boldsymbol{\gamma}$ 是一个已知的矩阵，GLS 的估计值将由以下公式给出：

$$\widehat{\boldsymbol{F}}_t^{\mathrm{GLS}}=(\boldsymbol{B}^{\mathrm{T}}\boldsymbol{\gamma}^{-1}\boldsymbol{B})^{-1}\boldsymbol{B}^{\mathrm{T}}\boldsymbol{\gamma}^{-1}\boldsymbol{X}_t \tag{4-22}$$

在实践中，$\boldsymbol{\gamma}$ 的估计值 $\widehat{\boldsymbol{\gamma}}$ 用下面的方法得到。假设式（4-20）在每个时间点 $t=1,\cdots,n$ 都成立，我们首先在每个时间点进行 OLS 估计并获得模型的残差向量：

$$\widehat{\boldsymbol{\varepsilon}}_t=\boldsymbol{X}_t-\boldsymbol{B}\widehat{\boldsymbol{F}}_t^{\mathrm{OLS}},\ t=1,\cdots,n$$

然后计算残差 $\hat{\boldsymbol{\varepsilon}}_1,\cdots,\hat{\boldsymbol{\varepsilon}}_n$ 的样本协方差矩阵。如果因子模型假设成立，这个矩阵应该近似于对角矩阵，我们可以将非对角矩阵的元素设为零，作为 $\boldsymbol{\gamma}$ 的估计。

例 4－22（Nelson-Siegel 三因子模型） Nelson-Siegel（1987）将远期利率曲线 $f(t,T)$ 表示为

$$f(\tau_t,T)=Z_{t,1}+Z_{t,2}\exp(-\eta_t(T-\tau_t))+Z_{t,3}\eta_t(T-\tau_t)\exp(-\eta_t(T-\tau_t))$$

η_t 是一个为了给出远期利率的最佳估计而选择的正的比率参数。他们利用远期利率、债券价格和到期收益率的关系

$$f(t,T)=-\frac{\partial}{\partial T}\ln p(t,T),\quad y(t,T)=\frac{1}{T-t}\int_t^T f(t,u)\mathrm{d}u$$

推出在 T 时刻到期的债券的收益率曲线 $y(t,T)$ 用三个因子来表示：

$$y(t,T)\approx Z_{t,1}+k_2(T-t,\eta_t)Z_{t,2}+k_3(T-t,\eta_t)Z_{t,3}$$

式中，系数 k_2 和 k_3 表示为一个参数 η 的已知函数，即

$$k_2(s,\eta)=\frac{1-\exp(-\eta s)}{\eta s}$$
$$k_3(s,\eta)=k_2(s,\eta)-\exp(-\eta s)$$

η 称为外部调整参数，用来提高拟合程度，例如，当 η 取 0.623 时，Nelson-Siegel 函数 $k_2(s,\eta)$ 和 $k_3(s,\eta)$ 的图形如图 4－11 所示。

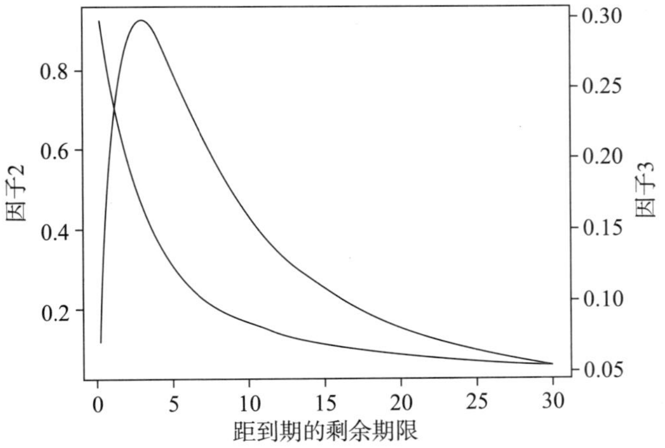

图 4－11　Nelson-Siegel 函数 $k_2(s,\eta)$ 和 $k_3(s,\eta)$ 的图形（η=0.623）

Nelson-Siegel 给出了因子 $Z_{t,1}$，$Z_{t,2}$，$Z_{t,3}$ 的经济学解释。注意到，当距离到期的期限 $s\to 0$ 时，容易证明

$$\lim_{s\to 0}k_2(s,\eta)=\lim_{s\to 0}\frac{1-\exp(-\eta s)}{\eta s}=1$$
$$\lim_{s\to 0}k_3(s,\eta)=\lim_{s\to 0}k_2(s,\eta)-\exp(-\eta s)=0$$

而当 $s\to+\infty$ 时

$$\lim_{s\to+\infty} k_2(s,\eta)=\lim_{s\to+\infty} k_3(s,\eta)=0$$

因此

$$\lim_{T\to+\infty} y(\tau_t,T)\approx\lim_{T\to+\infty} Z_{t,1}+\lim_{T\to+\infty} k_2(T-\tau_t,\eta_t)Z_{t,2}+\lim_{T\to+\infty} k_3(T-\tau_t,\eta_t)Z_{t,3}$$
$$\lim_{T\to+\infty} y(\tau_t,T)=Z_{t,1}$$

因而，第一个因子 $Z_{t,1}$ 通常解释为一个长期水平的因子；$Z_{t,2}$ 解释为坡度因子，因为长期收益和短期收益的差别满足 $\lim_{T\to\tau_t} y(\tau_t,T)-\lim_{T\to+\infty} y(\tau_t,T)=Z_{t,2}$；$Z_{t,3}$ 解释为曲率系数。Nelson-Siegel 三因子还可推广到包含其他简单因子的模型，如 Svensson 模型等。

若用本节的符号表示 Nelson-Siegel 三因子模型：

$$\boldsymbol{Y}_t=\boldsymbol{B}_t\boldsymbol{Z}_t+\boldsymbol{\varepsilon}_t$$

式中，矩阵 $\boldsymbol{B}_t\in\mathbb{R}^{m\times 3}$，其第 i 行为 $(1,k_2(s_i,\eta_t),k_3(s_i,\eta_t))$；$\boldsymbol{\varepsilon}_t\in\mathbb{R}^m$ 是误差向量。当 η_t 给定时，可以利用加权最小二乘法，用横截面回归来估计 $\boldsymbol{Z}_t$，因此 Nelson-Siegel 三因子是一个基本面因子模型，其中载荷矩阵 $\boldsymbol{B}_t$ 已知，而为了估计 η_t，需要使用更复杂的优化方法进行估计。

（3）统计因子模型。

在统计因子模型中，我们既没有观测到因子 $\boldsymbol{F}_t$，也没有观测到载荷矩阵 $\boldsymbol{B}$，相反，我们使用统计技术（如主成分分析）从数据 $\boldsymbol{X}_1,\cdots,\boldsymbol{X}_n$ 中估计两者。通过统计因子模型，可以解释数据的变异性，需要注意的是，得到的因子虽然在统计意义上是有解释的，但是可能没有任何明显的经济学解释或意义。

无论哪种因子模型，我们建模的首要目的是识别和估计因子 $\boldsymbol{F}$，这些因子描述了系统风险；次要目的是得到未被观测的误差 $\boldsymbol{\varepsilon}_1,\cdots,\boldsymbol{\varepsilon}_n$，这些误差描述特异风险。在风险因子数量较多的情况下，误差所蕴含的特异风险通过分散化投资效应得到缓解，而共同因素所体现的系统风险依然存在，无法被分散。

4.4.3 主成分分析

主成分分析（PCA）是一种多元统计方法，旨在通过少数几个线性组合来解释原始变量的绝大部分信息。它是一种降维方法，通过一个正交变换将相关的原始变量转化为不相关的新变量，这一变换在代数上表现为将协方差矩阵转化为对角矩阵，同时在几何上表现为将原始坐标系转化为新的正交坐标系，从而使得新变量在前几个方向上最大化样本点的分散程度。PCA 的目标是对多维变量系统进行降维处理，使得原始数据能以较高的精度转换成低维变量系统。这种降维方法可以通过构造适当的价值函数，进一步将低维系统转化为一维系统。这样，我们就可以通过少数几个主成分来描述原始数据的大部分变化，从而更好地理解数据的本质和特征。

利用主成分分析得到的主成分与原始变量之间有如下基本关系：

（1）每个主成分都是各原始变量的线性组合；

（2）主成分的数目大大少于原始变量的数目；

（3）主成分保留了原始变量的绝大多数信息；

（4）各主成分之间互不相关。

主成分分析的原理是谱分解原理，该原理指出任何对称矩阵 $\boldsymbol{A} \in \mathbb{R}^{d\times d}$ 可以写成

$$\boldsymbol{A} = \boldsymbol{\Gamma}\boldsymbol{\Lambda}\boldsymbol{\Gamma}^{\mathrm{T}}$$

式中：

（1）$\boldsymbol{\Lambda} = \mathrm{diag}(\lambda_1, \cdots, \lambda_d)$ 是 $\boldsymbol{A}$ 的特征值构成的对角矩阵，在不失一般性的情况下，假设特征值 $\lambda_1 \geqslant \lambda_2 \geqslant \cdots \geqslant \lambda_d$；

（2）$\boldsymbol{\Gamma}$ 是一个正交矩阵：$\boldsymbol{\Gamma}\boldsymbol{\Gamma}^{\mathrm{T}} = \boldsymbol{\Gamma}^{\mathrm{T}}\boldsymbol{\Gamma} = \boldsymbol{I}_d$。

由于协方差矩阵 $\boldsymbol{\Sigma}$ 是对称且半正定的，我们可以将这种分解应用于任意 $\boldsymbol{\Sigma}$，同时对于所有 j，$\lambda_j \geqslant 0$。假设随机向量 $\boldsymbol{X}$ 具有均值向量 $\boldsymbol{\mu}$ 和协方差矩阵 $\boldsymbol{\Sigma}$，并且我们进行了分解 $\boldsymbol{\Sigma} = \boldsymbol{\Gamma}\boldsymbol{\Lambda}\boldsymbol{\Gamma}^{\mathrm{T}}$。$\boldsymbol{X}$ 的主成分为

$$\boldsymbol{Y} = \boldsymbol{\Gamma}^{\mathrm{T}}(\boldsymbol{X} - \boldsymbol{\mu})$$

$\boldsymbol{Y}$ 的第 j 个元素就是 $\boldsymbol{X}$ 的第 j 个主成分，即

$$\boldsymbol{Y}_j = \boldsymbol{\gamma}_j^{\mathrm{T}}(\boldsymbol{X} - \boldsymbol{\mu})$$

式中，$\boldsymbol{\gamma}_j$ 是协方差矩阵 $\boldsymbol{\Sigma}$ 排序后第 j 个特征值对应的特征向量，也是第 j 个主成分的因子载荷。经过一些简单计算可得：

$$E(\boldsymbol{Y}) = \boldsymbol{0},\ \mathrm{cov}(\boldsymbol{Y}) = \boldsymbol{\Gamma}^{\mathrm{T}}\boldsymbol{\Sigma}\boldsymbol{\Gamma} = \boldsymbol{\Gamma}^{\mathrm{T}}\boldsymbol{\Gamma}\boldsymbol{\Lambda}\boldsymbol{\Gamma}^{\mathrm{T}}\boldsymbol{\Gamma} = \boldsymbol{\Lambda}$$

即主成分 $\boldsymbol{Y}$ 是不相关的，且 $\forall j$，$\mathrm{var}(\boldsymbol{Y}_j) = \lambda_j$。因此，这些成分可看作按方差从大到小排序。第一主成分可以被证明是 $\boldsymbol{X}$ 的标准化线性组合，且该组合在所有标准化组合中具有最大的方差，换句话说

$$\mathrm{var}(\boldsymbol{\gamma}_1^{\mathrm{T}}\boldsymbol{X}) = \max\{\mathrm{var}(\boldsymbol{a}^{\mathrm{T}}\boldsymbol{X}) : \boldsymbol{a}^{\mathrm{T}}\boldsymbol{a} = 1\}$$

对于 $j = 2, \cdots, d$，第 j 个主成分在此类线性组合中具有最大的方差，并且与之前的线性组合正交（不相关）。

为了刻画前几个主成分解释 $\boldsymbol{X}$ 的方差的能力，通过计算，有

$$\sum_{j=1}^{d} \mathrm{var}(\boldsymbol{Y}_j) = \sum_{j=1}^{d} \lambda_j = \mathrm{trace}(\boldsymbol{\Sigma}) = \sum_{j=1}^{d} \mathrm{var}(\boldsymbol{X}_j)$$

全部主成分解释了 $\boldsymbol{X}$ 的全部波动，对于 $k \leqslant d$，比率 $\sum_{j=1}^{k}\lambda_j / \sum_{j=1}^{d}\lambda_j$ 代表前 k 个主成分的累计贡献率。

主成分与因子模型的关系：注意到，通过主成分变换，有

$$\boldsymbol{X} = \boldsymbol{\mu} + \boldsymbol{\Gamma}\boldsymbol{Y} = \boldsymbol{\mu} + \boldsymbol{\Gamma}_1\boldsymbol{Y}_1 + \boldsymbol{\Gamma}_2\boldsymbol{Y}_2$$

其中，我们将 $\boldsymbol{Y}$ 分为向量 $\boldsymbol{Y}_1 \in \mathbb{R}^k$ 和 $\boldsymbol{Y}_2 \in \mathbb{R}^{d-k}$，从而使 $\boldsymbol{Y}_1$ 包含前 k 个主成分，并且相应地将 $\boldsymbol{\Gamma}$ 分为矩阵 $\boldsymbol{\Gamma}_1 \in \mathbb{R}^{d\times k}$ 和 $\boldsymbol{\Gamma}_2 \in \mathbb{R}^{d\times(d-k)}$。假设前 k 个主成分解释了总方差的很大一部分，设 $\boldsymbol{\varepsilon} = \boldsymbol{\Gamma}_2\boldsymbol{Y}_2$，得到

$$\boldsymbol{X}=\boldsymbol{\mu}+\boldsymbol{\Gamma}_1\boldsymbol{Y}_1+\boldsymbol{\varepsilon}$$

其中，向量$\boldsymbol{Y}_1$扮演因子的角色，矩阵$\boldsymbol{\Gamma}_1$扮演因子载荷矩阵的角色。尽管误差向量的分量$\boldsymbol{\varepsilon}$往往具有较小的方差，但因子模型的假设常常不成立，因为此时$\boldsymbol{\varepsilon}$的协方差矩阵不一定为对角矩阵，也不一定与其他因子不相关。

下面说明如何通过实际数据获得样本主成分。假设有一个时间序列的多元数据观测值$\boldsymbol{X}_1,\cdots,\boldsymbol{X}_n$，具有相同的分布，期望向量$\boldsymbol{\mu}$和协方差矩阵$\boldsymbol{\Sigma}$，谱分解为$\boldsymbol{\Sigma}=\boldsymbol{\Gamma\Lambda\Gamma}^{\mathrm{T}}$。为了构建样本主成分，我们需要估计未知参数$\boldsymbol{\mu}$，$\boldsymbol{\Sigma}$。我们通过$\overline{\boldsymbol{X}}$来估计样本均值向量$\boldsymbol{\mu}$，然后用样本协方差矩阵来估计$\boldsymbol{\Sigma}$。

$$\boldsymbol{S}_x=\frac{1}{n}\sum_{t=1}^{n}(\boldsymbol{X}_t-\overline{\boldsymbol{X}})(\boldsymbol{X}_t-\overline{\boldsymbol{X}})^{\mathrm{T}}$$

然后我们把$\boldsymbol{S}_x$进行谱分解$\boldsymbol{S}_x=\boldsymbol{GLG}^{\mathrm{T}}$，其中，$\boldsymbol{G}$是特征向量矩阵，$\boldsymbol{L}=\mathrm{diag}(l_1,\cdots,l_d)$是由有序的特征值组成的对角矩阵。类似于前面的方法，我们定义了样本主成分向量

$$\boldsymbol{Y}_t=\boldsymbol{G}^{\mathrm{T}}(\boldsymbol{X}_t-\overline{\boldsymbol{X}}),\ t=1,\cdots,n$$

第j个样本主成分由以下公式给出

$$\boldsymbol{Y}_{t,j}=\boldsymbol{g}_j^{\mathrm{T}}(\boldsymbol{X}_t-\overline{\boldsymbol{X}})$$

式中，$\boldsymbol{g}_j$为$\boldsymbol{G}$的第j列，即$\boldsymbol{S}_x$的第j大的特征根对应的特征向量。此时主成分满足均值为0，方差为1，且不同主成分之间不相关。容易验证，$\boldsymbol{Y}_1,\cdots,\boldsymbol{Y}_n$的协方差矩阵为$\boldsymbol{L}$

$$\begin{aligned}\boldsymbol{S}_y&=\frac{1}{n}\sum_{t=1}^{n}(\boldsymbol{Y}_t-\overline{\boldsymbol{Y}})(\boldsymbol{Y}_t-\overline{\boldsymbol{Y}})^{\mathrm{T}}=\frac{1}{n}\sum_{t=1}^{n}\boldsymbol{Y}_t\boldsymbol{Y}_t^{\mathrm{T}}\\&=\frac{1}{n}\sum_{t=1}^{n}\boldsymbol{G}^{\mathrm{T}}(\boldsymbol{X}_t-\overline{\boldsymbol{X}})(\boldsymbol{X}_t-\overline{\boldsymbol{X}})^{\mathrm{T}}\boldsymbol{G}=\boldsymbol{G}^{\mathrm{T}}\boldsymbol{S}_x\boldsymbol{G}=\boldsymbol{L}\end{aligned}$$

下面以债券组合为例，说明主成分分析法如何用于计算债券组合价值的方差和VaR。假设债券组合的风险因子$\boldsymbol{X}$是关键期限的到期收益率的变化，服从正态分布。$\boldsymbol{\Sigma}$是到期收益率变化的相关性矩阵。为计算债券组合价值，我们需要把这些头寸转换为标准化风险因子对应的美元头寸。假设投资组合的收益率为$\boldsymbol{X}_p=\boldsymbol{w}^{\mathrm{T}}\boldsymbol{X}$，使用主成分分析将$\boldsymbol{X}_i$表示成前$K$个主成分的线性组合

$$\boldsymbol{X}_i\approx\gamma_{i1}\boldsymbol{Y}_1+\cdots+\gamma_{iK}\boldsymbol{Y}_K$$

组合收益为

$$\begin{aligned}\boldsymbol{X}_p&=\boldsymbol{\Sigma}\gamma_iX_i\approx\boldsymbol{w}_1(\gamma_{11}\boldsymbol{Y}_1+\cdots+\gamma_{1K}\boldsymbol{Y}_K)+\cdots+\boldsymbol{w}_N(\gamma_{N1}\boldsymbol{Y}_1+\cdots+\gamma_{NK}\boldsymbol{Y}_K)\\&=(\boldsymbol{w}_1\gamma_{11}+\cdots+\boldsymbol{w}_N\gamma_{N1})\boldsymbol{Y}_1+\cdots+(\boldsymbol{w}_1\gamma_{1K}+\cdots+\boldsymbol{w}_N\gamma_{NK})\boldsymbol{Y}_K\\&=\boldsymbol{\delta}_1\boldsymbol{Y}_1+\cdots+\boldsymbol{\delta}_K\boldsymbol{Y}_K\end{aligned}$$

式中

$$\boldsymbol{\delta}_1 = \boldsymbol{w}^{\mathrm{T}}\boldsymbol{\gamma}_1$$

组合方差为

$$\begin{aligned}\sigma^2(\boldsymbol{X}_p) &= \boldsymbol{w}^{\mathrm{T}}\boldsymbol{\Sigma}^* \boldsymbol{w} = \boldsymbol{w}^{\mathrm{T}}\boldsymbol{\gamma}_1\boldsymbol{\gamma}_1^{\mathrm{T}}\boldsymbol{w}\lambda_1 + \cdots + \boldsymbol{w}^{\mathrm{T}}\boldsymbol{\gamma}_K\boldsymbol{\gamma}_K^{\mathrm{T}}\boldsymbol{w}\lambda_K \\ &= (\boldsymbol{w}^{\mathrm{T}}\boldsymbol{\gamma}_1)^2\lambda_1 + \cdots + (\boldsymbol{w}^{\mathrm{T}}\boldsymbol{\gamma}_K)^2\lambda_K \\ &= \boldsymbol{\delta}_1^2\sigma^2(\boldsymbol{Y}_1) + \cdots + \boldsymbol{\delta}_K^2\sigma^2(\boldsymbol{Y}_K)\end{aligned}$$

例 4-23①　美国国库券市场中 11 种国库券到期期限从 1 年到 30 年不等，到期收益率的相关系数如表 4-15 所示，用主成分分析提取共同因子，模拟该市场，并计算债券投资组合（分别投资 1 年期债券和 10 年期债券各 100 万美元）的在险价值（VaR）。

表 4-15　11 种国库券到期收益率的相关系数

期限	1 年	2 年	3 年	4 年	5 年	7 年	9 年	10 年	15 年	20 年	30 年
1 年	1										
2 年	0.897	1									
3 年	0.886	0.991	1								
4 年	0.866	0.976	0.994	1							
5 年	0.855	0.996	0.988	0.998	1						
7 年	0.825	0.936	0.965	0.982	0.990	1					
9 年	0.796	0.909	0.942	0.964	0.975	0.996	1				
10 年	0.788	0.903	0.937	0.959	0.971	0.994	0.999	1			
15 年	0.740	0.853	0.891	0.915	0.930	0.961	0.976	0.981	1		
20 年	0.679	0.791	0.832	0.860	0.878	0.919	0.942	0.951	0.991	1	
30 年	0.644	0.761	0.801	0.831	0.853	0.902	0.931	0.943	0.975	0.986	1

我们使用 R 中的两个 PCA 函数——prcomp 和 princomp，得到的前三个主成分如表 4-16 所示。

在表 4-16 中，$\boldsymbol{\gamma}_1$ 为第一个特征向量，它代表了构成第一个主成分的各个原始变量线性组合的系数。该向量值经调整后，其各分量的平方和等于 1。表 4-16 显示，第一个因子在不同期限的系数大小近似，说明这些不同期限的利率都一起向上或向下移动大致相同的数量。因此，它可以定义为到期收益率的水平因子。表 4-16 的最后一行表示的是特征向量对应的特征值，第一个是 $\boldsymbol{Y}_1$ 的方差，这一方差为 $\mathrm{var}(\boldsymbol{Y}_1)=10.104$。第一个风险因子在第一个期限对应的解释部分是 72.2%，这也是拟合相关系数矩阵中的第一个对角线元素。所有期限上，对角线元素的均值为 91.9%，因此平均解释能力非常高。从经济意义上看，水平因子对期限结构的变动有很好的拟合效果，这也解释了为什么久期模型（duration model）能够很好地衡量利率风险。但是，由于久期模型假定第一个特征向量的所有元素具有相同的值，并且假定所有到期收益率的波动性都相等，这些限制使主成分分析法比久期模型应用得更加广泛。

① 菲利普·乔瑞. 风险价值 VAR——金融风险管理新标准：第 3 版. 郑伏虎，万峰，杨瑞琪，译. 北京：中信出版社，2010.

表 4-16 前三个主成分表

	特征向量			方差解释程度（%）			
期限（年）	因子 1 γ_1	因子 2 γ_2	因子 3 γ_3	因子 1 γ_1	因子 2 γ_2	因子 3 γ_3	总解释程度
1	0.27	0.52	0.79	72.2	17.9	9.8	99.8
2	0.30	0.34	−0.17	89.7	7.8	0.5	98.0
3	0.31	0.26	−0.22	94.3	4.5	0.7	99.5
4	0.31	0.18	−0.26	96.5	2.2	1.0	99.7
5	0.31	0.13	−0.24	97.7	1.1	0.9	99.7
7	0.31	−0.01	−0.17	98.9	0.0	0.4	99.3
9	0.31	−0.10	−0.11	98.2	0.7	0.2	99.1
10	0.31	−0.13	−0.08	98.1	1.2	0.1	99.4
15	0.30	−0.28	0.11	94.1	5.3	0.2	99.6
20	0.29	−0.41	0.24	87.2	11	0.9	99.1
30	0.29	−0.47	0.24	83.6	14.5	0.9	99.0
均值	0.30	0.00	0.01	91.9	6.0	1.4	99.3
特征值	10.104	0.662	0.156				

表 4-17 显示的是用第一个主成分拟合的相关系数矩阵，构造为 $\boldsymbol{\gamma}_1\boldsymbol{\gamma}_1^{\mathrm{T}}\sigma^2(Y_1)$，该矩阵模拟非对角矩阵元素的效果较好。值得注意的是，这个矩阵非常简化，其对角线元素不等于 1，所以它不是一个真的相关系数矩阵。

表 4-17 用第一个主成分拟合的相关系数矩阵

期限（年）	1	2	3	4	5	7	9	10	15	20	30
1	0.722										
2	0.805	0.897									
3	0.825	0.920	0.943								
4	0.835	0.931	0.954	0.965							
5	0.84	0.936	0.959	0.971	0.977						
7	0.845	0.942	0.965	0.977	0.983	0.989					
9	0.842	0.939	0.962	0.974	0.979	0.985	0.982				
10	0.842	0.938	0.962	0.973	0.979	0.985	0.981	0.981			
15	0.824	0.919	0.942	0.953	0.959	0.965	0.961	0.961	0.941		
20	0.793	0.884	0.906	0.917	0.923	0.928	0.925	0.925	0.906	0.872	
30	0.777	0.866	0.888	0.898	0.904	0.909	0.906	0.906	0.887	0.854	0.836

再回到表 4－16，第二个因子解释了另外 6.0%的变动。由于它对长期债券和短期债券解释能力最高，所以被描述为期间结构的斜率（slope）。最后一个因子所占的比重低得多，它与 1 年期利率的关系最密切，也许反映了货币市场产品的特性。从总体上看，这三个因子解释了所有收益率方差的 99.3%。

利用上面的主成分分析结果，计算本例中的样本组合（分别投资 1 年期债券和 10 年期债券各 100 万美元）的 VaR（置信水平为 95%）。我们首先假定某投资组合分别对 1 年期债券和 30 年期债券投资 100 万美元。定义 x 为美元头寸，根据

$$x = D^* \times \sigma(dy) \times P = D^* \times \frac{\text{VaR}(dy)}{1.65} \times P$$

得到如表 4－18 所示投资组合的头寸。

表 4－18　用主成分法分析风险

到期期限（年）	修正久期 D^*	到期收益率的 VaR（%）	投资组合头寸（百万美元）	
			P	x
1	0.945	0.497	+100	0.285
2	1.892	0.522	0	0
3	2.835	0.523	0	0
4	3.777	0.522	0	0
5	4.719	0.514	0	0
7	6.599	0.484	0	0
9	8.475	0.462	0	0
10	9.411	0.452	0	0
15	14.072	0.443	0	0
20	18.737	0.435	0	0
30	28.111	0.396	+100	6.747

根据表 4－16 与表 4－18，第一个因子的风险敞口为

$$\gamma_{1p} = 0.285 \times 0.2673 + 6.647 \times 0.2877 = 2.017$$

同理，第二个因子的风险敞口为 $\beta_{2p} = -3.005$，因此，两因子投资组合的方差为

$$\sigma^2(X_p) = (2.017^2 \times 10.104) + ((-3.005)^2 \times 0.662) = 41.106 + 5.978 = 47.084$$

对该值取平方根并乘以正态分布的 95%的分位数 1.65，得两因子投资组合的 VaR 值为 11.32 万美元。如果使用所有 11 个风险因子，我们得到 VaR 值为 11.44 万美元。第一个风险因子独自产生的 VaR 值为 $\sqrt{2.017^2 \times 10.104} \times 1.65 = 10.58$ 万美元，非常接近组合的 VaR。因此仅用一个主成分就可以得到较好的真实风险近似值。

4.5 因子 Copula 模型

在4.3节中，关于Copula的讨论大多是两两之间的联合分布，为了得到更高维随机向量的联合分布，一些学者将因子分析和Copula模型结合在一起，提出了因子Copula模型，可以将高维序列转化为低维问题来处理。因子Copula模型是一种用于反映多变量随机变量之间依赖关系的统计模型。它的基本思想是将多变量随机变量表示为一些公共因子的函数，然后使用Copula函数来描述这些公共因子之间的相依结构。在因子Copula模型中，首先使用因子分析或其他降维技术来提取公共因子，然后使用Copula函数来描述这些因子之间的依赖结构，从而建立多变量随机变量之间的联合分布。

由于Copula函数是一种用于描述随机变量之间依赖关系的函数，它可以将边缘分布和相关系数矩阵分离开来，从而更准确地描述多变量随机变量之间的依赖结构。因此，因子Copula模型具有许多优点，例如可以捕捉多变量之间的非线性依赖关系，可以处理缺失值和异常值，同时还可以提高预测准确性和模型的可解释性。它在金融、保险、医疗、环境等领域得到了广泛的应用。

记 d 维随机向量 $\boldsymbol{Y}=(Y_1,Y_2\cdots,Y_d)$ 的联合分布为 F_Y，边际分布为 $F_1,F_2\cdots,F_d$。假设随机向量 $\boldsymbol{Y}$ 与潜在向量 $\boldsymbol{X}=(X_1,X_2\cdots,X_d)$ 具有相同的Copula函数，记 $\boldsymbol{X}$ 的联合分布为 $G=(G_1,G_2\cdots,G_d)$，假设潜在向量 $\boldsymbol{X}$ 有如下因子结构：

$$X_{it}=\lambda_{it}Z_t+\varepsilon_{it},\ i=1,2,\cdots,d$$

式中，$Z_t\sim F_{zt}$，$\varepsilon_{it}\sim F_{\varepsilon t}$，$Z_t\perp\varepsilon_i$，$\forall i$。$F_{zt}$ 和 $F_{\varepsilon t}$ 分别是公共因子 Z_t 和非公共因子 ε_{it} 的分布函数，λ_{it} 是公共因子在 t 时刻的因子负荷（权重）。如果 λ_{it} 与时间无关，则为静态模型；如果 λ_{it} 随时间变化，则可通过公共因子负荷 λ_{it} 随时间的变化来分析因子Copula模型的动态性，也可由公共因子分布 F_{zt} 和非公共因子分布 $F_{\varepsilon t}$ 的时变性来产生动态性。例如，固定 F_{zt} 和 $F_{\varepsilon t}$，因子负荷 λ_{it} 增加，就说明变量之间的整体相依水平增加。

t 时刻的 $\boldsymbol{X}_t$ 的联合分布可通过Sklar定理分解为边际分布和Copula函数的组合：

$$\boldsymbol{X}_t\sim G_t=C_t(G_{1t}(x_{1t}),\cdots,G_{dt}(x_{dt});\Lambda)$$

再利用概率变换和广义逆变换，我们可建立起 $\boldsymbol{Y}$ 与 $\boldsymbol{X}$ 的联合分布之间的联系：

$$\boldsymbol{Y}_t\sim F_t=C_t(F_{1t}(\gamma),\cdots,F_{dt}(\gamma);\gamma)=C_t(F_{1t}(G_1^{-1}(u_1)),\cdots,F_{dt}(G_d^{-1}(u_d));\gamma)$$

这类因子模型具有以下两个优点。第一，潜在变量 X_i 与观测变量 Y_i 的边缘分布不需要相同，即 $F_i\neq G_i$，只需要两者的Copula函数相同即可。因此既可在建立高维联合分布时采用因子结构进行降维处理，又可以灵活地建立金融时间序列的边缘分布。第二，公共因子 Z_i 与自有因子 ε_i 并不需要是正态分布，因此能够更灵活地表现时间序列的尖峰厚尾和非对称性。但是上述结构一般没有封闭表达式，只有当公共因子与自有因子均为正态分布时，因子Copula才有封闭表达式。这类因子Copula模型称为高斯Copula

模型。

巴塞尔协议将高斯 Copula 模型应用于研究贷款违约时间的分布，计算最坏违约率，并以此为基础计算贷款组合损失的 VaR 值。

例 4－24①　假定银行有一个 $N(N=1\ 000)$ 笔贷款的组合，每笔贷款每年的违约可能性为 1%，若贷款违约相互独立：每年违约率期望值为 1%。但在实际中，贷款的违约不是相互独立的，它们全都受宏观经济的影响，在某些年份，违约率会比较高，而在其他一些年份，违约率会比较低。表 4－19 通过统计 1970—2016 年被评级公司的违约率证实了这种情况。违约率从 1979 年最低的 0.088%到 2009 年最高的 4.996%不断变化，其他一些违约率比较高的年份有 1970 年、1989 年、1990 年、1991 年、1999 年、2000 年、2001 年、2002 年、2008 年和 2016 年。

表 4－19　1970—2016 年所有被评级公司的年百分比违约率（%）

年份	违约率	年份	违约率	年份	违约率
1970	2.631	1986	1.830	2002	2.924
1971	0.286	1987	1.423	2003	1.828
1972	0.453	1988	1.393	2004	0.834
1973	0.456	1989	2.226	2005	0.647
1974	0.275	1990	3.572	2006	0.593
1975	0.361	1991	2.803	2007	0.349
1976	0.176	1992	1.337	2008	2.507
1977	0.354	1993	0.899	2009	4.996
1978	0.354	1994	0.651	2010	1.232
1979	0.088	1995	0.899	2011	0.906
1980	0.344	1996	0.506	2012	1.230
1981	0.162	1997	0.616	2013	1.232
1982	1.040	1998	1.137	2014	0.939
1983	0.900	1999	2.123	2015	1.732
1984	0.869	2000	2.455	2016	2.149
1985	0.952	2001	3.679		

为了给组合中贷款的违约率建立模型，需要考虑贷款之间的相关性。假设 N 个违约变量 $V_i(i=1,2,\cdots,N)$ 均服从一个多元正态分布，则需要估计 $N\times(N-1)/2$ 个相关系数，这几乎不可能，而且违约时间也不满足正态分布假设。为了给组合中贷款的违约率建立模型，定义 T_i（$1\leqslant i\leqslant N$）为公司 i 的违约时间（这里暗含的假设是，所有公司在最终都会破产——只是违约发生的时间会在很久的将来，也许是在几百年后）。

① 约翰·赫尔. 风险管理与金融机构：第 5 版. 王勇，董方鹏，张翔，译. 北京：机械工业出版社，2021.

在此我们对问题做一下简化，假定所有贷款的违约时间的累积概率分布函数相同，记为 Q，并定义 PD 为到 T 时刻已发生违约的概率，PD$=P(T_i<T)$。下面建立高斯 Copula 因子模型，可用来描述各贷款之间违约时间的相关结构。

先利用概率变换原理，对于每一个 i，我们将 T_i 分布的分位数与一个标准正态分布 U_i 的分位数之间进行一一对应的映射，即定义 $U_i=N^{-1}[Q_i(T)]$，则 $P(T_i<T)=P(U_i<U)$。

我们进一步假设 U_i 之间的相关结构满足因子模型

$$U_i=aF+\sqrt{1-a^2}Z_i$$

式中，变量 F 及 Z_i 为相互独立的正态分布，Z_i 之间也相互独立。在这种情况下，每对贷款之间的违约时间 T_i 的 Copula 相关性是相等的，均为 $\rho=a^2$。

$$U_i=\sqrt{\rho}F+\sqrt{1-\rho}Z_i \tag{4-23}$$

在给定因子 F 的条件下，$U_i<U$ 的条件概率为

$$P(U_i<U|F)=P\left(Z_i<\frac{U_i-\sqrt{\rho}F}{\sqrt{1-\rho}}\right)=N\left(\frac{U_i-\sqrt{\rho}F}{\sqrt{1-\rho}}\right)$$

在式（4-23）中，因子 F 可以理解成宏观经济指数。如果 F 比较高，则宏观经济形势良好，每个 U_i 趋向于较高的值，对应发生违约的时间 T_i 的值也因此更高，这意味着在较短时间内发生违约的可能性较低。因此，$P(U_i<U|F)$ 与 $P(T_i<T|F)$ 相同，于是

$$P(T_i<T|F)=N\left(\frac{U_i-\sqrt{\rho}F}{\sqrt{1-\rho}}\right) \tag{4-24}$$

设 PD 表示贷款到 T 时刻已发生违约的无条件概率，PD$=P(T_i<T)$，则由 T_i 和 U_i 的对应关系可知，式（4-24）中的 $U_i=N^{-1}(\mathrm{PD})$，因此式（4-24）变为

$$P(T_i<T|F)=N\left(\frac{N^{-1}(\mathrm{PD})-\sqrt{\rho}F}{\sqrt{1-\rho}}\right) \tag{4-25}$$

式（4-25）即为在给定因子 F 和无条件违约概率 PD 的条件下，贷款在 T 时刻前已发生违约的条件概率。

当 F 减小时，违约率会增加，那么违约率的最坏情况是怎样的呢？因为 F 服从标准正态分布，$F<N^{-1}(Y)$ 的概率为 Y。因此，存在一个概率 Y，使得违约率大于

$$N\left(\frac{N^{-1}(\mathrm{PD})-\sqrt{\rho}N^{-1}(Y)}{\sqrt{1-\rho}}\right)$$

定义最坏情况下（置信度为 α）的违约率（worst case default rate）WCDR(T,α) 为时间 T 内的违约率（即违约的贷款数占总贷款数的百分比），且该违约率有 $100\alpha\%$ 的概率不被超过（在很多情况下，T 的时间跨度是 1 年），则

$$\mathrm{WCDR}(T,\alpha)=N\left(\frac{N^{-1}(\mathrm{PD})-\sqrt{\rho}N^{-1}(\alpha)}{\sqrt{1-\rho}}\right) \tag{4-26}$$

1. 贷款组合的风险价值度

现在，假定我们有一个 N 笔贷款的组合，其中所有贷款的数额和违约可能性都相等。上述结论可以用来计算在展望期 T、置信水平 α 下，贷款组合的风险价值为

$$\mathrm{VaR}_\alpha(X)=X\times\mathrm{LGD}\times\mathrm{WCDR}(T,\alpha)$$

式中，LGD 是违约损失率（loss given default），即贷款违约时，以本金百分比计算的预期损失；$\boldsymbol{X}$ 是贷款组合的总规模。

Gordy 曾论证了这一结果可以进行扩展。对一个有 M 笔贷款的大组合，当每笔贷款的规模与整个组合的总规模相比都较小时，下式

$$\mathrm{VaR}_\alpha(T,X)=\sum_{i=1}^{M}X_i\times\mathrm{LGD}_i\times\mathrm{WCDR}_i(T,\alpha) \tag{4-27}$$

基本成立，式中，X_i 为第 i 笔贷款的大小，LGD_i 为第 i 笔贷款的违约损失率，$\mathrm{WCDR}_i(T,\alpha)$ 为第 i 笔贷款在最坏情况下的违约率（即式（4-26）中，令 PD 等于第 i 笔贷款违约时 WCDR 的取值）。

使用最大似然估计法可以从历史违约数据中估计违约概率 PD 和相关系数 ρ。我们可通过式（4-26）来计算违约率分布的高分位数，但实际上，该式对所有分位数都适用。如果 DR 为违约率，$G(\mathrm{DR})$ 为 DR 的累积概率分布函数，由式（4-26）可得

$$\mathrm{DR}=N\left(\frac{N^{-1}(\mathrm{PD})+\sqrt{\rho}N^{-1}(G(\mathrm{DR}))}{\sqrt{1-\rho}}\right)$$

将该式两边应用 $N^{-1}(\cdot)$ 做变换，推出违约率的累积概率分布函数为

$$G(\mathrm{DR})=N\left(\frac{\sqrt{1-\rho}N^{-1}(\mathrm{DR})-N^{-1}(\mathrm{PD})}{\sqrt{\rho}}\right)$$

对该式求导，得违约率的概率密度函数：

$$g(\mathrm{DR})=\sqrt{\frac{1-\rho}{\rho}}\exp\left\{\frac{1}{2}\left[(N^{-1}(\mathrm{DR}))^2-\left(\frac{\sqrt{1-\rho}N^{-1}(\mathrm{DR})-N^{-1}(\mathrm{PD})}{\sqrt{\rho}}\right)^2\right]\right\}$$

2. 最大似然估计的步骤

由历史违约数据计算违约概率 PD 的相关性 ρ 的最大似然估计的步骤如下①：

（1）选择 PD 和 ρ 的初始值；

（2）对 DR 的每个观测值，计算违约率的概率密度函数 $g(\mathrm{DR})$ 的对数；

---

① 本书编写的代码可从中国人民大学出版社的网站下载。

(3) 使用 Slover 搜索 PD 和 ρ 的值使得步骤（2）取得最大值。

应用表 4－19 的违约率数据进行实证分析，对表 4－19 中的数据使用上述步骤，可得 ρ 和 PD 的最大似然估计值分别是 0.098 和 1.32%。违约率的概率分布如图 4－12 所示，99.9%分位数对应的违约率为

$$N\left(\frac{N^{-1}(0.0132)+\sqrt{0.098}\,N^{-1}(0.999)}{\sqrt{1-0.098}}\right)=0.093$$

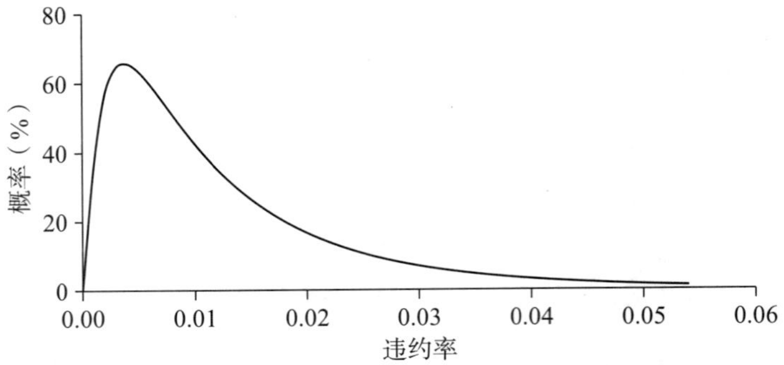

图 4－12 违约率的概率分布（参数由表 4－19 所示的数据得出）

参考文献及扩展阅读

[1] Ruey S. Tsay. 金融时间序列分析：第 3 版. 王远林，王辉，潘家柱，译. 北京：人民邮电出版社，2012.

[2] Alexander J. McNeil，Rüdiger Frey，Paul Embrechts. 量化风险管理——概念、技术和工具（修订版）. 卜永强，译，北京：电子工业出版社，2020.

[3] 韦艳华，张世英. Copula 理论及其在金融分析上的应用. 北京：清华大学出版社，2008.

[4] Hollander，M.，Wolfe，D. A.，Chicken，E. Nonparametric statistical methods. John Wiley & Sons，2013.

[5] Lehmann，E. L. and D'Abrera，H. J. Nonparametrics：statistical methods based on ranks. New York：Springer，1975.

[6] Genest，C.，Rémillard，B.，Beaudoin，D. (2009). Goodness-of-fit tests for copulas：a review and a power study. Insurance：Mathematics and Economics，44(2)：199－213.

[7] Nelson，C. R. and Siegel，A. F. (1987). Parsimonious modeling of yield curves. Journal of Business，60(4)：473－489.

第 5 章

市场风险建模

金融机构交易账户中的投资组合通常包含大量头寸，比如债券、股票、外汇、商品合约及它们的衍生品。如何度量投资组合的在险价值（VaR）和预期损失（ES）对于市场风险管理是十分重要的。例如，在以下几种情形中，都需要进行风险建模和风险度量。

（1）假设你拥有价值 1 亿美元的债券组合，包含 20 种不同期限的债券，如何计算该组合的 VaR 和 ES?

（2）假设你持有数千笔美元/欧元的远期合约，每个合约的到期日和交割时间各不相同，如何计算交易组合的 VaR 和 ES?

（3）假设你持有空头跨式期权组合，如何计算该组合的 VaR 和 ES?

在本章，我们将利用时序模型和多元统计方法，深入讨论不同金融资产组合的市场风险度量，阐述基本原理、常用方法，并运用案例进行实证分析。我们首先建立 VaR 系统的基本框架，然后讨论风险因子映射的概念，并用股票、债券和衍生品头寸来说明如何进行风险因子的映射。

假设投资组合建立了风险因子的映射，接下来我们在 5.3 节将估计损失分布，并结合实际案例说明计算市场风险的 VaR 和 ES 的几种常见方法。这些方法包括方差-协方差法、历史模拟法、动态历史模拟法和随机模拟法。在 5.5 节，我们将对上述方法的性能进行返回测试，并比较各种度量方法的优劣。

5.1 VaR 系统

5.1.1 损失算子

考虑一个投资组合，比如债券、股票、外汇、商品合约及其衍生品的组合。投资组合的价值由连续实值随机过程 $\{V_t, t\in\mathbb{R}^+\}$ 给出，其中假定 V_t 在 t 时刻是已知的。这意味着投资组合中的工具可以是盯市的，也可以按照适当的模型进行定价。假设投资组合的价值 V_t 可以用时间 t 和 d 个风险因子 $\boldsymbol{Z}_t=(Z_{t,1},\cdots,Z_{t,d})^{\mathrm{T}}$ 构建的估值模型来表示，即

$$V_t = g(t, \boldsymbol{Z}_t)$$

式中，函数 g：$\mathbb{R}^+ \times \mathbb{R}^d \to \mathbb{R}$即为风险映射。函数 g 和风险因子 $\boldsymbol{Z}_t$ 的选择反映了投资组合的结构，也反映了风险模型所需的精度水平，一般而言，估值模型中的时间单位通常是年。

对于给定的时间范围 Δt，投资组合在 $[t, t+\Delta t]$ 期间的收益是 $V(t+\Delta t)-V(t)$，我们用收益的负数 $L_{t+\Delta t}=-[V(t+\Delta t)-V(t)]$ 表示损失，并假定投资组合的持仓在这段时间是固定不变的，没有产生中间收入或费用。

为了便于分析，我们将连续时间的损失过程问题转化为离散时间序列分析问题，为了方便起见，以时间间隔 Δt 的倍数记录时间。记 $\tau_t=t(\Delta t)$，V_t 表示投资组合在 τ_t 时刻的价值，其在 $\tau_t+\Delta t$ 时刻的价值则记为 V_{t+1}，投资组合价值的变动是 $\Delta V_{t+1}=V_{t+1}-V_t$。损失

$$L_{t+1} = -\Delta V_{t+1} = -(g(t+1, \boldsymbol{Z}_t + \boldsymbol{X}_{t+1}) - g(t, \boldsymbol{Z}_t))$$

式中，$\boldsymbol{X}_{t+1}=\boldsymbol{Z}_{t+1}-\boldsymbol{Z}_t$ 称为 t 时刻到 $t+1$ 时刻之间的风险因子变化。

Δt 的选取依赖于估值模型和应用场景。一般的市场风险应用问题中的 Δt 为 1 天或 10 天。如果运用 Black-Scholes 模型对股票类期权定价，其中利率和波动率以年为基准时间单位，此时如果研究期权组合的日损失，则设 $\Delta t=1/365$ 或 $\Delta t \approx 1/250$，后者主要用于股票衍生品市场，因为每年大约有 250 个交易日。随机变量 V_t 和 V_{t+1} 分别代表第 t 天和第 $t+1$ 天的投资组合价值，L_{t+1} 是第 t 天到第 $t+1$ 天的损失。

由于风险因子 $\boldsymbol{Z}_t$ 在 t 时刻已知，t 时刻的损失分布可以由风险因子未来变化 $\boldsymbol{X}_{t+1}$ 的多元分布来决定。我们可以定义 t 时刻的损失算子，记为 $l_{[t]}$：$\mathbb{R}^d \to \mathbb{R}$，它是一个将投资组合损失与风险因子变化联系起来的函数：

$$l_{[t]}(\boldsymbol{x}) := -(g(t+1, \boldsymbol{z}_t+\boldsymbol{x}) - g(t, \boldsymbol{z}_t)), \quad \boldsymbol{x} \in \mathbb{R}^d \tag{5-1}$$

式中，$\boldsymbol{z}_t$ 为 $\boldsymbol{Z}_t$ 在 t 时刻的实现值。显然 t 时刻有 $L_{t+1}=l_{[t]}(\boldsymbol{X}_{t+1})$。

5.1.2 建立 VaR 系统的步骤

在计算风险度量 VaR 时，风险管理系统会通过二分法进行分解。一般认为各项资产的潜在收益和损失可以归结为两个来源。第一个是风险敞口，可以理解为资产的规模或数量，这由交易员或投资经理的主动选择行为决定。第二个是基础风险因子的变化，例如债券的收益与利率的变化相关，外汇期权与汇率和利率相关。资产组合本身价值的概率分布难以直接确定，一般是将其转化为若干个更基本的风险因子（如股票指数、利率、汇率等）的取值，通过各种统计分析方法得到风险因子取值的概率分布，再利用资产组合的价值与风险因子之间的函数关系，得到资产组合价值的概率分布。

因此，假设我们要衡量一个资产组合在一个时间段（如 10 天）内，99%的置信水平下的 VaR 和 ES，风险建模一般按照下面的步骤进行。

第一步：选择合适数量的风险因子，对所有资产头寸进行合理的市场定价，进而确定组合在 t 时刻的价值 $V_t=\sum_{i=1}^{n} g^i(\tau_t, \boldsymbol{Z}_t^i)$ 和损失算子。

第二步：把每项金融产品头寸映射到各个风险因子上，在整个投资组合基础上对这些风险因子进行汇总，得到每项资产映射到风险因子的净头寸。

第三步：对风险因子变化率的分布进行假设，例如正态分布、t 分布或极值分布等，并用历史数据进行分布拟合、估计参数和进行拟合优度检验。

第四步，根据风险管理的目的，设定时间区域 Δt（如 10 天）和置信水平 α（如 99%），根据风险因子变化分布，得出资产组合收入的概率分布并计算损失 L_t 的风险度量值，如 $\mathrm{VaR}_\alpha(L_{t+1})$、$\mathrm{ES}_\alpha(L_{t+1})$ 和 $\sigma(L_{t+1})$。

对风险敞口的建模分为两类：局部估值和完全估值。局部估值法的基本思想是对损失算子进行一阶或二阶线性化近似，并假设风险因子的变化服从正态分布，通过分析历史数据和估计每个风险因子的标准差、风险因子之间的相关系数以及风险因子的方差-协方差矩阵，最后借助矩阵运算求得资产组合价值 V_t 和损失的风险度量。

完全估值法就需要计算在较宽的区间内不同价格水平的投资组合的价值。这主要通过随机模拟的方法或历史数据（历史模拟法），对每个风险因子设定一个随机过程，模拟出大量的风险因子样本路径，如价格的样本路径，对每条样本路径用风险映射产生 $t+1$ 时刻的投资组合并进行完全估值，在指定的期限上得到投资组合价值的路径，最后通过模拟值的经验 α 分位数来计算投资组合的 VaR。这种方法无疑是最精确的，因为它把非线性收入的支付，甚至把 delta-normal 法忽略的时间效应都纳入考虑。完全估值模型需要计算在较宽区间不同价格水平下投资组合的价值损失。

建立的 VaR 系统如图 5－1 所示。

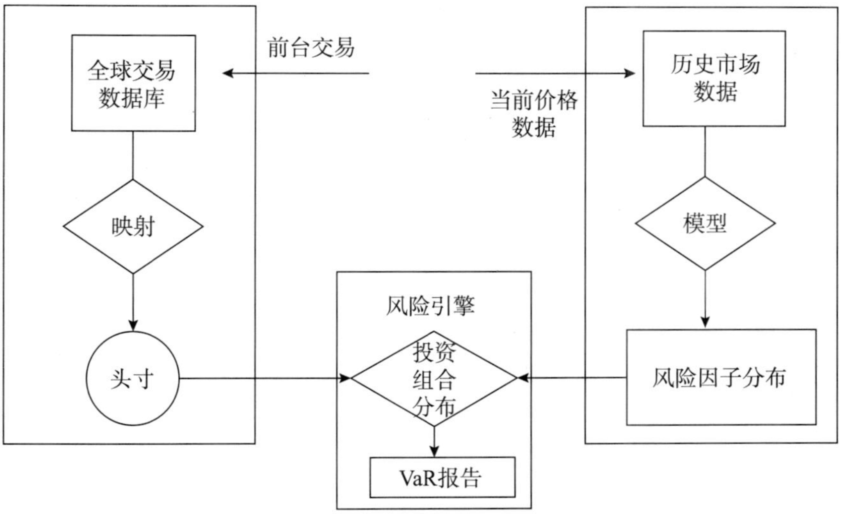

图 5－1　VaR 系统

5.1.3　局部估值法

局部估值法对投资组合的初始头寸进行估值，并运用局部衍生头寸来推断大约变化，代表性方法有 delta-normal、delta-gamma 近似。

为了便于理解，我们用前面的损失算子来说明。如果估值函数 $V_t=g(\tau_t,\boldsymbol{z}_t)$ 是可微的，且 Δt 相对较小，则可以用一阶泰勒级数逼近 $g(\tau_t, \boldsymbol{z}_t)$：

$$g(\tau_t + \Delta t, \boldsymbol{z}_t + \boldsymbol{x}) \approx g(\tau_t, \boldsymbol{z}_t) + g_\tau(\tau_t, \boldsymbol{z}_t)\Delta t + \sum_{i=1}^{d} g_{z_i}(\tau_t, \boldsymbol{z}_t)x_i \tag{5-2}$$

式中，下标 τ 表示风险映射 $g(\tau_t, \boldsymbol{z}_t)$ 对时间 t 的偏导数，下标 z_i 表示 $g(\tau_t, \boldsymbol{z}_t)$ 对风险因子 z_i 的偏导数。这使得我们可以用 t 时刻的线性损失算子来近似式（5-1）中的损失算子，方法如下：

$$L_{t+1} = l_{[t]}^{\Delta}(\boldsymbol{x}) = -\left(g_\tau(\tau_t, \boldsymbol{z}_t)\Delta t + \sum_{i=1}^{d} g_{z_i}(\tau_t, \boldsymbol{z}_t)x_i\right) \tag{5-3}$$

注意，当 Δt 极小时，$g_\tau(\tau_t, \boldsymbol{z}_t)\Delta t$ 项也非常小，在实践中有时会被省略。

由式（5-3）知，损失 L_{t+1} 的分布是由风险因子的变化向量 $\boldsymbol{x}_{t+1} = (x_{1,t+1}, \cdots, x_{d,t+1})$ 的联合分布决定的。如果假设 $\boldsymbol{x}_{t+1}$ 服从正态分布，均值向量是 $\boldsymbol{\mu}_{t+1}$，协方差矩阵为 $\boldsymbol{\Sigma}_{t+1}$，则线性化的损失 L_{t+1} 也服从正态分布：

$$L_{t+1} \sim N(-\boldsymbol{c}_t - \boldsymbol{b}_t^{\mathrm{T}}\boldsymbol{\mu}_{t+1}, \boldsymbol{b}_t^{\mathrm{T}}\boldsymbol{\Sigma}_{t+1}\boldsymbol{b}_t) \tag{5-4}$$

式中，$\boldsymbol{c}_t = g_\tau(\tau_t, \boldsymbol{z}_t)\Delta t$，$\boldsymbol{b}_t^{\mathrm{T}} = (g_{z_1}, g_{z_2}, \cdots, g_{z_d})^{\mathrm{T}}$。这种方法称为 delta-normal 法，也称为方差-协方差法。图 5-2 给出了 delta-normal 法的计算过程。

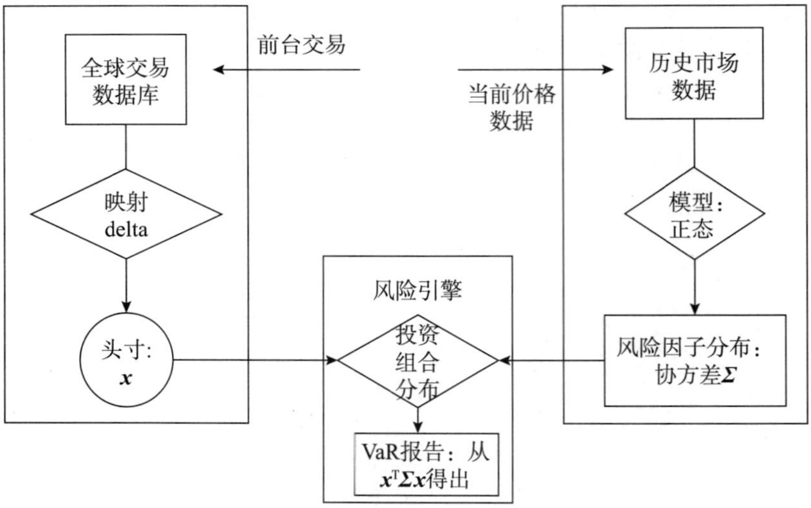

图 5-2 delta-normal 法

有时，一阶近似是远远不够的，例如对于期权产品。而且 delta 的取值并不是固定的，只有当价格围绕原始值做小幅移动时，线性近似模型才有效。

为了解决这个问题，进一步推导出了二阶泰勒级数近似，又称为 delta-gamma 近似。引入向量符号

$$\boldsymbol{\delta}(\tau_t, \boldsymbol{z}_t) = (g_{z_1}(\tau_t, \boldsymbol{z}_t), \cdots, g_{z_d}(\tau_t, \boldsymbol{z}_t))^{\mathrm{T}}$$

作为针对映射的风险因子的一阶偏导数。对于二阶偏导，令

$$\boldsymbol{\omega}(\tau_t,\boldsymbol{z}_t)=(g_{z_1\tau}(\tau_t,\boldsymbol{z}_t),\cdots,g_{z_d\tau}(\tau_t,\boldsymbol{z}_t))^{\mathrm{T}}$$

为针对时间和风险因子的混合偏导数，令 $\boldsymbol{\Gamma}(\tau_t,\boldsymbol{z}_t)$ 表示第 (i,j) 元素 $g_{z_i,z_j}(\tau_t,\boldsymbol{z}_t)$ 构成的矩阵；这一矩阵包含对角线上的单风险因子的 gamma 敏感度，以及对角线外的双风险因子的交叉 gamma 敏感度。g 的完整二阶近似表达式为

$$\begin{aligned}g(\tau_t+\Delta t,\boldsymbol{z}_t+\boldsymbol{x})\approx\ & g(\tau_t,\boldsymbol{z}_t)+g_\tau(\tau_t,\boldsymbol{z}_t)\Delta t+\boldsymbol{\delta}(\tau_t,\boldsymbol{z}_t)^{\mathrm{T}}\boldsymbol{x}\\&+\frac{1}{2}(g_{\tau\tau}(\tau_t,\boldsymbol{z}_t)(\Delta t)^2+2\boldsymbol{\omega}(\tau_t,\boldsymbol{z}_t)^{\mathrm{T}}\boldsymbol{x}\Delta t\\&+\boldsymbol{x}^{\mathrm{T}}\boldsymbol{\Gamma}(\tau_t,\boldsymbol{z}_t)\boldsymbol{x})\end{aligned}\tag{5-5}$$

在实践中，我们通常会忽略 $(\Delta t)^2$ 项，且如果我们假设风险因子遵循一个标准的连续时间金融模型（如 Black-Scholes）或其他一般模型，则包括 $\boldsymbol{x}\Delta t$ 项。

例 5-1（期权的风险映射） 考虑一个以不发放股利的股票为标的的标准欧式看涨期权的投资组合。为了对冲期权的 delta 风险，银行持有 delta 份股票使得投资组合的 delta 等于 0。已知看涨期权的到期期限为 T，执行价格为 $K=100$，到期时间 $T-\tau_t=1$，利率 $r=0.02$。此外，假定当前的股票价格 $S_t=110$ 时期权应执行，且当前隐含波动率为 $\sigma_t=0.2$。假设 t 时刻的股票价格遵循几何布朗运动，则该资产在 τ_t 时刻的 Black-Scholes 价值为 $C^{\mathrm{BS}}(\tau_t,S_t,r,\sigma)$，

$$C^{\mathrm{BS}}(\tau_t,S_t,r,\sigma)=S\Phi(d_1)-K\mathrm{e}^{-r(T-\tau_t)}\Phi(d_2)$$

$$d_1=\frac{\log(S/K)+(r+\sigma^2/2)(T-\tau_t)}{\sigma\sqrt{T-\tau_t}},\quad d_2=d_1-\sigma\sqrt{T-\tau_t}$$

式中，Φ 是标准正态分布的分布函数，r 表示年化无风险利率，σ 表示标的股票价格的年化波动率。我们通常假设利率和波动性都是不变的，但实际上它们会随着时间的变化而变化，因此应该将它们加入风险因子集合中。

Black-Scholes 公式以年为时间单位，不妨令 $\Delta t=1/250$ 和 $\tau_t=t/250$。用 V_t 表示投资组合在 τ_t 时刻的价值，在 $\tau_t+\Delta t$ 时刻的价值则记为 V_{t+1}，用一阶泰勒展开来近似 V_{t+1}，得到一阶线性化损失：

$$L_{t+1}^{\Delta}=-(C_t^{\mathrm{BS}}\Delta t+C_S^{\mathrm{BS}}S_tX_{t+1,1}+C_r^{\mathrm{BS}}X_{t+1,2}+C_\sigma^{\mathrm{BS}}X_{t+1,3})\tag{5-6}$$

式中，下标表示 Black-Scholes 公式的偏导数，$\boldsymbol{X}_{t+1}=(\ln(S_{t+1}/S_t),r_{t+1}-r_t,\sigma_{t+1}-\sigma_t)$ 表示风险因子的变化量。为简化起见，我们假设利率 r 是固定不变的，且按天计算。

由于股票价格遵循几何布朗运动，故可解出 $\ln(S_t/S_0)=\left(\mu-\frac{1}{2}\sigma^2\right)t+\sigma W_t$，其中，$\mu$ 为漂移项，σ 为波动率，W_t 为布朗运动。因此，股票对数收益率为

$$R_{t+1}=\ln\frac{S_{t+1}}{S_t}\sim N\left(\left(\mu-\frac{1}{2}\sigma^2\right)\Delta t,\sigma^2\Delta t\right)$$

显然，$R_{t+1}/(\sigma\sqrt{\Delta t})$ 在 $\Delta t\to 0$ 时依分布收敛至标准正态分布。因此，该模型中股

票风险因子变化为 $O(\sqrt{\Delta t})$ 阶，即趋于零的速度与 $\sqrt{\Delta t}$ 相同。由此推出 $\boldsymbol{x}\Delta t$ 项趋于零的速率与 $(\Delta t)^{3/2}$ 相同，因此可记为 $o(\Delta t)$ 项。

现在考虑风险因子变化量 $\boldsymbol{x}=(0.05,0.02)^{\mathrm{T}}$，即股票收益率约为 5%，隐含波动率增加为 2%。经过计算可知 $C_{\tau}^{\mathrm{BS}}\approx-4.83$，$C_{\sigma}^{\mathrm{BS}}\approx34.91$，则线性化损失 L_{t+1}：

$$
\begin{aligned}
l_{[t]}^{\Delta}(\boldsymbol{x}) &= -(C_{\tau}^{\mathrm{BS}}\Delta t+C_{S}^{\mathrm{BS}}S_{t}X_{t+1,1}+C_{\sigma}^{\mathrm{BS}}X_{t+1,3}) \\
&= -(-4.83\times(1/250)+0.751\times110\times0.05+34.91\times0.02) \\
&= -4.809
\end{aligned}
$$

另外，如果我们在 $t+1$ 时刻对期权进行完全重估，损失将会是 $l_{[t]}^{\Delta}(\boldsymbol{x})\approx-4.953$。对于这个 $\boldsymbol{x}$ 阶的风险因子变化，线性化低估了约 2.93%。

如果在这种情况下做一个二阶近似，我们需要计算 gamma、针对股票价格的二阶导数 C_{SS}^{BS}、针对波动率的二阶导数 $C_{\sigma\sigma}^{\mathrm{BS}}$ 和同时针对股票价格和波动率的混合导数 $C_{S\sigma}^{\mathrm{BS}}$，这样就得到了二次损失算子：

$$
l_{[t]}^{\Delta\Gamma}(\boldsymbol{x})=C_{\tau}^{\mathrm{BS}}\Delta t+C_{\sigma}^{\mathrm{BS}}x_{2}+\frac{1}{2}C_{SS}^{\mathrm{BS}}S_{t}^{2}x_{1}^{2}+C_{S\sigma}^{\mathrm{BS}}S_{t}x_{1}x_{2}+\frac{1}{2}C_{\sigma\sigma}^{\mathrm{BS}}x_{2}^{2}
$$

其中，我们注意到 S_t^2 和 S_t 因子分别参与了第三和第四项，因为风险因子是 $\ln S_t$ 而不是 S_t。在数值示例中：

$$
\begin{aligned}
l_{[t]}^{\Delta\Gamma}(\boldsymbol{x}) &= l_{[t]}^{\Delta}(\boldsymbol{x})+\frac{1}{2}C_{SS}^{\mathrm{BS}}S_{t}^{2}x_{1}^{2}+C_{S\sigma}^{\mathrm{BS}}S_{t}x_{1}x_{2}+\frac{1}{2}C_{\sigma\sigma}^{\mathrm{BS}}x_{2}^{2} \\
&\approx -4.809+\frac{1}{2}\times0.0144\times110^{2}\times0.05^{2}+(-0.7561)\times110\times0.05\times \\
&\quad 0.02+\frac{1}{2}\times34.907\times0.02^{2} \\
&= -4.667
\end{aligned}
$$

通过二阶近似计算的损失为−4.666，比实际完全重估的损失（约为−4.953）少约 5.8%。相比之下，线性化损失（约为−4.807）的误差较大。因此，二阶近似缩小了线性化损失带来的误差，从而显著提高了对风险因子变化的评估精度。这表明在风险因子变化显著时，二阶近似对损失的估计更加准确。

图 5－3 对比了一个看涨期权的实际价格、delta 估计和 delta-gamma 估计。从图中可以看到，delta 近似是一种简化的方法，用 delta 值来估计期权价格对标的资产价格的变动的敏感度，delta 近似假设期权价格与标的资产价格之间是线性关系，即期权价格的变化与标的资产价格的变动成正比，这种方法适用于小幅价格变动的情况；delta-gamma 近似是一种更精确的估计方法，结合了 delta 值和 gamma 值，以更准确地估计期权价格在标的资产价格变动时的变化，delta-gamma 近似考虑了 delta 值对标的资产价格变动的敏感度的变化率，从而提供了更加精确的估计结果。然而需要注意的是，delta-gamma 近似在应用于较长时间范围内且风险因子变化较大的情形时，可能效果很差。

例 5－2 考虑一个包含 d 只无违约零息债券的组合，到期日为 T_i，价格为 $p(t,$

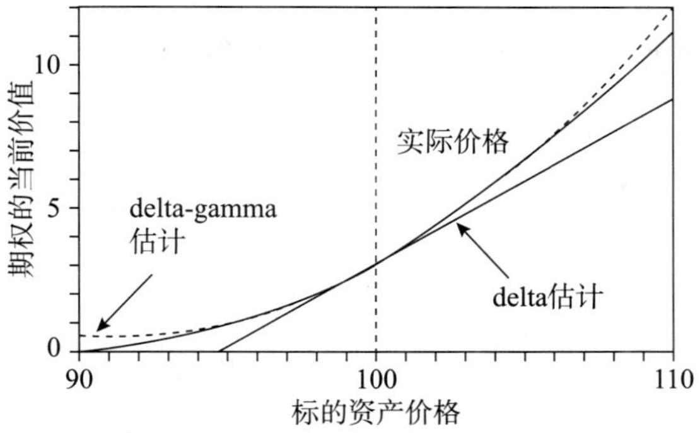

图 5-3　一个看涨期权的 delta-gamma 近似估计

T_i)，$1\leqslant i\leqslant d$。由标准债券定价公式，有

$$p(t,T_i)=\exp(-(T_i-t)y(t,T_i))$$

式中，映射 $T\to y(t,T)$ 称为 t 时刻的连续复利收益率曲线，$y(t,T)$ 称为到期收益率。如果债券数目较少，我们把所有收益率 $y(t,T_i)$ ($1\leqslant i\leqslant d$) 作为风险因子。在 t 时刻，这个组合的价值可以写为

$$V(t)=\sum_{i=1}^{d}\lambda_i p(t,T_i)=\sum_{i=1}^{d}\lambda_i\exp(-(T_i-t)y(t,T_i)) \tag{5-7}$$

式中，λ_i 表示债券组合中到期日为 T_i 的债券的数量。

若用离散时间模型，这个债券组合的映射可以写为

$$V_t=g(\tau_t,\boldsymbol{Z}_t)=\sum_{i=1}^{d}\lambda_i\exp(-(T_i-\tau_t)Z_{t,i}) \tag{5-8}$$

式中，$\tau_t=t(\Delta t)$，Δt 是以年为单位的时间间隔；同时，风险因子是到期收益率 $Z_{t,i}=y(\tau_t,T_i)$，$1\leqslant i\leqslant d$。风险因子的变动是 $X_{t+1,i}=y(\tau_{t+1},T_i)-y(\tau_t,T_i)$，$1\leqslant i\leqslant d$。将估值函数的一阶和二阶导数

$$g_\tau(\tau_t,z_t)=\sum_{i=1}^{d}\lambda_i p(\tau_t,T_i)$$
$$g_{z_i}(\tau_t,z_t)=-\lambda_i(T_i-\tau_t)\exp(-(T_i-\tau_t)Z_{t,i})$$

代入损失算子的一阶和二阶近似，容易算出

$$l_{[t]}^{\Delta\Gamma}(\boldsymbol{x})=-\sum_{i=1}^{d}\lambda_i p(\tau_t,T_i)\left(Z_{t,i}\Delta t-(T_i-\tau_t)x_i+\frac{1}{2}(T_i-\tau_t)^2x_i^2\right)$$

假设对于所有到期日 T_i，t 时刻的收益率曲线水平移动，即满足

$$Z_{t+1,i}=Z_{t,i}+x \tag{5-9}$$

当这一条件满足时，损失函数就是 x 的函数：

$$l_{[t]}^{\Delta}(x)=-V_t(A_t\Delta t-D_t x) \tag{5-10}$$

式中

$$D_t:=\sum_{i=1}^{d}\frac{\lambda_i p(\tau_t,T_i)}{V_t}(T_i-\tau_t),\quad A_t:=\sum_{i=1}^{d}\frac{\lambda_i p(\tau_t,T_i)}{V_t}y(\tau_t,T_i)$$

这里，D_t 称为债券组合的马考勒久期，是投资组合中不同现金流的到期时间的加权和，其权重与现金流的折现值成正比。

如果时间间隔以天为单位$\left(\Delta t=\frac{1}{365}\right)$，那么式（5－10）中括号里的第一项通常被忽略，债券组合的损失值将由 V_tD_tx 决定。如果债券组合都是多头头寸，即对于所有 i 都有$\lambda_i>0$，从而收益率的增加导致债券组合的价值减少，进而带来损失。因此久期 D_t 可以认为与期权的 delta 相对应。对于一阶近似，损失将由 D_t 决定。如果收益率曲线发生一个很小的水平移动，则任何两个有相同价值和久期的债券组合将会受到相似的损失，无论组合中的具体组成存在什么不同。因此，久期测量的是组合价值相对于收益率曲线水平移动的敏感度。零久期意味着头寸对于收益率变动是免疫的。

然而，这个组合依然面临着其他类型的收益率曲线变动，比如斜率或曲率的变动。如果考虑二阶效应，可以得到更精确的债券投资组合损失的近似值。与期权 gamma 相对应的是凸度的概念。假设收益率曲线水平移动，损失算子的二阶近似则为

$$l_{[t]}^{\Delta\Gamma}(x)=-V_t\left(A_t\Delta t-D_tx+\frac{1}{2}C_tx^2\right)$$

式中

$$C_t:=\sum_{i=1}^{d}\frac{\lambda_i p(\tau_t,T_i)}{V_t}(T_i-\tau_t)^2$$

称为投资组合的凸度。凸度是到期时间平方的加权平均值，也是久期对收益率求导的负数。考虑两个债券组合有同样的价值 V_t 和久期，假设组合 1 的凸度大于组合 2 的凸度，即 $C_t^{(1)}>C_t^{(2)}$。忽略 Δt 项，两个组合的损失差异满足

$$l_{[t]}^{\Delta\Gamma(1)}(x)-l_{[t]}^{\Delta\Gamma(2)}(x)\approx-\frac{1}{2}V_t(C_t^{(1)}-C_t^{(2)})x^2<0$$

这就是说，收益率水平的提高将使投资组合 1 的损失更小，收益更大，$-l_{[t]}^{\Delta\Gamma(1)}(x)>-l_{[t]}^{\Delta\Gamma(2)}(x)$。因此，投资经理经常采取上述步骤构建具有相对较高的凸度的债券组合，这可以通过让现金流充分分散来实现。

局部估值法的优点是简单和便于计算；缺点是对较为极端的市场情景缺乏反映，对非线性金融工具（如期权）风险的度量较差。如果投资组合对少量风险因子有敞口，则常会用到二阶近似来进行衡量，主要运用于衍生品定价。

5.1.4 完全估值法

对于某些复杂的、非线性收益的投资组合，用一阶线性近似或二阶非线性估计的质量取决于非线性化程度，而非线性化程度受到资产类型、到期期限、风险因子波动性和

VaR 的观测时期 Δt 长度的影响。

完全估值法有历史模拟法和随机模拟法两大类，详见 5.3.2 节和 5.3.4 节。此处仅说明这两种方法的基本思路。

（1）历史模拟法。该方法将各风险因子在过去某段时间内的所有取值作为该风险因子未来取值变化的情景集合，再通过风险因子与资产组合价值的映射关系 $g(\tau_t, z_t)$，计算出资产组合价值的未来可能分布。将考察期内资产组合价值的所有观测值按由大到小的顺序排列，再等分为若干个区间，计算出各区间内各价值取值的频数，将其除以样本量即得到该价值取值发生的概率值，将该概率值转化为置信水平即可求出风险价值。该方法的优点是不对风险因子的分布做任何假设，不需要进行参数估计，能处理一些非对称和尖峰厚尾的分布问题，对任何资产组合都适用；缺点是需要假设风险因子过去的变化能反映其未来的变化，这往往需要长期大量的历史数据。

（2）蒙特卡罗方法。又称随机模拟法，指首先根据理论和先验知识设定风险因子分布并估计分布参数，然后通过随机模拟产生风险因子未来变化的大量的可能路径，再通过风险因子与资产组合价值的映射关系 $g(\tau_t, z_t)$，计算出资产组合价值未来的可能路径，将考察期内资产组合价值的所有观测值按由大到小的顺序排列，最后求出风险价值。该方法的优点是灵活性大，允许使用者设置任意已知的概率分布，能处理非线性和非正态的问题；缺点是计算量大，难以排除模型风险。

5.2 风险因子映射

5.2.1 为什么要进行风险因子映射

现代风险管理方法通常应用于投资组合结构的最高端。这样一般会涉及大量的金融产品和风险因子，因而对所有资产进行单独计算是不现实的。例如，2004 年摩根大通的投资组合包括超过 210 000 个头寸和 2 400 000 个价格序列（例如股票价格、不同期限的利率和汇率）。因此对每个头寸分别考虑显得不切实际，不仅所需的计算复杂且冗余，而且耗时颇多。在实际操作中，我们往往需要对它们进行简化。

风险因子映射提供了一种便利手段。我们可以将大量的头寸简化为少数的基本风险因子或者以原始风险因子为代表的头寸。举例来说，某投资经理持有数千笔美元/欧元的远期合约，虽然每个合约的到期日和交割时间各不相同，但是并不需要对每个头寸进行单独计算。基本上，这些头寸都与一个风险因子有关，即美元/欧元即期汇率。这样，这些远期合约头寸都可以归结为对一个风险因子的敞口。当然，这种归类加总的办法对于组合的定价是不合适的，但对于风险管理却完全适用，这也是风险管理方法和资产定价方法不同的原因。注意，引入的风险因子的个数越多，计算的维数也就越大。因此首先要在精确且完整地反映组合的市场风险与提高运算效率之间进行权衡。

当金融产品的特征随着时间变化时，风险因子映射也是风险衡量的唯一可行方法。比如，债券的风险状况会随着到期日的临近而有所不同。我们不能直接运用债券价格的历史数据，但是可以把债券映射到几个关键到期收益率上，表示当前债券的风险状况。类似地，期权的风险状况变化非常迅速，因此必须把这些期权映射到它们的基本风险因子上。所以说，风险因子映射为我们提供了一种处理这些实际问题的重要手段。

因此，风险管理的第一步就是选择一些数量合适的基本风险因子，将各项资产的头寸都转化为一系列风险因子的敞口，得到映射到风险因子上的净头寸，然后在整个投资组合基础上对这些风险敞口进行加总。这就是风险因子映射的过程。

图 5 - 4 展示了一个简单的风险因子线性映射的过程。6 个金融产品被映射到 3 个不同的风险因子上。分析的第一步是将所有头寸进行合理的市场定价，第二步是把每个产品的市场价值分配给 3 个风险因子，最后进行风险加总。

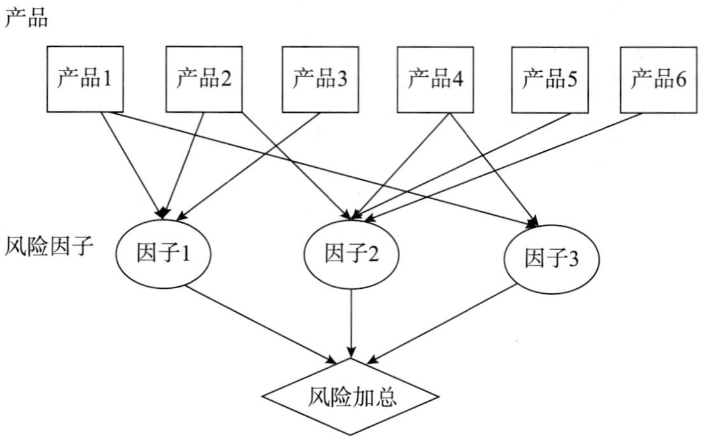

图 5 - 4 风险映射过程图示

例如，第 1 个金融产品的市场价值为 V_1，分解为 3 个风险敞口，分别是 x_{11}，x_{12}，x_{13}。如果当前的市场价值没有被完全分配到 3 个风险因子上，则意味着剩余的价值以现金持有。而现金没有风险，所以不是风险因子。

接下来，再对组合中的第 2 个金融产品的头寸进行分配，依此类推。所有头寸都分解完毕以后，再对每个风险因子的头寸进行加总。这样，对于第 1 个风险因子，其风险敞口总和是 $x_1=\sum_{i=1}^{6}x_{i1}$，于是产生了一个包含 3 个风险敞口的向量，被输入风险衡量系统。剩余的无法分配的风险就是资产的特异风险，与风险因子不相关（见表 5 - 1）。

表 5 - 1 风险因子的分配

		风险因子敞口			
	市场价值	1	2	3	特异风险
产品 1	V_1	x_{11}	x_{12}	x_{13}	ε_1
产品 2	V_2	x_{21}	x_{22}	x_{23}	ε_2
⋮	⋮	⋮	⋮	⋮	⋮
产品 6	V_6	x_{61}	x_{62}	x_{63}	ε_6
总价值	V	$x_1=\sum_{i=1}^{6}x_{i1}$	$x_2=\sum_{i=1}^{6}x_{i2}$	$x_3=\sum_{i=1}^{6}x_{i3}$	$\sum_{i=1}^{6}\varepsilon_i$

风险因子映射可以分为两种方式：第一种是将风险敞口精确分配到风险因子，例如对于期权产品，风险因子是标的资产价格 S_t、无风险利率 r、波动率 σ_t，根据 Black-Scholes 公式，期权的价值可以写为风险因子的函数。价格函数的偏导数就是风险敞口的解析表达式。第二种是风险敞口在某些情况下只能通过估计得到，比如，将某只股票的头寸用股票市场指数来表示，风险因子即为市场指数，此时，风险敞口可以通过股票收益对股指收益回归的斜率估计得到。

风险因子映射法简化了计算股票、债券、线性衍生品和利率产品组合的风险，通常用局部估值法计算组合的 VaR。下面介绍主要金融产品组合的风险因子映射过程。

5.2.2　股票组合的映射

考虑一个包含 d 种股票的固定投资组合，t 时刻投资组合中股票 i 的份额为 λ_i，股票 i 的价格序列用 $(S_{t,i})_{t\in\mathbb{N}}$ 表示。如果股票数目较少，我们使用股价的自然对数作为风险因子，因此 $Z_{t,i}=\ln S_{t,i}$，$1\leqslant i\leqslant d$。于是投资组合在 t 时刻的价值是 $V_t=\sum_{i=1}^{d}\lambda_i\exp(Z_{t,i})$。风险因子变化表示为 $R_{t+1,i}=\ln S_{t+1,i}-\ln S_{t,i}$，即股票 i 的对数收益率。从 t 时刻到 $t+1$ 时刻，投资组合的损失可以由下式得出：

$$L_{t+1}=-(V_{t+1}-V_t)=-\sum_{i=1}^{d}\lambda_i S_{t,i}(\mathrm{e}^{R_{t+1,i}}-1)$$

线性化损失 L_{t+1}^{Δ} 等于

$$L_{t+1}^{\Delta}=-\sum_{i=1}^{d}\lambda_i S_{t,i}R_{t+1,i}=-V_t\sum_{i=1}^{d}w_{t,i}R_{t+1,i}$$

式中，权重 $w_{t,i}:=(\lambda_i S_{t,i})/V_t$，是 t 时刻投资于股票 i 的投资组合价值的比例。

当股票数目较多时，我们也可以选择股票市场指数 $R_{t,m}$ 作为基本风险因子。将股票 i 的对数收益率关于股指收益率做回归，即

$$R_{t,i}=\alpha_i+\beta_i R_{t,m}+\varepsilon_{t,i}$$

其中特异风险 ε_i 与其他股票以及整个市场指数不相关，则股票组合中的收益率可简化为

$$R_p=\sum_{i=1}^{d}w_i R_i=\sum_{i=1}^{d}w_i\alpha_i+\sum_{i=1}^{d}w_i\beta_i R_m+\sum_{i=1}^{d}w_i\varepsilon_i$$

如果对 R_p 的方差进行分解，得到

$$\mathrm{var}(R_p)=(\beta_p^2)\mathrm{var}(R_m)+\sum_{i=1}^{N}w_i^2\sigma_{\varepsilon_i}^2 \tag{5-11}$$

式中，$\beta_p=\sum_{i=1}^{N}w_i\beta_i$。股票组合的价值为 V_t，则对市场指数的映射为 $x=V_t\beta_p$。式（5-11）表明，第一个组成部分是一般市场风险，第二个组成部分是整个投资组合具体风险的整合。该分解说明了对初始信息或者一般市场风险因子了解得越多，在总风

险 $\mathrm{var}(R_p)$ 固定的情况下，具体风险就会越小。

5.2.3 债券组合的映射

考虑一个无违约零息债券的投资组合，到期日为 T_i，到期收益率为 $y(t_i,T)$，$1\leqslant i\leqslant d$，λ_i 表示债券组合中到期日为 T_i 的债券的数量。在 t 时刻，这个组合的价值是

$$V_t=g(t,\boldsymbol{Z}_t)=\sum_{i=1}^{d}\lambda_i\exp(-(T_i-t)y(t_i,T))$$

但是，对于由固定收益工具组成的大型投资组合，比如一家大银行的全部固定收益头寸，为一个现金流到期的收益率的变动进行建模分析变得不切实际。还有对风险因子 $\boldsymbol{X}_{t+1}$ 的分布的统计任务很困难，因为不同到期时间与对应收益率之间高度相依。一种可行的方法就是对收益率建立一个因子模型，以求找出收益率变动中最主要的特征。

学者们经常使用 Nelson-Siegel 三因子模型对收益率曲线进行拟合，即

$$y(\tau_t,T)=Z_{t,1}+k_1(T-\tau_t,\eta_t)Z_{t,2}+k_2(T-\tau_t,\eta_t)Z_{t,3} \tag{5-12}$$

式中，函数 k_1 和 k_2 分别为

$$k_1(s,\eta)=\frac{1-\mathrm{e}^{-\eta s}}{\eta s},\ k_2(s,\eta)=k_1(s,\eta)-\mathrm{e}^{-\eta s}$$

Nelson-Siegel 三因子（$Z_{t,1},Z_{t,2},Z_{t,3}$）反映了收益率变动中最主要的特征：第一因子 $Z_{t,1}$ 通常解释为对应水平的期限结构，即长期水平因子；第二因子 $Z_{t,2}$ 通常解释为斜率因子，因为短期收益率和长期收益率之间的差值满足 $\lim\limits_{T\to\tau_t}y(\tau_t,T)-\lim\limits_{T\to+\infty}y(\tau_t,T)=Z_{t,2}$；第三因子 $Z_{t,3}$ 对应中部隆起的期限结构，通常解释为曲率因子。

债券组合的价值映射到 Nelson-Siegel 三因子模型变为

$$V_t=g(\tau_t,\boldsymbol{Z}_t)=\sum_{i=1}^{d}\lambda_i\exp(-(T_i-\tau_t)\boldsymbol{k}_{t,i}^{\mathrm{T}}\boldsymbol{Z}_{t,i})$$

式中，$\boldsymbol{k}_{t,i}=(1,k_1(T-\tau_t,\eta_t),k_2(T-\tau_t,\eta_t))^{\mathrm{T}}$。然后就可以直接推导出损失算子 $l_{[t]}(x)$ 或者它的线性化形式。这时，债券组合的损失是三个基本因子的函数，而不是 d 个到期收益率的函数。

虽然 Nelson-Siegel 三因子模型对国债收益率的拟合程度较为精确，但对于风险因子的映射不太方便，可能原因在于因子不能够直接被观察，拟合和预测国债收益率曲线需使用较为复杂的统计方法和技术，容易受到数据质量、样本数量以及市场环境等因素的影响，导致获取因子的分布特征也比较困难。尽管如此，三因子模型和许多实证研究都表明在各种期限的利率中，不同期限的利率是相关的，但不是完全相关的；利率曲线不是水平移动的，但某些短期、中期和长期利率会直接或间接影响其他利率的变动，对社会、经济各个层面的影响较大。这些利率主要包括央行基准利率、1 年期存款利率、再融资利率、银行间隔夜拆借利率、回购和反向回购利率。我们称这些利率为关键利率。

因此，在实践中，债券组合的头寸通过分布在时间上的现金流映射到关键利率和利差等风险因子上。在进行债券风险映射时，使用数量相对较少、可交易且流动性极高的

债券来衡量债券组合风险。基本风险因子通常是 m 种政府债券到期收益率 z_j 的变化的集合和按照信用等级排序的 n 个信用价差 s_j 变化的集合。我们用与其到期日最相近的国债 z 和与其相同信用等级的 s 的变化来描述每种债券的到期收益率变化 dy_i，剩余的用 ε_i 来表示。

$$dV_t = \sum_{i=1}^{d} DVBP_i \, dy_{i,t} = \sum_{j=1}^{m} DVBP_j \, dz_{j,t} + \sum_{i=1}^{n} DVBP_i \, ds_{i,t} + \sum_{i=1}^{d} DVBP_i \, d\varepsilon_{i,t}$$

式中，DVBP 是相关风险因子对应的基点价值，即到期收益率变化 1 个百分点时，债券价值变化的百分比，$DVBP_i$ 的值表示了不同期限下债券的基点价值。$DVBP_i$ 具体的定义公式如下：

$$DVBP_i = -\frac{1}{10\ 000}\frac{dP_i}{dy_i}$$

式中，y_i 表示不同期限债券的利率 z_i 或价差 s_i。总风险可以按照下面的方式进行分解：

$$\mathrm{var}(dV_t) = \text{一般风险} + \sum_{i=1}^{N} DVBP_i^2 \, \mathrm{var}(d\varepsilon_{i,t})$$

把债券组合头寸映射到不同期限的头寸的方法分为以下三种：本金、久期和现金流。对于本金映射，选中的风险因子与组合的平均到期期限对应；对于久期映射，风险因子要与组合的久期相符；对于现金流映射，组合的现金按照期限段进行分组。映射过程应该保持头寸的市场价值不变；在理想状态下，还应该保持它的市场风险不变。

下面用一个具体的例子说明这三种映射过程。

例 5 - 3　考虑 2 只债券的组合：一只是 5 年期面值 1 亿美元的债券（息票率 6%），另一只是 1 年期面值 1 亿美元的债券（息票率 4%）。两只债券都按照面值平价发行，因此组合的市场价值是 2 亿美元。组合的平均期限是 3 年，久期为 2.733 年。选择风险因子是 1 年期到 5 年期的国债到期收益率。假设因子的变动服从正态分布，表 5 - 2 给出了这个 5 个风险因子的 95%的置信水平下的 VaR 值。现在我们要计算该组合在各风险因子的头寸和组合的 VaR。表 5 - 2 给出了所有现金流的贴现值和映射结果。

表 5 - 2　债券组合的映射

期限（年）	VaR（%）	现金流（百万美元）		即期利率（%）	映射结果（百万美元）		
		5 年期	1 年期		本金映射	久期映射	现金流映射
1	0.470	6	104	4.000	0.00	0.00	105.77
2	0.987	6	0	4.618	0.00	0.00	5.48
2.733	—	—	—	—	—	200.00	—
3	1.484	6	0	5.192	200.00	0.00	5.15
4	1.971	6	0	5.716	0.00	0.00	4.80
5	2.416	106	0	6.112	0.00	0.00	78.79
合计	—	—	—	—	200.00	200.00	200.00

1. 本金映射法

该方法只考虑债券的偿还期。由于债券组合的平均期限为 3 年，由表 5-2 的第 2 列知，3 年期债券的收益率 VaR 为 1.484%，所以组合价值的 VaR 是 20 000×1.484%＝297 万美元。

2. 久期映射法

将债券组合久期 2.733 年分配给相邻的 2 年期和 3 年期的债券组合。有两种方法进行分配：久期匹配和方差匹配。

(1) 久期匹配。风险因子 1 是 2 年期的债券收益率，风险因子 2 是 3 年期的债券收益率，设 x 表示分配到 2 年期债券的比重，$1-x$ 表示分配到 3 年期债券的比重，则

$$x \times 2 + (1-x) \times 3 = 2.733$$

得

$$x = (3-2.733)/(3-2) = 0.267$$

因此，该债券组合分配给风险因子 1 的头寸为 2×0.267＝0.534 亿美元，分配给风险因子 2 的头寸为 1.466 亿美元。

采用线性插值法，该债券组合的利率风险为

$$0.987 + (1.484 - 0.987) \times (2.733 - 2) = 1.351$$

该债券组合 VaR 等于 20 000×1.351%＝270 万美元，但是该方法没有创建一个与初始投资组合风险相等的投资组合。

(2) 方差匹配。定义 2 年期和 3 年期债券的波动性分别为 σ_1 和 σ_2，相关系数为 ρ，则投资组合的方差为

$$\mathrm{var}(R_p) = x^2\sigma_1^2 + (1-x)^2\sigma_2^2 + 2x(1-x)\rho\sigma_1\sigma_2$$

设定其与两个期限顶点之间零息票债券的方差相等，即 $\mathrm{var}(R_p)=1.351\%/\alpha$，求解方程

$$(\sigma_1^2 + \sigma_2^2 - 2\rho\sigma_1\sigma_2)x^2 + 2(-\sigma_2^2 + \rho\sigma_1\sigma_2)x + (\sigma_2^2 - \sigma_p^2) = \mathrm{var}(R_p)$$

利用一元二次方程 $ax^2+2bx+c=0$，求解得到

$$x = (-b \pm \sqrt{b^2 - ac})/a \Rightarrow x_1 = 0.263\ 5,\ x_2 = 5.216\ 8$$

保留第一个根，得到 2 年期的头寸为 5 271 万美元，3 年期的头寸为 14 729 万美元。

表 5-3 给出了久期映射法计算债券组合 VaR 的过程。

表 5 - 3 计算债券组合 VaR

期限（年）	方差匹配				久期匹配	
	VaR（%）	相关系数	权重	金额（百万美元）	权重	金额（百万美元）
2	0.987	—	0.263 5	52.71	0.267 5	53.49
3	1.484	0.990 8	0.736 5	147.29	0.732 5	146.51
2.732 5	1.351*	—	—	—	—	—
合计	—	—	1.000 0	200.00	1.000 0	200.00
VaR	—	—	—	2.702	—	2.698

* 0.987＋(1.484－0.987)×(2.733－2)＝1.351。

3. 现金流映射法

方法一：利用期限结构法计算 VaR，即将投资组合中的现金流按期限结构分解，并根据不同期限的风险因子计算投资组合的 VaR。

把投资组合内所有的现金流按期限结构的“顶点”进行分组，这些顶点对应波动率已知的期限。每个现金流都用贴现值表示。计算过程如表 5 - 4 所示，其中第 2 列是现金流贴现 $\boldsymbol{x}$，2 亿美元的贴现值被完全分解到 5 个风险因子上，第 3 列是现金流与每个期限顶点风险之间的乘积 $\boldsymbol{x}\times\boldsymbol{V}$，代表单个 VaR。

表 5 - 4 现金流计算示例

期限（年）	现金流贴现（百万美元）	单个 VaR（%）	相关系数矩阵 $\boldsymbol{R}$				
	$\boldsymbol{x}$	$\boldsymbol{x}\times\boldsymbol{V}$	1 年	2 年	3 年	4 年	5 年
1	105.77	0.496 6	1				
2	5.48	0.054 0	0.897	1			
3	5.15	0.076 5	0.886	0.991	1		
4	4.80	0.094 7	0.866	0.976	0.994	1	
5	78.79	1.911 5	0.855	0.966	0.988	0.998	1
合计	200.00	2.633 3	—	—	—	—	—
无分散化 VaR（百万美元）	—	2.63	—	—	—	—	—
分散化 VaR（百万美元）	—	2.57	—	—	—	—	—

组合损失的分散化 VaR 为

$$\mathrm{VaR}=\alpha\sqrt{\boldsymbol{x}^{\mathrm{T}}\boldsymbol{\Sigma}\boldsymbol{x}}=\sqrt{(\boldsymbol{x}\times\boldsymbol{V})^{\mathrm{T}}\boldsymbol{R}(\boldsymbol{x}\times\boldsymbol{V})}=2.57$$

式中，$\boldsymbol{x}\times\boldsymbol{V}$ 是零息债券利率的 VaR 向量，$\boldsymbol{R}$ 是相关系数矩阵。

如果所有零息债券利率的相关性都为零，则组合 VaR 就是无分散化 VaR：

$$\mathrm{VaR}=\sum_{i=1}^{N}|x_i|V_i=2.63$$

方法二：利用收益率曲线的变动计算投资组合价值的 VaR。

假设到期收益率曲线完全相关，通过零息债券的价格变化来计算 VaR 的过程如表 5-5 所示。

表 5-5 通过零息债券的价格变化来计算 VaR

期限（年）	现金流（百万美元）	零息债券旧值	旧现金流的贴现值（百万美元）	VaR（%）	零息债券新值	新现金流的贴现值（百万美元）
1	110	0.961 5	105.77	0.470	0.957 0	105.27
2	6	0.913 6	5.48	0.987	0.904 6	5.43
3	6	0.859 1	5.15	1.484	0.846 4	5.08
4	6	0.800 6	4.80	1.971	0.784 8	4.71
5	106	0.743 3	78.79	2.426	0.725 3	76.88
合计	—	—	200.00	—	—	193.37
损失（百万美元）	—	—	—	2.63		

例 5-4 利用映射法对 1 亿美元的摩根大通美国债券指数的现金流进行分解，久期为 4.62 年，大约等于 4 年期票据的风险水平。我们把债券指数与 2 种债券匹配，表 5-6 的最右边部分显示了 5 个与指数久期匹配的两债券组合头寸。由于没有期限恰好为 4.62 年的零息债券，最接近的组合包含的头寸分别为 4 年期和 5 年期，各自的金额分别为 3 800 万美元和 6 200 万美元。

表 5-6 1 亿美元债券指数（显著性水平为 95%下的月度跟踪误差 VaR）

期限	VaR（95%）	头寸比例（%）	金额：投资组合（百万美元）				
			1	2	3	4	5
≤1 月	0.022	1.05	0.0	0.0	0.0	0.0	84.8
3 月	0.065	1.35	0.0	0.0	0.0	0.0	0.0
6 月	0.163	2.49	0.0	0.0	0.0	0.0	0.0
1 年	0.470	13.95	0.0	0.0	0.0	59.8	0.0
2 年	0.987	24.83	0.0	0.0	62.6	0.0	0.0
3 年	1.484	15.40	0.0	59.5	0.0	0.0	0.0

续表

期限	VaR（95%）	头寸比例（%）	金额：投资组合（百万美元）				
			1	2	3	4	5
4 年	1.971	11.57	38.0	0.0	0.0	0.0	0.0
5 年	2.426	7.62	62.0	0.0	0.0	0.0	0.0
7 年	3.192	6.43	0.0	40.5	0.0	0.0	0.0
9 年	3.913	4.51	0.0	0.0	37.4	0.0	0.0
10 年	4.250	3.34	0.0	0.0	0.0	40.2	0.0
15 年	6.234	3.00	0.0	0.0	0.0	0.0	0.0
20 年	8.146	3.15	0.0	0.0	0.0	0.0	0.0
30 年	11.119	1.31	0.0	0.0	0.0	0.0	15.2
合计	—	100.00	100.00	100.00	100.00	100.00	100.0
久期	—	4.62	4.62	4.62	4.62	4.62	4.62
绝对 VaR（百万美元）	—	1.99	2.25	2.16	2.04	1.94	1.71
跟踪误差 VaR（百万美元）	—	0.00	0.43	0.29	0.16	0.20	0.81

下面说明匹配时的跟踪误差。定义组合的新头寸向量为 $\boldsymbol{x}$，市场基准指数为$\boldsymbol{x}_0$，得出相对基准指数偏离的 95%VaR 值为

$$\text{跟踪误差 VaR}=1.65\sqrt{(\boldsymbol{x}-\boldsymbol{x}_0)^{\mathrm{T}}\boldsymbol{\Sigma}(\boldsymbol{x}-\boldsymbol{x}_0)}$$

经过计算，我们得到这一久期组合对冲的跟踪误差为 43 万美元，远远低于指数 199 万美元的绝对风险。

我们也可以用方差缩减量衡量方差的改进，类似于回归分析中计算 R^2 一样，方差的改进为

$$1-\left(\frac{0.43}{1.99}\right)^2=95.3\%$$

我们还可以把指数与其他期限的两债券匹配，表 5-6 的最右边显示了两债券组合几种匹配的头寸，跟踪误差 VaR 最小的组合是第 3 种，绝对 VaR 最小的组合是第 5 种。

5.2.4　线性衍生品的映射

本节我们将说明几类线性衍生品的风险映射。线性衍生品的特点是它们的价值与标的资产的即期价格线性相关，因此损失算子的二阶近似等于零。

1. 远期合约建模

远期合约是指在确定的将来时间按确定的价格 K 购买或出售某项资产的协议，常

见的远期合约有远期外汇交易和远期利率合约。远期合约的定价公式为

$$f_t = S_t e^{-y\tau} - K e^{-r\tau} = (F_t - K) e^{-r\tau}$$

式中，S 为每单位标的资产的即期价格，K 为远期合约价格，r 为国内无风险利率，y 为标的资产的收益率，τ 为到期期限。

在远期合约中，基础风险因子是标的资产的即期价格、国内无风险利率和标的资产的收益率。通过对 $f_t = S_t e^{-y\tau} - K e^{-r\tau}$ 的各因子求导得到

$$df = \frac{\partial f}{\partial S} dS + \frac{\partial f}{\partial y} dy + \frac{\partial f}{\partial r} dr = e^{-y\tau} dS - S e^{-y\tau} \tau dy + K e^{-r\tau} \tau dr \tag{5-13}$$

专栏　远期合约定价公式的推导

下面以远期外汇合约为例，基于无套利定价，计算远期外汇合约 f 的现值。

在远期外汇合约中，资产是一种外币，y 则代表该国的无风险利率。为简单起见，我们假定所有利率都是连续复利。

我们设法利用该合约在未来特定时间 t 购买一单位外币，价格为 K。要实现这一目的，投资者有两种等价选择：

(1) 以价格 S 购买$e^{-y\tau}$ 单位资产并持有时间 τ；

(2) 签订远期合约，在时间 τ 时购买一单位资产。

在方案 (1) 中，投资的价值会随着分红再投资收益增加而在期末恰好得到一单位资产；对于方案 (2)，支付合约的当前成本 f，然后准备足够的现金以在到期时以价格 K 购入资产，现值为 $K e^{-y\tau}$。假定时间 τ 为一年。一年后，两种方案产生同样的结果，得到一单位资产。因此，它们的初始成本应该完全相同。由此推导出下面的远期合约定价等式：

$$f_t = S_t e^{-y\tau} - K e^{-r\tau}$$

我们可以重复前面的推理过程，求得合约价值为零时的当前远期价格 F_t。令上式中 $K = F_t$，$f_t = 0$，可以得到

$$F_t = (S_t e^{-y\tau}) e^{r\tau}$$

利用这个式子，我们重新表述定价公式：

$$f_t = S_t e^{-y\tau} - K e^{-r\tau} = (F_t - K) e^{-r\tau}$$

例 5-5　考虑一份 1 年期远期合约，该合约以 130 086 000 美元购买 1 亿欧元。欧元即期汇率是 1.287 7 美元，欧元票据利率 $y = 2.281\,0\%$，美元国库券利率为 $r = 3.330\,4\%$。

由 $f_t = S_t e^{-y\tau} - K e^{-r\tau} = (F_t - K) e^{-r\tau}$ 可推出远期合约的价值为

$$\begin{aligned} f_t &= 1.287\,7\,\frac{1}{(1+2.281\,0\%)}(\text{欧元兑美元}) - 1.300\,9\,\frac{1}{(1+3.330\,4\%)} \\ &= 1.259 - 1.259 = 0 \end{aligned}$$

虽然合约的价值为 0，但该价值可能会发生变化，从而产生市场风险。

设定 $P=e^{-r\tau}$，$P^*=e^{-y\tau}$，将式（5－13）中的 dr 和 dy 用 $dP=(-\tau)e^{-r\tau}dr$ 和 $dP^*=(-\tau)e^{-y\tau}dy$ 来代替，得到

$$df=(Se^{-y\tau})\frac{dS}{S}+(Se^{-y\tau})\frac{dP^*}{P^*}-(Ke^{-r\tau})\frac{dP}{P}$$

因此，远期外汇合约映射到如下三个风险因子：

（1）欧元的即期多头，一年后 1 亿欧元的价值相当于 1.300 9 亿美元，贴现值为 $Se^{-r^*\tau}=1.259$ 亿美元；其 VaR 值等于 12 590×4.538%＝571.3 万美元。

（2）欧元投资的多头，现值为 1.259 亿美元，其 VaR 值等于 17.6 万美元。

（3）美元投资的空头，价值在一年后为 1.300 9 亿美元，贴现值为 $Ke^{-r\tau}=1.259$ 亿美元，其 VaR 值等于 26.7 万美元。

因此，远期合约多头＝外汇即期多头＋外汇票据多头＋美国国库券空头。

表 5－7（a）给出了风险因子的现值、VaR 和相关系数矩阵，表 5－7（b）计算出了这个远期外汇合约的 VaR 等于 573.5 万美元。

表 5－7　远期合约风险因子及有关计算（月 VaR，95%）

（a）

风险因子	价格或利率	VaR（%）	相关系数		
			欧元即期汇率	欧元票据多头	美元票据空头
欧元即期汇率	1.287 7（亿美元）	4.538 1	1	0.128 9	0.040 0
欧元票据多头	2.281 0%	0.139 6	0.128 9	1	−0.058 3
美元票据空头*	3.330 4%	0.212 1	0.040 0	−0.058 3	1
欧元远期合约	1.300 9（亿美元）				

（b）

头寸	折现因子	现金流 x	头寸贴现值（百万美元）	单个 VaR，$\alpha\|x\|\sigma$（百万美元）	组合 VaR $x\Delta\text{VaR}$（百万美元）
欧元现汇			125.89	5.713*	5.704
欧元票据多头	0.977 698	100.00（百万欧元）	125.89	0.176	0.029
美元票据空头	0.967 769	−130.09（百万美元）	−125.89	0.267	0.002
无分散化 VaR				6.156	
分散化 VaR					5.735

* 12 590×4.538%＝571.3（万美元）（外汇即期头寸的 VaR 值）。

2. 商品远期合约的映射

商品远期或期货合约的估值比外汇、债券与股指等金融资产合约复杂，与金融资产

的期货合约的区别是没有收入流 y，如外国利率、息票或股息，且商品并不用于货币支付而是用于消费，是一种隐含收益。这种扣除存储成本后的收益流称作便利收益，主要是指现货收益。但是这种收益并不与某个金融变量之间有联系，它有自身的风险来源。

表 5-8 给出了不同期限的能源产品和基础金属的波动率的期限结构。总的来说，商品比金融资产的波动性要高，同时波动率随期限增加而降低，这种效应对不易储存的产品，如能源产品表现最强，而基础金属相对较弱。对于金融资产，波动性主要由即期价格驱动，这就意味着在不同期限上有恒定波动率。

表 5-8 商品合约的月 VaR (95%)

到期期限	能源产品			
	天然气	民用燃油	无铅汽油	WTI 原油
1 个月	28.77	22.07	20.17	19.20
3 个月	22.79	20.60	18.29	17.46
6 个月	16.01	16.67	16.26	15.87
12 个月	12.68	14.61	—	14.05

合约价值主要由商品当前的远期价格决定，不同的是商品没有收益率，因此合约的价值 $f_t=S_t\mathrm{e}^{-y\tau}-K\mathrm{e}^{-r\tau}=(F_t-K)\mathrm{e}^{-r\tau}$，求微分得到

$$\mathrm{d}f=\frac{\partial f}{\partial F}\mathrm{d}F=\mathrm{e}^{-r\tau}\mathrm{d}F=(\mathrm{e}^{-r\tau}F)\frac{\mathrm{d}F}{F}$$

括号内的值代表风险因子敞口。例如，每桶油价格为 45.2 美元，期限为 12 个月的 100 万桶原油远期合约，利用 0.967 769 的折现因子，计算出其 VaR 值为

$$\begin{aligned}\mathrm{VaR}&=0.967\ 769\times 45.2\times 1\ 000\ 000\times 14.05/100\\&=43\ 743\ 000\times 14.05/100\\&=6\ 146\ 000(\text{美元})\end{aligned}$$

一般来说，合约的现金流发生在风险因子到期期限之前，其贴现值需要做相应调整。

5.2.5 利率衍生品的映射

1. 远期利率协议

远期利率协议（FRA）是交易双方同意在合约签订日提前确定未来一段时间（即协定利率的期限）的贷款利率或投资利率的一种合约。通过远期利率合约提前将利率确定下来，锁定成本，但同时也丧失了一旦利率朝有利于自己的方向变动可能带来的收益。远期利率与即期利率的关系如下：

$$1+R_2\tau_2=(1+R_1\tau_1)[1+F_{1,2}(\tau_2-\tau_1)] \tag{5-14}$$

例 5-6 卖出一份 1 亿美元的 6×12 的远期利率协议，相当于借入 6 个月期的 1 亿

美元，并投资本息 12 个月。如果 360 天的即期利率是 5.812 5%，180 天的即期利率是 5.625 0%，则远期利率必须满足下面的关系：

$$1+F_{1,2}/2=\frac{1+5.812\,5\%}{1+5.625\,0\%/2}\Rightarrow F_{1,2}=5.836\%$$

1 亿美元名义本金 6 个月的贴现值 $x=10\,000/(1+5.625\,0\%/2)=9\,726.4$ 万美元。该金额将用于 12 个月的投资。远期利率协议可以被拆分为两个零息债券模块：

6×12 远期利率协议多头＝6 个月国库券多头＋12 个月国库券空头

表 5-9 说明了计算远期利率协议的 VaR 的过程。

表 5-9 计算远期利率协议的月 VaR 值（95%）

头寸	头寸贴现值 x（百万美元）	风险 V（%）	相关系数矩阵 $\boldsymbol{R}$		单个 VaR $\|x\|V$（百万美元）	组合 VaR $x\Delta$VaR（百万美元）
180 天	97.264	0.162 9	1	0.873 8	0.158	−0.116
360 天	−97.264	0.469 6	0.873 8	1	0.457	0.444
无分散化 VaR					0.615	
分散化 VaR						0.327

2. 利率互换

利率互换也称掉期，是指两个交易对手相互交换一组资金流量，并不涉及本金的交换，而仅就利息支付方式进行交换。在利率互换的有效期内，交易的一方同意以固定利率的方式支付给另一方利息，而交易的另一方同意以某一特定利率基准（如 LIBOR）的浮动利率的方式支付给对方利息。下面的例子中本金为 1 亿美元，每年以年利率 6.195%支付 5 年固定利息，然后收取 LIBOR 浮动利率，如图 5-5 所示。

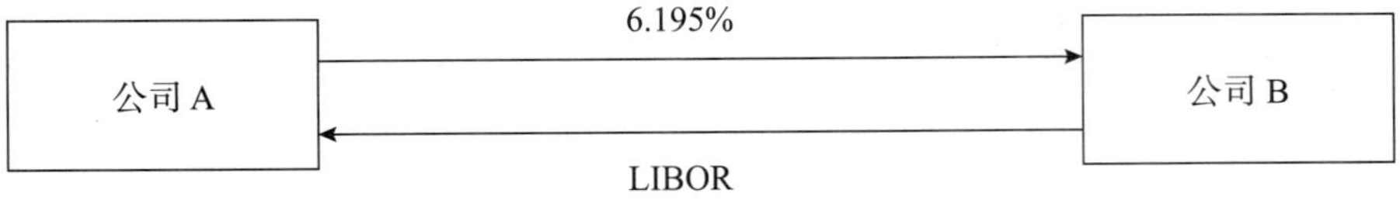

图 5-5 基本（标准）利率互换示例

利率互换可用两种不同的方法表示。

（1）由固定利率债券和浮动利率债券构成的组合头寸。将互换当作两种债券组成的头寸，这两种债券收益率的数据和 VaR 如表 5-10 所示。表 5-10 给出了具体分析。

表 5-10 计算名义本金为 1 亿美元的利率互换的月 VaR 值（95%）

期限（年）	现金流（百万美元）			现值（百万美元）		
	固定	浮动	即期利率（%）	净现金流现值	单个 VaR	组合 VaR
0	0	+100		+100.00	0	0

续表

期限（年）	现金流（百万美元）			现值（百万美元）		
	固定	浮动	即期利率（%）	净现金流现值	单个 VaR	组合 VaR
1	−6.195	0	5.813	−5.855	0.027	0.024
2	−6.195	0	5.929	−5.521	0.054	0.053
3	−6.195	0	6.034	−5.196	0.077	0.075
4	−6.195	0	6.130	−4.883	0.096	0.096
5	−106.195	0	6.217	−78.546	1.905	1.905
合计				0.000		
无分散化 VaR					2.160	
分散化 VaR						2.152

（2）把互换看作远期合约组成的投资组合。把互换看作 5 个远期合约组成的投资组合。1 年期的合约承诺支付 1 亿美元外加利率为 6.195%的息票，按照 5.81%的 1 年期即期利率进行贴现，得到贴现值为 1.003 6 亿美元，接下来是 1 份 1×2 期的远期合约，承诺两年以后支付 1 亿美元及固定利息，总共 1.061 95 亿美元，按照 2 年期的即期利率贴现，得到的贴现值为 0.946 4 亿美元。该远期合约在 1 年后将 1 亿美元进行互换，后者按照 1 年期即期利率折现为 0.945 亿美元。依此类推，得到表 5－11。

表 5－11 把利率互换看作 5 份远期合约加总（月 VaR，95%）

期限（年）	合约现金流贴现值（百万美元）					VaR
	1	1×2	2×3	3×4	4×5	
1	−100.36	94.50				
2		−94.64	89.11			
3			−89.08	83.88		
4				−83.70	78.82	
5					−78.55	
VaR	0.471	0.571	0.488	0.446	0.425	
无分散化 VaR						2.401
分散化 VaR						2.152

表 5－10 和表 5－11 计算的分散化 VaR 完全一样，说明两种方法相同。

5.3 常见市场风险度量法

对投资组合进行风险因子映射后，我们现在考虑如何从中获得组合损失 L_t 的分布，并进行风险度量。在时间段 $[t,t+1]$ 上的损失可以用损失算子来表示：

$$L_{t+1}=l_{[t]}(\boldsymbol{X}_{t+1})=-(g(t+1,\boldsymbol{z}_i+\boldsymbol{X}_{t+1})-g(t,\boldsymbol{z}_t))$$

它的线性或二阶近似可用风险因子线性映射来表示。

为了确定损失分布（即 L_{t+1} 的分布），我们需要做两项工作：(1) 确定风险因子变化 $\boldsymbol{X}_{t+1}$ 的分布模型，这取决于我们是关注已知现在和过去的信息条件下的 $\boldsymbol{X}_{t+1}$ 的预测分布（即条件分布），还是关注 $\boldsymbol{X}_{t+1}$ 的无条件分布；(2) 利用 $\boldsymbol{X}_{t+1}$ 的分布来计算损失 L_{t+1} 的分布和相关风险度量。这个步骤的难度较大，特别对某些复杂的非线性衍生品组合，即使风险因子分布比较简单，也无法获得损失分布函数的解析式。我们只能利用随机模拟法或历史模拟法，通过产生损失 L_{t+1} 的随机数，近似求解损失分布。

本节将用一个简单的例子说明常见的市场风险度量方法以及多期风险度量。

5.3.1　方差-协方差法及拓展

方差-协方差法最初由摩根大通的 RiskMetric 集团于 20 世纪 90 年代初提出，它是一种局部估值法。假设投资组合的损失可以被 d 个风险因子线性化或二阶近似：

$$L_{t+1}=l_{[t]}^{\Delta}(\boldsymbol{x}):=-\left(g_{\tau}(\tau_t,\boldsymbol{z}_t)\Delta t+\sum_{i=1}^{d}g_{z_i}(\tau_t,\boldsymbol{z}_t)x_i\right)$$

在多元正态分布的假设下，L_{t+1} 的分布也是正态分布：

$$L_{t+1}\sim N(-c_t-\boldsymbol{b}_t^{\mathrm{T}}\boldsymbol{\mu}_{t+1},\boldsymbol{b}_t^{\mathrm{T}}\boldsymbol{\Sigma}_{t+1}\boldsymbol{b}_t)$$

式中，$c_t=g_{\tau}(\tau_t,\boldsymbol{z}_t)\Delta t$，$\boldsymbol{b}_t^{\mathrm{T}}=(g_{z_1},g_{z_2},\cdots,g_{z_d})$。

最初的方差-协方差法采用的是无条件分布正态分布假设，即假设风险因子变化 $\boldsymbol{X}_t=(X_{t,1},X_{t,2},\cdots,X_{t,d})^{\mathrm{T}}$ 独立同分布，且服从 d 元正态分布 $N(\boldsymbol{\mu},\boldsymbol{\Sigma})$，则 L_{t+1} 也服从正态分布，$L_{t+1}\sim N(-c_t-\boldsymbol{b}_t^{\mathrm{T}}\boldsymbol{\mu},\boldsymbol{b}_t^{\mathrm{T}}\boldsymbol{\Sigma}\boldsymbol{b}_t)$，$\mathrm{VaR}_{\alpha}(L_{t+1})=\Phi^{-1}(\alpha)\boldsymbol{b}_t^{\mathrm{T}}\boldsymbol{\Sigma}\boldsymbol{b}_t$。

但大量实证研究表明，上述假设通常不成立，这主要体现在如下两方面：(1) 多数风险因子历史数据不满足多元正态假设，呈现出尖峰厚尾的特征，而且风险因子之间存在厚尾相关性；(2) 独立同分布假设不成立，市场变量非静态（nonstationary），有时市场波动率很高，有时很低，t 时刻 $\boldsymbol{X}_t$ 与 t 时刻之前的 $\{\boldsymbol{X}_s\}_{s<t}$ 存在自相关性，且表现出波动率集聚、杠杆效应等特征。

因此，对方差-协方差法的拓展可以从两个方面进行。

一是用椭圆分布取代多元正态分布作为 $\boldsymbol{X}_t$ 的无条件分布。其中最常见的分布假设是多元 t 分布，它保留了多元正态分布的很多优点，如分布函数仅依赖于方差，满足径向对称性以及线性组合的分布仍然服从 t 分布等性质，更重要的是多元 t 分布在尾部区域具有更高的概率密度，更容易产生极端值，且满足尾部相依性。我们在第 4 章已详细讨论过椭圆分布的性质。

二是利用时间序列方法预测 $\boldsymbol{X}_{t+1}$ 的条件分布 $F(\boldsymbol{X}_{t+1}|F_t)$，这里，$F_t$ 表示过去和现在的全部信息集。如果投资组合只受一个风险因子的影响，我们可应用一元 ARMA-GARCH 模型预测 $\boldsymbol{X}_{t+1}$ 的条件分布，也可以应用无模型的指数加权来预测损失时变的

波动性。

例如，N 只股票的投资组合 $V_t=\sum_{i=1}^{N}\lambda_i\exp(Z_{t,i})$，线性化损失

$$L_{t+1}^{\Delta}=-\sum_{i=1}^{d}\lambda_i S_{t,i}R_{t+1,i}=-V_t\sum_{i=1}^{d}w_{t,i}R_{t+1,i}$$

式中，$w_{t,i}:=(\lambda_i S_{t,i})/V_t$ 是 t 时刻投资于股票 i 的投资组合价值的比例。如果每只股票的收益率 $R_i(i=1,2,\cdots,N)$ 只与一个共同因子（股票市场指数收益率）有关，即

$$R_i=\alpha_i+\beta_i R_m+\varepsilon_i$$

式中，$E(\varepsilon_i)=0$，$E(\varepsilon_i R_m)=0$，$E(\varepsilon_i\varepsilon_j)=0$，那么风险因子变化是股票市场指数 R_m，假设其服从 ARMA-GARCH 模型：

$$R_{mt}=\mu_t+\sigma_t\varepsilon_t$$

$$\mu_t=\mu+\sum_{k=1}^{p_1}\phi_k(r_{t-k}-\mu)+\sum_{k=1}^{q_1}\theta_k(r_{t-k}-\mu_{t-k})$$

$$\sigma_t^2=\alpha_0+\sum_{k=1}^{p_2}\alpha_k(r_{t-k}-\mu_{t-k})^2+\sum_{k=1}^{q_2}\beta_k\sigma_{t-k}^2$$

式中，$\alpha_0>0$，$\alpha_k\geqslant 0$（$k\in\{1,2,\cdots,p_2\}$），$\beta_k\geqslant 0$（$k\in\{1,2,\cdots,q_2\}$），且

$$\sum_{k=1}^{p_2}\alpha_k+\sum_{k=1}^{q_2}\beta_k<1$$

若进一步假定残差 ε_t 的分布是标准正态分布，根据历史数据拟合参数并预测对数收益率 R_{mt} 的条件方差 μ_{t+1} 和 σ_{t+1}（我们已经在第 3 章讨论过 ARMA-GARCH 的技术细节）。对于这 N 只股票的投资组合收益率 $R_{p,t+1}=\sum_{i=1}^{N}w_{i,t+1}R_{i,t+1}$，其预测条件方差等于

$$\mathrm{var}(R_{p,t+1}\mid F_t)=(\boldsymbol{w}^{\mathrm{T}}\boldsymbol{\beta})(\boldsymbol{\beta}^{\mathrm{T}}\boldsymbol{w})\sigma_m^2+\boldsymbol{w}^{\mathrm{T}}D_{\varepsilon}\boldsymbol{w}$$

$$\mathrm{VaR}_{\alpha}(L_{t+1}\mid F_t)=\Phi^{-1}(\alpha)\cdot V_t\cdot \mathrm{var}(R_{p,t+1}\mid F_t)$$

如果投资组合的价值 V_t 受多个风险因子的影响。由于不同风险因子之间可能存在相关性，故应运用多元时间序列模型，如 DCC-GARCH 模型或多元指数加权移动平均（EWMA）模型对条件方差建模，亦可用 Copula-GARCH 模型对风险因子的相关性和波动性建模，然后估计参数，推导出 $\boldsymbol{X}_{t+1}$ 的条件均值向量 $\boldsymbol{\mu}_{t+1}$，条件协方差矩阵 $\boldsymbol{\Sigma}_{t+1}$，再运用以下简单的公式来计算在已知过去和现在信息的条件下的损失 VaR 和预期损失（ES）：

$$\mathrm{VaR}_{\alpha}(L_{t+1}\mid F_t)=-c_t-\boldsymbol{b}_t^{\mathrm{T}}\boldsymbol{\mu}_{t+1}+\Phi^{-1}(\alpha)\boldsymbol{b}_t^{\mathrm{T}}\boldsymbol{\Sigma}_{t+1}\boldsymbol{b}_t \tag{5-15}$$

$$\mathrm{ES}_{\alpha}(L_{t+1}\mid F_t)=-c_t-\boldsymbol{b}_t^{\mathrm{T}}\boldsymbol{\mu}_{t+1}+\boldsymbol{b}_t^{\mathrm{T}}\boldsymbol{\Sigma}_{t+1}\boldsymbol{b}_t\,\frac{\phi(\Phi^{-1}(\alpha))}{1-\alpha} \tag{5-16}$$

例 5－7 某位投资者在 2022 年 3 月 31 日以收盘价购买了不同数量的 4 只股票（贵

州茅台、招商银行、科大讯飞、格力电器)，总计价值706 880元。表5-12显示了每种股票的购买数量和价值。

表 5-12 用于演示 VaR 计算过程的股票投资组合

股票名称	贵州茅台	招商银行	科大讯飞	格力电器
购买价（元/股）	1 719.00	46.80	46.57	32.30
数量（股）	100	4 000	4 000	5 000
合计（元）	171 900	187 200	186 280	161 500

在99%的置信水平下，运用均值-协方差法估计股票组合在2022年4月1日（1个交易日后）损失的VaR和ES，以及10个交易日后的损失风险。

解： 由5.2.2节可知，$S_{t,i}$ 在 $t+1$ 时刻的股票投资组合的损失是

$$L_{t+1}=-(V_{t+1}-V_t)=-\sum_{i=1}^{d}\lambda_i S_{t,i}(\mathrm{e}^{R_{t+1,i}}-1)$$

线性化损失 L_{t+1}^{Δ} 可以由下式得出：

$$L_{t+1}^{\Delta}=-\sum_{i=1}^{d}\lambda_i S_{t,i}R_{t+1,i}=-V_t\sum_{i=1}^{d}w_{t,i}R_{t+1,i}$$

式中，权重 $w_{t,i}:=(\lambda_i S_{t,i})/V_t$ 是 t 时刻投资于股票 i 的投资组合价值的比例。这里将4只股票价格的自然对数作为风险因子，$\boldsymbol{R}_{t+1}$ 对应风险因子变化量，表示4只股票的日对数收益率。假设对任意时刻 t，随机向量 $\boldsymbol{R}_{t+1}$ 服从均值向量为 $\boldsymbol{\mu}$、协方差矩阵为 $\boldsymbol{\Sigma}$ 的多元正态分布，计算得到

$$E(L_{t+1}^{\Delta})=-V_t\boldsymbol{w}_t^{\mathrm{T}}\boldsymbol{\mu}$$
$$\mathrm{var}(L_{t+1}^{\Delta})=V_t^2\boldsymbol{w}_t^{\mathrm{T}}\boldsymbol{\Sigma}\boldsymbol{w}_t$$

代入历史数据估计出参数

$$\boldsymbol{\mu}=(12.74,7.10,3.35,1.32)^{\mathrm{T}}\times10^{-4}$$

$$\boldsymbol{\Sigma}=\begin{pmatrix}4.21 & 1.60 & 1.65 & 2.02\\1.60 & 3.51 & 1.00 & 1.66\\1.65 & 1.00 & 8.93 & 1.45\\2.02 & 1.66 & 1.45 & 4.09\end{pmatrix}\times10^{-4}$$

由表5-12可知，本例中 $V_t=706\ 880$，$\boldsymbol{w}_t=(0.243,0.265,0.264,0.228)^{\mathrm{T}}$，股票组合在1个交易日后的线性化损失 $L_{t+1}^{\Delta}\sim N(-V_t\ \boldsymbol{w}_t^{\mathrm{T}}\boldsymbol{\mu},V_t^2\ \boldsymbol{w}_t^{\mathrm{T}}\boldsymbol{\Sigma}\boldsymbol{w}_t)=N(-435.3,11\ 143.6^2)$。同时，由于假定不同交易日的风险因子变化量之间独立同分布，因此10个交易日后的风险因子变化量 $\boldsymbol{R}_{t+10}$ 可看作10个独立 R_{t+1} 随机变量之和。根据正态分布的性质，$\boldsymbol{R}_{t+10}\sim N(10\boldsymbol{\mu},10^2\boldsymbol{\Sigma})$，进一步可得股票组合在10个交易日后的线性化损失 $L_{t+10}^{\Delta}\sim N(-V_t\ \boldsymbol{w}_t^{\mathrm{T}}(10\boldsymbol{\mu}),V_t^2\ \boldsymbol{w}_t^{\mathrm{T}}(10^2\boldsymbol{\Sigma})\boldsymbol{w}_t)=N(-4\ 353,111\ 436^2)$。

利用正态分布的VaR和ES的计算公式，可得

$$\mathrm{VaR}_{99\%}^{(1\ \mathrm{day})}=25\ 488.6,\quad \mathrm{ES}_{99\%}^{(1\ \mathrm{day})}=29\ 264.8$$
$$\mathrm{VaR}_{99\%}^{(10\ \mathrm{day})}=254\ 885.6,\quad \mathrm{ES}_{99\%}^{(10\ \mathrm{day})}=292\ 647.5$$

需要注意的是，虽然我们对方差-协方差法的正态分布和独立性假设进行了一些推广，但这一方法不适用于复杂的非线性金融产品，如跨式期权或抵押贷款，这是由于损失的一阶或二阶的线性化近似还不够精确。方差-协方差法也不适用于具有非对称性的风险因子分布，因为 delta-normal 法、delta-gamma 法只依赖于方差-协方差矩阵，无法计算出分布的非对称性。

5.3.2 历史模拟法

历史模拟法属于完全估值法，它不需要指定风险因子 X_{t+1} 的显式参数模型，而是直接利用 $X_{t-n+1},\cdots,X_t$ 的经验分布来估计损失算子 $l_{[t]}(X_{t+1})$ 的分布。具体来说，它通过将损失算子应用于风险因子变化向量的所有经验观测值，构建一个单变量数据集，得到一组历史模拟损失：

$$\{\widetilde{L}_s=l_{[t]}(X_s):s=t-n+1,\cdots,t\}$$

$\widetilde{L}_s$ 显示了如果复现 s 时刻到 $s+1$ 时刻的风险因子变化，当前的投资组合将会发生怎样的变化。利用这些历史模拟的损失数据，我们对损失分布和风险度量进行推断。

在历史模拟法中，假设风险因子日变化 $\{X_s\}$ 是独立同分布的，分布函数记为 F_X，经验模拟损失数据 $\widetilde{L}_{t-n+1},\cdots,\widetilde{L}_t$ 的经验分布函数为

$$F_n(l)=\frac{1}{n}\sum_{s=t-n+1}^{t}I_{\{\widetilde{L}_s\leqslant l\}}=\frac{1}{n}\sum_{s=t-n+1}^{t}I_{\{l_{[t]}(X_s)\leqslant l\}}$$

根据强大数定律，当 $n\to+\infty$ 时，$F_n(l)$ 将趋近于 $L_{[t]}(X)$ 的分布函数 $F_L(l)$。在一定的条件下，同样的结论也适用于许多严平稳的时间序列模型，如 GARCH 过程。这是因为经验模拟损失数据的经验分布函数估计了 $L_{[t]}(X)$ 在 F_X 下的分布，经验模拟的基本形式可看作一种无条件的方法。

利用经验模拟损失数据 $\{\widetilde{L}_s\}$，我们有下面几种计算 VaR 的方法。

1. 基于经验分位数的估计法

将数据 $\widetilde{L}_1,\widetilde{L}_2,\cdots,\widetilde{L}_n$ 的经验分布函数 $F_n(x)=n^{-1}\sum_{i=1}^{n}I_{\{L_i\leqslant x\}}$ 反转得到样本分位数：

$$F_n^{\leftarrow}(\alpha)=\widetilde{L}_{(k)},\quad \frac{k-1}{n}<\alpha\leqslant\frac{k}{n}\tag{5-17}$$

式中，$\widetilde{L}_{(k)}$ 是 $\widetilde{L}_1,\widetilde{L}_2,\cdots,\widetilde{L}_n$ 按照从小到大排序的第 k 个顺序统计量。我们可以更简洁地写为 $F_n^{\leftarrow}(\alpha)=L_{(\lceil n\alpha\rceil)}$，其中，$\lceil x\rceil=\min\{k\in\mathbb{Z}:k\geqslant x\}$。“⌈ ⌉”是向上取整函数，它给出不小于 x 的最小整数。

在处理顺序统计量时，我们经常同时使用向上取整函数和向下取整函数，$\lfloor x\rfloor=\max$

$\{k\in\mathbb{Z}:k\leqslant x\}$ 给出不大于 x 的最大整数，很容易看出它们之间的关系是 $\lfloor -x\rfloor=-\lceil x\rceil$。利用关系 $L_{k,n}=L_{n-k+1}$，我们有时也用降序统计量来表示样本分位数。如果

$$\widehat{\mathrm{VaR}}_\alpha(L)=L_{k,n},k=\lfloor n(1-\alpha)\rfloor+1 \tag{5-18}$$

我们有 $L_{(\lceil n\alpha\rceil)}=L_{k,n}$，其中，$k=n-\lceil n\alpha\rceil+1=\lfloor n(1-\alpha)\rfloor+1$。例如，如果 $n=1\,000$ 且 $\alpha=0.995$，则 $\widehat{\mathrm{VaR}}_{0.995}$ 估计值是 $L_{6,1\,000}$，即第六大的值。当 $\alpha=0.994\,5$ 时，$\widehat{\mathrm{VaR}}_{0.994\,5}$ 估计值也是相同的数据 $L_{6,1\,000}$。因此，反转经验分布函数 $F_L^{\leftarrow}$ 会产生一个关于 α 不连续的样本分位数函数。为获得一个在 α 处连续的函数，可以在相邻次序统计量之间进行线性插值。例如，在统计软件 R 中默认估计 α 分位数的方法为

$$\widehat{\mathrm{VaR}}_\alpha(L)=\lambda_{\alpha,k,n}L_{k+1,n}+(1-\lambda_{\alpha,k,n})L_{k,n},\quad k=\lceil(n-1)(1-\alpha)\rceil \tag{5-19}$$

其中，权重由 $\lambda_{\alpha,k,n}=(n-k)-(n-1)\alpha$ 给出。如果 $n=1\,000$，$\alpha=0.995$，那么估计值为 $0.995L_{6,1\,000}+0.005L_{5,1\,000}$。如果我们想从相同的数据中估计 0.994 5 分位数，那么 $k=6$，估计值变成了 $0.494\,5L_{7,1\,000}+0.505\,5L_{6,1\,000}$。

需要注意的是，VaR 的两种估计值式（5-18）和式（5-19）仅基于一个或两个次序统计量，方差较大，特别是分布尾部的分位数和小样本量情况。

下面我们给出 ES 的估计量。首先建立关于 L 的扭曲风险度量的一般形式：

$$\varrho(L)=\int_0^1 F_L^{\leftarrow}(u)\mathrm{d}D(u)$$

式中，D 是 $[0,1]$ 上的凸扭曲函数。将经验分布函数的反函数作为 $F_L^{\leftarrow}$ 的估计值，可以得到扭曲风险度量的经验估计量

$$\hat{\varrho}(L)=\int_0^1 F_n^{\leftarrow}(u)\mathrm{d}D(u)=\sum_{k=1}^{n}L_{(k)}\left(D_\alpha\left(\frac{k}{n}\right)-D_\alpha\left(\frac{k-1}{n}\right)\right)$$

ES 实际上是一种特殊的扭曲风险度量，扭曲函数是 $D_\alpha(u)=(1-\alpha)^{-1}(u-\alpha)^+$。因此 ES 的经验估计值为

$$\begin{aligned}\widehat{\mathrm{ES}}_\alpha(L)&=\frac{1}{n(1-\alpha)}\sum_{k=1}^{n}L_{(k)}((k-n\alpha)^+-((k-1)-n\alpha)^+)\\&=\frac{1}{n(1-\alpha)}\Big(\Big(\sum_{k=\lceil n\alpha\rceil+1}^{n}L_{(k)}\Big)+(\lceil n\alpha\rceil-n\alpha)L_{(\lceil n\alpha\rceil)}\Big)\\&=\frac{1}{n(1-\alpha)}\Big(\Big(\sum_{k=1}^{\lfloor n(1-\alpha)\rfloor}L_{k,n}\Big)+(\lceil n\alpha\rceil-n\alpha)L_{\lfloor n(1-\alpha)\rfloor+1,n}\Big)\end{aligned}$$

上式中最后一项涉及 $L_{\lfloor n(1-\alpha)\rfloor+1,n}$，有时可能被忽略以便得到一个更简单的估计量。

2. 基于 EVT 的估计法

当 n 的规模不大时（比如只有几年的日度数据），用简单经验分位数估计 ES 很可能不准确。一种可能的解决方案是使用极值理论（EVT）技术对损失分布的尾部建模，

以便尽可能真实地反映最极端的数据特征。

专栏 极值理论

极值理论是一种常见的描述损失事件厚尾特征的理论模型。它主要涉及两类分布模型：分组样本最大值模型（block maxima model，BMM）和超越阈值（peaks over threshold，POT）模型。BMM模型的主要建模对象是大量同分布的样本分块后的极大值，需要的样本量很大，容易造成数据的浪费，因此不适用于数据量有限的操作风险建模。而POT模型则是对所有样本观测值中超过某个足够大的阈值的数据建模，这种方法对极值数据的利用比较充分。由于POT模型关注的是损失数据超过某一特定损失值u的超额损失分布情况，所以它可以很好地解决损失分布中厚尾的数据特性，常用来研究市场投资组合尾部损失、巨灾保险索赔和操作风险巨额损失数据的发生规律。下面简要介绍广义帕累托分布的定义和性质。

用X表示损失随机变量，分布函数是$F(x)$，记$Y=X-u|X>u$，表示损失超过阈值u的条件下的超额损失，则Y的分布函数可以表示为

$$F_u(x)=P(X-u\leqslant x|X>u)=\frac{F(x+u)-F(u)}{1-F(u)}$$

Pickands-Balkema-de Haan定理指出，如果$X_1,X_2,\cdots,X_n$为独立同分布的随机变量序列，记$M_n=\max\{X_1,X_2,\cdots,X_n\}$（$n>2$）。如果存在规范化常数列$\{a_n>0\}$｛贝叶斯网络｝与某一非退化分布函数$G(x)$，使得

$$\lim_{n\to+\infty}P\left(\frac{M_n-b_n}{a_n}<x\right)=G(x)$$

成立，则对于足够大的阈值u，超额损失随机变量$Y=X-u|X>u$近似服从广义帕累托分布。其概率密度函数和分布函数如下式所示：

$$G_{\xi,\sigma}=\begin{cases}1-\left(1+\xi\cdot\dfrac{x}{\sigma}\right)^{-1/\xi}, & \xi\neq 0\\ 1-\exp(-x/\sigma), & \xi=0\end{cases}$$

式中，ξ称为“尾部指数”参数，描述了分布的尾部特征。当$\xi>0$时，对应厚尾分布、零或负值，对应的图像形状也明显不同；当$\xi\to 0$时，广义帕累托分布趋于指数分布，即

$$\lim_{\xi\to 0}G_{\xi,\sigma}=\lim_{\xi\to 0}\left(1-\left(1+\xi\cdot\frac{x}{\sigma}\right)^{-1/\xi}\right)=1-e^{-x/\sigma}$$

确定阈值u是构建POT模型的前提，若阈值选取过低，超出量分布不能显著收敛于极限分布；同时u的选取也不能过大，否则落入阈值以上的数据可能很少，导致信息很少。最常用的选取阈值的方法是经验超额函数法。对于广义帕累托分布，如果$\xi<1$，容易计算其平均超额函数为

$$e(u)=E(X-u\mid X>u)=\frac{\sigma+\xi u}{1-\xi}$$

可见，对于足够大的阈值，广义帕累托分布是阈值 u 的线性函数。这个性质可以用来判断损失观测数据是否服从帕累托分布，并选取合适的阈值。我们先绘制经验超额函数曲线

$$e_n(u)=\frac{\sum_{i=1}^{n}(x_i-u)_+}{\sum_{i=1}^{n}I_{\{x_i>u\}}}$$

如果 u 达到某临界值 u_0 以后，$e_n(u)$ 呈线性变化，则可以确定 u_0 为阈值。

还有一种确定阈值的方法，即绘制 Hill 图。先将观测数据按大小顺序排列为 $x_{(k)}$，然后绘制 Hill 曲线图 $\{(k,H_{k,n}^{-1}):k=1,2,\cdots,n\}$，其中

$$H_{k,n}=\frac{1}{k}\sum_{i=1}^{k}\ln\frac{x_{(i)}}{x_{(k)}}$$

在 Hill 图中，尾部稳定区域的起点横坐标 k 所对应的次序统计量 $x_{(k)}$ 可以作为阈值 u_0。

在 R 中，常用于极值分布的统计软件包是 extRemes、evd 和 evir。这些包提供了多种用于极值分析的方法，包括估计极端值分布的函数、模拟极端值和计算极端值的统计信息、极值指数和尾部指数的函数等。

使用 GPD 分布估计 VaR_α 和 ES_α 时，要先在（$k+1$）降序统计量设置一个高阈值 $u=L_{k+1,n}$，并对 u 以上的超额损失拟合一个广义帕累托（GPD）分布。基于 k 个超出阈值的超额值得到 $\hat{\xi}$ 和 $\hat{\beta}$ 的 ML 估计。为得到分位数估计量，k 的值必须满足 $k/n>1-\alpha$；此外，k 应该足够大，以便合理准确地估计 GPD 参数。然后我们根据下面的公式计算风险度量：

$$\widehat{\text{VaR}}_\alpha=u+\frac{\hat{\beta}}{\hat{\xi}}\left(\left(\frac{1-\alpha}{k/n}\right)^{-\hat{\xi}}-1\right)$$

$$\widehat{\text{ES}}_\alpha=\frac{\widehat{\text{VaR}}_\alpha}{1-\hat{\xi}}+\frac{\hat{\beta}-\hat{\xi}u}{1-\hat{\xi}}$$

例 5－8 沿用例 5－7。表 5－13 显示了 4 只股票的收盘价格的历史数据（可下载）。①

表 5－13 采用历史模拟法计算 VaR 所需的股票价格数据 单元：元

交易日	贵州茅台	招商银行	科大讯飞	格力电器
2017/2/28	354.66	19.44	30.76	27.44

① 该例的代码可从中国人民大学出版社的网站下载。

续表

交易日	贵州茅台	招商银行	科大讯飞	格力电器
2017/3/1	356.61	19.34	30.58	27.46
2017/3/2	356.82	19.10	30.33	27.31
⋮	⋮	⋮	⋮	⋮
2022/3/30	1 730.10	46.23	47.26	32.07
2022/3/31	1 719.00	46.80	46.57	32.30

我们将某市场变量在第 i 天所对应的数值记为 v_i，假定今天为第 n 天，市场变量在明天所对应的第 i 个情景为

$$v_n \cdot \frac{v_i}{v_{i-1}}$$

在当前评估时点（2022 年 3 月 31 日）上，贵州茅台的股价为 1 719.00 元/股。在 2017 年 2 月 28 日，贵州茅台的股价为 354.66 元/股，在下一交易日（2017 年 3 月 1 日）上涨为 356.61 元/股。因此，贵州茅台在情景 1 下的价格取值为

$$1\ 719 \times \frac{356.61}{354.66} = 1\ 728.451(\text{元})$$

与此类似，在情景 1 下，招商银行、科大讯飞、格力电器的价格取值分别约为 46.559 元、46.297 元、32.324 元。因此在情景 1 下，组合资产价值为

$$\begin{aligned}&100 \times 1\ 728.451 + 4\ 000 \times 46.559 + 4\ 000 \times 46.297 + 5\ 000 \times 32.324\\&= 705\ 889.1(\text{元})\end{aligned}$$

相较于 2022 年 3 月 31 日的情形，股票投资组合价值变化了 −990.9 元，也就是损失为 990.9 元。类似可以得到其余 1 238 个情景。

表 5－14 展示了由表 5－13 的数据产生的关于 2022 年 4 月 1 日的市场变量的不同情景。

表 5－14　由表 5－13 的数据产生的关于 2022 年 4 月 1 日的市场变量的不同情景 单元：元

情景数据	贵州茅台	招商银行	科大讯飞	格力电器	价值	损失
1	1 728.451	46.559	46.297	32.324	705 889.8	990.9
2	1 720.012	46.219	46.189	32.124	702 253.1	4 926.9
⋮	⋮	⋮	⋮	⋮	⋮	⋮

将所有情景损失进行排序。如果采用经验分位数估计 VaR，令 $k = \lfloor 1\ 239(1-0.99) \rfloor + 1 = 13$，则选取第 13 个最大损失，得到 VaR 值等于 30 062.89，将前面 13 个最大损失求平均即得 ES 值等于 36 559.10。

如采用广义帕累托分布来拟合数据，画出 Hill 图（见图 5－6），可以看出，在 $k=$

80 之后趋势基本平稳，因此选择第 $n-80=1\ 159$ 个次序统计量的值作为阈值 $u=15\ 617$。用 R 包 evir 中的 gpd 函数可求得使似然函数达到最大值的参数值为

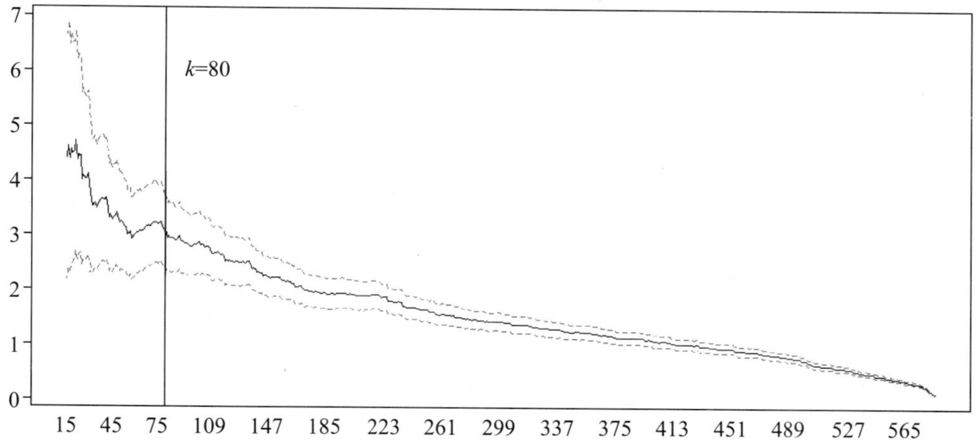

图 5－6　股票组合的所有情景损失的 Hill 估计图

$$\beta=7\ 515.775$$
$$\xi=-0.024$$

对于随机变量 X，若关于某一阈值 u 有 $(X-u)\sim \mathrm{GPD}(\xi,\beta)$，则在显著性水平 $\alpha>F_X(u)$ 下有 VaR 和 ES 的表达式：

$$\mathrm{VaR}_\alpha(u)=u+\left(\left(\frac{1-\alpha}{1-F_X(u)}\right)^{-\xi}-1\right)\cdot\frac{\beta}{\xi}$$

$$\mathrm{ES}_\alpha(u)=\mathrm{VaR}_\alpha(u)+\frac{\beta+\xi(\mathrm{VaR}_\alpha(u)-u)}{1-\xi}$$

利用上述公式计算出 99%的置信水平下的股票组合的 VaR 值为 29 329.64，ES 值为 36 353.94。

由此可见，历史模拟法具有如下明显的优点：

(1) 易于实现，并将风险度量估计问题转化为一维问题；

(2) 不需要对 X 的多元分布进行统计估计，也不需要假设风险因子变化的依赖结构；

(3) 我们通常使用原始的损失算子，而不是线性化近似。

然而，历史模拟法也有如下明显的缺点：

(1) 这是一种无条件分布的方法，因此不能捕捉交易账户风险波动性的动态特征。但由于历史模拟法可采用过去任意时段的数据，若使用波动率较高的时段的数据，预测出的 VaR 和 ES 就会较高；若使用波动率较低的时段的数据，预测出的 VaR 和 ES 就会较低。因此我们在下一小节将历史模拟法拓展到动态历史模拟法来弥补这一缺陷。

(2) 历史模拟法的成功取决于我们为所有风险因子收集足够数量的相关同步数据的能力。当风险因子的历史记录中出现空白时，或者当模型中引入新的风险因子时，填补空白补全历史记录就可能会出现问题。这些问题导致 VaR 和 ES 的经验估计准确性非常

差。特别是如果风险因子历史记录中没有包含一些极端情形，将会导致 VaR 和 ES 严重低估。正因为如此，监管机构才要求计算在极端情景下的 VaR 和 ES。

（3）虽然历史模拟法可以很容易地描述，但对于大规模的衍生品投资组合来说，可能很难有效地实现。历史模拟法中的损失涉及每个历史场景 X_s 下对投资组合的完全重估，可能计算量巨大。为避开计算模拟损失中完全重估的问题，我们可以考虑用二阶损失算子 $l_{[t]}^{\Delta\Gamma}$ 来替代损失算子 $l_{[t]}$，并使用损失的二阶近似。

5.3.3 动态历史模拟法

动态历史模拟法可以看作历史模拟法与均值-协方差法的结合。该方法采用时间序列分析方法预测波动率，并纳入历史模拟法的风险因子。在本节，我们将展示两种将波动预测纳入历史模拟的方法：一种是一元方法，以使用 ARMA-GARCH 模型为代表的单变量波动预测为基础；另一种是多元方法，将风险因子变动视为一个多元时间序列模型的实现值。

1. 一元动态历史模拟法

对于一个给定的时刻 t 的损失算子 $l_{[t]}$，我们在历史模拟法中构造了损失数据 $\{L_t=l_{[t]}(\boldsymbol{X}_s)：s=t-n+1,\cdots,t\}$。在动态历史模拟法中，我们假设这些损失数据都是从一个平稳的单变量时间序列取得的实现值，风险因子变化（$\boldsymbol{X}_s$）也是平稳的多元时间序列。历史模拟数据就是通过损失算子函数 $l_{[t]}$：$\mathbb{R}^d\rightarrow\mathbb{R}$ 把（$\boldsymbol{X}_s$）$_{s\leqslant t}$ 转化为平稳时间序列$\{L_s\}_{s\leqslant t}$。于是我们只需对$\{L_s\}_{s\leqslant t}$ 进行平稳时间序列建模即可。对所有时刻 s，我们假设平稳过程（$\widetilde{L}_s$）满足 $\widetilde{L}_s=\mu_s+\sigma_s Z_s$，其中，$\mu_s$ 是一个 F_{s-1} 可测条件均值项，σ_s 是 F_{s-1} 可测波动率，Z_s 是标准化新息，独立同分布，分布函数记为 F_Z。

$L_{t+1}=L_{[t]}(\boldsymbol{X}_{t+1})$ 是这个过程中下一个要实现的随机变量，也是我们所关心的变量。在上述假设下，我们可以推导出条件损失分布 $F_{L_{t+1}}(\cdot\mid F_t)$ 下的 VaR 和 ES 的简单公式。将 $F_{L_{t+1}}$ 的 α 分位数记作VaR_α^t，对应的期望损失记作 ES_α^t，我们得到

$$\mathrm{VaR}_\alpha^t=\mu_{t+1}+\sigma_{t+1}\mathrm{VaR}_\alpha(Z),\ \mathrm{ES}_\alpha^t=\mu_{t+1}+\sigma_{t+1}\mathrm{ES}_\alpha(Z) \tag{5-20}$$

式中，Z 是一个服从分布函数 F_Z 的一般随机变量。

为了估计式（5-20）中的风险度量，我们需要估计 μ_{t+1}、σ_{t+1} 和新息分布函数 F_Z 的分位数和期望损失。在高斯新息模型中后者不需要估计，可以通过$\mathrm{VaR}_\alpha(Z)=\Phi^{-1}(\alpha)$ 和 $\mathrm{ES}_\alpha(Z)=\phi(\Phi^{-1}(\alpha))/(1-\alpha)$来简单计算得到。在非高斯新息模型中，$\mathrm{VaR}_\alpha(Z)$ 和 $\mathrm{ES}_\alpha(Z)$ 取决于新息的其他参数。例如，假设 F_Z 是标准 $t(v)$ 分布，式（5-20）中的 $\mathrm{VaR}_\alpha(Z)$ 等于 t 分布的分位数 $t_v^{-1}(\alpha)$，$\mathrm{ES}_\alpha(Z)$ 取决于新息的其他参数，因此

$$\mathrm{VaR}_\alpha^t=\mu_{t+1}+\sigma_{t+1}\sqrt{(v-2)/v}\,t_v^{-1}(\alpha)$$

$$\mathrm{ES}_\alpha^t=\mu_{t+1}+\sigma_{t+1}\sqrt{(v-2)/v}\,\frac{f_{t\nu}(t_\nu^{-1}(\alpha))(\nu+t_\nu^{-1}(\alpha)^2)}{(1-\alpha)(\nu-1)}$$

注意，这里分位数和期望损失必须按因子$\sqrt{(v-2)/v}$ 进行缩放，因为在假设中标

准化新息分布的方差为 1。

满足这些假设的一个例子是 ARMA-GARCH 模型。下面给出了一些可能的估计策略。在所有情况下，数据是历史模拟数据 $\widetilde{L}_{t-n+1},\cdots,\widetilde{L}_t$。

（1）用最大似然法对数据拟合一个合适新息分布的 ARMA-GARCH 模型。在第 3 章（见 3.2.4 节），我们已经讨论过这些模型参数的最大似然估计以及预测 σ_{t+1} 和 μ_{t+1} 的技术细节。例如，假设我们使用 AR(1)-GARCH(1,1) 模型，该模型在任何时间点 s 有以下形式：

$$\widetilde{L}_s=\mu_s+\sigma_s Z_s$$

$$\mu_s=\mu+\phi_1(\widetilde{L}_{s-1}-\mu_{s-1})$$

$$\sigma_s^2=\alpha_0+\alpha_1(\widetilde{L}_{s-1}-\mu_{s-1})^2+\beta_1\sigma_{s-1}^2$$

（2）通过递归预测条件均值 μ_{t+1} 和标准差 σ_{t+1}：

$$\hat{\mu}_{t+1}=\hat{\mu}+\hat{\phi}_1(\widetilde{L}_t-\hat{\mu}_t),\quad \hat{\sigma}_{t+1}=\sqrt{\hat{\alpha}_0+\hat{\alpha}_1(\widetilde{L}_t-\hat{\mu}_t)^2+\hat{\beta}_1\hat{\sigma}_t^2}$$

其中，AR(1)-GARCH(1,1) 模型参数的 ML 估计用^表示。

（3）将预测得到的 $\hat{\mu}_{t+1}$ 和标准差 $\hat{\sigma}_{t+1}$ 代入 AR(1)-GARCH(1,1)，并得到模型残差，然后用类似于简单历史模拟法的计算分位数和期望损失的简单经验估计或基于 EVT 的半参数法来估计 $q_\alpha(Z)$ 和 $\mathrm{ES}_\alpha(Z)$。

（4）采用单变量指数加权移动平均（EWMA）（见 3.4.2 节），估计 $\sigma_{t-n+1},\cdots,\sigma_t,\sigma_{t+1}$，条件均值项 $\mu_{t-n+1},\cdots,\mu_t,\mu_{t+1}$ 也可以用指数平滑法估计。由于条件均值通常很小，也可以直接假设它们等于零。把每个历史模拟损失数据 $\widetilde{L}_{t-n+1},\cdots,\widetilde{L}_t$ 都除以 EWMA 波动率的估计值 $\hat{\sigma}_{t-n+1},\cdots,\hat{\sigma}_t$，从而标准化每个值。于是产生了一组标准化残差数据，可以估计出新息分布 $F_Z(\cdot)$，或者采用简单经验估计或基于 EVT 的半参数法来计算 $q_\alpha(Z)$ 和 $\mathrm{ES}_\alpha(Z)$ 的值。

例 5－9　运用 ARMA-GARCH 对股票组合的历史模拟数据建模，计算 VaR 和 ES 的值。

在例 5－8 中，我们已经得到所有历史情境下的损失数据，按照时间顺序排列如表 5－15 所示。

表 5－15　基于历史模拟法得到的股票组合的损失时序数据　　单位：元

时间	$t=1$ （情景 1） 2017 年 3 月 1 日	$t=2$ （情景 2） 2017 年 3 月 2 日	$t=3$ （情景 3） 2017 年 3 月 3 日	…	$t=1\ 238$ （情景 1 238） 2022 年 3 月 30 日	$t=1\ 239$ （情景 1 239） 2022 年 3 月 31 日
组合损失	990.9	4 626.9	−1 871.9	…	−20 928.7	356.2

将损失数据转换为万元单位后，可进行时间序列建模之前的一系列统计检验（滞后阶数取 10）。结果显示，ADF 检验显著（p 值<0.01），说明序列平稳；Ljung-Box 检验不显著（p 值$=0.76$），说明序列均值不具有可提取的自相关信息，为白噪声序列；

Portmanteau Q 检验和 LM 检验显著（p 值<0.01），说明序列方差非齐，具有 ARCH 效应。综上所述，可以认为本例中的股票组合损失是一组具有条件异方差性质的非零均值白噪声序列数据。

考虑对损失序列 $\{\widetilde{L}_s\}$ 建立 ARMA(0,0)-GARCH(1,1) 模型。其中，标准误差 Z 的分布选取标准正态分布（方差为 1）和标准学生 t 分布（方差为 1），分别拟合得到如下结果：

标准正态分布误差：$\eta=-0.0768$，$\omega=0.0663$，$\alpha=0.0742$，$\beta=0.8734$

标准学生 t 分布误差：$\eta=-0.0788$，$\omega=0.0501$，$\alpha=0.0677$，$\beta=0.8943$，$\nu=7.48$

其中，η 表示 ARMA 模型的常数项；ω，α，β 分别表示 GARCH 模型的常数项、ARCH 效应项和 GARCH 效应项；ν 表示标准学生 t 分布的自由度。

对 ARMA(0,0)-GARCH(1,1) 模型的标准化残差进行 ARCH 检验，可得已不具有异方差性质，说明模型对 ARCH 效应提取充分。比较两种误差分布假设的拟合效果，见图 5-7 的残差 Q-Q 图。对比发现，标准正态分布假设下模型对数据分布尾部的概率估计不足，而标准学生 t 分布的尖峰厚尾特性则较好地刻画出了数据的这一特点。此外，比较两个模型的 AIC 结果，标准学生 t 分布（AIC=3 689.7）也要优于标准正态分布（AIC=3 721.0）。为便于直观对比两种假设下组合损失风险的评估差异，本例分别给出两者的 VaR 和 ES 值。

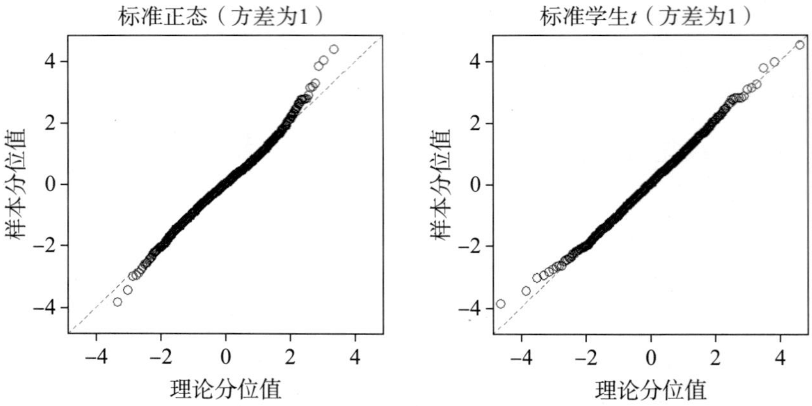

图 5-7 GARCH 模型在不同误差分布假设下的标准化残差 Q-Q 图

使用标准正态分布误差假设的模型，预测下一个交易日（2022 年 4 月 1 日）的股票组合损失的均值 $\hat{\mu}_{t+1}=-767.6$，标准差 $\hat{\sigma}_{t+1}=12\ 080.4$。根据动态历史模拟法公式 $\widetilde{L}_{t+1}=\mu_{t+1}+\sigma_{t+1}Z_{t+1}$ 和模型预测结果，2022 年 4 月 1 日的股票组合损失服从均值为 $\hat{\mu}_{t+1}$、标准差为 $\hat{\sigma}_{t+1}$ 的正态分布。由此可计算出 99%的置信水平下的 VaR 和 ES 的理论值：

$$\mathrm{VaR}^N_{99\%}=27\ 335.6$$

$$\mathrm{ES}^N_{99\%}=31\ 429.2$$

使用标准学生 t 分布误差假设的模型，预测下一个交易日（2022 年 4 月 1 日）的股

票组合损失的均值 $\hat{\mu}_{t+1}=-787.9$，标准差 $\hat{\sigma}_{t+1}=12\ 385.1$。根据动态历史模拟法公式 $\widetilde{L}_{t+1}=\mu_{t+1}+\sigma_{t+1}Z_{t+1}$ 和模型预测结果，2022 年 4 月 1 日的股票组合损失服从均值为 $\hat{\mu}_{t+1}$、标准差为 $\hat{\sigma}_{t+1}$、自由度 $\nu=7.48$ 的标准学生 t 分布。由此可计算出 99%的置信水平下的 VaR 和 ES 的理论值：

$$\mathrm{VaR}^{t}_{99\%}=30\ 433.8$$

$$\mathrm{ES}^{t}_{99\%}=38\ 185.7$$

这些处理方法通常在实践中效果很好，但和在风险因子变化水平上相比，在历史模拟数据水平上应用波动率模型会丢失一些信息。现在我们提出了第二种方法，它在单个风险因子变化水平上包含了波动性。虽然该方法的计算量更大，但它可以更准确地估计风险度量。

2. 多元动态历史模拟法

在这种方法中，我们处理风险因子变化数据 $\boldsymbol{X}_{t-n+1},\cdots,\boldsymbol{X}_t$，并假设数据向量是满足以下方程的多元时间序列过程（$\boldsymbol{X}_s$）的实现值：

$$\boldsymbol{X}_s=\boldsymbol{\mu}_s+\boldsymbol{\Delta}_s\boldsymbol{Z}_s,\quad \boldsymbol{\Delta}_s=\mathrm{diag}(\sigma_{s,1},\sigma_{s,2},\cdots,\sigma_{s,d}) \tag{5-21}$$

式中，$\boldsymbol{\mu}_s=(\mu_{s,1},\mu_{s,2},\cdots,\mu_{s,d})$ 是一个向量序列；（$\boldsymbol{\Delta}_s$）是对角矩阵序列，且（$\mu_{s,1},\mu_{s,2},\cdots,\mu_{s,d}$）和（$\sigma_{s,1},\sigma_{s,2},\cdots,\sigma_{s,d}$）都是 F_{s-1} 可测的；多元新息（$\boldsymbol{Z}_s$）是独立同分布的随机向量，其协方差矩阵（即相关系数矩阵）为 $\boldsymbol{P}$。在此假设下，$E(X_{s,k}\mid F_{s-1})=\mu_{s,k}$，$\mathrm{var}(X_{s,k}\mid F_{s-1})=\sigma^2_{s,k}$，所以 $\boldsymbol{\mu}_s$ 向量包含了条件均值，$\boldsymbol{\Delta}_s$ 包含了 s 时刻分量序列的波动率。符合这一框架的例子是 CCC-GARCH 和 DCC-GARCH 过程、Copula-GARCH 过程。

下面以 Copula-GARCH 为例说明如何使用多元动态历史模拟法。该方法的核心思想是将历史模拟应用于未观测到的新息 $\boldsymbol{Z}_s$ 而不是观测到的数据 $\boldsymbol{X}_s$。计算步骤如下：

（1）分别计算资产收益率条件均值向量和波动率矩阵的估计 $\{\hat{\boldsymbol{\mu}}_s: s=t-n+1,\cdots,t\}$ 和 $\{\hat{\boldsymbol{\Delta}}_s: s=t-n+1,\cdots,t\}$。这可以通过将 ARMA-GARCH 型单变量时间序列模型依次拟合到每个分量序列中来实现，最终得到模型的标准化残差。

对残差序列 z_i 进行概率变换，得到 u_i，将 u_i 组合成 Copula 伪随机数 $U=(u_1,u_2,\cdots,u_n)$。

（2）使用适当的 Copula（例如 Frank Copula）对 U 进行拟合估计，并得到拟合值，计算拟合值的秩相关系数，对拟合得到的 Copula 进行拟合优度检验。

（3）采用以下步骤对资产组合的收益率序列进行路径模拟：

① 对拟合得到的 Copula 进行随机模拟，产生 Copula 随机数 v_i。

② 对 v_i 进行逆变换得到标准 t 分布的随机数 t_i，此时 $t=(t_1,t_2,\cdots,t_n)$ 的相关结构是 Copula。

③ 将 t_i 作为单变量 ARMA-GARCH 的残差序列，产生资产 i 的收益率的一个模拟路径 x'_i。

④ 将每种资产的模拟路径 x'_i 按照投资组合的权重相加得到组合收益率的权重 x'_p，进而得到一个损失模拟值。

将步骤（3）重复 10 000 次，得到一组损失模拟值。为了估计 VaR（或期望损失），我们可以对这些数据直接应用类似历史模拟法的简单经验分位数估计或基于极值分布 EVT 的方法来计算经验分位数。

5.3.4 随机模拟法

随机模拟法根据已知风险因子$\{\boldsymbol{Z}_t\}$或其变化量$\{\boldsymbol{X}_t\}$的分布模型，产生风险因子及其变动的随机数，然后利用估值函数 $g(\tau_t,\boldsymbol{Z}_t)$ 对投资组合进行估值，并计算交易组合在未来的 VaR 和 ES，具体步骤如下：

（1）利用当前的市场变量对交易组合进行定价，得到 $V_t=g(\tau_t,\boldsymbol{Z}_t)$；

（2）对风险因子 $\boldsymbol{Z}_t$ 选择合适的随机过程，并估计参数；

（3）从风险因子的变化量 $\boldsymbol{X}_t$ 服从的多元分布或随机过程中进行一次抽样，得到 x；

（4）由 $\boldsymbol{X}_t$ 的抽样计算出在交易日末的市场变量 $\boldsymbol{Z}_t+\boldsymbol{x}$；

（5）利用新产生的市场变量来对交易组合重新定价 $V_{t+1}=g(\tau_{t+1},\boldsymbol{Z}_{t+1})$，计算 $L_t=-(V_{t+1}-V_t)$；

（6）重复步骤（2）～（5）m 次，比如 10 000 次，通过这一过程得出 $L_t^1,L_t^2,\cdots,L_t^m$ 的值；

（7）类似于历史模拟法，对 $L_t^1,L_t^2,\cdots,L_t^m$ 排序，采用简单的经验估计或基于 EVT 的方法对 VaR 和 ES 进行估计。

注意：使用随机模拟法意味着我们可以在计算时间的限制内自由地选择重复次数 m。一般来说，m 可以选择为比 n（样本量）大得多的值，这样我们在经验 VaR 和 ES 估计方面可以得到比历史模拟法更高的准确性。但对于大的投资组合，随机模拟法的计算成本可能非常大，因为理论上每次模拟都要求对组合完成重新估计来计算损失。如果投资组合中包含许多无法形成封闭形式的定价的衍生品，就会存在问题。因此，计算成本可能是随机模拟法面临的最大问题。图 5-8 展示了随机模拟法的示意图。

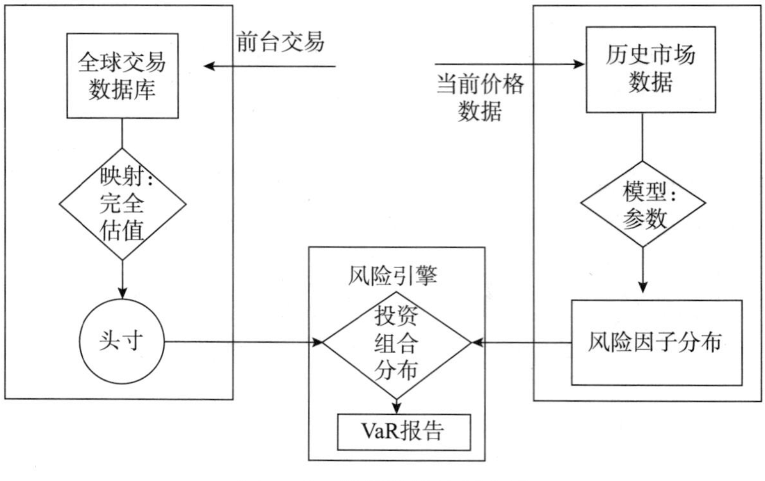

图 5-8 随机模拟法示意图

需要注意的是，随机模拟法依赖于风险因子变化$\{\boldsymbol{X}_t\}$所设定的模型，得到的结果都只能和选择模型的优良程度一致。它并没有解决如何找出适合$\boldsymbol{X}_{t+1}$的分布模型这个统计学问题。如果$\boldsymbol{X}_{t+1}$的模型选择错误，那么用随机模拟法计算得出的 VaR 和 ES 值都是不准确的，模型风险不可避免。

下面给出描述股票价格和利率变化的随机过程，以及随机模拟的步骤。

1. 股票价格的随机模拟

在金融学中，几何布朗运动是最常用的描述股票价格的模型，也是 Black-Scholes 期权定价模型的基本假设，具体形式为

$$\mathrm{d}S_t = \mu S_t \mathrm{d}t + \sigma S_t \mathrm{d}W_t \tag{5-22}$$

式中，W_t 是标准布朗运动。将上式两边都除以 S_t，这个式子可以写为

$$\frac{\mathrm{d}S_t}{S_t} = \mathrm{d}\ln S_t = \mu \mathrm{d}t + \sigma \mathrm{d}W_t$$

这说明股票对数收益率服从正态分布 $N(\mu, \sigma^2)$，股票价格服从对数正态分布。利用布朗运动的性质 $W_t \sim N(0, t^2)$，上面的随机微分方程的解为

$$S_t = S_0 \exp\left[\left(\mu - \frac{1}{2}\sigma^2\right)t + \sigma W_t\right]$$

为产生模拟价格路径，我们可将上述过程离散化，令 $W_t = W_{t-1} + \sqrt{\Delta t} Z$，则

$$S_t = S_{t-1} \exp\left[\left(\mu - \frac{1}{2}\sigma^2\right)\Delta t + \sigma \Delta t Z\right] \tag{5-23}$$

式中，Δt 为 $t-1$ 与 t 之间的时间间隔，如果单位时间是年，则 $\Delta t = 1/250$；Z 是标准正态分布 $N(0,1)$ 产生的变量。先产生正态分布随机数 Z，再由式（5-23）构造股票价格 S_t 的路径随机数。

如果要产生含有 n 只股票的组合价值路径的模拟，需考虑 n 只股票之间的相关性，因此涉及多元正态随机变量的随机模拟。假设股票价格 $S_t^1, S_t^2, \cdots, S_t^n$ 均服从几何布朗运动，则

$$\mathrm{d}S_t = \mu_i S_t \mathrm{d}t + \sigma_i S_t \mathrm{d}W_t^i \tag{5-24}$$

式中，μ_i，σ_i 分别是股票 i 的对数收益率的均值和标准差。为了产生相关系数为 ρ_{ij} 的股票价格，我们先生成一组多元正态随机向量随机数 $z = (z_1, z_2, \cdots, z_n)$，均值等于 0，方差等于 1，协方差矩阵是 $\boldsymbol{\Sigma}$，然后用分量 z_i 产生股票 i 的价格随机数：

$$S_t^i = S_0^i \exp\left[\left(\mu_i - \frac{1}{2}\sigma_i^2\right)t + \sqrt{t}\sigma_i z_i\right] \tag{5-25}$$

再令 $V_t = \sum_{i=1}^{n} n_i S_t^i$，这样就可以得到一条路径。图 5-9 给出了股票价格随机模拟的时间序列图。

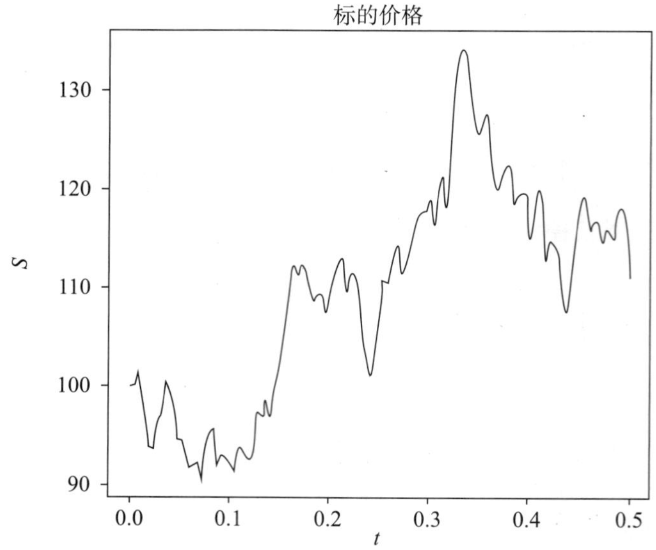

图 5-9 股票价格随机模拟的时间序列图

最后，模拟 10 000 次价格路径，得到资产组合的价格经验分布，计算资产组合价值在 1%分位数的 VaR。

例 5-10 假设我国沪深 300 指数遵循几何布朗运动，其中 μ 和 σ 分别是历史年化收益率和波动率。利用时间区间 2020 年 1 月 1 日至 2023 年 2 月 21 日的历史数据计算其收益率和波动率，可以得到 μ 和 σ 的估计值分别为 0.014 和 0.166。利用几何布朗运动模拟生成沪深 300 指数的价格路径 1 000 条（2023 年 2 月 22 日—2023 年 5 月 19 日），如图 5-10 所示。

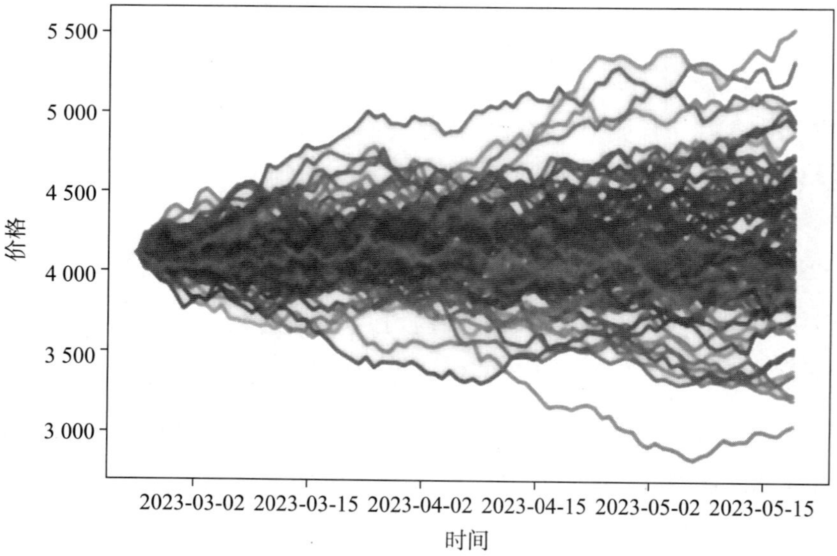

图 5-10 1 000 条沪深 300 指数的价格路径

2. 利率路径的模拟

对于一些含权类固定收益产品，如含权债券、债券期权、利率互换等，其估值不仅取决于当前的利率期限结构，还与利率的波动有关。因此，我们需要引入一类能够刻画未来利率不确定性的随机模型，并将其纳入估值模型。动态利率期限结构模型是一种基于随机过程的数学模型，可以用来描述利率期限结构的动态变化过程。它最常见的建模对象是无风险的瞬时即期利率，也就是到期期限趋于零的即期利率，通常称为瞬时利率。它表示在某一时刻投资于无风险资产的收益率，可以用微积分的方法来计算，通常表示为 $r(t)$。在动态利率期限结构模型中，瞬时利率是一个基础变量，在债券定价、衍生品定价和风险管理等方面都有着重要的应用价值。

瞬时利率是到期期限最短的即期利率，具有一个非常有用的特征，即只要瞬时利率的变化规律已知，就可以推出任意到期期限的即期利率的动态过程，从而推出整个利率期限结构的动态过程。这是因为瞬时利率是到期期限趋于零时的即期利率，而即期利率是到期期限为 T 的利率，两者之间存在数学关系，称为利率期限结构方程。因此，如果知道瞬时利率的动态变化规律，就可以通过利率期限结构方程推算出任意到期期限的即期利率的动态过程，从而推出整个利率期限结构的动态过程。

即期利率是指从当前时刻开始，到下一时刻结束的一段时间内的利率。它通常用于衡量金融市场的短期利率水平，用 $R(t,T)$ 表示。

根据债券定价的原理，T 时刻到期的零息债券在 t 时刻的价格 $P(t,T)$ 可以表示为即期利率 $R(t,T)$ 的函数：

$$P(t,T)=\mathrm{e}^{-R(t,T)\times(T-t)} \tag{5-26}$$

在风险中性测度下，$P(t,T)$ 可以表示为瞬时利率的如下函数：

$$P(t,T)=\widetilde{E}_t\left[\mathrm{e}^{-\int_t^T r(s)\mathrm{d}s}\right] \tag{5-27}$$

即 T 时刻的 1 元钱贴现至 t 时刻的现值的期望值。综合式（5-26）和式（5-27），可以得到

$$R(t,T)=-\frac{1}{T-t}\ln\widetilde{E}_t\left[\mathrm{e}^{-\int_t^T r(s)\mathrm{d}s}\right]$$

因此，给定瞬时利率在 t 时刻的初始值及其动态过程，就可以推知 t 时刻的任意期限的即期利率（即利率期限结构）及其动态的时变特征，从而可以推出利率产品的价格。这是因为利率期限结构方程可以将不同到期期限的即期利率联系起来，从而使得利率期限结构的动态变化过程能够被描述和预测。基于动态利率期限结构模型进行估值时，我们通常会先根据历史数据或市场情况来估计瞬时利率的动态变化规律，然后利用利率期限结构方程推算出任意到期期限的即期利率的动态过程，最后用这些信息来计算利率产品的价格。

通常用以下随机微分方程（stochastic differential equations，SDE）来描述瞬时利率在每个瞬间的变化规律：

$$dr(t)=\mu_r(r(t),t)dt+\sigma_r(r(t),t)d\varepsilon(t) \tag{5-28}$$

式（5－28）表明瞬时利率是关于时间 dt 和 $dz(t)$ 的动态过程，其中，$\mu_r(r(t),t)$ 表示瞬时利率的漂移率，在 t 时刻该漂移率是已知的，因此等式右边第一项表示瞬时利率在短时间内的确定性变化；等式右边第二项为随机项，其中 $d\varepsilon(t)$ 是瞬时利率运动的随机源，用来描述瞬时利率围绕 $\mu_r(r(t),t)dt$ 所做的随机波动，$\sigma_r(r(t),t)$ 可以看作对标准随机波动 $dz(t)$ 的放大倍数，称为瞬时利率的波动率。

具体来看，漂移率 $\mu_r(r(t),t)$ 和波动率 $\sigma_r(r(t),t)$ 不一定为常数，但都是瞬时利率和时间的确定性函数，$d\varepsilon(t)$ 则是式（5－28）中唯一的随机来源，其设定形式决定了瞬时利率的分布形态，最常见的是将其设为标准布朗运动，即每个瞬间的 $\varepsilon(t)$ 都是服从正态分布 $N(0,t)$ 的一个随机值；同时，对于任意两个不同的时间间隔 dt，$d\varepsilon(t)$ 在不同时刻的值都相互独立，也就是说，遵循标准布朗运动的变量具有独立增量的性质。

只要 $\mu_r(r(t),t)$ 和 $\sigma_r(r(t),t)$ 已知，$\varepsilon(t)$ 是标准正态分布中的一个随机值，运用式（5－28）就可以计算得到每个瞬间 $r(t)$ 的变化值，因此由初始值 $r(0)$ 可以得到 $r(0)+dr(1)$，$r(0)+dr(1)+dr(2),\cdots$，从而得到瞬时利率的一条可能的动态变化路径。当然，如果 $\varepsilon(t)$ 取值不同，我们会得到瞬时利率的另一条可能的动态变化路径。这样，最终我们可以获得未来特定时点瞬时利率的分布。因此，式（5－28）描述的是瞬时利率动态变化的一般规律，基于此可推断即期利率、整个利率期限结构、远期利率的动态变化规律并为利率产品定价。

下面的例子可以帮助读者进一步理解如何由式（5－28）获得瞬时利率的动态变化路径。

例 5－11 模拟瞬时利率的动态过程：假设瞬时利率在零时刻的初始值为 2%，并且满足以下随机微分方程：

$$dr(t)=0.03dt+0.01d\varepsilon(t)$$

其中假设 dt 为 1 天。表 5－16 给出了瞬时利率在 10 天内可能的两条运动路径，其中 $\varepsilon(t)$ 的取值是由统计软件生成的正态分布随机数。

表 5－16 瞬时利率在 10 天内可能的两条运动路径

天数	$\varepsilon(t)$取值	$dr(t)$	$r(t)$	$\varepsilon(t)$取值	$dr(t)$	$r(t)$
0			0.020 00			0.020 00
1	1.444 70	0.000 84	0.020 84	−0.907 59	−0.000 39	0.019 61
2	−0.806 43	−0.000 34	0.020 50	0.972 37	0.000 59	0.020 20
3	1.391 94	0.000 81	0.021 31	−2.071 21	−0.001 00	0.019 20
4	1.918 17	0.001 09	0.022 40	−0.144 33	0.000 01	0.019 20
5	1.283 93	0.000 75	0.023 15	0.622 38	0.000 41	0.019 61
6	0.658 97	0.000 43	0.023 58	1.966 44	0.001 11	0.020 72
7	0.809 86	0.000 51	0.024 08	−0.789 70	−0.000 33	0.020 39
8	0.161 81	0.000 17	0.024 25	0.100 77	0.000 13	0.020 53
9	−0.558 14	−0.000 21	0.024 04	1.108 77	0.000 66	0.021 19
10	0.379 42	0.000 28	0.024 32	−0.403 00	−0.000 13	0.021 06

一般来说，不同的动态利率模型都假设 $d\varepsilon(t)$ 为标准布朗运动，其差异就在于对 $\mu_r(r(t),t)$ 与 $\sigma_r(r(t),t)$ 的不同设定，例如，例 5-12 是将 $\mu_r(r(t),t)$ 与 $\sigma_r(r(t),t)$ 设为常数。实际常用的动态利率模型中，$\mu_r(r(t),t)$ 与 $\sigma_r(r(t),t)$ 常常是 $r(t)$ 和 t 的某个函数，例如 $\mu_r(r(t),t)=\kappa(\mu-r(t))$，其中，$\kappa$ 与 μ 为常数。在实际应用时，还需要估计出合理的参数值，例如 κ 与 μ 的具体数值。

不同的随机利率模型会对零息债券的价格产生不同的影响，下面给出常见的随机利率模型和相应的债券价格。

(1) Vasicek 模型。

Vasicek 模型是一种用于描述利率随机演化的经济学模型，由捷克经济学家 Oldrich Vasicek 于 1977 年提出。该模型基于随机微分方程的框架，假设短期利率的变化可以由一些随机因素引起，其中最重要的是市场利率的均值回归和波动率。

Vasicek 模型的数学形式如下：

$$dr(t)=a(b-r(t))dt+\sigma d\varepsilon(t) \tag{5-29}$$

式中，a 是利率回归到均值 b 的速度，σ 是利率的波动率，$\varepsilon(t)$ 是布朗运动。利用这个模型，可以计算出各种金融工具的价格和风险，例如零息债券、利率互换等。此外，Vasicek 模型还可以通过最小二乘法拟合市场利率曲线，用于预测未来的利率走势。Vasicek 模型的优点在于它的数学形式简单，易于操作和计算。然而，它也存在一些缺点，比如它无法解释利率曲线的反转现象，并且在极端情况下可能会出现负利率的问题。

在 Vasicek 模型下，零息债券的价格可以通过以下公式计算：

$$P(t,T)=e^{A(t,T)-B(t,T)r(t)}$$

式中

$$B(t,T)=\frac{1-e^{-a(T-t)}}{a}$$

$$A(t,T)=\left(b-\frac{\sigma^2}{2a^2}\right)[B(t,T)-(T-t)]-\frac{\sigma^2}{4a}B^2(t,T)$$

通过这些公式，可以计算出在 Vasicek 模型下的零息债券价格，Vasicek 模型是一个单因子模型，无法很好地描述利率曲线的复杂形态，因此在实际应用中可能需要考虑其他的利率模型。图 5-11 给出了 Vasicek 模型的一条随机演化路径以及对应的零息债券价格，其中，模型的参数为 $r_0=0.05$，$a=0.5$，$b=0.05$。

可以看出，短期利率和零息债券价格都呈现出一定的随机波动，但整体趋势仍然是向长期均衡利率和面值收敛的。

(2) Cox-Ingersoll-Ross 模型（CIR 模型）。

CIR 模型是一种用于描述短期利率随机演化的模型，其特点是短期利率不能为负。该模型最初由 Cox、Ingersoll 和 Ross 于 1985 年提出。在 CIR 模型中，短期利率 $r(t)$ 的随机演化由以下随机微分方程描述：

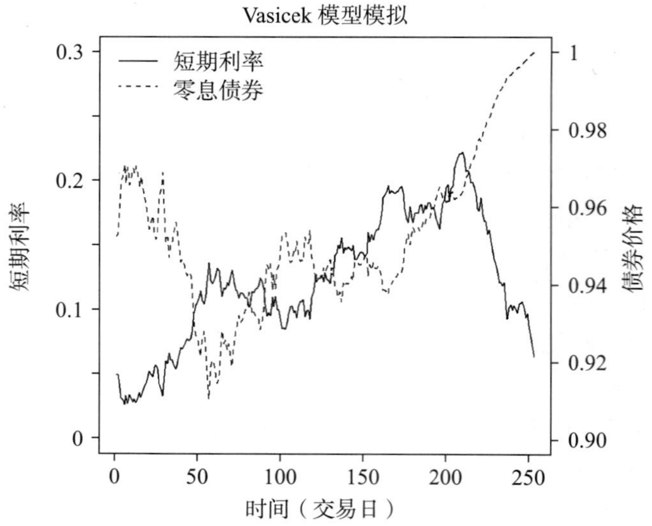

图 5－11 Vasicek 模型随机模拟的利率时序图

$$dr(t)=a(b-r(t))dt+\sigma\sqrt{r(t)}\,d\varepsilon(t) \tag{5-30}$$

式中，a、b 和 σ 是正常数，$\varepsilon(t)$ 是标准布朗运动。这个方程表明短期利率的变化由两个因素决定：一是短期利率与长期均衡利率之间的差距，差距越大，变化越大；二是利率波动率的平方根，波动率越大，变化越剧烈。

在 CIR 模型中，零息债券的价格可以通过下式计算：

$$P(t,T)=A(t,T)e^{-B(t,T)r(t)}$$

式中

$$A(t,T)=\left(\frac{2he^{(a+h)(T-t)/2}}{2h+(a+h)(e^{h(T-t)}-1)}\right)^{2ab/\sigma^2}$$

$$B(t,T)=\frac{2(e^{h(T-t)}-1)}{2h+(a+h)(e^{h(T-t)}-1)}$$

$$h=\sqrt{a^2+2\sigma^2}$$

CIR 模型可以较好地描述短期利率的平稳性，因为其瞬时利率在趋近于零时具有反弹的特性，这与实际市场上的短期利率表现较为一致。此外，CIR 模型具有灵活的参数设定，可以通过选择不同的参数值来拟合不同期限的利率期限结构曲线，并且可以通过数值模拟等方法进行求解，计算相对简便。

图 5－12 显示了使用 CIR 模型进行模拟的一条随机演化路径以及对应的零息债券价格路径，其中，参数取值是 $r_0=0.05$，$a=0.5$，$b=0.05$，$\sigma=0.01$。

可以看出，短期利率和零息债券价格都呈现出一定的随机波动，但整体趋势仍然是向长期均衡利率和面值收敛的。与 Vasicek 模型相比，CIR 模型对负利率的处理更为合理，因此在实际中应用更为广泛。

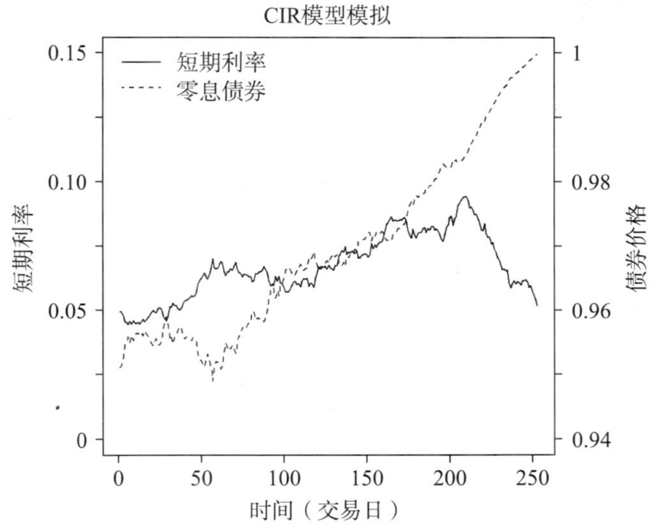

图 5-12　CIR 模型随机模拟的利率时序图

（3）Ho-Lee 模型。

Ho-Lee 模型是一种用于描述短期利率随机演化的模型，最初由 Ho 和 Lee 于 1986 年提出。该模型是一个单因子模型，假设短期利率 $r(t)$ 随时间 t 的变化是由单一因素，即市场利率的变化驱动的。在 Ho-Lee 模型中，短期利率的随机演化由以下随机微分方程描述：

$$\mathrm{d}r(t)=\theta(t)\mathrm{d}t+\sigma\mathrm{d}\varepsilon(t)$$

式中，$\theta(t)$ 是 t 时刻短期利率的期望值，σ 是短期利率的波动率。

Ho-Lee 模型最大的优点在于它简单明了，易于理解和实现。该模型假设瞬时利率服从一个随机游走过程，其参数是时间的线性函数，因此可以较好地拟合市场上的利率期限结构曲线。Ho-Lee 模型还可以通过数值方法求解，计算相对简便。然而，Ho-Lee 模型的缺点也比较明显，例如它假设利率变化是完全随机的，无法很好地描述市场上的非随机性波动，同时它的参数设定比较简单，可能无法准确地反映市场上的实际情况。

（4）Hull-White 模型。

该模型假设短期利率服从下面的随机微分方程式：

$$\mathrm{d}r(t)=\{\theta(t)-\alpha(t)r(t)\}\mathrm{d}t+\sigma(t)\mathrm{d}\varepsilon(t)(t)$$

然而，不论哪个变数都可以假定跟时间相关，因此依据对各变数的假设，一般实务上做以下区分：

- θ 是常数：Vasicek 模型。
- θ 是与时间相关的变数：Hull-White 模型。
- θ 和 α 都是与时间相关的变数：扩展 Vasicek 模型。

Hull-White 模型最大的优点在于它可以较好地描述利率的平稳性和非随机性波动，

因为它假设瞬时利率服从一个均值回归过程，同时考虑了利率波动率的时间变化性质。Hull-White 模型具有较为复杂的参数设定，可以通过选择不同的参数值来拟合不同期限的利率期限结构曲线，并且可以通过数值方法进行求解，计算相对简便。

随机模拟法的缺点如下：随机模拟法并没有解决为 $F_{X_{t+1}}|F_t$ 找到多元模型的问题，所得到的任何结果的好坏都取决于所使用的模型。对于大型投资组合，蒙特卡罗方法的计算量很大，因为在理想情况下，每次模拟都需要对投资组合进行完全重估以计算损失算子。如果投资组合中包含许多无法以封闭形式定价的衍生品，这就是一个问题。计算成本问题对蒙特卡罗方法的影响甚至比经验模拟方法更大，因为蒙特卡罗方法中风险因子变化通常选择更多的场景 m。如果可用二阶敏感度，损失算子可以被二次损失算子 $l_{[t]}^{\Delta\Gamma}$ 取代以减少计算量。

5.4　多期 VaR 估计

5.3 节描述的方法通常应用于每日风险因子变化数据和以天为单位的市场风险度量。然而，监管部门通常要求金融机构计算 10 个交易日（两周）和 1 年的 99%的市场组合的 VaR 值。

我们用 $L_{t+h}^{(h)}$ 表示从 t 时刻开始的 h 个时间间隔（$h\Delta t$）后的损失：

$$\begin{aligned} L_{t+h}^{(h)} &= -(V_{t+h}-V_t) \\ &= -(g(\tau_{t+h},\boldsymbol{Z}_{t+h})-g(\tau_t,\boldsymbol{Z}_t)) \\ &= -(g(\tau_{t+h},\boldsymbol{Z}_t+\boldsymbol{X}_{t+1}+\cdots+\boldsymbol{X}_{t+h})-g(\tau_t,\boldsymbol{Z}_t)) \\ &= l_{[t]}^{(h)}(\sum_{i=1}^{h}\boldsymbol{X}_{t+i}) \end{aligned} \tag{5-31}$$

式中，$l_{[t]}^{(h)}$ 表示 t 时刻开始的 h 个时间间隔损失的算子。我们感兴趣的问题是，风险度量如何应用于给定 t 时刻 F_t 条件下 $L_{t+h}^{(h)}$ 的条件分布。

这个问题没有简单的答案，除非在特殊情况下。事实上，在风险映射明显依赖于时间的情况下（如衍生品投资组合），h 周期损失算子不同于单期损失算子。而且如果用式（5-31）来估计 h 个时间区间内的损失分布，对于 n 个固定数量的经验时间序列数据，这会导致模型参数估计精度急剧下降。例如，如果我们有 $n=1\ 000$ 天（略少于 4 年）的历史数据，这只会给出 100 个 10 天风险因子变化的非重叠观测值。如果为了获得与每日收益率分析类似的准确性，我们必须收集 $n=10\ 000$ 个日度数据（大约 38 年）。显然，这给数据引入了新的序列相关性，使统计建模变得复杂，并没有显著提高统计精度。

为了简化问题，我们使用局部估值法并考虑风险映射 $g(t,\boldsymbol{Z}_t)$ 与时间无关的情形，这时有 $l_{[t]}^{(h)}(\boldsymbol{x})=l_{[t]}(\boldsymbol{x})$，损失算子的线性化形式是 $l_{[t]}^{\Delta}(\boldsymbol{x})=\boldsymbol{b}_t^{\mathrm{T}}\boldsymbol{x}$，其中，向量 $\boldsymbol{b}_t$ 在 t 时刻已知。在这种线性化损失下：

$$L_{t+h}^{(h)\Delta}=l_{[t]}^{\Delta}(\sum_{i=1}^{h}\boldsymbol{X}_{t+i})=\sum_{i=1}^{h}\boldsymbol{b}_t^{\mathrm{T}}\boldsymbol{X}_{t+i} \tag{5-32}$$

正是由于这些原因，大多数银行使用一个简单的尺度规则，即所谓的平方根时间规则，在一天的 VaR 估计值和 10 天的 VaR 估计值之间移动。下面的例子说明了平方根时间规则的合理性。

例 5－12　假设风险因子变化向量是独立同分布的，且服从分布 $N_d(\mathbf{0},\boldsymbol{\Sigma})$，那么 $\sum_{i=1}^{h}\boldsymbol{X}_{t+i}\sim N_d(\mathbf{0},h\boldsymbol{\Sigma})$，且在式（5－32）中，$L_{t+h}^{(h)\Delta}$ 的分布满足 $L_{t+h}^{(h)\Delta}\sim N(0,h\boldsymbol{b}_t^{\mathrm{T}}\boldsymbol{\Sigma}\boldsymbol{b}_t)$。可以很容易地利用正态分布的分位数和预期损失（ES）的公式，看出线性化损失 $L_{t+h}^{(h)\Delta}$ 分布的分位数和预期损失都是按照时间的平方根（$\sqrt{h}$）放缩。例如，将期望损失写作 $\mathrm{ES}_\alpha^{(h)}$，我们有

$$\mathrm{VaR}_\alpha(L_{t+1}\mid F_t)=-c_t-\boldsymbol{b}_t^{\mathrm{T}}\mu_{t+1}+\Phi^{-1}(\alpha)\boldsymbol{b}_t^{\mathrm{T}}\boldsymbol{\Sigma}_{t+1}\boldsymbol{b}_t \tag{5-33}$$

$$\sigma=\sqrt{h}\,\mathrm{VaR}_\alpha^{(1)}$$

$$\mathrm{ES}_\alpha^{(h)}=\sqrt{h}\,\sigma\frac{\phi(\Phi^{-1}(\alpha))}{1-\alpha}=\sqrt{h}\,\mathrm{ES}_\alpha^{(1)}$$

式中，$\sigma^2=\boldsymbol{b}_t^{\mathrm{T}}\boldsymbol{\Sigma}\boldsymbol{b}_t$。

虽然这一平方根时间规则在实践中应用广泛，但是实证研究表明，风险因子变化的经验数据通常既不支持高斯分布假设，也不支持独立同分布假设。不过，对于合适的动态时间序列模型（如 IGARCH），对 h 个时间区间损失 $L_{t+h}^{(h)}$（或其线性化形式）的条件损失分布的风险度量仍有一些理论结果。例如，Tsay① 讨论了当风险因子变动服从无漂移的 IGARCH 模型时，h 期的风险度量也可以运用平方根时间规则；在极值分布下，h 天持有期与 1 天持有期的关系为

$$\mathrm{VaR}_\alpha^{(h)}=h^{1/\alpha}\mathrm{VaR}_\alpha^{(1)}$$

式中，α 是极值分布的尾指数，见 Danielsson and De Vries（2000）。这个关系称为时间的 α 根法则。

还有一种做法是，利用完全估值法（如随机模拟法）来确定 h 期的条件损失分布，进而计算风险度量。假设我们有一个风险因子变化 $(X_s)_{s\leqslant t}$ 的时间序列模型，我们模拟未来过程路径 $\widetilde{X}_{t+1}^{(i)},\widetilde{X}_{t+2}^{(i)},\cdots,\widetilde{X}_{t+h}^{(i)}$，其中，$i=1,2,\cdots,m$，$m$ 是提前设定的重复次数（如 $m=10\ 000$），然后将 h 期损失算子应用于这些模拟数据，得到蒙特卡罗模拟损失：

$$\{\widetilde{L}_{t+h}^{(h)(i)}=l_{[t]}^{(h)}(\widetilde{X}_{t+1}^{(i)}+\widetilde{X}_{t+2}^{(i)}+\cdots+\widetilde{X}_{t+h}^{(i)}):i=1,2,\cdots,m\}$$

这些数据也用于损失分布和相关风险度量的统计推断。我们还可以使用蒙特卡罗方法来检查平方根时间规则的表现，并验证 α 根法则的有效性。

5.5　VaR 和 ES 返回测试

只有预测的结果被证明较为准确时，VaR 和 ES 模型才有其使用价值。要做到这一

① Ruey S. Tsay. 金融数据分析导论——基于 R 语言. 李洪成，尚秀芬，郝瑞丽，译. 北京：机械工业出版社，2013：第七章.

点，使用者必须比较预测和实际损失的差异，系统地检查评估方法和风险模型的准确性。如果 VaR 模型正确，那么一种最直观的联想就是，超出 VaR 范围的观测事件发生次数需和置信水平相对应。例如，有 5%的观测事件在 95%的置信水平下出现损失大于 $VaR_{0.95}$ 的情况。当然，我们不可能完全准确地观测到 5%的超出事件。运气不好时，这一比例可能更高，如达到 8%。如果偏差频率变得太大，假设为 20%，使用者应该认定问题出在模型上，需要采取措施纠正，而不是运气不好。

这种超出确定范围的特殊情况称为例外（exceptions）或特例。一方面，如果特例过多，意味着模型可能低估了风险，会导致公司分配给风险业务部门的资本不足，无法覆盖可能出现的损失，而监管机构如果发现公司的资本充足率过低或模型不够稳健，可能会采取处罚措施。另一方面，如果特例很少，说明模型可能高估了风险，这会导致为了满足监管要求，资本充足要求的保证金占用过多，进而降低资金使用效率。

本节介绍用返回测试方法来验证 VaR 和 ES 模型的准确性。返回测试（backtesting）就是检验风险度量的样本外估计值与实际损益是否一致的常用统计方法，包括系统地比较 VaR 历史预测和相关投资组合的收益。

这一过程对 VaR 的使用者和风险管理者非常关键，他们需要确保风险预测尽量准确。如果不是这样，则需要重新核实模型中不正确的地方，如错误的假设、错误的参数或者不准确的方法，这一过程可以启发我们思考改进模型，因而也构成了 VaR 系统整体的一部分。

本节的返回测试可以围绕下面的简单案例展开：

美国商业银行摩根大通开发了一个估计其投资组合损失的 VaR 的内部模型。在其 1998 年的年度报告中，显示了 20 天日收益落在下行带内（即日收益低于 95%的 VaR），其中 9 天落在 8—10 月期间。请评价摩根大通的估计 VaR 的内部模型是否精确。

5.5.1 VaR 返回测试模型

VaR 返回测试涉及系统地比较历史 VaR 数据和实际收益，一种最简便的方法就是考察失效率。如果实际考察天数为 T，在 T 日内 N 个日损失超过了 VaR（出现特例），则 N/T 为失效率。如果模型正确，那么对于给定的 VaR 置信水平 α，N/T 应为 $p^*(=1-\alpha)$ 的无偏估计量。随着样本容量 T 的增大，N/T 逐渐趋向 p^*。若假设每日收益独立，那么特例的天数应服从二项分布 $B(T,p^*)$，也就是说，T 日内出现 N 个特例日的概率为 $(p^*)^N(1-p^*)^{T-N}$。

问题是，在有限样本下，N/T 相对 p^* 的偏离达到什么程度时，才可以认为是由模型失效造成的，而不是偶然因素导致的？最经典的检验方法是 Kupiec（1995）基于似然比检验提出的非条件覆盖检验（unconditional coverage test），具体包括以下几个操作步骤。

首先，定义以下的“特例序列”：

$$\text{Hit}_{t+1}=\begin{cases}0, & L_{t+1}\leqslant \text{VaR}_\alpha^t\\ 1, & L_{t+1}>\text{VaR}_\alpha^t\end{cases}$$

如果原假设（用于计算 VaR_α 的模型准确）成立，可证明序列 $\{\text{Hit}_t\}$ 应该满足两个重要的性质：(1) $\{\text{Hit}_t\}$ 是一个独立同分布的时间序列，服从概率为 $p^*=1-\alpha$ 的伯努利（Bernoulli）分布，$Hit_t \sim Bernoulli(p^*)$；(2) 发生相邻两次特例事件的时间间隔是独立的，且满足几何分布。我们把事件 $\{L_{t+1} > VaR_\alpha^t\}$ 的发生时间组成集合 $\{t_1, t_2, \cdots, t_M\}$，并且设 $t_0 = 0$，则第 $j-1$ 次和第 j 次发生特例的时间间隔 $S_j = t_j - t_{j-1}$ 是独立同服从几何分布的随机变量，均值为 $1/(1-\alpha)$，从而对任意 $k \in \mathbb{N}$，$P(S_j = k) = \alpha^{k-1}(1-\alpha)$。这两个性质都可以由实证数据进行检验。

根据性质（1），如果原假设成立（模型正确），则 T 天内出现特例的总天数 N 服从二项分布 $B(T, p^*)$，似然函数为

$$L(p^*) = \prod_{t=1}^{T} (1-p^*)^{1-Hit_t} p^{*\,Hit_t} = (1-p^*)^{T-N}(p^*)^N$$

然后，Kupiec（1995）应用似然比检验进行返回测试，计算似然比统计量 LR（likelihood ratio）：

$$LR_{uc} = -2\ln[(1-p^*)^{T-N} p^N] + 2\ln\left\{\left[1-\left(\frac{N}{T}\right)\right]^{T-N}\left(\frac{N}{T}\right)^N\right\} \tag{5-34}$$

式中，$\frac{N}{T}$是无约束条件下的最大似然估计值。如果原假设成立，则 LR_{uc} 服从自由度为 1 的 χ^2 分布。当 $LR_{uc} > 3.84$ 时，在 5%的置信水平下拒绝原假设。在摩根大通的例子中，$T=252$，$N=20$，$p=0.95\%$，$LR_{uc}=3.91>3.84$。因此，在 95%的置信水平下，可以认为摩根大通的内部模型不正确。

还有一种更为简便的检验方法是利用正态性检验。如果原假设成立，则当 T 相当大时，根据中心极限定理知，N 的渐近分布是正态分布，即

$$z = \frac{N - p^* T}{\sqrt{p(1-p^*)T}} \approx N(0,1) \tag{5-35}$$

根据 95%的双侧置信水平，如果 $z > 1.96$，则无法拒绝原假设，即认为模型失效。

再对摩根大通的内部模型进行检验，$T=252$，$p^*=0.05$，$z=(20-0.05\times 252)/\sqrt{0.05\times 0.95\times 252}=2.14>1.96$。似然比检验和正态性检验都说明在 95%的置信水平下，摩根大通的内部模型不正确。银行出现的特例事件太多，这不是偶然因素导致的特例问题，因此摩根大通必须找到更合适的内部模型。

需要注意的是，选择 VaR 返回测试的参数 α 和时间区间 Δt 时应该慎重考虑。首先，观测时间应该尽量短，以增加观测事件的数量，减少投资组合构成的变化的影响。其次，似然比检验的效率不是很高，特别是当 VaR 的置信水平 α 高而观测数据少时更是如此。所以置信水平 α 不要选太高，否则会降低统计测试的有效性或力度。

5.5.2　第一类错误和第二类错误

在进行返回测试时，使用者需权衡第一类错误和第二类错误发生的概率。理想情况下，先设定较低的第一类错误发生概率，然后进行测试，得到发生概率更低的第二类错误。注意：不要混淆返回测试的检验的置信水平 α 和针对 VaR 的置信水平 α。前者是控制第一类错误发生的概率，由接受和拒绝模型的决策规则决定，而后者反映的是出现损

失超过 VaR 的概率水平。表 5-17 给出了在 95%的置信水平下，不同 VaR_α 对应的返回测试无法拒绝原假设（模型正确）的情形下所观测到的特例天数的区间。

表 5-17 特例天数为 N 的返回测试（95%的置信水平）的非拒绝域

概率水平		特例天数为 N 的非拒绝域		
$p^*=1-\alpha$	VaR_α 对应的 α	$T=252$ 天	$T=510$ 天	$T=1\ 000$ 天
0.01	99%	$N<7$	$1<N<11$	$4<N<17$
0.025	97.5%	$2<N<12$	$6<N<21$	$15<N<36$
0.05	95%	$6<N<20$	$16<N<36$	$37<N<65$
0.075	92.5%	$11<N<28$	$27<N<51$	$59<N<92$
0.10	90%	$16<N<36$	$38<N<65$	$81<N<120$

例如，对于 $\alpha=99\%$，在两年（510 个交易日）的数据中，我们预期观测到 $N=(1-\alpha)T=0.01\times510\approx5$ 个特例天数。但是在返回测试时，只要 N 处于（1,11）区间内，就不能拒绝原假设；如果 $N\geqslant11$，表明 VaR 过低或者模型低估了发生大损失的概率；如果 $N\leqslant1$，表明 VaR 模型过于保守。表 5-17 还表明，随着样本量 T 的增加，估计 p^* 的置信区间变窄。例如 $p^*=0.05$，对于 $T=252$，p^* 的置信区间是$\left[\frac{6}{252}=0.024,\frac{20}{252}=0.079\right]$；对于 $T=1\ 000$，p^* 的置信区间是$[0.037,0.065]$。这说明当经验数据量较大时，如果模型有误，我们就容易拒绝错误模型。

但是，表 5-17 也说明了一个令人困扰的事实。当 $p^*=0.01$ 和 $T=252$ 时，如果 $N<7$，就接受原假设。但实际上很难判断这是因为 N 太小，还是因为该模型总体上存在高估风险的问题。从直觉上说，由于发生的概率很小，因此较小的 p 值可能会引入系统性偏差，而这种偏差可能很难被发现。这就解释了为什么一些银行倾向于选择不太高的 VaR 置信水平（如 $\alpha=95\%$）进行返回测试，以便观测到足够数量的偏差使模型有效。

专栏 巴塞尔协议中的返回测试

（1）市场风险资本金。

《巴塞尔协议Ⅱ》允许银行采用风险价值（VaR）内部模型计量市场风险，估计的风险价值将作为银行计算市场风险资本要求的基础。市场风险资本金的计算公式为

$$k\times \mathrm{VaR}+\mathrm{SRC}$$

式中，k 为乘积因子，由监管者选定，k 的最小值为 3；VaR 是指在 99%的置信水平下，10 天内可能发生的最大预期损失；SRC 是特定风险资本金数量，其是为企业的特殊风险而设定的。

（2）巴塞尔协议中的返回测试。

巴塞尔协议要求银行应比较每日的损益数据与内部模型产生的风险价值数据，记录上一年度每日超过 VaR 的特例天数，依据最近一年内的特例天数确定市场风险资本计

算的附加因子，并按季度将返回测试结果及附加因子调整情况报告给监管部门。附加因子的确定依赖于过去 250 个交易日的返回测试特例天数，其结果可分为绿区、黄区和红区三个区域。返回测试特例天数与资本附加因子的关系如表 5－18 所示。

表 5－18　返回测试特例天数与资本附加因子的关系表

分区	过去 250 个交易日的返回测试特例天数	资本附加因子
绿区	少于 5 次	0.00
黄区	5 次	0.40
	6 次	0.50
	7 次	0.65
	8 次	0.75
	9 次	0.85
红区	10 次及以上	1.00

① 绿区，包括 0～4 次返回测试特例天数。绿区代表返回测试结果并未显示商业银行的内部模型存在问题。

② 黄区，包括 5～9 次返回测试特例天数。黄区代表返回测试结果显示商业银行的内部模型可能存在问题，但有关结论尚不确定，因此，模型准确或不准确均有可能。通常情况下，随着返回测试特例天数由 5 次增加至 9 次，模型不准确的可能性会逐步增大。

③ 红区，包括 10 次及以上返回测试特例天数。红区代表返回测试结果显示商业银行的内部模型存在问题的可能性极大。

返回测试的关键在于将运气不好和错误模型分开，或者是平衡第一类错误和第二类错误。表 5－19 列举了在绿区、黄区和红区内，正确模型（99%的覆盖率）下拒绝模型（犯第一类错误）的概率，以及错误模型（97%的覆盖率）下不拒绝模型（犯第二类错误）的概率。表中显示，当出现 5 个或者更多特例时，犯第一类错误的累计概率是 10.8%。作为首选测试结果还是过高，因为按照目前巴塞尔监管体系的返回测试要求，即使采用正确模型，每 10 家银行也会有一家因处于黄区而可能被处罚。

表 5－19　巴塞尔返回测试中第一类和第二类错误的概率（$T=250$）

区域	特例天数 N	$\alpha=99\%$，模型正确		$\alpha=97\%$，模型错误		
		$P(X=N)$	第一类错误的概率（拒绝模型）$P(X\geqslant N)$	$P(X=N)$	第二类错误的概率（不拒绝模型）$P(X<N)$	检验功效（拒绝模型）$P(X\geqslant N)$
绿区	0	8.1	100	0	0	100
	1	20.5	91.9	0.4	0	100
	2	25.7	71.4	1.5	0.4	99.6
	3	21.5	45.7	3.8	1.9	98.1
	4	13.4	24.2	7.2	5.7	94.3

续表

区域	特例天数 N	$\alpha=99\%$，模型正确		$\alpha=97\%$，模型错误		
		$P(X=N)$	第一类错误的概率（拒绝模型）$P(X\geqslant N)$	$P(X=N)$	第二类错误的概率（不拒绝模型）$P(X<N)$	检验功效（拒绝模型）$P(X\geqslant N)$
黄区	5	6.7	10.8	10.9	12.8	87.2
	6	2.7	4.1	13.8	23.7	76.3
	7	1.0	1.4	14.9	37.5	62.5
	8	0.3	0.4	14	52.4	47.6
	9	0.1	0.1	11.6	66.3	33.7
红区	10	0.0	0.0	8.6	77.9	21.1
	11	0.0	0.0	5.8	86.6	13.4

5.5.3 有条件覆盖检验

在 Kupiec（1995）的似然比检验中，没有考虑特例的发生时间。对于有 512 个交易日的历史数据和 95%的置信水平的 $\mathrm{VaR}_{0.95}$，预期每年可能发生 13 个特例。理论上讲，如果交易组合每天价值的变化是独立的，那么特例应该均匀地发生在不同时间。在实际中，研究人员发现特例的发生往往集中在某些时间段，说明连续交易日之间并非独立。例如，我们观测到这些特例中有 10 个是在过去两周内发生的，就应引起注意。如市场遇到较大波动，在内部的 VaR 模型中没有捕捉到这一信息：交易员正在交易异常头寸，形成风险“漏洞”。无论哪种情况，都应设计统计检验，根据当时的情况能够测量适当的条件覆盖，从而管理层可以采取相应措施。

Christoffersen（1998）在 Kupiec（1995）的基础上进一步提出了考虑时间易变性的返回测试。他认为，如果考虑到依赖于时间的异方差性，条件精度就变得更重要了，而忽略方差动态性的区间预测，可能在无条件下是正确的，但是在任意给定时间段内，将可能产生不精确的条件覆盖。一个正确的模型应该保证特例值在样本期间的出现是相互独立的，而不应具有时间异变性。也就是说，对于检验样本期的任意一个子样本期，都必须满足它的失效率显著等于 p，而不像 Kupiec（1995）那样只简单考虑整个样本期内的特例个数。基于此，Christoffersen（1998）提出了 Christoffersen 检验，从而进一步提高了假设检验的准确性。

Christoffersen 检验的思路如下：设定状态 0 定义为某一天损失没有超过 VaR 值（没有特例发生），状态 1 定义为某天有特例发生。定义 T_{ij} 为某天处在状态 i 而在第二天处于状态 j 的天数，π_i 定义为前一天发生状态 i 条件下观测到的特例的概率。表 5-20 显示了如何建立有条件覆盖的预期特例天数。

如果当天观测到的特例和前一天观测到的特例独立，表中第 2 列和第 3 列应该相同。相应的返回测试统计量为

$$\mathrm{LR}_{\mathrm{ind}}=-2\ln[(1-\pi)^{(T_{00}+T_{10})}\pi^{(T_{01}+T_{11})}]$$

表 5-20　有条件覆盖的预期特例天数

当天	条件		无条件
	前一天没有出现特例	前一天出现特例	
没有出现特例	$T_{00}=T_0(1-\pi_0)$	$T_{10}=T_1(1-\pi_1)$	$T(1-\pi)$
出现特例	$T_{01}=T_0\pi_0$	$T_{11}=T_1\pi_1$	$T\pi$
总计	T_0	T_1	$T=T_0+T_1$

$$+2\ln[(1-\pi_0)^{T_{00}}\pi_0^{T_{01}}(1-\pi_1)^{T_{10}}\pi_1^{T_{11}}] \quad (5-36)$$

式中，第一项为假设特例发生在隔天之间且相互独立，$\pi=\pi_0=\pi_1=(T_{01}+T_{11})/T$ 的情况下总的最大似然函数值；第二项为观测数据的最大似然函数值。

条件覆盖总的测试统计量为

$$\mathrm{LR}_{cc}=\mathrm{LR}_{uc}+\mathrm{LR}_{ind}$$

式中的每一构成部分相互独立，都渐近服从卡方分布 $\chi^2(1)$。如果 $\mathrm{LR}_{cc}>5.991$，则拒绝 95%的测试置信水平。如果 $\mathrm{LR}_{ind}>3.841$，则可以只拒绝独立项。

例如，2008 年，摩根大通银行观测到 252 天中有 20 个特例发生，即 $\pi=7.9\%$。如表 5-21 所示，这些特例中，6 个特例紧接前一天特例发生，而另外 14 个特例的前一天没有发生特例。定义的条件概率为 $\pi_0=14/232=6\%$，$\pi_1=6/20=30\%$。这说明特例发生后，似乎有很高的概率再发生另一次特例。将这些数据代入式（5-36），得到 $\mathrm{LR}_{ind}=9.53$。因为高于其临界值 3.84，所以我们可以在 5%的置信水平下拒绝特例独立的假设。特例似乎非正常地聚集在一个时间发生。因此，风险经理可能应改用其他随机模型来计算 VaR 模型。

表 5-21　摩根大通银行的特例天数

当天	条件		无条件
	前一天没有出现特例	前一天出现特例	
没有出现特例	218	14	232
出现特例	14	6	20
总计	232	20	252

在 5.4 节中，我们也讨论了对于 h 期的损失分布的 VaR 估计。为了对 h 期估计值使用上面的检验方法，我们必须将返回测试建立在非重叠周期的基础上。例如，如果我们计算两周的 VaR，则将对每两周发生的实际损失和 VaR 估计值进行比较，这显然将使得特例的样本量非常小，而我们将使用这些数据来评估模型的优劣。我们也可以关注有相互重叠的区间，比如可以每天记录发生在过去两周的损失值。然而，这将会使得建立一个用于正式推断的相互独立的伯努利实验序列变得非常困难。

5.5.4　ES 返回测试

类似地，我们使用有关 VaR 特例的信息来对预期损失（ES）的估计进行返回测试。

用 ES_{α}^{t} 表示条件损失分布 $F_X|F_t$ 的预期损失，并定义特例残值为

$$K_{t+1}=\begin{cases}0, & L_{t+1}\leqslant \mathrm{VaR}_{\alpha}^{t}\\ \left(\dfrac{L_{t+1}-\mathrm{ES}_{\alpha}^{t}}{\mathrm{ES}_{\alpha}^{t}-\mu_{t+1}}\right), & L_{t+1}>\mathrm{VaR}_{\alpha}^{t}\end{cases}$$

式中，$\mu_{t+1}=E(L_{t+1}|F_t)$。

下面说明为什么要用 $\mathrm{ES}_{\alpha}^{t}-\mu_{t+1}$ 来调整残值的大小。根据预期损失的定义，对于一个连续的损失函数，有 $E(K_{t+1}|F_t)=0$ 成立，从而特例残值 K_t 的序列形成一个鞅差序列。在下面更强的假设下，我们可以把它作为预期损失估计的返回测试的基础。

对于所有 t，我们假设产生损失的随机过程 L_t 都可以表示为

$$L_t=\mu_t+\sigma_t Z_t$$

式中，μ_t 是一个 F_{t-1} 可测的条件均值项，σ_t 是一个 F_{t-1} 可测的波动率，Z_t 是一个标准正态新息 SWN(0,1)。例如，ARMA-GARCH 过程将满足这一形式。在这个假定下，我们有$\mathrm{ES}_{\alpha}^{t}=\mu_{t+1}+\sigma_{t+1}\mathrm{ES}_{\alpha}(Z)$，其中，$\mathrm{ES}_{\alpha}(Z)$ 表示新息 Z 分布的预期损失。然后可以计算

$$K_{t+1}=\left(\frac{Z_{t+1}-\mathrm{ES}_{\alpha}(Z)}{\mathrm{ES}_{\alpha}(Z)}\right)I_{\{Z_{t+1}>q_{\alpha}(Z)\}}$$

从而特例残值 K_t 形成一个均值为零的独立同分布变量的序列，在零处的概率质量大小为 α。

在原假设（VaR 模型正确）下，构造特例残值的经验值

$$\widehat{K}_{t+1}=\left(\frac{L_{t+1}-\widehat{\mathrm{ES}}_{\alpha}^{t}}{\widehat{\mathrm{ES}}_{\alpha}^{t}-\widehat{\mu}_{t+1}}\right)\widehat{\mathrm{Hit}}_{t+1}$$

式中，$\widehat{\mathrm{ES}}_{\alpha}^{t}$ 表示 t 时刻 ES_{α}^{t} 的估计值，$\widehat{\mathrm{Hit}}_{t+1}$ 是前面定义过的 VaR 特例序列，$\widehat{\mu}_{t+1}$ 是条件均值的估计值，$\widehat{K}_{t+1}$ 是均值为零且独立同分布的变量序列。因此，通过对$\widehat{K}_{t+1}$ 做均值为零的 t 检验就可以验证原假设，也可以使用自助法（bootstrap）检验。

需要注意的是，条件均值 μ_{t+1} 并不总是估计出来的（尤其是对于 EWMA 的方法），而且一般当它被估计时，经常接近于零。基于这个原因，我们可直接设定 $\mu_{t+1}=0$ 来简化计算。

5.5.5 返回测试实证结果

我们将前面提到的估计方法应用于本章的 4 只股票投资组合，并对得到的 VaR 估计结果进行返回测试。在进行返回测试时，我们使用过去 1 000 天的风险因子的历史数据 $X_{t-999},\cdots,X_t$，通过以下方法对 $t+1$ 日进行所有的 VaR 估计。因此本部分建模过程仅使用 4 年（2017 年 4 月—2021 年 3 月）数据，之后的返回测试检验使用最后一年（2021 年 4 月—2022 年 3 月）数据。

下面简要说明用于比较的方法的参数设定和估计方法[①]：

● 方差-协方差法（VC）：方差和协方差采用样本方差和样本协方差矩阵。

● 历史模拟法（HS）：使用 5.3.2 节所述的历史模拟法，VaR 采用经验分位数来估计。

● 历史模拟法＋极值分布（HS. EVT）：使用 5.3.2 节所述的历史模拟法，VaR 采用广义帕累托分布估计。

● 动态历史模拟法-正态新息分布（DHS. norm）：使用 5.3.3 节所述的动态历史模拟法获取损失数据，建立 AR-GARCH 模型拟合数据，新息分布是标准正态分布，模型参数是通过 QML 和 EVT 估计得到的，VaR 使用式（5－20）估计。

● 动态历史模拟法-学生 t 新息分布（DHS. t）：使用 5.3.3 节所述的动态历史模拟法获取损失数据，建立 AR-GARCH 模型拟合数据，新息分布是标准 t 分布，模型参数是通过 QML 和 EVT 估计得到的，VaR 使用式（5－20）估计。

● Copula 多元分布（Cop）：采用 Copula 连接函数加边际分布的多元分布构造方式，对 4 只股票的对数收益率建模（参考例 4-18 的结论，选取 t Copula 和广义双曲边际分布），根据拟合得到的多元分布，生成 4 只股票的日收益率模拟值（100 万次），采用蒙特卡罗经验分位数的方式估计 VaR。

● 广义双曲多元分布（GHyp）：对收益率分布选取合适的广义双曲多元分布（参考 4.2 节的结论，选择非对称正态逆高斯分布），用最大似然函数估计参数，根据拟合得到的多元分布，生成 4 只股票的日收益率模拟值（100 万次），使用蒙特卡罗经验分位数的方式估计 VaR。

● 几何布朗运动（geometric Brownian motion，GBM）：产生 4 只股票的价格路径，计算组合的价值路径，VaR 采用经验分位数来估计。

返回测试汇总如表 5－22 所示。表 5－22 的第一部分列出了每种方法下 99%VaR 的特例天数，按年度分布，最后一列展示了过去 5 年的特例总天数。根据 99%VaR 水平，理论上应有 1%的天数会出现特例。在整个 5 年测试期内（972 天），理论预期的特例天数应为约 9.72 天。

从表 5－22 中可以看出，方差-协方差法（VC）和几何布朗运动（GBM）在整个周期内给出了最多的特例天数（20 天），这明显高于预期的 9.72 天。而基于 t 分布的动态历史模拟法-学生 t 新息分布（DHS. t）有 16 个特例天数，尽管也高于预期，但相比 VC 和 GBM 更接近理论值。HS 和 HS. EVT 模型均有 17 个特例天数，表现略逊于 DHS. t。从各年份的特例天数来看，2020/4—2021/3 期间，DHS. t、HS 和 HS. EVT 表现最为准确，它们的特例天数为 2 天，几乎与理论预期的 2.43 天完全一致。而 VC 和 GBM 模型在同一期间的特例天数为 4 天，虽然略高于预期，但表现相对较好。相比之下，其他模型在此期间的特例天数则偏离预期较多。

① 案例代码可从中国人民大学出版社的网站下载。

表 5－22　返回测试汇总表

模型		2018/4—2019/3（242 天）	2019/4—2020/3（244 天）	2020/4—2021/3（243 天）	2021/4—2022/3（243 天）	全部时间（972 天）
VaR 特例天数	VC	6	6	4	4	20
	HS	5	6	**2**	4	17
	HS. EVT	6	5	**2**	4	17
	DHS. norm	6	5	3	6	20
	DHS. t	5	3	**2**	6	16
	Cop	6	5	3	4	18
	GHyp	6	6	3	4	19
	GBM	6	6	4	4	20
正态近似检验	VC	**2. 313**	**2. 291**	1. 012	1. 012	**3. 314**
		(0. 021)	**(0. 022)**	(0. 311)	(0. 311)	**(0. 001)**
	HS	1. 667	**2. 291**	0. 277	1. 012	**2. 347**
		(0. 096)	**(0. 022)**	(0. 782)	(0. 311)	**(0. 019)**
	HS. EVT	**2. 313**	1. 647	0. 277	1. 012	**2. 347**
		(0. 021)	(0. 100)	(0. 782)	(0. 311)	**(0. 019)**
	DHS. norm	**2. 313**	1. 647	0. 367	**2. 302**	**3. 314**
		(0. 021)	(0. 100)	(0. 713)	**(0. 021)**	**(0. 001)**
	DHS. t	1. 667	0. 360	0. 277	**2. 302**	**2. 024**
		(0. 096)	(0. 719)	(0. 782)	**(0. 021)**	**(0. 043)**
	Cop	**2. 313**	1. 647	0. 367	1. 012	**2. 669**
		(0. 021)	(0. 100)	(0. 713)	(0. 311)	**(0. 008)**
	GHyp	**2. 313**	**2. 291**	0. 367	1. 012	**2. 992**
		(0. 021)	**(0. 022)**	(0. 713)	(0. 311)	**(0. 003)**
	GBM	**2. 313**	**2. 291**	1. 012	1. 012	**3. 314**
		(0. 021)	**(0. 022)**	(0. 311)	(0. 311)	**(0. 001)**
非条件覆盖似然比检验	VC	3. 790	3. 730	0. 857	0. 857	**8. 412**
		(0. 052)	(0. 053)	(0. 354)	(0. 354)	**(0. 004)**
	HS	2. 125	3. 730	0. 082	0. 857	**4. 502**
		(0. 145)	(0. 053)	(0. 775)	(0. 354)	**(0. 034)**
	HS. EVT	3. 790	2. 082	0. 082	0. 857	**4. 502**
		(0. 052)	(0. 149)	(0. 775)	(0. 354)	**(0. 034)**
	DHS. norm	3. 790	2. 082	0. 126	3. 760	**8. 412**
		(0. 052)	(0. 149)	(0. 723)	(0. 053)	**(0. 004)**
	DHS. t	2. 125	0. 121	0. 082	3. 760	3. 430
		(0. 145)	(0. 728)	(0. 775)	(0. 053)	(0. 064)

续表

模型		2018/4—2019/3（242 天）	2019/4—2020/3（244 天）	2020/4—2021/3（243 天）	2021/4—2022/3（243 天）	全部时间（972 天）
非条件覆盖似然比检验	Cop	3.790	2.082	0.126	0.857	**5.694**
		(0.052)	(0.149)	(0.723)	(0.354)	**(0.017)**
	GHyp	3.790	3.730	0.126	0.857	**6.999**
		(0.052)	(0.053)	(0.723)	(0.354)	**(0.008)**
	GBM	3.790	3.730	0.857	0.857	**8.412**
		(0.052)	(0.053)	(0.354)	(0.354)	**(0.004)**
条件覆盖似然比检验	VC	4.126	**6.139**	1.005	1.005	**9.067**
		(0.127)	**(0.046)**	(0.605)	(0.605)	**(0.011)**
	HS	2.358	**6.139**	0.112	1.005	5.597
		(0.308)	**(0.046)**	(0.946)	(0.605)	(0.061)
	HS. EVT	4.126	5.211	0.112	1.005	5.597
		(0.127)	(0.074)	(0.946)	(0.605)	(0.061)
	DHS. norm	4.126	5.211	0.206	**6.162**	**11.845**
		(0.127)	(0.074)	(0.902)	**(0.046)**	**(0.003)**
	DHS. t	2.358	5.503	0.112	**6.162**	**8.477**
		(0.308)	(0.064)	(0.946)	**(0.046)**	**(0.014)**
	Cop	4.126	2.313	0.206	1.005	**6.391**
		(0.127)	(0.315)	(0.902)	(0.605)	**(0.041)**
	GHyp	4.126	**6.139**	0.206	1.005	**7.785**
		(0.127)	**(0.046)**	(0.902)	(0.605)	**(0.020)**
	GBM	4.126	**6.139**	1.005	1.005	**9.067**
		(0.127)	**(0.046)**	(0.605)	(0.605)	**(0.011)**

注：VC 表示方差-协方差法，HS 表示历史模拟法，HS. EVT 表示历史模拟法＋极值分布，DHS. norm 表示动态历史模拟法-正态新息分布，DHS. t 表示动态历史模拟法-学生 t 新息分布，Cop 表示 Copula 多元分布，GHyp 表示广义双曲多元分布，GBM 表示几何布朗运动。小括号内是统计量的 p 值，加粗表示在 5%的显著性水平下检验显著。

表 5－22 的第二、三、四部分分别给出了正态近似检验、非条件覆盖似然比检验以及条件覆盖似然比检验的统计量和对应的 p 值。在 5%的显著性水平下，若 p 值小于 0.05，则拒绝“VaR 模型正确”这一原假设（显著的结果在表中用黑体加粗）。以正态近似检验为例，在 2018/4—2019/3 这一年中，对于许多方法来说都存在问题，只有 HS 和 DHS. t 保留了原假设，说明只有这两个模型正确预测了 VaR。而在 2020/4—2021/3 这一年，所有方法均保留了原假设，均正确预测了 VaR 的值。

需要注意的是，表 5－22 中展示的 VaR 模型大多是相对简单的时间序列模型，没有考虑杠杆效应、动态相关性或市场状态转换等更复杂的模型，而这些方法通常能够显著提升模型的表现。未来研究可以探索这些改进模型的应用，以进一步提高风险预测的准确性。

参考文献及扩展阅读

［1］Ruey S. Tsay. 金融数据分析导论——基于 R 语言. 李洪成，尚秀芬，郝瑞丽，译. 北京：机械工业出版社，2013.

［2］Ruey S. Tsay. 金融时间序列分析：第 3 版. 王远林，王辉，潘家柱，译. 北京：人民邮电出版社，2012.

［3］Alexander J. McNeil，Rüdiger Frey，Paul Embrechts. 量化风险管理——概念、技术和工具（修订版）. 卜永强，译. 北京：电子工业出版社，2020.

［4］韦艳华，张世英. Copula 理论及其在金融分析上的应用. 北京：清华大学出版社，2008.

［5］菲利普·乔瑞. 风险价值 VAR——金融风险管理新标准：第 3 版. 郑伏虎，万峰，杨瑞琪，译. 北京：中信出版社，2010.

［6］约翰·赫尔. 风险管理与金融机构：第 5 版. 王勇，董方鹏，张翔，译. 北京：机械工业出版社，2021.

［7］米歇尔·克劳伊，丹·加莱，罗伯特·马克. 风险管理精要：第 2 版. 路蒙佳，译. 北京：中国金融出版社，2016.

［8］米歇尔·科罗赫，丹·加莱，罗伯特·马克. 风险管理. 曾刚，罗晓军，卢爽，译. 北京：中国财政经济出版社，2005.

［9］Ho，T. S. and Lee，G. (1986). Term structure movements and pricing interest rate contingent claims. Journal of Finance，41(5)：1011－1029.

［10］Hull，J. and White，A. (1990). The pricing of options and corporate liabilities. Journal of Financial Economics，2(3)：3－51.

［11］Cox，J. C.，Ingersoll，J. E.，Ross，S. A. (1985). A general theory of affine interest rate models. Econometrica，53(2)：385－407.

［12］Danielsson，J. and de Vries，C. G. (2000). Value-at-risk and extreme returns. Annales d'Économie et de Statistique，60：239－270.

［13］Danielsson，J. and de Vries，C. G. (1997). Tail index and quantile estimation with very high frequency data. Journal of Empirical Finance，4：241－257.

［14］Davison，A. C. and Smith，R. L. (1990). Models for exceedances over high thresholds. Journal of the Royal Statistical Society：Series B，52(3)：393－442.

［15］Dekkers，A. L. M. and De Haan，L. (1989). On the estimation of extreme value index and large quantile estimation. Annals of Statistics，17(4)：1795－1832.

［16］Duffe，D. and Pan，J. (1997). An overview of value at risk. Journal of Derivatives，4(3)：7－49.

［17］Embrechts，P.，Klüppelberg，C.，Mikosch，T. Modelling extremal events for insurance and finance. Berlin：Springer，1997.

［18］Kupiec，P. (1995). Techniques for verifying the accuracy of risk measurement models. Journal of Derivatives，3(2)：73－84.

［19］Christoffersen，P. F. (1998). Default prediction error for testing asset and liability models. Journal of Derivatives，6(1)：17－32.

第 6 章

市场风险管理

市场风险管理的目标是最大化资产收益率，同时将市场风险控制在企业能够或愿意承受的合理范围内。在实践中，市场风险管理主要从以下几个方面来展开：首先是交易产品线的市场风险控制，例如固定收益、外汇、大宗商品、信用产品等产品线。目的是控制单一市场变量风险，例如价格涨跌、波动率上升等给产品带来的影响。通常情况下，交易前台人员会通过套期保值或对冲手段来控制单一市场变量风险敞口，以确保风险控制在可承受的范围内。其次是在交易层面上进行投资组合策略的制定，需要在风险和收益之间进行权衡。这可以通过在给定期望风险水平下最大化期望收益，或者在给定期望收益水平下最小化期望风险来实现。最后是测算整个投资组合的 VaR，并决定整体风险是否可接受。在此基础上，对整体风险进行分解，辨别哪类资产或风险因子对整体风险影响最大，继而进行套期保值或限制交易额度以控制交易员的风险。这些限额可以根据预期风险和收益进行权衡和调整。

以一家国际投资银行的交易业务为例，该业务所面临的市场风险源于多个风险因子变量（如利率、汇率、股价）未来变化的不确定性。为了减少风险因子变动对交易组合价值的影响，交易平台（前台）会指定交易员来管理特定的风险因子。例如，交易平台可能会指定一个交易员（或一组交易员）来管理所有美元/日元汇率交易。在每个交易日结束时，交易员需要确保相关的交易额度在交易平台事先设定的额度范围之内。如果在交易日接近结束时，交易员发现某些交易额度可能会超过交易平台规定的额度限制，那么交易员需要获得批准来继续持有当前头寸，或进行新的对冲交易来减少头寸以符合额度要求。

风险管理人员在中台对市场风险实施风险聚集管理，其中的管理过程包括每天结束时对银行市场风险进行汇总，以计算银行所面临的由市场变动引发的整体风险。在对风险进行汇总后，风险管理人员希望能够有效地分解自身所面临的风险，并且希望自身所面临的市场风险能够被控制在足够小的范围内。当市场风险量达到不可接受的程度时，可能会导致潜在的财务损失或其他不利后果。因此，人们需要找出市场风险的根源，并采取相应的措施来应对这些风险。这些措施包括增加对冲头寸、调整投资组合的权重、减少或退出某些风险敞口或者增加保险等。此外，还可以采用不同的风险管理策略，例如对冲分散化投资、风险转移和风险分散等，以降低市场风险的影响。银行还需要对这些措施进行监控和评估，以确保它们的有效性和适应性，并且在必要时进行调整。综合来说，风险管理人员需要采取一系列的措施来控制和管理市场风险，以确保其业务的可持续性和长期盈利能力。

本章主要涵盖了四种投资组合管理策略，包括对冲、基于 VaR 的投资组合管理、最优投资组合管理和 Black-Litterman 资产配置模型。对冲是一种有效的风险管理和控制策略，可以通过建立相反的头寸来减小投资组合的风险敞口。基于 VaR 的投资组合管理是通过测算投资组合的 VaR 来确定投资组合的最大可能损失，并控制投资组合的 VaR 来限制其风险水平。最优投资组合管理是通过优化不同资产的权重来实现最高收益率和最小风险的投资策略，使用了多种方法，如马科维茨组合理论和资本资产定价模型（capital asset pricing model，CAPM）。Black-Litterman 资产配置模型结合了马科维茨组合理论和贝叶斯推断方法来优化投资组合的收益率和风险水平，并考虑了投资者的个人偏好和市场的预期收益率。这些投资组合管理策略都可以帮助投资者实现风险和收益的平衡，并在不同的市场环境下做出更加准确的投资决策。本章将详细介绍这些策略的原理、方法和应用，并提供实际案例以帮助读者深入理解和运用这些策略。

6.1 对冲

对冲是一种在市场行情不如预期时，可以降低风险并保护投资组合的策略。对冲的主要目的是通过在资产或投资中采取抵消头寸的方式，降低现有头寸的价格风险，以避免潜在的财务损失。无论是基础资产还是衍生品资产，都可以通过建立一种交易组合，使其中一项投资的损失被可比衍生品或现货的收益减轻或抵消。例如，一个投资者可以在某只特定股票上建立一个看跌期权头寸，以保护其当前持有的股票头寸免受价格下跌带来的风险。此外，对冲也可以通过使用期货或互换等衍生品来降低投资组合的风险。

衍生品是一种金融产品，与一种或多种标的资产有关，包括期权、掉期、期货和远期合约等。标的资产可以是股票、债券、商品、货币、指数或利率等。衍生品的价值是基于标的资产的价格波动而变化的。由于衍生品的特殊性质，它们可以用来对冲投资组合的价格风险，同时也可以用于投机和套利等目的。例如，投资者可以使用股票期权来对冲其股票持仓的价格风险，或者利用股票期权进行投机或套利交易。

6.1.1 套期保值

为了有效地管理企业的风险，最常见的对冲形式是套期保值。套期保值通常是指在远期（期货）市场上买入（或卖出）与现货市场交易方向相反、数量相等的同种商品的期货合约。这种策略可以帮助企业规避未来的价格波动所带来的风险，并且无论未来现货市场价格如何波动，最终都能取得在一个市场上亏损的同时在另一个市场盈利的结果。同时，亏损额与盈利额大致相等，从而达到规避风险的目的。

例如，在航空业，航空公司的盈亏依赖于燃料价格。如果预计未来石油价格上涨，航空公司的成本将会上升，这将导致股价下跌。持有航空股的投资者可以通过购买石油期货来对冲风险敞口。当油价上涨时，航空公司股票下跌，但与此同时，石油期货会升值。这就是石油期货对冲航空公司股票的运作方式。通过套期保值，企业和股东可以降低经营风险，提高长期稳定性。因此，了解套期保值策略及其应用对企业风险管理至关重要。

套期保值的基本做法如下：交易者在现货市场买进（卖出）某种基础资产，同时再做一笔与现货交易品种、期限以及数量等都相当，但方向却相反的期货交易。套期保值主要分为两类：一类是多头套期保值，另一类是空头套期保值。多头套期保值是指持有现货空头的交易者预期未来现货价格上涨会给自己造成损失，通过选择一个买入期货合约，以保证在未来某个时间以固定价格买入基础资产，从而规避价格上涨的风险；空头套期保值是指交易者持有现货多头，但是担心未来现货价格下跌，于是在期货市场进行卖出期货合约操作，以达到规避风险的目的。通过卖出期货合约，交易者可以在未来某个时间以固定价格卖出基础资产，从而规避未来价格下跌的风险。两类套期保值的不同之处主要是基于交易者不同的持有类型。多头套期保值适用于持有现货空头的交易者，而空头套期保值适用于持有现货多头的交易者。套期保值对于企业来说是一种重要的风险管理工具，可以有效规避价格波动带来的风险。

例 6-1　已知 7 月 1 日欧元兑美元的即期汇率是 0.946 5（即 1 欧元＝0.946 5 美元）。欧元 9 月期货的交易价是 0.946 0 美元。一家公司需要在 7 月 31 日用美元买入 100 万欧元。该公司对 7 月 1 日的汇率表示满意，但担心欧元或许会在下个月升值。因此，这家公司决定按 0.946 0 美元的价格购买 8 份欧元 9 月合同（每份标的 12.5 万欧元），并在 7 月 31 日出售这 8 份欧元期货合同，希望以此锁定 7 月 1 日的汇率。下面展示以下两种情形下使用期货保值的效果：

（1）到 7 月 31 日，即期欧元/美元的汇率增加到 0.958 9 美元，9 月期货价格变为 0.958 4 美元。

（2）即期欧元/美元汇率降到 0.940 5，9 月期货价格变为 0.94 美元。

该公司在 7 月 1 日按即期汇率的标的付款额是 0.946 5×1 000 000＝946 500 美元。买入 8 份欧元合同使公司在 9 月份的交割日必须花 94.6 万美元（按 0.946 0）购入 100 万欧元。但是，公司需要在 7 月 31 日买入欧元，而不是在 9 月，这样它就可以通过其期货合同的平仓和 7 月 31 日在即期市场上买进欧元的方式达到这个目标。

两种情形下远期外汇合同的保值效果如表 6-1 所示。

表 6-1　两种情形下远期外汇合同的保值效果

	情形 1		情形 2	
	欧元/美元	美元	欧元/美元	美元
期货保值（8 份合同）				
7 月 1 日：按右侧汇率买入 100 万欧元	0.946 0	946 000	0.946 0	946 000
7 月 31 日：按右侧汇率出售 100 万欧元	0.958 4	958 400	0.940 0	940 000
在期货市场上的损益		＋12 400		－6 000
现金交易				
7 月 31 日：按右侧实际汇率买入 100 万欧元	0.958 9	958 900	0.940 5	940 500
欧元的净成本		946 500		946 500

通过上述例子可以看出，套期保值的成功在于期货和现货的价格被相同的市场因素与非市场因素影响和制约，而且由于期货合约到期必须进行实货交割的规定，当期货合约临近到期日时，两者价格的差异往往接近于零，否则就有套利的机会。因此，在到期日前，期货和现货价格具有高度的相关性。当投资者在两个市场进行反向操作时，就可以实现相互冲销的效果，从而达到保值的目的。

例 6-1 只是描述了期货市场盈利刚好等于现货市场亏损的完全套期保值的情形，然而在实际的套期保值交易中，期货市场和现货市场的价格变动幅度可能不相等，从而会面临基差风险。基差是指在某一时点商品的现货价格和期货价格的差额。虽然现货价格和期货价格的走势基本相同，但是其变动幅度有差异，这会导致基差不断变化。当现货价格高于期货价格时，基差为正，此时称为现货升水，反之则称为现货贴水。基差的变化会影响套期保值的效果。如果基差变化不利于套期保值交易，就可能导致套期保值的效果不如预期。当基差走弱时，现货价格的增长速度低于期货价格的增长速度。如果是多头套期保值，那么期货市场获得的盈利就大于现货市场上的亏损，此时套期保值不仅可以规避风险并成功锁定利润，还可以获取一定的盈利。反之，当基差走强时，现货价格的下跌速度低于期货价格的下跌速度。如果是多头套期保值，那么期货市场获得的盈利同样大于现货市场产生的亏损。因此，投资者在进行套期保值交易时，需随时监测基差的变化，并根据市场情况及时调整自己的交易策略，以最大限度地减少基差风险。

在套期保值交易过程中，除了基差风险外，投资者还需要面对财务风险，即在套期保值过程中可能会出现保证金不足的情况。为了防范违约风险，期货交易所会对买卖双方同等收取保证金，并且采用逐日盯市的原则，保证金账户的金额会随着商品价格波动而不断变化。交易所根据期货品种来设定初始保证金和最低保证金标准，并根据市场风险状况对保证金水平进行调节。当一方出现保证金不足时，交易所会实施强制性追加或强平的措施，以保障兑付能力，保证交易过程公平公正。但是，期货市场的保证金制度具有杠杆效应，它可以使投资者的交易金额被放大，但同时也会使投资者的收益或承担的风险加倍。

例如，假设某投资者购买了 58 万美元的期货合约，初始保证金率为 5%。这意味着他只需要先支付 2.9 万美元的初始保证金，就可以控制 58 万美元的期货交易。如果合约价值在下个月稳步上涨至 60 万美元，他就无须再支付额外的保证金。当他平仓并获得 2 万美元的收益时，最初支付的 2.9 万美元保证金也将退还到他的账户。在这种情况下，这个月的投资收益率为 20 000/29 000≈69%。相比之下，如果他用全部 58 万美元来购买合约，收益率只有 3.45%。当然，同样百分比的损失也可能发生，有时甚至可能高于初始投入的数倍。

除了期货市场，期权也可以用于对冲价格波动带来的投资组合变化。以下案例说明在某些情况下，期权可能更适合用于对冲现货价格风险。

例 6-2 英国 Tartan 公司被邀请参加瑞士的一个合同的竞标，竞标的价格以瑞士法郎表示。Tartan 公司认为合同的成本是 185 万英镑。由于竞标比较激烈，Tartan 公司准备的报价是 200 万英镑，由于当前汇率是 1 英镑＝1.13 瑞士法郎，所以它报的瑞士法郎报价是 226 万瑞士法郎。这个合同在 6 个月之后才会签署，但是一旦签署，竞标的获胜方就会支付合同的全款。

在这个例子中，Tartan 公司面临合同是否中标和英镑升值/贬值两两组合这四种情形，风险来自合同是否中标以及将来英镑兑瑞士法郎汇率的波动可能会导致其收入和成本之间的不匹配。如果英镑贬值，则公司将需要支付更多英镑来购买瑞士法郎以支付成本和税费，从而降低公司的利润。另外，如果英镑升值，公司可能会失去与其他竞标者的竞争优势，因为它们的价格可能会更高。

假设合同中标的概率是 0.8，6 个月后英镑升值的概率是 0.5，汇率变为 1 英镑＝1.16 瑞士法郎；贬值的概率是 0.5，汇率变为 1 英镑＝1.10 瑞士法郎。Tartan 公司为了应对货币风险，考虑运用远期或期权两类衍生品工具进行应对。下面我们对比两种策略的结果。

方案一：采用远期合约应对汇率的变化。

考虑到中标的可能性较大，Tartan 公司签订一个出售 226 万瑞士法郎的远期汇率合同以应对英镑贬值风险。假设远期汇率是 1 英镑＝1.13 瑞士法郎，按照公司签订的有约束力的合同，它在 6 个月后要出售 226 万瑞士法郎换取 200 万英镑。注意，无论合同是否中标，该公司都要履行合同义务。表 6－2 给出了四种情形下的损益情况。

表 6－2　使用远期合约四种情形下的利润计算　　单位：英镑

合同	操作	情形 1：英镑贬值（概率＝0.5）	情形 2：英镑升值（概率＝0.5）
中标（概率＝0.8）	0 时：成本 185 万英镑	－1 850 000	－1 850 000
	6 个月后：根据远期合同，将 226 万瑞士法郎按照 1∶1.13 的远期汇率出售	2 000 000	2 000 000
	利润	150 000	150 000
不中标（概率＝0.2）	0 时：根据远期合同，在 6 个月后按照 1∶1.13 的远期汇率出售 226 万瑞士法郎	2 000 000	2 000 000
	6 个月后：按照 1∶1.16（英镑升值）或 1∶1.10（英镑贬值）的即期汇率买入 226 万瑞士法郎（以履行合同义务）	－2 054 545	－1 948 276
	利润	－54 545	51 724
利润合计	119 717.9		

方案二：使用货币期权。

在竞标时，Tartan 公司在场外购买了一份 6 个月后出售 226 万瑞士法郎的卖方期权，选择的成交价可以是 1 英镑＝1.13 瑞士法郎。假设溢价成本是 2 万英镑。有以下四种情形发生：

（1）如果 Tartan 公司没有中标，并且期权到期变成虚值期权（即英镑贬值），公司所面临的结果是最坏的结果，即损失现在支付的 2 万元。

（2）如果公司没有中标，但期权到期时仍然是实值期权，这时公司可以按当前即期汇率买入 226 万瑞士法郎，并通过行使期权来按 1 英镑＝1.13 瑞士法郎的汇率卖掉这些瑞士法郎。通过货币期权交易实现的收益可以抵消当初的2万英镑的溢价成本。

（3）如果公司中标了，而此时英镑升值了，那么，公司可以选择行使卖方期权，按1英镑＝1.13瑞士法郎的汇率出售226万瑞士法郎，从而得到200万英镑。这样就可以避免在市场上直接出售瑞士法郎而得到较少数目的英镑。

（4）如果公司中标了，但英镑贬值了，即期英镑/瑞士法郎的汇率会低于1.13的成交价，这时Tartan可以不行使期权，而是按照市场上1英镑＝1.10瑞士法郎的即期汇率出售226万瑞士法郎，得到205.45万英镑。此时，它的成本包括项目成本加放弃使用期权的成本，一共是187万英镑。

计算结果见表6-3。

表6-3　使用期权合约四种情形下的利润　　单位：英镑

情形	操作	成本	收益	利润
中标且英镑贬值（概率＝0.8×0.5）	不行使期权，按即期汇率1∶1.10出售226万瑞士法郎	1 870 000	2 054 545	184 545
中标且英镑升值（概率＝0.8×0.5）	行使期权，按汇率1∶1.13出售226万瑞士法郎	1 870 000	2 000 000	130 000
不中标且英镑贬值（概率＝0.2×0.5）	不行使期权	20 000	0	－20 000
不中标且英镑升值（概率＝0.2×0.5）	按即期汇率1∶1.16买入226万瑞士法郎，并行使期权按汇率1∶1.13卖出	20 000	51 724	31 724
合计				126 990.4

注意：在实际应用中，如果能够事先知道有关的日期，货币期权的有效期限可以从Tartan公司发标时起一直到瑞士采购方给予公司合同时止。此后至公司收到销售收益时的一段期间内的风险可以通过远期合同来解决。

6.1.2 delta对冲

如果投资者持有包含衍生品的投资组合，则对冲交易相对于简单的套期保值要复杂得多。这是因为影响组合价值的因素不仅仅是标的资产价格、利率、波动性和时间等基本因子，还包括衍生品自身的风险因子。在第2章和第5章中，我们已经讨论了一系列希腊字母来表示衍生品的风险因子。含有衍生品的投资组合的对冲策略的目的是通过构建现货和衍生品市场之间的投资组合来实现中性对冲。中性对冲的含义是，当希腊字母的值为0时，我们可以认为对冲是中性的。与希腊字母对应的对冲策略主要包括delta中性对冲、gamma中性对冲和vega中性对冲等。

delta衡量的是当标的资产价格变化1个单位时，衍生品价格会变化多少个单位。通常情况下，交易组合的价值与市场变量的delta之间的关系可以用以下公式表示：

$$\text{delta}=\frac{\Delta V}{\Delta S} \tag{6-1}$$

式中，delta表示衍生品组合的delta值，ΔV表示衍生品组合价值的变化量，ΔS表示标的资产价格的变化量。该公式表示的是衍生品组合价值与标的资产价格之间的敏感度，即 delta 值。用微积分的术语，delta（希腊字母中为 Δ）是指交易组合价值对某一市场变量的偏导数，也就是说 delta$=\frac{\partial V}{\partial S}$。例如，如果一个交易组合的 delta 值为 0.5，意味着当标的资产价格上涨 1 个单位时，交易组合价值将上涨 0.5 个单位。投资者可以通过持有相应数量的其他衍生品和标的资产来实现对冲，以抵消标的资产价格变化对投资组合价值的影响。

举例来说，假设某位投资者持有一组与石油相关的资产，其中包含远期合约和某些奇异期权合约等衍生品，盯市总价值为 1 117 570 美元（其中一些资产价值可能为负数，这可能是因为投资者一直是期权的净卖方，或者市场走势不利于投资者）。为了评估他的交易组合所面临的风险，可以假设石油价格从目前的每桶 80 美元上涨到每桶 80.1 美元，并重新对持有的交易组合进行估价。假设石油价格变化后，他的交易组合价格从 1 117 570 美元下跌到 1 117 470 美元。由此可见，石油价格每上涨 0.1 美元，他的交易组合将损失 100 美元。因此，该交易组合对石油价格的敏感性，即 delta 值等于 1 000，相当于石油价格每上涨 1 美元，该交易组合就损失 1 000 美元。

delta 中性交易是指构建一个同时持有现货和衍生品头寸的组合，使其不受标的资产价格小幅变动的影响，从而实现对冲风险的目的。换句话说，无论标的资产价格涨跌，该组合的市值始终保持不变。在上述例子中，交易员可以买入 1 000 桶石油来消除 delta 风险，因为持有 1 000 桶石油的 delta 值也为 1 000。当石油价格每桶增加 1 美元时，持有 1 000 桶石油的组合会产生 1 000 美元的收益，从而对冲交易组合的 delta 风险，这称为 delta 对冲（delta hedging）。当买入的石油与最初的交易组合叠加后，新的交易组合的 delta 值为零，这样的交易组合称为 delta 中性（delta neutral）。

1. 线性产品的 delta 对冲

远期、期货和互换产品是金融市场中常见的线性产品，即它们的价值变化与标的资产的价值变化呈线性关系，如远期合约的价值 f_t 为

$$f_t = S_t e^{-yt} - K e^{-rt} \tag{6-2}$$

式中，S_t 是标的资产价格，K 是执行价格，y 是持有标的资产的收益率，r 是无风险收益率，t 是到期期限。远期价值 f_t 与 S_t 呈线性关系，delta$=e^{-yt}$ 是固定常数（假定 y 恒定）。由于存在线性关系，这些产品的风险很容易 delta 对冲，不受到价格波动率的影响。

例如，如果一家美国银行与一家企业做了一笔远期交易，在合约中这家银行同意在一年后以 110 万美元的价格卖给这家企业 100 万欧元。假定欧元和美元 1 年期的利率（每年复利 1 次）分别为 4%和 5%。假设当前 1 欧元等于 S_t 美元，合约价值（美元）为

$$\frac{1\ 100\ 000}{1.05} - \frac{1\ 000\ 000}{1.04} S_t \tag{6-3}$$

这表明合约的价值和汇率 S_t 呈线性关系。合约的 delta 为$-\frac{1\ 000\ 000}{1.04} \approx -961\ 538$，

这家美国银行可以通过买入 961 538 欧元来对冲风险。因为这一线性关系，delta 对冲对汇率的大小变动都能提供保护。

假设银行进行相反的交易，也就是说银行在一年后必须以 110 万美元的价格买入这家企业 100 万欧元，合约价值（美元）为

$$961\ 538S_t-1\ 047\ 619 \tag{6-4}$$

合约的 delta 为 961 538，银行可以卖空 961 538 欧元来对冲风险，即银行首先以 4%的利率借入欧元，并随即将欧元转换为美元，在一年后合约到期时，收到的欧元可以用于偿还欧元贷款。

线性产品的 delta 对冲实际上是静态对冲。一旦建立了对冲，在交易的有效期内，就不需要再调整仓位，这一特性有时被称作“保完即忘”（hedge and forget）。以前面的例子为例，银行通过远期合约，同意在一年后以 110 万美元售出 100 万欧元。为了对冲风险，银行购入了 961 538 欧元。银行能够以 4%的收益投资这笔欧元，一年后，投资的本息合计恰好是 100 万欧元，这正好就是银行完成远期合约交割所需的数额。因此，在一年内，银行都没有必要调整对冲仓位。

2. 非线性产品的 delta 对冲

期权和大多数结构性产品都属于非线性产品，它们的价格（变化）与标的资产的价格（变化）之间存在某种非线性关系，从而增加了这些产品的风险，使得静态对冲更加困难。首先，对于期权来说，标的资产的支付是不确定的，这取决于多头头寸一方（即买入期权的一方）的决策。因此无法采用买入并持有的静态对冲策略。其次，delta 值并不是固定不变的，只有在标的资产价格变化比较小的情况下，才能维持一个非线性的投资组合 delta 中性。期权价格会随着标的资产价格、波动率、时间等因素的变化而变化，使得原本 delta 中性的组合会向一边倾斜，需要不断调整对冲仓位来保持 delta 中性或接近中性，这称为动态对冲（dynamic hedging）或期权的对冲再平衡（rebalancing）。

例 6-3① 我们用一个简单的欧式期权来说明如何实现动态对冲。考虑某做市商卖出了一份欧式看涨期权合约，标的资产为沪深 300 指数，交易单位为 300 元/点，市场及期权变量如下：

（1）沪深 300 指数当前值是 4 000 点；

（2）期权执行点数是 4 200 点；

（3）无风险连续利率（年）为 3%；

（4）指数波动率（年）采用 2017—2021 年的历史数据进行估算；

（5）期权期限为 20 周。

我们假定市场上存在一只完全跟踪沪深 300 指数的 ETF 基金，单位净值（元/份）等于沪深 300 指数除以 1 000，买入和卖出的最小单位均为 1 份。卖出看涨期权（持有看涨期权空头）的交易员通过买卖该 ETF 基金进行 delta 动态对冲。

根据要求，完成以下几个步骤：

---

① 案例代码可从中国人民大学出版社的网站下载。

（1）模拟股票价格可能的未来路径以及对应的看涨期权 delta 的变化；

（2）列出计算对冲成本的公式，并举例说明；

（3）模拟 10 万次，计算对冲成本的均值。

根据 Black-Scholes 期权定价公式：$C=S_tN(d_1)-Ke^{-rT}N(d_2)$，可以得到本例中沪深 300 指数看涨期权的价值以及 delta 系数关于标的指数的理论关系式：$\Delta_{call}=N(d_1)$。

由于 1 份交易单位为 300 元/点的合约等价于 300 份交易单位为 1 元/点的合约，不失一般性，图 6－1（b）展示的是交易单位为 1 元/点的沪深 300 看涨期权的价值与 delta 系数关于零时刻沪深 300 指数的函数曲线；300 份期权对应的总价值和总 delta 系数只需要在 1 份的基础上乘以 300。

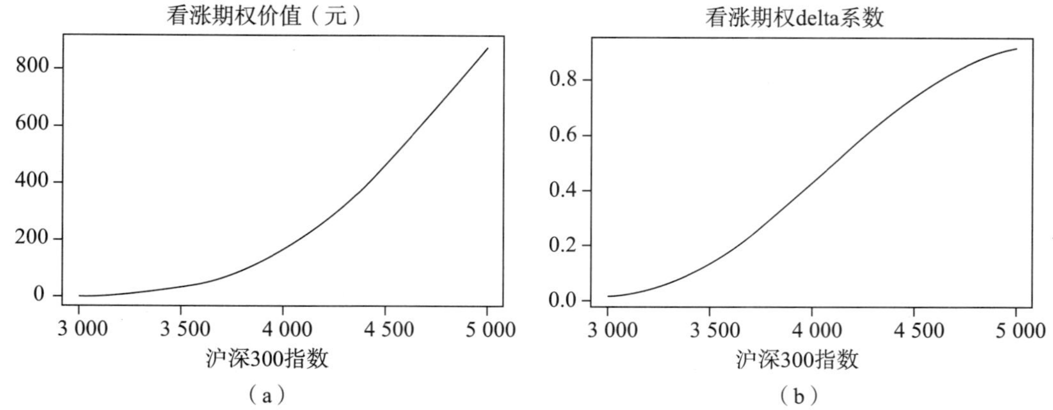

图 6－1　看涨期权价值和 delta 系数与零时刻沪深 300 指数的函数关系

图 6－1（a）显示出了看涨期权价值与沪深 300 指数的函数关系。由于该函数是非线性的，当指数较低时，期权的价值几乎为 0，指数的微小变化导致的期权价值变动也接近于 0，这意味着期权的 delta 也接近于 0（见图 6－1（b））。当初始指数较高时，比如 5 000 点，期权到期时沪深 300 指数超过执行点数的概率高，看涨期权的买方有较大可能性行权，因此期权的 delta 接近于 1.0。这是因为指数中增加（减少）的 ΔS 使期权价值增加（减少）了同样数量的 ΔS。

我们首先采用 2017—2021 年沪深 300 指数日收盘数据估算指数的年平均收益率 μ 和年平均波动率 σ。然后将 μ 和 σ 输入几何布朗运动模拟中，当前时刻（零时刻）沪深 300 指数为 4 000 点，模拟未来 20 周的指数路径，共模拟 10 万次。

我们从中任意选取 2 条模拟路径，在看涨期权到期日之前的每个时点上根据当前指数数值评估期权的动态价格和动态 delta 系数，结果见图 6－2。可以看到，在模拟路径 1 中，指数随着时间不断波动，但最终在到期日未超过执行点位 4 200 点，看涨期权的动态价格相应地振荡走低，最终收敛到 0 元，同时动态 delta 系数也最终收敛到 0；而在模拟路径 2 中，指数随着时间不断波动并最终在到期日超过执行点位 4 200 点，看涨期权的动态价格相应地振荡升高，动态 delta 系数最终收敛到 1。

本例中，由于做市商在这份看涨期权合约中属于空头方，为了对冲这部分风险敞口，交易员在零时刻卖出看涨期权后买入 ETF，构造 delta 中性组合；后续当指数下降

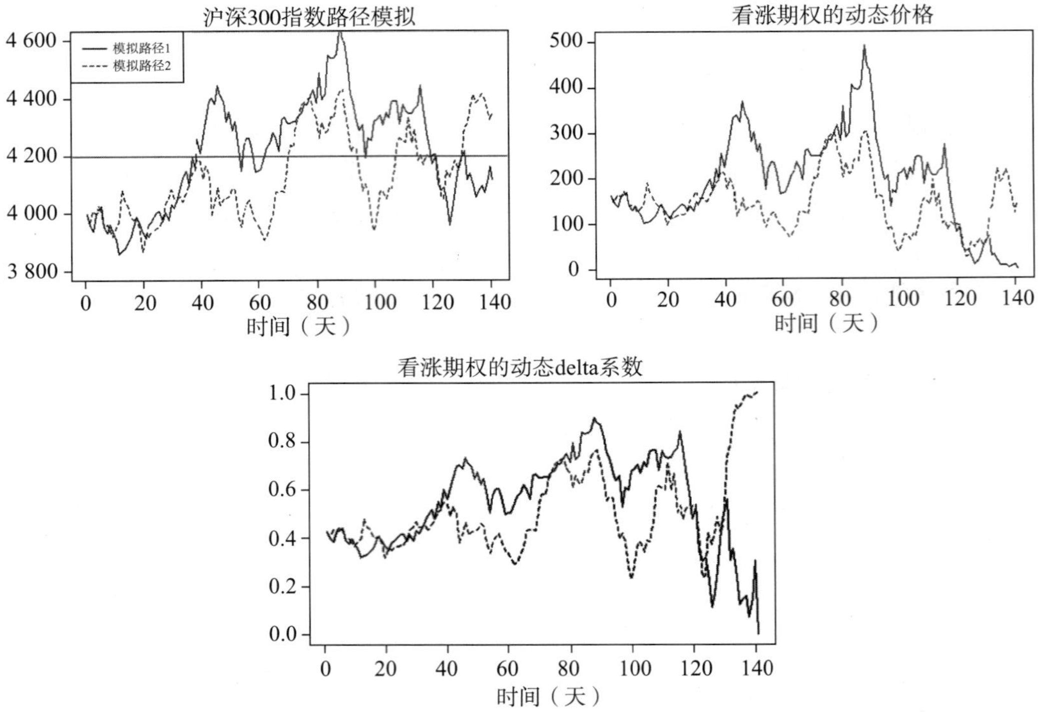

图 6-2　沪深 300 指数 20 周路径模拟及看涨期权动态价格与 delta 系数

时，期权 delta 也下降，这时卖出 ETF，反之则继续买入 ETF，始终保持组合的 delta 为零。期间，买卖 ETF 需要的成本便是对冲成本。具体计算流程如下：

首先可以算得，在零时刻，一份交易单位为 1 元/点的看涨期权 delta＝0.424 53，沿用前面的等价转换方式，交易员卖出一份交易单位为 300 元/点的看涨期权相当于卖出 300 份 1 元/点的看涨期权，因而整个交易组合（期权空头）的 delta＝－0.424 53×300＝－127.36，此时买入 127 360 份沪深 300 指数 ETF 可以与看涨期权空头构成 delta 中性组合。当沪深 300 指数有微小降低（增加）时，期权价值的收益（亏损）会被 ETF 的损失（收益）中和。例如当指数由 4 200 点涨到 4 201 点时，期权价值会增加 127.36×1＝127.36 元，因此期权空头会承受 127.36 元的损失。这正好是 ETF 价格上涨所带来的收益。

为了保证 delta 中性，对冲交易要定期进行调整，这些调整过程称为对冲再平衡过程。表 6-4 和表 6-5 根据模拟的沪深 300 指数路径展示了这一再平衡过程。假设对冲交易是每周进行一次，一年视作 52 周。在模拟路径 1（见表 6-4）的情形下，交易员在零时刻以 3%的无风险连续利率借入 509 440 元用于购买 127 360 份 ETF；一周后，沪深 300 指数降为 3 933.27 点，看涨期权的 delta 降为 0.372 92，此时应持有 111 875 份 ETF 以保持 delta 中性，因此交易员选择卖出 15 485 份 ETF（此刻 ETF 的单位净值为 3.933 27 元/份），使整个交易组合重新回到 delta 为零的状态。考虑以上借贷资金在第 1 周的利息费用，第 1 周结束时累积现金流为

$$509\ 440.00 \times \exp\left(\frac{1}{52} \times 3\%\right) - 15\ 485 \times 3.933\ 27 = 448\ 827.30(\text{元})$$

表 6-4　模拟路径 1：到期日沪深 300 指数未触发看涨期权执行

时间（周）	沪深 300 指数	delta	ETF 持有量（份）	ETF 交易量（份）	ETF 交易金额（元）	累积现金流（元）	利息（元）
0	4 000.00	0.424 53	127 360	127 360	509 440.00	509 440.00	
1	3 933.27	0.372 92	111 875	−15 485	−60 908.26	448 827.10	293.99
2	3 898.81	0.342 33	102 700	−9 175	−35 772.32	413 313.80	259.01
3	3 958.16	0.377 84	113 351	10 651	42 157.44	455 709.80	238.52
4	3 978.05	0.385 94	115 782	2 431	9 670.49	465 643.20	262.99
5	4 101.01	0.475 44	142 633	26 852	110 118.32	576 030.30	268.72
6	4 391.33	0.691 72	207 516	64 883	284 920.96	861 283.70	332.42
7	4 355.47	0.669 62	200 885	−6 631	−28 881.44	832 899.20	497.04
8	4 263.50	0.600 12	180 036	−20 849	−88 889.18	744 490.70	480.66
9	4 249.09	0.588 09	176 428	−3 608	−15 329.55	729 590.80	429.64
10	4 315.47	0.646 76	194 028	17 600	75 951.08	805 962.90	421.04
11	4 409.07	0.729 08	218 724	24 696	108 888.09	915 316.10	465.11
12	4 538.76	0.830 62	249 185	30 461	138 256.07	1 054 100.40	528.22
13	4 414.42	0.751 87	225 561	−23 624	−104 285.66	950 423.10	608.31
14	4 255.08	0.598 76	179 627	−45 934	−195 452.42	755 519.10	548.48
15	4 387.24	0.754 27	226 281	46 654	204 681.85	960 637.00	436.00
16	4 348.73	0.730 36	219 109	−7 172	−31 189.76	930 001.60	554.37
17	4 172.09	0.475 32	142 595	−76 514	−319 225.24	611 313.10	536.69
18	4 014.46	0.169 96	50 989	−91 606	−367 749.55	243 916.30	352.78
19	4 101.16	0.237 86	71 358	20 370	83 539.39	327 596.40	140.76
20	4 119.11	0.000 00	0	−71 358	−293 932.29	33 853.20	189.05
期权执行后			0	0	0.00	**33 853.20**	

注：表格中的数值是直接由程序计算的，如果按照对冲成本的公式自己验算的话，会因为四舍五入的问题存在一定误差。

表 6-5　模拟路径 2：到期日沪深 300 指数触发看涨期权执行

时间（周）	沪深 300 指数	delta	ETF 持有量（份）	ETF 交易量（份）	ETF 交易金额（元）	累积现金流（元）	利息（元）
0	4 000.00	0.424 53	127 360	127 360	509 440.00	509 440.00	
1	3 962.64	0.393 35	118 005	−9 355	−37 072.18	472 663.20	293.99
2	4 029.47	0.435 52	130 656	12 651	50 976.07	523 912.00	272.77

续表

时间（周）	沪深 300 指数	delta	ETF 持有量（份）	ETF 交易量（份）	ETF 交易金额（元）	累积现金流（元）	利息（元）
3	3 917.44	0.348 32	104 497	−26 159	−102 476.93	421 737.40	302.34
4	4 053.22	0.443 12	132 935	28 438	115 266.36	537 247.20	243.38
5	4 099.00	0.473 86	142 159	9 224	37 809.88	575 367.10	310.04
6	4 135.80	0.499 21	149 762	7 603	31 443.77	607 142.90	332.04
7	4 060.01	0.431 54	129 463	−20 299	−82 413.76	525 079.50	350.38
8	4 048.34	0.414 74	124 421	−5 042	−20 410.57	504 972.00	303.02
9	3 975.90	0.342 37	102 711	−21 710	−86 317.75	418 945.60	291.41
10	4 239.33	0.579 25	173 774	71 063	301 258.44	720 445.80	241.77
11	4 403.79	0.724 91	217 473	43 699	192 442.78	913 304.40	415.76
12	4 334.64	0.672 26	201 677	−15 796	−68 468.66	845 362.80	527.06
13	4 213.34	0.550 74	165 221	−36 456	−153 601.57	692 249.10	487.85
14	3 971.11	0.262 86	78 859	−86 363	−342 956.26	349 692.30	399.49
15	4 088.38	0.381 35	114 405	35 546	145 325.83	495 219.90	201.80
16	4 246.43	0.595 01	178 502	64 098	272 185.89	767 691.60	285.79
17	4 203.71	0.529 83	158 949	−19 553	−82 194.84	685 939.80	443.03
18	4 150.52	0.414 95	124 484	−34 465	−143 047.94	543 287.70	395.85
19	4 415.88	0.945 93	283 780	159 296	703 431.88	1 247 033.10	313.53
20	4 349.11	1.000 00	300 000	16 220	70 542.33	1 318 295.10	719.65
期权执行后			0	−300 000	−1 260 000.00	**58 295.10**	

在第 2 周，沪深 300 指数降为 3 898.81 点，期权 delta 降为 0.342 33，为了保证 delta 中性，需要卖出 9 175 份 ETF；在第 3 周，沪深 300 指数升为 3 958.16 点，期权 delta 升为 0.377 84，为了保证 delta 中性，需要买入 10 651 份 ETF。依此类推，计算出每周直到期权到期日的 ETF 仓位调整情况以及累积现金流。类似地，也可得到模拟路径 2 情形下的再平衡方案。两条模拟路径的区别在于：在模拟路径 1 中，到期日（20 周）沪深 300 指数为 4 119.11 点，未超过执行点位 4 200 点，因此看涨期权不会被执行，做市商的对冲成本就是此时的累积现金流 33 853.20 元；在模拟路径 2 中，到期日（20 周）沪深 300 指数为 4 349.11 点，超过执行点位 4 200 点，看涨期权被执行，此时相当于期权多头以 4.2 元/份（4 200/1 000）的价格从做市商手中购买 300 000 份 ETF，做市商恰好清空用于对冲所持有的 ETF 仓位，并获得 1 260 000 元用以偿还部分借贷资金，最后余下的未偿还部分 58 295.10 元即为该情形下的对冲成本。

使用前面的方法可以算出 10 万条模拟路径下的对冲成本，将所有对冲成本按照 3%的无风险连续利率贴现到零时刻后取平均，得到 49 225.49 元，这与 Black-Scholes

公式计算出的期权理论价格 49 039.58 元足够接近。事实上，在满足 Black-Scholes 公式的假设条件下，期权的理论价格就等于 delta 动态对冲成本贴现值的期望。而本例中计算出的平均对冲成本与理论价格之间存在差异的原因除了蒙特卡罗方法本身含有的随机因素外（例如 1 000 万次模拟的均值将会更准确），对冲再平衡的频率不够高也是其中一个。当对冲再平衡的频率增大时，例如一天一次，对冲成本与理论价格的差距会减小；当对冲再平衡的频率趋于连续动态对冲时，对冲成本将趋于理论价格。当然，这里的分析结果是建立在 Black-Scholes-Merton 给出的价格完全正确以及无交易费用等完美假设之上的。

6.1.3　gamma 对冲

delta 值是一个动态指标，其大小会随着标的资产价格的变化而变化，而 gamma 则是衡量交易组合 delta 对标的资产价格变动敏感程度的值。当 gamma 的绝对值很小时，delta 变化缓慢，反之则交易组合的 delta 对标的资产价格的变动很敏感。以某个 2022 年 12 月到期、执行价为 3.60 元的 50ETF 认沽期权为例，该期权的当前价格为 0.398 8 元/份，经计算其 delta 值为－0.666，gamma 值为 0.726。当前 50ETF 的价格为 3.30 元/份，当 50ETF 价格下跌 10%，跌至 2.97 元/份时，根据静态的 delta 值（－0.666）进行计算，该期权价格将上涨 0.219 8 元，达到 0.618 6 元/份的水平。

gamma 值分为正值和负值，正 gamma 值表示随着标的资产价格的上涨，衍生品组合的 delta 值也会上涨；而负 gamma 值表示随着标的资产价格的上涨，衍生品组合的 delta 值会下降。对于多头看涨期权和多头看跌期权来说，它们的 gamma 值无疑是正的。如果将多个期权头寸组合成一个复杂的期权策略，那么整个投资组合的 gamma 值的正负取决于产品的结构。有些方向性的期权策略 delta 值是正的，但 gamma 值是负的，这意味着当标的资产价格略微上涨时，该组合能够盈利；但当标的资产价格大幅上涨时，它开始亏损，因为负 gamma 值使 delta 值在标的资产价格上涨的过程中变成了负值。牛市看涨期权价差就是这样的一个例子。

对于线性产品组合（如远期、期货和互换等），delta 值是常数，gamma 值等于零，因此不需要进行 gamma 对冲。但是对于非线性期权组合，delta 中性只能在标的资产价格变化比较小的情况下提供保护。期权的 delta 相对于标的价格是不稳定的。一旦标的价格变化，期权的 delta 值也会随之变化，而整个交易组合的总体 delta 值将不再保持中性。如果此时交易组合的 gamma 值的绝对值很大，标的资产价格突然发生大幅变动，则仍有可能使整个交易组合的价值发生巨变，要么获利，要么亏损。因此，对于 delta 中性的期权组合，不进行调整是非常危险的。

标的资产价格、delta 和 gamma 的关系如图 6－3 所示。

如果要改变交易组合的 gamma 值，必须采用组合价格与标的资产价格呈非线性关系的产品，例如期权。假设投资者持有一个 delta 中性且 gamma 为 G_0 的交易组合，并已知某期权交易所出售一种与标的资产相关的期权产品（gamma 为 G_1）。为了得到 gamma 中性的组合，投资者可以将 w 数量的期权加入原有交易组合中，由此产生的新的交易组合的 gamma 为 wG_1+G_0。为使交易组合维持 gamma 中性，投资者购买的期

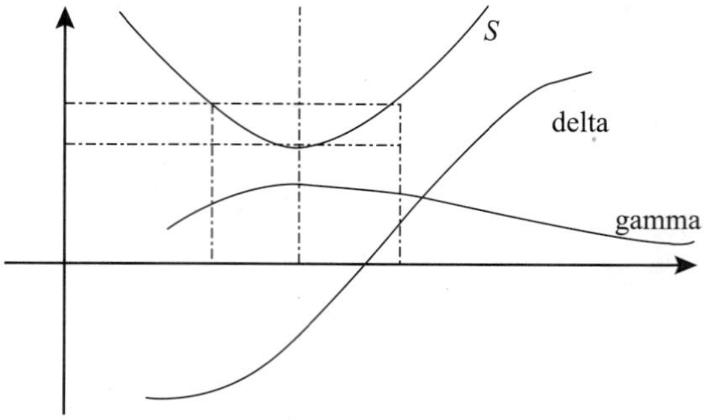

图 6-3　标的资产价格、delta 和 gamma 关系图

权交易头寸应为 $w=-G_0/G_1$。同时需要注意，引入交易期权会改变交易组合的 delta 值，因此必须调整标的资产数量以保证新的交易组合的 delta 中性。

例 6-4　假设投资者购入了 10 手 delta 和 gamma 值分别为 0.6 和 0.4 的看涨期权 A。为了实现 delta-gamma 对冲，他决定进行交易，购买了与标的资产相关的看涨期权 B。已知看涨期权 B 的 delta 和 gamma 值分别为 0.4 和 0.2，如表 6-6 所示。

表 6-6　期权 A、B 的数量、delta 值和 gamma 值

期权	数量	delta	gamma
看涨期权 A	10	0.6×100	0.4×100
看涨期权 B	x	0.4×100	0.2×100

假设每手期权对应 100 份标的资产，gamma 对冲需要交易 x 手看涨期权 B，应满足 gamma 中性：400+(−20)×20=0，可知投资者应采取卖出 20 手看涨期权 B 的方式来实现头寸的 gamma 对冲。但是该期权组合的 delta 值为：600−20×40=−200。因此，投资者需要买入 200 份标的现货，使得组合保持 delta-gamma 中性。

需要注意的是，交易组合只能在较短时间内保持 gamma 中性，随着时间的变化，只有不断调整期权数量，以使期权的头寸满足 $w=-G_0/G_1$，才能维持交易组合的 gamma 中性。因此，动态调整投资组合是非常重要的，以实现长期的风险控制和投资收益。

对 delta 中性的交易组合进行 gamma 中性对冲可以看作对 delta 对冲中标的资产头寸不能连续变化这一缺陷的校正。delta 中性保证了在连续两次对冲再平衡之间，交易组合价值不受股票价格微小变化的影响；而 gamma 中性保证了在对冲再平衡之间，交易组合价值不受股票价格较大变化的影响。通过对 delta 和 gamma 进行对冲，投资者可以更全面地控制和管理交易组合的风险，并实现更稳定的投资收益。在实际操作中，投资者需要根据市场情况和投资策略及时进行 delta 和 gamma 对冲，以实现全面的风险控制和投资收益。同时，还需要考虑其他风险因素的影响，如 vega、theta 等，以实现更全面的投资组合管理和优化。

6.1.4　vega 对冲

一个交易组合的 vega（V）是指交易组合价值对标的资产价格波动率变化的敏感程

度，其定义为

$$\nu = \frac{\Delta V}{\Delta \sigma} \tag{6-5}$$

式中，ΔV 表示交易组合价值的变化，$\Delta\sigma$ 表示标的资产价格波动率的变化。如果标的资产价格波动率上升，交易组合的价值将增加，vega 就是正的。反之，如果标的资产价格波动率下降，交易组合的价值将减少，vega 就是负的。vega 通常用来衡量交易组合在面临波动率风险时的敏感性。

当一个投资组合的 vega 值很小时，意味着其价格对于标的资产价格波动率的变化不太敏感。在这种情况下，即使标的资产价格波动率有所变化，也不会对投资组合的价值产生较大影响。因此，vega 值较小的投资组合具有更高的稳定性和可预测性。

例如，如果某期权的 vega 为 20，意味着当价格波动率上升（下降）1％时，期权的价值将上升（下降）0.20。假设期货价格波动率为 30％，期权理论价值为 5 元。当波动率上升为 32％时，期权理论价值为 5.4 元（5＋2×0.2）；当波动率下降为 28％时，期权理论价值为 4.6 元（5－2×0.2）。因此，当价格波动率增加或减少时，期权的价值都会相应地增加或减少。在此例中，看涨期权和看跌期权多头的 vega 值为正，表示期权价值与波动率呈同向变动，而空头则正好相反。需要注意的是，vega 的最大值出现在期权的平值附近，随着实值和虚值程度的加深而不断递减，标的资产的 vega 值为零。这是因为在平值附近，期权的时间价值最高，因此对于波动率的变化最为敏感。而随着实值和虚值程度的加深，期权的时间价值逐渐降低，因此对于波动率变化的敏感性也相应降低。

现货、远期、期货及互换产品的价值通常与标的资产的市场价格的波动率无关，而期权及大多数更复杂的衍生品的价格则会因标的资产的价格、标的资产价格的波动率及时间的变化而变化。在市场流动性较差的情况下，特别是波动率不稳定且存在大量跳空行情的市场中，若期权持仓留有较大的 vega 敞口，就会使交易者蒙受损失。这是因为当市场波动率上升时，期权的时间价值也会上升，从而增加交易组合的价值，反之亦然。

例如，1987 年 10 月美国股灾期间，许多交易员在股市狂跌 500 点时做空虚值看涨期权，但由于当时的隐含波动率已经陡增到 100 以上，且这是虚值期权，所以交易员尽管看对了市场方向，依然遭受了巨大的损失。这也表明了在市场波动率不稳定的情况下，期权的价格可能会出现剧烈波动，投资者必须十分谨慎地管理其 vega 敞口。

由于现货、期货、远期等标的资产的 vega 为零，因此不能用它们来改变投资组合的 vega 风险敞口。需要使用 vega 值不为零的金融工具来对冲 vega 风险，而期权是一种常用的选择。假设某交易组合的 vega 为 V_0，可交易期权的 vega 为 V_1，在交易组合中放入头寸为 $-V_0/V_1$ 的可交易期权可以使最初的交易组合的 vega 呈中性。这样当标的资产价格的波动率发生变化时，期权的价值变化可以对冲掉交易组合的 vega 风险。需要注意的是，使用期权来对冲 vega 风险可能会同时增加 gamma 风险，从而使整个投资组合的风险增大。为了降低标的资产价格和隐含波动率的变化对投资组合带来的影响，我们可以引入与标的资产有关的两个期权产品进行 delta-gamma-vega 对冲。下面我们将通过一个具体的例子来说明怎样进行 delta-gamma-vega 对冲。

例 6-5 假设某一交易组合初始状态为 delta 中性，gamma 为−50，vega 为−70。现有一个可交易期权 A，其 gamma 为 0.5，vega 为 1.4，delta 为 1.8。

购买数量为 50 的该交易期权会使交易组合呈 vega 中性，但同时会使 delta 增至 90。为了保持 delta 中性，必须卖出 90 单位的标的资产。但这样会使交易组合的 gamma 变为−25，因此需要引入第二个可交易期权来对冲 gamma 风险和维持 vega 中性。

假设第二个可交易期权 B 的 gamma 为 0.8，vega 为 1.6，delta 为 0.5。我们用 w_1 和 w_2 来分别代表两个可交易期权的头寸，需要满足以下两个期权方程：

$$-50+0.5w_1+0.8w_2=0 \text{（对冲组合 gamma 的期权方程）}$$

$$-70+1.4w_1+1.6w_2=0 \text{（对冲组合 vega 的期权方程）}$$

解以上两个方程可以得到 $w_1=-75$，$w_2=109.4$（取整为 110）。因此，卖出 75 份期权 A 和买入 110 份期权 B 可以使交易组合的 gamma 和 vega 接近于零。加入这两种期权后，交易组合的 delta 变为 $-75\times1.8+110\times0.5=-80$，因此必须增持 80 份标的资产，以保持交易组合的 delta 中性。此时，交易组合将同时呈现 delta、gamma 和 vega 中性，但需要注意的是，这种对冲并不能完全消除投资组合的风险，投资者仍需谨慎管理风险。

6.2 基于 VaR 的投资组合管理

最初，VaR 是一种用于度量投资组合风险的指标。然而，随着时间的推移，风险管理者发现可以使用 VaR 工具进行更为主动的日常风险管理，因此 VaR 的用途变得更加广泛。例如，假设一个交易组合由多个子组合（subportfolio）组成，每个子组合可能对应不同的资产类别（如国内股票、国外股票、固定收益和衍生品等），也可能对应企业不同的业务部门（如零售银行、投资银行和自营交易），甚至可能对应一笔独立的交易。分析师有时需要计算每个子组合的 VaR 或预期亏损（ES）等风险指标。这时一个典型的问题就出现了：应该如何改变各子组合的头寸来更有效地修正整体组合 VaR 值？考虑到交易成本等因素，投资组合的交易通常体现为增量交易，所以以上信息对于投资组合的交易非常有用。而这也正是 VaR 工具的目的所在，即帮助投资者更好地管理投资组合的风险。

用于分析投资组合风险的 VaR 工具包括以下三方面的信息：

（1）边际 VaR：指投资组合中单项资产的微小增加对分散化组合 VaR 的影响。

（2）成分 VaR：指构成投资组合的各项资产对组合整体 VaR 的总贡献。

（3）增量 VaR：指对现有投资组合调整头寸或添加新的资产后组合 VaR 的变化量。

人们对边际 VaR、成分 VaR 和增量 VaR 感兴趣的原因有以下几点：第一，当整个投资组合的 VaR 值异常高时，投资者需要考虑如何调整投资组合的头寸以减小投资组合的风险敞口。边际 VaR 可以用来提供这种策略，即确定哪些单项资产对整个投资组合的 VaR 贡献最大，然后对这些单项资产进行调整，以降低整个投资组合的风险。第二，当给出投资组合的 VaR 具体数值时，投资者需要了解哪些资产头寸对风险贡献最大，哪些头寸能对冲风险。成分 VaR 揭示了这些信息，可以帮助投资者了解整个投资组合中每个成分的风险贡献，从而更好地管理整个投资组合的风险。第三，当投资者向投资组合中增加新的投资工具或交易时，需要了解投资组合 VaR 的变化情况。增量 VaR 可以度量这种潜在的影响，即通过计算增量 VaR，投资者可以了解对投资组合进行调整后的风险变化情况，从而更好地管理投资组合风险。

因此，引入边际 VaR、成分 VaR 和增量 VaR 的概念对投资组合 VaR 进行分解，可以帮助投资者更好地了解构成投资组合的每项资产及其相应调整、变化对整个投资组合风险的影响，并识别整个投资组合中风险的主要来源。这为投资者改进整体风险状况、评估投资机会、分析资产调整对投资组合风险的影响提供了重要的指导。

本节将着重介绍使用方差-协方差法进行投资组合 VaR 测算的工具，包括边际 VaR、增量 VaR 和成分 VaR 的概念及应用。通过学习这些工具，读者可以更深入地理解 VaR 方法相对于其他风险度量指标的优势。

6.2.1　边际 VaR

边际 VaR 衡量由单项资产相对头寸的边际变化引起的投资组合 VaR 的变化，用数学语言来表示就是投资组合VaR_α 关于组合中单项资产金额的偏导数。若记资产 i 的边际 VaR 为$\Delta\mathrm{VaR}_i$，则有：

$$\Delta\mathrm{VaR}_i=\frac{\partial\mathrm{VaR}_\alpha}{\partial x_i} \tag{6-6}$$

式中，VaR_α 是置信水平为 α 的投资组合 VaR，x_i 是组合中资产 i 的金额。为简洁起见，我们省略置信水平符号 α。边际 VaR 的概念为交易管理者决策下一笔资金投资在哪里可以获得更好的效益提供了有效的信息。通过比较不同资产的边际 VaR，交易管理者可以了解投资组合中各项资产头寸的风险敏感程度，进而做出更好的投资决策。

在第 5 章中我们学习了计算投资组合 VaR 的常见方法，下面以方差-协方差法为例推导投资组合各项资产的边际 VaR 公式。设 V_t 表示 t 时刻投资组合的总投资额，$\boldsymbol{x}_t=(x_{t,1},x_{t,2},\cdots,x_{t,N})$ 是各项资产的投资额，即$\sum_{i=1}^{N}x_{t,i}=V_t$。假设风险因子是各项资产的价格。风险因子的变动是收益率。不妨记 $R_{i,t+1}$ 表示资产 i 的收益率，假设 $R_{i,t+1}$ 服从正态分布 $N(\mu_i,\sigma_i^2)$，投资组合的收益率定义为

$$R_{p,t+1}=\sum_{i=1}^{N}w_iR_{i,t+1}=\boldsymbol{w}^{\mathrm{T}}\boldsymbol{R}_t$$

式中，$w_i=\dfrac{x_i}{V_t}$表示资产 i 占投资组合的权重，组合中各项头寸的权重都是 1。[①] 由正态

① 这样，我们就可以排除零净投资 $W=0$ 的投资组合，比如某些衍生品头寸。但一个拥有较高杠杆水平的对冲投资组合可能有或正或负的权重 W，其中包括权重远大于 1 的情形。如果投资组合的净价值为零，我们可以使用其他衡量方法，如全部头寸的加总或所有美元头寸 W^* 的绝对值，所有权重也按照此基准进行定义。

分布的性质，$R_{p,t+1}\sim N(\mu_p,\sigma_p^2)$。下面推导资产组合的 VaR 和各项边际 VaR，为简洁起见，在推导时，除 V_t 外均省略时间下标 t。资产组合的期望收益率 $E(R_p)=\mu_p=\sum_{i=1}^{N}w_i\mu_i$，组合收益率的方差为

$$\sigma_p^2=\sum_{i=1}^{N}w_i^2\sigma_i^2+2\sum_{i=1}^{N}\sum_{j=1,j<i}^{N}w_iw_j\sigma_{ij} \tag{6-7}$$

到目前为止，我们研究的是组合收益率的波动率，并不是 VaR 值。投资组合在下一期的价值等于 $V_{t+1}=V_t(1+R_{p,t+1})$，损失 L_t 等于 $-V_tR_{p,t+1}$，也服从正态分布 $N(-\mu_pV_t,\sigma_p^2V_t^2)$。因此，在收益率服从正态分布的假设下，投资组合的 VaR 为

$$\mathrm{VaR}_\alpha=-\mu_pV_t-c\sigma_pV_t=-\mu_p\sum_{i=1}^{N}x_{t,i}-c\sqrt{\boldsymbol{x}^{\mathrm{T}}\boldsymbol{\Sigma x}} \tag{6-8}$$

式中，c 是标准正态分布的 α 分位数。对上述 VaR 进行均值调整，得到组合的相对 VaR：

$$\text{相对 }\mathrm{VaR}_\alpha=c\sigma_pV_t=c\sqrt{\boldsymbol{x}^{\mathrm{T}}\boldsymbol{\Sigma x}} \tag{6-9}$$

与式（6－8）相比，相对 VaR 在数学表达上更为简洁，其含义更为直观且与经济资本含义相符，因此除非特别说明，本章后面涉及的 VaR 都是指均值调整后的 VaR。

式（6－8）表明，在方差-协方差法框架下，投资组合的 VaR 取决于方差、协方差和资产的数量。注意，如果允许卖空，权重可能是负值，所以上式的权重取绝对值，而风险度量值必须是正的。我们定义各个组成部分的风险（置信水平 α）：

$$\mathrm{VaR}_i=c\sigma_i|x_i|=c\sigma_i|w_i|V_t \tag{6-10}$$

为了计算方差-协方差法下的边际 VaR，我们首先计算对权重 w_i 增加一个较小的数额来衡量其对组合收益率方差的边际贡献。这可通过对式（6－7）关于 w_i 求偏导得到：

$$\begin{aligned}\frac{\partial\sigma_p^2}{\partial w_i}&=2w_i\sigma_i^2+2\sum_{j=1,j<i}^{N}w_j\sigma_{ij}\\&=2\mathrm{cov}(R_i,w_iR_i+\sum_{j=1}^{N}w_jR_j)\\&=2\mathrm{cov}(R_i,R_p)\end{aligned}$$

由于在方差-协方差法下，组合 VaR 值与波动率 σ_p 成正比，因此我们还需要推导波动率关于权重 w_i 的偏导。由于$\frac{\partial\sigma_p^2}{\partial w_i}=2\sigma_p\frac{\partial\sigma_p}{\partial w_i}$，因此投资组合收益率波动对权重变化的敏感性为

$$\frac{\partial\sigma_p}{\partial w_i}=\frac{\mathrm{cov}(R_i,R_p)}{\sigma_p} \tag{6-11}$$

注意，资产 i 的边际 VaR 值衡量的是投资组合中资产 i 增加 Δx_i 元的敞口所引起

的投资组合 VaR 的变化值，它是对该资产头寸 x_i 的部分求偏导。我们通过 $x_i=w_iV$ 将 $\frac{\partial\sigma_p}{\partial w_i}$ 与 $\frac{\partial \text{VaR}}{\partial x_i}$ 建立联系，即

$$\Delta\text{VaR}_i=\frac{\partial\text{VaR}_\alpha}{\partial x_i}=\frac{\partial\text{VaR}_\alpha}{\partial w_iV_t}=c\frac{\partial\sigma_p}{\partial w_i}=c\frac{\text{cov}(R_i,R_p)}{\sigma_p} \tag{6-12}$$

从式（6-12）可以看出，边际 VaR 与 β 密切相关，β 值定义为

$$\beta_i=\frac{\text{cov}(R_i,R_p)}{\sigma_p^2}=\frac{\rho_{ip}\sigma_i\sigma_p}{\sigma_p^2}=\rho_{ip}\frac{\sigma_i}{\sigma_p} \tag{6-13}$$

在金融理论中，β 的含义类似于资本资产定价模型（CAPM）中的 β 系数，用来衡量资产 i 对组合整体风险的影响程度，因此 β_i 也可以通过 R_p 对 R_i 的回归方程的斜率来计算：

$$R_{i,t}=\alpha_i+\beta_iR_{p,t}+\varepsilon_{i,t},\ t=1,2,\cdots,T \tag{6-14}$$

利用最小二乘估计，我们可推导出：

$$\beta=\frac{\rho_{ip}\sigma_i\sigma_p}{\sigma_p^2}=\frac{\boldsymbol{\Sigma w}}{\boldsymbol{w}^{\mathrm{T}}\boldsymbol{\Sigma w}}=V_t\frac{\boldsymbol{\Sigma x}}{\boldsymbol{x}^{\mathrm{T}}\boldsymbol{\Sigma x}} \tag{6-15}$$

这里利用 $\sigma_p^2=\boldsymbol{w}^{\mathrm{T}}\boldsymbol{\Sigma w}$，$\boldsymbol{w}=\boldsymbol{x}/V_t$。

综上，ΔVaR_i 和 β_i 的关系可总结为

$$\Delta\text{VaR}_i=c\frac{\text{cov}(R_i,R_p)}{\sigma_p}=c(\beta_i\times\sigma_p)=\frac{\text{VaR}_\alpha}{V_t}\times\beta_i \tag{6-16}$$

如果投资组合的 VaR 通过其他方法（如历史模拟法或随机模拟法）计算获得，则边际 VaR 可直接利用式（6-6）计算。将资产 i 的金额 x_i 增加一个小的数额 Δx_i 到 $x_i+\Delta x_i$，然后重新计算组合的 VaR 值。设 ΔVaR 是 VaR 的增量，则我们估计的边际 VaR 为 $\Delta\text{VaR}_\alpha/\Delta x_i$。对于一个分散度比较好的投资组合，边际 VaR 同资本资产定价模型，近似等于资产 i 的投资金额增加 1 元后，投资组合的价值的变化额。

边际 VaR 可以用于确定投资组合中每项单独资产对整个投资组合 VaR 的贡献程度，如果一个投资者想要降低投资组合的 VaR 值，可以使用边际 VaR 来确定。对整个投资组合，先找出边际 VaR 贡献最大的资产，然后针对这项资产进行对冲，以达到降低整个投资组合 VaR 的目的。在这个过程中，可以选择一个头寸减去一个固定数额，如 100 000 元，然后比较所有边际 VaR 数值，选择具有最大 ΔVaR 的资产进行对冲。

例 6-6 2022 年 3 月 11 日，投资者买入了 100 股贵州茅台、4 000 股招商银行和科大讯飞以及 5 000 股格力电器。请计算四只股票组合的边际 VaR。其中，四只股票的日收益率均值 μ 与协方差矩阵 $\boldsymbol{\Sigma}$ 采用 2017 年 2 月 28 日到 2022 年 3 月 11 日的日收益率数据进行估算（$\alpha=0.01$）。

根据日收益率数据，估计四只股票的日收益率均值 μ 与协方差矩阵 $\boldsymbol{\Sigma}$。贵州茅台、招商银行、科大讯飞和格力电器在 2022 年 3 月 11 日的股价分别为 1 769.01 元/股、44.45 元/股、46.54 元/股和 33.8 元/股。根据股价与购买的股数，可得各股票价值。

将各股票价值除以组合总价值，可以得出组合权重，即 $w=(0.249\ 2, 0.250\ 5, 0.262\ 2, 0.238\ 1)$。在收益率正态性的假设下，采用方差-协方差法，可计算得到股票组合的日收益率期望 $\mu_p=-628.52$，标准差 $\sigma_p=11\ 109.95$。

计算单一股票收益率 R_i 与股票组合收益率 R_p 的协方差，代入式（6－12），即可求得四只股票在等权重股票组合中的边际 VaR 分别为

贵州茅台	招商银行	科大讯飞	格力电器
0.034 8	0.027 9	0.048 9	0.033 5

6.2.2 增量 VaR

增量 VaR 用来衡量增加或终止某一计划交易策略对投资组合的整体影响。在理论上，直接计算增量 VaR 的方法是建立一个新投资组合，其包含候选的新交易策略 a，然后评估新投资组合的 VaR，最后把它与原投资组合的VaR 进行比较。假设新增交易的资产头寸用 a 表示，新投资组合的头寸为 $V_t'=V_t+a$，投资组合整体风险调整为 $\text{VaR}(L_{p+a})$。因此，定义增量 VaR（记为 IVaR）为新投资组合与当前投资组合的 VaR 之差：

$$\text{IVaR}=\text{VaR}(L_{p+a})-\text{VaR}(L_p) \tag{6-17}$$

如果 IVaR 为正，说明新交易会增加风险；反之，如果 IVaR 为负，说明新交易会减少风险，即是一种对冲交易。注意，a 可以表示某一组合构成的变化，或者某一复杂交易导致组合中多个资产构成产生的变化。因此，一般来说，a 代表了新头寸的一个向量。

使用完全重估法计算增量 VaR 的步骤如图 6－4 所示。

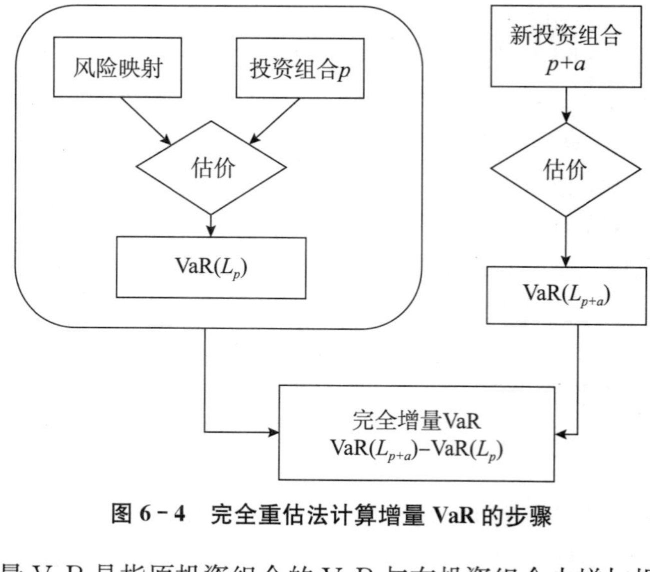

图 6－4 完全重估法计算增量 VaR 的步骤

资产 k 的增量 VaR 是指原投资组合的 VaR 与在投资组合中增加投资金额为 x'元的

新资产 k 后的 VaR 的差值。加入资产 k 后，组合的总金额等于 V_t+x'，设 R_p 和 $R_{p'}$ 分别表示加入新资产 k 之前和之后组合的收益率，新资产 k 的收益记为 R_k，其头寸价值占原组合价值的比例 $\lambda=\frac{x'}{V_t}$，R_k 与原组合 R_p 的相关系数为 $\rho_{k,p}$，则新组合的方差为

$$\sigma_{p'}^2=\frac{1}{(1+\lambda)^2}(\sigma_p^2+\lambda^2\sigma_k^2+2\lambda\rho_{k,p}\sigma_k\sigma_p) \tag{6-18}$$

在资产收益率服从正态分布和组合收益率为零的假设下，加入新资产 k 后的 VaR 值为

$$\mathrm{VaR}_{p'}=c\sigma_{p'}(x+V_t) \tag{6-19}$$

因此，资产 k 的增量 VaR 记为 IVaR(k)：

$$\mathrm{IVaR}(k)=\mathrm{VaR}_{p'}-\mathrm{VaR}_p=c\sigma_{p'}(x+V)-c\sigma_p V_t \tag{6-20}$$

通过比较各项资产 i 的增量 VaR，也可以对各构成资产进行风险比较。然而，由于大多数投资组合的收益不服从正态分布，因此无法使用类似式（6－20）的简单公式计算增量 VaR 值，需要使用随机模拟等方法进行精确计算，这可能在大型投资组合中耗费大量时间。例如，一个投资机构需要 30 分钟才能计算出其 100 000 个交易组成的投资组合的 VaR 值。如果客户要进行一项新交易，并用增量 VaR 来衡量其对投资组合的影响，则需要再花费 30 分钟进行计算。这可能会导致客户等待的时间过长，失去交易机会。但如果客户可以接受近似值，我们可以使用简化算法来计算较为粗略的增量 VaR 值。

对 VaR_{p+a} 值围绕初始点进行泰勒展开，得到：

$$\mathrm{VaR}_{p+a}=\mathrm{VaR}_p+(\Delta\mathrm{VaR})'\cdot a+\cdots+\frac{(\Delta\mathrm{VaR})^{(n)}}{n!}a^n+o[a^n] \tag{6-21}$$

其中，如果新增头寸 a 较小，就可以忽略二次与高次项。因此，增量 VaR 可以近似地表示为

$$\mathrm{IVaR}\approx(\Delta\mathrm{VaR})'\cdot a \tag{6-22}$$

大型组合的完全重估往往需要极大的计算量，而新交易头寸相对于原组合较小，这种方法的计算时间要短得多，可以得出一个较好的近似值，满足交易的实时限制要求。

增量 VaR 值还可以用于最优投资组合管理。假设某个交易组合仅在一个风险因子（或资产）上存在敞口，在原有组合的基础上应如何调整某项资产 i 的交易头寸 a_i^*，从而使投资组合 VaR 风险达到最小？我们依然用方差-协方差法来分析。设投资组合的价值从原值 V_t 变为新值 $V_{p+a_i}=V_t+a_i$，其中 a_i 是在资产 i 上的新增投资金额。新投资组合收益的方差为

$$\sigma_{p+a_i}^2V_{p+a_i}^2=\sigma_p^2V_t^2+2a_iV_t\sigma_{ip}+a_i^2\sigma_i^2 \tag{6-23}$$

投资者对 a_i 求导可得：

$$\frac{\partial\sigma_{p+a_i}^2V_{p+a_i}^2}{\partial a_i}=2V_t\sigma_{ip}+2a_i\sigma_i^2 \tag{6-24}$$

令式（6－24）等于 0，则

$$a_i^* = -V_t \frac{\sigma_{ip}}{\sigma_i^2} = -V_t \beta_i \frac{\sigma_p^2}{\sigma_i^2} \tag{6-25}$$

这是一个最小方差头寸，也称为最佳对冲。

例 6－7 （接例 6－6）2022 年 3 月 31 日，对四只股票组合中边际 VaR 最小的资产追加 100 股，计算这一策略新增的 VaR 值，并求解增量 VaR 最佳的对冲策略。

根据例 6－6 的结论，边际 VaR 最小的股票是招商银行。首先计算在新增投资前该股票组合一天后的损失 VaR（99%的置信水平），得到结果为 25 217.10 元。招商银行在 2022 年 3 月 31 日的股价为 46.8 元/股，追加 100 股后股票组合的总投资额变为 10.468 万元，各股票的权重变为 w_2＝(0.247 6，0.255 4，0.260 5，0.236 5)，新组合在一天后的损失 VaR（99%的置信水平）为 25 344.40 元。因此，通过完全重估法计算得到的增量 VaR 为 127.30 元。

仍然选取招商银行，根据式（6－25）：

$$a_i^* = -V_t \beta_i \frac{\sigma_p^2}{\sigma_i^2}$$

可算得增量 VaR 的最佳对冲策略是出售价值 389 543.2 元的招商银行股票资产，相当于卖出 8 323 股招商银行股票。

6.2.3 成分 VaR

为了有效地管理风险，需要对现有投资组合进行风险分解，这是非常重要的。仅简单地将所有单项资产的 VaR 加总，然后计算各项 VaR 占总和的百分比，并不能准确地确定组合中哪个资产头寸是最大的风险因子，也不能确定哪个资产头寸可以用来对冲风险。这是因为该方法忽略了分散化效应，即组合中各资产的 VaR 之和通常不等于分散化后的组合 VaR。因此，我们需要一种能够体现分散化效应的 VaR 加总分解方法。

为此，M Garman.(1996)① 提出了成分 VaR，或者称为 CVaR，它可以衡量每项资产对现有投资组合风险的贡献。CVaR 具有以下三个特征：（1）组合中各项资产中的成分 VaR 之和等于投资组合 VaR；（2）如果把某一资产从组合中删除，则该成分 VaR 应该反映出（至少是近似地反映出）组合 VaR 的变化；（3）如果某一资产的成分 VaR 为负，则它可以对冲组合其余部分的风险。

成分 VaR 是一种有用的风险管理工具，可以帮助投资者了解各项资产对整个投资组合风险的影响，有助于投资者制定更为有效的风险管理策略。在方差-协方差法的基本假设下，将边际 $\Delta \mathrm{VaR}_i$ 乘以资产 i 的当前头寸 x_i，可以得到资产 i 的成分 VaR：

$$\mathrm{CVaR}_i = (\Delta \mathrm{VaR}_i) \cdot x_i = \frac{\mathrm{VaR}_\alpha \cdot \beta_i}{V_t} \cdot w_i V_t = \mathrm{VaR}_\alpha \cdot \beta_i w_i \tag{6-26}$$

由式（6－26）定义的所有成分 VaR 的加总与组合的 VaR 值相等。这是因为，一方面：

① Garman，M.（1996）. Improving on VaR. Risk，9(5)：61－63.

$$\begin{aligned}&\mathrm{CVaR}_1+\mathrm{CVaR}_2+\cdots+\mathrm{CVaR}_N\\&=\mathrm{VaR}_\alpha\cdot\left(\sum_{i=1}^N w_i\beta_i\right)=cV_t\sigma_p\left(\sum_{i=1}^N w_i\beta_i\right)\end{aligned}\tag{6-27}$$

另一方面，注意到：

$$\begin{aligned}\sigma_p^2&=w_1\mathrm{cov}(R_1,R_p)+w_2\mathrm{cov}(R_2,R_p)+\cdots+w_N\mathrm{cov}(R_N,R_p)\\&=w_1(\beta_1\sigma_p^2)+w_2(\beta_2\sigma_p^2)+\cdots+w_N(\beta_N\sigma_p^2)\\&=\sigma_p^2\left(\sum_{i=1}^N w_i\beta_i\right)\end{aligned}\tag{6-28}$$

因此 $\sum_{i=1}^N w_i\beta_i=1$，从而有

$$\mathrm{CVaR}_1+\mathrm{CVaR}_2+\cdots+\mathrm{CVaR}_N=\mathrm{VaR}_\alpha\tag{6-29}$$

由于 β_i 等于相关系数 ρ_{ip} 与 σ_i 的乘积与投资组合 σ_p 的比值，所以

$$\mathrm{CVaR}_i=\mathrm{VaR}_\alpha w_i\beta_i=(c\sigma_pV_t)w_i\beta_i=(c\sigma_iw_iV_t)\rho_{ip}=\mathrm{VaR}_i\rho_{ip}\tag{6-30}$$

这个式子说明成分 VaR 是单个 VaR 与相关系数的乘积，简单明了地表明了单项资产 i 的风险与投资组合风险的关系。

在完全重估法的框架下，下面的专栏说明，资产 i 的成分 VaR_i 也等于边际 VaR 乘以资产 i 当前的金额头寸或风险因子头寸 $\mathrm{CVaR}_i=\left(\frac{\partial\mathrm{VaR}_\alpha}{\partial x_i}\right)\cdot x_i$，而且成分 VaR 的加总等于投资组合的 VaR 值。这种风险分解方法也同样适用于其他风险度量指标，如 ES。

专栏　欧拉定理与风险度量

设 x_i 是某投资组合资产 i（$1\leqslant i\leqslant N$）的损失或风险因子的头寸。该组合的风险度量指标ϱ可以看作 $x_1,x_2,\cdots,x_N$ 的函数，即$\varrho=f(x_1,x_2,\cdots,x_N)$。如果风险度量$\varrho$满足正齐性：

$$kf(x_1,x_2,\cdots,x_N)=f(kx_1,kx_2,\cdots,kx_N)\tag{6-31}$$

则欧拉定理表明，ϱ满足如下性质：

$$\varrho=f(x_1,x_2,\cdots,x_N)=\sum_{i=1}^N\frac{\partial f}{\partial x_i}x_i\tag{6-32}$$

由第 2 章知，VaR 作为风险度量指标，满足正齐性：

$$k\mathrm{VaR}_\alpha(L_t)=\mathrm{VaR}_\alpha(kL_t)\tag{6-33}$$

即如果所有资产损失 L_t 增加 k 倍，VaR 也随之增加 k 倍。因此满足式（6-32），即

$$\mathrm{VaR}_\alpha=\sum_{i=1}^N\frac{\partial\mathrm{VaR}_\alpha}{\partial x_i}\cdot x_i\tag{6-34}$$

这一结果表明，一个交易组合的各项资产的成分 VaR 的总和等于交易组合的整体 VaR。

注意，欧拉定理没有对损失分布作假设，因此对于任何损失分布，成分 VaR 值都可以将整体 VaR 分配到子交易组合中。

欧拉定理还可以对其他满足正齐性的风险度量指标进行风险分配，例如，预期亏损也满足正齐性，我们可以将式（6－34）中的 VaR 换成预期亏损来定义成分预期亏损。则总的预期亏损为成分预期亏损之和，即

$$ES_\alpha = \sum_{i=1}^{N} \frac{\partial ES_\alpha}{\partial x_i} \cdot x_i \tag{6-35}$$

我们将 $CVaR_i$ 除以整体投资组合的 VaR 得到资产 i 的贡献率：

$$资产\ i\ 的贡献率 = \frac{CVaR_i}{VaR_\alpha} \tag{6-36}$$

由式（6－26）知，在方差-协方差法的框架下，资产 i 对 VaR 的贡献率$=\frac{CVaR_i}{VaR_\alpha}=w_i\beta_i$。

例 6－8 （接例 6－6）利用方差-协方差法计算四只股票的成分 VaR。

在 99%的置信水平下直接采用式（6－9）、式（6－16）和式（6－26）计算组合的 VaR、边际 VaR 和成分 VaR。

投资组合的风险分析如表 6－7 所示。

表 6－7 投资组合风险分析

	贵州茅台	招商银行	科大讯飞	格力电器	总和	投资组合
VaR（元）	8 143.83	7 506.25	12 651.87	7 918.952	36 220.9	25 217.1
边际 VaR（元）	0.034 8	0.027 9	0.048 9	0.033 5	—	—
成分 VaR（元）	6 117.16	4 969.50	9 093.86	5 665.10	25 845.62	—
风险占比（%）	23.67	19.23	35.19	21.92	100	—

表 6－7 的结果显示：

（1）通过投资组合可以降低风险，投资组合的 VaR 为 25 217.1，远小于四只股票的 VaR 总和 36 220.9。

（2）四只股票中，科大讯飞的边际 VaR 最高（0.048 9），其次是贵州茅台（0.034 8）、格力电器（0.033 5）和招商银行（0.027 9）。也就是说，如果科大讯飞的投资额增加 1 单位，则组合的风险值会增加 0.048 9 单位；如果想要降低 1 单位的风险值，则可以通过减少 20.45（=1/0.048 9）单位的科大讯飞股票来实现。

（3）四只股票中，科大讯飞的成分 VaR 最高，为 9 093.86。如果从投资组合中删除科大讯飞，则组合的 VaR 值可以减少 9 093.86 单位。其余依次为贵州茅台

(6 117.16)、格力电器 (5 665.10) 和招商银行 (4 969.50)。

(4) 四只股票在投资组合中的风险占比由大到小依次为科大讯飞 (35.19%)、贵州茅台 (23.67%)、格力电器 (21.92%) 和招商银行 (19.23%)。

6.3 最优投资组合管理

投资的本质是在面对不确定的收益和风险时做出选择。最优投资组合理论研究的核心问题包括两个方面：(1) 在给定期望风险水平下，如何确定资产的权重以最大化期望收益；(2) 在给定期望收益水平下，如何确定资产的权重以最小化期望风险。

目前我们已经知道有多种不同的风险度量指标来评估投资组合的风险水平，如方差、VaR 和 ES 等。在投资组合优化中，本节将探讨这三种不同风险度量指标下的投资组合优化问题，实现期望收益和风险的平衡。

6.3.1 马科维茨的均值-方差投资组合

1952 年，哈里·马科维茨 (Harry Markowitz) 提出了著名的投资组合优化模型，使用均值和方差来衡量证券与证券组合的收益和风险。他将投资组合中各资产之间的比例作为变量，并将求给定收益率水平下的风险最小的投资组合问题转化为线性约束下的二次规划问题。最终，投资者根据自己的偏好做出投资决策。

下面用数学公式描述投资组合优化模型。假设投资组合中资产 i 的收益率变量为 R_i，服从正态分布 $N(\mu_i, \sigma_i^2)$，其中，方差 σ_i^2 有限。投资组合的收益率可以表示为 $R_p = \sum_{i=1}^{n} w_i R_i$，其中，$\boldsymbol{w}=(w_1, w_2, \cdots, w_n)$ 是各项资产的权重。最优化的过程意味着选择最佳的权重 w_i，以使投资组合满足我们的需求，例如在给定的预期收益率水平下选择最小的风险，或者在给定的风险水平下选择最高的预期收益率等。因此，在投资组合优化中，我们需要解决一个最优化问题，以找到最佳的资产权重组合，使投资组合达到最佳的风险收益平衡。

令 $\boldsymbol{\Sigma} \in \mathbb{R}^{n \times n}$ 是收益率的协方差矩阵，$\boldsymbol{\mu}=(\mu_1, \mu_2, \cdots, \mu_n)^{\mathrm{T}}$ 表示资产的期望收益率向量，$\mu_p = \sum_{i=1}^{n} w_i \mu_i$ 表示资产的期望收益率，$\sigma_p^2 = \boldsymbol{w\Sigma w}^{\mathrm{T}}$ 是投资组合收益率的方差，对于权重和，有 $\boldsymbol{w1}=1$。在均值-方差投资组合模型中，我们主要关注下列几个最优化问题：

(1) $\min\{\boldsymbol{w\Sigma w}^{\mathrm{T}} \mid \boldsymbol{w} \in \mathbb{R}^n,\ \boldsymbol{w}^{\mathrm{T}}\mathbf{1}=1\}$。

(2) $\max\{\boldsymbol{w}^{\mathrm{T}}\boldsymbol{\mu} \mid \boldsymbol{w} \in \mathbb{R}^n,\ \boldsymbol{w\Sigma w}^{\mathrm{T}}=\sigma_0^2,\ \boldsymbol{w}^{\mathrm{T}}\mathbf{1}=1\}$。

(3) $\min\{\boldsymbol{w\Sigma w}^{\mathrm{T}} \mid \boldsymbol{w} \in \mathbb{R}^n,\ \boldsymbol{w}^{\mathrm{T}}\mathbf{1}=1,\ \boldsymbol{w}^{\mathrm{T}}\boldsymbol{\mu}=\mu_0\}$。

(4) $\min\{\boldsymbol{w\Sigma w}^{\mathrm{T}} \mid \boldsymbol{w} \in \mathbb{R}^n,\ \boldsymbol{w}^{\mathrm{T}}\mathbf{1}=1,\ \boldsymbol{w} \geqslant 0,\ \boldsymbol{w}^{\mathrm{T}}\boldsymbol{\mu}=\mu_0\}$。

(5) $\max\{\boldsymbol{w}^{\mathrm{T}}\boldsymbol{\mu} - \lambda \boldsymbol{w\Sigma w}^{\mathrm{T}} \mid \boldsymbol{w} \in \mathbb{R}^n,\ \boldsymbol{w}^{\mathrm{T}}\mathbf{1}=1\}$。

其中，$\mathbf{1}=(1,1,\cdots,1)^{\mathrm{T}}$，$\boldsymbol{w1}=1$ 表明权重和等于 1，这意味着我们愿意投资一个单位的资金。如果 w_i 的取值可以为负，说明允许卖空，反之，如果增加 $w_i \geqslant 0$ $(i=1,2,\cdots,n)$

的条件，就意味着不允许卖空。下面解释上述几个优化问题的直观含义：

第一个问题是寻找风险最小的投资组合。如果不考虑无风险资产，最佳投资组合有无穷个。

第二个问题是在给定的方差水平下选择预期收益率最大的投资组合。

第三个问题是在允许卖空且给定的预期收益率水平下寻找风险最小的投资组合。

第四个问题是在不允许卖空且给定的预期收益率水平下寻找风险最小的投资组合。

第五个问题是通过最大化一个简单的效用函数（即收益$-\lambda\times$风险）来确定最佳投资组合，其中λ是风险容忍度系数，它表示我们对风险的态度。实际上，这个问题等价于第一个问题。

显然，第二个问题是一个带有二次约束的线性优化问题，而其他所有问题都是带有线性约束的二次函数最优化问题。这是一个非常重要的区别，因为线性约束比较容易处理，而二次约束则更难处理。

专栏　拉格朗日定理求解最优投资组合问题

在投资组合优化模型中，我们通常利用拉格朗日定理来解决线性约束最优化问题。

拉格朗日定理：如果函数f：$\mathbb{R}^n\rightarrow\mathbb{R}$和$g=(g_1,g_2,\cdots,g_m)$：$\mathbb{R}^n\rightarrow\mathbb{R}^m(m<n)$有连续的偏导数，并且$a\in\{x:g(x)=0\}$是使得$g(x)=0$的$f(x)$的相对极值点，其中限定$\text{rank}(\nabla g(a))=m$。那么存在系数$\lambda_1,\lambda_2,\cdots,\lambda_m$使得$\nabla f(a)+\sum\lambda_i\nabla g_i(a)=0$。换句话说，这个函数$L:=f-\sum\lambda_i g_i:\mathbb{R}^{m+n}\rightarrow\mathbb{R}$所有的偏导数都是零(P. Bertsekas Dimitri，1999)。

例如，对于第三个问题，即在允许卖空且不考虑交易成本的情况下，且在固定预期收益率为常数、权重之和为1的限制条件下求解最小方差的投资组合。这时满足拉格朗日定理的条件，因此可以使用二次函数的偏导数来求解。为了便于理解，我们将目标函数和约束条件展开：

$$\min\sum_{i=1}^{n}\sum_{j=1}^{n}w_iw_j\text{cov}(R_i,R_j)$$
$$\text{s.t.}\begin{cases}\sum_{i=1}^{n}w_i\mu_i=\mu_0\\ \sum_{i=1}^{n}w_i=1\end{cases}\tag{6-37}$$

构造拉格朗日公式如下：

$$\begin{aligned}L(w,\lambda_1,\lambda_2)=&\sum_{i=1}^{n}\sum_{j=1}^{n}w_iw_j\text{cov}(R_i,R_j)\\&-\lambda_1\Big(\sum_{i=1}^{n}w_i\mu_i-\mu_0\Big)-\lambda_2\Big(\sum_{i=1}^{n}w_i-1\Big)\end{aligned}\tag{6-38}$$

对参数λ_1，λ_2求偏导，根据函数梯度为零的条件，满足条件如下：

$$\frac{\partial L}{\partial w_i}=\sum_{j=1}^{n}2w_j\operatorname{cov}(R_i,R_j)-\lambda_1\mu_i-\lambda_2=0$$
$$\frac{\partial L}{\partial \lambda_1}=\sum_{i=1}^{n}w_i\mu_i-\mu_0=0 \tag{6-39}$$
$$\frac{\partial L}{\partial \lambda_2}=\sum_{i=1}^{n}w_i-1=0$$

转化成矩阵形式为

$$2\boldsymbol{\Sigma}\boldsymbol{w}^{\mathrm{T}}-\lambda_1\boldsymbol{\mu}-\lambda_2\boldsymbol{1}=\boldsymbol{0}$$
$$\boldsymbol{w}^{\mathrm{T}}\boldsymbol{\mu}-\mu_0=0 \tag{6-40}$$
$$\boldsymbol{w}^{\mathrm{T}}\boldsymbol{1}-1=0$$

记 $a=\boldsymbol{\mu}^{\mathrm{T}}\boldsymbol{\Sigma}^{-1}\boldsymbol{\mu}$，$b=\boldsymbol{\mu}^{\mathrm{T}}\boldsymbol{\Sigma}^{-1}\boldsymbol{1}$，$c=\boldsymbol{1}^{\mathrm{T}}\boldsymbol{\Sigma}^{-1}\boldsymbol{1}$，对该方程进行求解，可以得到可卖空情况下有效前沿的解析解为

$$\sigma_p^2=\frac{c\mu_0^2-2b\mu_0+a}{ac-b^2} \tag{6-41}$$

当 $\mu_0=\dfrac{b}{c}$ 时，有极值 $\sigma_p^2=\dfrac{1}{c}$，即最小方差点的坐标为 $\left(\sqrt{\dfrac{1}{c}},\ \dfrac{b}{c}\right)$。

对于第四个问题，不允许卖空，则目标函数将增加约束条件，变为

$$\min\sum_{i=1}^{n}\sum_{j=1}^{n}w_iw_j\operatorname{cov}(R_i,R_j),\quad i=j=1,2,\cdots,n$$
$$\text{s. t.}\begin{cases}\sum_{i=1}^{n}\mu_iw_i=\mu_0\\ \sum_{i=1}^{n}w_i=1\\ w_i\geqslant 0,\quad i=1,2,\cdots,n\end{cases} \tag{6-42}$$

这类问题一般不存在解析解的形式，但其解的形式可以表达出来，构造拉格朗日函数如下：

$$L(\boldsymbol{w},\lambda_1,\lambda_2,\boldsymbol{\beta})=\boldsymbol{w}\boldsymbol{\Sigma}\boldsymbol{w}^{\mathrm{T}}-\lambda_1(\boldsymbol{w}^{\mathrm{T}}\boldsymbol{\mu}-\mu_0)-\lambda_2(\boldsymbol{w}\boldsymbol{1}-1)-\boldsymbol{\beta}\boldsymbol{w}^{\mathrm{T}} \tag{6-43}$$

式中，$\boldsymbol{\beta}=(\beta_1,\beta_2,\cdots,\beta_n)$。求偏导，根据 KKT 条件可得：

$$\begin{cases}\dfrac{\partial L}{\partial w_i}=2\boldsymbol{\Sigma}\boldsymbol{w}^{\mathrm{T}}-\lambda_1\boldsymbol{\mu}-\lambda_2\boldsymbol{1}-\boldsymbol{\beta}=0\\ \dfrac{\partial L}{\partial \lambda_1}=\boldsymbol{w}^{\mathrm{T}}\boldsymbol{\mu}-\mu_0=0\\ \dfrac{\partial L}{\partial \lambda_2}=\boldsymbol{w}^{\mathrm{T}}\boldsymbol{1}=1\\ \beta_iw_i=0,\quad i=1,2,\cdots,n\\ \beta_i\geqslant 0\end{cases} \tag{6-44}$$

同样，记 $a=\boldsymbol{\mu}^{\mathrm{T}}\boldsymbol{\Sigma}^{-1}\boldsymbol{\mu}$，$b=\boldsymbol{\mu}^{\mathrm{T}}\boldsymbol{\Sigma}^{-1}\mathbf{1}$，$c=\mathbf{1}^{\mathrm{T}}\boldsymbol{\Sigma}^{-1}\mathbf{1}$，对该方程进行求解，可以得到可卖空情况下有效前沿的解析解为

$$\sigma_p^2=\frac{c\mu_0-2b\mu_0+a}{ac-b^2} \tag{6-45}$$

当 $\mu_0=\frac{b}{c}$ 时有极值 $\sigma_p^2=\frac{1}{c}$，即最小方差点的坐标为 $\left(\sqrt{\frac{1}{c}},\ \frac{b}{c}\right)$，与允许卖空情况下最小方差点的坐标相同。

在均值-方差投资组合模型中，我们可以通过调整资产的权重来实现不同的期望收益率和方差水平。特别地，如果让期望收益率 μ_0 取不同的值，可以得到不同的最小方差投资组合。这些最小方差投资组合可以形成一条双曲线（见图 6－5），其中标准差作为横轴，预期收益率 μ_0 作为纵轴，这条双曲线称为前沿资产组合。单个资产的预期收益率和风险都在双曲线的右边。双曲线右上方的区域表示投资组合具有更高的预期收益率和风险，而双曲线左下方的区域表示投资组合具有更低的预期收益率和风险。双曲线的上半部分构成有效前沿，投资者只在有效前沿上选择自己的投资组合。有效前沿表示在给定风险水平下，可以获得最大化的预期收益率。有效前沿上的每个点都对应着一种最优的投资组合，这些最优的投资组合可以帮助投资者在不同的风险和收益水平下做出最佳的投资决策。

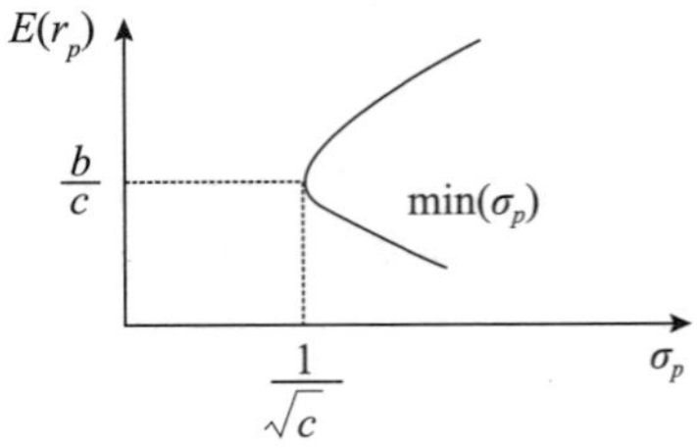

图 6－5 有效前沿曲线

如果投资组合同时存在风险资产组合和无风险资产（即 $\sigma_f=0$），设无风险资产的权重为 w_f，风险投资组合的权重为 $1-w_f$，则投资组合的期望收益为 $E(R_M)=w_fR_f+(1-w_f)E(R_p)$，方差等于

$$\begin{aligned}\sigma_M^2&=w_f^2\sigma_f^2+(1-w_f)^2\sigma_p^2+2w_f(1-w_f)\rho_{ij}\sigma_p\sigma_f=(1-w_f)^2\sigma_p^2\\ \sigma_M&=(1-w_f)\sigma_p\end{aligned} \tag{6-46}$$

结合期望收益的表达式，可得投资组合期望收益与风险的线性关系为

$$E(R_M)=R_f+\frac{E(R_p)-R_f}{\sigma_p}\sigma_M \tag{6-47}$$

式（6－47）称为资本配置线（capital allocation line，CAL）。在金融学中，我们把经过风险资产 p 的 CAL 的斜率称为夏普比率，即 $S_p=\frac{E(R_p)-R_f}{\sigma_p}$。夏普比率刻画了投资组合每承受一单位总风险，会产生多少超额报酬，也就是说，夏普比率越高的投资组合越佳。当 CAL 与有效前沿相切时，风险投资组合的夏普比率达到最大，切点为投资组合有效前沿上的最优资本配置点，如图 6－6 所示。

在资本资产定价模型中，我们考察所有投资者共享同样的可投资集的情况，那么每

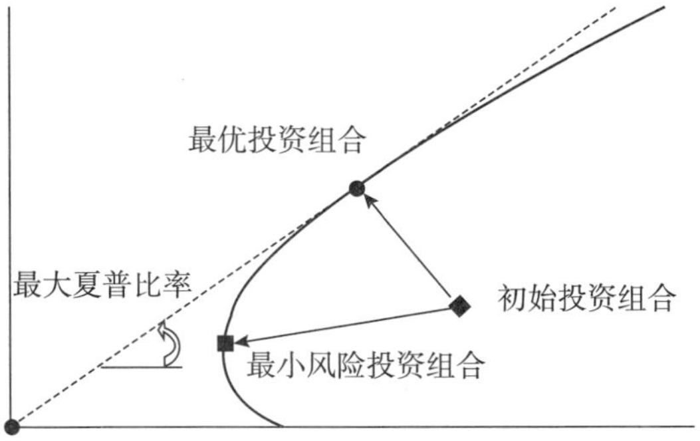

图 6-6　最优投资组合的有效前沿示意图

位投资者都有相同的有效边界与无风险利率，这意味着他们通过最优化夏普比率都会持有相同的风险投资组合 p。那么对于整个市场，市场组合是所有风险资产组合的加总，故这一相同的风险投资组合 p 就是市场组合。这样一条特殊的 CAL 就称为资本市场线（capital market line，CML）。

在所有风险投资组合的有效前沿上，任意两个分离的点都代表两个分离的有效投资组合。可以证明有效投资组合边界上任意其他的点所代表的有效投资组合，都可以由这两个分离的点所代表的有效投资组合的线性组合表示。这就是两基金分离定理。资本市场线上的任意一点所代表的投资组合都可以由一定比例的无风险证券和由 M 点所代表的有风险资产组合而成是一个重要结果，它表明任何最优的投资组合都可以分解成两部分：一个无风险部分和一个风险资产部分。

对于从事投资服务的金融机构来说，不管投资者的收益/风险偏好如何，只需找到切点 M 所代表的有风险投资组合，再加上无风险证券，就能为所有投资者提供最佳的方案。投资者的收益/风险偏好就只需反映组合中无风险证券所占的比重。

例 6-9　应用均值-方差投资组合模型对四只股票组成的投资组合进行优化。

选取四只成长性较好的股票，分别为贵州茅台、招商银行、科大讯飞和格力电器，样本区间为 2017 年 2 月 28 日到 2022 年 3 月 31 日，共 1 240 个收盘价，计算了它们的收益率向量 $\boldsymbol{\mu}$ 和收益率的协方差矩阵 $\boldsymbol{\Sigma}$ 后，采用 R 中的 quadprog 包实现对二次规划问题的求解。

最终得出，无论是在允许卖空还是不允许卖空的情况下，贵州茅台、招商银行、科大讯飞和格力电器四只股票的最优权重都分别为 22.65%，39.95%，13.21%，24.19%。

6.3.2　基于 VaR 的最优投资组合

1. 全局最小化边际 VaR

边际 VaR 和成分 VaR 是投资组合管理中常用的工具，特别适用于处理投资组合微小变化对风险的影响。它们可以帮助投资组合经理降低投资组合的风险。在满足额度限制（总投资金额不变）的前提下，为了将投资组合的风险降到最低，我们首先应该削减具有最大边际 VaR 值的头寸。相反，如果某个投资组合需要满仓，那么首先应该增加具有最低边际 VaR 值的头寸。这个过程可以反复进行，直到投资组合的风险达到最小值。在这一点上，所有的边际 VaR 值或投资组合的 β 值都是相等的，即

$$\Delta \mathrm{VaR}_i = \frac{\mathrm{VaR}_\alpha}{V} \cdot \beta_i = 常数 \tag{6-48}$$

在方差-协方差法下，根据投资组合的 VaR 计算公式 $\mathrm{VaR}_\alpha = c\sqrt{\boldsymbol{w}\boldsymbol{\Sigma}\boldsymbol{w}^{\mathrm{T}}}$，在给定投资总额的条件下，将通过改变权重 $\boldsymbol{w}$ 来最小化投资组合 VaR 的问题转化为前面线性约束下的最优化求解，即

$$\begin{aligned} &\min\ \boldsymbol{w}\boldsymbol{\Sigma}\boldsymbol{w}^{\mathrm{T}} \\ &\text{s. t.} \sum_{i=1}^{n} w_i = 1 \end{aligned} \tag{6-49}$$

例 6-10 用前面四只股票构成的投资组合来说明这一过程。

这个投资组合比较简单。我们按照如下步骤来求解最优化算法：

（1）削减具有最大边际 VaR 的资产头寸，增加最低边际 VaR 的资产头寸；

（2）重复步骤（1），直至投资组合的风险达到最小。此时所有的边际 VaR 或者 β 的值都相等。根据这个思路，我们构建以下优化函数。

我们选择 0.000 01 为阈值，当一次迭代得到的股票边际 VaR 之差小于 0.000 01 时，结束循环，认为此时已经达到了基于 VaR 的最优投资组合；反之则令边际 VaR 最小的股票价值加 1，边际 VaR 最大的股票价值减 1。

以最初的权重作为迭代初值，得到最优组合中四只股票的比例是 0.228，0.409，0.131，0.231，组合的 VaR 值等于 33 738.39，对比原来组合的 VaR 值 36 220.9，投资组合的金额没有变化，VaR 减少了 2 482.513 元。调整不同初始权重得到的最优结果相似，说明优化模型稳定。

如果采用 R 中的 quadprog 包实现对二次规划问题的求解，得到的资产配置的权重是一致的，重新演算投资组合各只股票的边际 VaR，结果相等，说明算法正确。

2. 给定期望收益率最小化 VaR

前面的部分介绍了如何将投资组合的初始头寸转换为全局风险最小的投资组合，但并未考虑期望收益率。与均值-方差投资组合模型类似，我们可以将 VaR 视为风险指标，从而得到一个在给定期望收益率条件下，选择资产权重以最小化投资组合 VaR 的优化问题。该模型的最优化问题可以表示为以下形式：

$$\begin{aligned} &\min \mathrm{VaR}_\alpha \\ &\text{s. t.} \sum_{i=1}^{n} w_i \mu_i = \mu_0 \\ &\qquad \sum_{i=1}^{n} w_i = 1 \end{aligned} \tag{6-50}$$

在方差-协方差法下，根据投资组合的 VaR 计算公式 $\mathrm{VaR}_\alpha = c\sqrt{\boldsymbol{w}\boldsymbol{\Sigma}\boldsymbol{w}^{\mathrm{T}}}$，因此这个

最优化问题的最优解就是马科维茨的均值-方差投资组合模型的最优解。但如果用完全估值法计算组合的 VaR，式（6－50）的求解将变得非常困难，只能采用随机模拟法，通过数值方法，不断调整权重，反复比较 VaR 值直至达到最小。

还有一种优化目标是最大化期望收益和风险的比率，即通过改变资产权重，增加投资组合的收益率，从而让投资组合获得更高的夏普比率。与传统夏普比率 $SP_p = E_p/\sigma_p$ 不同，我们将分母用 VaR 来替代。当达到最大的夏普比率时，各项资产的期望收益率与边际 VaR 的比值都相等，这也可以写为每项资产的超额收益率与该资产相对于最优投资组合的 β 值之比，即在最优点处

$$\frac{E_i}{\Delta \mathrm{VaR}_i} = \frac{E_i}{\beta_i} = \text{常数} \tag{6-51}$$

这就是资本资产定价模型的重新表述。即市场组合一定具有均值-方差的有效性，也就是说，投资组合的各构成资产的期望收益率一定与其相对于投资组合的 β 值成正比，即

$$E_i = E_m \beta_i \tag{6-52}$$

在方差-协方差法下，上述最优化问题可表示为

$$\begin{aligned} &\min c\sqrt{\boldsymbol{w}\boldsymbol{\Sigma}\boldsymbol{w}^{\mathrm{T}}} \\ &\text{s. t. } \boldsymbol{w}^{\mathrm{T}}\boldsymbol{w} = 1 \\ &\quad \boldsymbol{w}^{\mathrm{T}}\boldsymbol{\mu} - \text{夏普比率} \cdot c\sqrt{\boldsymbol{w}\boldsymbol{\Sigma}\boldsymbol{w}^{\mathrm{T}}} = 0 \end{aligned} \tag{6-53}$$

可以发现，在给定基于 VaR 的夏普比率后，整个问题转化为非线性约束的最优化求解，因此可以使用 R 中的 NLcOptim 包解决。

例 6－11　用先前四只股票构成的投资组合来计算当前组合基于 VaR 的夏普比率，求在给定夏普比率后使得组合 VaR 达到最小的最优投资组合。

将传统夏普比率公式中分母部分的波动率替换为收益率的 VaR，计算出基于 VaR 的夏普比率，结果为 0.024 924 3。我们采用随机模拟法，模拟 100 000 次不同权重的投资组合。模拟的方式是每次生成 4 个［－1,1］区间上均匀分布的随机数（负数代表该只股票作为空头的情况），再除以这 4 个随机数的和。若 4 个新的随机数的和为 1，则这 4 个新的随机数即为四只股票价值的随机权重。

为了更好地观察 10 万个随机模拟投资组合的情况，我们以各投资组合的收益率的 VaR 值为 x 轴，以该投资组合的期望收益率为 y 轴进行可视化。图 6－7 中黑色直线的斜率为给定的夏普比率，深灰色散点为模拟出的投资组合，黑点为题中所给的投资组合点，可以在图中观察到投资组合的有效边界和 VaR 值。

在模拟的结果中，我们寻找夏普比率与给定的夏普比率相差小于 0.000 1 的投资组合，这些点中，VaR 值最小的点就是题中所求的夏普比率一定且 VaR 值最小的组合，VaR 值等于 3 410.42 元（图中标记为深灰色的点）。可以看到，模拟结果中的最优投资组合为夏普比率线与有效边界曲线的两个交点中 VaR 值较小的点。

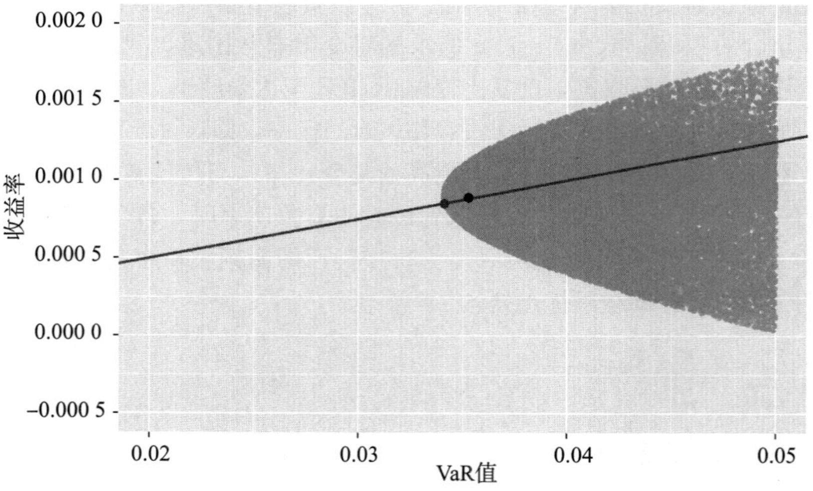

图 6－7 模拟结果中的最优投资组合

6.3.3 基于 ES 的最优投资组合

我们只考虑在方差-协方差法下，给定期望收益最小化预期亏损（ES）的投资组合优化问题。假设组合收益率 $R_{p,t+1} \sim N(\mu_0, \sigma_p^2)$，代入正态分布的 ES 公式可得：

$$\mathrm{ES}_\alpha(-R_{p,t+1}) = -\mu_0 + \sigma_p \mathrm{ES}_\alpha(Z) = -\mu_0 + \sigma_p \frac{\phi(\Phi^{-1}(\alpha))}{1-\alpha}, \quad \sigma_p = \boldsymbol{w\Sigma w}^{\mathrm{T}} \tag{6-54}$$

于是，最优化问题可写为

$$\begin{cases} \min \mathrm{ES}_\alpha = \min\{T\sigma_p - \mu_0\} \\ \text{s. t. } \boldsymbol{w}^{\mathrm{T}}\boldsymbol{\mu} = \mu_0 \\ \sum_{i=1}^{n} w_i = 1 \end{cases} \tag{6-55}$$

式中，$T = \frac{\phi(\Phi^{-1}(\alpha))}{1-\alpha}$。由于 α，μ_0 以及 T 为常数，所以 ES_α 的优化问题式（6－55）与均值-方差投资组合模型的最优解相同。因此可知，如果组合权重 w 在均值- ES 的有效前沿上，则组合 w 也属于均值-方差边界，因此均值- ES 边界也为$w_p = g + h\mu_0$。不同的是，对于任意前沿投资组合，其收益率的期望与标准差满足下面的公式：

$$\frac{\sigma_p^2}{\frac{1}{c}} - \frac{T\sigma_p - \mathrm{ES}_\alpha - \frac{b}{c}}{\frac{d}{c^2}} = 1 \tag{6-56}$$

式中，$a = \boldsymbol{\mu}^{\mathrm{T}}\boldsymbol{\Sigma}^{-1}\boldsymbol{\mu}$，$b = \boldsymbol{\mu}^{\mathrm{T}}\boldsymbol{\Sigma}^{-1}\mathbf{1}$，$c = \mathbf{1}^{\mathrm{T}}\boldsymbol{\Sigma}^{-1}\mathbf{1}$，$d = ac - b^2$，$\mathbf{1} = (1, 1, \cdots, 1)^{\mathrm{T}}$。显然，均值- ES 边界等价于均值-方差边界的一个变换，见图 6－8 和图 6－9。

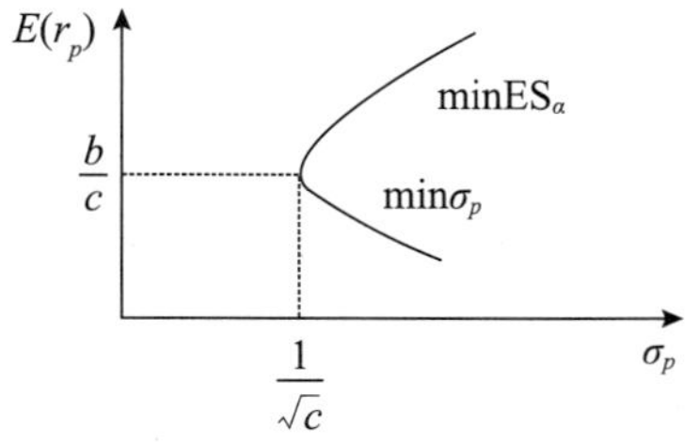

图6-8　均值-方差的有效前沿

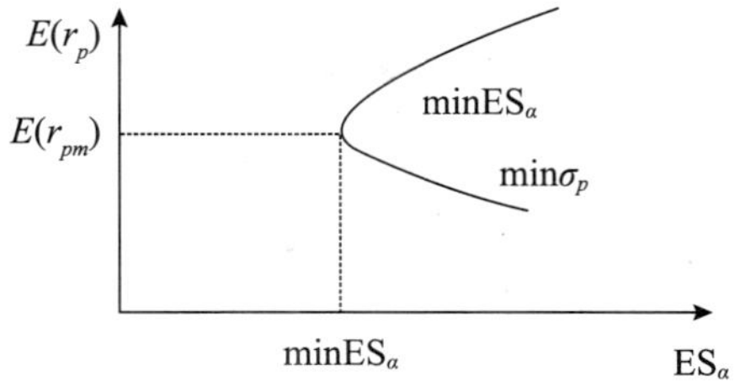

图6-9　均值-ES的有效前沿

专栏　均值-ES的前沿性质分析

性质1　如果 $\min ES_\alpha$ 组合存在，设其为 $\boldsymbol{m}=(m_1,m_2,\cdots,m_n)$，它就是在均值-方差投资组合模型的有效前沿上。

性质2　只有当 $T>\sqrt{\frac{d}{c}}$ 时，$\min ES_\alpha$ 组合才存在最优解。

性质2的证明：由 $\min\{T\sigma_p-\mu_0\}$ 知其有解的必要条件为

$$\frac{\partial ES_\alpha}{\partial \sigma_p}=T-\frac{\sigma_p\sqrt{\frac{d}{c}}}{\sqrt{\sigma_p\frac{1}{c}}}=0 \tag{6-57}$$

解得 $\sigma_p=\sqrt{\frac{T^2}{cT^2-d}}$，此时 $\mu_0=\frac{b}{c}+\sqrt{\left(\frac{T^2}{cT^2-d}-\frac{1}{c}\right)\frac{d}{c}}$。若 $T\leqslant\sqrt{\frac{d}{c}}$，则 σ_p 不存在。在均值-方差的投资组合边界上，ES_α 的下界等于

$$ES_\alpha=T\sqrt{\frac{T^2}{cT^2-d}}-\left(\frac{b}{c}+\sqrt{\left(\frac{T^2}{cT^2-d}-\frac{1}{c}\right)\frac{d}{c}}\right)$$

值得注意的是，若投资者在进行决策时选择的置信水平 α 太高，就不存在均值-CVaR的边界与有效前沿了。

性质3　如果 $\min ES_\alpha$ 组合存在，则在均值-方差有效前沿上的最小 ES_α 点要高于均值-方差的最小方差点（minimum variance point，MVP），反过来说，$\min \sigma_p^2$ 的有效集不是 $\min ES_\alpha$ 的有效集。

这一点比较容易证明。我们比较一下均值-方差的有效前沿和均值-ES的有效前沿上的点。均值-方差有效前沿上的期望收益率与方差满足：

$$E(r_p)=\frac{b}{c}+\sqrt{\left(\sigma_p^2-\frac{1}{c}\right)\frac{d}{c}} \tag{6-58}$$

在MVP点，$\sigma_p=\sqrt{\frac{1}{c}}$，$E(r_{pw})=\frac{b}{c}$，而在最小CVaR点上，$\sigma_p=\sqrt{\frac{T^2}{cT^2-d}}$，组合的期望收益率等于

$$E(r_{pm})=\frac{b}{c}+\sqrt{\left(\frac{T^2}{cT^2-d}-\frac{1}{c}\right)\frac{d}{c}} \tag{6-59}$$

故可知 $E(r_{pm})>E(r_{pw})$，如图 6-8 和图 6-9 所示。最小方差的有效集不是最小预期亏损（ES）的有效集。

均值-CVaR 模型是一种基于条件风险的投资组合优化模型，它将投资组合的风险度量从简单的方差扩展到了更全面的条件风险度量，即条件风险价值（CVaR）。在均值-CVaR 模型中，两基金分离定理是一个重要结果。

6.4 Black-Litterman 资产配置模型

马科维茨模型于 1952 年提出，其通过最小化风险和最大化收益的均值-方差优化方法来确定最佳的资产配置组合。然而，该模型的缺陷在于需要准确预测投资组合的期望收益率和协方差矩阵。一旦预测值与实际值有较大偏差，资产配置就会出现较大误差。在这些误差中，相较协方差矩阵而言，期望收益率的误差对资产配置的影响更大。此外，该模型求出的最佳资产配置权重对期望收益率非常敏感。即便期望收益率有很小的改变，权重也会发生相对较大的变化。但是，期望收益率往往难以有效预测，这导致模型在实际操作中的可解释性不强。因此，这类方法的缺陷在于模型的准确性过分依赖预期收益率的准确性，且对输入参数的变化非常敏感。一旦预测数据偏差较大，最大化效用函数就会变为最大化误差。①

更重要的是，传统的资产配置方法通常基于历史收益数据或经过某些转换得到的数据，缺乏对未来趋势的准确预测和后验数据支持。此外，传统方法往往没有很好地将定量化模型和主动管理型投资策略结合起来，导致配置过程缺乏灵活性和主动性。为了克服这些问题，Black-Litterman 资产配置模型（B-L 模型）以市场均衡假设为基础，结合投资者对不同投资产品收益率的主观判断，确定最佳的资产收益率和配置方案。在传统模型中，投资者通常具有相同的预期收益率和风险偏好。然而，在实际市场中，投资者可以根据特殊的信息优势，以相对或绝对的方式表达对某些资产的看法。此外，投资者的看法也会存在误差，因此信心水平并不一定为 100%。在 B-L 模型中，投资者可以更加灵活地表达自己的看法，同时也可以加入自己的置信度。

6.4.1 基本原理

B-L 模型的核心是在贝叶斯框架下使用先验和新息来得到后验收益率。该模型首先假定大类资产收益有两个独立的来源②：一个是均衡市场下资产的收益率 μ_0，它是先验

---

① Pa Silva, A. S., Lee, W., Pornrojnangkool, B. (2009). The Black-Litterman model for active portfolio management. Journal of Portfolio Management, 35(2): 61-70.

② Black, F., Litterman, R. (1990). Asset allocation: combining investor views with market equilibrium. Goldman Sachs Fixed Income Research, 115(1): 7-18.

的，由历史数据统计得来，可以看作 B-L 模型的一个参考基准，它的引入使模型自然地包含了均值-方差模型的一系列假设；另一个是投资者根据未来预期收益进行主动配置所产生的偏离市场均衡收益的部分 Q（观点收益），其中，$Q=P\cdot\mu_p$，P 为观点配置集合，作用于组合预期收益得到观点收益，μ_p 为预期收益率，是投资者基于未来宏观环境、市场供需、交易行为等外部因素变化对标的资产收益率的预测。

确定了两类收益来源后，B-L 模型的核心是使用贝叶斯方法，利用先验收益率和新息得到后验收益率，这是一种对收益率的贝叶斯收缩（Bayes shrinkage）。具体来说，以均衡市场得出的期望收益率作为先验，以最近 T 期收益率数据求出的样本期望收益率作为新息，以两类收益来源的协方差的倒数作为权重，从而获得最大似然化的后验收益率 μ_p：

$$\mu_p=[(\tau\boldsymbol{\Sigma})^{-1}+\boldsymbol{P}^{\mathrm{T}}\boldsymbol{\Omega}^{-1}\boldsymbol{P}]^{-1}[(\tau\boldsymbol{\Sigma})^{-1}\boldsymbol{\mu}_0+\boldsymbol{P}^{\mathrm{T}}\boldsymbol{\Omega}^{-1}\boldsymbol{Q}] \tag{6-60}$$

式中，τ 为缩放尺度系数，用于先验地调节两类收益来源的贡献比率。对于先验期望收益率的协方差矩阵，B-L 模型假设它和收益率的协方差矩阵 $\boldsymbol{\Sigma}$ 有同样的结构，但是数量级要小很多。它用一个很小的标量 τ 作为缩放尺度，得到先验期望收益率的协方差矩阵 $\tau\boldsymbol{\Sigma}$。先验期望收益率服从正态分布 $N(\boldsymbol{\mu}_0,\tau\boldsymbol{\Sigma})$，$\boldsymbol{\mu}_0$ 为先验期望收益率的期望值（即隐含均衡收益率），τ 值越大，表明均衡收益方差越大。B-L 模型以最优的比例使基于新息的预测向先验预测收缩，这个最优的比例使得后验期望收益率的误差最小。

那么，如何获取先验期望收益和观点呢？Black and Litterman（1992）① 与 He and Litterman（2002）② 均提出了一些替代的预测方法：历史收益率、等价平均收益率、风险调整等价收益率。这些替代预测方法在一些情况下会产生极端的投资组合——当组合没有限制时，组合会产生很高的空头多头权重，当只对多头限制时，组合可能集中在个别资产上。B-L 模型从市场供需出发，认为投资品在整个市场中按其市值的占比体现了当前市场供需关系的均衡状态。投资品市值与市场总市值的比值就是该投资品在这个市场组合中的权重，记为 $\boldsymbol{w}_{\mathrm{mkt}}$。在这个基础上，模型进一步假设各投资品在市场组合中的配置比例 $\boldsymbol{w}_{\mathrm{mkt}}$ 由投资者追求效用的最大化所致。我们将所有投资者看作一个整体，假定其足够理性，追求效用函数的最大化。对于市场中的 N 项资产，投资者效用函数为

$$U=\boldsymbol{w}^{\mathrm{T}}\boldsymbol{\mu}-\frac{\delta}{2}\boldsymbol{w}^{\mathrm{T}}\boldsymbol{\Sigma}\boldsymbol{w} \tag{6-61}$$

式中，$\boldsymbol{w}$ 是各项投资品的权重列向量（N 维）；$\boldsymbol{\mu}$ 是 N 项资产的预期收益率列向量（N 维）；δ 是投资者的风险厌恶系数，$\delta=\dfrac{E(r_m-r_f)}{\sigma_m^2}$，$r_m$，$\sigma_m^2$ 分别为市场收益率及方差，r_f 为无风险利率；$\boldsymbol{\Sigma}$ 是 N 项资产的协方差矩阵（$N\times N$）。当各投资品的权重为市场权重 $\boldsymbol{w}_{\mathrm{mkt}}$ 时，市场出清，此时各资产的收益率为隐含均衡收益率。我们可以通过将式（6-61）对 $\boldsymbol{w}$ 求导并令导数为零，得到隐含均衡收益率如下：

$$\boldsymbol{\mu}_0=\delta\boldsymbol{\Sigma}\boldsymbol{w}_{\mathrm{mkt}} \tag{6-62}$$

① Black, F., Litterman, R. (1992). Global portfolio optimization. Financial analysts Journal, 48(5): 28-43.

② He, G., Litterman, R. (2002). The intuition behind Black-Litterman model portfolios. SSRN 334304.

式（6－62）的隐含均衡收益率代表市场观点的先验收益。

投资者通常对组合中的某些资产的期望收益率有着具体的观点，这些观点可能与市场的隐含均衡收益率不同。这些观点可以以绝对形式或相对形式表达，通常是关于某项资产或资产组合的收益率的预测。例如，假设投资者有以下两个观点：

观点 1：我预计资产 A 的收益率将达到 5%。

观点 2：我预计资产 B 与资产 C 的收益率均值将达到 7%。

B-L 模型是市场观点（先验收益率）和投资者观点（新息）的综合，不同的投资者因其观点不一样，得出的最优权重也不同。为了求出最优权重，我们将投资者观点转化为数学形式表达，定义：

$\boldsymbol{P}$：$K\times N$ 的资产选择矩阵，其中 K 为投资者观点个数。

$\boldsymbol{Q}$：K 维的观点收益列向量，表示每个观点中投资品收益率相对强弱的大小。

涉及观点的各资产的矩阵 $\boldsymbol{P}$ 需要与观点向量 $\boldsymbol{Q}$ 匹配。每个观点向量都是一个 N 维行向量，K 个观点使得 $\boldsymbol{P}$ 是一个 $K\times N$ 阶矩阵。在我们的例子中，观点个数 $K=2$，涉及三项资产。观点 1 是一个绝对观点，只涉及 A 一项资产，故矩阵 $\boldsymbol{P}$ 的第 1 行第 1 个元素为 1，第 1 行其余元素为 0；观点 2 也是一个绝对观点，涉及 B、C 两项资产，且是将其收益率进行平均，故矩阵 $\boldsymbol{P}$ 的第 2 行的第 2、3 个元素都为 0.5，第 2 行其余元素为 0，因此 $\boldsymbol{P}=\begin{pmatrix}1 & 0 & 0\\ 0 & 0.5 & 0.5\end{pmatrix}=\begin{pmatrix}\boldsymbol{p}_1\\ \boldsymbol{p}_2\end{pmatrix}$，若涉及相对观点，则矩阵 $\boldsymbol{P}$ 中的元素会出现负数。观点向量 $\boldsymbol{Q}$ 是一个 2 维列向量$(5\%,7\%)^{\mathrm{T}}$。由于观点的不确定性，不妨假设误差向量 $\boldsymbol{\varepsilon}$ 服从正态分布，$\boldsymbol{\varepsilon}\sim N(\boldsymbol{0},\boldsymbol{\Omega})$，由于 B-L 模型假设观点之间是独立的，故 $\boldsymbol{\Omega}$ 是 $K\times K$ 阶对角矩阵，是观点误差方阵。观点不确定性越大，观点误差方差越大。在我们的例子中，$\boldsymbol{\Omega}=\begin{pmatrix}\boldsymbol{p}_1\boldsymbol{\Sigma}\boldsymbol{p}_1^{\mathrm{T}}\times\tau & 0\\ 0 & \boldsymbol{p}_2\boldsymbol{\Sigma}\boldsymbol{p}_2^{\mathrm{T}}\times\tau\end{pmatrix}$。综合来看，观点带来的影响为 $\boldsymbol{Q}+\boldsymbol{\varepsilon}$。我们可以将投资者观点用矩阵描述：

$$\boldsymbol{P\mu}=\boldsymbol{Q}+\boldsymbol{\varepsilon} \tag{6-63}$$

式中，$\boldsymbol{\varepsilon}$ 是 K 维列向量，代表观点偏离值，各元素是相互独立、均值为零的正态随机变量。$\boldsymbol{\varepsilon}$ 的协方差矩阵为 $\boldsymbol{\Omega}$。投资者观点（新息）服从正态分布 $N(\boldsymbol{Q},\boldsymbol{\Omega})$。

现实中，投资者往往对自己的观点并不是 100%确定。这时，我们可以把收益率相对强弱的取值理解为来自一个正态分布，并通过该分布的标准差来描述主动判断的不确定性。最后，通过 $\boldsymbol{P}$ 将 $\boldsymbol{\Omega}$ 的逆矩阵转化为 $\boldsymbol{P}^{\mathrm{T}}\boldsymbol{\Omega}^{-1}\boldsymbol{P}$（$N\times N$ 阶矩阵）作为新息期望收益率的精度。

在各资产协方差矩阵 $\boldsymbol{\Sigma}$ 和观点误差方阵 $\boldsymbol{\Omega}$ 均可逆的假设下，综合上面的市场观点和投资者观点，将先验收益率和新息收益率代入贝叶斯收缩的框架中就可以得到 B-L 模型下的后验期望收益率 $\boldsymbol{\mu}_p$ 和后验协方差矩阵 $\boldsymbol{\Sigma}_p$。Satchell and Scowcroft（2000）① 等给出了详细的推导过程，这里直接列出 $\boldsymbol{\mu}_p$ 和 $\boldsymbol{\Sigma}_p$ 的表达式：

① Satchell, S., Scowcroft A. (2000). A demystification of the Black-Litterman model: managing quantitative and traditional portfolio construction. Journal of Asset Management, 1(2): 138－150.

$$\boldsymbol{\mu}_p=[(\tau\boldsymbol{\Sigma})^{-1}+\boldsymbol{P}^{\mathrm{T}}\boldsymbol{\Omega}^{-1}\boldsymbol{P}]^{-1}[(\tau\boldsymbol{\Sigma})^{-1}\boldsymbol{\mu}_0+\boldsymbol{P}^{\mathrm{T}}\boldsymbol{\Omega}^{-1}\boldsymbol{Q}]$$
$$\boldsymbol{\Sigma}_p=[(\tau\boldsymbol{\Sigma})^{-1}+\boldsymbol{P}^{\mathrm{T}}\boldsymbol{\Omega}^{-1}\boldsymbol{P}]^{-1} \tag{6-64}$$

式中，τ 是收缩因子，是一个介于 0～1 之间的常数，接近 0，常取 0.01。由于后验收益率是先验收益率和新息收益率的加权平均，所以均衡收益的方差越大，其所占权重就越小，投资者观点（新息）所占权重就越大，因此 τ 也被看作观点权重。

可以看到，作为对先验和新息收益率的加权，新息收益率 $\boldsymbol{\mu}$ 并不出现在后验收益率的公式中，这是因为利用式（6－63）将 $\boldsymbol{P\mu}$ 用 $\boldsymbol{Q}$ 进行了替换。我们可以发现这种方法的好处是，它无需投资者来猜 $\boldsymbol{\mu}$，而只需要投资者提供矩阵 $\boldsymbol{P}$ 和向量 $\boldsymbol{Q}$ 来表达自己的观点。求出后验收益率 $\boldsymbol{\mu}_p$ 后，同均值-方差投资组合模型类似，将其代入目标函数求最佳投资组合就可以得到 B-L 模型下的最优投资组合权重：

$$\boldsymbol{w}^*=(\delta\boldsymbol{\Sigma})^{-1}\boldsymbol{\mu}_p \tag{6-65}$$

为了更好地理解 B-L 模型的性质和金融学意义，我们将上式改写为

$$\begin{aligned}\boldsymbol{\mu}_p&=\boldsymbol{\mu}_0+\boldsymbol{V}\\&=\boldsymbol{\mu}_0+\boldsymbol{\Sigma P}^{\mathrm{T}}\left[\frac{\boldsymbol{\Omega}}{\tau}+\boldsymbol{P\Sigma P}^{\mathrm{T}}\right]^{-1}(\boldsymbol{Q}-\boldsymbol{P\mu}_0)\end{aligned} \tag{6-66}$$

即后验收益 $\boldsymbol{\mu}_p$ 是先验收益和解耦合后的观点收益 $\boldsymbol{V}$ 的和。我们讨论三种特例：

（1）$\boldsymbol{\Omega}\to\boldsymbol{0}$，即观点收益的分布是完全确定的，这时 $\boldsymbol{\mu}=\boldsymbol{Q}/\boldsymbol{P}=\boldsymbol{\mu}_p$，由观点所表征的预期收益率是完全确定的，就是资产的后验收益。（上帝视角。）

（2）$\boldsymbol{\Omega}\to+\infty$，即观点收益的分布完全是不确定的，这时 $[\boldsymbol{\Omega}/\tau+\boldsymbol{P\Sigma P}^{\mathrm{T}}]^{-1}\to\boldsymbol{0}$，$\boldsymbol{\mu}=\boldsymbol{\mu}_0$，投资者对自己的观点毫无信心，主动管理完全随机，不改变均衡市场下的收益期望。

（3）$\boldsymbol{Q}=\boldsymbol{P\mu}_0$，即投资者按照均衡收益进行配置（被动投资），这时 $\boldsymbol{V}=\boldsymbol{0}$，$\boldsymbol{\mu}=\boldsymbol{\mu}_0$，整个配置过程没有引入任何新息，不会影响最终的资产收益。

由此我们发现，B-L 模型中观点的信息增量性和确定性是影响资产收益预测的内禀属性（intrinsic properties）。模型应用的重要环节就是寻找具备高预测能力的观点。于是我们再次回到观点收益 $\boldsymbol{Q}$ 进行讨论，对于 K 个观点、N 项资产，有矩阵形式：

$$[\boldsymbol{Q}]_{K\times1}=[\boldsymbol{P}]_{K\times N}[\boldsymbol{\mu}_p]_{N\times1} \tag{6-67}$$

虽然从形式上看，用 $\boldsymbol{Q}$、$\boldsymbol{P}$、$\boldsymbol{\Omega}$ 三个参量代替资产预期收益 $\boldsymbol{\mu}$ 和其协方差两个参量并没有什么作用，但在实际应用中观点收益的引入有两方面的优势：

（1）提高了观点的置信度。在实际投资中，对于高度相关的资产，价差的预测往往比单一资产价格的预测更容易和准确。因此，我们可以构建多空的投资组合来形成观点，观点收益即为对价差的预测。通过引入多个观点，可以提高对预期收益率和协方差矩阵的估计准确度。此外，读者可以证明，当引入任意一个净敞口为零（多空总和为零）的观点时，由 B-L 模型得到的配置结果不会改变原始配置结果的归一性。这意味着，即使在引入观点后，模型也可以保持原有的配置结果，从而增强了模型的稳定性和可靠性。

（2）实现了计算的解合和降维。对于标的资产较多的情况，如 Smart Beta 策略，部分标的资产的主动调整会引起预期收益率的变化，从而使得 $\boldsymbol{\mu}$ 难以确定。然而，通过引入少量资产（$K\ll N$）观点收益来代替全部资产的观点收益，可以降低计算难度和复

杂度，同时减少计算的解合和降维所需的时间和计算资源。这使得 B-L 模型在大规模资产配置中更实用和有效。

6.4.2 模型搭建和案例

图 6－10 展示了 B-L 框架图，可以看出先验模型的选择和预测观点的构建决定了最终预测的好坏。

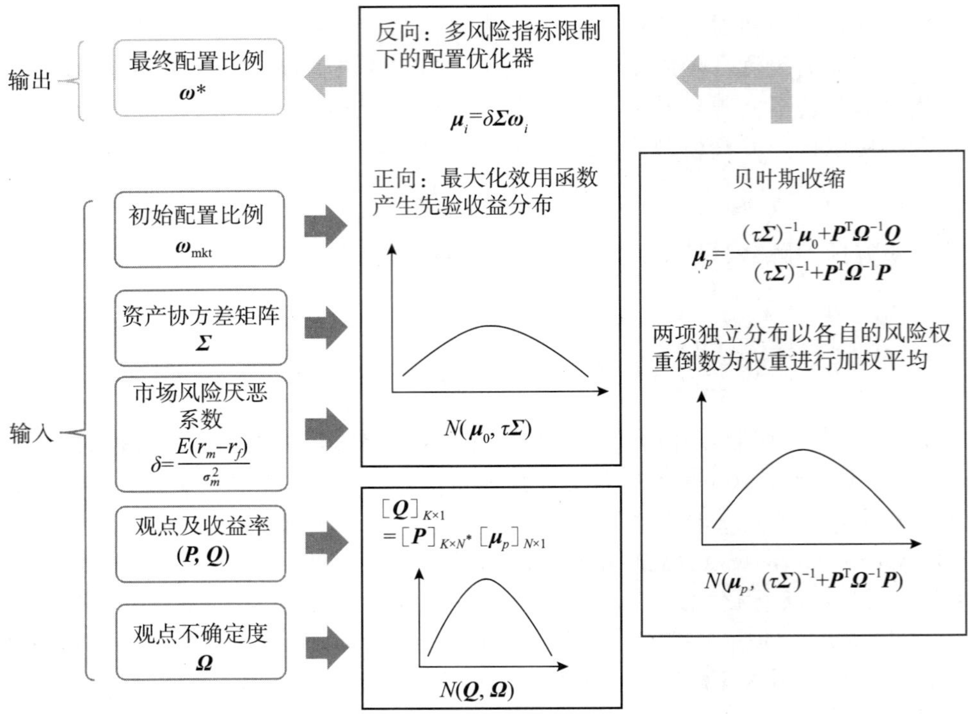

图 6－10 B-L 框架图

1. 先验分布的确定

一种常见的方法是将待配置标的回溯区间收益期望和协方差矩阵作为资产先验的收益分布。这等价于选择均值-方差投资组合模型或最大化组合夏普比率作为先验模型。具体地，我们可以使用历史数据来估计资产的平均收益率和协方差矩阵，然后假设市场是以这些历史数据为基础形成的，并将其作为先验分布。

另一种常见的方法是通过求解一个加权平均的方程来确定先验分布的均值 $\boldsymbol{\mu}_0$。具体地，我们可以使用公式 $\boldsymbol{\mu}_0=\delta\boldsymbol{\Sigma}\boldsymbol{w}_0$ 来计算，其中 δ 是一个调整因子，通常设置为 0.03，$\boldsymbol{\Sigma}$ 是资产的协方差矩阵，$\boldsymbol{w}_0$ 是初始配置比例。初始配置比例可以是人为指定的、恒定的比例或者是在均值-方差投资组合模型中推导出的最优比例。

2. 预测观点的搭建

我们可以采用“自上而下”和“自下而上”的配置思路。在“自上而下”的配置思路下，我们从宏观基本面数据（例如经济指标、政策变化等）入手来预测资产的收益率和协方差矩阵。这种方法通常需要专业的经济学知识和分析能力，需要对宏观经济环境和市场走势有深入的理解。然而，由于宏观基本面数据的复杂性和不确定性，这种方法的预测精度往往较低。另一种方法是“自下而上”的配置思路，即从资产数据（例如股票价格、市盈率、市净率等）入手来预测资产的收益率和协方差矩阵。这种方法通常借助机器学习、深度学习等技术，以大量历史数据为基础，自动化、定量化地产生观点收益和置信度。这种方法的优点是预测精度较高，但需要大量数据和复杂的计算模型来支撑。

（1）宏观观点。

在多因子框架中，资产预期收益来自承担共同因子风险的溢价。因此，在宏观观点下的资产配置可以理解为对宏观风险因子敞口的主观择时。宏观观点的构建主要包括以下三方面问题：

① 构建有效的宏观因子。有效的宏观因子应该对资产收益具有解释性和预测性，同时因子本身最好具有金融学意义且因子间相关性较弱。常用的宏观因子包括增长、广义通货膨胀、流动性、利率和信用利差五类。在资产配置中，我们需要选择适合特定市场和投资风格的宏观因子，以构建有效的宏观观点。

② 划分宏观因子状态。宏观因子的绝对水平衡量了经济的长期中枢，而边际变化衡量了经济的周期波动。实践表明，因子边际变化的预测能力更强。因此，我们需要根据各因子的边际变化情况将大类资产的时间序列划分为不同的切片，以便进行后续的统计分析和资产配置。

③ 确定宏观状态-资产收益映射关系。我们对同一宏观状态下的资产收益序列进行统计分析，运用 Sharp-Omega 度量来确定状态区间内大类资产风险收益表现的优劣，给出定量的观点收益预测和置信度。通过这种方法，我们可以将宏观观点转化为具体的资产配置决策，以实现对宏观风险因子的主观择时。

（2）价量观点。

由于接收价格信息的时间和对价格信息的反应存在差异，持有异质信念的投资者会形成意见分歧，进而产生反馈交易。历史移动平均价格信息也会对未来价格信息产生影响。因此，采用移动平均法、ARMA-GARCH 模型等方法来获得价量观点和置信度应该较为准确。具体而言，我们可以使用移动平均法来计算资产价格的趋势和波动率。移动平均法可以在一定程度上消除价格的短期波动，提取出价格的长期趋势。同时，我们可以使用 ARMA-GARCH 模型来预测资产价格的未来波动率，从而进一步提高观点的准确性和置信度。通过这种方法，我们可以获得基于价格信息的价量观点，并将其转化为具体的资产配置决策。

例 6-12 我们从 iFind 数据库中获取了上证 50 指数从 2019 年 1 月 1 日至 2022 年 12 月 31 日的收盘价数据和市值数据，从中提取了 30 只数据保留程度较好的股票，具体保留股票如表 6-8 所示，每只股票各有 205 个周收益率数据，其周收益率如图 6-11 所示。同时从 iFind 数据库也获得了上证 50 指数的周收益率，以及上海银行间 3 个月同业拆借利率（周度调整后作为无风险收益率）。

表 6-8 30 只成分股列表

股票代码	股票简称	股票代码	股票简称	股票代码	股票简称
600009.SH	上海机场	600588.SH	用友网络	601601.SH	中国太保
600016.SH	民生银行	600703.SH	三安光电	601628.SH	中国人寿
600028.SH	中国石化	600837.SH	海通证券	601668.SH	中国建筑
600031.SH	三一重工	601012.SH	隆基绿能	601688.SH	华泰证券
600036.SH	招商银行	601186.SH	中国铁建	601818.SH	光大银行
600104.SH	上汽集团	601211.SH	国泰君安	601857.SH	中国石油
600196.SH	复星医药	601288.SH	农业银行	601888.SH	中国中免
600276.SH	恒瑞医药	601328.SH	交通银行	601988.SH	中国银行
600519.SH	贵州茅台	601336.SH	新华保险	600048.SH	保利发展
600585.SH	海螺水泥	601398.SH	工商银行	601318.SH	中国平安

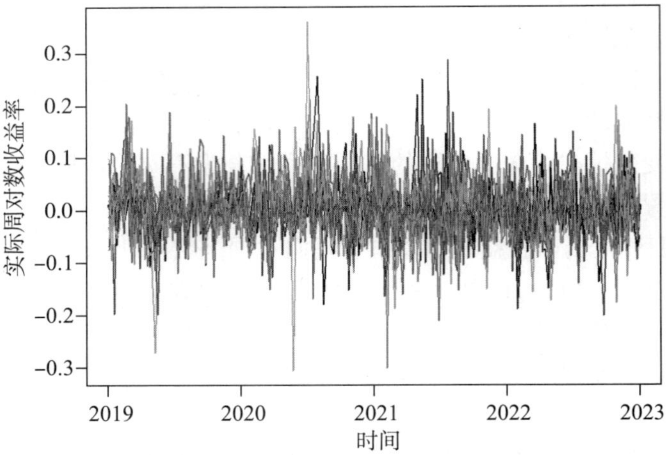

图 6-11 各股实际周收益率

然后对各股票收益率序列建立 ARMA-GARCH 模型获得主观观点，具体来说，对中国人寿的股票周收益率建立 ARMA(1,1)-GARCH(1,2) 模型，对其余 29 只股票周收益率建立 ARMA(1,1)-GARCH(1,1) 模型，所有模型的残差均通过了检验，不再具有自相关性和波动集聚性。图 6-12 展示了基于 ARMA-GARCH 模型拟合的观点收益率及波动率。

接着根据 $\delta=\dfrac{E(r_m-r_f)}{\sigma_m^2}$，计算出风险厌恶系数为 0.303 1，再根据 $\boldsymbol{\mu}_0=\delta\boldsymbol{\Sigma}\boldsymbol{w}_{\mathrm{mkt}}$ 计算出隐含均衡收益率，如图 6-13 所示。

基于 ARMA-GARCH 模型拟合得到的各股票的周收益率 r_i 和无风险利率 r_f，可得出超额收益率 $R_i=r_i-r_f$，构成输出观点向量 $\boldsymbol{Q}$，各股票超额收益率如图 6-14 所示。可以看出，各股隐含均衡收益率随时间的变化较为稳定，而实际的超额收益率的波动性

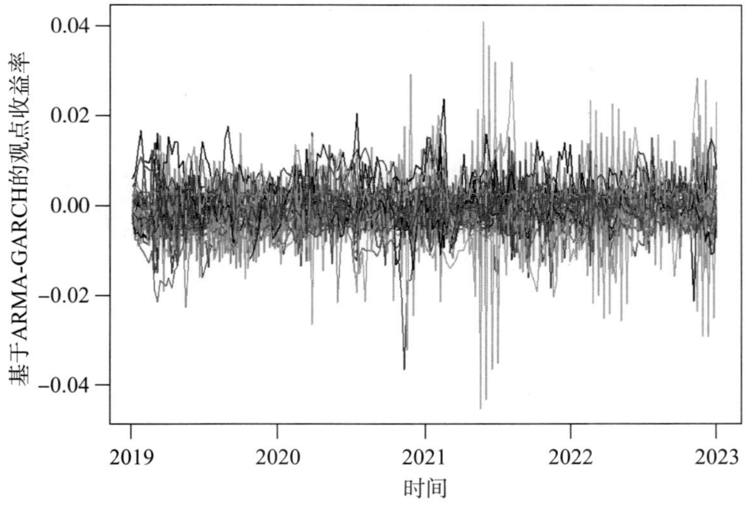

图 6-12 基于 ARMA-GARCH 的观点收益率

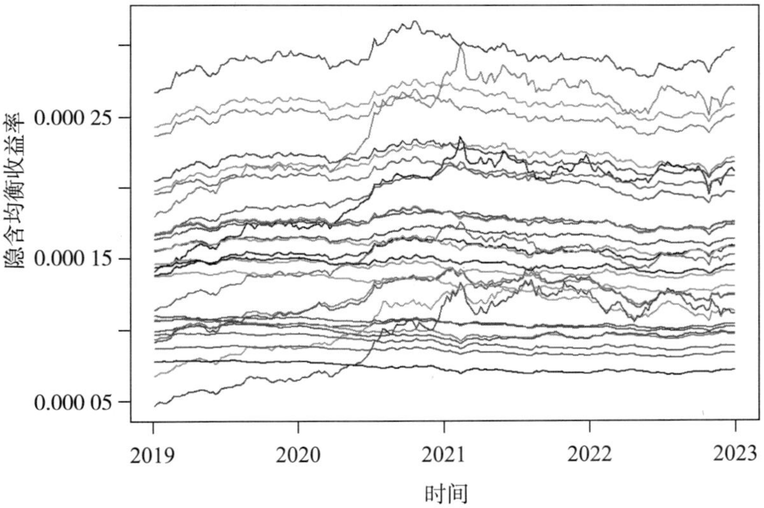

图 6-13 各股隐含均衡收益率

较大。

提取第 200 个样本点，即 2022 年 11 月 25 日的周收益率（随机提取）进行观察，可对比各股的实际超额收益率，基于 ARMA-GARCH 模型的观点收益率与隐含均衡收益率如图 6-15 所示。从图中可以看出，各股的隐含均衡收益率基本一样，观点收益率在股间略微有波动，而实际超额收益率在股间波动剧烈。从整体上说，观点收益率在隐含均衡收益率的上下波动，而实际超额收益率大部分在隐含均衡收益率上方。

令 $\tau=0.01$，将 ARMA-GARCH 模型的方差作为观点的方差，代入 B-L 模型式（6-64）计算，可以得到后验期望收益率，如图 6-16 所示。进一步根据式（6-65）可得 B-L 模型下的最优权重，如图 6-17 所示。

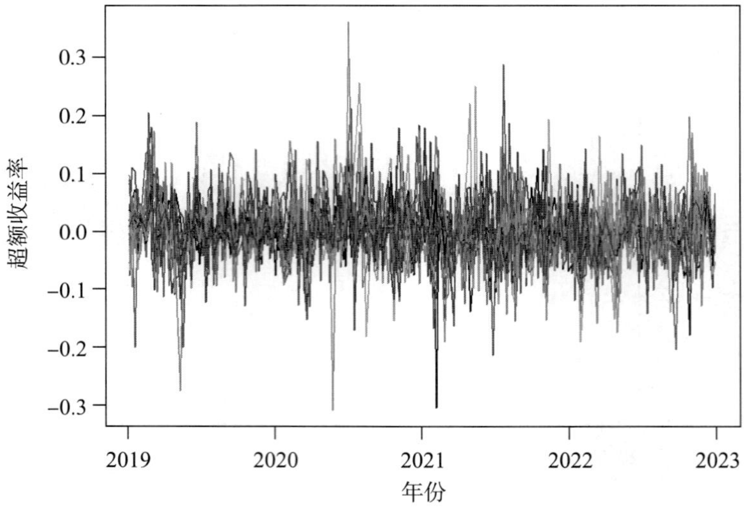

图 6－14　各股超额收益率

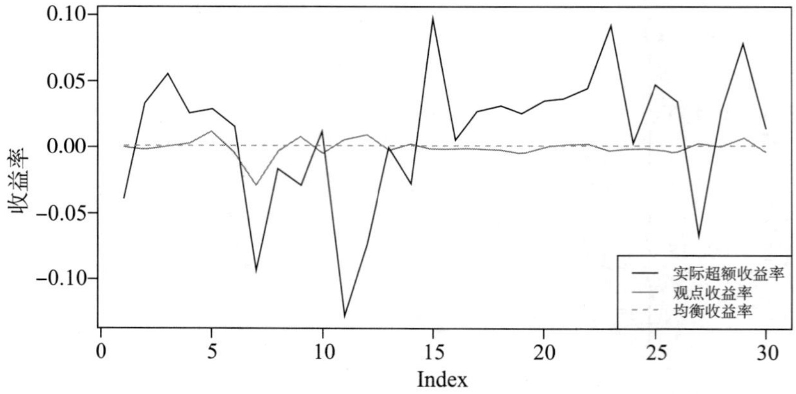

图 6－15　2022/11/25 各收益率的对比

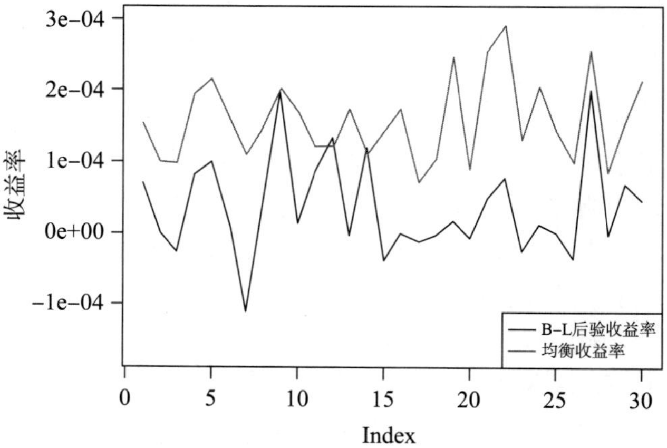

图 6－16　2022/11/25 的隐含均衡收益率与 B-L 后验收益率

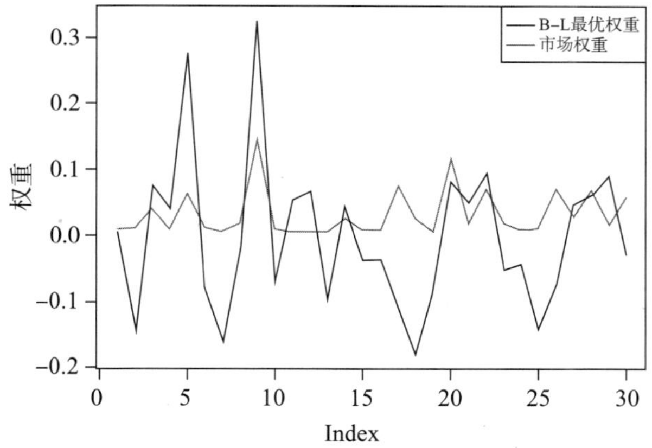

图 6－17　2022/11/25 的 B-L 最优权重和市场权重

最后对比了 τ 的不同取值对 B-L 模型计算得到的后验期望收益率的影响，如图 6－18 所示。

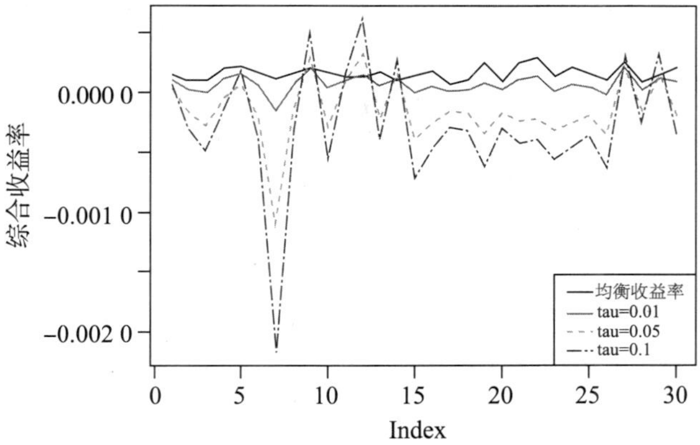

图 6－18　不同 τ 水平下后验期望收益率的取值

参考文献及扩展阅读

[1] Black，F. and Litterman，R.（1990）. Asset allocation：combining investor views with market equilibrium. Goldman Sachs Fixed Income Research，115(1)，7－18.

[2] Black，F. and Litterman，R.（1992）. Global portfolio optimization. Financial Analysts Journal，48(5)：28－43.

[3] Derman，E.，Ergener，D.，Kani，I.（1995）. Static options replication. Journal of Derivatives，2(4)，78－95.

[4] Garman，M.（1996）. Improving on VaR. Risk，9(5)：61－63.

[5] Markowitz，H.（1952）. Portfolio selection. Journal of Finance，7(1)：77－91.

[6] Passarelli，D. Trading option greeks：how time volatility and other factors drive profits. 2nd edition. Hoboken，New Jersey：John Wiley & Sons，2012.

[7] Satchell，S. and Scowcroft，A.（2000）. A demystification of the Black-Litterman model：managing quantitative and traditional portfolio construction. Journal of Asset Management，1(2)：138－150.

[8] Da Silva, A. S., Lee, W., Pornrojnangkool B. (2009). The Black-Litterman model for active portfolio management. Journal of Portfolio Management, 35(2): 61 - 70.

[9] Taleb, N. N. Dynamic hedging: managing vanilla and exotic options. New York: John Wiley & Sons, 1997.

[10] 陈辉，陈建成. 我国保险投资组合的模拟和金融风险测量研究. 统计研究，2008(11)：64 - 71.

[11] 胡海鹏，方兆本. 投资组合 VaR 及其分解. 中国管理科学，2003(3)：1 - 5.

[12] 胡荣才，龙飞凤. 投资组合 VaR 分解的应用研究. 经济研究导刊，2010(5)：98 - 101.

[13] 黄金波，李仲飞，姚海祥. 基于 CVaR 两步核估计量的投资组合管理. 管理科学学报，2016，19(5)：114 - 126.

[14] 孟勇. 对 Black-Litterman 模型加入主观收益方法的改进. 统计研究，2012，29(2)：94 - 99.

[15] 菲利普·乔瑞. 风险价值 VAR——金融风险管理新标准：第 3 版. 郑伏虎，万峰，杨瑞琪，译. 北京：中信出版社，2010.

[16] 荣喜民，武丹丹，张奎廷. 基于均值-VaR 的投资组合最优化. 数理统计与管理，2005(5)：96 - 103.

[17] 沈根祥，张靖泽. 条件异方差动态 Nelson-Siegel 利率期限结构模型及其应用. 中国管理科学，2021，29(10)：1 - 11.

[18] 田新民，黄海平. 基于条件 VaR（CVaR）的投资组合优化模型及比较研究. 数学的实践与认识，2004(7)：39 - 49.

[19] 温琪，陈敏，梁斌. 基于 Black-Litterman 框架的资产配置策略研究. 数理统计与管理，2011，30(4)：741 - 751.

[20] 约翰·赫尔. 风险管理与金融机构：第 5 版. 王勇，董方鹏，张翔，译. 北京：机械工业出版社，2021.

[21] 张冀，谢远涛，杨娟. 风险依赖、一致性风险度量与投资组合——基于 Mean-Copula-CVaR 的投资组合研究. 金融研究，2016(10)：159 - 173.

第7章 信用风险管理

信用风险是指债务人或交易对手未能履行合同所规定的义务或信用质量发生变化，影响金融工具价值，从而给债权人或金融工具持有人带来损失的风险。在金融机构的核心业务中，信用风险几乎无处不在。例如，在银行的贷款和公司债券组合中，借款人或债务人的违约将显著影响组合价值；在任何场外衍生品（如利率互换）交易中，交易对手在交易期满前可能违约，无法按照合同要求支付当前和未来的款项，严重影响了衍生品合约的实际到期收益。除了银行部门，其他金融机构和企业也会因投资了场外衍生品交易和再保险协议而面临对手违约的信用风险。

信用风险的出现通常有两个方面的原因：经济运行的周期性和特殊事件的发生。在经济扩张期，信用风险相对较低，因为较强的盈利能力使总体违约率降低；而在经济紧缩期，信用风险增加，因为盈利情况总体恶化，借款人由于各种原因不能及时足额还款的可能性增加。此外，特殊事件的发生也可能对公司的信用风险产生重要影响。这些特殊事件与经济运行周期无关，但对公司经营具有重要的影响。

信用风险对于银行、债券发行者和投资者来说是一种非常重要的影响决策的因素。若某公司违约，则银行和投资者都得不到预期的收益。因此，金融机构在进行贷款和投资决策时需要考虑借款人或债券发行人的信用风险，并采取相应的风险控制措施。投资者也需要评估债券和其他金融工具的信用风险，以便做出明智的投资决策。

金融机构的信用风险管理涉及多项任务。首先，银行部门需要进行贷款评级和个人信用评分，以确定信贷额度和贷款条件。其次，为了满足监管部门的资本要求和抵御风险，金融机构需要确定应该持有多少资本来消化信用风险带来的损失。此外，金融机构还需要管理资产负债表上的信用风险，确保信用工具的投资组合充分多样化，并根据平衡风险与收益的原则来优化投资组合。为降低风险集中度，金融机构可以采用信用衍生品工具对冲风险，或通过证券化将风险转移给投资者。最后，金融机构还需要控制交易对手信用风险，在与其他机构的交易和合同中管理交易信用衍生品投资组合。特别是在2007—2008年的金融危机之后，交易对手信用风险管理成为金融机构最重要的问题之一。

针对这些任务，本书将信用风险管理分为两章。本章介绍信用风险管理的基础理论。首先，我们介绍信用风险的一般知识，包括定义、分类和影响因素等。其次，我们说明估计违约概率的统计模型和个人信用评分模型，以便金融机构能够更准确地评估借款人或债券发行人的信用状况。最后，我们介绍几种计算信用风险 VaR 的模型，帮助金融机构更好地管理信用风险。在第 8 章我们将论述交易对手信用风险度量。

7.1 信用风险管理概述

市场上存在多种信用风险工具，其中，贷款和债券是最常见的信用风险工具。贷款是借款人和贷款人之间的私人协议，形式多样，难以依据公允价值估价进行定价。而债券是在公开市场交易的证券，包括公司债、国债、金边债券、垃圾债券等，不同种类的债券所蕴含的信用风险也不同。

衍生品合约中也包含着交易对手信用风险，因此，在为衍生品定价和估值时，必须考虑交易对手信用风险。商业银行可以使用合格抵押品、净结算、担保和信用衍生品等方式来转移或降低信用风险。管理信用风险的信用衍生品称为信用风险缓释工具。在进行风险缓释时，需要对需求双方的违约事件和基础衍生品合约的价格动态建模。

市场中的信用衍生品也蕴含着信用风险。信用违约互换（credit default swap，CDS）是国外债券市场中最常见的信用衍生品。实际上，它是在一定期限内，买卖双方就指定的信用事件进行风险转移的一个合约。信用风险保护的买方在合约期限内或信用事件发生前定期向信用风险保护的卖方就某个参照实体的信用事件支付费用，以换取信用事件发生后的赔付。

7.1.1 信用风险工具

在本小节，我们首先从最常见的贷款和债券出发，讨论这些工具的范围以及信用风险的来源，然后讨论场外交易市场（OTC）中的交易对手信用风险，并且描述一些常见的信用衍生品。

1. 贷款

贷款是一种具有悠久历史的信用风险工具，其形式众多。根据借款人的不同，贷款可以分为家庭销售贷款（面向个人和中小企业）、企业贷款（面向大公司）、行业贷款和主权贷款等多个类别。每个类别中的借款人都会有各种不同的贷款产品可供选择。例如，零售客户可以通过房地产抵押贷款、信用卡和透支等方式从银行获得贷款。

贷款可以分为有担保和无担保两类。有担保贷款意味着借款人提供了资产作为贷款的抵押品。最典型的例子是住房抵押贷款，当购房者未能履行支付利息或偿还本金的义务时，就会违约，贷款人可以取得其房产，以部分减轻借款人违约时带来的损失，并通过出售房屋收回资金。无担保贷款则没有此类抵押资产的索赔权，因此在违约情况下，贷款人可能只能收回部分未偿还本金和利息的价值。

贷款是借款人和贷款人之间的私人协议，因此贷款协议形式多样，具有不同的法律特征，这使根据公允价值原则对贷款进行估值变得困难。通常的做法是按照账面价值进行估值。

2. 债券

债券是为了筹集资金而由公司或政府在公开交易中发行的证券。由公司发行的债券称为公司债，而由各国政府发行的债券称为国债或主权债券。

债券的收益结构与贷款非常相似。债券发行人（借款人）向债券买方（贷方）承诺支付一系列利息，并在固定的到期日偿还本金。利息率也称为票面利率，可以在发行债券时确定（即固定利率债券），或者根据市场波动进行调整（即浮动利率债券）。浮动利率债券通常以伦敦银行同业拆借利率（LIBOR）作为参考利率。债券还有一种类型是可转债，即允许债券持有人在预先确定的时间点将其持有的债券转换为债券发行人的股票。这些债券的利率通常较低，波动性较高，但相应的投资者的收益也较高。

与贷款不同的是，债券持有人除了面临违约风险外，还面临利率风险、利差风险和流动性风险等。

3. 场外衍生品合约

金融衍生品根据交易场所的不同可分为场内衍生品和场外衍生品两类。场内衍生品是指在交易所进行集中竞价交易的金融衍生品，其交易对象为标准化的金融合约。而场外衍生品则是指在传统交易所之外的交易场所进行的金融衍生品交易。场外衍生品能够满足交易双方的个性化需求，但合约条款的非标准化导致合约特征各异且流动性较差。场外市场无法形成高频率的连续交易机制，而是需要依靠双边协商、询价报价等交易方式，在交易过程中，存在一方违约的风险，这可能会影响到另一方的现金流。

下面以利率互换为例来说明场外衍生品交易中所涉及的信用风险。

例 7-1（利率互换） 某公司 A 与交易对手 B 签订了一个面值为 1 亿美元的 3 年期互换，浮动利率根据 LIBOR 利率每 6 个月设定一次，固定利率是 5%（见图 7-1）。

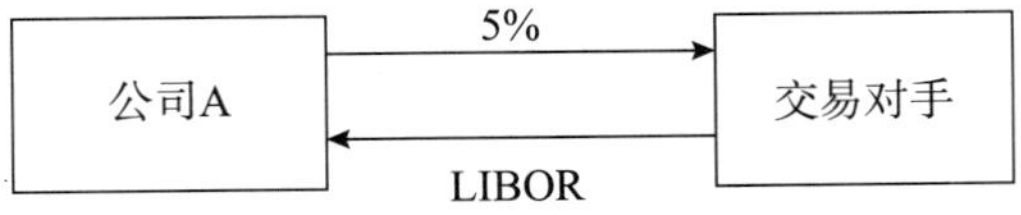

图 7-1　基本（标准）利率互换示例

假设未来的 LIBOR 按照如表 7-1 所示的路径变化。根据合约，公司 A 每半年所支付和收入的现金流如表 7-1 所示。

表 7-1　利率互换中公司 A 的现金流

日期	6 个月 LIBOR 利率（%）	收入的浮动现金流（百万美元）	支出的固定现金流（百万美元）	净现金流（百万美元）
2020 年 3 月 5 日	4.20			
2020 年 9 月 5 日	4.80	2.10	−2.50	−0.40
2021 年 3 月 5 日	5.30	2.40	−2.50	−0.10

续表

日期	6 个月 LIBOR 利率（%）	收入的浮动现金流（百万美元）	支出的固定现金流（百万美元）	净现金流（百万美元）
2021 年 9 月 5 日	5.50	2.65	−2.50	0.15
2022 年 3 月 5 日	5.60	2.75	−2.50	0.25
2022 年 9 月 5 日	5.90	2.80	−2.50	0.30
2023 年 3 月 5 日	6.40	2.95	−2.50	0.45

在每个交换日期，交易双方都存在信用风险和风险敞口。以 2022 年 3 月 5 日为例，公司 A 应获得的净现金流为 250 000 美元。如果交易对手 B 未能履行支付义务，这将给 A 带来损失。实际的损失取决于违约发生时的利率和期限结构。同样，在 2020 年 9 月 5 日，交易对手 B 应获得的净现金流为 400 000 美元，但也面临由于公司 A 未能履约而带来的信用风险。这个简单的例子说明，交易对手的信用风险敞口的大小并非事先可知，甚至无法确定谁具有信用风险敞口。

在场外衍生品的定价和估值过程中，交易人员必须考虑交易对手信用风险，并采用轧差净额结算和抵押等风险缓释工具来管理交易对手信用风险。净额结算是指在场外衍生品合约中，如果一方与某个交易对手的某个合约违约，那么该方与同一对手的所有合约价值将被汇总计算，只有汇总后的价值受到交易对手风险的影响。假设一个金融机构与某个交易对手有 N 笔交易，第 i 笔交易的当前价值为 V_i。在没有净额结算的情况下，交易对手违约时触发的风险敞口为 $\sum_{i=1}^{N}\max\{V_i,0\}$，即所有交易的正价值之和。而在有净额结算的情况下，交易对手违约时触发的风险敞口为 $\max\left\{\sum_{i=1}^{N}V_i,0\right\}$，即所有交易的汇总价值与零的较大值。净额结算能够降低交易对手信用风险的敞口大小。

举例来说，假设一家银行与某交易对手进行了 3 笔互换交易，对于银行来说，这 3 笔交易的价格分别为 2 400 万元、−1 700 万元和 800 万元。如果交易对手由于财务困难而违约，那么对于交易对手而言，这 3 笔交易的价值分别为−2 400 万元、1 700 万元和−800 万元。如果没有净额结算，交易对手将违约第一笔合约和第三笔合约，并保持第二笔合约，此时银行将遭受损失 3 200 万元（2 400＋800）。而如果采用净额结算，银行的损失将减少至 1 500 万元（2 400−1 700＋800）。因此，净额结算显著降低了交易对手信用风险。

抵押也是一种可以降低交易对手信用风险的方式。根据抵押协议，双方交换抵押品（如现金和证券）作为违约时的担保。抵押品的价值会根据基础交易价值的变化进行动态调整，类似于场内衍生品的保证金制度。

评估交易对手信用风险需要对两个交易对手（A 和 B）的违约时间以及衍生品合约的价格动态联合建模。在第 8 章，我们将对这个问题进行讨论。

4. 信用衍生品

信用衍生品是一种用于对冲和交易信用风险的有价证券。它们允许一方（受益人）

将参考资产的信用风险转移给另一方（担保人），而无须实际出售资产，这种安排称为表外安排。通过信用衍生品，使用者可以将信用风险与市场风险分离，并以一种独立于融资和关系管理的方式转移信用风险。

信用衍生品市场的主要参与者包括银行、保险公司和投资基金。通常情况下，银行是防范信用事件的净买家，而其他投资者则作为信用保护人的卖方和买方发挥作用。这些市场参与者利用信用衍生品来管理和交易信用风险，以满足他们的投资和风险管理需求。

5. 信用违约互换

信用违约互换（CDS）是国际债券市场中最常见的信用衍生品之一。它是一种合约，在违约互换购买者和违约互换出售者之间达成，用于规避信用风险。信用违约互换的结构类似于保险合同。债权人通过购买信用违约互换将债务风险转移给违约互换出售者，类似于购买保险来保护资产。购买信用违约互换的一方支付的费用可以看作保费，这笔费用通常以占债券本金的百分比来衡量，称为信用违约互换溢价。下面用一个简单的例子来说明信用违约互换的结构。

例 7－2　某公司在 2019 年 3 月 1 日购买了一份为期 5 年的信用违约互换合约，合约的面值为 1 亿美元。作为买方，该公司同意支付每年 90 个基点（即 0.9%）的费用作为信用违约互换的保费。这些费用将在信用违约互换到期日或发生信用事件时支付。如果发生违约事件，买方有权要求卖方按照 1 亿美元的价格购买由参考实体发行的面值为 1 亿美元的特定债券（即可交割债券）。这意味着买方可以将面值为 1 亿美元的债券交给卖方，并从中获得 1 亿美元的收益，以规避信用风险。具体的 CDS 结构如图 7－2 所示。

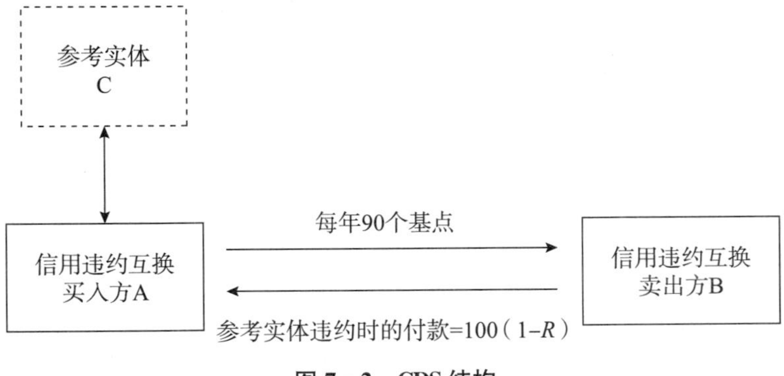

图 7－2　CDS 结构

在债券交易中，回收率（R）指的是债券在刚发生违约时的市场价值与债券面值之间的比率。以每年 3 月 1 日为基准，从 2020 年到 2024 年，买入方向卖出方每次支付 90 万美元的费用。如果没有发生违约事件，买入方将没有任何收益。然而，一旦参考实体（金融公司或发行债券的主权国家）发生违约，买入方停止支付，而卖出方需要支付赔偿。举个例子，假设违约后每 100 美元面值的债券市场价值为 35 美元，这意味着卖出方需要向买入方支付 6 500 万美元作为赔偿金额。

CDS 作为一种风险管理工具非常有用。它可以用于对冲债券风险，允许信用风险像市场产品一样进行交易，并将信用风险转移给第三方，同时能够分散信用风险。对于资金放款方来说，CDS 提供了转移信用风险的渠道，使其能够采用更精确的风险管理工具，而无须出售信贷、债券或频繁调整资产组合。由于 CDS 市场的流动性，因此 CDS 通常是许多更复杂的信用衍生品的基础担保品，许多资产组合相关信用衍生品的定价模型通常根据 CDS 的基差来校准价格。

CDS 是通过场外交易进行的，没有清算机构的担保。因此，CDS 头寸可能面临较大的交易对手信用风险，尤其是在交易抵押品不足的情况下。一个典型的例子是次贷危机期间，美国国际集团（AIG）出售了许多保护头寸，导致最终不得不接受美国政府的救助，以防止其 CDS 合约违约对整个金融系统造成系统性的影响。CDS 市场已经在金融机构之间形成了一种新的依赖形式，因此，人们担心一家具有系统重要性的大型金融机构的违约可能会引发整个金融行业的连锁违约风险。

7.1.2 信用风险三大要素

在计算信用预期损失和非预期损失的信用风险工具中，通常需要考虑以下三个重要要素：违约风险敞口（exposure at default，EAD）、违约概率（probability of default，PD）和违约损失率（LGD）。这些数值在利用巴塞尔协议中的内部评级法（internal ratings-based approach，IRB）计算信用风险资产组合所需的资本要求时是关键参数。下面我们逐一解释这些参数的具体含义。

违约风险敞口是在对手违约时对其求偿权的经济价值。对于银行提供的贷款或购买的债券，风险敞口相对容易确定，即等于贷款或债券的本金。然而，在场外衍生品交易中，交易对手的信用风险敞口难以量化，因为它是一个随机变量，取决于交易对手违约发生的时间以及衍生品价值的动态变化。通常用 $\max\{V_t, 0\}$ 来表示，其中，V_t 是违约时的衍生品价值，即违约发生时的正值部分。在衍生品交易中，如果存在抵押品的使用，还需要相应考虑抵押品的价值。抵押品可以用于减少交易对手违约风险，因为在违约发生时，抵押品可以用来弥补部分或全部损失。

违约概率是指在给定时间范围内发生违约的概率。对于贷款和债券等债务工具而言，违约概率与债务人的信用质量密切相关。违约概率的大小反映了债务人面临违约风险的程度。在场外衍生品等具有交易对手信用风险的金融工具中，违约概率的计算不仅仅局限于单一的概率值，还需要考虑可能发生违约的时间分布。这是因为违约时间的不确定性对违约风险的影响很大。因此，在衡量交易对手违约风险时，需要综合考虑可能的违约时间分布情况。计算违约概率可以采用各种统计模型，如逻辑回归、χ^2 检验等。这些模型基于债务人的相关信息和历史数据，通过建立数学模型来估计违约概率。此外，也可以根据历史经验数据对违约概率进行估算。我们将在 7.2 节讨论估计违约概率的统计模型。

违约损失率是指违约所导致的损失占风险敞口的比例。在实际情况中，当债务人违约时，银行或其他债权人通常无法完全收回所借出的资金或投资。违约损失率衡量了违约事件发生后可能无法收回的损失程度。例如，当购房者无法偿还住房抵押贷款时，银行可以通过出售房产来弥补部分借款本金的损失。同样，当债券发行人进入破产程序时，债券持有人也可能只能通过出售公司资产来部分偿还其债权。回收率（recovery rate）是衡量通过债务重组、资产销售或其他手段能够回收的风险敞口的比例。回收率可以通过 1 减违约损失率来计算，即回收率＝1－LGD，表示在违约事件发生后可能回收的金额与敞口占比。

在银行信用风险管理中，上述三个参数用于估计预期损失和非预期损失。预期损失（expected loss）是指在一定时期内，银行或金融机构由于借款人违约而可能承受的平均损失（见图 7－3 中的 A 线）。在假设违约概率、回收率和违约风险敞口相互独立的情况下，预期损失可以通过将这三个指标相乘来计算，即

$$EL = PD \times EAD \times LGD \tag{7-1}$$

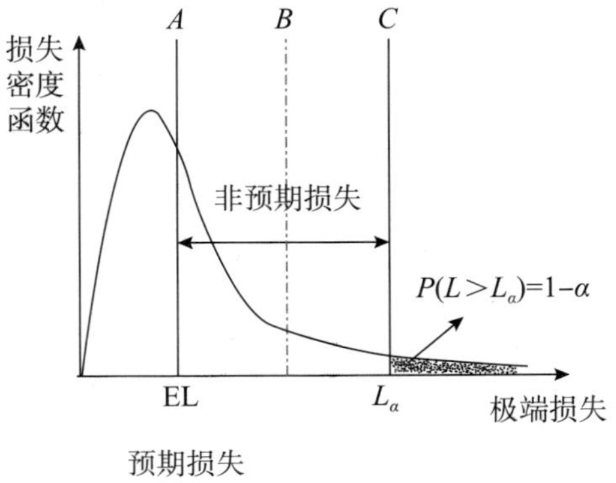

图 7－3 预期损失与非预期损失

预期损失用于贷款定价和设立贷款损失准备金，以缓冲可能发生的损失。而非预期损失则是在一定置信水平下，超出预期损失的信用风险损失部分。它表示资产未来损失的概率分布中极端不利情况下的数值（见图 7－3 中的 C 线），即在预期损失之上的额外损失。非预期损失是难以预知的，因为它涉及信用风险的不确定性和波动性。由于无法精确地预测其发生时间和严重程度，因此需要动用经济资本来覆盖这部分损失。如果 EAD 和 LGD 都是固定的已知常数（由监管部门制定），只有违约概率发生变化，非预期损失（UL）等于（WCDR－PD）×EAD×LGD，其中，WCDR 是在置信水平 α 下对应的最坏违约概率。

非预期损失也可以用其他指标，如方差或标准差的某个倍数来衡量（见图 7－3 中的 B 线）。如果损失率服从正态分布，用损失的标准差来衡量非预期损失与使用信用损失 VaR 是等价的。然而，在实际情况中，信用损失通常不服从正态分布，而是呈现出右偏和厚尾的特征。这意味着较小的损失率出现的可能性较大，而较大的损失率出现的可能性较小，使得分布具有左尾风险。在假设违约概率和违约损失率相互独立，且违约事件服从 0－1 分布的前提下，可以使用信用损失的方差来计算非预期损失。其公式如下：

$$UL = EAD \times \sqrt{PD \times \sigma_{LGD}^2 + LGD^2 \times \sigma_{PD}^2}$$

与市场风险相比，准确地衡量信用风险的非预期损失更具挑战性。我们以贷款信用损失为例进行说明：

（1）单笔贷款损失的分布非常复杂，贷款人的信息披露有限，我们需要假设债务人的资产结构，并采用随机模拟技术来计量贷款损失。模型建立的过程中无法避免模型风险的存在。

（2）贷款组合的预期损失可以通过简单相加得出，但是非预期损失不能直接相加。这是因为贷款之间存在相关性，我们需要估计组合中各项贷款违约之间的相关性。然而，相关性并不像市场价格那样容易观察和确定。

（3）对于大型银行而言，贷款组合可能涉及数十万个借款人，计算所有借款之间的相关系数会使工作量变得十分庞大。为了简化相关系数的计算，我们需要使用降维技术对相关结构进行简化处理，而相关系数的准确性直接关系到经济资本的准确性。

（4）在信用风险建模中，通常假设违约概率、回收率和违约风险敞口之间相互独立。然而，这种假设并不现实，实际上它们可能存在正相关关系。例如，在经济危机期间，违约概率较高，企业的资产价值下降，因此企业违约时回收率可能较低。这种非独立性会对信用风险的准确计量产生影响。

在 7.3 节中，我们将进一步讨论计算信用风险非预期损失的模型。

7.1.3 信用评级

信用风险管理的首要任务是识别和评估债务人的信用质量。为了实现这一目标，最常用的方法是使用信用评级或信用评分，对债务人或类似债务人的借贷和还款信息、财务特征、管理特征、定量特征和定性特征进行排序，并将风险映射到违约概率的估计值。根据信用评级的来源，我们将其分为外部评级和内部评级。

公司发行的公开债券以及大型企业或主权国家的评级任务，通常由外部评级机构（例如标普或穆迪）承担。外部信用评级主要分为两类：发行人信用评级，指对债务人履行金融义务整体能力的评估；特定证券信用评级，指对具体的证券进行评估。在发行人信用评级中，评级机构使用评级系统和符号来区分长期信用和短期信用，其中，短期评级适用于商业票据（如商业本票、存单和可回售债券）。在特定证券信用评级中，评级机构需要考虑发行人的特征、证券的具体条款、担保品的质量和担保人的信用度。由于评级机构可以获得公司的内部信息，因此被认为是专业和公正的评估者，其评级结果得到了市场参与者和监管机构的广泛接受。

信用评级过程包括定量分析、定性分析和法律分析。定量分析主要依靠财务分析，以公司的财务报告为基础。定性分析涉及对管理质量的分析，包括评估公司的行业竞争能力、行业前景以及商业周期、技术变革、监管变化和劳资关系的脆弱性。图 7-4 描述了对一家工业公司评级的过程，该过程涵盖了主权和宏观经济因素、行业趋势/监管趋势、企业特征（包括公司结构、管理质量、经营状况和财务状况）以及所发行的金融工具的具体结构等方面的分析。

信用评级通常使用有序的分类尺度来表示，例如标普评级系统中的 10 个级别：AAA，AA，A，BBB，BB，B，CCC，CC，C，D。它们分别代表不同的信用质量水平，其中，D 表示违约风险最高。评级机构发布企业和主权国家的评级结果后，考虑到

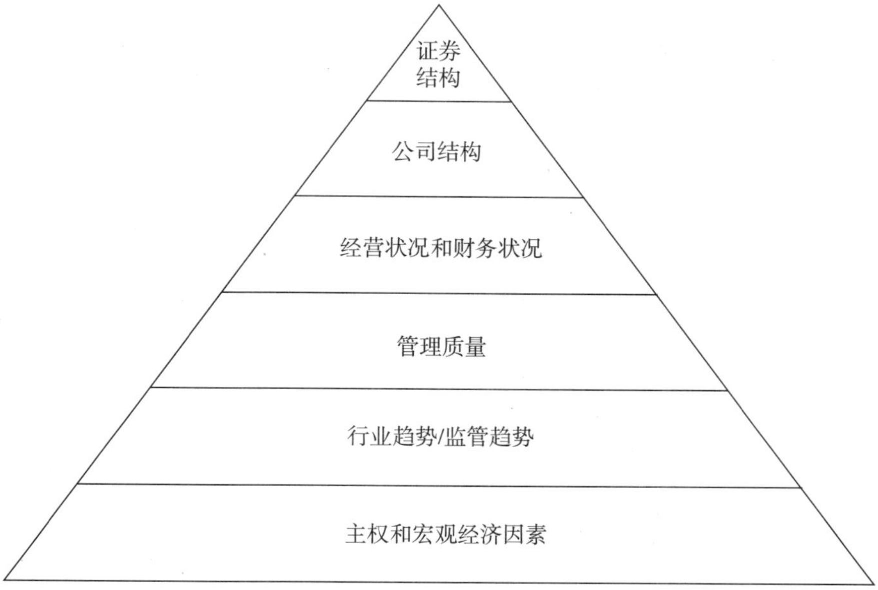

图 7-4　一家工业公司的评级分析

新的财务报告、商业信息和管理层审议会议，每年会进行评级的审核和修订。评级机构还利用大量的历史违约数据，发布信用转移概率矩阵，该矩阵提供了在一年内从一个信用等级迁移到另一个信用等级的比例。这种信用质量的变化对于持有公司债券组合的投资者非常重要。表 7-2 是标普发布的一年期全球企业信用转移概率矩阵。

表 7-2　一年期全球企业信用转移概率矩阵（1981—2021 年）(%)

	AAA	AA	A	BBB	BB	B	CCC/C	D	NR
AAA	87.09	9.05	0.53	0.05	0.11	0.03	0.05	0.00	3.10
	(7.20)	(7.22)	(0.82)	(0.24)	(0.27)	(0.17)	(0.34)	(0.00)	(2.43)
AA	0.48	87.32	7.72	0.46	0.05	0.06	0.02	0.02	3.88
	(0.53)	(5.16)	(4.11)	(0.67)	(0.19)	(0.20)	(0.06)	(0.07)	(1.79)
A	0.02	1.56	88.73	4.97	0.25	0.11	0.01	0.05	4.29
	(0.09)	(1.06)	(3.76)	(2.12)	(0.38)	(0.24)	(0.06)	(0.10)	(1.67)
BBB	0.00	0.08	3.19	86.72	3.48	0.42	0.09	0.15	5.86
	(0.03)	(0.15)	(1.61)	(3.96)	(1.58)	(0.64)	(0.20)	(0.24)	(1.53)
BB	0.01	0.02	0.10	4.52	78.12	6.66	0.53	0.60	9.43
	(0.05)	(0.08)	(0.23)	(1.97)	(4.54)	(3.10)	(0.69)	(0.80)	(2.16)
B	0.00	0.02	0.06	0.15	4.54	74.73	4.81	3.18	12.51
	(0.00)	(0.08)	(0.19)	(0.20)	(2.15)	(3.91)	(2.76)	(3.01)	(2.24)
CCC/C	0.00	0.00	0.09	0.16	0.49	13.42	43.91	26.55	15.39
	(0.00)	(0.00)	(0.38)	(0.59)	(0.85)	(7.61)	(8.40)	(11.94)	(4.70)

注：括号内的数字是加权标准差，由发行人基数加权。

资料来源：标普全球评级研究公司和标普全球市场情报公司的 CreditPro®。

评级机构会生成历史累计违约概率数据，以展示不同信用等级的企业信用在时间推移中的变化情况。表 7-3 提供了一个例子，显示了不同等级的企业债券的违约概率随时间的变化。举个例子，如果某企业债券的初始信用等级为 BBB，那么在一年内违约的概率为 0.15%，在两年内违约的概率为 0.41%，依此类推。

表 7-3 1970—2021 年平均累计违约概率（%）

信用等级	年数														
	1	2	3	4	5	6	7	8	9	10	11	12	13	14	15
AAA	0.00	0.03	0.13	0.24	0.34	0.45	0.50	0.58	0.64	0.69	0.72	0.75	0.78	0.83	0.89
AA	0.02	0.06	0.11	0.20	0.30	0.40	0.48	0.55	0.62	0.68	0.74	0.80	0.86	0.91	0.96
A	0.05	0.13	0.21	0.32	0.44	0.57	0.73	0.87	1.01	1.15	1.28	1.40	1.52	1.63	1.76
BBB	0.15	0.41	0.72	1.09	1.48	1.85	2.18	2.50	2.80	3.10	3.40	3.64	3.86	4.09	4.34
BB	0.60	1.88	3.35	4.81	6.19	7.47	8.57	9.56	10.45	11.24	11.9	12.52	13.09	13.57	14.08
B	3.18	7.46	11.26	14.30	16.67	18.59	20.10	21.34	22.45	23.5	24.4	25.1	25.75	26.35	26.92
CCC/C	26.55	36.74	41.80	44.74	46.91	47.95	49.08	49.82	50.48	51.05	51.49	51.92	52.45	52.91	52.97
投资得分	0.08	0.23	0.40	0.61	0.83	1.05	1.26	1.45	1.63	1.81	1.98	2.13	2.27	2.40	2.55
推测得分	3.60	6.97	9.86	12.23	14.16	15.75	17.06	18.16	19.14	20.04	20.80	21.44	22.05	22.58	23.09
综合得分	1.50	2.93	4.17	5.22	6.10	6.83	7.45	7.97	8.43	8.86	9.23	9.54	9.84	10.1	10.36

一般而言，对于信用较好的企业，随着时间的推移，可以发现违约概率会增加；而对于信用较差的企业，则通常会观察到违约概率随时间递减的趋势。这种现象产生的原因在于，对于信用较差的债券，未来一两年是企业能否继续运营的关键时期。如果企业能够度过这个阶段，很可能意味着其财务状况已经得到改善。

根据表 7-3 的信息，我们可以计算不同信用等级债券的无条件违约概率和条件违约概率。以 CCC 级别的债券为例，在第 3 年年底之前违约的概率为 41.80%，而该债券在第 2 年年底之前违约的概率为 36.74%。因此，该债券在第 3 年违约的概率为 41.80%−36.74%=5.06%，这就是无条件违约概率。如果我们假设该债券在前两年没有违约，在该条件下，我们可以计算该债券在第 3 年违约的概率，条件违约概率为 0.050 6/(1−0.367 4)=8.00%。这表示在前两年没有违约的情况下，该债券在第 3 年违约的概率为 8.00%。

通过考虑在 t 时刻之前没有违约的条件下，违约发生在 t 时刻与 $t+\Delta t$ 时刻之间的概率，可以计算得到对应于 t 时刻的违约密度（default intensity），也称为风险率（hazard rate）。

下面说明违约密度 $\lambda(t)$ 的数学表达式。设 T 表示违约发生的时刻，债券发行时刻记为零。我们用 $V(t)$ 表示直到 t 时刻为止仍没有发生违约的概率，在 t 时刻与 $t+\Delta t$ 时刻之间违约的概率为 $V(t)-V(t+\Delta t)$。违约密度的含义是在 $0\sim t$ 时刻没有违约的条件下，在 t 时刻与 $t+\Delta t$ 时刻之间违约的概率为 $\lambda(t)\Delta t$，因此

$$\frac{V(t+\Delta t)-V(t)}{V_t}=-\lambda(t)\Delta t$$

$$\frac{V(t+\Delta t)-V(t)}{\Delta t}=-\lambda(t)V_t \tag{7-2}$$

对式（7-2）求极限可得

$$\frac{\mathrm{d}V(t)}{\mathrm{d}t}=-\lambda(t)V(t)$$

$$V(t)=\mathrm{e}^{-\int_0^t \lambda(\tau)\mathrm{d}\tau}$$

设 $Q(T)=P(T\leqslant t)$ 表示累计违约概率，即从 0～t 时刻为止发生违约的概率，则

$$Q(t)=1-\mathrm{e}^{-\int_0^t \lambda(\tau)\mathrm{d}\tau}=1-\mathrm{e}^{-\widehat{\lambda(t)}t}$$

式中，$\widehat{\lambda(t)}$ 为 0～t 时刻之间的平均风险率（违约密度）。

例如，假定每年的违约密度为常数（等于 1.5%），截至第 1 年年末，违约概率为 $1-\mathrm{e}^{-0.015\times 1}=0.014\,9$；截至第 2 年年末，违约概率为 $1-\mathrm{e}^{-0.015\times 2}=0.029\,6$；截至第 3 年、第 4 年、第 5 年年末，违约概率分别为 0.044 0、0.058 2、0.072 3。则第 4 年的无条件违约概率为 0.058 2－0.044 0＝0.014 2，在前 3 年没有违约的前提下，第 4 年的条件违约概率为 0.014 2/(1－0.044 0) ＝0.014 9。

7.1.4　银行内部评级简介

银行的主要业务是向各种企业提供贷款，而不仅限于发行公开债务的企业。因此，银行对于获取信用评级的投资是非常有价值的。由于银行可以获取许多小企业和私人企业的财务数据，因此它能够在一个统一的框架内为不同类型的企业提供准确的内部评级，并对整个贷款组合进行比较。

内部评级方法允许银行使用其内部开发的风险参数来计算监管资本。这些风险参数包括违约概率、违约损失率、违约风险敞口和期限（M）。根据银行的风险参数来度量监管资本，可以增强风险度量的准确性、敏感性和标准化。此外，银行在信用风险管理的多个关键方面使用这些内部评级，例如贷款授予、贷款定价、贷款交易、信贷组合监督、资本配置和准备金计算、盈利能力分析以及管理层报告等。

银行的内部评级系统分为基础内部评级法和高级内部评级法。在基础内部评级法中，银行根据内部数据为每个借款人（或借款人群体）分配违约评级（IDR），并计算借款人在正常经营过程中的违约概率。而国家金融监管机构则需要提供其他必要的参考数据，如违约风险敞口和违约损失率。在高级内部评级法中，这三个参考数据由银行自行计算决定，但必须经监管机构确认后才能实施。

除了上述区别之外，基础内部评级法和高级内部评级法在计算公式和授信期限等可调节因素上也存在一些差异，这最终导致银行在计算风险资产和提取相应准备金方面存在巨大差异。总的来说，对于风险控制较好的银行，采用高级内部评级法往往能够减少必需的准备金提取，而对于风险控制较差的银行，情况可能正好相反。

在内部评级法中，违约概率模型的构建和测算是关键，也是许多技术问题的焦点。根据巴塞尔银行监管委员会的要求，银行应该对每类内部评级级别进行一年期的违约概

率测算。违约概率的测算可以利用内部的违约历史数据，也可以与外部评级机构的信息关联，还可以使用违约统计模型。无论银行采用何种方法，都必须确保至少有 5 年的数据观察期。

根据《巴塞尔协议Ⅱ》的要求，实施内部评级法的评级体系应包含 2 个违约级别、6～9 个正常级别，其中包括 3 个财务状况较弱的级别和 3 个财务状况相对较好的级别。为了测算违约概率，还需要进一步分析影响违约概率的因素。通常，影响违约概率的因素主要包括财务因素、经营因素等，而不同风险类别的违约概率影响因素也不同。

无论是基础内部评级法还是高级内部评级法，一旦银行决定采用内部评级法，都必须自行计算各类客户的违约概率。对于每个评级等级的客户，都需要单独测算其违约概率等基本信用风险指标。这不仅可以使银行更准确地测算其承担的风险和所需的经济资本配置，还可以确保同一银行内不同客户评价人员对同一组客户做出一致的分析。银行内部的风险评级系统还是确定定价模型和资本要求的关键输入数据，并且有助于确定贷款损失准备，即银行为弥补预期违约成本而预留的会计准备。

内部风险评级系统可以用于大多数大公司和商业部门的信用风险评级，但不可能涵盖所有业务部门。通常，银行的基本内部风险评级系统不包括房地产信贷、银行信贷、农业信贷、政府信贷和其他需要考虑特殊因素（例如主权）的信贷类别。

7.2 估计违约概率的统计模型

计算违约概率的方法通常可以分为三类：统计学方法、信用理论模型和市场价格方法。

1. 统计学方法

这种方法基于历史数据，通过统计分析来预测违约概率。银行可以利用公司的资产质量、财务状况、管理水平、所在行业以及宏观经济环境等指标构建统计模型来估计违约概率。这些模型可以使用回归分析、概率模型或机器学习方法等进行建模和预测。通过对历史数据的分析，可以识别出影响违约概率的关键因素，并据此进行风险评估和决策制定。

2. 信用理论模型

这种方法基于信用风险理论，通过设定企业价值的增长路径，推导出违约概率和信用风险损失的公式。常用的信用理论模型包括结构化模型（如 Merton 模型）和渐进模型（如随机过程模型）。这些模型通过考虑企业的资产价值、债务结构、债务人的行为偏好等因素来计算违约概率和相关的信用风险指标。

3. 市场价格方法

这种方法利用市场上交易的债券、信用衍生品或其他金融工具的价格信息来推断违约概率。市场上的价格反映了投资者对债务人信用风险的评估，通过分析市场上的交易价格、利差或违约掉期等信息，可以反推出相应的违约概率。这种方法尤其适用于那些市场交易活跃、流动性高的债券或衍生品。

在实际应用中，银行通常会结合多种方法和数据源来计算违约概率，以获得更全面准确的评估结果。同时，不同的方法可能适用于不同类型的借款人或市场条件。因此，银行需要根据自身的业务特点和数据的可获得性选择最合适的计算方法，并定期更新和验证模型，以确保风险评估的准确性和可靠性。本节主要介绍统计模型的方法和步骤。7.3 节将研究信用风险的理论模型。

7.2.1　二分类问题的统计模型

由于企业是否违约可以看作二分类变量，其中状态 1 为守约，0 为违约，因此目前很多适用于二分类预测的统计模型都可以用来预测违约概率，常用的模型如下。

1. 多元线性回归模型

多元线性回归模型是一种常用的统计模型，可用于预测企业的违约概率。它使用多个会计变量作为自变量，通过建立线性回归方程来拟合数据并进行预测。然而，需要注意的是，由于可能不满足正态分布和方差齐性等经典假设，多元线性回归模型的预测结果可能会超出违约概率的真实范围（0～1 之间）。

2. Logistic 模型

Logistic 模型是目前银行用于预测违约概率的一种成熟模型，它是一种多重回归分析方法，适用于研究二项分类或多项分类结果与影响因素之间的关系。鉴于企业是否违约可以看作一个二分类变量 Y，其中状态 1 表示违约，0 表示守约，Logistic 模型非常适用于这种情况。与多元线性回归模型相比，Logistic 模型在预测二分类变量（如违约与守约）方面更为合适。它通过建立连接函数（如 sigmoid 函数）将预测结果限制在 0 和 1 之间，可以提供有效的违约概率预测，并且可以解释预测结果与影响因素之间的关系。如果使用多元线性回归分析，由于因变量 y 为二分类变量（通常取值为 0 或 1），不符合正态分布和方差齐性等假设，强行使用多元线性回归分析可能会导致预测值超出 0 和 1 的范围，无法正确解释违约概率。因此，在预测企业违约概率时，Logistic 模型是更可靠和合适的选择。

该方法假设企业的违约概率 $p=P(Y=1)$ 服从 Logistic 分布，采用一系列财务和业务指标 X_i（$i=1,2,\cdots,k$）作为自变量建立 Logistic 模型，预测企业的违约概率 P。之后，根据银行和相关投资者的风险偏好程度设立分界点 P^*，通过 P 与 P^* 的比较，确定审核对象是否属于违约组。如果企业违约概率 $P>P^*$，则 $Y=1$，说明该企业信用较差，属于违约组；如果 $P\leqslant P^*$，则 $Y=0$，说明该企业信用较好，属于优质企业组。

具体来说，Logistic 模型对企业破产的概率 p 做 logit 变换再进行回归：

$$\ln\frac{p}{1-p}=\beta_0+\beta_1\boldsymbol{X}_1+\cdots+\beta_k\boldsymbol{X}_k=\boldsymbol{\beta}^{\mathrm{T}}\boldsymbol{X} \tag{7-3}$$

式中，$\beta_0,\beta_1,\cdots,\beta_k$ 是待估的未知参数。这时取值受限的违约概率转换为公式左边$\frac{p}{1-p}$

的对数形式，取值不再受限，满足多元线性回归条件。给定训练样本 $\{(\boldsymbol{x}_i, y_i)\}_{i=1}^n$，式（7-3）的参数常采用最大似然法估计，对应的似然函数为

$$L(\boldsymbol{\beta}) = \prod_{i=1}^{n} p(\boldsymbol{x}_i)^{y_i}(1-p(\boldsymbol{x}_i))^{1-y_i}, \quad i=1,2,\cdots,n$$

式中，$P(\boldsymbol{x}_i)=P(y_i=1|\boldsymbol{x}_i, \boldsymbol{\beta})$。对上式两边同取对数，写成对数似然函数：

$$\begin{aligned} l(\boldsymbol{\beta}) &= \sum_{i=1}^{n} [y_i \ln p(\boldsymbol{x}_i) + (1-y_i)\ln(1-p(\boldsymbol{x}_i))] \\ &= \sum_{i=1}^{n} \left[y_i \ln \frac{p(\boldsymbol{x}_i)}{1-p(\boldsymbol{x}_i)} + \ln(1-p(\boldsymbol{x}_i)) \right] \\ &= \sum_{i=1}^{n} [y_i(\boldsymbol{\beta}^{\mathrm{T}} \cdot \boldsymbol{x}_i) - \ln(1+\mathrm{e}^{\boldsymbol{\beta}^{\mathrm{T}} \cdot \boldsymbol{x}_i})] \end{aligned}$$

采用牛顿法和梯度下降等优化算法求解似然函数，得到参数 $\boldsymbol{\beta}$ 的估计值。代入式（7-3），然后两边取指数得 $\frac{p}{1-p} = \mathrm{e}^{\beta_0+\beta_1 x_1+\cdots+\beta_k x_k}$，从而得到违约概率 p 的估计为

$$\hat{p} = \frac{1}{1+\mathrm{e}^{-(\beta_0+\beta_1 x_1+\cdots+\beta_k x_k)}}$$

Logistic 函数为取值在（0,1）区间上的增函数，如果代入数据计算出的 p 值接近 1，则说明该客户的信用较差，反之则信用较好。我们通常在使用时设置一个阈值 c，当预测违约概率 $\hat{p}(x_i)$ 大于 c 时，将预测第 i 个样本违约，反之则不违约。

3. 机器学习方法

随着人工智能的兴起，现在有许多机器学习方法可用于解决违约分类问题，其中最常用的方法包括决策树、随机森林和支持向量机。

决策树（decision tree，DT）是一种基于决策图的分类方法，通过构建决策树来预测数据集中的类别。在构建决策树时，首先对数据集进行特征提取，然后使用这些特征来训练决策树模型。决策树的每个节点表示一个分类规则，根据数据集中的特征进行选择，而不是随机选择。最终，决策树可以根据这些分类规则预测每个数据点所属的类别。

随机森林（random forest，RF）是一种基于决策树和集成学习的分类方法，通过组合多个决策树来预测数据集中的类别。在构建随机森林时，首先使用多个决策树对数据集进行分类，然后选择最准确的一个决策树或所有决策树的均值作为最终的预测结果。随机森林的每个决策树都采用相同的特征选择和分类规则，因此它可以学习不同数据集之间的相似性。

支持向量机（support vector machine，SVM）是一种基于统计学习理论的机器学习方法，通过构建分类器来解决分类问题。SVM 的主要思想是通过构建一个超平面来将数据点分为两个类别，该超平面将一侧的所有数据点划分为正类，另一侧的所有数据点划分为负类。SVM 通过训练一个分类器来学习超平面的参数，从而实现对数据的分

类。SVM 的优点是它可以处理高维数据，并且可以在高维空间中找到最优的超平面。此外，SVM 还具有较好的泛化能力，可以在不同的数据集上进行训练和测试。

这些机器学习方法都可以用于预测企业的违约概率，并且在实际应用中取得了良好的效果。根据具体情况和数据集的特点选择合适的方法进行建模和预测，可以提高预测准确性和可解释性。目前上述机器学习方法和 Logistic 模型在 R 和 Python 中都已有比较成熟的代码示例。

虽然就预测准确度而言，机器学习方法的预测准确度较高，处理大量多类特征或多维变量的效果好，但 Logistic 模型在实践中还是被广泛使用。其优点在于如下三方面。第一，实现简单且准确。Logistic 模型相对简单，易于理解和实现。它可以通过最大似然估计等方法进行参数估计，从而得到适用于分类问题的模型。尽管相对于复杂的机器学习方法，其预测准确度可能稍低，但在许多实际情况下，它仍能提供可靠的预测结果。第二，易于解释和校准。Logistic 模型的输出值为概率，其取值范围在 0～1 之间，这意味着可以将输出值解释为对应于违约概率的概率。这种概率性质使得 Logistic 模型在进行参数校准时非常方便。第三，Logistic 模型给出的数虽然不是违约概率，但通过将这个数值划分为若干个区间，并通过数据转换、回归等操作，可使其分别对应不同的违约概率。

7.2.2 银行估计违约概率的步骤①

无论银行采用何种统计模型来预测企业是否违约，都需转化为违约概率做进一步的贷款决策，而它们通常会按照以下步骤实施。

1. 确定建立计量模型的资产组合

在确定建立计量模型的资产组合时，需要考虑以下关键因素：

第一，借款人的风险特征。针对大企业，通常可以逐一分析其风险特征并进行风险评估。然而，对于零售贷款或小企业来说，逐一分析风险是不现实且不必要的，更重要的是按照组合的方式确定其风险特征。这意味着将借款人按照一定的分类规则或风险度量指标进行分组，以便更好地理解和评估整体风险。

第二，还款来源。需要考虑借款人的还款来源。例如，对于制造业企业，其收入和利润通常来自采购、生产、销售和收款等环节，因此有现金流用于偿还贷款。然而，对于基础设施项目来说，首先需要完成项目建设，项目提供服务后才能获得收益，并且项目建设周期往往超过一年。因此，对于不同的行业和项目类型，需要考虑不同的还款来源和现金流特征。

第三，风险识别的精细程度。决定建立多少个模型以识别风险是需要权衡的，较多的模型可以提供更具针对性的风险评估，但相应的管理难度也会增加。因此，需要在模型数量和精细度之间进行平衡，以确保有效的风险识别和管理。

第四，巴塞尔协议对敞口的划分。根据巴塞尔协议的规定，不同类型的风险敞口应

① 杨军. 风险管理与巴塞尔协议十八讲. 2版. 北京：中国金融出版社，2020.

该分别建立相应的模型。根据银行的业务和敞口类型需要对资产进行划分，以便针对不同类别的敞口分别建立相应的模型。资产划分是开发计量模型的重要依据甚至是前提。

在风险管理或风险计量领域，资产划分与会计的做法有所不同，主要原则是根据资产的风险特征进行分类。根据客户的信用风险特征，银行账户可以进一步分为不同的类别，主要包括主权、银行、公司、零售、应收账款和资产证券化等。有时还会将现金和固定资产作为一个独立类别，这是为了确保敞口划分的完整性，即所有资产都能被归类到相应的类别中。一般来说，现金的信用风险被认为是零。在进一步细分时，可以根据客户特征将每个类别进一步划分为子类别。举例来说，对于主权类别，可以进一步细分为主权及中央银行、公共部门实体和多边开发银行等子类别。通过对资产进行细分和分类，银行可以更好地识别和理解不同类别资产的风险特征，并相应地采取适当的风险管理措施。

2. 样本选择和清洗

在敞口划分的基础上，需要有针对性地开发违约概率模型，收集样本数据，并进行整理。

第一，样本选择。选择适当的样本数据对于模型的准确性和可靠性至关重要。根据巴塞尔协议对违约概率模型的要求，通常需要使用连续 5 年的数据，这样可以反映较长时间内的违约情况，从而确保开发的模型具有一定的稳定性。该数据应该包含足够的违约案例和非违约案例，以便能够全面地捕捉和反映不同情况下的违约概率。此外，还应考虑样本数据的代表性和时效性，确保其能够准确地反映当前的市场和风险环境。

第二，样本整理。在收集了所有样本客户的信息后，需要对样本进行必要的整理。首先，要确保样本中包含必要的信息，尤其是违约信息和财务数据。例如，如果缺乏必要的财务数据，则通常会将这些样本从总样本中删除。其次，需要分析样本的违约信息，这一步非常重要，因为违约概率模型的主要目的就是分析违约行为。如果要开发一个一年期的违约概率模型，需要分析在年初有多少正常客户，以及这些正常客户在一年后的违约情况。有些客户可能是不活跃的客户，在早年就已经违约，这些客户在期初和期末都表现为违约，但对于建立模型没有帮助。另外，对于贷款本金为零但存在利息拖欠的客户，也需要进行筛选和处理，通常需要删除这些样本。这是因为拖欠的利息往往是由于罚息等原因产生的，银行与客户协商后，应该偿还的债务已经偿还，剩余部分往往没有达成一致。但在处理过程中需要非常小心，因为删除违约记录可能会影响后续模型的结果，所以必须有充分的依据和记录来支持这一决策。根据经验，为了开发一个良好的违约概率模型，违约客户的数量原则上应不少于 50 个，而总样本数量应至少是违约客户数量的 5 倍。

第三，数据清洗。在对样本进行初步筛选后，需要进行数据清洗工作。通常需要进行以下几个方面的处理。(1) 缺失检核：检查财务报表中是否存在缺失数据。如果有缺失，需要考虑是否修补。如果是录入错误导致的缺失，可以找到原始报表进行修正。另外，也可以利用历史数据进行平滑处理。(2) 钩稽关系检查：检查财务报表中的钩稽关系是否符合预期。例如，资产是否等于负债加权益，资产是否等于流动资产加固定资产等。这一步旨在确保财务数据的一致性和准确性。(3) 异常数据检查：针对异常数据进行检查和处理。举例来说，资产负债比率的定义是负债除以资产，该值越小越好，但如果某个客户的资产为负值，该指标的分数就会变得很高。在这种情况下，需要对该值进行转换，以使其符合经济意义。

表 7－4 展示了样本清洗的示例。第一行表示总体样本，共有 22 140 个样本。第二行表示与财务报表的关联，要求客户必须有财务报表。在这个过程中，可以观察到有一部分样本被删除，导致样本数量减少了近 10 000 个。第三行表示进一步提高要求，要求客户必须具有一年的资产负债表和损益表，导致样本数量进一步减少，这些样本最终用于开发模型。

表 7－4　开发模型中的样本清洗

步骤	描述	正常样本数	违约样本数	总样本数	违约率
1	模型样本选择	19 361	2 779	22 140	12.55%
2	与财务报表关联	10 871	1 400	12 271	11.41%
3	具有一年资产负债表与损益表	8 397	1 192	9 589	12.43%

可以看出，从总样本到开发样本，样本数量发生了显著变化，同时样本的违约概率也发生了变化。这引发了两个需要研究和解决的问题。第一个问题是样本是否能够准确反映资产组合的特性，并具有跨周期的代表性。为了解决这个问题，需要采用合适的样本选择方法，确保样本涵盖不同类型和规模的借款人。此外，应使用跨多个年度的数据，以反映长期的违约情况，从而确保模型具有一定的稳定性和预测能力。这需要通过中心趋势等方法来处理，以确保样本能够准确反映资产组合的特性。第二个问题是样本清洗对模型结果的影响。清洗后的样本是否具有无偏性，以及用清洗后的数据建立的模型是否能够代表清洗前的样本。为了解决这个问题，可以采取一些措施来评估和验证模型的无偏性和代表性，如使用交叉验证和外部数据集进行模型验证，检查模型在不同子样本上的性能表现，以确保模型的泛化能力和稳定性。

3. 变量选择和处理

模型的解释变量可以分为定量和定性两类。定量指标主要涉及财务状况，国际银行业通常关注现金流量与负债情况指标，例如利息保障倍数。定性指标涉及国家风险、行业风险和管理水平等，一般需要将其转化为定量分数并由专家评判。表 7－5 为选取的财务指标。

在初步确定变量指标后，需要对这些变量进行初步检验和筛选，重点考虑对指标的含义、统计结果与实际意义的一致性以及业务可操作性等方面进行评价。尤其需要关注两个问题：

（1）单变量区分度：区分度是指该指标在好企业和坏企业之间的明显差异程度。通过建立单因素模型，可以分析某个变量是否具有区分度。可以使用拒绝率（AR）和 KS（Kolmogorov-Smirnov）值等指标来评估变量的区分度。

（2）多变量相关性和多重共线性：需要分析指标之间的相关性和统计变量，以消除多重共线性。可以通过相关性分析和计算变量间的方差膨胀因子（VIF）等指标来识别和解决多重共线性问题。

表 7-5 财务指标的分析与选取

某评级公司的评级指标	某银行信用评级采用的指标	上市公司常用的分析指标
EBIT 利息倍数 EBITDA 利息倍数 经营中的资金/总负债 经营活动现金流量/总负债 税前资本收益率 经营收入/销售收入 长期负债/资本 资产负债率	净资产收益率、总资产报酬率、销售利润率 利润增长率、销售增长率、资本积累率 应收账款周转率、应收账款增长率、存货周转率 速动比率、利息保障倍数、经营现金流负债率 资产负债率、长期资产适合率、或有负债率	资产负债率 净利润增长率 总资产周转率 总资产增长率 总资产报酬率 固定资产周转率

为了避免定量指标对模型结果的影响过大，并确保量纲统一，通常需要对定量指标进行数据转换。转换方法可以包括对数变换、缺失值插补和数据标准化。对数变换可以用于调整数据的分布形态，使其更接近正态分布，这对于一些偏态分布的指标可能特别有用。缺失值插补是指对缺失数据进行合理的填补，以保持样本的完整性。常见的插补方法包括均值插补、回归插补等。数据标准化是将不同范围的数据映射到相同的数值范围，以消除指标间的量纲差异。常见的标准化方法包括最大-最小标准化、Z-score 标准化等。

对于定性指标的选择和权重的确定，常常面临挑选哪些定性指标以及如何确定它们的权重的问题。基本思路是将定性指标转化为定量指标，并在此基础上使用层次分析法（analytic hierarchy process，AHP）等方法来确定指标的相对重要性和权重。

专栏 层次分析法

层次分析法由美国运筹学家 Saaty 教授于 1971 年提出，是一种根据层次结构，通过两两比较判断来确定各层次因素的相对重要性的方法。它将系统因素按支配关系分组形成有序的递阶层次结构，然后通过两两比较来判断各层次因素的相对重要性，最终通过层次结构的合成得到决策因素相对于目标的权重排序，为决策提供确定性的判断。通过应用层次分析法，可以将主观的定性指标转化为具有相对权重的定量指标，从而在模型中考虑了不同指标的重要性和贡献。

（1）构造判断（成对比较）矩阵。

在确定各层次定性因素之间的权重时，如果只是给出定性的结果（如公司经营占 80%，治理能力占 10%等），通常很难被他人接受。为了提高准确性，Saaty 提出了一致矩阵法，该方法不是将所有因素直接进行比较，而是采用两两比较的方式。为了尽可能减少性质不同的因素之间相互比较的困难，采用相对尺度来表示相对重要性。我们可构造判断矩阵，表示该层所有因素针对上一层某个因素（准则或目标）的相对重要性的比较。判断矩阵 **A** 具有下列性质：$a_{ij}>0$，$a_{ji}=1/a_{ij}$，$a_{ii}=1$，判断矩阵的元素 a_{ij} 表示第 i 个因素相对于第 j 个因素的比较结果，这个值使用 Saaty 的 1～9 标度法给出。表

7-6展示了以公司经营状况和发展潜力为例建立判断矩阵。

表7-6 AHP调查问卷反馈结果示例

指标	指标说明	数据可获得性	公司经营时间与商誉	公司治理能力	公司经营能力
公司经营时间与商誉	公司实际开展业务的时间、荣誉信息、享受的政府政策优惠和待遇、企业所处生命周期阶段等	中	1	3	1/5
公司治理能力	股东结构、公司人事、财务管理、提供给银行的资料是否齐全等	中	1/3	1	1/3
公司经营能力	公司的产品和服务优势、核心竞争力、融资能力、信用风险管理能力、客户集中度风险等	中	5	3	1

例如，数字3表示专家认为，公司经营时间与商誉相较于公司治理能力对公司经营状况和发展潜力来说稍微重要；1/3为3的倒数，表示公司治理能力和公司经营时间与商誉的比较赋值。

得到上述结果后，要进行一致性检验，判断一致性的指标是：

$$CI=\frac{\lambda_{\max}-n}{n-1}$$

式中，$\lambda_{\max}$是矩阵$\boldsymbol{A}$对应的最大特征值，n是矩阵维度。当CI=0时，判断矩阵具有完全一致性；反之，CI越大，判断矩阵的一致性就越差。为了检验判断矩阵是否具有令人满意的一致性，需要将CI与平均随机一致性指标RI（见表7-7）进行比较。当$CR=\frac{CI}{RI}<0.10$时，一般认为判断矩阵有令人满意的一致性。

表7-7 平均随机一致性指标RI

阶数	1	2	3	4	5	6	7	8	9	10	11	12	13	14	15
RI	0	0	0.58	0.9	1.12	1.24	1.32	1.41	1.45	1.49	1.52	1.54	1.56	1.58	1.59

（2）建立递阶层次结构。

在对系统进行深入理解后，需要确定系统的总目标，并明确规划决策的范围、采取的措施方案和政策、实现目标的准则、策略以及各种约束条件。同时，广泛收集相关信息，并分析系统中各因素之间的关系。为了使问题更加清晰和可操作，将问题条理化和层次化，构建一个层次分析的结构模型，建立系统的递阶层次结构。其属性被划分为不同的层次，其中，同一层次的元素作为准则对下一层次的元素起支配作用，同时该层次的元素受到上一层次元素的支配。一般而言，这些层次分为三类：目标层（表示系统的总目标）、准则层（作为决策的评价标准和指导方针）以及方案层（具体的决策方案和措施）。通过构建层次结构，可以将复杂的问题分解为更具可管理性的部分，并对各层次元素之间的相互关系进行明确和分析。这有助于更好地理解和评估决策因素的重要性，从而保证决策过程的合理性和有效性。

（3）计算单层次的指标权重值。

判断矩阵 $\boldsymbol{A}$ 的最大特征值 $\lambda_{\max}$ 对应的特征向量 $\boldsymbol{W}$，归一化为同一层次相应元素对于上一层次元素相对重要性的排序权值 $\boldsymbol{w}=(w_1,w_2,\cdots,w_n)$。

（4）层次总排序，确定总权重。

设 $\boldsymbol{w}^{(k-1)}=(w_1^{(k-1)},w_2^{(k-1)},\cdots,w_{n_{k-1}}^{(k-1)})^{\mathrm{T}}$ 表示第 $k-1$ 层上 n_{k-1} 个元素对总目标的排序权重向量，$\boldsymbol{P}_j^{(k)}=(P_{1j}^{(k)},P_{2j}^{(k)},\cdots,P_{n_kj}^{(k)})^{\mathrm{T}}$ 表示第 k 层上 n_k 个元素对第 $k-1$ 层上以第 j 个元素为基准的排序权重向量，其中不受 j 元素支配的元素权重取为零。矩阵 $\boldsymbol{P}^{(k)}=(P_1^{(k)},P_2^{(k)},\cdots,P_{n_k}^{(k)})^{\mathrm{T}}$ 是 $n_k\times n_{k-1}$ 阶矩阵，它表示第 k 层上元素对第 $k-1$ 层上各元素的排序，那么第 k 层上元素对目标的总排序 $\boldsymbol{w}^{(k)}$ 为

$$\boldsymbol{w}^{(k)}=(w_1^{(k)},w_2^{(k)},\cdots,w_{n_k}^{(k)})^{\mathrm{T}}=\boldsymbol{P}^{(k)}\cdot\boldsymbol{w}^{(k-1)}$$

总排序权重需自上而下将单准则下的权重进行合成，然后逐层进行总的一致性检验。通过上述方法就可以将定性判定的结构形成一个定量的数值，从而为进一步分析奠定基础。

---

4. 定性与定量指标的结合

定量模型和定性模型分别计算出客户的定量违约概率和定性违约概率。为了得到客户真实的最终预测违约概率，需要进行两步处理：定性和定量的结合以及违约概率的校准。

在实际模型开发过程中，一种方法是将定量指标和定性指标一起进行分析和统计回归，以得到违约概率模型，然后根据一定的权重将两者的预测结果结合起来。另一种方法是分别使用定量指标和定性指标开发统计回归模型，然后将两个模型进行整合。还可以借鉴评级公司关于定性因素和定量因素的权重经验，根据定性和定量信息分别预测客户在未来一年内的违约可能性，并将其转换为违约分数，最后，采用外部评级公司提供的权重系数将两者综合，对客户的违约概率进行全面估计。

选择不同方法的主要考虑因素是数据情况。通常情况下，开发模型的定性指标是在模型开发过程中重新收集的，样本数量较少。在这种情况下，无法将定性指标和定量指标一起处理，因此需要考虑如何将定性指标和定量指标结合起来。

这两个处理步骤解决的是两种不同的问题，因此它们的先后顺序并没有强制性要求。可以先进行校准，然后将结果结合起来；也可以先将结果结合起来，然后进行校准。无论选择哪种顺序，最终的违约概率都能够综合考虑定性和定量因素的影响，并且与实际资产组合的违约概率保持无偏。

5. 违约概率校准

校准和主标尺的建立是违约概率模型开发中的关键环节。在开发违约概率模型时，更多的讨论通常集中在变量设计和回归分析方面。然而，利用统计回归方法开发的模型只解决了客户的风险排序问题，而没有直接给出每个客户的违约概率。因此，需要通过

一定的方式将计算结果转换为违约概率，这个过程称为校准。校准的目的是确保最终计算得到的违约概率在整体上与资产组合的违约概率是无偏的。这可以类比为统计全区学生的语文成绩，如果抽样的学生全部来自重点学校，那么统计出的平均分将高于全区的成绩。通过校准，我们能够将风险排序转化为客户的真实违约概率。

违约概率的校准是基于条件概率原理进行推导的。通过计算校准系数 K，我们可以将模型计算出的样本违约概率转化为与资产组合违约概率无偏的真实预测违约概率。下面介绍一种将建模样本的违约概率校准到总体违约概率的方法。

在建模样本中，借款人的条件违约概率等于该借款人在样本中的违约概率除以借款人在样本中的概率。换句话说，校准系数 K 等于总体违约概率与样本违约概率的比值。通过将建模样本中的违约概率乘以校准系数 K，我们可以得到校准后的真实预测违约概率。

需要注意的是，校准的过程可能会引入一定的误差，因为样本的特征和总体的特征可能存在差异。因此，在进行校准时，需要综合考虑样本的代表性和总体的特征，并确保校准方法的准确性和可靠性。

$$P(y=1\mid \text{Sample})=\frac{P(y=1\ \text{且}\ \text{Sample})}{P(\text{Sample})}$$

$$P(y=0\mid \text{Sample})=\frac{P(y=0\ \text{且}\ \text{Sample})}{P(\text{Sample})}$$

二者相除可以得到：

$$\frac{P(y=1\mid \text{Sample})}{P(y=0\mid \text{Sample})}=\frac{P(y=1\ \text{且}\ \text{Sample})}{P(y=0\ \text{且}\ \text{Sample})}=\frac{P(\text{Sample}\mid y=1)\times P(y=1)}{P(\text{Sample}\mid y=0)\times P(y=0)}$$

对上式进行变换可得：

$$\frac{P(y=1)}{P(y=0)}=\frac{P(\text{Sample}\mid y=0)}{P(\text{Sample}\mid y=1)}\times\frac{P(y=1\mid \text{Sample})}{P(y=0\mid \text{Sample})}$$

我们用 $\text{Odds(PD)}=\dfrac{P(y=1)}{P(y=0)}$ 表示无条件违约概率与不违约概率之比，用 $\text{Odds}(\text{PD}_S)=\dfrac{P(y=1\mid \text{Sample})}{P(y=0\mid \text{Sample})}$ 表示样本的违约概率和不违约概率之比，则有

$$\text{Odds(PD)}=\frac{P(\text{Sample}\mid y=0)}{P(\text{Sample}\mid y=1)}\text{Odds}(\text{PD}_S)$$

假设不违约企业在样本中的概率近似等于样本中的不违约数量 ND_S 除以总体中的不违约数量 ND：

$$P(\text{Sample}\mid y=0)=\text{ND}_S/\text{ND}$$

同时也假设违约企业在样本中的概率等于样本中的违约数量除以总体中的违约数量。$P(\text{Sample}\mid y=1)=D_S/D$。因此 $\text{Odds(PD)}=\dfrac{\text{ND}_S/\text{ND}}{D_S/D}\times\text{Odds}(\text{PD}_S)$，定义 $\text{Odds(D)}=\dfrac{D}{\text{ND}}$

表示总体中违约企业数量除以不违约企业数量，同理，$\text{Odds}(\text{D}_S)=\dfrac{D_S}{\text{ND}_S}$，则有

$$\text{Odds}(\text{PD})\times\text{Odds}(D_S)=\text{Odds}(\text{PD}_S)\times\text{Odds}(D)$$

令 $k=\dfrac{\text{Odds}(D_S)}{\text{Odds}(D)}=\dfrac{\text{ND}}{D}\dfrac{D_S}{\text{ND}_S}$，代入上式可以得到：

$$\text{PD}=\frac{\text{PD}_S}{\text{PD}_S+k\times(1-\text{PD}_S)} \tag{7-4}$$

如果我们用 Logistic 模型建立起信用评分和违约概率之间的联系，即 $\text{PD}_S=\dfrac{e^{a\times\text{Score}+b}}{1+e^{a\times\text{Score}+b}}$，就可以将回归模型违约概率 PD_S 校准到实际违约概率 PD：

$$\text{PD}=\frac{e^{a\times\text{Score}+b}}{k+e^{a\times\text{Score}+b}}$$

但在计算 k 时，一般很难得到总体的违约概率，这时我们使用资产组合违约概率的长期均值 CT（central tendency，称为中心趋势）来近似，于是 k 用如下公式估计：

$$k=\frac{\overline{\text{PD}}_S(1-\text{CT})}{\text{CT}(1-\overline{\text{PD}}_S)}$$

式中，$\overline{\text{PD}}_S$ 表示违约概率的样本均值。

中心趋势是违约模型校准的关键，估计中心趋势的方法是将所有观测年份中违约的样本数除以样本总数。在对中心趋势进行估计时，一般需要遵循以下原则：

（1）审慎性。中心趋势是对资产组合违约概率水平的整体评估，因此在估计时需要充分考虑经济周期因素的影响。这意味着需要考虑到宏观经济因素对违约概率的影响，以确保估计结果更加准确和可靠。

（2）稳定性。在确定中心趋势后，一般不应频繁进行调整。中心趋势应该是相对稳定的，以便在长期内为违约模型提供一致的标准。频繁地调整中心趋势可能会导致模型结果不稳定，降低模型的可解释性和预测能力。

（3）代表性。中心趋势应该能够反映资产组合的风险状况，并对银行未来风险趋势和资本需求具有一定的预测价值。这意味着中心趋势应该能够准确地反映出资产组合的整体违约风险水平，并提供对未来风险趋势的预测能力。这样，银行可以基于中心趋势来制定风险管理策略和资本规划。

确定中心趋势后，就可以将样本违约概率转化为总体违约概率。比如某个行业的建模样本平均违约概率为 3.87%，而其违约概率的中心趋势为 2.66%，则其校准参数 $k=[3.87\%/(1-3.87\%)]/[2.66\%/(1-2.66\%)]=1.47$，利用校准参数 k 可以对统计回归得到的 PD 进行校准（见图 7-5）。

6. 建立主标尺

在银行内部评级过程中，根据违约概率对债务人进行不同的信用评级是非常重要

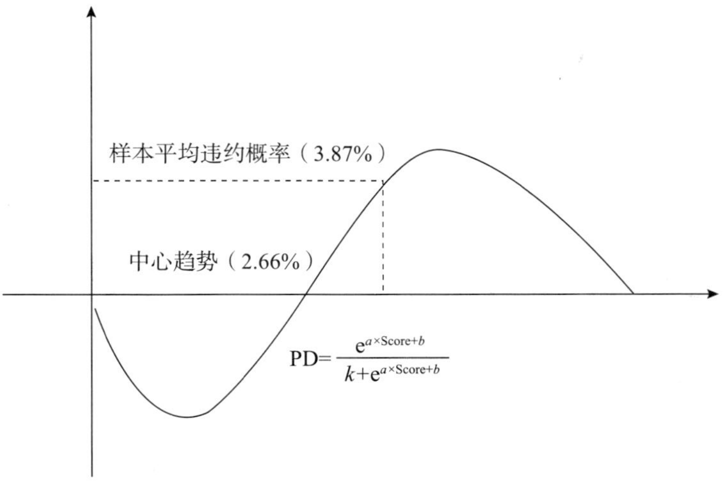

图 7－5　样本平均违约概率与中心趋势示意图

的。根据巴塞尔协议的要求，商业银行的债务人评级应至少包括 7 个非违约级别和 1 个违约级别。这个过程称为建立主标尺。

建立主标尺需要满足以下要求：

（1）客观性。主标尺的建立应该基于客观的标准和准则，而不受主观偏见的影响。评级结果应该能够反映债务人的真实违约概率，并且在不同评估人员之间具有一致性。

（2）独立性。主标尺的建立应该与评估人员或利益相关方的个人利益无关，以确保评级过程的独立和公正。评级应该基于客观的数据和分析，而不受干扰或操纵。

（3）统一性。主标尺应该在整个银行内部评级系统中得到统一应用，以确保评级结果的一致性和可比性。不同的评估人员和部门应该使用相同的评级准则和方法来确保评级的一致性。

（4）稳定性。主标尺的建立应该是稳定的，不受短期波动或市场变化的影响。评级体系应该具有长期稳定性，以便为银行提供持续的信用评估和风险管理。

确定主标尺的方法有以下两种：

第一种方法是在校准的过程中同时确定主标尺。校准过程中，可以根据违约概率将不同的债务人划分为不同的评级等级，确保评级等级与违约概率相对应，从而建立主标尺。

第二种方法是先校准得到每个客户的违约概率，然后根据一定的规则确定每个评级的违约概率区间。这样可以确保评级结果与违约概率相匹配，同时满足主标尺的要求。

无论采用哪种方法，建立主标尺的目标是确保评级结果与违约概率相一致，为银行的风险管理和决策提供准确的信用评估。

限于篇幅，下面我们只介绍第一种方法。在第一种方法中，我们同时考虑主标尺假设、中心趋势（CT）校准和各等级客户分布，通过试错法使主标尺尽量满足这三个方面的假设条件。总体思路是先对各子资产组合假设一个经验性等级违约分布，再通过对建模样本实际违约率的拟合和整体资产组合的 CT 校准来确定主标尺。

第一步，设定资产组合的分布特征。根据业务需要和历史经验，我们可以假设存在一个经验性的各等级客户占比分布。在实践中，常常假设这个分布只有一个顶点，也就是存在一个主要的客户群体，而好客户或差客户只占少数。这种假设是基于观察到的处于中间状态的客户占比较高的现象。如果整体违约概率较低，那么客户分布可能会偏向低违约的一端，类似于贝塔分布。这种假设的意义在于简化建模过程，将复杂的客户分布归纳为一个主要的分布形态，例如正态分布或贝塔分布。这样做可以在实际建模中减少参数数量，提高建模效率。具体来说，如果整体违约概率较低，我们可以假设资产组合中大部分客户处于低违约风险一侧，而高违约风险的客户占比较低，这类似于贝塔分布的形态，如图 7-6 所示。

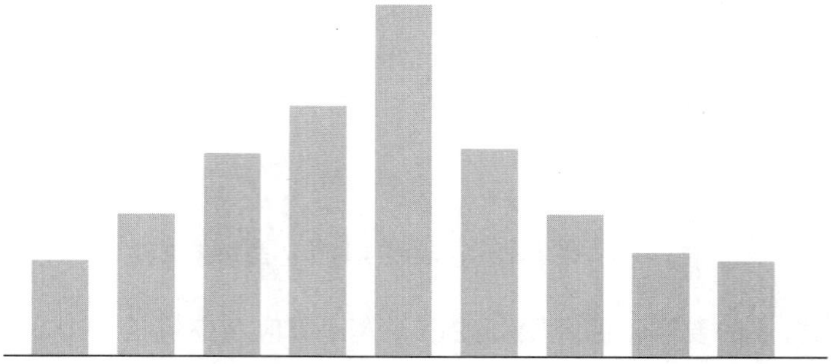

图 7-6 经验性各等级客户占比分布

假设主标尺上的全部等级个数为 N，每一等级的客户占比为 w_i，$\sum_{i=1}^{N} w_i = 1$，$i=1, 2, \cdots, N$。N 和 w_i 可以通过对银行客户实际情况的分析预先设定。

第二步，确定主标尺各等级对应的 PD 值。为了能够得到每个等级的违约概率，需要建立等级与违约概率之间的关系，通常认为应满足下面两个假设：

（1）各个等级的违约概率的加权平均应该等于长期平均违约概率（中心趋势），即

$$\mathrm{CT} = \sum_{i=1}^{N} \omega_i \times \mathrm{PD}_i \tag{7-5}$$

（2）每个等级的违约概率区间的对数值与等级成正比。这一假设更多来自评级公司的实践。

$$\ln \mathrm{PD}_i = \alpha \times \mathrm{Grade}_i + \beta \tag{7-6}$$

假设银行已经对各个资产子组合建立了模型，根据模型得分可以对客户的风险高低进行排序。对于每一个资产子组合，使用各自的模型对建模样本计算分数并排序，按照假设的经验性等级客户占比分布 ω_i，把排序后的样本点分到 N 个等级中，再观察各等级实际出现的违约样本数并计算各等级的实际违约概率。以资产子组合的个数 $M=4$ 为例，各个子组合中每个等级的违约概率见表 7-8。

表 7-8 子组合不同等级的平均违约概率

	等级 1	等级 2	等级 3	等级 4	等级 5	等级 6	等级 7	等级 8	等级 9
子组合 1	0.3	0.6	1.2	2.0	4.8	8.8	11.0	19.0	30.0

续表

	等级 1	等级 2	等级 3	等级 4	等级 5	等级 6	等级 7	等级 8	等级 9
子组合 2	0.13	0.99	1.7	2.8	3.7	5.9	10.10	16.0	43.0
子组合 3	0.22	0.75	1.95	2.5	4.4	6.7	9.0	22.0	25.0
子组合 4	0.10	0.45	1.40	3.2	5.5	7.5	12.0	13.0	35.0

所有模型（子组合）样本点的等级实际违约概率集中在一起有 $M\times N$ 个点，利用这些点建立 ln PD 和等级 Grade 之间的关系，通过回归可以得到 α 和 β。再利用回归方程可以计算出各等级对应的 PD_i，$i=1,2,\cdots,N$。但这些 PD_i 不一定满足假设式（7－5）。因此下面需要利用 CT 对 PD_i 进行校准。

令 $\overline{PD}_i=PD_i\times e^{\Delta\beta}$ 表示校准后的违约概率，将 $\overline{PD}_i$ 代入式（7－5），得到

$$CT=e^{\Delta\beta}\cdot\sum_{i=1}^{N}w_i PD_i$$

根据上式可以计算得出 $\Delta\beta$，用 $\Delta\beta$ 来修正 PD_i，进而得到新的主标尺等级对应关系：$\ln\overline{PD}=\alpha\times Grade+(\beta+\Delta\beta)$，即通过 CT 校准来平移最初得到的主标尺等级对应 PD，这样就得到了主标尺上等级所对应的$\overline{PD}$：

$$\overline{PD}_i=\exp(\alpha\times Grade_i+\bar{\beta}) \tag{7-7}$$

式中，$\bar{\beta}=\beta+\Delta\beta$。

使用式（7－7）可以计算各个等级设定的违约概率，如图 7－7 所示。

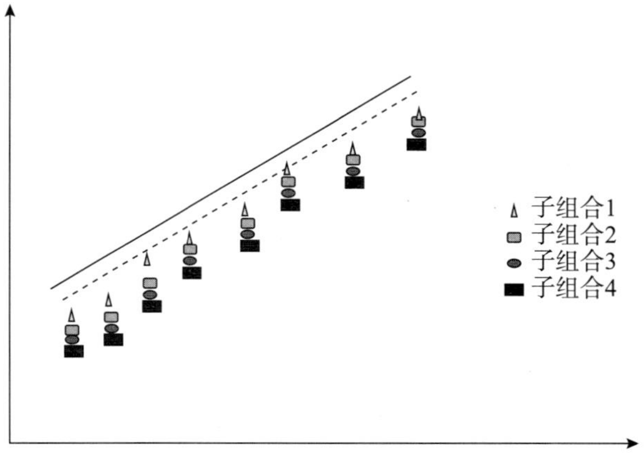

图 7－7　对样本违约概率进行拟合与平移

第三步，确定主标尺各等级之间违约概率的上下界。第一级的违约区间下限为 0，$PD_1^{min}=0$，上限是第一级和第二级的平均值，$PD_1^{max}=(\ln\overline{PD}_1+\ln\overline{PD}_2)/2$，第一级的上限同时是第二级的下限，$PD_2^{min}=PD_1^{max}$。依此类推，对 $i=1,2,\cdots,N-1$，$PD_i^{max}=(\ln\overline{PD}_i+\ln\overline{PD}_{i+1})/2$ 且 $PD_{i+1}^{min}=PD_i^{max}$，$PD_N^{max}=1$，可以得到每个等级的上下限，这样，一条完整的主标尺就构建完成了。

第四步，确定各个子组合的模型分值到违约概率的映射关系。对于每个子组合而言，模型所得到的仍然是分值，尚未与违约概率直接相关联。在建立主标尺的第一步，我们假设各个子组合等级的经验分布是相同的。那么是否可以直接使用这一分布来将各个模型的分值划分为不同等级，并得到相应的违约概率呢？答案是否定的。这是因为在没有相应的违约概率信息的情况下，无法将一个组合的得分前5%与另一个组合的得分前5%进行风险比较。为了能够比较各个子组合的风险大小，需要对各个子组合的模型分别进行校准。对资产子组合 j，假设存在如下关系：

$$\mathrm{CT}_j=\sum_{i=1}^{N}\overline{w}_{ji}\times\overline{\mathrm{PD}}_i\text{，}\ j=1,2,\cdots,M \tag{7-8}$$

式中，$\overline{w}_{ji}$ 表示资产子组合 j 的实际等级分布，$\sum_{i=1}^{N}\overline{w}_{ji}=1$。该式的实际意义是违约概率的均值等于对应资产组合的真实违约概率（违约中心趋势）。不妨也假设资产子组合 j 的违约概率分布也是某个贝塔分布，由于$\overline{\mathrm{PD}}_i$ 是已知的，求解 w_{ji} 的方法是通过不断调整贝塔分布的参数，得到一个 $\overline{w}$ 序列 $\{\overline{w}_{j1},\overline{w}_{j2},\cdots,\overline{w}_{jN}\}$，使得 $\overline{w}_{ji}$ $(i=1,2,\cdots,n)$ 同时满足贝塔分布和式（7－8）。再根据模型得分的排序推出该模型分值与等级的映射关系。记 $S_{\overline{w}_{ji}}$ 表示得分排序正好在 $\overline{w}_{ji}$ 点上的分值，即得分在 $S_{\overline{w}_{ji}}$ 之前的客户占比为 $\overline{w}_{ji}$，同样定义等级 k 的分界点，这样就得到了模型 j 的分值-等级映射关系，如表7－9所示。

表7－9 模型 j 的分值-等级映射关系

分值	等级
$[0,\ S_{\overline{w}_{j1}})$	1
$[S_{\overline{w}_{j1}},\ S_{\overline{w}_{j1}+\overline{w}_{j2}})$	2
⋮	⋮
$\left[S_{\sum_{i=1}^{N-1}\overline{w}_{ji}},\ 1\right)$	N

至此，各个子敞口（模型）也得到了等级，能够把模型得分映射到主标尺上，从而得到违约概率，进而实现对不同模型结果风险的比较。

上述主标尺映射方法存在如下缺陷：

第一，主标尺构建过程中的基本分布假设没有验证。在主标尺构建的最开始，假设存在一个经验性的等级分布 $\boldsymbol{w}_i$，且各个子组合的等级分布相同；在对各个子组合的模型分别进行校准后，最终得到实际等级分布 w_{ji}。一个可能出现的情况是，假设经验性等级分布 $w_1=5\%$，但全部 $\overline{w}_{ji}<5\%$，$j=1,2,\cdots,N$。

第二，部分中间过程在求解时可能无解或解的个数不唯一。在将$\overline{\mathrm{PD}}=\exp(\alpha\times\mathrm{Grade}+\overline{\beta})$ 代入假设式（7－4）进行校准的环节，可能出现校准后的$\overline{\mathrm{PD}}_i>1$，需要再进行人工调整。又如 w_{ji} 是经过试错法得到的，由于 $\overline{w}_{ji}$ 服从贝塔分布，因此可能有无穷个解，最终解 $\{\overline{w}_{j1},\overline{w}_{j2},\cdots,\overline{w}_{jN}\}$ 的确定带有主观色彩。

第三，某些关键的估计不是无偏估计。根据 $CT=\sum_{i=1}^{N} w_i \times PD_i$，通过平移得到的 $\overline{PD}=\exp(\alpha \times Grade+\bar{\beta})$ 并非 PD 的无偏估计。

7.2.3　利用市场价格计算违约概率

在使用内部数据的情况下，一种简单易行的评估交易对手信用风险的方法是考虑该交易对手发行的信用敏感债券。在这种方法中，假设违约会平等地影响到所有债务责任，即所有债务在违约情况下都承受相同的风险。

为了简单起见，假设债券在一期内只一次性支付 100 美元。我们可以利用价格 P^* 来计算市场决定的收益率 y^*：

$$P^* = \frac{100}{1+y^*}$$

这可以与相同时期的无风险收益率 y 相比较。

债券的支付可以用一个简化的违约过程来描述，如图 7-8 所示。到期时，债券可能违约也可能不违约。如果没有违约，其价值为 100 美元；如果发生了违约，其价值为 100(1－LGD) 美元，其中 LGD 是违约损失率（假定已知且固定）。我们定义 π 为债券在该时期内的违约概率。我们该如何评估该债券的价值呢？

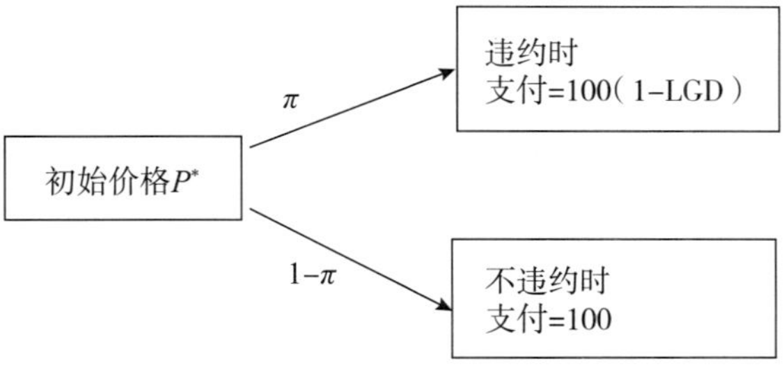

图 7-8　一个简化的债券违约过程

运用风险中性定价（risk-neutral pricing）将两种状态债券价值的数学期望用无风险收益率折现，就可以得到债券的当前价格。因此有：

$$P^* = \frac{100}{1+y^*} = \frac{100}{1+y} \times (1-\pi) + \frac{(1-LGD) \times 100}{1+y} \times \pi$$

注意，这里折现用的是无风险收益率 y，因为在风险中性估价中没有风险溢价，重新整理后得到：

$$1+y=(1+y^*)(1-\pi LGD) \tag{7-9}$$

推出违约概率为

$$\pi = \frac{1}{LGD}\left(1-\frac{1+y}{1+y^*}\right) \tag{7-10}$$

假设无风险收益率和违约概率很小，忽略式（7-9）中的二次项，简化为

$$y^* \approx y + \pi \mathrm{LGD}, \ \pi \approx \frac{y^* - y}{\mathrm{LGD}}$$

这个公式说明信用价差 $y^* - y$ 度量了信用风险，具体而言，就是违约概率 π 乘以违约损失率 LGD。如果违约概率为零或违约损失率为零，就不存在潜在的信用损失。

现在，我们考虑多期的情形，设期限为 T。我们在每一期都用复利计算利率和违约概率。记 $\bar{\pi}$ 是平均年违约概率，RR＝1－LGD 是回收率。假设只有一次性支付，现值为

$$P^* = \frac{100}{(1+y^*)^T} = \frac{100}{(1+y)^T} \times (1-\bar{\pi})^T + \frac{\mathrm{RR} \times 100}{(1+y)^T} \times [1-(1-\bar{\pi})^T]$$

也可以写成：

$$(1+y)^T = (1+y^*)^T \{(1-\bar{\pi})^T + \mathrm{RR}[1-(1-\bar{\pi})^T]\} \tag{7-11}$$

但该式并未进一步简化，我们记 T 年累计违约概率 $\pi = 1-(1-\bar{\pi})^T \approx T\bar{\pi}$：

$$\frac{1}{(1+y^*)^T} \approx \frac{1}{(1+y)^T} \times (1-\pi) + \frac{\mathrm{RR}}{(1+y)^T} \times \pi \tag{7-12}$$

或者

$$\frac{1}{(1+y^*)^T} \approx \frac{1}{(1+y)^T} \times (1-\pi \mathrm{LGD})$$

还可以进一步近似为

$$y^* \approx y + (\pi/T)\mathrm{LGD}$$

当我们有不同期限的风险债券时，该式也可以用来计算不同期限的违约概率。例如，我们考虑两期的债券，利用式（7－9）计算得到第一期的违约概率 π_1，利用式（7－12）计算得到两期的年均违约概率 π_2。那么第二期的边际违约概率 d_2 可以通过下式得出：

$$(1-\pi_2)^2 = (1-\pi_1)(1-d_2)$$

这种方法允许我们从一系列零息债券中推断出违约概率随时间变化的结构。然而，在实际情况中，如果我们考虑附息债券，计算将变得更加复杂，因为需要考虑每期可能违约和未违约的支付金额。

需要强调的是，这种方法基于风险中性的假设条件。类似于期权定价中的做法，我们假设所有资产的价值都以无风险利率增长，并使用相同的无风险利率进行折现。因此，式（7－10）只可以得到一个风险中性的违约概率，不一定与客观实际的违约概率完全相等。这种假设使我们能够根据市场价格推断出违约概率，并进行债券的价值评估。

定义客观违约概率为 π'，折现率为 y'，那么当前价格也可以表示为以风险利率 y' 折现的真实的期望值：

$$P^* = \frac{100}{1+y^*} = \frac{100}{1+y'} \times (1-\pi') + \frac{\mathrm{RR} \times 100}{1+y'} \times \pi'$$

通常情况下，如果投资者要求补偿其所承担的风险，债券价格中应该包括一个风险溢价 rp：

$$y^* \approx y + \pi'(1 - \mathrm{RR}) + \mathrm{rp}$$

为了使之有意义，该风险溢价必须与某些债券的风险度量以及投资者的风险厌恶程度相联系。另外，风险溢价可能包括流动性溢价（liquidity premium）和税收效应。

例 7-3　比较一只 10 年期的美国国债和一只 IBM 公司发行的 10 年期债券，标普和穆迪公司将其评级为 A 级。二者按半年复利计算的收益率分别为 6%和 7%。假设 IBM 债券的收益率为面值的 45%，那么信用价差反映的违约概率是多少？

利用式（7-12），我们可以得到 $\pi(1-\mathrm{RR})=1-(1+y/2)^{20}/(1+y^*/2)^{20}=0.0923$。因此，$\pi=9.23\%/(1-45\%)=16.8\%$。所以，之后的 10 年内 IBM 公司债券的累计违约概率（风险中性）为 16.8%。该数字要高于相同信用等级历史记录的数据，在表 7-3 中，标普公司公布的 A 级债券 10 年内的历史违约概率只有 1.15%。如果将这些历史违约概率作为未来的违约概率，那么信用价差的很大部分反映了风险溢价。例如，假定信用价差 100 个基点中的 80 个基点反映风险溢价。我们将收益率从 7%改为 6.2%时，计算得到的违约概率为 3.5%。这更符合该信用等级的债券发行人的真实违约概率。

此外，我们还可以利用信用违约互换（CDS）的信用溢价来预测违约概率。CDS 中的信用溢价是投资者因承担特定信用风险而要求的额外收益，CDS 溢价与债券收益率溢价应该近似相等。例如，对于一只为期 5 年的企业债券，其收益率为每年 6%，而一项为期 5 年的信用违约互换的溢价为 100 个基点，这相当于年收益率为 5%的无风险债券。为了通过债券收益率来估计信用溢价，我们需要对无风险利率进行假设。通常情况下，交易员给出的债券收益率溢价报价是基于与债券期限相似的国债利率。我们将 CDS 的期限与债券的期限匹配，并使用无套利利率来确定无风险利率。例如，债券收益率为 4.7%，5 年期 CDS 溢价为 80 个基点，则 5 年期隐含无风险利率为 3.9%。在衍生品定价中，通常将 LIBOR 或互换利率作为无风险利率的近似值，隐含无风险利率大致等于 LIBOR 或互换利率减去 10 个基点。

下面通过一个具体的例子说明用信用违约互换溢价来近似估算违约概率。

例 7-4　假设某企业 5 年期债券的息票率为每年 6%（半年付息一次）。该资产的信用违约互换溢价为 200 个基点，无风险利率为 5%（连续复利），假设企业债券每年的违约率为 π，并且违约只会发生在 0.5 年、1.5 年、2.5 年、3.5 年及 4.5 年，即发生在支付券息之前，回收率为 40%。

预期亏损为 8.738，即资产的信用违约互换溢价支付的贴现值等于面值为 100、息票率为 2%、每 6 个月支付一次的现金流的贴现值：

$$1\times e^{-0.05\times0.5}+1\times e^{-0.05\times1}+1\times e^{-0.05\times1.5}+\cdots+1\times e^{-0.05\times5}=8.738$$

计算过程如表 7-10 所示。

$$3+3e^{-0.05\times0.5}+3e^{-0.05\times1.0}+103e^{-0.05\times1.5}=104.34$$

令 $288.47\pi=8.738$ 并由此得出 $\pi=3.03\%$，由近似方法得到的违约概率为

表 7-10 计算过程

时间（yrs）	违约概率	回收量	无风险价值	损失	贴现因子	预期损失的贴现值
0.5	π	40	106.73	66.73	0.975 3	65.08π
1.5	π	40	105.97	65.97	0.927 7	61.20π
2.5	π	40	105.17	65.17	0.882 5	57.51π
3.5	π	40	104.34	64.34	0.839 5	54.01π
4.5	π	40	103.46	63.46	0.798 5	50.67π
总计						288.47π

$$\pi \approx \frac{y^{*}-y}{\mathrm{LGD}}=0.02/(1-0.4)=0.033\ 3$$

这里的分析可以推广到违约发生得更为频繁的情形，如果对于若干期限，我们已知资产互换的溢价，那么我们可以利用息票剥离方法来求得违约概率的期限结构。

可以看出，在使用市场价格计算违约概率时，回收率（RR）或违约损失率（LGD）是一个重要的参数。违约损失率与具体交易相关联，它的大小不仅受到债务人信用能力的影响，还受到交易的特定设计和合同条款（如抵押品、担保等）的影响。表 7-11 列出了穆迪在 2020 年度报告中给出的各评级债券的回收率情况。对于同一债务人来说，不同的交易可能具有不同的 LGD。例如，对于同一债务人的两笔贷款，如果一笔提供了抵押品而另一笔没有，那么前者的 LGD 可能小于后者的 LGD。LGD 的计算是在贷款评级的基础上进行的，通过分析不同信用等级贷款的历史违约损失情况进行计算。通过观察过去的违约事件和违约债务的实际损失，可以估计每个信用等级对应的 LGD。这种数据分析的方法可以提供对不同信用等级债务的 LGD 的估计，进而用于计算违约概率。

表 7-11 1983—2020 年企业债券和银行贷款的回收率

留置权状况	发行人加权回收率			全额加权回收率		
	2020 年	2019 年	1983—2020 年	2020 年	2019 年	1983—2020 年
第一留置权银行贷款	59.39%	57.85%	65.42%	60.55%	61.88%	62.98%
第二留置权银行贷款	26.72%	48.22%	31.85%	25.10%	52.41%	28.40%
高级无抵押银行贷款	47.50%	86.51%	46.27%	47.50%	86.26%	43.86%
第一留置权债券	52.15%	59.00%	54.43%	49.92%	53.45%	54.77%
第二留置权债券	33.62%	45.32%	43.40%	23.10%	42.49%	40.38%
高级无抵押债券	34.20%	32.23%	37.66%	26.52%	51.46%	34.51%
高级次级债券	14.11%	64.67%	31.09%	22.68%	65.72%	26.68%
次级债券	n. a.	40.01%	32.02%	n. a.	40.01%	27.79%
初级次级债券	n. a.	n. a.	22.40%	n. a.	n. a.	13.51%

资料来源：https://www.sohu.com/a/508544589_121123798.

7.3　信用风险 VaR 模型

在本节，我们将介绍几种常见的信用风险的理论模型，并结合这些模型来计算资产组合的信用风险 VaR。同时，我们还将探讨相关性如何影响债券（贷款）组合的信用风险 VaR。信用风险价值可用于确定支持某一头寸所需的信用资本金数量，就像市场风险价值一样。以下是主要的信用风险模型分类。

Merton 模型：该模型运用期权理论建立违约风险的定价模型，用于违约债券定价。它基于企业资产价值和债务结构，考虑债务人的违约概率和违约损失率，评估违约债券的价值和风险。

KMV 模型：该模型认为企业信用风险的衡量指标——预期违约概率（expected default frequency，EDF）主要来自对该企业股票市场价格变化的有关数据的分析。它基于 Merton 的资产价值模型，但相比 Merton 模型，KMV 模型的假设更简单，以方便模型的应用和计算。

CreditMetrics 模型：该模型认为信用风险直接源自企业信用等级的变化，并假定信用评级体系是有效的。它将企业的信用事件（如投资失败、利润下降、融资渠道枯竭等）与信用等级的变化相联系，通过监测信用等级的变化来反映这些影响。该模型可以用于评估债券组合的信用风险。

CreditRisk+模型：该模型考虑了个人贷款和债券违约的动态过程，并假定违约事件满足泊松分布。它使用违约概率和违约损失率来评估信用风险，并通过对违约事件的模拟来估计债券组合的信用风险价值。然而，由于其简化的假设和模型结构，该模型在处理复杂情况时可能存在局限性。

Vasicek 模型：该模型假设贷款的违约风险受两方面的影响：债务人自身的特质性风险和系统性风险（宏观影响因子）。它通过高斯 Copula 模型来定义各项贷款违约时间之间的相关结构，研究贷款组合违约率的分布，计算最坏违约率 WCDR(T,X)，并以此为基础计算贷款组合违约损失的 VaR。《巴塞尔协议Ⅱ》中内部评级对银行账户信用风险资本金的要求正是基于 Vasicek 模型。

这些信用风险模型提供了不同的方法和框架来评估和量化信用风险。在实际应用中，可以根据具体情况选择合适的模型，并结合其他因素和风险度量工具来全面评估资产组合的信用风险。

7.3.1　违约风险的结构模型：Merton 模型

Merton 模型提出，企业信用风险的核心因素是企业资产的市场价值、波动率以及负债的账面价值。根据该模型，当企业资产在未来的市场价值低于其需要偿还的负债价值时，企业将会发生违约。为了最大限度地简化问题，考虑企业发行了一笔 T 时刻到期的面值为 F 的贷款（或债券），假设市场无摩擦、没有税收、没有破产成本，企业在 0 时刻的资产价值 V_0 等于股票价值 S_0 和债券价值 B_0 之和：

$$V_0 = S_0 + B_0 \tag{7-13}$$

如果 T 时刻的资产价值 V_T 小于负债面值 F，企业就会违约，否则企业会全部偿还负债。因此，只要违约概率 $P(V_T < F) > 0$，就存在信用风险，这意味着在 0 时刻，$B_0 < F\mathrm{e}^{-rT}$，即贷款的到期收益率（yield to maturity）y_T 大于无风险利率 r。在这里，$\pi_T = y_T - r$ 代表用于补偿持有者所承担的违约风险的违约价差。

为了确定企业负债的信用风险，首先需要做两个假设：(1) 贷款是该企业的唯一债务工具；(2) 唯一的额外融资来源是权益。在这种情况下，消除信用风险的费用等于看跌期权的价格，标的是企业资产价值，执行价格为 F，到期时间为 T。如果银行购买这个看跌期权（价格为 P_0），则可以完全消除贷款的信用风险，如表 7－12 所示。

表 7－12　银行在 0 时刻和 T 时刻用于贷款和购买看跌期权的偿付矩阵

时间	0	T	
资产价值	V_0	$V_T \leqslant F$	$V_T > F$
银行决策			
(a) 发放贷款	$-B_0$	V_T	F
(b) 购买期权	$-P_0$	$F - V_T$	0
总计	$-B_0 - P_0$	F	F

因此，如果无风险利率为 r，则在均衡时有

$$B_0 + P_0 = F\mathrm{e}^{-rT}$$

同时假设企业价值遵循几何布朗运动（见图 7－9），则

$$\mathrm{d}V_t = \mu V_t \mathrm{d}t + \sigma V_t \mathrm{d}Z_t \tag{7-14}$$

由式（7－14）可知，T 时刻企业资产价值为

$$V_T = V_0 \exp\left\{\left(\mu - \frac{\sigma^2}{2}\right)T + \sigma\sqrt{T}Z_T\right\} \tag{7-15}$$

在风险中性假设下，公司资产收益率 μ 是无风险收益率 r。根据 Black-Scholes 公式，这个看跌期权的价格为

$$P_0 = -N(-d_1)V_0 + F\mathrm{e}^{-rt}N(-d_2) \tag{7-16}$$

$$d_1 = \frac{\ln(V_0/F) + \left(r + \frac{1}{2}\sigma^2\right)T}{\sigma\sqrt{T}}$$

$$d_2 = d_1 - \sigma\sqrt{T} = \frac{\ln(V_0/F) + rT - \frac{1}{2}\sigma^2 T}{\sigma\sqrt{T}}$$

如果我们仔细研究看跌期权 P_0 的表达式，将会发现 Merton 模型同时包含了违约概率、条件回收率和信用价差三个基本要素。通过购买看跌期权，银行相当于购买了一

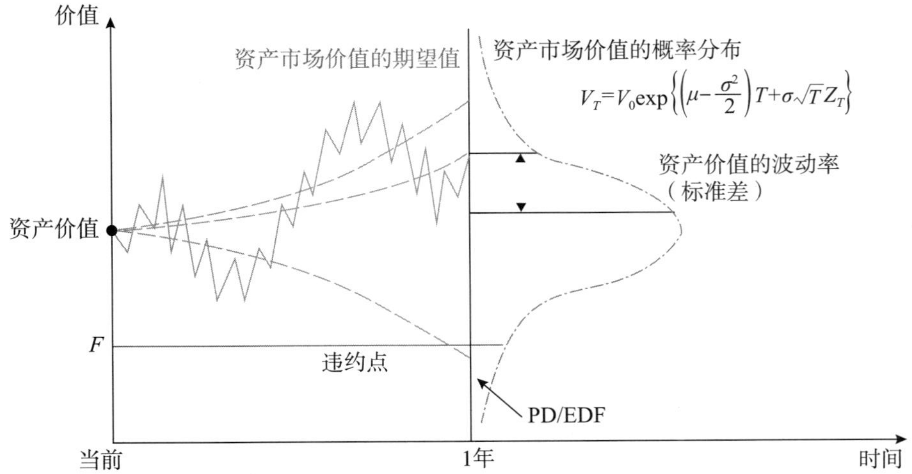

图 7－9　Merton 模型示意图

张保单，保费等于期权的价格 P_0。将式（7－16）变形有

$$P_0=\left[-\frac{N(-d_1)}{N(-d_2)}V_0+F\mathrm{e}^{-rT}\right]N(-d_2) \tag{7-17}$$

式（7－17）将信用风险保费 P_0 分解为三个因素：括号中第一项的绝对值是贷款预期收益的折现值，条件是 $V_T<F$，这代表在企业违约时银行可以回收的贷款价值；括号中的第二项是面值为 F 的贷款的现值，因此括号里两项之和就是企业违约时银行损失金额的现值；$N(-d_2)$ 就是在风险中性假设下企业资产价值低于 F 的概率，即违约概率 P（$V_T<F$）。这是因为在风险中性假设下，$\mu=r$，由式（7－15）可推出

$$P(V_T<F)=P\left(\frac{\ln\frac{F}{V_0}-\left(r-\frac{\sigma^2}{2}\right)T}{\sigma\sqrt{T}}\geqslant Z_t\right)$$
$$=P\left(Z_t<-\frac{\ln\frac{V_0}{F}+r-\frac{\sigma^2}{2}T}{\sigma\sqrt{T}}\right)=N(-d_2)$$

于是企业违约时，银行的期望损失为

$$EL_T=N(-d_2)F-N(-d_1)V_0\mathrm{e}^{rT}=F-N(d_2)F-N(-d_1)V_0\mathrm{e}^{rT}$$
$$=F\left(1-N(d_2)-N(-d_1)\frac{1}{\mathrm{LR}}\right)$$

式中，$\mathrm{LR}=F\mathrm{e}^{-rT}/V_0$ 表示杠杆率，反映了企业的资产负债率。

由于到期时企业需偿还 F，贷款的现值是 B_0，贷款利率 y_T 等于

$$y_T=-\frac{\ln\frac{B_0}{F}}{T}=-\frac{\ln\frac{F\mathrm{e}^{-rT}-P_0}{F}}{T}$$

因此推导出贷款信用价差 π_T 为

$$\pi_T = y_T - r = -\frac{1}{T}\ln\left(N(d_2) + \frac{V_0}{Fe^{-rT}}N(-d_1)\right) \tag{7-18}$$

从式（7－18）可以看出，$\partial\pi_T/\partial r<0$，因此无风险利率越高，信用价差越低，贷款风险越低，这时看跌期权保护的价格越低。此外，资产波动率 σ 越大或企业财务杠杆率（Fe^{-rT}/V_0）越高，信用价差也越大，说明企业违约风险越大。表 7－13 给出了不同资产波动平和杠杆率下的信用价差。

表 7－13　不同资产波动率和杠杆率下的信用价差（V_0＝100 元，T＝1，r＝10%）

杠杆率 LR	资产波动率 σ			
	0.05	0.10	0.20	0.40
0.5	0	0	0	1.0%
0.6	0	0	0.1%	2.5%
0.7	0	0	0.4%	5.6%
0.8	0	0.1%	1.5%	8.4%
0.9	0.1%	0.8%	4.1%	12.5%
1.0	2.1%	3.1%	8.3%	17.3%

注：10%是离散复利的年利率，相当于 9.5%的连续复利。

例如，已知 V_0＝100 元，T＝1，r＝10%，σ＝0.40，LR＝0.7，计算出看跌期权价格 P_0＝3.37，债券面值 F＝77 元，$B_0 = Fe^{-rT} - P_0$＝66.3 元，$S_0 = V_0 - B_0$＝33.7 元，贷款的收益率为 77/66.3－1＝0.161，因此贷款的信用价差为 5.6%，消除信用风险的成本是每 100 元资产 3.37 元。银行获得的收益等于无风险利率

$$F/(B_0 + P_0) = 77/(66.3 + 3.37) = 1.11$$

银行能够回收的贷款金额为 $F - EL_T = F\left(N(d_2) + N(-d_1)\frac{1}{\text{LR}}\right)$，因此，如果用收益率表示违约成本，则

$$-\frac{1}{T}\ln\frac{F - EL_T}{F} = -\frac{1}{T}\ln\frac{F\left(N(d_2) + N(-d_1)\dfrac{V_0}{Fe^{-rT}}\right)}{F}$$

这实际就是信用价差 $\pi_T = y_T - r$，与式（7－18）相同。

如果没有风险中性假设，则 $\mu \neq r$，可得到实际违约概率（physical default probability）为 $N(-d_2^1)$，其中

$$d_2^1 = \frac{\ln\dfrac{V_0}{F} + \left(\mu - \dfrac{1}{2}\sigma^2\right)T}{\sigma\sqrt{T}} \quad \left(\text{对比 } d_2 = \frac{\ln\dfrac{V_0}{F} + \left(r - \dfrac{1}{2}\sigma^2\right)T}{\sigma\sqrt{T}}\right)$$

式中，μ 是资产的期望收益率，V 服从对数正态分布。

在表 7-13 的例子里，$V_0=100$ 元，$T=1$，$r=10\%$，$\sigma=0.40$，$F=77$ 元，且 LR$=0.7$。在风险中性假设下，回收值贴现的期望$=\frac{0.137}{0.244}\times 100=56.1$ 元，无风险债券价值$=77\times e^{-0.0953}=70$ 元，预期亏损$=70-56.1=13.9$ 元，违约概率$=24.4\%$，违约花费$=0.244\times 13.9=3.39$ 元，期望损失为 $EL_T=0.244\times 77-0.137\times 100e^{0.0953}=3.718$ 元。

如果没有风险中性假设，假设离散时间的期望收益率为 $\mu=16\%$，则违约概率 $N(-d_2^1)=20.5\%$，预期收益为$\frac{N(-d_1^1)}{N(-d_2^1)}V_0=\frac{0.110}{0.205}\times 100=53.7$ 元。

专栏 如何估计 Merton 模型的参数 V_0 和 σ_V

在 Merton 模型中，为了得到违约概率，需要对参数 V_0 和 σ_V 进行估计，但这两个变量 V_0 和 σ_V 是不能在市场上直接观测的。在 Merton 模型中，公司的股权价值 S_0 就是公司资产的看涨期权，基于买卖权平价关系有

$$S_0-P_0=V_0-Fe^{-rT}$$

因此如果公司是一家上市公司，可以通过股权价值 S_0 和股权波动率 σ_S 间接估算 V_0 和 σ_V。利用

$$\sigma_S=\frac{\partial S_0}{\partial V_0}\frac{V_0}{S_0}\sigma_V$$

得到 $\sigma_S S_0=N(d_1)\sigma_V V_0$。再结合买卖权平价关系和式（7-16）可建立非线性方程组：

$$\begin{cases}\sigma_S S_0=N(d_1)\sigma_V V_0\\ S_0=N(d_1)V_0-Fe^{-rT}N(d_2)\end{cases}\tag{7-19}$$

我们可以采用牛顿迭代法求解 V_0 和 σ_V。令 $v=V_0$，$\sigma=\sigma_V$，定义函数 $f(v,\sigma)=vN(d_1)-Fe^{-rT}N(d_2)-S_0$，$g(v,\sigma)=\frac{v}{S_0}N(d_1)\sigma-\sigma_S$，利用如下迭代公式可求得方程的解：

$$\begin{pmatrix}v_{n+1}\\ \sigma_{n+1}\end{pmatrix}=\begin{pmatrix}v_n\\ \sigma_n\end{pmatrix}+\frac{1}{J}\begin{pmatrix}\frac{\partial g}{\partial \sigma} & \frac{\partial f}{\partial \sigma}\\ \frac{\partial g}{\partial v} & \frac{\partial f}{\partial v}\end{pmatrix}\cdot\begin{pmatrix}f(v_n,\sigma_n)\\ g(v_n,\sigma_n)\end{pmatrix}$$

式中，J 是雅可比行列式。

例 7-5 假设一家公司的股价为 300 万美元，股价变化的波动率为 80%。公司在一年后必须支付的债券付款为 1 000 万美元，无风险利率为每年 5%，求解 V_0 和 σ_V

的值。

解： 对应这一情形，$S_0=3$，$\sigma=0.80$，$r=0.05$，$T=1$，$F=10$。对方程组（7-19）求解，我们得出 $V_0=12.40$ 百万美元，$\sigma_V=0.2123$，变量 $d_2=1.1408$，公司违约概率为 $N(-d_2)=0.127$，即 12.7%。债券的当时市价为 V_0-S_0，即 9.40 百万美元。债券预期付款的贴现值为 $10e^{-0.05\times1}=9.51$ 百万美元。债券的预期损失为 $(9.51-9.40)/9.51=0.012$，即为债券不违约时价值的 1.2%。预期损失等于违约概率乘以 1 减回收率的差。因此，回收率（作为无违约时价值的百分数）等于 $1-1.2/12.7=91\%$。

还有一种迭代计算法是直接使用 Black-Scholes 公式推测 Merton 模型中的参数 V_0 和 σ_V。首先使用一个初始估计 $\sigma_V^{(0)}$，用股票价值 S_t 来推断资产价值 $V_t^{(0)}$ 的时间序列，则可以用该时间序列得到一个新的波动率估计 $\sigma_V^{(1)}$，然后可以利用 $\sigma_S S_0=N(d_1)\sigma_V V_0$ 和 $\sigma_V^{(1)}$ 构造一个新的时间序列 $V_t^{(1)}$，迭代 n 次，直至波动率估计值收敛。

Merton 模型是对违约的典型化描述，它提供了一种基于企业资产价值和债务比例的方法来评估违约概率，将企业视为资产组合，认为违约发生时企业的资产价值低于债务金额。

但实际上，公司债务的结构更为复杂，违约可能发生在各种不同的时间点。此外，在现代破产法下，违约并不意味着公司必定会进行破产清算，往往存在其他方式来处理违约情况，如重组、债务重组或通过法院的干预进行解决。

尽管如此，Merton 模型仍然是研究信用风险和定价违约证券的有用起点，它提供了一个框架，可以帮助分析人员理解违约的基本原理，并提供了一种评估违约概率和风险定价的方法。因此，在应用 Merton 模型时，需要考虑到实际情况中的其他因素和复杂性，并结合具体的债务结构和破产法规来进行更准确的评估和定价。

7.3.2 KMV 模型

KMV 模型是在 Merton 模型的基础上发展而来的，用于推导每个债务人的预期违约概率（EDF）。EDF 是企业特定的因素，可以与任何评级体系结合使用。KMV 模型非常适用于公开上市的公司，这些公司的权益价值可以通过股票市场来确定，从而可以将股份和资产负债表中所包含的信息转化为内在的违约风险。KMV 模型的资产结构假设与 Merton 模型类似，将企业视为资产组合，并假设资产价值的动态变化可以通过一个随机过程来描述。通过对资产价值的模拟和分析，可以得到预期违约概率和违约风险的估计。

KMV 模型的基本假设与 Merton 模型类似：

（1）市场无摩擦，没有税收，没有破产成本。

（2）企业资产价值 V 服从几何布朗运动 $dV_t=\mu V_t dt+\sigma V_t dZ_t$。

（3）企业的资产价值 V 为股票 S 和 T 时刻到期的面值为 F 的负债之和，即 $V_t=B_t+S_t$。

（4）企业的资本结构仅由股票、短期债务（认为等同于现金）、长期债务（期限为永久）和可转换优先股组成。

（5）当 T 时刻企业的资产价值 V_T 小于负债面值 F 时，企业会违约。

(6) 只要违约概率 $P(V_T<F)$ 大于 0，信用风险就存在，即 $B_0<Fe^{-rT}$。

在 Merton 信用风险期权定价框架下，当公司的资产价值跌至低于公司的负债价值时即为违约，在上节中我们已经推导出这个违约概率是 $N(-d_2^1)$ 或 $1-N(d_2^1)$，其中

$$d_2^1=\frac{\ln(V_0/F)+\left(\mu-\frac{1}{2}\sigma^2\right)T}{\sigma\sqrt{T}}$$

然而，在实践中，对于多数上市公司，只能直接观测股票价格（在某些情况下，部分债务也是活跃交易的）。KMV 模型根据几百家公司组成的样本观测到，在实际生活中，当公司的资产价值达到总负债价值和短期债务价值之间的某个水平时，公司很可能会违约。因此，低于总债务价值的资产价值分布尾部可能不是度量实际违约概率的准确指标。

以下为 KMV 模型推导预期违约概率的步骤：

第一步，估计资产价值和资产波动率。

第二步，计算违约距离。

第三步，确定违约距离与违约概率之间的映射，这一步要根据具有不同违约距离的公司的历史违约数据来确定。

接下来，我们对上面的步骤进行详细说明。

第一步，估计资产价值和资产波动率。

假定企业资产价值服从对数正态分布，波动率是稳定的，在实际操作中，只有上市公司的股票价格是可观测的，只有部分负债能实际进行交易，因此资产价值通过股票价值来估计，即

$$S=f(V,\sigma,\mathrm{LR},c,r)$$
$$\sigma_S=g(V,\sigma,\mathrm{LR},c,r)$$

式中，LR 是杠杆率，c 是息票率，r 是无风险利率。

由于 S 是唯一可观测的，因此根据上面的公式可推导出 V：

$$V=h(S,\sigma,\mathrm{LR},c,r)$$

注：如果 σ_S 可观测，则可以从公式中得到 V 和 S 的值。但 σ_S 是不稳定的，且对于 V 的变化相当敏感，因此 KMV 模型使用迭代方式计算 σ_S。

第二步，计算违约距离。

在估计违约概率之前，KMV 模型会先执行一个中间步骤——计算违约距离，即公司的预期价值到违约点之间的距离。违约距离是指企业资产未来市场价值的期望值与违约点之间的差距，通常用市场价值的标准差的倍数来表示。违约距离越大，意味着企业发生违约的可能性越小；而违约距离越小，意味着企业发生违约的可能性越大。

企业违约发生最频繁的分界点即企业资产价值大约等于该时期内需要偿还的流动负债面值（包括短期债务，记为 STD）加上长期债务（记为 LTD）的一半时，KMV 模型将这个值定义为违约点，即 $\mathrm{DPT}=\mathrm{STD}+\frac{1}{2}\mathrm{LTD}$。因此违约距离就是一年后资产价值的期望值和违约点的差值与资产年波动率之比：

$$\mathrm{DD}=\frac{E(V_1)-\mathrm{DPT}}{\sigma} \tag{7-20}$$

相应的 KMV 模型示意图如图 7－10 所示。

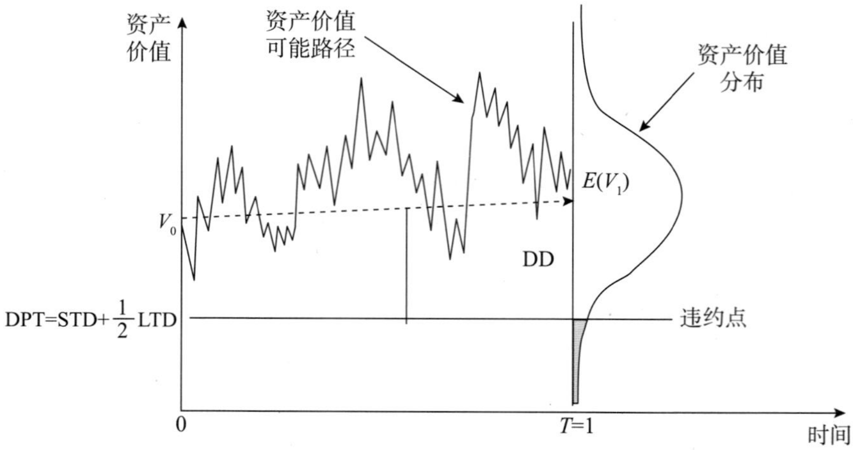

图 7－10 KMV 模型示意图

违约距离还有一种定义方式：

$$\frac{\ln E(V_T)-\ln \mathrm{DPT}}{\sigma\sqrt{T}}$$

由于资产价值服从几何布朗运动，因此 $V_T=V_0\exp\left\{\left(\mu-\frac{\sigma^2}{2}\right)T+\sigma\sqrt{T}Z_T\right\}$，所以

$$\mathrm{DD}=\frac{\ln(V_0/\mathrm{DPT})+\left(\mu-\frac{1}{2}\sigma^2\right)T}{\sigma\sqrt{T}} \tag{7-21}$$

如果 μ 和 σ^2 的值很小，当 $T=1$ 时，可以近似地将违约距离定义为 $\mathrm{DD}=\frac{\ln V_0-\ln \mathrm{DPT}}{\sigma}$。

将式（7－21）与 Merton 模型的违约概率进行对比，可以发现，在 Merton 模型中，违约点是 F，违约概率就是企业资产市场价值低于违约点的概率，违约距离就是 $d_2^1=\frac{\ln(V_0/F)+\left(\mu-\frac{1}{2}\sigma^2\right)T}{\sigma\sqrt{T}}$，因此，KMV 模型对 Merton 模型的改进是把违约点改为了 DPT。

第三步，从违约距离推导出违约概率。

违约概率可以视为违约距离与违约率之间的映射关系，称为预期违约概率（EDF）。KMV 模型使用了累计 15 年的违约数据库来建立这种映射关系。通过将在一年后实际发生违约的企业数量除以具有相同违约距离的企业总数，确定了一条 DD－EDF 曲线，如图 7－11 所示。DD－EDF 是一条连续曲线，对每个债务人都是独特的，它依赖于企业的资本结构、资本收益率和资产现值等因素。

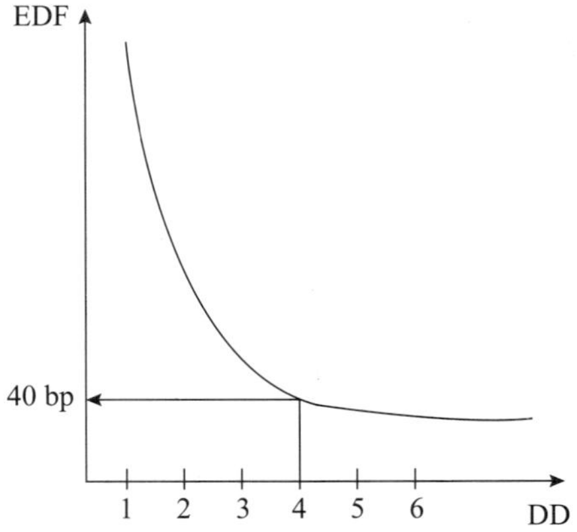

图 7 - 11　DD - EDF 曲线

例如，资产的当前市场价值 $V_0=1\ 000$，资产的净期望年增长率是 20%，一年后的期望资产价值 $E(V_1)=V_0(1.20)=1\ 200$，年资产波动率 $\sigma=100$，违约点 DPT＝800，则

$$DD=\frac{1\ 200-800}{100}=4$$

如果违约距离等于 4 的企业有 5 000 家，其中有 20 家违约，则 EDF 为

$$EDF_{1\ year}=\frac{20}{5\ 000}=0.004=0.4\%\text{ 或 }40\ bp$$

$T=1$ 时，Merton 模型中的 EDF 为

$$EDF_{Merton}=1-\Phi\left(\frac{\ln V_0-\ln B+\left(\mu-\frac{1}{2}\sigma^2\right)T}{\sigma\sqrt{T}}\right)\tag{7-22}$$

可以看到，KMV 模型使用预期违约概率 EDF 替换了 Merton 的违约概率，使用经验分布替换了正态分布。图 7 - 11 中 DD-EDF 曲线呈现出厚尾性：对于具有较大 DD 的高质量企业，经验估计的 EDF 远高于式（7 - 22）中的 EDF_{Merton}。例如，对于 DD＝4 的公司，$EDF_{Merton}\approx 0.003\%$，而经验估计的 EDF 等于 0.4%。

EDF 可用于信用评级，并已被证明是一种非常有效的违约先行指标，尤其是在被评估的发行人信用状况下降的情况下，EDF 倾向于快速增加，直至最终违约发生。为了说明这一点，我们来比较美国强生（一家医疗公司，业务相对稳定且资本充足）和 RadioShack（一家电商零售企业，业务波动较大）的 EDF 计算情况。如果我们对这两家公司的数据进行比较，会发现强生公司的 EDF 接近于零，而 RadioShack 公司的 EDF 则相当高，见表 7 - 14。这是因为 RadioShack 存在高杠杆风险和基础业务的高风险（资产波动率 $\sigma_V=24\%$）。实际上，2014 年 9 月 11 日，《纽约时报》报道了 RadioShack 可能即将申请破产保护的消息，这表明 EDF 在这个案例中具有良好的预测能力。

表 7-14 强生和 RadioShack 的 DD 和 EDF（2012 年）

变量	强生	RadioShack	备注
资产的市场价值 V_0	236（十亿美元）	1 834（百万美元）	根据资产价格的历史序列确定
资产波动率 σ_V	11%	24%	
违约阈值 $\widetilde{B}$	39（十亿美元）	1 042（百万美元）	短期负债$+\frac{1}{2}$长期负债
DD	16.4	2.3	由$\frac{\ln V_0-\ln \widetilde{B}}{\sigma_V}$给出
EDF（一年期）	0.01%	3.58%	由 DD 和 EDF 的经验映射确定

资料来源：McNeil et al.（2015）.

根据 EDF 的变动，至少可以提前一年预测评级机构（如标普和穆迪）对发行人进行的降级。KMV 模型对评级机构的转移概率矩阵进行了改进。通过分析，KMV 模型认为评级机构的级别变化较为缓慢，导致历史平均原级滞留概率偏高，而历史平均违约概率则高于实际的典型违约概率。如果原级滞留概率和违约概率都较高，那么其他转移概率很可能较小。KMV 模型根据 EDF 的不同分段划分出不同的信用评级，并利用 EDF 的变化来确定信用转移概率矩阵。

然而，KMV 模型可能因为一些实际假设和限制而丧失准确性，如资产收益率的非正态分布以及在模型执行过程中所做的一些简化假设（如公司资产结构的简化）。此外，如果公司能够利用信用额度，估计的准确性还可能进一步降低。当公司面临财务危机时，使用这些信用额度可能会意外增加负债，同时公司需要提供必要的现金以履行支付承诺。

综上，尽管 KMV 模型可以通过 EDF 预测评级机构的降级，并提供信用转移概率矩阵，但它仍存在一些假设和限制，可能会导致准确性的损失。在实际应用中，需要综合考虑各种因素，并认识到模型的局限性。

例 7-6 本例选取 2021 年被 ST（退市风险警示）的 30 家上市公司及与之配对的 30 家非 ST 公司（共 60 家上市公司）2016—2020 年期间的市场和财务数据，实证研究违约距离是否能够度量企业的信用风险。

第一步，获取 2021 年被 ST 公司信息、2021 年全部上市公司信息、上市公司资产负债信息、周股票价格序列、无风险利率文件。为了保证上市公司股权市场价值计算准确，样本仅选取在 2016 年 1 月 1 日前上市且在 2021 年前仅发行 A 股的公司。2021 年被实施 ST 的共有 56 家公司。考虑到样本公司之间的可比性及最大限度避免交易场所、行业及规模对实证结论的干扰，配对样本选取时遵循以下条件：与配对 ST 公司同在一个证券交易所；与配对 ST 公司同属一个行业；与配对 ST 公司具有相近的总资产规模。经过筛选后，保留 24 对配对公司进行后续分析。样本公司的财务数据和市场数据来自同花顺官网。

第二步，计算股权价值历史波动率和违约点 DPT。

股权价值历史波动率为

$$\sigma_S=\sqrt{\frac{1}{n-1}\sum_{i=1}^{n}(u_i-\bar{u})^2}\sqrt{n}\text{，}\ u_i=\ln\frac{s_i}{s_{i-1}}$$

第三步，建立标准 KMV 模型。

(1) 求解企业资产价值 V 和企业资产价值波动率 σ_V。

(2) 计算违约距离 DD。

$$\mathrm{DD}=\frac{V-\mathrm{DPT}}{V\sigma_V}$$

(3) 进行配对样本 t 检验和 Wilcoxon 秩和检验，这两种检验方法都可用于检验两组样本感兴趣的统计量的差异显著性。t 检验用 t 分布推导比较两组平均值差异的显著性，适用于 $n<30$ 的小样本情况，但前提是数据服从正态分布；Wilcoxon 秩和检验是一种非参数检验方法，基于样本数据的秩进行，不需要对数据分布作特殊假设。

在本例中，我们分别考虑了在 3 类违约点设置下，对 KMV 模型所计算出的违约距离进行独立样本 t 检验与 Wilcoxon 秩和检验，以比较不同违约点的取法是否影响实证结果（见表 7-15）。

表 7-15 违约距离差异检验结果表

		ST 前几年每年的违约距离差异			ST 前 n 年总违约距离差异		
	前 n 年	均值差	t 检验 p 值（双尾）	Wilcoxon 秩和检验 p 值（双尾）	均值差	t 检验 p 值（双尾）	Wilcoxon 秩和检验 p 值（双尾）
违约点 DPT=流动负债 SD	1	−0.49	**0.09**	0.125	−0.49	**0.09**	0.125
	2	−0.34	0.306	0.351	−0.42	**0.056**	**0.068**
	3	−0.23	0.592	0.455	−0.36	**0.083**	**0.059**
	4	−0.39	0.216	0.159	−0.36	**0.049**	**0.044**
	5	−0.06	0.694	0.736	−0.3	**0.046**	**0.046**
违约点 DPT=流动负债 SD+50% 长期负债 LD	1	−0.45	0.147	0.159	−0.45	0.147	0.159
	2	−0.26	0.472	0.493	−0.36	0.131	0.11
	3	−0.19	0.691	0.617	−0.3	0.175	0.12
	4	−0.4	0.25	0.178	−0.32	0.103	**0.075**
	5	−0.01	0.946	0.798	−0.26	0.109	**0.088**
违约点 DPT=流动负债 SD+75% 长期负债 LD	1	−0.43	0.185	0.153	−0.43	0.185	0.153
	2	−0.22	0.563	0.468	−0.33	0.186	0.115
	3	−0.16	0.738	0.675	−0.27	0.239	0.129
	4	−0.4	0.268	0.172	−0.3	0.141	**0.076**
	5	0.01	0.941	0.814	−0.24	0.156	**0.095**

为了比较不同违约点设置下模型的识别能力，我们进一步绘制 ROC 曲线，如图 7-12 所示。

表 7-15 的结果表明，上市公司被 ST 前 5 年，在违约点 DP=流动负债的设定下，

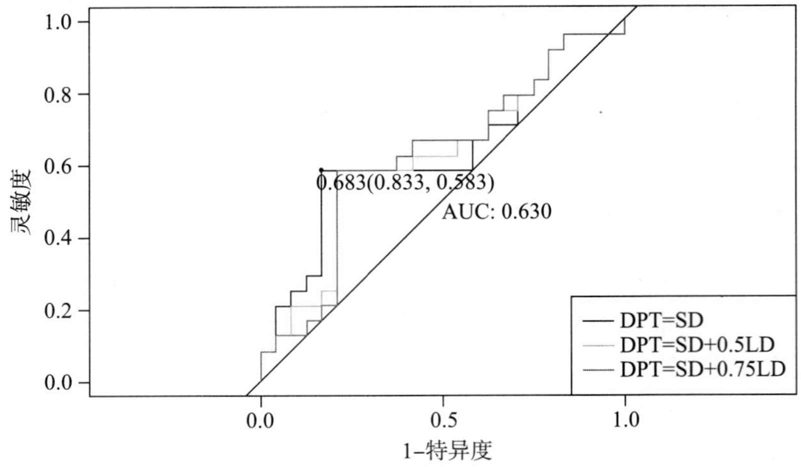

图 7-12 不同违约点设置下的 ROC 曲线

根据 t 检验和 Wilcoxon 秩和检验，ST 公司和非 ST 公司的累积违约距离的差异在 $\alpha=0.1$ 的水平下是统计显著的；在前 5 年和前 4 年，违约距离差异在 $\alpha=0.05$ 的水平下是统计显著的。虽然在被 ST 前 1 年得到的违约距离均值差在更高的显著性水平下不显著，但我们还是可以看出，在公司被 ST 的前 4 年内，两类公司的违约距离均值的差距有逐渐增大的趋势，p 值也呈现减小趋势。这说明此例中尽管模型不能就某一年的结果给出显著的风险预警，但通过被 ST 前 1～5 年的数据能够识别出公司整体的信用风险变化趋势。KMV 模型能够较好地识别上市公司被 ST 前几年的累积违约风险，但对被 ST 前几年的当年违约风险识别较差。

ROC 曲线说明，基于不同违约点的三个模型的识别能力接近，但整体效果都不是很理想。相比较之下，在 DPT＝流动负债的设置下，模型的识别能力相对增强，对累积违约风险有较好的识别，而在 DPT＝流动负债＋50％长期负债和 DPT＝流动负债＋75％长期负债的设置下，模型识别能力较差。

7.3.3 CreditMetrics 模型

CreditMetrics 模型是摩根大通银行于 1997 年推出的一种用于量化信用风险的模型。该模型假设资产组合价值的变化仅与信用评级转移相关。通过获取同信用等级的远期零利率曲线以及借款企业的如下信息：

（1）信用等级资料，

（2）下一年度该信用等级转换为其他信用等级的概率，

（3）违约贷款的回收率，

就可以计算出非交易性贷款（或债券）的市值 P 与市值变动率 σ，从而利用 VaR 方法对单笔贷款或贷款组合的 VaR 进行度量。图 7-13 为计算信用风险 VaR 的标准框架。

这个框架由两个主要部分组成，即用于衡量单一金融工具的信用在险价值（Credit Value at Risk，CVaR）和用于衡量资产组合的在险价值，从而展示了资产组合的分散效应。在实际应用中，需要构建两个辅助函数：

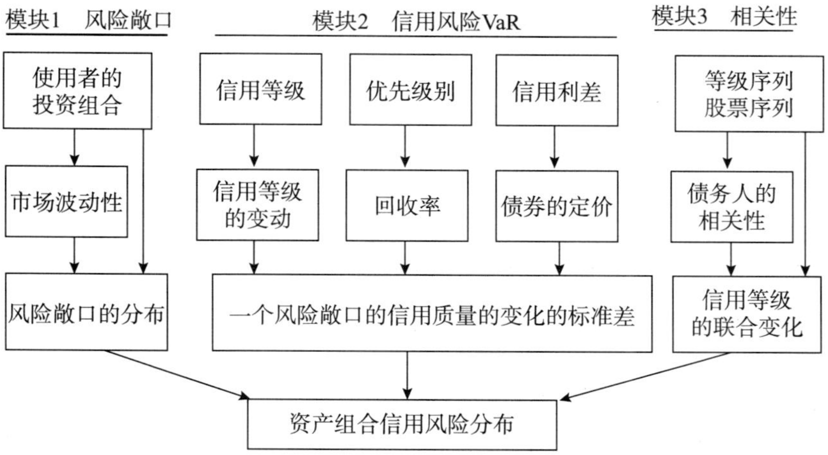

图 7-13　CreditMetrics 模型框架

(1) 相关性：通过推导资产组合的相关性，计算出联合概率。这是为了考虑不同金融工具之间的相互关联和共同风险，以更准确地评估整个资产组合的风险。相关性的计算可以采用基于历史数据或基于模型的方法。

(2) 风险：计算特定衍生证券（例如互换合约）的未来风险。这是为了考虑衍生证券的特殊风险特征和市场变动对其价值的影响，通过计算这些衍生证券的远期风险，可以更全面地评估整个资产组合的风险敞口。

通过构建这两个辅助函数，可以更全面地评估金融工具和资产组合的信用风险，并进一步量化其在险价值。这有助于金融机构更好地理解和管理其信用风险敞口，做出相应的风险管理决策。需要注意的是，在构建这些辅助函数时，需要充分考虑数据可用性、模型假设和市场环境的变化，以确保模型的准确性和可靠性。

1. 单个债券的信用风险 VaR（模块 1）

在这一步，首先，选择某种债券，并指定其在给定时间区间内的特定评级体系信用等级及其信用转移概率（见表 7-16）。这些信用等级可以来自外部评级机构或内部评级方法。同时假设同一信用等级的企业具有相同的信用风险，即具有相同的转移概率和违约概率。一般会设定一个时间区间，通常选择一年或长期，如 10 年。根据信用等级的变动来定义信用事件（包括违约），并利用信用转移概率矩阵计算违约概率。在这种情况下，信用事件和违约概率的分布是离散的。

表 7-16　一年期的信用转移概率矩阵

初始等级	一年后的等级（%）							
	AAA	AA	A	BBB	BB	B	CCC	违约
AAA	90.81	8.33	0.68	0.06	0.12	0	0	0
AA	0.70	90.65	7.79	0.64	0.06	0.14	0.02	0
A	0.09	2.27	91.05	5.52	0.74	0.26	0.01	0.06

续表

初始等级	一年后的等级（%）							
	AAA	AA	A	BBB	BB	B	CCC	违约
BBB	0.02	0.33	5.95	86.93	5.30	1.17	1.12	0.18
BB	0.03	0.14	0.67	7.73	80.53	8.84	1.00	1.06
B	0	0.11	0.24	0.43	6.48	83.46	4.07	5.20
CCC	0.22	0	0.22	1.30	2.38	11.24	64.86	19.79

资料来源：Standard & Poor's CreditWeek International（April 15，1996）. https://searchworks.stanford.edu/view/10041077.

其次，设定市场远期贴现率（见表 7-17）和回收率的分布（见表 7-18），根据每一信用等级间的价差来估计发生信用事件以后债券价值的变化。回收率的分布根据不同水平的历史数据得到。

表 7-17 各信用等级远期贴现率（%）

信用等级	1 年	2 年	3 年	4 年
AAA	3.60	4.17	4.73	5.12
AA	3.65	4.22	4.78	5.17
A	3.72	4.32	4.93	5.32
BBB	4.10	4.67	5.25	5.63
BB	5.55	6.02	6.78	7.27
B	6.05	7.02	8.03	8.52
CCC	15.05	15.02	14.03	13.52

资料来源：Credit Metrics，JP Morgan. https://www.jpmorgan.com/global.

表 7-18 按优先级划分的 6%回收率（面值的百分比）

优先级别	均值（%）	标准差（%）
高级抵押	53.80	26.86
高级无抵押	51.13	25.45
高级次级	38.52	23.81
次级	32.74	20.18
初级次级	17.09	10.90

资料来源：Carty and Lieberman（1996）.

下面以某个初始等级为 BBB 的债券或其他信用工具为例来进行说明。考虑一只面值为 100 美元的 BBB 级债券，假定息票率为 6%，优先级别是高级无抵押。这只 BBB 级债券在未来一年内信用等级可能在 8 种新的取值中变化，其中包括违约。对于每种新的信用等级来说，这只债券的价值都需要重新计算。

先利用远期贴现率（见表 7-17）计算出债券价格等于

$$V_{BBB}=6+\frac{6}{1.041}+\frac{6}{1.046\,7^2}+\frac{6}{1.052\,5^3}+\frac{106}{1.056\,3^4}=107.55$$

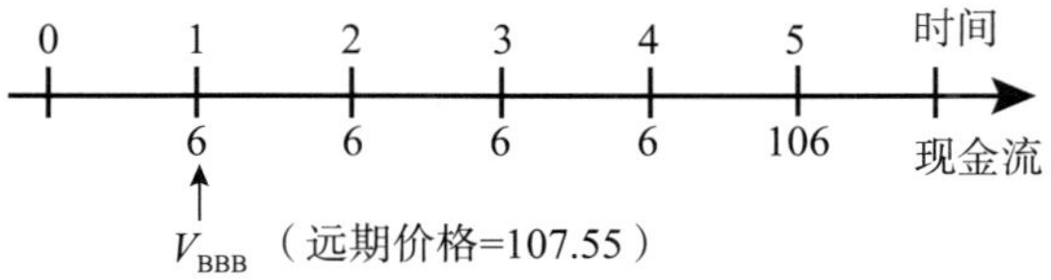

类似地，可以计算出不同信用等级债券的远期价格（见表 7 - 19 的第 3 列）。例如，当 BBB 级债券在未来一年内其信用等级上升至 AAA 级时，其价格变为 109.37 美元，信用损失为－1.82 美元。如果发生违约，假设该债券的优先级别为高级无抵押，则其价值将变为回收值 51.13 美元，信用损失为 56.42 美元。根据给定的转移概率分布和不同信用等级债券的价值，我们可以计算出该债券的期望价值为 107.09 美元，标准差为 2.99 美元，信用损失的期望值为 0.46 美元。

表 7 - 19　债券价值变化的分布

BBB

一年后的信用等级	转移概率 $p(\%)$	远期价格 V_i	价值变化 ΔV_i	期望 $\sum p_i V_i$	方差 $\sum p_i(V_i-m)^2$
AAA	0.02	109.37	1.82	0.02	0.00
AA	0.33	109.19	1.64	0.36	0.01
A	5.95	108.66	1.11	6.47	0.07
BBB	86.93	107.55	0	93.49	0.00
BB	5.3	102.02	−5.53	5.41	1.62
B	1.17	98.10	−9.45	1.15	1.04
CCC	0.12	83.64	−23.91	0.10	0.69
违约	0.18	51.13	−56.42	0.09	5.73
合计	100%	$m=107.09$，$\sigma^2=8.95$			

假设信用转移概率矩阵是时间稳定的马尔可夫矩阵，这意味着 n 个矩阵的乘积可以得到 n 年的转移概率矩阵。因此，可以利用这个假设计算超过一年的信用价值变化分布。然而，需要注意的是，实际上转移概率矩阵并不是时间稳定的，这是一个强假设。当使用信用转移模型时，应该对历史平均值进行调整，以使调整后的数值与对当前经济环境的估计相符。

接下来，我们将说明信用风险 VaR 的计算方法。表 7 - 19 的第 4 列给出了 BBB 级债券价值变化的分布。每个选定截点的分布表示信用等级变化的概率。从 BBB 级变为违约状态的概率小于 1%，为 0.18%；信用等级变为 CCC 级的概率为 0.12%；信用等级变为 B 级的概率为 1.17%。因此，违约或信用等级下降到 CCC 级或 B 级的概率之和为 1.47%，超过了 1%。在这种情况下，债券的价值为 98.10 美元。选取第 0.3 个百分位点的债券价值近似作为第 1 个百分位点的债券价值。因此，在 99%的置信水平下，债券价值变化的信用风险 VaR 为 107.55－83.64＝23.91 美元。

再来对比正态分布的 VaR，假设 ΔV 服从正态分布 $N(\mu,\sigma^2)$，其中 $\mu=-0.46$，$\sigma^2=8.95$，因此 99%的置信水平下正态分布的 VaR 值为－7.43，远高于信用风险

VaR（即-23.91），这说明信用价值变动的分布是严重偏斜的。

信用转移模型也采用了 Merton 模型的资本结构假设：$V_t=B_t+S_t$，且服从几何布朗运动：

$$dV_t/V_t=\mu dt+\sigma dZ_t$$

即 $V_t=V_0\exp\left\{\left(\mu-\frac{\sigma^2}{2}\right)t+\sigma\sqrt{t}Z_t\right\}$，其中，$Z_t$ 服从标准布朗运动。

不同的是，信用转移模型中的违约点 V_{Def} 是通过历史违约概率倒推出来的：

$$P(V_t<V_{Def})=P\left(Z_t<-\frac{\ln\frac{V_0}{V_{Def}}+\left(\mu-\frac{\sigma^2}{2}\right)t}{\sigma\sqrt{t}}\right)=N(-d_2)$$

若定义标准化资产收益率

$$r_t=\frac{\ln\frac{V_t}{V_0}-\left(\mu-\frac{\sigma^2}{2}\right)t}{\sigma\sqrt{t}}$$

则 r_t 服从标准正态分布。根据表 7－19 第 4 列中的价值变化的分布，我们可以在标准收益率分布上选取不同的阈值代表 BBB 级债券信用等级变化的概率（见表 7－20）。从 BBB 级变为违约状态的概率为 0.18%，选择 z_1 点，使得其左侧区域满足 $\Phi(z_1)=0.18\%$。这要求 $z_1=-2.91$。按此方法依次进行处理，接下来我们就需要选择 z_2 点，使得 z_1 和 z_2 之间的概率为 0.12%，或者说 z_2 的左尾概率为 $\Phi(z_2)=0.18\%+0.12\%=0.30\%$。这样得到 $z_2=-2.75$，依此类推。根据表 7－19，我们通过计算标准化收益所处的区域确定未来的信用等级，如图 7－14 所示。

表 7－20　BBB 级债券资产收益率阈值

一年后的信用等级	转移概率 p(%)	累计概率（%）	资产收益率阈值	标准正态分布
AAA	0.02	100.00		
AA	0.33	99.98	3.54σ	Z_{AA}
A	5.95	99.65	2.70σ	Z_A
BBB	86.93	93.70	1.53σ	Z_{BBB}
BB	5.3	6.77	-1.49σ	Z_{BB}
B	1.17	1.47	-2.18σ	Z_B
CCC	0.12	0.30	-2.75σ	Z_{CCC}
违约	0.18	0.18	-2.91σ	Z_{Def}

2. 贷款和债券组合的信用 VaR（模块 2）

首先，我们考虑两个债券组合。不妨假设它们的信用等级分别为 BBB（5 年期，息

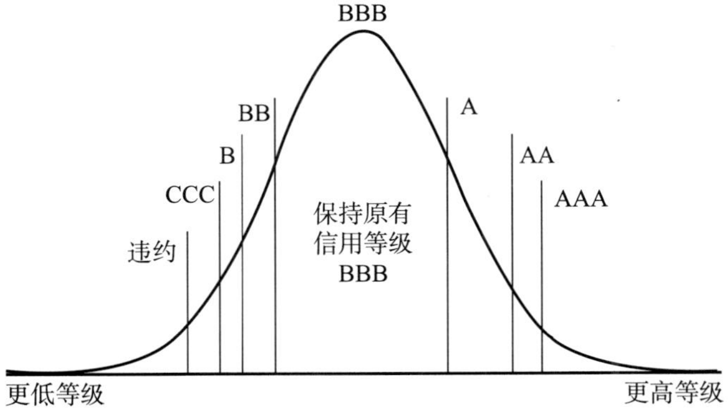

图 7-14 BBB 级债券标准化资产收益率分布和阈值

票率 6%）和 A（3 年期，息票率 5%）。假定两个债务人的标准化资产收益率之间有相关性（假设 $\rho=0.3$）且服从联合正态分布，则有

$$f(r_{BBB},r_A;\rho)=\frac{1}{2\pi\sqrt{1-\rho^2}}\exp\left[\frac{-1}{2(1-\rho^2)}(r_{BBB}^2-2\rho r_{BBB}r_A+r_A^2)\right] \tag{7-23}$$

我们用 $P(\mathrm{Def_A})$ 和 $P(\mathrm{Def_{BBB}})$ 分别表示两个债务人违约的概率，表 7-21 给出了信用等级为 A 的转移概率和资产收益率的阈值。

表 7-21 信用等级为 A 的转移概率和资产收益率的阈值

一年后的信用等级	转移概率	阈值	收益率阈值
AAA	0.09%		
AA	2.27%	Z'_{AA}	$3.12\sigma'$
A	91.05%	Z'_{A}	$1.98\sigma'$
BBB	5.52%	Z'_{BBB}	$-1.51\sigma'$
BB	0.74%	Z'_{BB}	$-2.30\sigma'$
B	0.26%	Z'_{B}	$-2.27\sigma'$
CCC	0.01%	Z'_{CCC}	$-3.19\sigma'$
违约	0.06%	Z'_{Def}	$-3.24\sigma'$

两个债务人都发生违约的概率为

$$P(\mathrm{Def_A},\mathrm{Def_{BBB}})=P(V_A<V_{\mathrm{Def_A}},V_{AB}<V_{\mathrm{Def_{BBB}}})$$

违约概率等价于

$$P(\mathrm{Def_A},\mathrm{Def_{BBB}})=P(r_A<d_2^A,r_{BBB}<d_2^{BBB})=N_2(-d_2^A,-d_2^{BBB},\rho)$$

式中，r_A 和 r_{BBB} 表示标准化后的资产收益率，将 $d_2^A=3.24$，$d_2^{BBB}=2.91$ 代入二元分布密度式（7-23），计算得信用等级保持不变的概率为 $P(\mathrm{Def_A},\mathrm{Def_{BBB}})=0.001\ 5\%$，类似可计算其他的信用组合概率。代入，得

$$P(-1.49 < r_{BBB} < 1.53, -1.51 < r_A < 1.98) = 0.7968$$

类似地，计算两个债务人同时处于其他信用等级的转移概率，可得到如表 7-22 所示的联合转移概率矩阵。

表 7-22 BBB 级与 A 级的联合转移概率矩阵（%）（资产相关性为 0.30）

BBB 级企业		A 级企业							
		AAA	AA	A	BBB	BB	B	CCC	违约
		0.09	2.27	91.05	5.52	0.74	0.26	0.01	0.06
AAA	0.02	0.00	0.00	0.02	0.00	0.00	0.00	0.00	0.00
AA	0.33	0.00	0.04	0.29	0.00	0.00	0.00	0.00	0.00
A	5.95	0.02	0.39	5.44	0.08	0.01	0.00	0.00	0.00
BBB	86.93	0.07	1.81	79.69	4.55	0.57	0.19	0.01	0.04
BB	5.30	0.00	0.02	4.47	0.64	0.11	0.04	0.00	0.01
B	1.17	0.00	0.00	0.92	0.18	0.04	0.02	0.00	0.00
CCC	0.12	0.00	0.00	0.09	0.02	0.00	0.00	0.00	0.00
违约	0.18	0.00	0.00	0.13	0.04	0.01	0.00	0.00	0.00

两个违约事件的相关性为

$$\begin{aligned}\text{corr}(\text{Def}_A, \text{Def}_{BBB}) &= \frac{P(\text{Def}_A, \text{Def}_{BBB}) - P(\text{Def}_A)P(\text{Def}_{BBB})}{\sqrt{P(\text{Def}_A)[1-P(\text{Def}_A)]P(\text{Def}_{BBB})[1-P(\text{Def}_{BBB})]}} \\ &= 1.344\%\end{aligned}$$

相对于信用等级的变化来说，违约发生的频率要低得多，因此违约的相关性一般比资产价值的相关性弱得多。CreditMetrics 模型显示，40%～60%的资产价值相关性一般会转化为 2%～4%的违约相关性。

3. 多个债券组合的信用风险建模

当资产组合中包含更多资产时，将其转化为包含两个债券的组合变得不那么容易，这时需要使用随机模拟法。CreditMetrics 模型假设资产组合的价值服从多元正态分布，并且相关系数是预先确定的结果，通过模拟资产价格的联合分布来进行分析。这种方法基于正态 Copula。具体来说，可以按照下面的步骤来分析：

（1）推导出每项资产的收益率阈值。

（2）估计资产之间的相关性。

（3）根据资产组合收益率的联合分布产生收益的随机数。

（4）对每个投资方案和每个债务人，根据步骤（1）计算对应阈值和违约概率、转移概率矩阵以及标准化收益。

（5）给定每个级别的利差曲线（spread curves），重新估计资产组合的价值。

（6）将步骤（2）～（5）重复执行多次，如 100 000 次，绘制资产组合的收益率分布曲线。

（7）根据分布曲线计算分位数。

通过以上步骤，可以得到资产组合的总体价值和一年内的信用损失分布。这种方法允许我们对复杂的资产组合进行风险度量和分析。

例 7－7　有以下三个债券的资产组合：

企业 1：BBB 级，高级无抵押，年票率 6%，5 年期（面值 400 万元）。

企业 2：A 级，高级无抵押，年票率 5%，3 年期（面值 200 万元）。

企业 3：CCC 级，高级无抵押，年票率 10%，2 年期（面值 100 万元）。

这 3 家企业的债券之间的相关系数如表 7－23 所示。

表 7－23　相关系数

	企业 1	企业 2	企业 3
企业 1	1.0	0.3	0.1
企业 2	0.3	1.0	0.2
企业 3	0.1	0.2	1.0

3 家企业的转移概率矩阵分别如表 7－24 所示。

表 7－24　转移概率矩阵

信用等级	转移概率（%）		
	企业 1	企业 2	企业 3
AAA	0.02	0.09	0.22
AA	0.33	2.27	0.00
A	5.95	91.05	0.22
BBB	86.93	5.52	1.30
BB	5.30	0.74	2.38
B	1.17	0.26	11.24
CCC	0.12	0.01	64.86
违约	0.18	0.06	19.79

第一步，计算 3 家企业的债券在一年末的价值 V_1，V_2，V_3。通过模拟的方法产生如下 10 种情景，并根据资产收益率阈值（见表 7－25）找到对应的等级状态（见表 7－26）。

表 7－25　资产收益率阈值

阈值	企业 1	企业 2	企业 3
Z_{AA}	3.54	3.12	2.86
Z_{A}	2.78	1.98	2.86

续表

阈值	企业 1	企业 2	企业 3
Z_{BBB}	1.53	−1.51	2.63
Z_{BB}	−1.49	−2.30	2.11
Z_{B}	−2.18	−2.72	1.74
Z_{CCC}	−2.75	−3.19	1.02
Z_{Def}	−2.91	−3.24	−0.85

表 7-26 不同情景下资产的状态

情景	资产收益率			新等级		
	企业 1	企业 2	企业 3	企业 1	企业 2	企业 3
1	−0.776 9	−0.875 0	−0.687 4	BBB	A	CCC
2	−2.106 0	−2.064 6	0.299 6	BB	BBB	CCC
3	−0.927 6	0.060 6	2.706 8	BBB	A	A
4	0.645 4	−0.153 2	−1.151 0	BBB	A	违约
5	0.469 0	−0.563 9	0.283 2	BBB	A	CCC
6	−0.125 2	−0.557 0	−1.947 9	BBB	A	违约
7	0.699 4	1.519 1	−1.650 3	BBB	A	违约
8	1.177 8	−0.634 2	−1.775 9	BBB	A	违约
9	1.848 0	2.120 2	1.163 1	A	AA	B
10	0.024 9	−0.464 2	0.353 3	BBB	A	CCC

第二步，计算在这 10 种情景下一年后组合的远期价值，如表 7-27 所示。

表 7-27 一年后组合的远期价值 单位：百万元

情景	新等级			远期价值			
	企业 1	企业 2	企业 3	企业 1	企业 2	企业 3	组合价值 V
1	BBB	A	CCC	4.302	2.126	1.056	7.484
2	BB	BBB	CCC	4.081	2.063	1.056	7.200
3	BBB	A	A	4.302	2.126	1.161	7.589
4	BBB	A	违约	4.302	2.126	0.657	7.085
5	BBB	A	CCC	4.302	2.126	1.056	7.484
6	BBB	A	违约	4.302	2.126	0.754	7.182
7	BBB	A	违约	4.302	2.126	0.269	6.697
8	BBB	A	违约	4.302	2.126	0.151	6.579
9	A	AA	B	4.346	2.130	1.137	7.613
10	BBB	A	CCC	4.302	2.126	1.056	7.484

注意，这里的违约时的价值不是单纯地使用回收率的均值，而是根据回收率的均值和标准差及其分布产生的随机数。

第三步，计算信用预期损失、方差和信用风险 VaR。

$$\mu_p=\frac{1}{N}\sum_{i=1}^{N}V^{(i)}=7.24\text{（百万元）}$$

$$\sigma_p=\sqrt{\frac{1}{N-1}\sum_{i=1}^{N}(V^{(i)}-\mu_p)^2}=0.37\text{（百万元）}$$

用标准差作为风险的度量有时是不准确的，因为我们不能确定资产价值服从正态分布，因此，我们可以使用分位数来衡量，本例中，10%的分位数在 6 580 000 和 6 700 000 之间。

在实际应用中，资产组合数量往往比较多，这时需要大大减少必须计算的相关系数的数量。例如，假设银行需要处理 1 000 个不同资产的两两组合，就需要估计 495 000 个不同的相关系数，这是一个非常庞大的数量。为了应对这种情况，可以采用资产收益的多因子模型来减少所需计算的相关系数的数量，只需计算影响资产收益的有限数量因素之间的相关度即可。

在第 4 章，我们已经介绍了因子模型的统计方法。CreditMetrics 模型和 KMV 模型采用的是宏观因子模型。具体而言，假设企业的资产收益由一系列常见或系统风险因素和特定因素决定，这些因素的权重事先确定。特定因素可以是企业特定的，也可以是国家或行业特定的，它们对资产收益之间的相关性没有影响（因为它们彼此无关且与普通因素无关）。系统因素包括 152 个国家行业指数、28 个国家指数和 19 个全球行业指数。

例如，企业 1 资产价格的 90%的波动来自美国化学行业的影响。使用标准化收益率，可以写成：

$$r_1=0.90r_{\mathrm{US,Ch}}+k_1\varepsilon_1$$

式中，残差 ε_1 与其他因子变量不相关。因为总方差为 1，因此 $k_1=\sqrt{1-0.9^2}=0.44$。接下来，企业 2 资产价格对德国保险行业指数具有 74%的权重，对德国银行业指数具有 15%的权重，即

$$r_2=0.74r_{\mathrm{GE,In}}+0.15r_{\mathrm{GE,Ba}}+k_2\varepsilon_2$$

这两个公司资产价格之间的相关性为

$$\begin{aligned}\rho(r_1,r_2)&=(0.90\times0.74)\rho(r_{\mathrm{US,Ch}},r_{\mathrm{GE,Ba}})+(0.90\times0.15)\rho(r_{\mathrm{US,Ch}},r_{\mathrm{GE,In}})\\&=(0.90\times0.74)\times0.15+(0.90\times0.15)\times0.08=0.11\end{aligned}$$

这种方法通过引入结构，可以避免单一历史相关性所带来的采样误差，并且在预测相关性方面能够提供更高的精确度。这是因为单一历史相关性可能无法捕捉到不同市场环境下资产之间复杂关系的变化。

信用转移方法在考虑信用风险时存在一些缺点，其中一个主要缺点是它没有将信用风险和市场风险结合起来进行综合考虑。该方法仅关注信用状态的变化所导致的损失，

而忽略了市场变动可能带来的风险。

信用转移方法主要基于信用等级和转移概率矩阵来衡量信用风险，它假设信用等级的变化是主要的风险来源，而将市场风险敞口视为确定性因素。例如，在互换合约中，目标日期的风险敞口被视为期望风险敞口，并未考虑市场波动可能带来的不确定性。此外，该方法对债券定价的调整是基于当前信用等级，并将远期利率水平和当前信用价差应用于该时间范围内的信用等级，从而忽略了利率风险的存在。

由于没有将市场风险与信用风险结合起来考虑，信用转移方法可能无法全面评估和量化与信用风险相关的整体风险。市场波动、利率变动以及其他宏观经济因素对信用风险具有重要影响，而这些因素在该方法中没有得到充分考虑。因此，在使用信用转移方法时，可能需要额外的风险管理工具和模型来综合考虑市场风险和信用风险，以更全面地评估投资组合的风险水平。

7.3.4 CreditRisk＋模型

与前面方法不同的是，CreditRisk＋模型是在纯粹的精算统计方法的基础上建立起来的，属于违约模式（DM）模型，而非盯市（market-to-market，MTM）模型。模型中只考虑两种事件状态——违约（概率 P_A）或者不违约（概率 $1-P_A$），而不考虑降级风险，并且违约风险与资本结构之间没有关联。CreditRisk＋模型假设在给定的时间期限（例如一个月）内，每个债务人的违约概率与其他时间期限的违约概率相同。在债务人数量较大的情况下，特定债务人的违约概率很低，并且在给定时间期限内的违约数量与其他时间期限的违约数量独立。

CreditRisk＋模型将信用组合分为一些同质子组合，在每个同质部分内的债务人都具有相同的信用风险，CreditRisk＋模型以此来考虑违约概率的变动。假设大量的 n 个贷款独立同分布，违约概率为 p。总损失 $x=\sum_{i=1}^{n} b_i$ 服从二项分布，可以用强度 $\lambda=np$ 的泊松分布近似：

$$f(x)=\mathrm{e}^{-\lambda}\ \frac{\lambda^x}{x!} \tag{7-24}$$

只需要确定每个同质组合中的参数 λ，就可以确定违约概率和违约数量。例如，假设参数等于 3，则不同违约次数发生的概率为

$$P(\text{违约 0 次})=\frac{3^0\mathrm{e}^{-3}}{0!}=0.05=5\%$$

$$P(\text{违约 3 次})=\frac{3^3\mathrm{e}^{-3}}{3!}=0.224=22.4\%$$

在实际中，我们并不能确定未来一年内的违约概率 p，且有时不同年份的违约概率可能相去甚远。一个比较方便的假设是预期的违约数量 np 服从伽马分布，分布的均值为 μ，标准差为 σ。这样，式（7-24）中的泊松分布就变成了一个负二项分布，即

$$P(\text{违约 } m \text{ 次})=q^m(1-q)^\alpha\ \frac{\Gamma(m+\alpha)}{\Gamma(m+1)\Gamma(\alpha)}$$

式中，$\alpha=\frac{\mu^2}{\sigma^2}$，$q=\frac{\sigma^2}{\mu+\sigma^2}$，$\Gamma(x)$ 为伽马函数。

CreditRisk＋模型还需要考虑的一个重要因素是违约损失强度，即单次违约事件的损失金额，通常通过将资产按照损失强度进行分层来处理。例如，将贷款按照损失在 2 万美元左右分为第一层，4 万美元左右为第二层，依此类推，每层都有其特定的损失分布。然后将这些分布合并起来，就可以得到所有违约损失的总体分布。通过这种两步法的过程，可以推导出资产组合的违约损失分布，如图 7－15 所示。

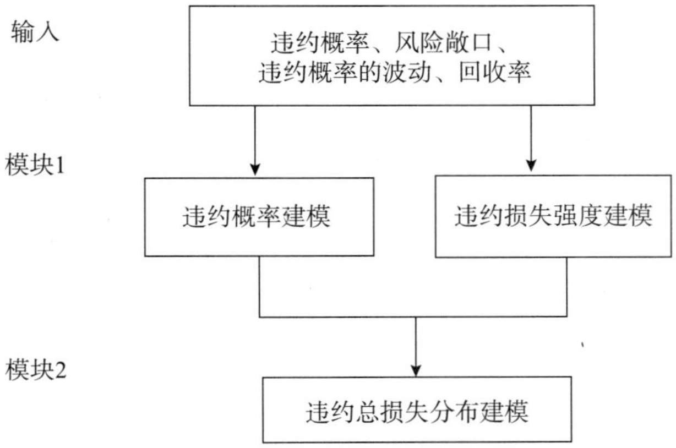

图 7－15　CreditRisk＋模型的流程图

对于信贷组合的 VaR 值，CreditRisk＋模型使用蒙特卡罗模拟法进行计算，模拟过程如下：

（1）在整体违约概率中进行抽样。抽样中使用的数据样本可以来自类似表 4－18 的数据源。

（2）开发将各类别债务人的违约概率与整体违约概率关联起来的模型。一个简单的做法是建立整体违约概率与各类别违约概率的回归模型，例如 7.2.2 节中的违约概率校准。

（3）对各类别债务人的违约事件进行抽样。

（4）对各类别的每一违约事件的违约损失进行抽样。

（5）计算所有违约造成的整体损失。

（6）重复以上步骤（1）～（5），求出整体损失的概率分布。

（7）由整体损失概率分布来计算所要求的 VaR。

企业和冲击的对应关系是多变的。有时，所有企业会同时受到同一个冲击的影响，例如，单一泊松冲击 λ_{123} 影响所有三家企业；有时，三个泊松冲击 λ_1，λ_2，λ_3 均只影响一家企业；有时，三个泊松冲击 λ_{12}，λ_{13}，λ_{23} 分别影响两家企业。

$$
\begin{aligned}
P(\text{一次违约})=&(1-e^{-\lambda_1 T})e^{-(\lambda_2+\lambda_3+\lambda_{12}+\lambda_{13}+\lambda_{23}+\lambda_{123})T}\\
&+(1-e^{-\lambda_2 T})e^{-(\lambda_1+\lambda_3+\lambda_{12}+\lambda_{13}+\lambda_{23}+\lambda_{123})T}\\
&+(1-e^{-\lambda_3 T})e^{-(\lambda_1+\lambda_2+\lambda_{12}+\lambda_{13}+\lambda_{23}+\lambda_{123})T}
\end{aligned}
$$

对于有 N 家企业的情况：

$$P(\text{一次违约})=\sum_{n=1}^{N}(1-e^{-\lambda_n T})e^{-(\sum_{m=1}^{N}\lambda_m-\lambda_n)T}$$

直到时刻 t，债券没有发生过违约的概率为

$$\overline{F}(t)=e^{-\int_0^t h(s)ds}$$

如果 $h(t)=h$，那么有

$$\overline{F}(t)=e^{-ht}$$
$$F(t)=1-e^{-ht}=\alpha$$

因此 $h=-\dfrac{\ln(1-\alpha)}{t}$。

CreditRisk+模型是一种用于评估信用风险的统计模型，具有以下优点和缺点：

（1）优点。

● 综合性较好。CreditRisk+模型考虑了违约概率、违约损失的严重程度以及资产组合的整体风险，综合性能较好。它能够提供对整个资产组合的违约风险的评估，帮助银行或金融机构更全面地了解其信用风险敞口。

● 考虑多个因素。该模型将信用风险的影响因素分为不同的层次，并考虑了不同层次的违约概率和损失分布。这样可以更准确地刻画不同层次的风险特征，提高评估的精确性。

● 灵活性较高。CreditRisk+模型可以根据不同的情景和需求进行灵活的调整和定制。它允许用户根据特定的数据和假设进行参数估计，以适应不同的业务环境和市场条件。

● 信息传递。该模型能够提供详细的违约损失分布，帮助决策者了解不同违约情景下的潜在风险和损失水平。这有助于制定风险管理策略、优化资本配置和进行风险定价。

（2）缺点。

● 受假设的限制。CreditRisk+模型的结果依赖于一系列假设，如违约概率的稳定性、独立性假设等。这些假设在实际情况下可能并不完全成立，从而导致评估结果的不准确性。

● 数据要求较高。该模型对大量的历史数据和风险评级数据的需求较高，如果数据质量不佳或数据不足，模型的可靠性和准确性可能会受到影响。

● 复杂性较高。CreditRisk+模型在计算和实施上相对复杂，需要一定的专业知识和技术支持。这对于一些中小型机构或缺乏相关经验的机构来说可能存在一定的挑战。

● 受市场风险限制。该模型主要关注信用风险，对市场风险的考虑相对较少。它没有将信用风险和市场风险结合起来考虑，因此在某些情况下可能无法全面评估资产组合的整体风险。

7.3.5 Vasicek 模型

《巴塞尔协议Ⅱ》中内部评级法（IRB）对银行账户的信用风险资本金要求是基于 Vasicek 的高斯 Copula 因子模型（见 4.5 节）。该模型将每笔贷款之间的违约时间 T_i 分布的

分位数与一个标准正态分布 U_i 的分位数进行一一对应的映射，即 $U_i=N^{-1}[Q_i(T)]$，T_i 之间的相关性结构等同于 U_i 之间的相关性结构，后者满足如下因子模型：

$$U_i=\rho F+\sqrt{1-\rho^2}Z_i \tag{7-25}$$

因子 F 可以理解为宏观经济指数，如果 F 较高，说明宏观经济形势较好，每个 U_i 趋向较高的值，对应的发生违约的时间 T_i 的值也因此更高，这意味着，在较短时间内发生违约的可能性较低。

Vasicek 模型用于计算贷款组合违约概率分布的高分位数。如 4.5 节所示，定义 WCDR(T,α) 为时长为 T 的区间内违约概率分布的 α 分位数，代表了最坏违约概率。Vasicek 模型将 WCDR(T,α) 与违约概率 PD 以及用来描述信用相关性的参数 ρ 建立了如下联系：

$$\mathrm{WCDR}(T,\alpha)=N\left(\frac{N^{-1}(\mathrm{PD})-\sqrt{\rho}N^{-1}(\alpha)}{\sqrt{1-\rho}}\right)$$

对于单笔贷款，令 EAD 代表违约时的风险敞口，LGD 为违约损失率，信用资本金等于置信水平 $\alpha=99.9\%$所对应的最坏损失减去预期损失：

$$\mathrm{EAD}\times\mathrm{LGD}\times(\mathrm{WCDR}(T,\alpha)-\mathrm{PD})$$

假定银行有一个由 m 笔贷款组成的贷款组合，其中每笔贷款相比整个组合来说都很小。当展望期 T 为 1 年、置信水平 α 为 99.9%时，银行账户中的监管信用资本金等于

$$\sum_{i=1}^{m}(\mathrm{WCDR}_i(T,\alpha)-\mathrm{PD}_i)\times\mathrm{EAD}_i\times\mathrm{LGD}_i \tag{7-26}$$

式中，$\mathrm{WCDR}_i(T,\alpha)$、$\mathrm{EAD}_i$ 和 LGD_i 分别是组合中第 i 笔贷款的最坏违约概率、违约风险敞口和违约损失率。

有时式（7-26）中求和的各项需乘以一个期限调整因子 MA_i，这是考虑到如果贷款 i 的期限长于 1 年，那么其信用质量可能仅仅是逐渐下降而不是突然违约。

在 IRB 的基础方法中，银行估计 PD 的值，EAD、LGD 和 MA 的值由《巴塞尔协议Ⅱ》的规则设定。在 IRB 的高级方法中，上述各值全部由银行估计。但在两种方法中，参数 ρ 均由《巴塞尔协议Ⅱ》的规则设定。

对于企业、主权国家及银行的风险敞口，《巴塞尔协议Ⅱ》根据实证研究结果，假定相关系数 ρ 与违约概率之间存在如下关系式：

$$\rho=0.12\left[\frac{1-\exp(-50\times\mathrm{PD})}{1-\exp(-50)}\right]+0.24\left[1-\frac{1-\exp(-50\times\mathrm{PD})}{1-\exp(-50)}\right]$$

因为 $\exp(-50)$ 非常小，所以这一公式实际可以近似为

$$\rho=0.12(1+\mathrm{e}^{-50\times\mathrm{PD}})$$

当 PD 增加时，ρ 会减小。造成这种 PD 与 ρ 之间的反向关系的原因是：当某家企业信用恶化时，企业所对应的 PD 会增大，此时企业的违约概率会变得更加独立，市场整体

情况对该企业违约概率的影响会变得越来越小。表 7-28 展示了在高斯 Copula 模型中 WCDR 与 PD 及 ρ 的关系。

表 7-28 高斯 Copula 模型中 WCDR 与 PD 及 ρ 的关系

	PD=0.1%	PD=0.5%	PD=1%	PD=1.5%	PD=2.0%
ρ=0.0	0.1%	0.5%	1.0%	1.5%	2.0%
ρ=0.2	2.8%	9.1%	14.6%	18.9%	22.6%
ρ=0.4	7.1%	21.1%	31.6%	39.0%	44.9%
ρ=0.6	13.5%	38.7%	54.2%	63.8%	70.5%
ρ=0.8	23.3%	66.3%	83.6%	90.8%	94.4%

当 Vasicek 模型用来确定经济资本时，银行可以自行估计 ρ 值。Hull et al.（2010）指出，两家企业的 ρ 应该大致等于它们资产收益率之间的相关性①，这和它们的股票收益率之间的相关性应该是近似相等的。因此，通过计算一组企业股票收益率之间的相关性，来确定这组企业风险敞口的投资组合的相关性 ρ。如果这些企业不是上市公司，我们可以使用与之类似的上市公司进行估计。

Vasicek 模型是一种用于评估银行信贷组合风险的相对简化的内部评级方法。然而，该模型也存在一些缺点，其中最主要的缺点是巴塞尔框架未能反映银行信贷组合的真实关联结构。具体原因如下：

第一，在巴塞尔框架中，参数 ρ 由规范性规则得出，而没有考虑具体投资组合的构成。这可能导致在实际应用中，模型对于不同类型的信贷组合的适用存在局限性。

第二，同质组结构和简单因子模型式（7-24）过于简化了违约相依性下的因子结构，尤其是对于国际活跃银行，这可能导致模型无法准确反映不同类型的信贷组合之间的相关性。

第三，资本充足率标准没有考虑投资组合的违约历史，这可能导致模型无法准确反映投资组合的真实风险水平。

除此之外，Vasicek 模型对于尾部相关性的考虑不够充分，这可能导致模型无法准确反映极端风险情况下的资本充足率水平。

因此，在使用 Vasicek 模型时，应权衡这些缺点，使其适用于风险监测工作。另外，许多银行已经开发出具有更复杂的因子的综合内部评级模型来解释相关性，从而更准确地评估信贷组合的风险。

参考文献及扩展阅读

[1] 巴曙松，刘晓依，朱元倩．巴塞尔Ⅲ：金融监管的十年重构．北京：中国金融出版社，2019.

[2] 陈晓红，张泽京，王傅强．基于 KMV 模型的我国中小上市公司信用风险研究．数理统计与管理，2008(1)：164-175.

[3] 何德旭，王学凯．地方政府债务违约风险降低了吗？——基于 31 个省区市的研究．财政研究，

① Hull, J., Predescu, M., White, A. (2010). The valuation of correlation-dependent derivatives using a structural model. Journal of Credit Risk, 6(3): 99-132.

2020(2)：9-26.

[4] 洪源，胡争荣. 偿债能力与地方政府债务违约风险——基于 KMV 修正模型的实证研究. 财贸经济，2018，39(5)：21-37.

[5] 蒋彧，高瑜. 基于 KMV 模型的中国上市公司信用风险评估研究. 中央财经大学学报，2015(9)：38-45.

[6] 马若微. KMV 模型运用于中国上市公司财务困境预警的实证检验. 数理统计与管理，2006(5)：593-601.

[7] 杨军. 风险管理与巴塞尔协议十八讲. 2 版. 北京：中国金融出版社，2020.

[8] 杨秀云，蒋园园，段珍珍. KMV 模型在我国商业银行信用风险管理中的适用性分析及实证检验. 财经理论与实践，2016，37(1)：34-40.

[9] 张玲，杨贞柿，陈收. KMV 模型在上市公司信用风险评价中的应用研究. 系统工程，2004(11)：84-89.

[10] Credit Suisse Financial Products. (1997). CreditRisk+：a credit risk management framework. Technical Document. http://www.csfb.com/creditrisk.

[11] Giampieri，G.，Davis，M.，Crowder，M. (2005). Analysis of default data using hidden Markov models. Quantitative Finance，5(1)：27-34.

[12] Duffie，D. and Singleton，K. (1999). Modeling term structures of defaultable bonds. Review of Financial Studies，12(4)：687-720.

[13] Duffie，D.，Pan，J.，Singleton，K. (2000). Transform analysis and asset pricing for affine jump-diffusions. Econometrica，68：1343-1376.

[14] Frey，R. and McNeil，A. J. (2003). Dependent defaults in models of portfolio credit risk. Journal of Risk，6(1)：59-92.

[15] Frey，R. and Rösler，L. (2014). Contagion effects and collateralized credit value adjustments for credit default swaps. International Journal of Theoretical and Applied Finance，17(7)：1450044.

[16] Gordy，M. B. and Heitfield，E. Estimating default correlations from short panels of credit rating performance data. Federal Reserve Board，2002.

[17] Huang，J. Z. and Huang，M. (2012). How much of the corporate-treasury yield spread is due to credit risk? Review of Asset Pricing Studies，2(2)：153-202.

[18] Huang，J. Z.，Lanfranconi，M.，Patel，N.，et al. Modeling credit correlations：an overview of the Moody's Analytics GCorr Model. Moody's Analytics，2012.

[19] Hull，J.，Predescu，M.，White，A. (2010). The valuation of correlation-dependent derivatives using a structural model. Journal of Credit Risk，6(3)：99-132.

[20] Koopman，S. J.，Lucas，A.，Monteiro，A. (2008). The multi-state latent factor intensity model for credit rating transitions. Journal of Econometrics，142：399-424.

[21] Koopman，S. J.，Lucas，A.，Schwaab，B. (2012). Dynamic factor models with macro，frailty and industry effects for U. S. default counts：the credit crisis of 2008. Journal of Business and Economic Statistics，30(4)：521-532.

[22] Koopman，S. J.，Lucas，A.，Klaassen，P. (2005). Empirical credit cycles and capital buffer formation. Journal of Banking and Finance，29：3159-3179.

[23] Vasicek，O. A. (1977). An equilibrium characterization of the term structure. Journal of Financial Economics，5：177-188.

[24] Vasicek，O. A. and Merton R. C. Finance，economics，and mathematics. Wiley，2015.

第 8 章

交易对手信用风险

交易对手信用风险是金融市场业务中一项重要的风险，指的是在一笔交易的现金流最后结算之前，交易对手出现违约的风险。交易对手信用风险是双向的，而且交易的市场价值随时发生变化。交易对手信用风险主要涉及的业务类型包括场外衍生产品交易、回购业务以及与中央交易对手的交易等。

8.1 交易对手信用风险概述

8.1.1 背景

在衍生品交易已经存在了几个世纪之后，监管机构才开始认识到衍生品交易的信用风险是一个需要重视的风险类型。交易对手信用风险最早是作为商业银行表外业务风险被提出的。1986 年，巴塞尔银行监管委员会首次提出了衍生品交易对手信用风险的概念。他们认为外汇、利率和股指类衍生品存在信用风险，而这种信用风险应由衍生品交易的对手来承担。同时，他们指出判断信用风险敞口的标准应与传统银行不同，因为衍生品的信用风险敞口会随市场因素的变化而变化，它没有一个固定的值。

20 世纪末 21 世纪初，交易对手信用风险并没有受到特别关注，这可以归于两个原因。首先是惯性思维的影响，因为衍生品的场内交易基本上没有信用风险，所以对于在场外交易中发展起来的衍生品交易，人们习惯性地忽视了信用风险的存在。其次，衍生品的场外交易主要由各种金融机构特别是银行承担，这些金融机构的信用评级通常较高，违约概率相对较低，因此人们普遍认为信用风险较小。这些因素导致了衍生品交易业务的迅速发展，但交易对手信用风险并没有得到相应的重视和管理。

2008 年的次贷危机是交易对手信用风险管理的一个转折点，这次危机充分展示了交易对手信用风险的破坏性。人们开始意识到衍生品交易作为金融同业之间重要的业务联系，是传播金融风险和产生系统性风险的重要途径。在雷曼兄弟破产后，一项调查显示，超过 75%的金融机构开始更加重视交易对手信用风险。与交易对手信用风险相关的交易产品市场价值波动也被纳入了交易对手信用风险的范畴。

国内外监管机构也对交易对手信用风险提出了更加严格的要求。例如，巴塞尔银行监管委员会提出了计量信用价值调整（CVA）风险资本的要求，以及在压力情景下的交易对手信用风险要求。中国银行业监督管理委员会 2012 年在《商业银行资本管理办法（试行）》中明确提出了交易对手信用风险加权资产的计量要求。同样，在保险业的偿付能力监管规则中也有关于交易对手信用风险最低资本金的计量要求。

总之，对于金融机构来说，加强交易对手信用风险管理变得越来越重要。2008 年的次贷危机使人们认识到交易对手信用风险的重要性，并促使监管机构加强了对该风险的监管。

8.1.2 交易对手信用风险的特征

交易对手信用风险与贷款（债券）风险有一些区别。贷款的信用风险具有以下特征：贷款期间的风险名义金额通常是已知的；市场变量（如利率）在贷款期间通常只有中等程度的不确定性。贷款和债券的信用风险只存在于一方，银行和债券持有人承担相当大的信用风险，但如果银行和债券持有人违约，债券发行人不会遭受损失。

与贷款的信用风险相比，衍生品交易的信用风险更加复杂，原因如下。衍生品交易的未来风险敞口（即在违约发生时的损失金额）具有不确定性。衍生工具在违约日期的价值等于合同约定的所有未来现金流的净值，这个未来值可以是正数或负数，并且通常具有较大的不确定性。合约的市场价值在未来的概率分布依赖于过去的利率、汇率和标的资产价格的波动情况以及它们之间的相关性。由于衍生工具合约的价值可以是正数或负数，因此交易对手信用风险通常是双边的，参与交易的双方都有可能因为对方违约而遭受损失。交易对手信用风险的双边性质是信贷危机的一个重要特征。

例如，假设一家银行 A 向客户 B 提供了一笔面值为 1 000 万美元、期限为 5 年的贷款，客户在 5 年后还清本金。在这种情况下，银行 A 在 5 年期间面临大约 1 000 万美元的信用风险敞口。然而，如果银行 A 与客户 B 进行了一笔 5 年期的利率互换交易，银行将按照互换期限每隔 6 个月进行一次付款。浮动利率支付方银行 A 将支付 6 个月的伦敦银行同业拆借利率（LIBOR）。作为交换，客户 B 将支付每年 4%的固定利率。最重要的是，付款将进行净额结算。银行 A 无法预测其未来的现金流，而客户 B 则没有这种不确定性。在每个时间间隔，客户 B 将支付 20 万美元（1 000×4%/2）。

在互换的初始阶段，双方根据公司自身的利率风险偏好和预期利率变动进行了互换交易。在互换协议结束前，利率将会发生变动，下面讨论在两种可能发生的情景下，银行 A 和客户 B 面临的信用风险。

情景一：如果在互换期间，客户 B 因财务问题出现违约，无法按照协议中的固定利率支付利息，这将给银行 A 带来信用风险，因为银行 A 已经约定了向客户 B 按照浮动利率支付利息，但无法获得对应固定利率的利息。同样，如果银行 A 因财务问题违约，无法按照协议中的浮动利率支付利息，这将给客户 B 带来信用风险。

情景二：假设在互换期间，市场利率低于 4%，使得客户 B 的支付额高于预期，而银行 A 的支付额低于预期。此时，客户 B 可能会违约，以减少自身的损失，而这种违约行为将给银行 A 带来信用风险；同样，如果市场利率高于 4%，使得银行 A 的支付额高于预期，而客户 B 的支付额低于预期，银行 A 可能会违约，以减少自身的损失，而这种违约行为将给客户 B 带来信用风险。

因此，如果不考虑存在清算中心的情况，交易双方可能存在以下三种可能性：

（1）这一衍生品永远是交易商的债务。

（2）这一衍生品永远是交易商的资产。

（3）这一衍生品既可能是交易商的资产，也可能是交易商的债务。

以上第（1）种情形的一个实例是期权的空头寸；第（2）种情形的实例是期权的多头寸；第（3）种情形的实例是远期合约或利率互换。

第（1）种情形中，衍生品交易对手不会产生信用风险。当交易对手破产时，交易商不会遭受任何损失。通常情况下，交易商也无法从对手的破产中获利，因为该衍生品属于交易对手的资产。在对手破产时，交易对手往往会平仓该交易或将其转售给第三方交易对手。

第（2）种情形中，衍生品交易会给交易商带来信用风险。当交易对手破产时，通常会导致交易商的损失。损失的大小取决于抵押品数量和对手破产时衍生品的价值。交易商需要承担违约方无法履行合约义务的风险。

第（3）种情形较为复杂，交易商对交易对手的信用风险可能在未来发生，也可能不会发生。当衍生品对交易商有正价值（$V_t>0$）时，如果交易对手破产，交易商可能就会遭受损失。而当 $V_t\leqslant 0$ 时，即使交易对手破产，衍生品也不会给交易商带来信用损失。因此交易商的信用风险敞口取决于衍生品的当前和未来价值，其中，未来价值的估计是交易对手信用风险管理的关键和难点。

8.1.3 衡量交易对手信用风险敞口的指标

由于衍生品的价值的双向性和未来价值的变化性，衡量交易对手信用风险敞口有多个指标。下面是几个常见的衡量交易对手信用风险敞口的指标：

（1）当前敞口（current exposure，CE）。

（2）未来特定时间的预期敞口（expected exposure，EE）。

（3）负敞口（交易对手方的敞口）（negative exposure，NE）。

（4）未来特定时间段的预期正敞口（expected positive exposure，EPE）。

（5）极端敞口/潜在未来敞口（peak exposure/potential future exposure，PFE）。

（6）未来特定时间段的最大极端敞口（maximum PFE）。

在以上指标中，CE、EE 和 PFE 作为风险敞口的基本指标，被广泛应用于衍生品交易和监管机构。在没有抵押品的情况下，交易对手 B 给交易商 A 带来的当前敞口（CE）定义为

$$CE=\max\{V_t,0\} \tag{8-1}$$

式中，V_t 表示衍生品在当前时刻 t 的市场价值，该价值是通过盯市（MTM）计量进行重置的成本。当交易商和交易对手之间存在多笔交易时，这些交易需要进行净额结算。在这种情况下，公式中的 V_t 表示经过净额结算后得出的净市场价值，即所有交易的综合效果。通过将所有交易的正价值（如利润）与负价值（如损失）相抵消，净额结算可确定交易商在特定时刻的总体风险敞口。

预期敞口（EE）：未来目标日期的平均市场价值，仅以 V_t 为正值作为条件。只有 V_t 为正值（图 8－1 中灰色区域），才会产生预期敞口（见图 8－1）。在衍生品交易和定

价中，一些 xVA 条款（如 CVA 和 DVA）的定价将涉及预期敞口（EE）。

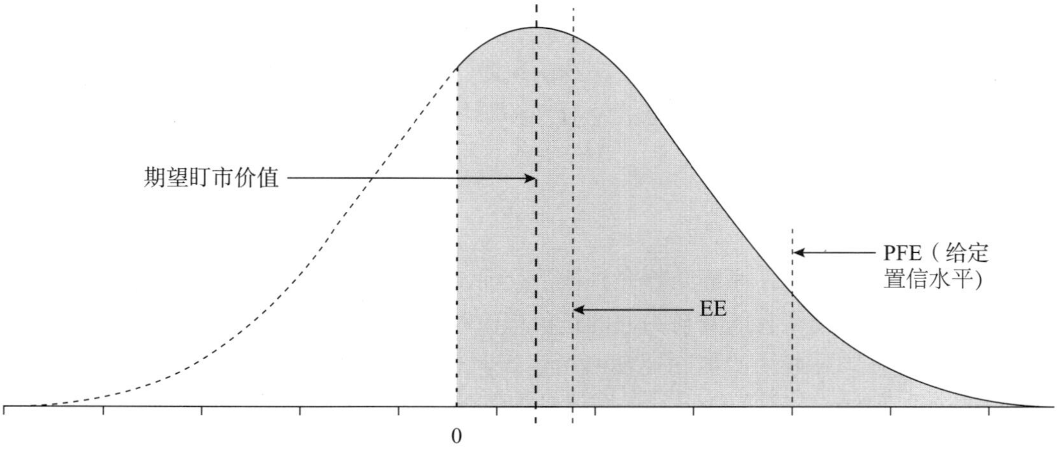

图 8－1　EE 和 PFE 的图示

潜在未来敞口（PFE）：未来目标日期指定分位数（例如第 95 个百分位）的市场价值，仅以 V_t 为正值作为条件（见图 8－1）。PFE 类似于 VaR，但有两点区别。首先，VaR 是由于市场损失而产生的风险敞口，而 PFE 是由于收益而产生的信用风险敞口。其次，VaR 通常指的是短期范围（例如 1 天或 10 天），而 PFE 通常着眼于未来数年，需考虑所有未来的合同付款和变动（如现金流、期限终止事件等），以及净额结算和抵押品等风险缓释措施的影响。预测 PFE 时还可能产生路径依赖，即某一日期的 PFE 可能公开依赖于前一个日期已发生或定义的事件。

8.2　交易对手信用风险的对冲和缓释

交易对手信用风险的对冲和缓释方法主要可分为以下三类：

（1）减少当前或未来的风险敞口：通过交易机制和合约安排，降低交易对手违约带来的损失。其中主要方法包括：

- 净额结算：通过净额结算方式抵消交易对手的风险敞口，降低交易风险。
- 保证金：要求交易对手提供一定金额的保证金作为交易担保，以减少违约风险。
- 抵押物：要求交易对手提供抵押物，用于覆盖潜在的损失，从而减少信用风险。

（2）限制交易对手范围：通过制定授信政策或对手准入条件，仅与信用等级较高或经过筛选的对手进行交易，以降低违约概率，实现风险缓解的目标。例如，将交易对手限定为中央交易对手或具备良好信用等级的对手。

（3）购买信用风险缓释工具：通过购买特定的金融工具来缓释交易对手信用风险。常见的工具包括：

- 信用违约互换（CDS）：通过购买 CDS 合约，转移交易对手信用风险给第三方保险方，以保护自身免受交易对手违约的损失。

● 信用风险缓释合约（CRMA）和信用风险缓释凭证（CRMW）：这些合约和凭证允许交易商将信用风险转移给特定的保险机构或投资者，以减少自身的风险敞口。

● 信用联结票据（CLN）：这是一种结合债券和衍生品的工具，通过分散信用风险并将其转移给投资者来减少交易对手违约的风险。

通过以上方法，交易商可以有效地对冲和缓释交易对手信用风险，从而降低潜在损失、提高交易安全性。

8.2.1 净额结算

当违约事件发生时，净额结算允许抵消交易对手合约下的资产和负债。净额结算的机制允许交易对手间持有的交易头寸的正负市值相互冲抵，可以快速结清所有交易范围内的协议金额。国际通用的国际掉期与衍生工具协会（ISDA）主协议和国内的中国银行间市场交易商协会（NAFMII）主协议是主要的净额结算协议。净额结算已被大多数国家的法庭认可，可以大幅降低信用风险。

净额结算一般包括以下三个步骤：

第一步，终止交易。如果交易的一方发现另一方存在违约事件（event of default），则可以宣布提前终止事件（early termination event）的发生。违约事件包括一方宣布破产、无法支付交易款项或无力提供必要的抵押品等情况。根据签署协议的双方达成的约定，当出现提前终止事件时，双方的所有交易将被视为一笔交易。

第二步，估值。对与违约交易对手的所有未结算交易进行估值，确定每笔交易的重置成本（replacement cost）。

第三步，确定净额。根据估值结果确定净敞口额度，净额为正表示违约方欠未违约方，净额为负表示未违约方欠违约方。

在没有抵押品的情况下，净额结算将 B 方在 t 时刻所面临的风险敞口由

$$\sum_{i=1}^{N}\max\{V_{i,t},0\}$$

减小为

$$\max\left\{\sum_{i=1}^{N}V_{i,t},0\right\}$$

式中，N 为 A 方与 B 方之间的交易数量，$V_{i,t}$ 为第 i 笔交易对于 B 方的价值。巴塞尔银行监管委员会在 1995 年认识到通过净额结算可以降低信用风险，并且对于可执行的净额结算协议签署情形，巴塞尔协议也降低了所需的资本金要求。

8.2.2 保证金与抵押品

保证金是指交易参与方为了规避交易风险而向交易所或交易对手方支付的一定金额。支付保证金是交易双方为确保交易履约能力而达成的约定，同时也是交易所或交易对手方管理交易风险的一项措施。保证金采用预付款的形式，用于防范交易风险。保证金金额与头寸规模相关：头寸规模越大，所需支付的保证金也越高。交易参与方可以选

择使用现金或抵押物作为保证金，抵押物可以包括股票、债券、房地产等有价物品。在交易结束时，保证金将与实际收益或亏损一起进行结算。为了规范场外金融衍生品市场的发展并控制各类风险，目前许多国家的监管部门要求未经中央对手方清算的场外金融衍生品合约必须缴纳保证金。

保证金分为两类：变动保证金和初始保证金。变动保证金（variation margin，VM）用于保护衍生品交易方免受未来变化的逐日盯市价值带来的潜在未来敞口。VM 的数额反映了当前敞口的大小，而敞口可能因市场波动而定期发生变化。因此，通常需要每日交换 VM，以反映衍生品逐日盯市价值的变动，并确保敞口得到充分的担保。这意味着，如果未平仓合约的价值在一天内发生变化，导致 A 的价值增加了 X 美元（B 的价值对应下降了 X 美元），B 需要向 A 提供价值相当于 X 美元的抵押物。变动保证金的累积效应是，如果未偿付的衍生品在特定时间内使 A 的价值增加了 V 美元，B 的价值减少了 V 美元，那么在此之前，B 应向 A 提供价值为 V 美元的抵押品。这样可以确保交易双方的风险得到适当的担保。

初始保证金（initial margin，IM）用于保护衍生品交易方，在其对手方违约后需要进行平仓和替换衍生品的时期，避免因衍生品逐日盯市价值的未来变化而产生的潜在未来敞口。当未缴纳保证金时，除了需要提交变动保证金外，有时还要求缴纳初始保证金。这是因为在未缴纳变动保证金的一段时间内，投资组合价值的增加导致了重置成本的增加。初始保证金的数额可以随着未平仓投资组合和相关波动率的变化而变化，它反映了潜在未来敞口的大小，以应对不利市场状况和替代交易的成本所带来的风险。

抵押品是指在一笔交易中，交易双方之一提供的资产，以其作为交易的担保物。这些资产可以是现金、债券、股票、其他金融资产或实物资产等。抵押品的目的是降低交易对手信用风险，即在交易一方违约时，抵押品可以用来弥补损失或者减少损失。抵押品通常由违约风险较高的一方提供，以保护对手方的利益。抵押品条款可以是单向（one-way）或双向（two-way）的。在单向抵押品条款中，当市场价值对于另一方超出界定范围时，交易的一方需要支付抵押品。而在双向抵押品条款中，交易的双方可能都需要支付抵押品。当一个衍生品交易商的信用明显好于交易对手时，抵押品条款往往是单向的，即交易对手需要向交易商支付抵押品；而当交易双方的信用相对接近时，抵押品条款往往是双向的。

我们以单向抵押为例来进行说明。假设 A 方需要向 B 方支付抵押品，并假定需要抵押品的最低合约净现值为 1 000 万美元，且每天都会对合约进行定价。假设在某一天，对于 B 方而言，合约的净价值为 900 万美元（因此对于 A 方而言，净价值为－900 万美元），这时 A 方不需要支付抵押品。接下来的一天，假设对于 B 方而言，合约的净价值从 900 万美元升至 1 200 万美元，B 方将从 A 方收到 200 万美元的抵押品（假设最低转移金额低于 200 万美元）。再假设在随后的一天，合约的净价值升至 1 500 万美元，B 方会要求 A 方再支付 300 万美元的抵押品。如果在随后的一天，合约的净价值降至 1 100 万美元，A 方会要求 B 方退还其支付的 500 万美元抵押品中的 400 万美元。对于现金抵押，收到抵押品的一方需要支付利息。

不同国家对于抵押品的规定也存在差异。以上述 A 方向 B 方支付抵押品的单向抵押为例，在美国，A 方会从向 B 方支付的抵押品中获得利息收入；而在英国，当债券被用作抵押品时，债券的所有权将从A方转移到B方。当交易的价值对于B方有所下降，A方要求B方退还抵押品时，B方可以选择以与A方最初支付的抵押品不同的方式进行支付。

抵押品在衍生品交易中可以作为保证金的一部分。交易双方可以协商，将抵押品的价值用作保证金，以满足交易所设定的保证金要求。这可以增加交易的安全性，降低交易对手信用风险。如果一方违约，那么其提供的抵押品可以用来弥补损失，而保证金制度可以在交易过程中监控保证金比例，确保交易的稳定性。

8.2.3 提前终止事件和清算

在进行场外衍生品交易时，可能会出现一些不利情况，导致需要提前终止交易。在提前终止合约时，交易双方需要按照事先约定的程序进行清算。具体而言，双方需要协商确定终止日期，并通过市场交易报价获取所需现金的数目。随后，双方需要清算交易的差价和未结债务。在进行清算时，双方需遵守ISDA主协议和NAFMII主协议的规定，以确保交易的公平性和合法性。

举例来说，假设A方破产，B方需要宣布提前终止事件，并计算损失。损失量代表了如果有第三方接管A方与B方之间的交易，该第三方需要获得的金额。如果计算出的损失对B方而言为负值，即B方应向A方的破产代理人支付该金额。若计算出的损失对B方而言为正值且大于A方支付的抵押品价值，则B方可以没收抵押品并向A方提出索赔，索赔金额等于交易价值超出抵押品价值的数额（但B方与其他无抵押信用索赔者的地位相同）。若损失量小于A方支付的抵押品价值，B方应退还多余的抵押品或选择向A方支付差额。

损失计算有两种方法。第一种方法是市场报价法（market quotation method）。在这种方法中，当B方需要计算损失时，它必须在提前终止事件公告后尽快将与A方的交易信息发送给多个交易商。B方需要尽可能地从这些交易商那里获取A方交易的价格。如果B方能够获取超过三个报价，它将对这些报价进行平均，以确定最终报价。如果B方只能够获取三个报价，那么中间价将被用作最终报价。如果B方只能够获取两个或更少的报价，那么它将无法使用市场报价法对A方的交易进行定价。在这种情况下，B方必须根据ISDA主协议以及自己的市场价值来估算交易的价格。B方还需要对提前终止时的价格进行估算，并对第三方提供的买入-卖出差价进行调整。

第二种方法是基于模型的计算方法。首先，选择适当的市场模型、信用风险模型或利率模型，并通过历史数据或市场数据估计模型参数。然后，预测资产的未来现金流并折现到当前时点，计算提前终止事件对资产价值的影响以及清算时的损失。损失计算需要考虑现金流的变化、清算价值以及潜在的清算费用。此外，进行风险管理和敏感性分析，识别关键风险因子并测试模型对不同参数的敏感性。最后，通过历史回溯和实证分析验证模型的准确性，并根据市场变化进行动态调整和更新。这种方法特别适用于市场上缺乏实时价格或流动性不足的资产，能够提供深入的损失估算。

8.2.4 降级触发

降级触发（downgrade trigger）是指当交易方A的信用质量降低，导致交易对手方

B 无法接受该交易的风险或收益水平时，可能会触发的一种条款。在这种情况下，交易等级可能会降低，或者交易可能被取消。此外，交易对手方 B 可以根据条款要求获得更多抵押品。降级触发通常需要遵循 ISDA 主协议和 NAFMII 主协议的规定，有时也用于双边交易的信用支持附件（credit support annex，CSA）。

2008 年发生的美国国际集团（AIG）事件为降级触发条款的运作提供了一个实例。在 AIG 的许多交易中，如果 AIG 的信用等级高于 AA 级，AIG 就无须支付抵押品；然而，一旦 AIG 的信用等级降至 AA 级以下，AIG 则必须支付抵押品。2008 年 9 月 15 日，AIG 被三家评级公司降至 AA 级以下，随即触发了抵押品催付。最终，AIG 依靠政府的大规模救助才得以幸存。

然而，降级触发条款并非万无一失。若公司被跳跃性降级（例如由 A 级直接降至违约），降级触发条款对被降级公司的交易对手可能无法提供有效保护。此外，仅当被降级公司有限度地使用降级触发条款时，才能有效保护其交易对手。假设一家公司与众多交易对手都设定了信用降级触发条款，那么当公司的信用评级降至一定程度以下时，类似 AIG 的情况就可能再次发生。这意味着交易对手可能会同时向公司索取现金，而当现金支付无法满足要求时，公司可能会迅速陷入破产。为了防范这种风险，公司和交易对手需要仔细评估降级触发条款的设置，并在必要时进行调整。

8.2.5 中心清算

如今，许多国家要求符合规定标准的场外衍生品交易必须进行中心清算。下面将介绍清算过程。假设 A 方和 B 方打算进行一笔衍生品交易，他们可以通过中央对手方（central clearing party，CCP）进行清算。一旦 CCP 同意进行清算，它将充当一个中间媒介，与 A 方和 B 方进行交易的相互抵消。

假设 A 方和 B 方的交易是一笔利率互换交易，其中，A 方同意支付 5%的固定利率，B 方同意支付浮动的 LIBOR 利率。交易的面值为 1 亿美元，期限为 5 年。为了进行中心清算，CCP 需要进行两笔交易。在与 A 方的交易中，CCP 向 A 方支付浮动利率，而 A 方支付给 CCP 固定利率，固定利率为 5%。在与 B 方的交易中，CCP 向 B 方支付固定利率，利率为 5%，而 B 方支付给 CCP 浮动利率。两笔交易的面值均为 1 亿美元，期限为 5 年。通过中心清算机制，A 方和 B 方之间的信用风险被消除。

图 8-2 展示了中心清算的过程。

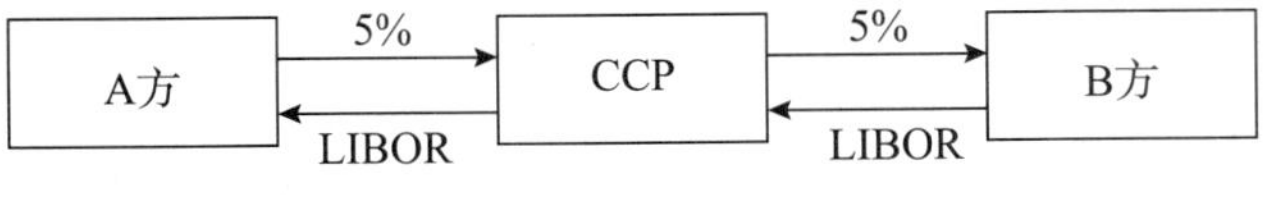

图 8-2 中心清算过程

中心清算的引入可以显著降低市场参与者的信用风险。通过图 8-3 中的示例，我们可以说明双边清算和中心清算之间的差异。假设市场上存在四个衍生品交易商，它们进行双边交易，如图 8-3（a）所示。在双边清算的情况下，每笔交易的价值都需要根据当前市场价值进行计算。A、B、C、D 的交易对手信用风险敞口分别为 80、100、

120、50。然而，在中心清算的情况下，每个交易商只需与 CCP 进行清算和净额结算。从图 8－3（b）可以明显看出，CCP 带来了净额结算的好处。四个交易商的信用风险敞口显著降低，分别为 0、50、40、0。这意味着整体上承担的信用风险由具有相对低信用风险的 CCP 承担，而不是由每个交易商承担。CCP 的引入使得交易商之间的信用风险得到了有效分散和管理，对确保交易的安全性和可靠性起到了关键作用。

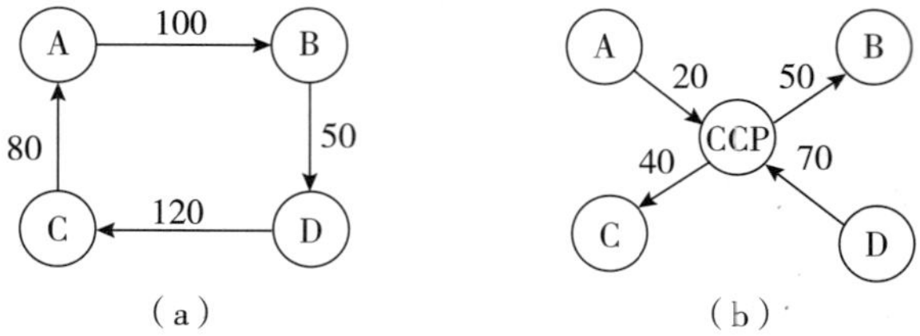

图 8－3　双边清算与中心清算的比较

CCP 在交易过程中也会要求交易参与者提供初始保证金，并对每笔交易进行每日定价，从而引发保证金的变动。举例来说，CCP 可能要求交易方 A 和交易方 B 支付 50 万美元的初始保证金。如果在第一天，利率走低导致交易对 A 方的价值减少了 10 万美元，那么 A 方需要支付变动保证金 10 万美元，而 CCP 会向 B 方支付相同的金额。如果交易方无法支付必要的变动保证金，CCP 可以对交易进行平仓。通常情况下，现金和政府债券均可以用于支付保证金。现金会产生利息，计算利息的利率通常根据当时货币的情况而定，例如隔夜利率。

在实践中，市场参与者与 CCP 之间可能存在多笔交易，而在任何给定时刻，市场参与者向 CCP 支付的保证金都反映了其整体交易价值的波动情况。CCP 在场外市场中的角色类似于交易所内的交易中心，唯一的区别在于 CCP 处理的交易并不像交易所中的标准化交易那样简单，因此保证金的计算也更加复杂。

每个 CCP 的成员都需要向 CCP 注入资金，形成一个保证基金（guarantee fund）。当 CCP 的任何一个成员违约并且保证金的金额无法满足该成员的义务时，保证基金将会启动，这意味着每个 CCP 成员都要共同承担损失。保证基金的设立旨在确保 CCP 的稳健运作，并为应对成员违约的风险提供额外的保障。

在实际应用中，全球存在多个 CCP，并非每笔交易都经过 CCP 进行清算，许多市场参与者可能与多个或全部 CCP 进行交易。因此，与参与双边交易相比，交易商向 CCP 注入的保证金可能更多。为了处理这种情况，CCP 之间可以建立相互操作协议（interoperability agreement）。在这种协议下，与不同 CCP 进行交易的市场参与者可以通过净额结算来确定所需的保证金金额。

通过相互操作协议，市场参与者可以将与不同 CCP 进行的交易抵消，从而减少总体保证金的需求。这种净额结算的机制允许市场参与者在满足 CCP 的保证金要求的同时，最大限度地减少其需要注入的保证金总额。这样，市场参与者可以更有效地管理其资金，并减少与不同 CCP 之间的保证金要求所带来的负担。这有助于促进市场的流动性和效率，并为参与者提供更好的风险管理工具。

8.3　计量交易对手违约风险敞口

交易对手信用风险广泛存在于各类未到期交易，尤其是衍生品交易中。要如何计量这种风险的大小呢？从原理上讲，与信用风险计量的方法是一致的。在计量交易标的违约概率、违约损失率和违约风险敞口时，债务人的违约概率的计量方法并没有特别之处，但违约损失率和违约风险敞口则需要进行额外的分析。违约损失率与债项的期限、担保方式等因素有关。交易对手信用风险计量的最特别之处就是计量违约风险敞口(EAD)，即交易对手违约时金融工具或交易的预期敞口。计算违约风险敞口时，需要考虑当前估值所导致的风险敞口以及未来估值变化可能带来的潜在未来敞口。

计算交易对手违约风险敞口的方法有：现期暴露法（current exposure method，CEM）、标准法（standardized method，SM）和内部模型法（internal model method，IMM）。其中，现期暴露法和标准法均为通过当前风险敞口（即重置成本）和潜在未来敞口（即附加因子）来计算交易对手违约风险；内部模型法则构建模型，通过蒙特卡罗模拟对未来日期的衍生品估值，进而计算交易对手违约风险敞口。

但在金融危机后，现期暴露法以及标准法饱受质疑，主要批评集中在三方面：一是并未在计算中区分是否具有保证金安排；二是原有的头寸冲抵过分简单且不符合头寸间的实际经济关系；三是潜在未来敞口的计算没有充分体现极端市场情况下的风险参数。鉴于此，巴塞尔银行监管委员会开始着手制定新的计算方法，并于 2014 年 3 月最终确定了 SA-CCR 方法以替代现期暴露法和标准法。2018 年中国银行业监督管理委员会正式发布《衍生工具交易对手违约风险资产计量规则》，参考巴塞尔银行监管委员会公布的 SA-CCR 方法提出了中国版 SA-CCR，主要在如下几个方面进行了更新：一是在计算中考虑了衍生工具交易中保证金对于交易对手违约风险的影响；二是细化了净额结算的头寸冲抵层次；三是增加了捕捉各类衍生工具风险情况的参数，并根据危机情形对参数进行了调校。

因此，本节将主要讨论 SA-CCR 方法的细节以及如何用随机模拟法计算潜在未来敞口。

8.3.1　SA-CCR 方法

在 SA-CCR 方法中，交易对手违约风险敞口的计算公式为

$$\text{EAD}=\alpha\times(\text{RC}+\text{PFE})$$

式中，RC 为重置成本，代表当前敞口；PFE 为潜在未来敞口；α 为压力测试中设定的未来负面冲击的幅度，根据《巴塞尔协议Ⅲ》，α 可以取 1.4。下面分别讨论重置成本和潜在未来敞口两个指标的计算规则。

1. 重置成本

重置成本是指在交易对手违约的情况下当前所面临的损失，通常用盯市计量的重置

成本来表示。重置成本涵盖了无保证金和有保证金的衍生品交易两种情况。首先，对于无保证金的净额结算组合而言，重置成本是指交易对手违约且立即关闭交易时所面临的损失。重置成本的计算公式如下：

$$\mathrm{RC}=\max\{V_t-C_{\mathrm{CE}}(1\mathrm{year}),0\} \tag{8-2}$$

式中，V_t 表示重估市值，是所有现有交易对交易商的盯市价值的净额结算总和；$C_{\mathrm{CE}}(1\mathrm{year})$ 表示交易中 A 方在一年内抵押品的当前现金等价价值。交易对手违约时，如果重估市值减去抵押品价值小于零，则重置成本为零，即没有损失；如果重估市值减去抵押品价值大于零，则重置成本等于这个差值。如果抵押品不是现金，则$C_{\mathrm{CE}}(1\mathrm{year})$可以通过以下计算公式获得：

$$C_{\mathrm{CE}}(t)=\begin{cases}C_{\mathrm{MTM}}\cdot[1-h(t)], & C_{\mathrm{MTM}}>0\\ C_{\mathrm{MTM}}\cdot[1+h(t)], & C_{\mathrm{MTM}}<0\end{cases} \tag{8-3}$$

式中，C_{MTM} 表示抵押品的盯市价值；$h(t)$ 表示期限 t 内抵押品价值的监管折扣率。如果 C_{MTM} 为负值，则表示交易商向交易对手提交的抵押品价值。

计算重置成本时，我们还需要考虑抵押品协议的条款带来的影响。交易双方通常会达成抵押品协议，这一协议通常是信用支持附件（CSA）或 ISDA 主协议的一部分。抵押品协议在衍生品交易中起到了重要作用，它规定了交易双方在违约情况下提交的抵押品的类型、价值以及处理方式。以下是一些常见的抵押品协议条款：

（1）起点金额（threshold）：即在交易对手的违约损失未达到该金额时，无须提交抵押品。起点金额可以用来限制频繁提交抵押品的情况。

（2）独立金额（independent amount）：即交易对手在签订协议时必须预先提交的抵押品金额。它可以用于覆盖交易对手的违约风险，即使违约损失未达到起点金额。

（3）最低转让金额（minimum transfer amount）：即在提交抵押品时，其价值必须达到或超过该金额。这样可以避免频繁提交价值较小的抵押品。

（4）非现金抵押品折减（haircut）：对于非现金抵押品，抵押品协议通常规定了其价值的折减比例。折减是考虑到抵押品的市场价值波动性和变动性。

对于有保证金的净额结算组合，抵押品主要由独立抵押品和变动保证金组成。重置成本是指假设交易立刻平仓或重置，因交易对手当下或未来发生违约而面临的损失。值得注意的是，违约之前的最后一次抵押品交换和违约之间可能存在一定的时间差。因此有保证金净额结算组合的 RC 取自当前 RC 和未来 RC 之间的最大值。当前 RC 的计算公式为

$$\mathrm{RC}_{\mathrm{margin}}^{\mathrm{current}}=\max\{V_t-C_{\mathrm{CE}}(\mathrm{MPR}),0\} \tag{8-4}$$

式中，$C_{\mathrm{CE}}(\mathrm{MPR})$ 是抵押品的现金等价价值，可以通过将式（8-3）中的 t 设定为保证金风险期限（MPR）求得。

未来 RC 是在一年期限内不可知时点上交易对手违约带来的损失，因为不确定违约时点，故净盯市价值不可知。未来 RC 的计算公式为

$$\mathrm{RC}_{\mathrm{margin}}^{\mathrm{future}}=\max\{\mathrm{TH}+\mathrm{MTA}-\mathrm{NICA},0\} \tag{8-5}$$

式中，TH 是一个阈值，当超过该阈值时，B 方必须向 A 方提交抵押品；MTA 是 B 方需要向 A 方追加的变动保证金最低触发值；NICA 是净独立抵押品的价值，表示在交易对手违约的情况下，银行可以用来抵消风险敞口的抵押品价值。最后，通过式（8－4）和式（8－5），我们可以得到有保证金净额结算组合 RC 的计算公式为

$$RC = \max\{V_t - C_{CE}(MPR), TH + MTA - NICA, 0\} \tag{8-6}$$

例如，一家银行进行了一项衍生品保证金交易，衍生品的市场价值为 100 万欧元，收到的变动保证金为 100 万欧元，不考虑 NICA（记为 0）。同时，TH 和 MTA 的总和为 20 万欧元，其中 TH 为 10 万欧元，MTA 也为 10 万欧元。这意味着，TH 和 MTA 的总和是在衍生品市场价值超过 20 万欧元时触发的变动保证金补充前的最大风险敞口。在这种情况下，TH＋MTA－NICA 会作为方程括号内的最大值，因此重置成本 RC 为 20 万欧元。该过程如图 8－4 所示。

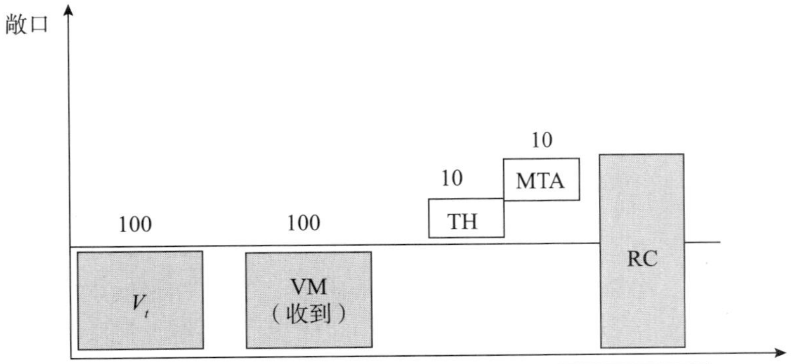

图 8－4　有保证金净额结算组合 RC

有时，保证金协议的阈值设置得非常高，导致 RC、C 和有效预期正敞口（effective expected positive exposure，EEPE）的值变得很高且不合理。为了解决这个问题，可以引入另一个对等的无保证金净额结算组合 EEPE，作为有保证金净额结算组合 EEPE 的上限。通过设置 EEPE 的上限，可以避免保证金阈值过高对风险敞口的过度影响，确保风险敞口和保证金要求在合理的范围内，更好地平衡交易对手信用风险和保证金要求之间的关系，并提供更准确的风险度量。

需要注意的是，EEPE 应该根据具体情况和市场标准合理确定，以确保风险度量的准确性和可靠性。同时，监管机构和市场参与者应密切关注保证金协议的设置和调整，以适应市场变化和风险管理的需要。

2. 潜在未来敞口

潜在未来敞口是指在当前时点到最终清算交易现金流完成这一时间段内交易对手方违约的风险，等于乘数因子和总附加风险敞口的乘积：

$$PFE = multiplier \times AddOn^{aggregate} \tag{8-7}$$

式中，multiplier 是反映超额抵押或负盯市价值的乘数因子，$\text{AddOn}^{\text{aggregate}}$ 则是所有衍生品交易的总附加风险敞口。

对于乘数因子，巴塞尔银行监管委员会规定，在计算衍生品交易中的潜在信用风险时，应当采用乘数因子来考虑超额抵押品的影响。当持有的抵押品价值低于衍生工具合约的净市值时，重置成本为正，此时乘数因子为 1；反之，重置成本为 0，乘数因子小于 1。乘数因子是总附加风险敞口、衍生品合约盯市价值、抵押品价值三个因素的函数，其取值范围在 5%～100%之间。乘数因子的计算公式如下：

$$\text{multiplier}=\min\left\{1,\text{Floor}+(1-\text{Floor})\exp\left(\frac{V-C}{2(1-\text{Floor})\text{AddOn}^{\text{aggregate}}}\right)\right\}$$

式中，Floor 代表一个下限，通常设为 5%；V 表示净额结算组合中衍生品的盯市价值，即按市场交易价格进行重估的价值；C 表示银行持有的抵押品净额，即扣除已提交抵押品后的净值，该净值经过了折扣调整。乘数因子的计算涉及前述参数和其他因素，以反映交易对手违约风险的程度。通过将乘数因子与总附加风险敞口相乘，可以得出最终的潜在未来敞口。需要注意的是，抵押品的价值可能会随时间而变化，因此在计算乘数因子时应考虑到实际的抵押品价值。折扣调整是对抵押品价值的调整，以反映可能的市场波动和抵押品的流动性。

对于总附加风险敞口的计量，需要考虑不同类别衍生工具头寸之间风险敞口可能产生的冲抵。为了更科学地进行风险敞口冲抵，中国版 SA-CCR 将附加风险敞口计算分为抵消组合、资产大类、净额结算组合三个不同的层面。首先在最底层的抵消组合内对风险敞口进行冲抵，其次在资产大类内根据是否可以消除非系统性风险的情形对同类资产风险敞口进行冲抵，最后将各类资产的附加风险敞口加总形成净额结算组合附加风险敞口。

（1）净额结算组合层面。净额结算组合层面的总附加风险敞口的计算是将各个资产类别的附加风险敞口进行简单加总，不考虑资产类别之间的风险分散效应。计算公式如下：

$$\text{AddOn}^{\text{aggregate}}=\sum_{a}\text{AddOn}^{(a)}$$

式中，$\text{AddOn}^{(a)}$ 表示 a 类资产类别的附加风险敞口。通过对每个资产类别的附加风险敞口进行加总，可以得到整个净额结算组合的总附加风险敞口，该指标反映了整个组合在未来可能面临的潜在未来敞口。

（2）资产大类层面。衍生品交易计算总附加风险敞口时，通常需要确定每笔交易的主要风险因素，并将其归因于利率、外汇、信贷、股权或商品五种资产类别中的一种或多种。然后将该资产类别下的全部衍生品交易工具按照不同的抵消组合进行划分，并分别计算每个抵消组合的附加风险敞口。

在巴塞尔协议的一般模型中，利率类、汇率类和商品类资产在资产大类层面不存在附加风险敞口互相冲抵的问题，总附加风险敞口为各子产品之和。然而，对于信用类和股权类资产，则认为不同信用衍生工具或股权衍生工具中非系统性风险引起的附加风险敞口可以通过冲抵减少。因此引入相关系数 ρ_j 来度量不同资产类别之间的相关程度，以考虑相关性对附加风险敞口的影响。

$$\text{AddOn}=\left[\left(\sum\nolimits_j \rho_j \times \text{AddOn}_j\right)^2+\sum\nolimits_j\left(1-(\rho_j)^2\right)\times(\text{AddOn}_j)^2\right]^{1/2}$$

（3）抵消组合层面。在抵消组合层面计算附加风险敞口时，有两个关键问题需要解决：抵消组合的划分和内部附加风险敞口的冲抵。以下是各资产类别单个抵消组合内附加风险敞口的计算公式：

$$\text{外汇类：}\text{AddOn}_j=\text{SF}_j\times|\text{EffectiveNotional}_j|$$

$$\text{商品类：}\text{AddOn}_j=\left[\left(\rho_j\times\sum_k \text{AddOn}_k\right)^2+(1-\rho_j^2)\times\sum_k(\text{AddOn}_k)^2\right]^{\frac{1}{2}}$$

式中，AddOn_k 为每个商品子类 k 的附加风险敞口，计算方法为

$$\text{AddOn}_k=\text{SF}_k\times\text{EffectiveNotional}_k$$

$$\text{利率、信用和股权类：}\text{AddOn}_j=\text{SF}_j\times\text{EffectiveNotional}_j$$

在上述公式中，SF 是监管因子，EffectiveNotional 是有效本金。巴塞尔银行监管委员会对每个资产类别及子类的监管参数予以了明确规定。①

（4）交易层面。对于单笔衍生工具的附加风险敞口的计算，通常涉及以下几个步骤：

① 计算调整后的名义本金。根据实际本金和价格，计算衍生工具调整后的名义本金。这一步考虑了实际本金和市场价格的关系。

② 使用期限因子进行处理。根据衍生工具的特性和交易安排，选择相应的期限因子。对于有保证金安排的衍生工具，使用相应的有保证金期限因子；对于无保证金安排的衍生工具，使用无保证金期限因子。将调整后的名义本金与期限因子相乘，得到处理后的名义本金。

③ 使用监管 δ 系数进行调整。应用监管 δ 系数对处理过的名义本金进行进一步调整，得到有效名义本金。这一步考虑了特定监管要求和规定。

④ 计算附加风险敞口。将有效名义本金与相应的监管因子相乘，得到单笔衍生工具的附加风险敞口。对于信用、权益和商品三类衍生工具交易，分别使用适当的监管因子来计算附加风险敞口。

以上是计算单笔衍生工具附加风险敞口的一般步骤，具体的计算方法和参数可能根据不同的监管机构、交易所或金融机构的要求而有所不同。

8.3.2 随机模拟法

随机模拟法是一种基于模拟方法计算风险敞口的方式，它通过生成一组风险情景来计量潜在未来敞口的大小。以下是基于模拟方法计算潜在未来敞口的基本框架，并且适用于不同的敞口分布。该框架可以分为三个步骤：

（1）情景生成：针对每个指定的未来模拟日期，根据风险因子的驱动模型生成一组

---

① 杨军．风险管理与巴塞尔协议十八讲．2 版．北京：中国金融出版社，2020：第八讲．

风险情景。这些情景可能包括股票价格、利率、汇率等市场风险因子的变化。生成情景的方法可以基于历史数据、随机过程模型或其他相关方法。

（2）产品估值：针对每个模拟日期和每个标的市场风险因子的模拟实现值，对交易组合中的每个衍生品进行估值。这涉及使用适当的定价模型和参数，将模拟的市场情景应用于每个衍生品，并计算其价值。

（3）资产组合的汇总：对于每个模拟日期和每个标的市场风险因子的模拟实现值，根据抵消组合的设置，计算资产组合的汇总敞口值。这意味着将交易组合中各个衍生品的敞口进行适当的组合和抵消，以得到整个组合的风险敞口。

通过重复执行上述步骤，并使用大量的模拟路径，可以获得潜在未来敞口的分布情况。这样的模拟结果可以用于计算各种统计指标，如标准差、分位数等，从而更全面地了解潜在未来敞口的可能范围和分布特征。

在上述过程中，计算的结果是在每个模拟路径上得到的一组对手方敞口实现值，每个实现值对应一种市场情景。通常情况下，选择的模拟时间点会与机构持有的衍生品的事件日期相对应，包括日度、周度、月度、年度等不同时间粒度。而每个时间点上对应的情景模拟点通常选择几千个至上万个。

使用随机模拟法计算预期敞口（EE）和潜在未来敞口（PEE）的示意图如图 8-5 所示。

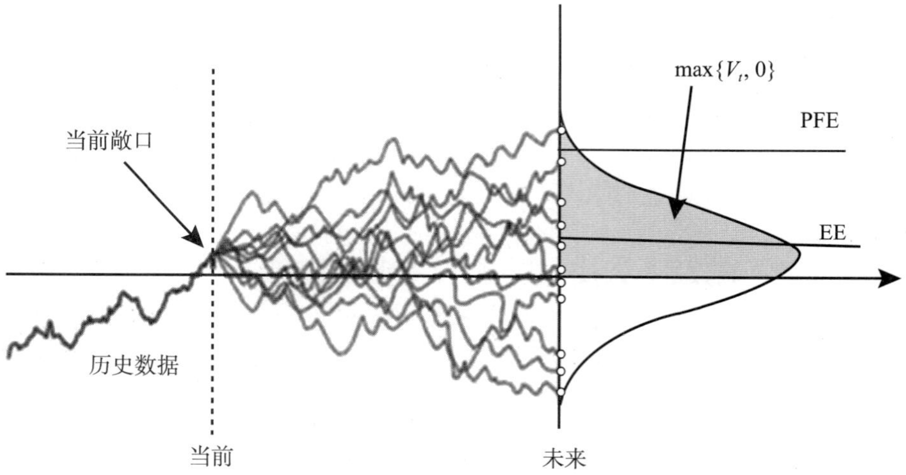

图 8-5 随机模拟法计算预期敞口和潜在未来敞口

为了生成未来每个模拟日期的风险因子情景，我们需要使用随机模型。通常采用的随机模型包括几何布朗运动（GBM）和 CIR 均值回归模型，模型参数一般通过历史数据进行估计。在生成未来的风险因子情景时，我们还需要考虑各个风险因子之间的相关性，这也可以通过各类风险因子的历史数据进行估计。特别地，对于利率风险因子来说，由于其数量较多且同一条利率曲线上的各个风险因子具有较高的相关性，因此我们需要采用主成分分析法，将这些利率风险因子转化为相互独立的主成分因子（通常为 3～4 个），从而避免模拟每个时点上的多条利率曲线。在第 5 章中我们已经介绍了这些模型和模拟步骤。

在第（2）步中，需在每个未来时间的风险情景中对衍生品进行估值。随着硬件和算法的进步，基于模拟的估值方法在对手方信用风险测量体系中得到了应用。这些方法利用现金流脚本和伴随算法微分（adjoint algorithmic differentiation，AAD）等技术，通过模拟估值过程来计算衍生品的价值，能够更准确地考虑各种因素的影响，并提供更精细的估值结果。然而，基于模拟的估值需要充分的计算资源和适当的算法实现，以确保计算效率和准确性。由于情景数量较多且产品复杂，有时倾向于使用快速的估值方法，例如基于解析解的近似估值或基于偏微分方程的有限差分方法。值得注意的是，这些估值方法可能与前台业务部门使用的方法有较大差异。

除了计算效率之外，对手方信用风险敞口计算的另一个挑战是路径依赖性。由于模拟方法计算的是未来日期的风险敞口，合约在该日期的状态是未知的，例如是否发生敲入或敲出事件，是否产生额外的现金流。因此，在模型中需要进行一些扩展和调整。针对路径依赖性，常用的方法之一是条件估值法（Zhu and Lomibao，2005）①，其基本思想是，在与模拟情景一致的所有过去价格因子的变动路径上计算期望值，从而得到未来日期的估值。数学上，可以将未来某个模拟日期的衍生品价值设置为依赖于从当前日期到模拟日期之间的全部信息的盯市价值的数学期望。这可以用如下公式表示：

$$V(t_k, X(t_k)) = E\left[V_{\mathrm{MTM}}(t_k, \{X(t)\}_{t \leqslant t_k}) \mid \{X(t_j) = x_j\}_{j=1}^{k}\right]$$

式中，x_j 是满足 $j \leqslant k$ 的模拟时点的风险变量的实现值，首先对此进行条件估值，然后取均值得到无条件估值。Zhu and Lomibao（2005）证明了这些条件估值对于障碍期权、平均值期权或者实物交割的互换期权可以得到解析解，而且该模型对于所有的合约形式是统一的，适用于各种对冲抵消组合。条件估值法通过考虑过去信息和当前情景来处理路径依赖性，提供了一种在未来日期估值的方法。这种方法可以克服由于路径依赖性引起的估值困难，并提供了对手方信用风险敞口的更准确的估计。在实践中，需要根据具体的衍生品和情景设定，结合适当的数值方法来计算条件估值。

存在多笔交易的交易对手违约风险敞口的计量在方法上与单笔交易类似，但也存在一些需要特别处理的地方。需要考虑的因素有：

（1）交易的相关性：多笔交易之间可能存在相关性，这可以通过交易对象、市场情景或其他因素来确定。在计算对手方违约风险敞口时，需要考虑不同交易之间的相互影响，并对相关性进行适当的建模和估计。

（2）资产组合的汇总：对于多笔交易，需要将各交易的风险敞口进行汇总。这需要考虑交易金额、到期日、敞口类型等因素，以确定整个组合的综合风险敞口。

（3）多维度敞口分析：多笔交易涉及多个维度的风险，例如利率风险、汇率风险、信用风险等。在计量交易对手违约风险敞口时，需要综合考虑这些不同的风险因素，并对每个维度进行适当的估计和转换。

（4）集中度风险：在处理多笔交易时，还需要考虑集中度风险，即交易对手方的集中度。如果大部分交易集中在某个交易对手方，其违约风险敞口可能会更大，需要进行

---

① Zhu，S. and Lomibao，D.（2005）. A conditional valuation approach for path-dependent instruments. SSRN Electronic Journal，10.2139/ssrn.806704.

额外的评估和监控。

例 8－1 某个利率互换的期限为 5 年，假设固定利率为 3.50%，名义本金为 1 亿元，利率互换的期限间隔为 0.5 年。基于 CIR 随机利率风险模型进行模拟，计算交易对手违约风险敞口、预期敞口和潜在未来敞口。

CIR 模型是利率的一种总体均衡模型。CIR 模型认为，利率围绕一个均值波动，如果利率偏离了均值，那么它总是要回到均值。利率回到均值的时间由模型中的调整速度描述。其具体公式如下：

$$dr(t)=a(b-r(t))dt+\sigma\sqrt{r(t)}\,dz(t)$$

使用 CIR 模型进行利率的随机模拟，设定初始参数 $r_0=0.035$，$a=0.5$，$b=0.035$，$\sigma=0.1$，模拟产生随机利率路径 1 000 条，随机筛选 10 条得到的路径图如图 8－6 所示。

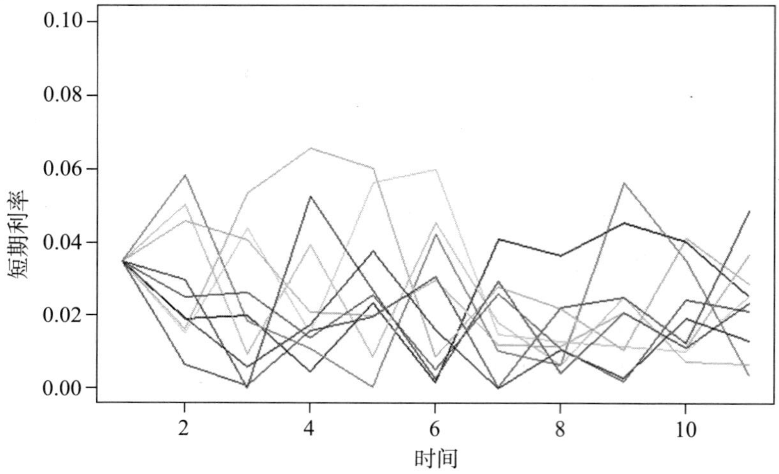

图 8－6 CIR 模型模拟利率路径结果示例

进一步根据这 1 000 个场景利率互换计算交易对手风险潜在未来敞口和净预期敞口。

首先，模拟计算每个时间节点的估值。假设第 i 个时间节点的远期利率为 r_i，$i=1,2,\cdots,10$，估值为 dp_i，固定利率为 r_f，根据设定的参数，折现因子可计算为 $\prod_{j=1}^{i}(1+r_j)^{-0.5}$，进一步可计算出对应时点价值的折现值：

$$dp_i=(r_i-r_f)\times\prod_{j=1}^{i}(1+r_j)^{-0.5}$$

表 8－1 展示了其中一条利率路径对应的各时点的利率、贴现因子和互换价值情况。

表 8－1 利率路径对应各时点的利率、贴现因子和互换价值

时点	0	0.5	1	1.5	2	2.5	3	3.5	4	4.5	5
利率	0.035	0.019	0.020	0.004	0.023	0.002	0.041	0.037	0.046	0.041	0.025

续表

时点	0	0.5	1	1.5	2	2.5	3	3.5	4	4.5	5
贴现因子	1.000	0.991	0.981	0.979	0.968	0.967	0.948	0.931	0.910	0.892	0.881
互换价值	1.000	−0.008	−0.008	−0.015	−0.006	−0.016	0.003	0.001	0.005	0.002	−0.004

按照同样的思路可计算出所有路径的互换价值演变情况，绘制此前抽取的 10 条路径对应的互换价值路径，如图 8－7 所示。

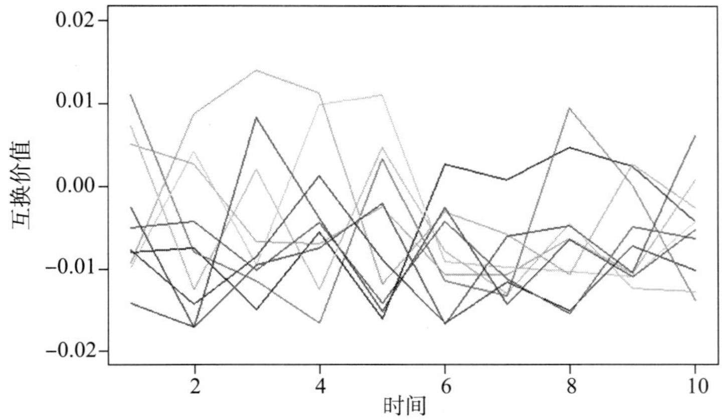

图 8－7　随机模拟场景对应的互换价值

计算潜在未来敞口。基于 CIR 模型随机模拟利率后，按照相同的方式根据利率互换收益支付模式计算每个时点的估值，对于每个估值时点所对应的 1 000 个估值结果从大到小排序，得到每个时点的 95%的置信区间下的潜在未来敞口，也就是第 50 个估值，将这些分位数连接起来，就可以得到利率互换的对手方信用风险潜在未来敞口的曲线。

计算净预期敞口，即在净额结算中最长到期日交易到期之前的任何特定未来日期风险敞口的期望水平（未来时点），可通过将每个估值时点所对应的 1 000 个估值进行平均得到。进一步可绘制两种风险敞口的时变情况，如图 8－8 所示。

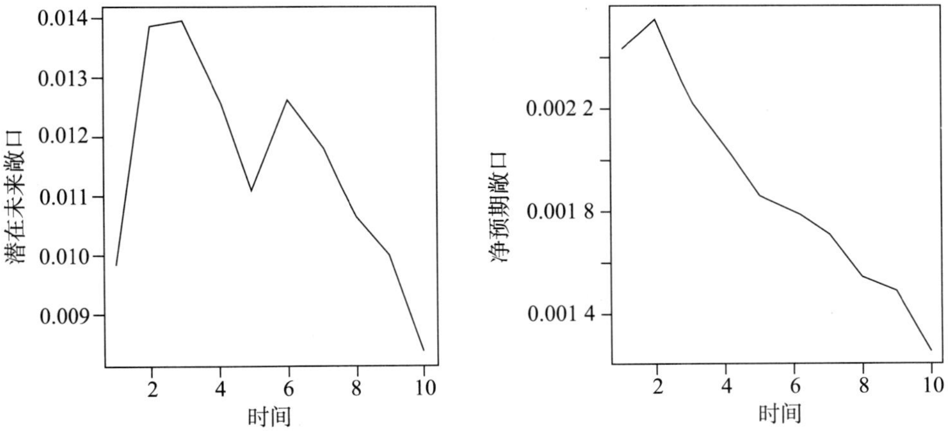

图 8－8　潜在未来敞口与净预期敞口

8.4 信用价值调整

8.4.1 信用价值调整和债务价值调整的定义

传统的衍生品交易和估值通常不考虑交易对手信用风险。通过资产定价基本定理，我们可以运用建立的模型和数值方法，计算出风险中性的衍生品价值。然而，在考虑交易对手可能出现信用违约的情况下，就需要对衍生品的价值进行调整，这就引入了信用价值调整（credit valuation adjustment，CVA）的概念。信用价值调整是对交易对手违约可能造成的预期损失的估计值。衍生品定价时需要将 CVA 加到无风险定价的价值上，得到考虑了交易对手违约风险后的衍生品价值。交易商需要从其资产负债表上的衍生品总价值中扣除所有交易对手的 CVA，且某个时间段内 CVA 总和的变化应包含在该时段的利润表中。

债务价值调整（debit valuation adjustment，DVA）是 CVA 的镜像。CVA 表示交易商 A 由于交易对手 B 可能违约而预期承担的损失，而 DVA 表示交易对手 B 由于交易商 A 可能违约而预期承担的损失，即交易对手的 CVA。如果对交易对手来说，DVA 是一项成本，那么对交易商来说，它应该是一项收益（因为衍生品交易是一种零和游戏，一方的收益就是另一方的损失）。这种收益的来源在于，如果交易商违约，它就不必再向对手支付未清偿衍生品的价值（如果没有违约，则支付仍然进行）。财务会计规则考虑了 CVA 和 DVA 的影响，将与交易对手的未清偿衍生品的账面价值计为

$$E_{\mathrm{nd}}-\mathrm{CVA}+\mathrm{DVA} \tag{8-8}$$

式中，E_{nd} 是不考虑任何一方的违约可能性时衍生品组合的价值。

CVA 的计算是基于交易对手信用风险敞口。考虑一笔衍生品交易，假设 A 是我方，B 是交易对手。在同时考虑双方违约的情况下，存在 B 违约和 A 违约的两个期权。B 从 A 获得的期权价值就是 B 违约时 A 的预期损失。

假设根据 8.3 节中的方法，计算在某个未来时刻 t 的交易对手风险预期敞口 $\mathrm{EE}(t)$。如果对手 B 违约，我们假设 A 能够回收的比例为 R_B，同时假设违约发生的时间为 τ。这时，我们可以用下面的公式描述损失的折现值：

$$L^{*}=1_{\{\tau\leqslant T\}}(1-R_B)\frac{B_0}{B_\tau}\mathrm{EE}(\tau) \tag{8-9}$$

式中，T 是合约的到期时间，$\frac{B_0}{B_\tau}$是贴现因子。

在考虑对手方违约风险的情况下，预期的损失是指在对手方违约的条件下无法收回的敞口价值。在计算 CVA 时，需要考虑对手方违约的概率。根据资产定价基本定理，可以使用以下公式计算连续条件下的 CVA：

$$\mathrm{CVA}=E^{Q}[L^{*}]=(1-R_B)\int_0^T\left[\frac{B_0}{B_\tau}\mathrm{EE}(\tau)\mid\tau=t\right]\mathrm{dPD}(0,t) \tag{8-10}$$

这里的 $\mathrm{PD}(s,t)$ 是从时刻 s 到 t 的风险中性的对手方违约的概率，这些概率可以通过信用违约互换（CDS）的报价或债券溢价得到（详见第 7 章），进而计算 CVA。

为了简化计算，我们不考虑风险敞口与违约之间的相关性，将 $0\sim T$ 时间区间划分成若干个小区间（例如，从现在到 1 个月，从 1 个月到 3 个月等），假定第 i 个时间区间起始为 t_{i-1}，结束为 t_i（$t_0=0$），并且假定时间段的数量为 n，则式（8－10）可以改写为如下的离散形式：

$$\mathrm{CVA}=\sum_{i=1}^{n}(1-R_B)q_iE_i \tag{8-11}$$

式中，q_i 是对手在第 i 个时间区间的风险中性违约概率；E_i 是在违约发生时，交易商对于交易对手在第 i 个时间区间中点值的净预期敞口 EE（考虑抵押品以后）的折现值；R_B 是交易对手 B 违约时无抵押债务的回收率。

假定净预期敞口与对手违约概率无关，对手在第 i 个时间区间违约所产生的预期损失的折现值为 $(1-R)q_iE_i$，因此整体预期损失即为 CVA。

违约概率估计是 CVA 计算的关键一环，通常可采用的估计方法有历史数据法、股权法和风险中性法。历史数据法基于交易对手的信用等级（内部评级/外部评级）、历史各信用等级的年化违约概率、评级迁徙情况，对交易对手未来的违约概率进行预测。股权法旨在从股市信息中估计违约概率，其中最为常见的是 Merton 模型。穆迪公司根据该模型开发了 KMV 方法，即首先估计公司资产的市场价值和波动性，确定违约距离作为违约风险的标准化衡量标准，再使用历史数据对违约距离进行校准，预测交易对手未来的违约概率。风险中性法则基于完备市场和风险中性的假设，违约概率 q_i 可以由交易对手公开发行的相同期限债券的信用利差进行简单估计。具体而言，假定 s_i 为交易对手对应时刻 t_i 的债券信用利差，则时刻 0 到 t_i 的平均风险率为

$$\lambda_i=\frac{s_i}{1-R_B}$$

所以，时刻 $0\sim t_i$ 的不违约概率为 $\mathrm{e}^{-\lambda t_i}$。因此，在第 i 个时间区间违约的概率为

$$q_i=\mathrm{e}^{-\lambda_{i-1}t_{i-1}}-\mathrm{e}^{-\lambda_i t_i}$$

或者为

$$q_i=\exp\left(-\frac{s_{i-1}t_{i-1}}{1-R_B}\right)-\exp\left(-\frac{s_it_i}{1-R_B}\right) \tag{8-12}$$

风险敞口 E_i 通常通过蒙特卡罗模拟法（见 8.3 节）计算得出。在风险中性世界中，我们模拟市场变量从时刻 0 到 T 的路径，这些模拟变量决定了交易商与交易对手的交易价值。在每次模拟抽样中，我们计算每个小时间段中点处交易商对交易对手的风险敞口，并计算这些敞口的均值。然后，对第 i 个区间的风险敞口均值进行贴现，得到 E_i 的估计。

在实践中，交易商可能与数千个对手进行交易，因此计算所有对手的风险敞口 CVA 较为复杂（见图 8－9），且对计算量提出了很大要求。为了确保计算的可行性，我

们需要对计算过程进行适当的近似。在实际应用中，计算交易组合未来价值的模型可能比计算当前价值的模型更简单，或者比生成标的变量未来分布的模型更简单。

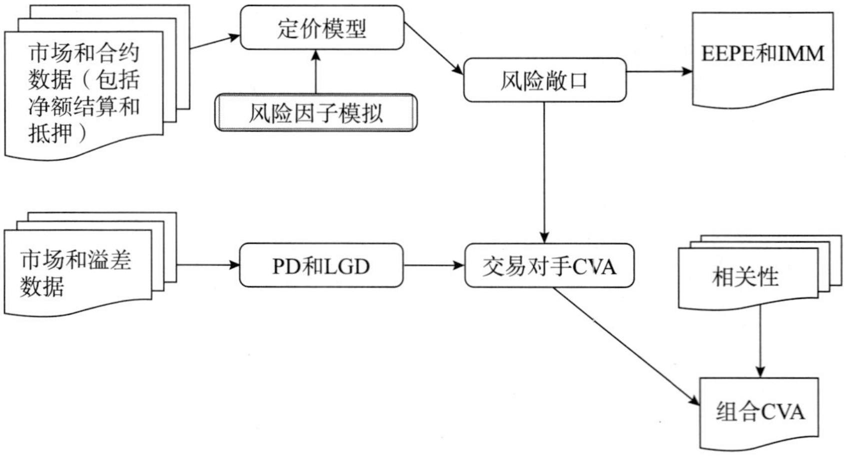

图 8-9 衍生品组合 CVA 的计算流程

此外，由于违约概率的估计过程相对复杂，且需要较大量的连续数据，因此 CVA 的计算并不容易。为了进一步简化计算方式，部分金融机构开始采用近似法来直接计算点差形式的 CVA。该方法可将交易对手违约风险直观地切分为信用利差和预期正敞口（EPE），其计算公式为

$$CVA_{spread}=Credit_{spread}\times EPE$$

式中，EPE 等于合约期内预期敞口各时段的均值。该公式假设预期敞口为常数并等于当前到到期日的敞口均值。

例 8-2 从彭博数据库中获取 10 家公司的 5 年期 CDS $Credit_{spread}$，根据模拟路径的风险敞口计算结果，EPE=0.001 9，可计算各公司的 CVA，得到的结果如表 8-2 所示。

表 8-2 各公司点差 CVA 对比

公司	信用利差	CVA
Ally Financial Inc.	300.65	0.570
Lincoln National Corp.	281.85	0.534
Bank of America Corp.	97.18	0.184
Goldman Sachs Group Inc.	91.73	0.174
Citigroup Inc.	83.22	0.158
American International Group Inc.	74.52	0.141
JPMorgan Chase	68.54	0.130
American Express Co.	40.96	0.078
Allstate Corp. /THE	29.07	0.055
Chubb Ltd.	28.77	0.055

我们可以采用与计算 CVA 同样的方式来计算 DVA。将式（8-11）中交易对手违约时的回收率 R_B 替换为交易商本身违约时的回收率，就计算 DVA，其中，E_i 是在第 i 个区间中点上交易对手对交易商的风险敞口的当前价值，q_i 为交易商在第 i 个时间区间的违约概率。类似于计算交易商对交易对手的净风险敞口的方法，我们在考虑交易商提供的抵押品后，也可以计算出交易对手对交易商的净风险敞口。

8.4.2　一些计算 CVA 的简单例子

下面说明几类常见衍生品的 CVA 的计算示例。

1. 价值为正的单笔交易

首先假设一个交易商与一个交易对手进行了一笔衍生品交易，该交易对交易商的价值始终为正，对交易对手的价值始终为负（例如，交易商从对手处买入期权）。我们假设该交易没有抵押品，并且衍生品的最终回报只在产品到期日获得。

在将来任意时刻，交易商对交易对手的违约风险敞口等于衍生品的价值 V_t，因此，在 t_i 时刻的预期敞口的贴现值（记为 E_i）等于衍生品在 t_i 时刻预期价值的贴现值。这是因为我们假定在期满之前交易没有任何收益，交易在 t_i 时刻预期价值的贴现值等于产品的当前价值。

决定 E_i 的市场变量包括利率、汇率、大宗商品价格等。计算风险敞口对这些变量的敏感度可能需要耗费较长时间。例如，当计算 CVA 对于汇率的敏感性（delta）时，我们需要不断调整汇率大小并重新计算 CVA。

因此，计算 CVA 的式（8-11）变为

$$\mathrm{CVA}=(1-R_B)E_0\sum_{i=1}^{n}q_i$$

式中，E_0 是在假设交易对手不会违约的前提下的衍生品价值。假定 E_0^* 为将对手违约可能性考虑在内的衍生品价值：$E_0^*=E_0-\mathrm{CVA}$。将 CVA 代入可得

$$E_0^*=E_0\left[1-(1-R_B)\sum_{i=1}^{n}q_i\right] \tag{8-13}$$

这意味着在这一情形下，对手违约对于衍生品价值的影响是将其价值按一定的比率缩小，这里的比率如式（8-13）所示，等于累计风险中性违约概率减去 1 与回收率之差。

我们现在考虑一只由交易对手发行的无抵押零息债券，债券在 T 时刻支付 1 000 美元。定义 B_0 为无违约风险时的债券价格，B_0^* 为债券的实际价格。假定在违约时，债券的支付优先权与衍生品的支付优先权等同，因此，违约时衍生品的回收率等于债券的回收率，类似于式（8-13），我们可以得出

$$B_0^*=B_0\left[1-(1-R_B)\sum_{i=1}^{n}q_i\right] \tag{8-14}$$

由式（8－13）和式（8－14）得出

$$\frac{E_0^*}{E_0}=\frac{B_0^*}{B_0} \tag{8-15}$$

如果 y 为 T 时刻到期的无风险零息债券的收益率，y^* 为 T 时刻到期的由衍生品交易对手发行的零息债券收益率，即 $B_0=\mathrm{e}^{-yT}$，$B_0^*=\mathrm{e}^{-y^*T}$，式（8－15）给出

$$E_0^*=E_0\mathrm{e}^{-(y^*-y)T} \tag{8-16}$$

式（8－16）说明，衍生品的价格等于无风险的衍生品价格以 y^*-y 的信用利差进行贴现。

例 8－3 考虑某公司在场外市场卖出的一个 3 年期的期权，在无违约的前提下，期权价值为 3 美元。假定由该公司发行的 3 年期零息债券的收益率比相应的无风险利率高 1.5%，期权的实际价值为

$$3\mathrm{e}^{-0.015\times 3}=2.87(\text{美元})$$

2. 单一远期交易

假设交易商 A 与交易对手 B 之间进行了一笔远期交易，其中交易商要在将来 T 时刻以固定价格 K 买入资产，假定在交易中没有抵押品。记资产在今天的远期价格为 F_0（在今天为已知），在 t（$t\leqslant T$）时刻的远期价格为 F_t（在今天为未知），则远期价格在 t 时刻的价值为

$$(F_t-K)\mathrm{e}^{-r(T-t)}$$

式中，r 为无风险利率（假定为常数）。在 t 时刻的风险敞口为

$$\max\{(F_t-K)\mathrm{e}^{-r(T-t)},0\}=\mathrm{e}^{-r(t-T)}\max\{F_t-K,0\} \tag{8-17}$$

合约的违约风险敞口折现值等于在 t 时刻支付收益 $\max\{F_t-K,0\}$ 的衍生品的贴现值，该衍生品为关于远期价格的看涨期权，由 Black-Scholes 公式可得该衍生品在 t 时刻的价值为

$$\mathrm{e}^{-rt}(F_0N(d_1)-KN(d_2))$$

式中，$d_1=\dfrac{\ln(F_0/K)+\sigma^2t/2}{\sigma\sqrt{t}}$，$d_2=\dfrac{\ln(F_0/K)-\sigma^2t/2}{\sigma\sqrt{t}}$，$\sigma$ 为资产远期价格的波动率。

因此式（8－11）中的 E_i 满足

$$E_i=\mathrm{e}^{-rT}[F_0N(d_{1,i})-KN(d_{2,i})]$$

式中

$$d_{1,i}=\frac{\ln(F_0/K)+\sigma^2t_i/2}{\sigma\sqrt{t_i}}$$

$$d_{2,i}=\frac{\ln(F_0/K)-\sigma^2 t_i/2}{\sigma\sqrt{t_i}}$$

例 8-4 假设一家航空公司和一家石油公司进行了一笔关于石油的远期交易。远期合同规定，两年后，航空公司以每桶 60 美元的价格购买 2 500 万桶石油，而石油的远期价格为每桶 64 美元。石油公司在第一年的违约概率为 2%，在第二年的违约概率为 3%。我们假设石油公司违约的时间发生在每年的年中。无风险利率为每年 5%。金融机构预测石油公司违约时的回收率为 30%。在石油远期合约的两年期满期间，远期价格的波动率为 20%。

在这一情形下

$$E_1=2\ 500\times e^{-0.05\times 2}[64N(d_{1,1})-60N(d_{2,1})]$$

式中

$$d_{1,1}=\frac{\ln(64/60)+0.2^2\times 0.5/2}{0.2\sqrt{0.5}}=0.527\ 1$$

$$d_{2,1}=\frac{\ln(64/60)-0.2^2\times 0.5/2}{0.2\sqrt{0.5}}=0.385\ 6$$

由此得出 $E_1=13\ 237.92$ 万美元，进而

$$E_2=2\ 500\times e^{-0.05\times 2}[64N(d_{1,2})-60N(d_{2,2})]$$

式中

$$d_{1,2}=\frac{\ln(64/60)+0.2^2\times 1.5/2}{0.2\sqrt{1.5}}=0.386\ 0$$

$$d_{2,2}=\frac{\ln(64/60)-0.2^2\times 1.5/2}{0.2\sqrt{1.5}}=0.141\ 0$$

由此得出 $E_2=18\ 664.52$ 万美元。

其他变量的取值为 $q_1=0.02$，$q_2=0.03$，以及石油公司的回收率 $R_B=0.3$，因此

$$\text{CVA}=(1-0.3)\times(0.02\times 13\ 237.92+0.03\times 18\ 664.52)=577(\text{万美元})$$

在没有违约假设下，远期合约的价值为（$160\ 000-150\ 000)e^{-2\times 0.05}=9\ 048$ 万美元；将对手违约考虑在内，远期合约的价值为 $9\ 048-577=8\ 471$ 万美元。

可以将此例推广到矿业公司的违约发生更为频繁的情形。

3. 利率互换与货币互换

接下来，我们考虑交易商与某个交易对手进行的一笔互换交易。在这个例子中，我们假设市场风险保持不变，而交易商未来的整体风险敞口将取决于互换交易的类型。在 8.3 节的例子中，我们介绍了利率互换的风险敞口的模拟。

图 8-10 对比了利率互换和货币互换两种情况下的未来整体预期敞口。利率互换的预期敞口起初为零，随着时间的推移逐渐增加，最后下降；而货币互换的预期敞口则与

之形成对比，随着时间的推移持续增加。利率互换和货币互换的预期敞口之间存在差异的原因是，货币互换涉及最终面值的交换，而面值交换时的汇率具有较大的不确定性。因此，货币互换交易受到对手违约风险的影响要远远大于利率互换交易。

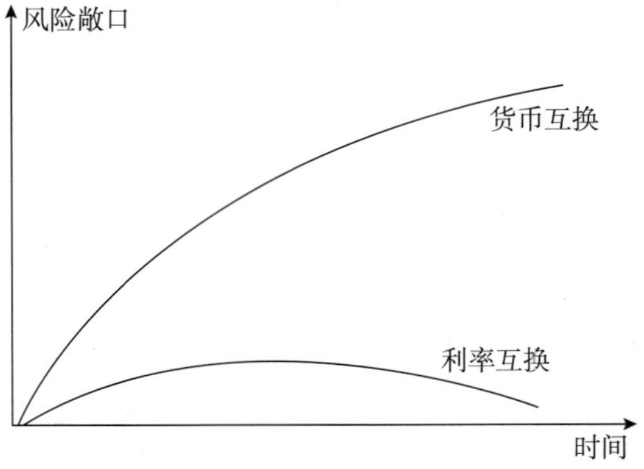

图 8-10　利率互换与货币互换的预期敞口比较

8.4.3　CVA 风险

针对每个交易对手，交易商都需要计算 CVA。实际上，CVA 本身也可以视为一种衍生品，而且相对于交易对手之间的其他产品来说更为复杂，这是因为 CVA 取决于交易商与交易对手之间所有产品的净价值。当 CVA 增加（减少）时，交易商报告的净收益也会增加（减少）。正因为如此，许多交易商会像对待其他衍生品一样谨慎地对冲 CVA，这意味着交易商需要计算 CVA 的希腊值（delta、gamma、vega）。

决定 E_i 的市场变量包括利率、汇率、大宗商品价格等。计算这些变量对 CVA 的希腊值可能需要花费相当长的时间。例如，在计算 CVA 对汇率的敏感性（delta）时，我们需要扰动汇率并重新计算 CVA。

决定 q_i 的变量为交易对手的信用利差，利差大小与期限有关，由式（8-11）和式（8-12）知

$$q_i=\exp\left(-\frac{s_{i-1}t_{i-1}}{1-R_B}\right)-\exp\left(-\frac{s_it_i}{1-R_B}\right)$$

$$\mathrm{CVA}=\sum_{i=1}^{n}(1-R_B)q_iE_i$$

利用 delta-gamma 近似，当信用利差的期限结构曲线平移 Δs 时（假定其他决定 E_i 数量的市场变量不变），可得相应的 CVA 变化为

$$\Delta(\mathrm{CVA})=\sum_{i=1}^{n}\left[t_i\exp\left(-\frac{s_it_i}{1-R_B}\right)-t_{i-1}\exp\left(-\frac{s_{i-1}t_{i-1}}{1-R_B}\right)\right]E_i\Delta s$$
$$+\frac{1}{2(1-R_B)}\sum_{i=1}^{n}\left[t_{i-1}^2\exp\left(-\frac{s_{i-1}t_{i-1}}{1-R_B}\right)-t_i^2\exp\left(-\frac{s_it_i}{1-R_B}\right)\right]E_i(\Delta s)^2 \tag{8-18}$$

一旦确定了风险敞口 E_i，以上计算就非常简单。

根据《巴塞尔协议Ⅲ》中的高级方法，交易商需要利用式（8－18）来计算由信用利差平移引发的市场风险，并将相应的风险考虑在市场风险资本金中。然而，《巴塞尔协议Ⅲ》并未要求资本金考虑决定 E_i 变化的其他市场变量发生变化时可能引发的风险，这可能是因为该过程过于复杂。

一些先进的交易商可以量化 E_i 的风险，因此对该条款颇有微词。因为如果对 E_i 的风险进行对冲，将导致资本金的增加。这是因为在计算市场风险资本金时，对冲交易会被考虑进去，而 CVA 对于市场风险因素（即信用利差平移以外的风险因素）的敞口却被忽略了。

在 CVA 和 DVA 的计算中，通常会使用交易的市场中间价来考虑敞口（当违约发生时，需要对市场中间价进行调整，调整幅度为买卖价差（bid-ask spread）的一半，以得出索偿的数额）。

8.4.4　新交易的影响

当交易商与一个交易对手商谈一笔新的衍生品交易时，这笔新交易会影响 CVA 的大小，其中新交易的价值与已有交易的价值之间的相关性将起到关键作用。如果相关性是正的，那么新交易会导致 CVA 增大；如果相关性是负的，那么新交易会导致 CVA 减小。

举个例子，假设交易商和交易对手之间只有一笔 5 年期的外汇远期交易，其中交易对手是买入外汇。现在，如果交易对手有兴趣再进行一笔 3 年期的同币种外汇远期交易，那么交易商给出的价格的竞争性将取决于新交易中交易对手是买入外汇还是卖出外汇。如果交易对手希望买入外汇，新增的 3 年期交易会导致交易商的 CVA 增大（这会降低交易商的收入），因此新交易对交易商的吸引力会降低。相反，如果交易对手希望卖出外汇，那么新交易会与已有交易相互抵消，从而降低交易商的 CVA（这样的新交易对交易商更具吸引力）。

因此，交易商在考虑新交易时需要综合考虑 CVA 的影响，并根据交易对手的意向和已有交易的相关性来决定最终的条款。

现在有一种高效的方法来计算 CVA 的增量。具体步骤如下：

（1）使用蒙特卡罗模拟方法生成市场变量的路径，并记录每条路径上交易组合的价值。

（2）当考虑一笔新交易时，我们可以利用已记录的市场变量取值，并基于这些市场变量计算新交易的未来价值。这样，对于未来的任意时刻，我们可以确定在之前生成的蒙特卡罗模拟路径上，新交易对交易组合的未来价值的附加效应。

（3）基于记录的路径，我们还可以计算每条蒙特卡罗模拟路径上新交易对于未来风险敞口的附加效应。

（4）通过计算风险敞口附加效应的均值，并利用式（8－18），我们可以得到 CVA 的增量效应。

当引入一笔新交易时，其价值与交易商和该对手之间的其他交易存在正相关性或负相关性。为了计算 CVA 增量，我们可以利用之前记录的市场变量，并基于这些变量来计算新增交易的未来价值，从而确定新增交易对交易组合在未来每条路径上的附加效应。

为了说明计算过程，假设交易商与某交易对手的交易组合价值与石油价格相关。在 CVA 的模拟计算过程中，考虑到 2.5 年的时点，在某次（如第 600 次）抽样中，石油价格为每桶 80 美元，投资组合的价值为 240 万美元。假设没有抵押品，这个价值也代表风险敞口。如果 2.5 年对应第 20 个模拟时间点的中间值，那么E_{20} 就等于第 2.5 年的价值（即 240 万美元）贴现后的值，假设贴现值为 230 万美元。

假设在完成 CVA 计算后不久，交易商与交易对手进行一笔新的交易，其价值与石油价格相关。在所有关于石油价格的模拟路径上，我们需要对这笔新增交易进行定价。假设在第 600 次模拟路径上，在第 2.5 年（石油价格为 80 美元/桶），新增交易的价值为－420 万美元。这意味着在第 600 次模拟路径上，在 2.5 年的时点上，将新增交易纳入交易组合后，交易组合的价值从最初的 230 万美元减少至－190 万美元，因此风险敞口减至零，新的 E_{20} 的取值也为零。因此，新交易的效果是将 E_{20} 的值减小了 230 万美元。类似的计算可以在所有模拟路径和时点上进行。

通过对所有模拟路径的计算，我们可以得到 E_{20} 变化的均值 ΔE_{20}，以及其他 ΔE_i 的类似计算方法。进一步，可以通过以下公式来估计新交易对现有交易组合的附加效应：

$$\sum_{i=1}^{n}(1-R)q_i\Delta E_i$$

8.4.5 补救期的影响

在实际交易中，交易商通常还面临着一个补救期（cure period），也称为风险边际期（margin period of risk）。补救期是指当交易对手停止支付抵押品后，交易商消除风险敞口所需的时间。补救期的结束时间称为平仓时刻（unwind date）。

交易商可以采取多种方式来消除风险敞口，比如进行新的交易来替代原始交易（即交易对手停止支付抵押品的交易），或者平仓对冲交易，还有一种方式是将以上两种方法混合使用。市场上通常采用的补救期一般介于 10～25 天。

由于补救期的存在，即使 A 方和 B 方签署了合约标准主协议并将 B 方的无抵押界定为零，A 方也面临信用风险。这是因为在补救期内，交易的价格走势可能对 A 方更有利，从而导致无抵押风险敞口的存在。在补救期内，A 方仍然需要考虑对手方信用风险的可能影响。

通过蒙特卡罗模拟计算潜在未来敞口时需要考虑补救期 c 的影响。假定第 i 个时间区间的中点值为t_i^*，即 $t_i^*=(t_{i-1}+t_i)/2$，$i=1,2,\cdots,n$，计算潜在未来敞口时既要考虑交易在 t_i^* 的价值，也要考虑交易在 t_i^*-c 的价值。在每次模拟过程中，交易在 t_i^*-c 的价值与 CSA 条款结合起来，用来确定在 t_i^* 时刻持有的担保品的价值。然后通过式（8-13）可求得 t_i^* 时刻的风险敞口值。下面的例子对计算过程进行了说明。

例 8-5 假设一家银行 A 和某个客户 B 之间的协议要求双边、零起点金额提供抵押品。根据协议的规定，任何交易日 t，A 方提供给 B 方的抵押品数量应等于

$\max\{V_t, 0\}$，即所有未清偿交易对另一方的价值。这里，补救期为 20 天。这意味着在发生违约时，A 方提供给 B 方的抵押品的价值等于 $\max\{V_{t-20}, 0\}$，其中 V_{t-20} 表示交易组合在 20 天内对 B 方的价值。补救期的长度决定了银行在计算 CVA 时使用的时间段，而 τ 表示该时间段的中点值。

在某次模拟实验中，根据给定的数据和情况，我们可以得出以下结论：

（1）τ 时刻未清偿交易组合对银行的价值为 50，而 20 天前的价值为 45。当对手在 τ 时刻违约时，银行持有的抵押品的价值为 45。因此，银行的敞口为 5，即衍生品交易价值中未被担保的部分。

（2）τ 时刻未清偿交易组合对银行的价值为 50，而 20 天前的价值为 55。因此，在这种情况下，我们认为银行持有足够的抵押品，风险敞口为零。

（3）τ 时刻未清偿交易组合对银行的价值为 -50，而 20 天前的价值为 -45。在这种情况下，当对手在 τ 时刻违约时，银行提交给交易对手的抵押品价值低于 50。因此，银行的敞口为零。

（4）τ 时刻未清偿交易组合对银行的价值为 -50，而 20 天前的价值为 -55。在这种情况下，当对手在 τ 时刻违约时，我们认为银行 20 天前提交给交易对手的价值 55 的抵押品不会被返还。因此，银行的敞口为 5，即抵押品价值超出衍生品价值的部分。

参考文献及扩展阅读

[1] McNeil，A. J.，Frey，R.，Embrechts，P. Quantitative risk management：concepts，techniques and tools. Princeton：Princeton University Press，2015.

[2] Basel Committee on Banking Supervision.（2010）. Basel III：a global regulatory framework for more resilient banks and banking systems. www. bis. org/publ/bcbs189_dec2010. pdf.

[3] Canabarro，E. and Duffe，D.（2003）. Measuring and Marking Counterparty Risk. New York：Institutional Investor Books.

[4] Crouhy，M. G.，Jarrow，R. A.，Turnbull，S. M.（2008）. The subprime credit crisis of 2007. Journal of Derivatives，16：81 - 110.

[5] Gregory，J. Counterparty credit risk：the new challenge for global financial markets. 2nd edition. Hoboken，NJ：John Wiley & Sons，2012.

[6] Hull，J. and White，A.（1995）. The impact of default risk on the prices of options and other derivative securities. Journal of Banking and Finance，19：299 - 322.

[7] Pengelley，M.（2011）. CVA melee. Risk，24(2)：37 - 39.

[8] Picault，E.（2005）. Calculating and hedging exposure，CVA，and economic capital for counterparty credit risk. London：RiskBooks.

[9] Sokol，A.（2010）. A practical guide to Monte Carlo CVA. London：Risk Books.

[10] 巴曙松，刘晓依，朱元倩. 巴塞尔Ⅲ：金融监管的十年重构. 北京：中国金融出版社，2019.

[11] 杨军. 风险管理与巴塞尔协议十八讲. 2 版. 北京：中国金融出版社，2020.

[12] 约翰·赫尔. 风险管理与金融机构：第 5 版. 王勇，董方鹏，张翔，译. 北京：机械工业出版社，2021.

第 9 章

操作风险

9.1 操作风险管理概述

在企业和金融机构面临的威胁中，操作风险从古至今都是重大风险之一。银行一直不得不随时防范其面临的威胁，如银行抢劫、计算机系统遭受网络攻击以及信用卡欺诈等。但直到 20 世纪 90 年代初，它还没有被视为一类独立的风险类型，也没有达到专业化和专门化管理的程度，很少有银行试图对其面临的操作风险规模赋予具体的经济数值。

20 世纪 90 年代以后，人们逐渐意识到，银行遭受的许多重大损失都是操作风险损失，而不是信用风险损失或市场风险损失。例如，1995 年英国巴林银行和 2008 年法国兴业银行交易员导致的损失，2011 年瑞士银行发生的类似事件，2012 年摩根大通的“伦敦鲸”事件，等等。

目前银行及其他金融机构花费了大量精力构建管理企业层面操作风险的广泛框架，并试图将操作风险与防止非预期损失的风险资本直接联系起来。不过，银行和保险监管机构对操作风险的量化认识存在差异。《巴塞尔协议Ⅱ》已经要求银行对操作风险计算风险资本金，这促使银行加大了在操作风险度量及管理等方面的投入。我国保险公司的“偿二代”仅要求保险公司在第二支柱基础上，防范操作风险、战略风险、声誉风险和流动性风险四类难以资本化的风险。

9.1.1 操作风险管理的定义与分类

由于性质复杂、诱发因素多、覆盖范围广以及具体业务和机构组织架构密切相关等原因，长期以来，无论是金融机构本身还是监管当局，都对操作风险缺乏一致的看法和统一的定义。1998 年，英国银行家协会（BBA）等国际金融组织对全球 55 家金融机构发起了联合调查，并于 1999 年发布了名为《操作风险管理》的调查报告。该报告首次提出了共同的核心定义，即“由不足够的或失败的内部流程、人员和系统或外部事件造成的直接或间接损失的风险”。由于业界对业务风险（business risk）和战略风险（strategic risk）是否纳入其中缺乏共识，因此该定义包括法律风险，但没有包括业务风险和战略风险。这一业界定义在 2001 年发布的《巴塞尔协议Ⅱ》第二份征求意见稿和 2004 年发布的正式稿中都得到了采用。随着《巴塞尔协议Ⅱ》在全球金融行业的广泛传播，操作风险的这一定义也被更加广泛地接受和使用。

监管机构将操作风险分为四类（见表 9-1)，分别指由雇员、系统、流程和外部事件所引发的风险，并由此分为七种表现形式：内部欺诈，外部欺诈，聘用员工做法和工作场所安全性，客户、产品及业务做法，实物资产损坏，业务中断和系统失灵，交割及流程管理。这一定义不仅包括内部风险，也包括外部风险。内部风险是公司可以控制的风险，例如公司可以选择自己的雇员，可以选择计算机系统，可以建立自己的风险控制政策，等等。外部风险是外部事件导致的风险，包括某种自然灾害（例如影响银行运作的火灾及地震等)、政治及监管风险（例如一家公司在某个国家被勒令停业)、安保体系被侵犯等。

表 9-1 操作风险的分类

内部风险			外部风险	
雇员风险	流程风险	系统风险		
雇员冲突/欺诈	会计错误	数据质量	法律	火灾
雇员失误	能力风险	程序错误	洗钱	自然灾难
雇员违法行为	合同风险	安全漏洞	外部采购	物理安全
雇主义务	不适当出售/合理性风险	战略风险（平台/供应者）	政治	恐怖主义
就业法	产品复杂性	系统容量	监管	盗窃
健康和安全	项目风险	系统兼容性	供应商风险	
罢工	报告错误	系统支付	缴税	
知识/技能缺乏	结算/支付错误	系统失败		
关键职员流失	交易错误	系统不合理性		
	估价错误			

资料来源：英国银行家协会的统计。

操作风险损失与保险公司的损失类似。保险公司面临的一些风险事件具有“小概率、大损失”的特性，这些事件包括台风、地震及其他自然灾害。与此类似，银行面临的操作风险也具有“小概率、大损失”的特性。但这两种风险之间存在明显区别：当保险公司因为某种自然灾害遭受了很大损失时，这一自然灾害可能影响了保险业中所有公司，下一年的保险费可能会飞涨，以弥补损失。而操作风险可能只影响某一家银行，由于行业竞争激烈，银行在下一年度往往不敢增加服务收费以弥补上一年的损失。尽管如此，操作风险的量化方法仍在很大程度上源于保险的精算方法。

9.1.2 操作风险量化方法和数据难题

操作风险不像市场风险和信用风险那样易于精确度量，这是因为数据源有限，且现有数据表现出高度的不均匀和不稳定的统计特征。但由于《巴塞尔协议Ⅱ》的要求，已有评估操作风险监管资本金的方法被各国银行投入使用，各种评估方法可以大致归纳为从上至下模型（top-down models）和从下至上模型（bottom-up models）两种。

1. 从上至下模型

这类方法试图使用最广泛层面上的数据，即公司范围或行业范围的数据来度量操作风险。度量的结果将用于计算缓冲风险所需保留的资本数额。这些资本将在各业务部门进行分配。这类模型适用于规模较小的银行，对数据要求较低，使用较少的外部数据就可以对操作风险做出估计，但是得到的结果较不准确。使用这种思路建立的基本方法有两种：基本指标（BI）法和标准法。

在基本指标法下，银行必须将占过去三年平均收入固定百分比 α 的资本作为操作风险资本。任何一年的年度总收入如果为负或为零，就应在计算平均值时将其从分子和分母中剔除。在基本指标法下，第 t 年的风险资本为

$$\mathrm{RC}_{\mathrm{BI}}^{t}(\mathrm{OR})=\frac{1}{Z_t}\sum_{i=1}^{3}\alpha\cdot\max\{\mathrm{GI}^{t-i},0\} \tag{9-1}$$

式中，$Z_t=\sum_{i=1}^{3}I_{\{\mathrm{GI}^{t-i}>0\}}$ 和 GI^{t-i} 代表第 $t-i$ 年的总收入，包含净利息收入和净非利息收入两部分。值得注意的是，操作风险的风险资本是按年计算的。基本指标法给出了一个相对直接、与公司规模相关、通用的风险资本。基于不同的定量研究，巴塞尔银行监管委员会建议 $\alpha=15\%$。

在标准法下，银行的业务分为八条业务线：银行融资部、交易销售部、零售银行、商业银行、支付结算、代理服务、资产管理和零售经纪。在每条业务线内，总收入可以宽泛地作为代表业务规模和操作风险敞口的指标。每条业务线被分配的风险资本等于总收入乘以资本系数（称为 β）。《巴塞尔协议Ⅱ》中的标准法要求先加总每一业务类别的风险资本，然后对过去三年内的计算结果求平均，最终结果即为操作风险资本金。

$$\mathrm{RC}_{\mathrm{S}}^{t}(\mathrm{OR})=\frac{1}{3}\sum_{i=1}^{3}\max\Big\{\sum_{j=1}^{8}\beta_j\mathrm{GI}_j^{t-i},0\Big\} \tag{9-2}$$

表 9-2 展示了不同业务类别所对应的 β 因子。

表 9-2 标准法中的 β 因子

业务类别	β 因子（%）
银行融资部	18
交易销售部	18
零售银行	12
商业银行	15
支付结算	18

续表

业务类别	β 因子（%）
代理服务	15
资产管理	12
零售经纪	12

然而，巴塞尔银行监管委员会后来对分摊在业务线之间的指标系数测量风险特性时发现：八条业务线之间并没有统计上的差别。而且基于当前监管框架的业务线的风险等级划分似乎存在缺陷，随着改变业务线构成和管理方式的新产品、新市场渠道的出现，现行框架内业务线的定义对很多银行都不再适用。《巴塞尔协议Ⅲ》的新标准法不再区分适用不同业务线的资本系数 β_i（现行标准法），也不再差别使用现行基本指标法中的固定资本系数 α（见式（9－1））。例如，2023 年我国国家金融监督管理总局要求银行的操作风险的资本要求（KTSA）① 等于

$$\text{KTSA}=\text{BIC}\times\text{ILM} \tag{9-3}$$

式中，BIC 为业务指标部分，等于商业银行的业务指标（BI）乘以对应的边际资本系数 α_i，即 BIC＝BI×α；ILM 为内部损失乘数。业务指标是衡量银行规模的新指标，代替了指标法中的总收入（GI）。业务指标为三部分之和，即利息、租赁和分红部分（ILDC），服务部分（SC），金融部分（FC）。相比原总收入的两个分类（即净利息收入与净非利息收入），业务指标可以更全面地覆盖、反映银行的业务规模，进而提升资本计量的全面性。

固定资本系数 α 采用分层累进的计算方法（见表 9－3），目的是平缓规模变化带来的资本计量结果的断崖式效应。

表 9－3　边际资本系数

区间	业务指标（BI）范围	边际资本系数 α
1	BI≤80	12%
2	80＜BI≤2 400	15%
3	BI＞2 400	18%

新标准法在计算过程中引入内部损失乘数 ILM，建立资本计量结果与操作风险敞口之间的关联关系，从而提升监管资本准确度和风险敏感性。ILM 主要由内部损失数据计算得到，具体公式如下：

$$\text{ILM}=\ln\left(\exp(1)-1+\left(\frac{\text{损失成分}}{\text{BIC}}\right)^{0.8}\right) \tag{9-4}$$

式中，指数常数 exp(1) 的作用是使银行平均的内部损失乘数为 1。如果银行的平均损

① 参见国家金融监督管理总局 2023 年 9 月 8 日发布的《商业银行资本管理办法》。

失高于（低于）行业平均水平，其内部损失乘数将大于（小于）1。经计算可得最小内部损失乘数为 ln 1.718，即 0.541。式（9－4）中指数 0.8 的作用是缩小损失成分 LC（即过去 10 年操作风险损失算术平均值的 15 倍）相对于业务指标部分 BIC（即采用边际资本系数折算后的业务指标）的占比变化对资本计量结果的影响，可视为一种量化测算得到的折扣系数，避免 LC 增加时过度计提资本，同时避免 LC 减少时过度减计资本。

2. 从下至上模型

该类方法是从单个业务部门或过程的层面入手，然后将度量结果汇总来判断机构面临的风险情况。这类方法最大的优点是有利于更好地理解操作风险的成因。按照这种思路建立的度量模型统称为内部模型法（IMA）或高级计量法（AMA），主要包括损失分布模型、情景分析、因素分析模型、贝叶斯网络模型等。这类模型不但要求有对操作风险损失事件的完善的记录，还要求有很多其他企业内部的经营数据，当然使用这类模型得到的结果也更准确一些。

在量化操作风险时，银行必须建立衡量敞口的适当指标、使用内部操作损失与行业操作损失的最新数据库、设计合理的情景分析，以及深刻了解影响其业务的关键风险要素。图 9－1 显示了银行如何用这些工具计算操作风险在险价值。我们稍后将在 9.2 节介绍损失分布法的详细过程。如果银行的操作风险状况发生显著变化（例如，在采用新系统或提供新服务后发生显著变化），银行就应该重新评估操作风险。

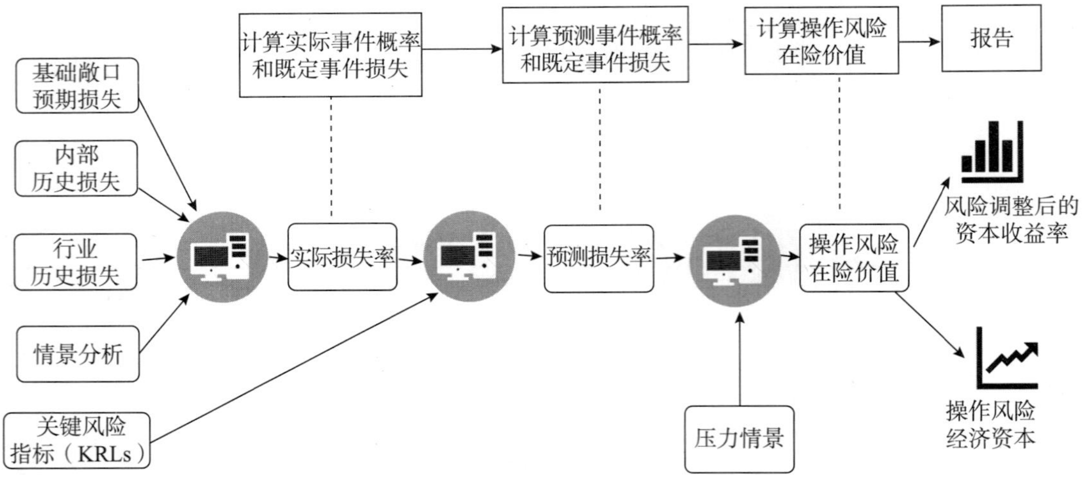

图 9－1 从风险分析工具到操作风险经济资本

量化操作风险面临的主要困难是损失数据的缺乏和数据质量不高。银行主要依赖的损失数据来源包括内部数据库和外部数据源。内部数据库反映了机构的真实控制环境，是银行进行操作风险量化的重要依据，其质量和内含的风险信息都要优于其他数据来源。然而，内部数据的数据量可能较少。由于多数发生过操作风险事件的银行依然继续经营业务，因此内部数据存在幸存者偏差（survivorship bias）问题，也没有足够的极端损失数据。而这些极端事件在极值损失的建模中非常关键。为了解决这个问题，银行需要使用外部数据（external data），主要来自外部公开的和外部数据协会提供的损失数据源。[1] 外部数据源扩充了银行用来估算损失的数据量。使用它的好处是，银行可以借此将那些没有发生在自己内部但已经发生在其他银行的损失纳入考虑范围。但这些数据同样具有缺陷：一是其他银行的标准和控制系统可能无法与使用数据的银行相匹配，银行还需根据自身规模进行适当的调整；二是报告损失数据的银行可能不愿揭露它们的弱点，特别是对于融资部门的外部诈骗和交易及销售部门的内部诈骗所造成的损失；三是只有大的损失才会被披露，而且损失越大，被公开报道的可能性就越高。这就造成了数据收集偏差（data capture bias）：数据库只记录损失超过最低水平的数据。因此，在估计这类数据分布时，需采用处理截断数据的统计方法。

此外，量化操作风险损失还需根据不同极端情景补充数据源，通常由业务和风险管理方面的专家根据其经验对一定期限（如一年）内在一定的置信水平下（如99%）下金融机构遭受的损失进行主观评估，这些极端情景通常代表了可能发生的大损失，而这些大损失可能不会出现在内部或外部数据中。

在金融危机之后，许多操作风险事件损失远超过监管机构规定的操作风险资本，这表明有必要加强资本要求。而高级计量法过于复杂，以及银行操作风险要求之间缺乏可比性，这促使巴塞尔银行监管委员会要求银行放弃操作风险的内部模型法，用标准法取代所有方法（BCBS，2016-2）。这也是《巴塞尔协议Ⅲ》的重大改革之一（BCBS，2017）。

9.1.3 操作风险管理策略与方法

操作风险与市场风险和信用风险的本质区别在于操作风险对金融机构和企业没有任何好处，它来自日常运营的错误，因此操作风险管理实际上是一个质量控制问题，应通过制定严格的风险控制系统和风险管理策略来尽可能地降低操作风险。近些年国际上金融机构风险管理的实践表明，金融业界对操作风险管理框架的基本构成要素逐渐有了共识，它包括一套相互整合的过程、工具和缓释策略，其中有必不可少的八个关键要素。这些要素包括根据一致认同的术语制定政策、识别风险、设计商业流程图、建立最佳实务衡量方法、提供敞口管理、培养及时报告能力、进行风险分析（包括压力测试）、将经济资本作为操作风险的函数进行分配。这些关键要素与稳健的操作风险管理原则一致，根据巴塞尔银行监管委员会的意见，所有银行都应采纳这些原则，不论其规模、复杂水平和业务性质如何。

一般来说，操作风险管理的组织实施主要包括操作风险的识别、监测、评估、控制、计量、缓释、监督与报告等。同时，在机构范围内建立激励机制，鼓励改进操作风险管理方案（见图9-2）。流程梳理与风险识别是操作风险管理的起点，由此顺序展开操作风险的事前评估、事中控制和事后管理。事前评估，即通过流程梳理，归纳总结出风险字典库与控制字典库，进而应用于风险与控制的自我评估过程；事中控制，即在事前评估的基础上，找出操作风险所关注的重点业务流程和业务环节，设立关键风险指标进行控制监测，并根据指标预警情况采取及时有效的风险防控措施，定期出具风险管理

---

① 通常根据国内外主要门户网站和公开发行的财经杂志及权威报刊的报道、法律和解与判决以及公司文件来收集银行披露的操作损失事件发生的数目和损失的金额。

报告；事后管理，即在最后，根据内部损失数据进行操作风险资本计量，对风险敞口采取保险等方式进行风险缓释。

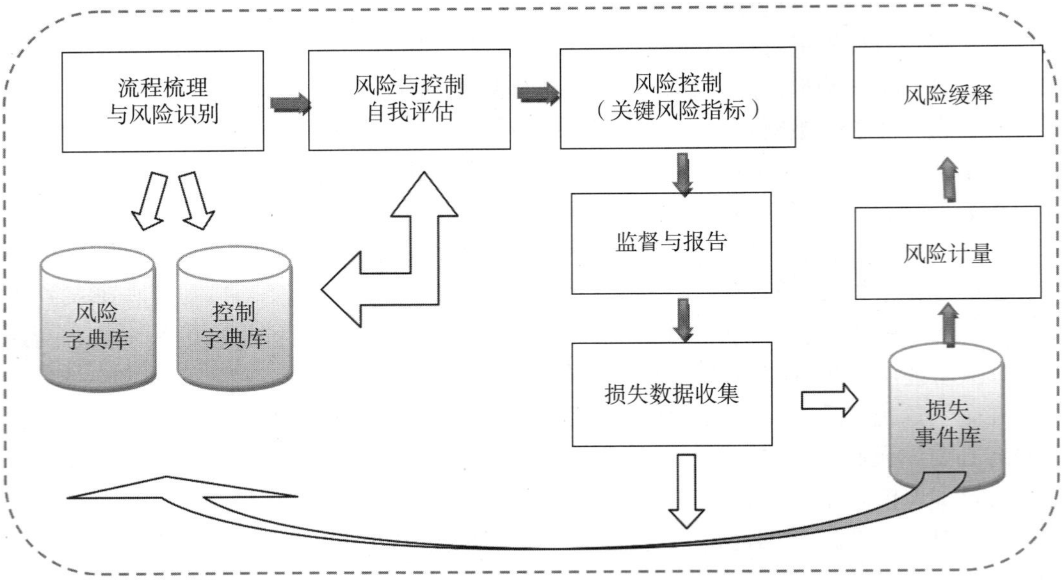

图 9－2 金融机构管理操作风险的框架

9.2 损失分布法

目前业界使用较多的量化操作风险的方法是损失分布法（loss distribution approach，LDA)，也称为精算模型法，被广泛用于保险业的非寿险产品定价。这一方法与信用风险模型中的 CreditRisk＋类似，先通过掌握的损失数据对损失发生频率和严重程度的分布进行估计，并依据所得的两种分布，通过随机模拟法估计出年度总损失的分布，最后依据年度总损失的分布计算操作风险在险价值。其中，损失频率分布（loss frequency distribution）描述了一定时间内损失发生的次数；损失强度分布（loss severity distribution）描述了单次损失事件所发生的损失金额。图 9－3 展示了损失分布法的计算框架。

下面给出损失分布法用于计算操作风险资本的数学模型。假设从数据库收集的前几年的历史损失数据的结构为

$$\{X_k^{t-i,b,\ell}: i=1,2,\cdots,T;\ b=1,2,\cdots,8;\ \ell=1,2,\cdots,7;\ k=1,2,\cdots,N^{t-i,b,\ell}\}$$

式中，$X_k^{t-i,b,\ell}$ 代表在第 $t-i$ 年业务线 b 的第 ℓ 类风险事件的损失强度，$N^{t-i,b,\ell}$ 表示在第 $t-i$ 年业务线 b 的第 ℓ 类风险事件发生的次数，年份 $T\geqslant5$。值得注意的是，每个 (i,b,ℓ) 类别都能设置对应的阈值，一些小于阈值的损失将忽略不计。典型的阈值一般设为10 000 元。业务线 b 在第 t 年的总历史损失金额为

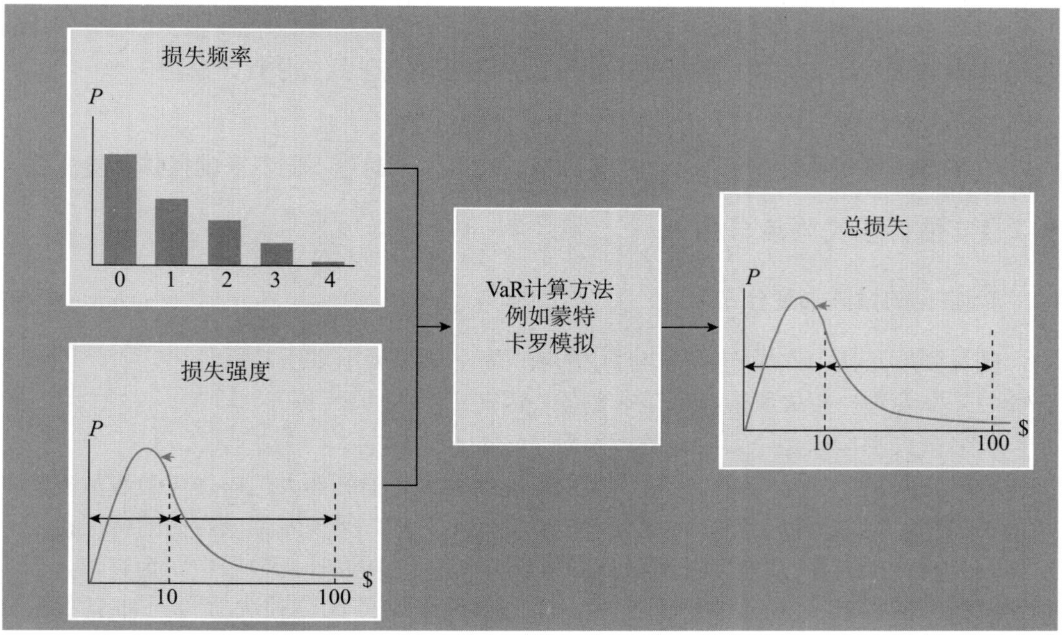

图 9－3　损失分布法的计算框架

$$L^{t,b}=\sum_{\ell=1}^{7}\sum_{k=1}^{N^{t,b,\ell}}X_k^{t,b,\ell} \tag{9-5}$$

第 t 年的整体损失金额为

$$L^t=\sum_{b=1}^{8}L^{t,b} \tag{9-6}$$

操作风险高级计量法的目的是运用损失数据来估算 L^t 的分布，预计分布的风险度量（例如 VaR 和预期损失），进而计算风险资本。设 ϱ_α 代表置信水平为 α 的风险度量，则风险资本将等于

$$\mathrm{RC}_{\mathrm{AM}}^t(\mathrm{OR})=\varrho_\alpha(L^t)$$

其中，α 通常被赋值为 0.99～0.999。如果假定不同业务线（和类型）的损失事件发生和损失金额相互独立，可简单地把 8 类业务的操作损失风险类别聚合，得到第 t 年的操作风险总风险资本

$$\mathrm{RC}_{\mathrm{AM}}^t(\mathrm{OR})=\sum_{b=1}^{8}\varrho_\alpha(L^{t,b})$$

我们在式（9－5）中先忽略上标 t，b，ℓ，仅讨论单一业务类型操作风险资本的计算过程。不妨设风险度量 ϱ_α 为 VaR_α（$\alpha=0.99$），$\mathrm{RC}_{\mathrm{AM}}^t(\mathrm{OR})$ 将被简化为其最典型的形式：

$$\mathrm{VaR}_{0.99}\left(\sum_{k=1}^{N}X_k\right) \tag{9-7}$$

式中，X_k 是度量损失强度的随机变量，N 是度量损失发生频率的随机变量。损失分布法通常假定 $X_1, X_2, \cdots, X_n$ 独立同分布，且均与 N 独立。只要估计出总损失 $S=\sum_{k=1}^{N} X_k$ 的分布，就可以得出式（9－7）。

本节将逐一介绍损失分布法的主要细节，在 9.3 节讨论不同业务的操作风险汇总。

9.2.1 估计损失强度分布

1. 常见的损失强度分布

损失强度是指单次操作风险事件中的损失额，通常具有如下特征：

（1）非负性，损失额应该都是非负的，因此 $P(X \geqslant 0)=1$；

（2）损失额应该是连续变化的，因而 $f(x)$ 是连续的；

（3）损失额小的操作风险事故发生的可能性较大，损失额大的操作风险事故发生的可能性较小，但不可以忽略，因此分布曲线左右不对称，呈现左偏或右偏的特征；

（4）有些损失额分布密度函数的尾部较厚，这一性质在外部数据中尤为突出，因为通常只有大额的损失才会被公开披露，这也导致了操作风险损失强度分布具有原尾特征。

显然，具有对称性质的正态分布和 t 分布不适用于描述操作风险损失。常用于描述非负损失的分布有指数分布、伽马分布、帕累托分布、对数正态分布、威布尔分布等。①

（1）指数分布：

$$F(x)=1-\exp(-\theta x),\ x>0$$
$$f(x)=\theta \mathrm{e}^{-\theta x},\ x>0$$

（2）伽马分布：

$$F(x)=\Gamma(\theta x;\alpha)$$
$$f(x)=\frac{(\theta x)^{\alpha}\mathrm{e}^{-\theta x}}{x\Gamma(\alpha)}$$

（3）帕累托分布：

$$F(x)=1-\left(\frac{\theta}{x+\theta}\right)^{\alpha},\ x>0,\ \alpha>0,\ \theta>0$$
$$f(x)=\frac{\alpha\theta^{\alpha}}{(x+\theta)^{\alpha+1}},\ x>0,\ \alpha>0,\ \theta>0$$

（4）对数正态分布：

$$F(x)=\Phi\left(\frac{\ln x-\mu}{\sigma}\right),\ x>0$$

---

① 这几类分布在统计软件中都比较常见，可以直接在软件中调用函数产生分布的随机数。

$$f(x)=\frac{1}{\sqrt{2\pi}\sigma x}e^{-\frac{(\ln x-\mu)^2}{2\sigma^2}}，x>0$$

（5）威布尔分布：

$$F(x)=1-\exp(-(\theta x)^\tau)，x>0，\theta>0，\tau>0$$

$$f(x)=\frac{\tau(\theta x)^\tau e^{-(x\theta)^\tau}}{x}，x>0，\theta>0，\tau>0$$

对于商业银行来说，巨额的损失事件很少发生，但是不能完全排除。因此操作风险建模必须考虑尾部事件的分布情况。在上述常见分布中，指数分布、伽马分布、对数正态分布是薄尾分布，不太适用于描述极端损失的分布，而帕累托分布具有厚尾特征，属于极值分布，常用来描述操作风险损失分布。

2. 极值分布

极值分布也是一种常见的描述损失事件厚尾特征的分布模型。它主要涉及两类分布模型：分组样本最大值（BMM）模型和超越阈值（POT）模型。BMM 模型的主要建模对象是大量同分布的样本分块后的极大值，所需样本数据量很大，估计参数时容易造成数据的浪费，因此不适用于对数据量有限的操作风险损失建模。而 POT 模型则是对所有样本观测值中超过某个足够大的门槛的值进行建模，这种方法对极值数据的利用比较充分。由于 POT 模型关注的是损失数据超过某一特定损失值 u 的超额损失分布情况，所以它可以很好地解决损失分布中厚尾的数据特征，常用来研究投资组合损失、保险索赔和操作风险损失的发生规律。下面简要介绍 POT 模型中广义帕累托分布的定义和性质。

用 X 表示损失随机变量，分布函数是 $F(x)$，记 $Y=X-u|X>u$ 表示损失超过阈值 u 的条件下的超额损失，则 Y 的分布函数可以表示为

$$F_u(x)=P(X-u\leqslant x|X>u)=\frac{F(x+u)-F(u)}{1-F(u)}$$

Pickands-Balkema-de Haan 定理指出，$X_1,X_2,\cdots,X_n$ 为独立同分布的随机变量序列，记 $M_n=\max\{X_1,X_2,\cdots,X_n\}(n>2)$，如果存在规范化常数列 $a_n>0$ 与某一非退化分布函数 $G(x)$，使得

$$\lim_{n\to\infty}P\left(\frac{M_n-b_n}{a_n}<x\right)=G(x)$$

成立，则对于足够大的阈值 u，超额损失随机变量 $Y=X-u|X>u$ 近似服从广义帕累托分布。其概率密度函数和分布函数如下式所示：

$$G_{\xi,\sigma}=\begin{cases}1-\left(1+\xi\frac{x}{\sigma}\right)^{-1/\xi}, & \xi\neq 0\\ 1-\exp(-x/\sigma), & \xi=0\end{cases}$$

式中，ξ 称为尾部指数参数，描述了分布的尾部特征。当 $\xi>0$ 时，该分布为厚尾分布，

当 ξ 取值为零或负值时，对应的图像形状则明显不同。当 $\xi \to 0$ 时，广义帕累托分布趋于指数分布，即

$$\lim_{\xi \to 0} G_{\xi,\sigma} = \lim_{\xi \to 0}\left(1 - \left(1 + \xi \frac{x}{\sigma}\right)^{-1/\xi}\right) = 1 - \mathrm{e}^{-x/\sigma}$$

确定阈值 u 是 POT 建模的前提，若阈值选取过低，则超出量分布不能显著收敛于极值分布。但同时 u 也不能过大，否则阈值以上的数据可能很少，导致信息很少。最常用的选取阈值的方法是经验超额函数法。对于广义帕累托分布，如果 $\xi<1$，则容易计算其平均超额函数为

$$e(u) = E(X - u \mid X > u) = \frac{\sigma + \xi u}{1 - \xi}$$

可见，对于足够大的阈值，广义帕累托分布是阈值 u 的线性函数。这个性质用来判断损失观测数据是否服从帕累托分布，并选取合适的阈值。具体做法是：先绘制经验超额函数曲线（$u, e_n(u)$），其中

$$e_n(u) = \frac{\sum_{i=1}^{n}(x_i - u)_+}{\sum_{i=1}^{n} I_{\{x_i > u\}}}$$

如果当 u 达到某临界值 u_0 后，$e_n(u)$ 呈线性变化趋势，则可以确定 u_0 为阈值。

另外一种确定阈值的方法是绘制 Hill 图。先将观测数据按大小顺序排序为次序统计量 $x_{(k)}$，然后绘制 Hill 曲线图 $\{(k, H_{k,n}^{-1});\ k = 1, 2, \cdots, n\}$，其中

$$H_{k,n} = \frac{1}{k}\sum_{i=1}^{k} \ln \frac{x_{(i)}}{x_{(k)}}$$

在 Hill 图中，尾部稳定区域的起点横坐标 k 所对应的次序统计量 $x_{(k)}$ 可以作为阈值 u_0。

为了同时描述小额损失和极端损失，构建损失强度分布可采用极值分布和其他分布的混合形式，而并不仅仅遵循以上描述的单一类型分布：

$$f(x) = \begin{cases} a f_0(x), & x \leqslant u_0 \\ (1-a) G_{\xi,\sigma}(x), & x > u_0 \end{cases}$$

混合分布的优势在于它能实际应用各种形状的损失分布情况。

3. 估计模型参数

首先收集操作风险损失事件的历史数据，主要信息应包括金融机构名称、发生时间、损失金额、所属的操作风险损失事件类型（巴塞尔银行监管委员会将其归为 7 类）、所属的业务部门（为 8 类）。在此阶段应尽量收集准确而丰富的数据，这是得到良好的计算结果的基础。

损失分布的参数估计通常采用最大似然估计，似然函数和参数估计值分别为

$$L(\boldsymbol{\theta})=\prod_{j=1}^{n} f_{X_j}(x_j|\boldsymbol{\theta})$$

$$l(\boldsymbol{\theta})=\sum_{j=1}^{n} \ln f_{X_j}(x_j|\boldsymbol{\theta})$$

$$\hat{\boldsymbol{\theta}}=\operatorname{argmax} L(\boldsymbol{\theta})$$

如果观测数据中存在左截断情形，即只有损失额大于某个金额 d 的损失事件才被记录，则似然函数相应地改为

$$L(\boldsymbol{\theta})=\prod_{i=1}^{k} \frac{f(y_i;\boldsymbol{\theta})}{1-F(d;\boldsymbol{\theta})}$$

我们通常使用数值法求解最大似然估计值。

9.2.2　估计损失频率分布

损失频率是在一年内一家银行的某种业务类型发生风险事件的次数。常见的损失频率分布如下。

1. 二项分布 $B(n,p)$

二项分布是最简单的损失频率分布之一，它可用于固定时间间隔的损失事件频率建模，分布列可写为

$$p_k=P(N=k)=\binom{m}{k} p^k(1-p)^{m-k}, \quad k=1,2,\cdots,m$$

二项分布的缺点是只能取有限个值。

2. 泊松分布 Poisson(λ)

泊松分布常用来描述社会经济活动中各种需要排队服务的管理问题。例如，单位时间内到达某服务设施——如商场、车站、银行、购票处等的顾客数。这类服务事件有一些共同的特征，即事件发生速率稳定且相互独立，在很短的时间内同时发生两次事件的概率非常小。一般认为银行发生同类型操作风险事件的次数也满足这一特征，据巴塞尔银行监管委员会的调查，国际上活跃的银行一般选择泊松分布来估计损失的发生频率。泊松分布的分布列可写为

$$p_k=P(N=k)=\mathrm{e}^{-\lambda} \frac{\lambda^k}{k!}, \quad \lambda>0$$

3. 负二项分布 NB(q,r)

负二项分布（negative binomial distribution）的分布列为

$$p_k=P(N=k)=\binom{k+r-1}{r-1} q^k(1-q)^r, \quad r>0, \ k=0,1,2,\cdots$$

式中，$\binom{k+r-1}{r-1}=\frac{(k+r-1)(k+r-2)\cdots(k+1)}{(r-1)!}$。负二项分布的方差大于均值。

损失频率分布的参数估计通常采用最大似然估计。记 n_k 是发生 k 次事件的年份数，则参数的最大似然估计值为

$$\hat{\theta}=\operatorname{argmax}\sum_{k=1}^{\infty}n_k\ln p_k(\theta)$$

9.2.3 选择最优分布模型

一般来说，对分布模型的筛选将经历如下过程：首先，对备选模型与实际数据进行图形上的直观比较和筛选；其次，用统计学方法对模型分布函数与经验分布函数进行检验（如 χ^2 拟合优度检验、K-S 检验、A-D 检验等）；最后，用一定的标准进行最优模型选择。

1. 直观比较

对模型拟合程度最直接的检验方法是作图。我们可以绘制经验分布图（卵形图）、直方图、核密度图等与备选模型的分布函数或密度函数图进行比较，也可以绘制 Q-Q 图来比较变量的经验分位数与备选分布的分位数的对应关系。如果模型与样本的分布图像比较接近，或者 Q-Q 图中各点近似呈一条 45°直线，那么我们认为可以使用该函数拟合样本数据。如果差异较大，超出了可以接受的范围，则认为不能使用该函数来拟合数据。如果 Q-Q 图中各点不呈直线，但有一定规律，那么可以对变量数据进行转换，使转换后的数据更接近指定分布。

2. 拟合优度检验

图像可以直观地显示拟合程度的优劣，但是有时候眼见未必为实，通过严密的数学论证所得到的结论才更具有说服力，统计假设检验便是长期以来人们信赖的一种论证。

在假设检验中，我们要先设定原假设 H_0 和备择假设 H_1。

H_0：数据来自某个给定分布 $F^*(x)$ 的总体；

H_1：数据并非来自给定分布 $F^*(x)$ 的总体。

针对原假设中 $F^*(x)$ 的参数是否已知两种情况，有两种处理方式。一种情况是原假设中给出了完整的模型（如均值为 0、方差为 1 的标准正态分布），检验临界值可以较为容易地得出；另一种情况是原假设仅仅指明了模型的类型，而模型中仍含有待定参数。如果模型的参数通过样本数据估计得出（如最大似然估计），这时的检验统计量要比事先给定模型时的统计量小。这是因为在参数估计时，我们会尽量使分布函数与实际数据更接近，这会导致假设检验变成了近似检验。通常统计量较大时容易拒绝原假设，因此这种近似增加了犯第二类错误的概率，同时减小了犯第一类错误的概率。

针对第二种情况，我们可以使用将样本随机分组的方式来避免近似检验。将样本随机分为两部分：一部分进行参数估计，另一部分进行假设检验。当模型选定之后，又重新将所有数据用于参数估计。

常用的拟合优度检验方法有 χ^2 拟合优度检验、K-S 检验、A-D 检验。由于这些检验方法在数理统计和非参数统计的教科书中均有讨论，此处仅简要列出检验统计量、近似分布和临界值供读者参考。

（1）χ^2 拟合优度检验。

χ^2 拟合优度检验常用于损失频率分布的检验，若用于损失强度分布，则需要把数据分成多个区间 $t=c_0<c_1<c_2<c_3<c_4<\cdots<c_k=+\infty$，其中 t 为左截断点（如果没有截断，则 $t=0$）。记 $\hat{p}_j=F^*(c_j)-F^*(c_{j-1})$ 为观测值落在 $(c_{j-1},c_j]$ 区间中的概率，$\hat{p}_{nj}$ 为由经验分布 $F_n(x)$ 得到的 $(c_{j-1},c_j]$ 区间中的概率，χ^2 检验统计量为

$$Q=\sum_{j=1}^{k}\frac{n(\hat{p}_j-\hat{p}_{nj})^2}{\hat{p}_j}$$

式中，n 为样本量。若令 $E_j=n\hat{p}_j$ 为区间 $(c_{j-1},c_j]$中观测值个数的期望值，并令 $O_j=n\hat{p}_{nj}$ 为该区间中的实际观测值个数，此时有

$$Q=\sum_{j=1}^{k}\frac{(E_j-O_j)^2}{E_j}$$

当样本量 n 充分大时，统计量 Q 的分布会收敛于自由度为 $k-1-m$ 的 χ^2 分布，其中 m 为模型中待估参数的个数。如果计算得到的 Q 大于临界值 $\chi^2_\alpha(k-1-m)$，则拒绝原假设，表明原假设中的分布不能拟合样本数据，否则，无法拒绝原假设。这里 α 通常取 0.05。

（2）K-S 检验。

K-S 检验用 $F^*(x)$ 和 $F_n(x)$ 在垂直方向上的最大距离作为统计量。令 t 为左截断点（如果没有截断，则 $t=0$），u 为右删失点（如果没有删失，则 $u=+\infty$）。这时检验统计量为

$$D=\max_{t\leqslant y\leqslant u}|F_n(y)-F^*(y)|$$

需要注意的是，为确保 $F_n(x)$ 有定义，K-S 统计量只适用于个体数据，且要求 $F^*(x)$ 在对应区间上是连续的。由于经验分布函数 $F_n(x)$ 在每个数据点都有跳跃，因此分布函数 $F^*(x)$ 既要与跳跃前的经验分布函数值比较，又要与跳跃后的经验分布函数值比较。具体来说，如果已知一个样本观测值 $x_1,x_2,\cdots,x_n$，则 D_n 为 $F^*(x)$ 与 $F_n(x)$ 差距的最大值：

$$D_n=\max_{i=1,2,\cdots,n}\left\{\left|F_n(x_{i-1})-F^*(x_i,\hat{\theta})\right|,\left|F_n(x_i)-F^*(x_i,\hat{\theta})\right|\right\}$$

用 $Y=\sqrt{n}D_n$ 表示被检验的实际偏差，其中 n 为样本量。表 9-4 给出了在不同显著性水平下 Y 的近似临界值。① 当 Y 大于临界值时，拒绝原假设 H_0，否则不拒绝 H_0。

---

① 如果 $u<+\infty$，临界值还应当取更小的值。

表 9-4 不同显著性水平下 Y 的近似临界值

显著性水平（α）	临界值
0.2	1.07
0.1	1.22
0.05	1.36
0.01	1.63

注：当 n 较小时，对于若干 α 值，可以从有关的统计表中查到。

（3）A-D 检验。

A-D 检验的统计量是 $F_n(x)$ 和分布 $F^*(x)$ 之间偏差的平方的加权期望值，权重是 $F_n(x)$ 方差的倒数，即

$$A^2 = n\int_t^u \frac{[F_n(x)-F^*(x)]^2}{F^*(x)[1-F^*(x)]}f^*(x)\mathrm{d}x \tag{9-8}$$

其中，t 和 u 的定义与 K-S 检验相同。注意，当 x 接近 t 或 u 时，分母很小，从而权重较大，因此该统计量更看重尾部的估计。这个积分很难计算，但是对于个体数据来说，记无重复的未被删失的数据点为 $t=y_0<y_1<\cdots<y_{k+1}=u$，则积分可以变为便于计算的求和形式，如下：

$$\begin{aligned}A^2 = & -nF^*(u)+n\sum_{j=0}^{k-1}[1-F_n(y_j)]^2\{\ln(1-F^*(y_j))-\ln(1-F^*(y_{j+1}))\} \\ & +n\sum_{i=1}^{k}F_n(y_j)^2[\ln F^*(y_{j+1})-\ln F^*(y_j)]\end{aligned} \tag{9-9}$$

若 $u=+\infty$，则第一个求和项的最后一项等于 0。

A-D 检验在显著性水平为 10%、5% 和 1% 下的临界值分别是 1.933、2.492 和 3.875。

9.2.4 估计总损失分布

在损失频率和损失强度的最优分布模型确定之后，我们还需采用数值法估计总损失的分布。常用的数值法有蒙特卡罗模拟法、递推法、卷积法和快速傅里叶变换法。卷积法涉及给定一定数量的索赔金额分布的卷积计算，计算耗时太长；快速傅里叶变换法只适用于某些特殊分布，这类分布通常具有简单的特征函数形式或母函数；而蒙特卡罗模拟和递推法由于分布的依赖性较少，故较为常用。

1. 蒙特卡罗模拟法

使用蒙特卡罗模拟法对操作风险进行估计，主要包括以下步骤：

（1）根据最终选择的损失频率 N 的分布函数，通过逆变换法模拟产生 n 个损失次数随机数（n 的选取与我们需要的计算精度有关），记 n 个符合该分布的随机数为 $m_1, m_2, \cdots, m_n$，对每个 m 值再进行下一步模拟。

（2）假设 N 的取值为 m_1，即在一个事件周期（通常为一年）内可能发生 m_1 次损失事件，那么，我们根据最终选择的损失强度 X 的分布进行 m_1 次模拟，就可以得到 m_1 个损失金额随机数 $x_1, x_2, \cdots, x_{m_1}$，它们代表了该操作周期内每次损失金额的大小。

（3）将上一步得到的 m_1 个损失金额加总，就可以得到一个操作风险值的可能取值 $S=\sum_{i=1}^{m_1} x_i$。

（4）重复第（2）步和第（3）步 n 次，就得到了操作风险年总损失 S 的 n 个可能的取值，按照从小到大排序得到 $s_{(1)}, s_{(2)}, \cdots, s_{(n)}$，从而得到 S 的经验分布函数。

（5）最后，采用 5.3.2 节的方法选取 $s_{(k)}$ 为操作风险度量值 $\text{VaR}_\alpha(S)$，其中 k 满足 $\frac{k-1}{n}<\alpha\leqslant\frac{k}{n}$。

2. Panjer 递推法

Harry H. Panjer（1980）开发了一种递推法来推导总损失的分布。① Panjer 递推法可被视为卷积法和蒙特卡罗模拟法的替代方法。相较于对模拟次数要求过高的蒙特卡罗模拟法和计算耗时太长的卷积法，Panjer 递推法可以快速直接地计算给定总损失 S 的分布。

Panjer 递推法要求损失次数 N 的分布满足下面的 $(a, b, 0)$ 性质：

$$np_n=a(n-1)p_{n-1}+(a+b)p_{n-1}, \quad n\geqslant 0 \tag{9-10}$$

并且要求损失额 X 是离散型随机变量。在这两个条件下，总损失 $S=X_1+X_2+\cdots+X_N$ 的分布列 $f_S(x)$ 可通过递推法计算：

$$f_S(x)=\frac{\sum_{y=1}^{x\wedge r}\left(a+\frac{by}{x}\right)f_X(y)f_S(x-y)}{1-af_X(0)} \tag{9-11}$$

$$f_S(0)=P_N(f_X(0)) \tag{9-12}$$

式中，f_X 是 X 的分布列；$P_N(\cdot)$ 是 N 的概率母函数；r 表示 X 的最大赔付额，r 的取值可以为无穷。

常见的损失频率分布（如泊松分布、二项分布、几何分布和负二项分布）都满足 $(a, b, 0)$ 性质。表 9-5 给出了这四种分布的参数。

表 9-5　常见的 $(a, b, 0)$ 分布

分布	p_n	a	b	p_0
泊松分布	$\lambda^n e^{-\lambda}/n!$	0	λ	$e^{-\lambda}$
负二项分布	$\binom{n+r-1}{n}\frac{\beta^n}{(1+\beta)^{n+r}}$	$\frac{\beta}{1+\beta}$	$(r-1)\frac{\beta}{1+\beta}$	$\left(\frac{1}{1+\beta}\right)^r$

① Panjer, H. H. (1980). The aggregate claims distribution and stop-loss reinsurance. Transactions of Society of Actuaries, 32: 523-545.

续表

分布	p_n	a	b	p_0
几何分布	$\frac{\beta^n}{(1+\beta)^{n+1}}$	$\frac{\beta}{1+\beta}$	0	$\frac{1}{1+\beta}$
二项分布	$\binom{m}{n}p^n q^{m-n}$	$-\frac{p}{1-p}$	$(m+1)\ \frac{p}{1-p}$	$(1-p)^m$

使用 Panjer 递推法前，我们需先对连续的损失额分布进行离散化处理，然后采用数值迭代方法计算总损失额的分布，这样就能在保证足够精度的前提下显著提高计算速度。从某种程度上讲，对损失强度的离散化会更加贴近实际情况，因为损失额度通常是货币单位的整数倍。

分布的离散化的具体操作如下：首先将连续分布的支撑区域划分为若干小区域，然后用这个区域中的某个点概率代替原来连续分布在这片小区域的取值概率。这个代表点可以选择区域的左右端点，也可以选择区域中点。例如，我们记 $F(x)$ 为连续分布函数，取代表点是小区域的中点，f_x 为离散化后的概率函数，则应使原分布函数正好穿过离散化的分布函数的中点：

$$f_x=\begin{cases}F\left(x+\dfrac{h}{2}\right), & x=x_0\\ F\left(x+\dfrac{h}{2}\right)-F\left(x-\dfrac{h}{2}\right), & x=x_0+h,\cdots,x_n-h\end{cases}\tag{9-13}$$

这里的 x_0，x_n 可看作离散分布的两个左右端点。以正态分布为例，其分布的支撑为 $(-\infty,+\infty)$，显然不可能对其全部取值范围进行离散化。由于正态分布在两侧的取值概率很小，可以忽略不计，因此我们可以以均值为中心，以若干倍标准差为半径划定一个区域 (x_0,x_n)，在这个区域上进行离散化。这个区域上的分布函数就是该分布的主体，区域的大小则依赖于研究的精确程度。

例 9－1 假设某业务类型操作风险的单次损失强度分布服从 POT 分布（$\xi=0.054$，$\sigma=87\ 646$，阈值 $u=20\ 000$），损失频率服从负二项分布 NB(4,0.4)，使用损失分布法对总损失分布进行建模，分别利用蒙特卡罗模拟法和 Panjer 递推法计算 VaR①，得到的结果如表 9－6 所示。

表 9－6 两种方法计算的 VaR 值

	$\alpha=0.9$	$\alpha=0.95$	$\alpha=0.99$	$\alpha=0.995$	$\alpha=0.999$
蒙特卡罗模拟法	1 366 468	1 611 208	2 231 211	2 327 872	3 141 734
Panjer 递推法	1 120 000	1 360 000	1 900 000	2 120 000	2 620 000

以上结果表明，蒙特卡罗模拟法计算出的 VaR 值均高于 Panjer 递推法的计算结果，可能的原因在于损失强度的离散化程度。

① 案例代码可从中国人民大学出版社的网站下载。

9.3　不同业务的操作风险汇总

根据巴塞尔银行监管委员会，操作风险事件依据不同的业务线（8 条）和风险类型（7 种）分类，这导致最多有 56 个风险单元，尽管一些较大的银行甚至为更多风险单元收集数据，有时超过 100 个。对于每个风险单元，都可以先根据损失分布法得到操作风险资本，然后简单加总得到操作风险资本金。然而，不同类别的风险事件之间可能存在关联。例如，考虑具有广泛影响的情况，如主机或电力故障、天气灾难、重大经济事件或新冠病毒感染等，在这种严重的情况下，通常会有多条业务线受到影响，并同时造成不同风险类型的损失。高级计量法允许操作风险之间具有多样化的关联，但前提是用于识别和建模风险之间依赖关系的内部模型要让监管机构满意。

操作风险损失通常包括许多影响较小的损失，以及不常见的巨额损失。虽然对较低水平损失的依赖关系的分析对日常运营（BAU）的风险管理非常有用，但风险资本需求通常是由不常见的、影响较大的损失驱动的，这些大额损失与其他风险之间的依赖关系是资本评估的重要依据。但有时尾部的操作损失并不总是与其他风险高度相关。例如，两类低影响、高频率的损失之间可能存在很强的相关性（例如，客户服务招聘的漏洞/不规范导致人工处理错误和偷盗行为），而高影响、低频率的事件之间可能存在较少的联系（例如，大规模系统处理错误和流氓交易员）。因此在分析业务依赖关系时，对于高频率、低影响数据的依赖关系应谨慎行事，否则可能低估或夸大尾部的依赖关系。这对操作风险资本评估至关重要。

9.3.1　业务相关性的建模方法

最常见的依赖关系建模方法有以下三种，下面按复杂程度递增的顺序分别进行介绍。

（1）相关系数矩阵。

如果每个风险单元的总损失分布都是椭圆分布，如正态分布和 t 分布，则可以采用相关系数矩阵法。虽然该方法简单直观，但是在实践中相关系数矩阵建模法并不合适。这是因为操作风险的损失分布通常是严重偏斜的——绝大多数损失事件涉及的金额都比较小，但在尾部可能会出现巨大的灾难性损失。另一个原因是采用相关系数矩阵汇总不同风险单元的操作风险经济资本可能会产生更高的经济资本要求。

（2）Copula 模型。

Copula 函数是将边际分布连接成联合分布的连接函数，它可以描述多个变量之间复杂的非线性、结构不对称的相关关系，能够较好地体现风险之间的相依结构特征，并且计算原理清晰，结果具有较强的可解释性。我们在第 4 章中已经详细讨论了 Copula 模型。

用 Copula 模型对不同业务的操作风险损失强度进行相关性建模比较灵活，因为它不要求边际分布必须是对称的正态分布或 t 分布，甚至不要求不同风险单元损失都遵循相同的分布类型。Copula 模型的蒙特卡罗模拟法也比较简单：先根据 Copula 函数产生随机数，再产生边际分布的随机样本。因此很多银行的操作风险内部模型都使用带有 Copula 的蒙特卡罗模拟法来模拟操作风险，以产生汇总操作损失的整体分布。

但 Copula 模型存在的问题是：它很难描述不对称的相依性。例如，利用 Copula 分析某些保险业务的高死亡率风险（疫情流行等）与业务连续性风险之间的相关性比较困难。因为疫情流行会导致保险公司健康险业务出现困难，但后者并不是导致疫情流行的原因。

（3）贝叶斯网络模型。

贝叶斯网络又称为因果网络、信任网络、知识图等，是在贝叶斯公式的理论基础上构建的以不确定的主观判断知识为依据，通过不断获取的观测数据信息推导事物之间因果关系的理论模型。贝叶斯网络能够用先验概率和条件概率把各种相关信息纳入同一个网络结构中，直观地反映各节点之间的因果关系和条件关系（见图 9-4），适用于对不确定、不完全或不精确信息进行处理。

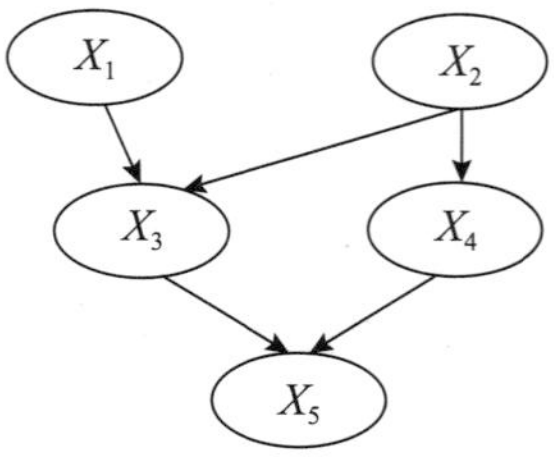

图 9-4 简单的贝叶斯网络模型图

贝叶斯网络以概率假设（例如，员工流失率上升）和条件概率假设（在员工流失率上升的情况下，流程错误的概率）为基础，求出所有类型的业务损失的综合概率分布。这些概率假设可以结合经验数据或专家判断来确定。贝叶斯网络模型并不需要同时考虑到变量之间潜在的因果关系。因此，它可以显性处理建模依赖关系，而不需要考虑相关假设。

贝叶斯网络的好处是解决了操作风险度量中数据规模较小的问题，且运算量小。该方法还可以对网络中某一个节点引入情景假设进行正向或逆向推理。例如，假定商业银行的风险偏好是将最终的操作风险损失控制在 1 000 万元以下，则可以利用网络结构进行逆向推导，观察每一节点概率的变化情况，从而对关键风险指标进行重点控制与管理。贝叶斯网络也可以解决不对称的问题。例如，贝叶斯网络方法可以描述流感大流行或股市大跌对银行运营损失的影响的大小，同时确保银行的运营损失不会影响流感大流行或导致股市崩盘的发生。贝叶斯网络还可以根据新观测到的数据不断调整各节点的状态，进而提升对不确定性问题处理的有效性。

9.3.2 考虑不同 Copula 相关性的损失分布法

为简单起见，设 L 是第 t 年的操作风险总损失，由 D 条业务线或 D 个类型的年总损失 $L_1, L_2, \cdots, L_D$ 组成，其中，$L_i=\sum_{k=1}^{N_i} X_{k,i}$，因此，整体损失 L 可写为

$$L=\sum_{i=1}^{D}L_i=\sum_{i=1}^{D}\sum_{k=1}^{N_i}X_{k,i} \tag{9-14}$$

一般假设同一风险单元 i 的损失金额（即 $X_{k,i}$，$k\in\mathbb{N}$）独立同分布。记 $S_1,S_2,\cdots,S_D$ 表示损失强度的边际分布函数。不同风险单元的相关性主要体现在损失频率、损失强度和总损失三个方面。

1. 考虑频率相关的损失分布法

在实际中经常观测到，一个风险单元的操作风险事件发生次数增多时，另一个风险单元的操作风险事件的发生次数可能也会较多，说明不同风险单元损失事件的发生频率之间可能存在相关性，但事件损失强度是独立的。比较典型的例子是银行雇员的违法行为与计算机系统安全漏洞的发生次数存在一定的相关性。我们称不同风险单元之间操作风险事件发生次数之间的相关性为频率相关。我们记 D 个风险单元的边际损失频率分布为 $F_1,F_2,\cdots,F_D$，用 Copula 函数 $C_F(u_1,u_2,\cdots,u_D)$ 来描述其相关性结构。考虑频率相关的损失分布法的步骤如下：

第一步，分别拟合 D 个风险单元的边际损失频率分布 $F_1,F_2,\cdots,F_D$ 和边际损失强度分布 $S_1,S_2,\cdots,S_D$；

第二步，拟合 Copula 函数 C_F，描述 D 个风险单元之间年度损失频率的相关结构，从 Copula 函数 C_F 中产生一个均匀分布的随机样本（$u_1,u_2,\cdots,u_D$）；

第三步，利用边际损失频率分布的反函数得到各风险单元的频率样本（$m_1,m_2,\cdots,m_D$）$=(F_1^{-1}(u_1),F_2^{-1}(u_2),\cdots,F_D^{-1}(u_D))$；

第四步，从边际损失强度分布 $S_1,S_2,\cdots,S_D$ 中随机产生 $m_1,m_2,\cdots,m_D$ 个损失样本，将生成的所有损失样本相加得到模拟的年度总损失样本 L；

第五步，重复第三步和第四步，M 次得到 M 个模拟的年度总损失样本 $L_1,L_2,\cdots,L_M$，从总损失样本 $L_1,L_2,\cdots,L_M$ 中计算得到 VaR。

需要注意的是，由于频率分布是离散分布，D 个风险单元的损失频率的联合分布与 Copula 函数并不是相互唯一决定的。

2. 考虑强度相关的损失分布法

假设不同风险单元中单个操作损失事件产生的经济损失之间存在相关性，但损失事件的发生时间相互独立。在这种情况下，由于某个特定时间区间内各个风险单元发生的损失事件次数通常不一致，无法直接计算损失事件的强度相关性，因此为了能够在同一框架下与其他相关性类型的度量结果进行比较，Xu et al.（2019）提出了一种思路①，计算各风险单元操作风险事件的平均损失强度，在损失分布法中考虑平均强度相关性，具体步骤如下：

第一步，分别拟合 D 个风险单元的边际损失频率分布 $F_1,F_2,\cdots,F_D$ 和边际损失强

---

① Xu，C.，Zheng，C.，Wang，D.，et al.（2019）. Double correlation model for operational risk：evidence from Chinese commercial banks. Physica A：Statistical Mechanics and its Applications，516：327 - 339.

度分布 $X_1, X_2, \cdots, X_D$；

第二步，计算每个风险单元的年度平均损失强度；

第三步，确定 Copula 函数 C_S，描述 D 个风险单元之间年度平均损失强度的相关结构；

第四步，分别从每个边际损失强度分布 $X_1, X_2, \cdots, X_D$ 中随机生成 k 个损失样本；

第五步，基于第四步生成的损失样本计算每个风险单元的平均损失强度数值；

第六步，将第四步和第五步重复 K 次，得到 K 组平均损失强度，构成平均损失强度的经验分布 $\overline{X}_1, \overline{X}_2, \cdots, \overline{X}_D$；

第七步，从边际损失频率分布 $F_1, F_2, \cdots, F_D$ 中随机产生数值 $m_1, m_2, \cdots, m_D$；

第八步，从 Copula 函数 C_S 中产生一个均匀分布的随机样本 $(v_1, v_2, \cdots, v_D)$；

第九步，利用边际损失强度分布的反函数得到各风险单元的平均损失强度样本 $(\bar{x}_1, \bar{x}_2, \cdots, \bar{x}_D) = (X_1^{-1}(v_1), X_2^{-1}(v_2), \cdots, X_D^{-1}(v_D))$；

第十步，计算年度总损失样本 $L = m_1\bar{x}_1 + m_2\bar{x}_2 + \cdots + m_D\bar{x}_D$；

第十一步，重复第七步至第十步 M 次，得到 M 个模拟的年度总损失样本 $L_1, L_2, \cdots, L_M$，从年度总损失样本 $L_1, L_2, \cdots, L_M$ 中计算得到 VaR。

3. 只考虑总损失相关的损失分布法

风险单元内部的损失频率相关和损失强度相关最终都集成体现为总损失相关。因此在损失分布法的框架下考虑损失相关性来度量操作风险时，不需要将风险损失分解成频率和强度两个维度，而是直接拟合 Copula 函数来描述各风险单元总损失之间的相关结构。用考虑总损失相关的损失分布法实现操作风险度量的步骤如下：

第一步，分别拟合 D 个风险单元的年度总损失分布 $L_1, L_2, \cdots, L_D$；

第二步，拟合 Copula 函数 C_H，描述 D 个风险单元之间年度总损失的相关结构 $(L_1^{-1}(u_1), L_2^{-1}(u_2), \cdots, L_D^{-1}(u_D))$；

第三步，从 Copula 函数 C_H 中产生一个均匀分布的随机样本 $(u_1, u_2, \cdots, u_D)$；

第四步，利用反函数得到各风险单元的年度总损失样本 $(l_1, l_2, \cdots, l_D) = (H_1^{-1}(u_1), H_2^{-1}(u_2), \cdots, H_D^{-1}(u_D))$；

第五步，将第四步生成的所有损失样本相加得到模拟的年度总损失样本 $L = l_1 + l_2 + \cdots + l_D$；

第六步，重复第三步至第五步 M 次，得到 M 个模拟的年度总损失样本 $L_1, L_2, \cdots, L_M$，从小到大排序后，从总损失样本 $L_1, L_2, \cdots, L_M$ 中计算得到 VaR。

9.3.3 如何选择 Copula 函数

在实践中，最常用的 Copula 函数是基于多元正态分布的高斯 Copula。这相对容易实现，而且除了风险之间的相关系数矩阵之外，不需要任何假设。但高斯 Copula 的缺点是，它的尾部相依系数为零。因此，在给定某类风险 B 超过（或低于）某个百分位数的情况下，风险 A 超过（或低于）该百分位数的条件概率在极端百分位数中趋于零。值得注意的是，欧洲银行管理局（EBA）一度禁止在银行操作风险模型中使用高斯

Copula 来模拟操作风险之间的相依关系（EBA，2015）。

因此，一些金融机构转而使用具有正尾部相依性的 t Copula。与具有相同相关系数矩阵的高斯 Copula 相比，在给定风险 B 发生同等极端事件的情况下，t Copula 产生的风险 A 的极端事件的条件概率更高。t Copula 的实现有些复杂，并且除了相关假设矩阵之外还需要自由度假设，自由度参数越低，极端事件共同发生的可能性越大。

除了高斯 Copula 和 t Copula 这两个最常用的 Copula 函数外，也有很多可以刻画尾部相依性的 Copula，如阿基米德 Copula 族可以模拟厚尾相依性。阿基米德 Copula 族不基于多元椭圆分布，也不需要相关系数矩阵，而是由尾部相依性的参数驱动。但其缺陷是，当累积的风险数量不断增加时，它的实现可能会更加复杂。人们对于相关性和相依性的假设可能是高度主观的，因此使用更复杂的 Copula 可能是错误的。

无论选择何种 Copula 公式和假设，重要的是要检验生成的模拟结果，查看不同风险单元极端事件共同发生的可能性，以及在另一类损失发生的条件下对一类极端损失的条件预期是否合理。我们在第 4 章中已详细论述了 Copula 模型的检验和评价方法。

9.3.4　案例分析

下面的案例给出了用阿基米德 Copula 对不同业务的操作风险总损失进行建模的完整过程。陆静等（2013）从国内外公开媒体收集了我国商业银行发生的操作风险损失数据作为样本，该样本的时间跨度为 1990—2010 年，操作风险损失案件共 238 起，涉及我国 47 家银行（其中包括 14 家全国性商业银行、12 家地方性银行和 21 家信用社），损失金额从 5 万元到 401 095 万元不等。① 将操作风险损失划分为 6 个类型，描述性统计如表 9 - 7 所示。

表 9 - 7　1990—2010 年我国商业银行操作风险损失金额模拟数据分组统计表

风险类型	损失事件频数	平均值（万元）	累计值（万元）	最小值（万元）	最大值（万元）	标准差（万元）	偏度	峰度	中位数（万元）	JB 值
支付与结算/内部欺诈	59	7 016	413 954	575	68 508	1 360	4.42	24.20	3 991	1 296.72
支付与结算/外部欺诈	24	22 150	531 604	5 412	53 322	1 904	1.14	6.69	20 730	18.85
商业银行业务/内部欺诈	64	90 564	5 796 075	830	2 246 525	36 586	6.57	47.89	28 385	5 833.16
商业银行业务/外部欺诈	34	18 643	633 862	861	116 196	4 063	3.20	12.70	11 639	191.42
零售银行业务/内部欺诈	32	16 991	543 721	1 251	65 496	3 402	1.43	3.90	7 598	11.94
零售银行业务/外部欺诈	17	17 738	301 554	575	79 606	4 791	1.85	6.67	12 879	19.29

我们选用广义帕累托分布，根据 POT 模型的建模步骤，采用 Hill 图法、平均超额

① 因原数据难以获得，本书依据陆静等（2013）估计的分布参数值产生模拟数据。

图法和峰度法来选取阈值，然后使用最大似然法估计参数，得到表 9－8。

表 9－8　6 个操作风险单元的 $VaR_{0.999}$ 值

风险类型	支付与结算/内部欺诈	支付与结算/外部欺诈	商业银行业务/内部欺诈	商业银行业务/外部欺诈	零售银行业务/内部欺诈	零售银行业务/外部欺诈
阈值（万元）	2 800	18 000	14 000	6 500	1 050	700
ξ 估计值	5 172.78	6 697.72	100 141.20	14 112.58	15 941.29	19 321.01
σ 估计值	0.316 5	0.056 9	0.398 0	0.224 3	0.124 0	0.000 0
$VaR_{0.999}$（万元）	106 495	74 416	4 414 094	164 551	168 715	115 210

图 9－5 绘制了 6 个风险单元的操作风险损失尾部数据拟合图。接下来选用阿基米德 Copula 进行相关性建模，仍然采用两阶段估计方法估计参数。将前面获得的最优阈值及估计的参数值代入广义帕累托分布函数，再由式（9－15）得到尾部估计 $F(x)$。由于 6 条业务线（即损失类型单元）操作风险的样本量不同，所以这里生成介于（0,1）的随机数作为尾部估计 $F(x)$ 的概率值，并逆求 $F(x)$ 得到 x，以此增加样本数据，使 6 个操作风险单元的样本量一致。由于 Copula 函数的定义域为（0,1），这里对各边缘分布做概率积分变换，得到（0,1）上的分布序列 $\{u_{1i},u_{2i},u_{3i},u_{4i},u_{5i},u_{6i}\}$（$i$ 为样本量），并将其作为 Copula 函数的观测值进行参数估计，结果如表 9－9 所示。从表 9－9 中可以看出，6 个操作风险单元之间存在一定的相关性。

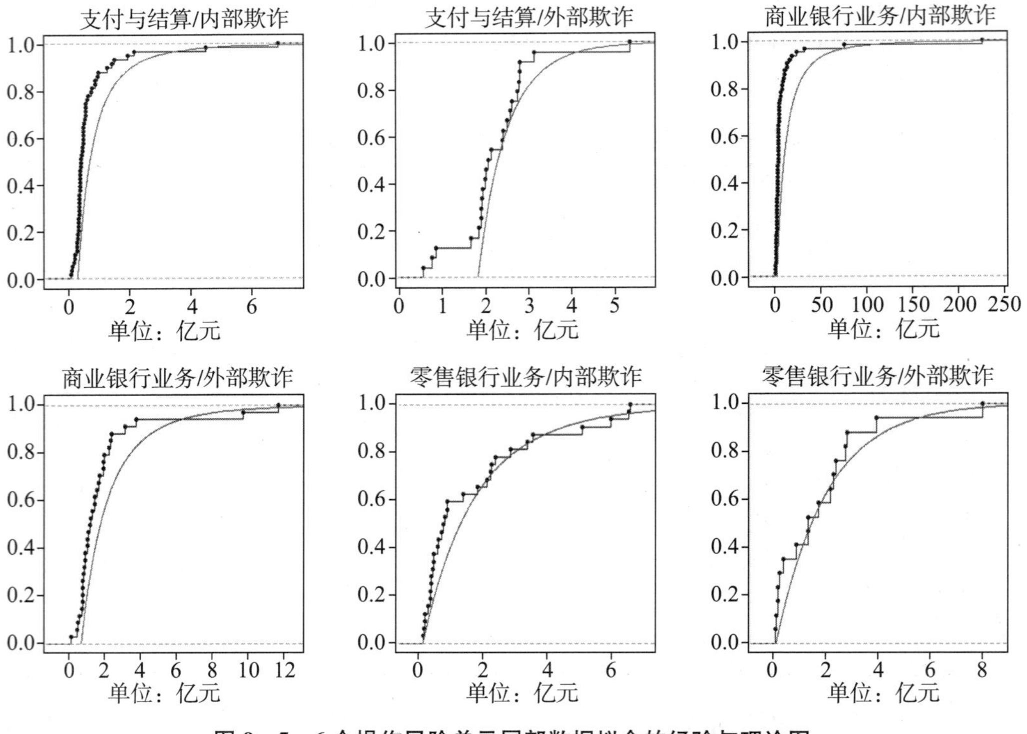

图 9－5　6 个操作风险单元尾部数据拟合的经验与理论图

$$F(x)=F_u(y)(1-F(u))+F(u)=\begin{cases}1-\dfrac{N_u}{N}\left(1+\dfrac{\xi}{\sigma}(x-u)\right)^{-\frac{1}{\xi}}, & \xi\neq 0\\ 1-\dfrac{N_u}{N}e^{-\frac{x-u}{\sigma}}, & \xi=0\end{cases} \tag{9-15}$$

表 9-9　Copula 函数的参数估计

Copula 函数	Gumbel Copula	Clayton Copula	Frank Copula
α 参数估计值	1.124	0.244	0.951

对阿基米德 Copula 采用 K-S 检验，从表 9-10 的 K-S 检验结果可以看出，对于本模拟数据而言，三种 Copula 函数都可以较好地刻画操作风险的相关结构，这表明不同单元操作风险之间的尾部相关性较为明显。但在真实数据中，银行不同业务线的操作风险之间的关联有其独特性，不同 Copula 函数拟合的检验结果可能会有明显差异，应根据检验结果及关联特性选择合适的 Copula 形式。

表 9-10　Gumbel Copula、Clayton Copula 和 Frank Copula 的 K-S 检验结果

Copula 函数	Gumbel Copula	Clayton Copula	Frank Copula
K-S 值	0.841 2	0.830 7	0.841 2
p 值	0.000 0	0.000 0	0.000 0

根据前面已经计算出来的边缘分布参数和 Gumbel Copula 函数，采用蒙特卡罗模拟法估计 6 个单元之间相依性的操作风险的在险价值：首先产生一个均匀分布的随机数，记为 u_1，之后通过计算条件分布的逆函数 $C_i^{-1}(u_i|u_1,u_2,\cdots,u_{i-1})$ 得到 u_i，在得到 $(u_1,u_2,\cdots,u_n)^{\mathrm{T}}$ 后，再根据边缘分布函数 $F_1,F_2,\cdots,F_n$ 的逆函数求出相应的样本序列 $(F_1^{-1}(u_1),F_2^{-1}(u_2),\cdots,F_n^{-1}(u_n))^{\mathrm{T}}$。重复进行 100 000 次模拟，就可以获得不同置信水平下的 VaR 值（见表 9-11）。巴塞尔银行监管委员会要求，抵御操作风险的置信水平应为 99.9%，与抵御信用风险和市场风险的置信水平相当。因此，在 99.9%的置信水平下，商业银行操作风险的在险价值为 167.5 亿元。

表 9-11　蒙特卡罗模拟结果

置信水平	90%	95%	99%	99.5%	99.9%
VaR 值（万元）	84 095	169 647	527 725	763 080	1 675 070

若采用将 6 个单元操作风险的 VaR 值直接简单相加的方法（即把表 9-8 第 5 行数据相加），可以得到 99.9%的置信水平下的 VaR 值为 504.3 亿元。由此，考虑相关性下的 VaR 值要比直接简单相加的 VaR 值减少 66.8%。

参考文献及扩展阅读

[1] McNeil，A. J.，Frey，R.，Embrechts，P. Quantitative risk management：concepts，techniques and tools. Princeton：Princeton University Press，2015.

[2] Jack L. King. Operational risk：measurement and modelling. New York：Wiley，2001.

[3] 巴曙松，刘晓依，朱元倩. 巴塞尔Ⅲ：金融监管的十年重构. 北京：中国金融出版社，2019.

[4] 曾园. 银行操作风险贝叶斯网络量化控制研究. 金融监管研究，2017(8)：18－38.

[5] 陈倩. 基于极值理论的商业银行操作风险度量研究. 中国管理科学，2012，20(S1)：332－339.

[6] 樊欣，杨晓光. 操作风险度量：国内两家股份制商业银行的实证分析. 系统工程，2004(5)：44－48.

[7] 李斌，常闫芃，王颖慧，等. 多类型相关性下的保险业操作风险度量研究. 运筹与管理，2022，31(9)：189－195.

[8] 陆静，张佳. 基于极值理论和多元 Copula 函数的商业银行操作风险计量研究. 中国管理科学，2013，21(3)：11－19.

[9] 肖争艳. 精算模型. 北京：中国人民大学出版社，2013.

[10] 杨军. 风险管理与巴塞尔协议十八讲. 2 版. 北京：中国金融出版社，2020.

[11] 约翰·赫尔. 风险管理与金融机构：第 5 版. 王勇，董方鹏，张翔，译. 北京：机械工业出版社，2021.

第 10 章

资本的管理

我们在最后一章探讨金融机构资本管理，特别是经济资本的概念、作用以及如何计提和汇总不同业务的经济资本。这些问题是金融机构全面风险管理的核心。首先，经济资本是指金融机构为应对可能的非预期损失而留存的资本。这些资本不仅用于承担业务风险，还被用于满足监管要求。经济资本的作用是帮助金融机构在面对不确定性和风险时更加稳健和可持续。其次，金融机构需要根据不同业务的风险水平、概率和影响程度来计算和评估经济资本。这需要计提经济资本以应对不同业务的风险，以及汇总不同业务的经济资本，以便评估整个机构的风险水平和资本充足性。最后，评估业务绩效的重要手段是测评风险调整后的绩效，经济资本被嵌入基于风险的资本计提系统中，用于计算风险调整后的绩效度量（RAPM）指标或风险调整后的资本收益率（RAROC），并以此评估风险管理策略的有效性和可行性。绩效测评可以帮助金融机构识别和改进其风险管理方法，提高其风险管理的质量和效果。

10.1 节介绍资本与经济资本的基本知识，10.2 节讨论汇总不同业务的经济资本的方法，10.3 节讨论将总经济资本分配到各项业务的常用方法，10.4 节讨论风险绩效测评与 RAROC 的相关计算。

10.1 概　述

10.1.1 资本的分类

在经济学领域，资本是指用于生产的基本生产要素，包括资金、厂房设备、原材料等物质资源，能够创造新增价值的价值附着物。在金融领域，资本通常表现为金融资产。对于金融机构而言，资本是指其所有者（股东）通过经营活动获取利润所投入的自有资本，以及通过各种途径获得的货币资本。金融机构的资本有多个不同的概念，包括权益（或账面）资本、监管资本、经济资本和合格资本等。这些资本概念都是指资产负债表上的所有者权益项目，作为损失的缓冲，它们对外部债权人没有或有非常有限的义务。

权益资本是公司对股东价值的衡量标准，可以从资产负债表中获得。资产负债表通常会单独列出股东资本、留存收益和其他项目，以更详细地列出权益资本的细目。股东资本是指股权购买者向公司投入的初始资本。对于仅通过发行单一股票进行融资的公司，权益资本等于发行的股票数量乘以其发行日期的价格。因此，股东资本与股票市值不同，后者是通过已发行股票的数量乘以当前市场价格得出的。留存收益是指未以股利形式支付给股东的累计收益，如果公司出现亏损，这些收益原则上可以是负的。

监管资本是金融监管机构对各金融机构实施监管的资本要求，通常用于计算资本充足率和最低资本等监管指标。监管部门一般规定了金融机构持续经营所需的资本数额，并考虑到了其头寸的规模和风险。此外，它还规定了资本的质量，以及资本应以何种形式出现在资产负债表上。在这种情况下，人们通常会区分不同质量的资本层。

举例来说，在《巴塞尔协议Ⅲ》框架下，监管资本分为三个层级：核心一级资本、其他一级资本和二级资本。银行必须满足总资本和核心资本的比例要求，其中核心一级资本必须是普通股和留存收益的主要形式，可以作为损失的全额缓冲，因为对它没有其他索赔权。其他一级资本包括附属债务和优先股等，具有较低的优先级，但对银行的资本充足性也有一定的贡献。二级资本包括资产负债表上的次级债务等，持有者在银行清算时位于股东和其他优先债务持有者之后，因此可以视为对储户和其他优先债务持有者的一层额外保护。总之，监管资本的层级分类和质量要求对于金融机构的资本充足性和风险管理至关重要。

经济资本有时也称作风险资本（risk capital），是指金融机构内部估算为应对其破产的可能性所需的资本数量。一个业务部门只有在设定相应经济资本的情况下才能持有某种特定的风险。某个业务部门盈利的多少要基于该部门所分配的经济资本的数量做出衡量。经济资本的概念旨在帮助金融机构更好地识别和管理风险，以确保其资本足够抵御可能的损失。

经济资本通常被视为公司风险水平的财务计量，具有一定的经济意义和一致性。相对于其他随机变量或不确定性计量指标，经济资本更容易向风险管理专业之外的人员、部门以及公众解释和沟通。此外，现代金融风险管理的经济资本至少包含两种以上的风险种类，相比其他财务指标资本，在风险计量上更具有一致性和标准化，能够更好地对不同风险源进行比较和管理。例如，对于人寿保险公司来说，资产和负债都会受到利率变化的影响，而这种影响会通过复杂的机制传递到资产、负债价值上。经济资本的统一值可以直接对各类风险源进行比较，帮助公司采取有效的针对性的管理措施。

经济资本和监管资本是不同的概念。监管资本是金融监管机构规定的金融机构必须遵守的最低资本要求，旨在确保金融机构达到承担其业务和风险所需的资本水平。而经济资本是公司内部评估其风险所需的资本水平，通常采用内部模型和监管标准方法计算。不过，近年来，经济资本和监管资本的概念之间的融合越来越多，特别是在保险业。例如，SolvencyⅡ强调市场一致的负债估值，意味着保险公司需要根据市场价值对其负债进行估值，这与经济资本框架所采用的市场一致的资产负债表项目价值类似。这种趋势表明，监管资本和经济资本的概念逐渐趋于一致。

合格资本是按照金融监管机构的认定标准计量的资本，是金融机构用来满足监管要求的资本。而从财务会计角度看，合格资本是指企业在面临不利情形或亏损时可以动用的财务资源。这种资本应该具有一定的质量要求和适用性，也就是说，合格资本应是“真金白银”的资本。一般认为，资本最重要的是其质量，其次才是数量。

10.1.2 资本的意义

对于非金融企业而言，资本主要用于支持企业的扩张和增长，以及应对意外情况。而对于金融机构来说，资本的意义则更加广泛和重要。首先，资本可以用来吸纳大的、非预期的损失，保障金融机构的稳健经营和客户的利益，特别是对于保险公司和银行等需要面对各种风险的金融机构来说更是如此。其次，资本也可以用来满足监管要求，以保持金融机构与外部利益相关方（如评级机构和监管机构）的信心和合作关系。此外，资本还可以用来支持金融机构的业务扩张和创新，特别是在面对市场变化和竞争压力时。因此，对于金融机构而言，资本具有超乎寻常的意义和重要性。

我们以银行的贷款决策为例，银行在贷款决策时要考虑两个紧密关联的问题：

（1）银行对企业贷款的风险有多大（由银行风险评估确定）？

（2）对于特定风险的贷款，银行如何对该贷款进行定价，换言之，银行是否获得了与其承担的风险相匹配的收益（风险收益是否达到银行标准）？

根据表 10-1，虽然两个企业的预期损失率相等（均为 1.85%），用净现金流指标来粗略度量的预期偿付能力相同（均为 1 亿元），但是它们的稳定性差异很大。互联网行业市场竞争激烈，T 企业的创收能力波动性强，不确定性很大；而电力行业有一定的垄断性和地域性，P 企业创收能力波动性不大，相对稳定。因此，T 企业的贷款损失率的不确定性比 P 企业的不确定性更大，即前者的风险大于后者的风险。对于这两笔贷款，银行应当如何定价呢？

表 10-1 企业风险因素对照表

贷款 6 000 万	三种情形	不利	正常	利好	综合评估	
	可能性	10%	80%	10%	预期值	波动率
互联网企业 T	净现金流	5 000	10 000	15 000	10 000	22.4%
	贷款损失率	10%	1%	0.5%	1.85%	147%
电力企业 P	净现金流	5 000	10 000	12 000	10 000	8.9%
	贷款损失率	2%	1.85%	1.7%	1.85%	3.1%

首先，银行贷款的价格应当覆盖预期损失。预期损失是按照大数定律必然发生的风险损失，是银行经营风险必须计入的经营成本。由于不同企业的稳定性不同，银行承受的风险也不同，因此贷款价格不应该相同。其次，银行贷款的价格应考虑到两笔贷款超出预期损失率的波动性风险。银行贷款的定价应该反映贷款损失波动率的差异，从而使银行承担的非预期损失率不同。

因此，在贷款决策方面，关键是通过使用风险量化技术对贷款风险进行科学评估，确定特定类型企业和特定结构贷款的损失率分布函数，并据此计算预期损失、非预期损失和波动率，完成贷款的科学定价，包括准确计提风险成本和确定风险溢价。贷款的风险定价应包括三个方面：在无信用风险条件下的资金成本（用国债利率近似）、企业预期损失率（银行为该类企业贷款需要承担的损失率，即风险成本）和风险溢价（根据波动性的市场定价，也是银行风险收益的一部分）。

在贷款定价过程中，预期损失率是按照概率加权计算确定的平均损失，即所谓的风险成本。根据大数定律，预期损失是银行在承担风险时必须付出的成本，贷款定价必须覆盖这部分成本，一般通过拨备将风险成本纳入银行的经营成本。贷款定价的另一部分是风险溢价，这是银行经营风险的收益，高风险对应高收益，或者说风险和收益匹配。其中的风险就是资产价值波动产生的非预期损失。尽管贷款定价考虑了损失的波动性，但是任何风险定价都无法完全覆盖可能发生的非预期损失。

因此，非预期损失发生时，必然主要依靠银行自身资本的弥补。银行股东追求的是持续盈利，如果轻微的损失波动就导致银行破产，银行股东绝不会答应。因此，银行股东在关注银行盈利能力的同时，还要关注银行承受损失波动的能力，即抵抗非预期损失的能力。银行承受损失波动的能力由两个方面的因素决定：银行的资本实力和银行经营形成的资产组合的价值的波动性。资本充足程度决定了银行有多少资本可以用于冲销非预期损失；资产组合的价值波动性决定了异常情况下会发生多少非预期损失。

需要注意的是，没有股东会要求金融机构能完全抵御所有风险，但肯定会要求银行能够承受一定程度的经济波动。换句话说，银行承受资产价值波动的能力总有一定限度。为了确保在遭受某种程度的经济波动时，公司的资本金足以覆盖经济波动产生的非预期损失，不至于破产，追求持续盈利的公司股东会隐含或公开地提出对公司经营管理的风险偏好要求。所谓风险偏好，就是公司股东要求的资不抵债的最大可能性，或者股东对公司破产风险的容忍度。例如，股东风险偏好为1%，意味着公司的破产风险容忍度为1%（即每100年只有1年发生公司破产），这意味着公司必须具备足够的实际资本量，以覆盖由百年一遇的经济波动引起的非预期损失，并确保公司不会破产，从而实现持续经营。

不同的公司，风险偏好也各有不同。在不同的风险偏好下，可以根据贷款的概率分布，确定在相应偏好下的非预期损失。比如在图10-1中，在50年一遇的风险容忍度为2%的经济波动中，T、P贷款的非预期损失率分别是ULT＝80.15%、ULP＝40.15%，而在百年一遇的风险容忍度为1%的经济波动中，则分别增加为95%和50%。在特定风险偏好下计算确定的贷款的非预期损失即为经济资本。通常来说，大型国际银行的管理目标是保持其AA级的信用等级，这意味着该银行一年的违约概率小于0.02%，因此，银行选择的经济资本的置信水平应至少为99.98%，以维持AA级的必要指标。由于存在资本金不足以吸收损失的可能性，因此需要要求违约概率小于0.02%。如果某家银行想要维持的信用等级是BBB，其对应的置信水平也会低一些，一家信用等级为BBB的公司一年的违约概率为0.2%，因此其对应的置信水平应该是99.80%。通常来说，经济资本的置信水平要高于监管部门指定的置信水平。

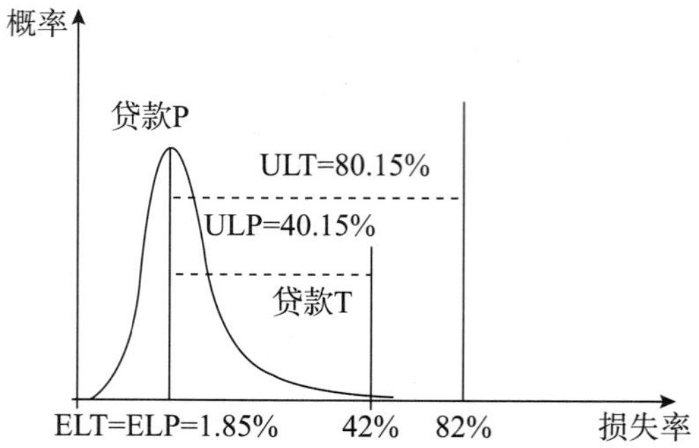

图10-1 贷款的预期损失率和损失率的波动性

注：ELT和ELP分别为T和P的预期损失率。

除了贷款信用风险，金融机构还需要高质量的经济资本来为公司内在的各种不同风险提供保护缓冲，以确保即使在最坏的灾难情况下，公司也能够维持财务稳健性和持续经营。因此，经济资本体系越来越多地成为金融机构决策的核心依据。公司需要经济资本作为缓冲，以应对不可预见的损失所带来的风险。充足的经济资本还为公司的利益相关者，如供应商、客户和贷款人（对于工业企业而言）以及金融机构的存款人和交易对手等索偿权持有者提供了至关重要的信心。

10.1.3 经济资本的新用途

传统上，经济资本被用来回答以下问题："根据我们的高风险业务，公司需要多少资本才能保持偿付能力?"只要有一家公司能回答这个问题，就可以继续解决其他许多管理问题。因此，近年来经济资本的数字被用于回答越来越多的问题，尤其是在银行和其他金融机构中。经济资本的新用途包括：

● 公司水平、业务部门水平和个体水平上的绩效衡量与激励性薪酬。经济资本可以嵌入基于风险的资本计提系统，通常被综合在风险调整后的绩效度量指标或风险调整后的资本收益率中。它们为管理层和外部利益相关者提供了不同业务的风险调整业绩指标。这些指标可以用于比较不同业务的经济利润率，而不是仅仅依靠会计利润率（例如账面股权收益率）。同时，风险调整后的资本收益率数字可以用作计分卡的一部分，根据特定的业务部门高管和基础设施团队对股东价值的贡献，确定他们的薪酬。自 2008 年金融危机以来，企业更加强调制定与风险相关的薪酬制度（以及附有延迟期和回拨条款等规定的补充制度）。

● 进入/退出决策的积极投资组合管理。在理想情况下，企业可以通过地理区域或业务活动的分散来降低业务风险。资本管理决策的目标是回答以下问题："如果决定将资源分配给某项新业务或现有业务，或者停止某项业务，那么将创造多少价值?"进入、调整或退出特定业务的决策应该基于风险调整后的绩效度量指标和业务的风险分散效应。例如，银行可以考虑在面临违约风险的情况下，哪笔贷款的收益最大。交易部门也开始采用类似的方法，以计算每种资产或负债的市场风险，并估计相应的预期收益。他们将高风险转化为对相应高收益的需求，以更公平地比较每个业务单元的经济收益，并确保资本得到合理分配。

● 交易定价。经济资本数字可以用于计算单笔交易基于风险的定价。基于风险的定价有吸引力，是因为它确保银行某笔交易产生的经济风险得到了补偿。例如，在相对脆弱的金融环境中，对非投资级企业的贷款定价必然高于对投资级企业的贷款定价。然而，差额的大小只能通过比较预期损失金额与必须为每笔交易预留的经济资本成本得出。

10.1.4 计算经济资本的模型

要计算经济资本，一家企业需要分析它面临的潜在可能的损失及其出现的可能性，以量化其在一段时期内所面临的风险。因此，经济资本通常是根据风险度量ϱ（如 VaR 或 ES）模型推导的。图 10－2 简要地说明了计算和识别未预期损失的关键考虑要素，这些要素是计算经济资本所需的输入。它们涉及损失的特征、预期损失和置信区间。

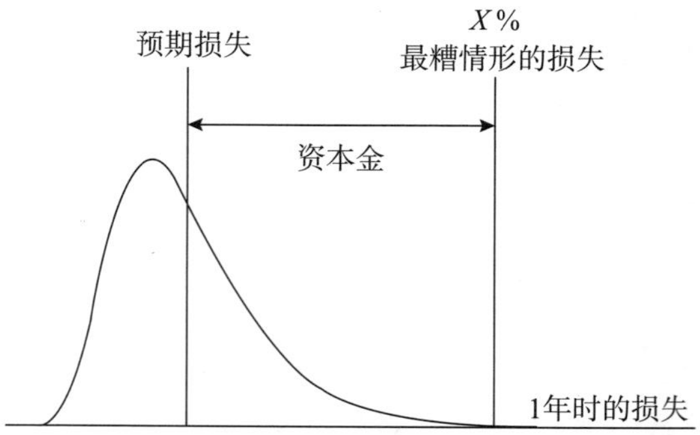

图 10-2 基于风险度量 VaR 的经济资本

本章将用以下符号来表示与经济资本相关的术语。设 L 表示公司所面临的损失，ϱ 是一个满足正齐性、平移不变性和不变定律的风险度量，则经济资本等于某个置信区间内的非预期损失：

$$\mathrm{EC}=\varrho(L)-E(L)$$

风险度量通常采用方差、VaR、ES 和压力在险价值等指标。经济资本不是一个固定值，其计算结果应该使金融机构在某个置信水平上可以吸收的最高意外损失与金融机构不同利益相关者的要求保持一致，与公司的风险偏好、市场预期和监管当局的预期有关。例如，假设公司决定采用 VaR 作为风险度量，在 99.9%的置信水平下的经济资本等于

$$\mathrm{EC}=\mathrm{VaR}_{0.999}(L)-E(L)$$

运用前面章节所学的各种风险建模技术预测未来损失 L 的分布，我们就可以计算出单笔交易或某条业务线的经济资本的具体数值。经济资本的计量还可以对公司所有业务组合和风险类型做整体经济资本的测算。假设企业有 d 家子公司或 d 条业务线，损失金额记为 $L_1,L_2,\cdots,L_d$，总损失记为 $L=L_1+L_2+\cdots+L_d$。假设我们已经为每条业务线计算了经济资本：

$$\mathrm{EC}_i=\varrho(L_i)-E(L_i),\quad i\in\{1,2,\cdots,d\}$$

式中，$\varrho(\cdot)$ 是我们选定的风险度量（如 VaR、ES 或压力在险价值等），$E(L_i)$ 是损失的期望值。EC_i 反映了在这种风险度量指标下的非预期损失。汇总经济资本可以看作采用一种合理的规则来计算支持所有资产所需的总资本，即找到一个风险聚合的映射：

$$f:\mathbb{R}^d\rightarrow\mathbb{R},\ f(\mathrm{EC}_1,\mathrm{EC}_2,\cdots,\mathrm{EC}_d)=\mathrm{EC}$$

它把单个经济资本数额作为输入，并将总经济资本 EC 作为输出。

资本汇总最简单的做法是整体经济资本等于各项经济资本的总和：

$$\mathrm{EC}=\mathrm{EC}_1+\mathrm{EC}_2+\cdots+\mathrm{EC}_d \tag{10-1}$$

《巴塞尔协议Ⅱ》对于银行监管资本的做法就是加总。银行的整体监管资本金等于

信用风险、市场风险及操作经济资本的总和。但这一做法忽略了不同业务的风险分散效应或叠加效应，可能会高估或低估公司整体经济资本。因此，如果要在组合的层面度量经济资本，就需要有较高的数理技术和大量的数据支持，特别是对于不同资产相关性的研究一直是摆在风险管理者面前的一大难题。例如，对于保险公司，风险管理者需要全面衡量保险经营所面临的风险。这些风险包括保险风险、市场风险、信用风险、操作风险和流动性风险。这些风险之间通常有互动关系，在某些情况下会产生复合效应。例如，如果金融机构的交易对手发生违约，只有在市场变量的变化使衍生品对该金融机构有正的价值时，信用风险才会产生。再如，如果发生了重大自然灾害（如地震和飓风），公司的寿险业务和财产险业务都会面临巨额亏损。10.2 节将讨论汇总经济资本的几种常见方法。

尽管现实中有许多历史数据和软件可以帮助我们计算经济资本，但在应用这些数据时，我们必须结合对经济环境、消费者行为以及单个借款人的盈利模式等因素的判断，以便预测贷款人未来的行为。在衡量市场风险时，也需要将数据与主观判断相结合（尽管相对于信用风险而言，市场风险存在更多、更容易获取的统计数据）。

10.2　汇总经济资本的方法

金融机构可以使用两种方法来计算整体经济资本，它们分别是自上而下法（top-down approach）和自下而上法（bottom-up approach）。在自上而下法中，首先需要估计银行资产价值的波动率，然后可以据此计算在一定展望期内银行资产低于其负债的概率。Merton 模型是一种可用于自上而下法的理论框架，它在信用风险度量中得到了广泛应用。该模型根据公司总价值进行建模，计算信用经济资本。我们已在 7.3.1 节中对 Merton 模型进行了讨论。

实际中最常使用的方法是自下而上法。在这种方法中，首先建立各业务部门对不同风险类别（见图 10－3）的损失分布，然后进行汇总。汇总的第一步是计算各类风险或各业务部门的总损失分布，最后一步是将不同产品、生产线、地理区域等的风险汇总，以求出整个金融机构的经济资本。

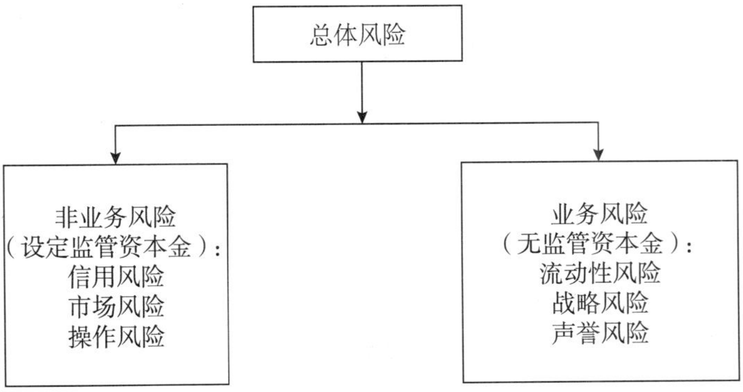

图 10－3　银行面临的损失种类

10.2.1 相关性加权加总

在相关性加总法下，总经济资本为

$$\mathrm{EC}=\sqrt{\sum_{i=1}^{d}\sum_{j=1}^{d}\rho_{ij}\,\mathrm{EC}_i\,\mathrm{EC}_j} \tag{10-2}$$

式中，ρ_{ij} 是业务 i 和 j 的损失相关性。

McNeil et al.(2015) 对相关性加总规则做了进一步的理论解释。如果组合总损失 L 与一些潜在风险因子变化 $X=(X_1,X_2,\cdots,X_d)$ 之间存在线性关系：

$$L=m+\boldsymbol{\lambda}^{\mathrm{T}}\boldsymbol{X}$$

且 $\boldsymbol{X}$ 的联合分布是协方差矩阵有限的椭圆分布（如多元正态分布、多元 t 分布），那么对任何满足正齐性和平移不变性的风险度量来说，相关性加总法是合理的。下面是对这个性质的数学表述和简单证明。

命题 10.1 设风险因子变化服从椭圆分布，即 $\boldsymbol{X}\sim E_d(\boldsymbol{\mu},\boldsymbol{\Sigma},\boldsymbol{\psi})$，又 $M=\{L: L=m+\boldsymbol{\lambda}^{\mathrm{T}}\boldsymbol{X}, \boldsymbol{\lambda}\in\mathbb{R}^k, m\in\mathbb{R}\}$ 是 $\boldsymbol{X}$ 的线性组合空间，而 ϱ 是一个在 M 上满足正齐性和平移不变性的风险度量。对 $L_1,L_2,\cdots,L_d\in M$，记 $\mathrm{EC}_i=\varrho(L_i-E(L_i))$ 表示业务 i 的经济资本，如果 $E(L)$ 存在，则总损失 $L=L_1+L_2+\cdots+L_d$ 的经济资本 $\mathrm{EC}=\varrho(L-E(L))$ 等于

$$\mathrm{EC}=\sqrt{\sum_{i=1}^{d}\sum_{j=1}^{d}\rho_{ij}\,\mathrm{EC}_i\,\mathrm{EC}_j}$$

证明：对 $i=1,2,\cdots,d$，设 $L_j=m_j+\boldsymbol{\lambda}_j^{\mathrm{T}}\boldsymbol{X}$，则

$$\mathrm{EC}_j=\varrho(L_j)-E(L_j)=\sqrt{\boldsymbol{\lambda}_j^{\mathrm{T}}\boldsymbol{\Sigma}\boldsymbol{\lambda}_j}\,\varrho(Y_1)$$

式中，Y_1 是一个一元球面分布 $S_1(\psi)$ 的随机变量，ψ 是生成器，且

$$\begin{aligned}\mathrm{EC}&=\sqrt{(\boldsymbol{\lambda}_1+\boldsymbol{\lambda}_2+\cdots+\boldsymbol{\lambda}_d)^{\mathrm{T}}\boldsymbol{\Sigma}(\boldsymbol{\lambda}_1+\boldsymbol{\lambda}_2+\cdots+\boldsymbol{\lambda}_d)}\,\varrho(Y_1)\\&=\sqrt{\sum_{i=1}^{d}\sum_{j=1}^{d}\boldsymbol{\lambda}_i^{\mathrm{T}}\boldsymbol{\Sigma}\boldsymbol{\lambda}_j\varrho(Y_1)^2}=\sqrt{\sum_{i=1}^{d}\sum_{j=1}^{d}\frac{\boldsymbol{\lambda}_i^{\mathrm{T}}\boldsymbol{\Sigma}\boldsymbol{\lambda}_j}{\sqrt{(\boldsymbol{\lambda}_i^{\mathrm{T}}\boldsymbol{\Sigma}\boldsymbol{\lambda}_i)(\boldsymbol{\lambda}_j^{\mathrm{T}}\boldsymbol{\Sigma}\boldsymbol{\lambda}_j)}}\mathrm{EC}_i\,\mathrm{EC}_j}\end{aligned}$$

$(L_1,L_2,\cdots,L_d)$ 的分散矩阵 $\widetilde{\boldsymbol{\Sigma}}$ 由 $\widetilde{\boldsymbol{\Sigma}}=\boldsymbol{\Lambda}\boldsymbol{\Sigma}\boldsymbol{\Lambda}^{\mathrm{T}}$ 给出，其中 $\boldsymbol{\Lambda}=(\lambda_1,\lambda_2,\cdots,\lambda_d)^{\mathrm{T}}$。显然 $L_1,L_2,\cdots,L_d$ 的相关系数矩阵 $\boldsymbol{P}=(\rho_{ij})_{ij}$ 的元素为 $\boldsymbol{\lambda}_i^{\mathrm{T}}\boldsymbol{\Sigma}\boldsymbol{\lambda}_j/\sqrt{(\boldsymbol{\lambda}_i^{\mathrm{T}}\boldsymbol{\Sigma}\boldsymbol{\lambda}_i)(\boldsymbol{\lambda}_j^{\mathrm{T}}\boldsymbol{\Sigma}\boldsymbol{\lambda}_j)}$，因此

$$\mathrm{EC}=\sqrt{\sum_{i=1}^{d}\sum_{j=1}^{d}\frac{\boldsymbol{\lambda}_i^{\mathrm{T}}\boldsymbol{\Sigma}\boldsymbol{\lambda}_j}{\sqrt{(\boldsymbol{\lambda}_i^{\mathrm{T}}\boldsymbol{\Sigma}\boldsymbol{\lambda}_i)(\boldsymbol{\lambda}_j^{\mathrm{T}}\boldsymbol{\Sigma}\boldsymbol{\lambda}_j)}}\mathrm{EC}_i\,\mathrm{EC}_j}=\sqrt{\sum_{i=1}^{d}\sum_{j=1}^{d}\rho_{ij}\,\mathrm{EC}_i\,\mathrm{EC}_j}$$

在险价值（VaR）和预期亏损（ES）都是满足正齐性和平移不变性的风险度量指标。命题 10.1 说明如果潜在的多元损失分布是对称的正态分布或 t 分布，就可以证明基于 VaR 和 ES 计算经济资本时采用相关性得到汇总经济资本是合理的。

专栏 我国保险公司的“偿二代”中最低资本汇总方法

目前，我国保险公司的“偿二代”监管规则采用这一方法汇总各类风险的最低资本。记 $MC_{向量}$ 由（$MC_{寿险保险}$，$MC_{非寿险保险}$，$MC_{市场}$，$MC_{信用}$）组成，表示人寿保险公司的寿险业务保险风险、非寿险业务保险风险、市场风险、信用风险的最低资本向量，则保险公司整体最低资本等于

$$MC^{*}=\sqrt{MC_{向量}^{2}\times M_{相关系数矩阵}\times MC_{向量}^{T}}$$

$M_{相关系数矩阵}$ 由监管部门指定，等于

相关系数	$MC_{寿险保险}$	$MC_{非寿险保险}$	$MC_{市场}$	$MC_{信用}$
$MC_{寿险保险}$	1	0.2	0.3	0.15
$MC_{非寿险保险}$	0.2	1	0.37	0.2
$MC_{市场}$	0.3	0.37	1	0.25
$MC_{信用}$	0.15	0.2	0.25	1

资料来源：中国银保监会 2021 年 12 月 30 日印发的《保险公司偿付能力监管规则（Ⅱ）》中第 2 号文件《最低资本》。

$MC_{向量}$ 中各类风险的最低资本也采用相关系数矩阵进行加总，以保险公司寿险业务保险风险的最低资本为例：

$$MC_{寿险保险}=\sqrt{MC_{向量}^{2}\times M_{相关系数矩阵}\times MC_{向量}^{T}}$$

其中 $MC_{向量}$ 由（$MC_{损失发生}$，$MC_{费用}$，$MC_{退保}$）组成，监管部门规定相关系数矩阵等于

$$\begin{pmatrix}1 & 0.4 & 0\\ 0.4 & 1 & 0.5\\ 0 & 0.5 & 1\end{pmatrix}$$

$MC_{损失发生}$ 仍然采用相关性规则进行汇总，而费用风险最低资本等于全部寿险业务费用风险最低资本的算术加总。

虽然相关性加总的方法被监管部门和保险公司广泛采用，但该方法也存在实际问题。

（1）$L_1,L_2,\cdots,L_d$ 的联合分布是椭圆分布的假设在实践中不太可能成立，如信用风险和操作风险损失通常不满足正态性假设，这时采用相关系数矩阵加总缺乏理论支持。

（2）相关性要求规定 $L_1,L_2,\cdots,L_d$ 之间两两相关。但要得到这些相关系数的估计比较困难，因为经验数据通常只能获得基础风险因子变化的两两之间的相关系数，而不是由此产生的业务损失的相关性。

（3）为了有意义，相关系数矩阵 $\boldsymbol{P}=(\rho_{ij})_{ij}$ 必须是半正定的。如果相关系数矩阵中的数值由专家判断获得，或是利用两两估计的经验相关系数，那么相关系数矩阵很容易

违反半正定性假定，而且这种情况下发生的风险会随着风险维数的增加而增加。

（4）式（10－2）并没有将损失之间的尾相关性纳入总经济资本计算，而使用求和公式式（10－1）可以避免这些问题，并且为 $L_1,L_2,\cdots,L_d$ 的任何基础分布生成了一个保守的总资本上限。

例 10－1 表 10－2 给出了两个业务类别的市场风险、信用风险及操作风险经济资本的估计，同时表 10－3 给出了各个业务类别风险损失的相关性，在每个业务类别中信用风险同市场风险的相关性为 0.5，操作风险同市场风险及信用风险的相关性均为 0.2。不同业务类别间不同风险类型的相关性为 0，在不同业务类别之间所有市场风险的相关性为 0.4，在不同业务类别之间所有信用风险的相关性为 0.6，在不同业务类别之间所有操作风险的相关性为 0。

表 10－2 经济资本的估计

	业务类别 1	业务类别 2
市场风险	30	40
信用风险	70	80
操作风险	30	90

表 10－3 业务类别风险损失的相关性

	MR－1	CR－1	OR－1	MR－2	CR－2	OR－2
MR－1	1.0	0.5	0.2	0.4	0.0	0.0
CR－1	0.5	1.0	0.2	0.0	0.6	0.0
OR－1	0.2	0.2	1.0	0.0	0.0	0.0
MR－2	0.4	0.0	0.0	1.0	0.5	0.2
CR－2	0.0	0.6	0.0	0.5	1.0	0.2
OR－2	0.0	0.0	0.0	0.2	0.2	1.0

注：MR、CR 及 OR 分别代表市场风险、信用风险及操作风险。数字 1 及 2 分别代表业务类别。

可以计算出，对第一个业务类别的整体经济资本的估计为

$$\sqrt{30^2+70^2+30^2+2\times 0.5\times 30\times 70+2\times 0.2\times 30\times 30+2\times 0.2\times 70\times 30}=100.0$$

对第二个业务类别的整体经济资本的估计为

$$\sqrt{40^2+80^2+90^2+2\times 0.5\times 40\times 80+2\times 0.2\times 40\times 90+2\times 0.2\times 80\times 90}=153.7$$

整体市场经济资本为

$$\sqrt{30^2+40^2+2\times 0.4\times 30\times 40}=58.8$$

整体信用风险经济资本为

$$\sqrt{70^2+80^2+2\times 0.6\times 70\times 80}=134.2$$

整体操作风险经济资本为

$$\sqrt{30^2+90^2}=94.9$$

整个企业的经济资本是以下数量的平方根：

$$30^2+40^2+70^2+80^2+30^2+90^2+2\times0.4\times30\times40+2\times0.5\times30\times70+2\times0.2\times30\times30+2\times0.5\times40\times80+2\times0.2\times40\times90+2\times0.6\times70\times80+2\times0.2\times70\times30+2\times0.2\times80\times90$$

即 203.2。

以上计算在很大程度上显示了风险分散带来的好处。市场风险、信用风险及操作风险经济资本的总和为 58.8＋134.2＋94.9＝287.9，两个业务类别的经济资本的总和为 100＋153.7＝253.7，以上两个数值都比实际的经济资本估计值 203.2 高。

10.2.2　利用 Copula 汇总经济资本

Sklar 定理将 Copula 函数与多元联合分布建立起了联系。如果多元联合分布函数 $F(x_1,x_2,\cdots,x_d)$ 的边际分布 $F_1,F_2,\cdots,F_d$ 连续，则存在一个 Copula 函数 $C:[0,1]^d\to[0,1]$，使得对所有 $\overline{\mathbb{R}}=(-\infty,+\infty)$中的 $x_1,x_2,\cdots,x_d$，有

$$F(x_1,x_2,\cdots,x_d)=C(F_1(x_1),F_2(x_2),\cdots,F_d(x_d))$$

通过使用 Copula 函数，我们可以将边际分布和变量间的相关结构分开来研究总损失的分布，这样可以突破风险因子的联合分布服从椭圆分布的限制。我们可以一方面允许 $L_1,L_2,\cdots,L_d$ 服从非正态分布，例如帕累托分布、偏 t 分布等非对称分布；另一方面对 $L_1,L_2,\cdots,L_d$ 之间的相关性单独进行研究，从而降低多变量分布模型建模和分析的难度，并使建模和分析过程更加清晰。

利用 Copula 汇总经济资本的随机模拟步骤与操作风险中利用高级计量法汇总不同业务总损失的步骤类似，大体可以分为以下步骤：

首先，找到合适的边际分布 $F_1,F_2,\cdots,F_d$ 来拟合 d 个业务的损失数据 $L_1,L_2,\cdots,L_d$。

其次，选择一个合适 Copula 函数 $C(u_1,u_2,\cdots,u_d)$ 来描述 d 个业务之间损失的相关结构，并产生一个 Copula 函数的随机样本 $(u_1,u_2,\cdots,u_d)$。

最后，利用反函数法得到各业务的年度总损失样本 $(l_1,l_2,\cdots,l_d)=(F_1^{-1}(u_1),F_2^{-1}(u_2),\cdots,F_d^{-1}(u_d))$，将 $l_1,l_2,\cdots,l_d$ 相加则可以得到总损失 L 的一个样本 $l=l_1+l_2+\cdots+l_d$。

将以上步骤重复适当次数即可得到总损失 L 的经验分布，进而计算总经济资本。图 10－4 展示了如何用随机模拟法计算两个业务损失 L_1 和 L_2 的总损失分布，其中 Copula 选择高斯 Copula。注意，阴影框表示考虑边际分布之间相互作用的不同方法。上面的一种方法是采用 Copula 对联合分布建模。注意，虽然图中的边际分布采用了正态分布，但可以用经济资本框架中市场风险、信用风险、操作风险等的风险分布来代替，此时这些边际分布不一定要求是正态分布。

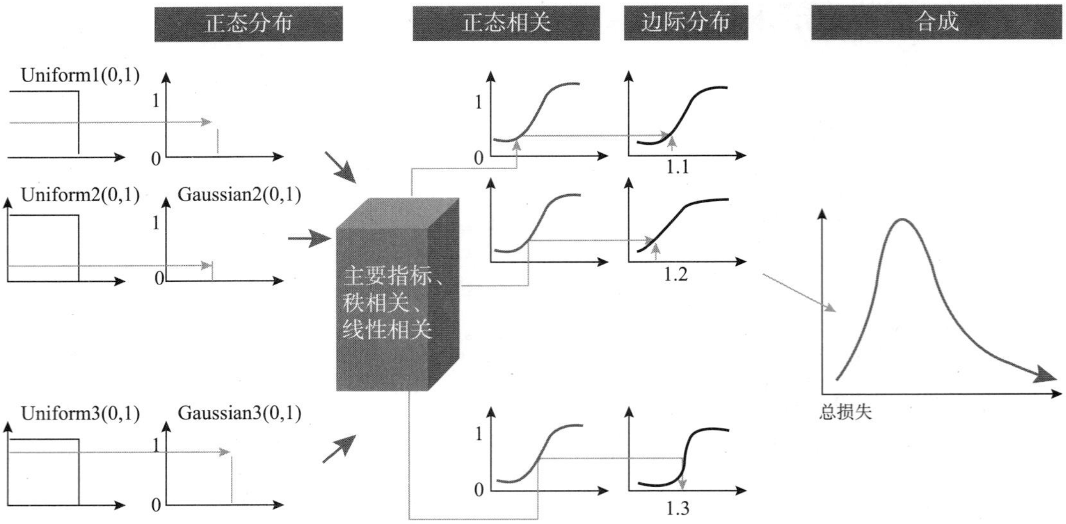

图 10－4 Copula 计算总损失的随机模拟过程①

10.2.3 基于压力情景的加总

实践中还存在一种情况，总经济资本是个别风险因子处于压力情景时所需资本的汇总。例如，欧盟的 Solvency Ⅱ的标准公式法（参见 CEIOPS 2006）要求经济资本 EC_1，$\mathrm{EC}_2,\cdots,\mathrm{EC}_d$ 是根据资产负债表中一些关键风险因子极端变化情景造成的影响计算的，并且利用相关性规则来汇总整体资本金。

我们记风险因子的变化的压力情景为 $\boldsymbol{x}=\boldsymbol{X}(\omega)=(k_1,k_2,\cdots,k_d)$，与之相应的损失为 $L(\boldsymbol{x})$。假设 $L(\boldsymbol{x})$ 是某个已知函数，为简单起见，d 个风险因子的压力值 $k_1,k_2,\cdots,k_d$ 是预先确定的，$k_i>E(X_i)$。第 i 个风险因子处于压力情景时经济资本等于

$$\mathrm{EC}_i=L(k_i\boldsymbol{e}_i)-L(E(X_i)\boldsymbol{e}_i)$$

式中，$\boldsymbol{e}_i$ 表示第 i 个元素等于 1、其他元素等于 0 的单位向量，即 $\boldsymbol{e}_i=(0,0,\cdots,1,0,\cdots,0)$。所以 $\mathrm{EC}_i>0$。EC_i 可看作为应对风险因子 i 处于极端不利变化而其他所有风险因子保持不变的情景时所需的经济资本。k_i 通常取值为第 i 个风险因子变化量 X_i 的 α 分位数水平。

需要注意的是，在许多情况下，同时计算的多个风险因子压力情景下的经济资本并不等于单个风险因子压力情景下获得的经济资本的总和。这是因为风险因子之间存在相互作用，使用单一风险因子压力方法的局限性之一是无法捕捉这些相互作用。

下面的命题说明在风险因子变化量 $\boldsymbol{X}$ 服从椭圆分布的假设下，我们仍然可以依据相关性规则汇总单风险因子压力的影响，以获得满足正齐性和平移不变性的风险度量对应的总经济资本。

---

① Morone，M.，Cornaglia，A.，Mignola，G. Economic capital assessment via copulas：aggregation and allocation of different risk types. Intesa-Sanpaolo，2007.

命题 10.2 设 $\boldsymbol{X}\sim E_d(\boldsymbol{\mu},\boldsymbol{\Sigma},\boldsymbol{\psi})$，设 $\boldsymbol{M}=\{\boldsymbol{L}:\boldsymbol{L}=\boldsymbol{m}+\boldsymbol{\lambda}^{\mathrm{T}}\boldsymbol{X},\ \boldsymbol{\lambda}\in\mathbb{R}^k,\ \boldsymbol{m}\in\mathbb{R}\}$是 $\boldsymbol{X}$ 的线性组合空间，而 ϱ 是一个在 $\boldsymbol{M}$ 上满足正齐性和平移不变性的风险度量，则对任意 $\boldsymbol{L}=\boldsymbol{m}+\boldsymbol{\lambda}^{\mathrm{T}}\boldsymbol{X}$，有

$$\varrho(\boldsymbol{L}-\boldsymbol{EL})=\sqrt{\sum_{i=1}^{d}\sum_{j=1}^{d}\rho_{ij}\,\mathrm{EC}_i\,\mathrm{EC}_j}$$

式中，$\mathrm{EC}_i=\boldsymbol{L}(k_i\boldsymbol{e}_i)-\boldsymbol{L}(E(X_i)\boldsymbol{e}_i)$；$\rho_{ij}$ 是 $\boldsymbol{\Sigma}$ 中的元素，表示相关系数。

上述命题适用于 VaR、ES 和扭曲风险度量，说明了欧盟的 Solvency Ⅱ 的标准公式法在合理性方面的适用性。然而，该命题的关键假设仍然是损失与风险因子变化之间存在线性关系，并且风险因子变化服从椭圆分布，这两个假设在实际应用中都过于简单。

一种更具吸引力的做法是，对基础风险因子 $\boldsymbol{X}$ 和泛函 g_i：$\mathbb{R}^k\to\mathbb{R}$建立多元模型，以刻画不同投资组合、部门或企业的业务单位的损失 $L_i=g_i(\boldsymbol{X})$，$i=1,2,\cdots,d$。$\boldsymbol{X}$ 的模型包括多种精细化模型，例如 Copula 模型、动态多元模型等，这些模型常称为经济情景生成器（ESG）。然后基于 $\boldsymbol{X}$ 的模型计算总损失分布和风险度量 $\varrho(\boldsymbol{L}-\boldsymbol{EL})$。

一般而言，为基础风险因子建立多元模型比较容易，因为在风险因子水平上存在更多数据。而且这种方法的一个重要优点是，它允许在一系列假设和风险管理基础上生成完整的损益结果分布。由于情景的校准通常是基于现实的，与所需的经济资本的置信水平无关，该方法可以根据最终结果计算经济资本，适用于一系列不同的置信水平。它还可以为替代风险管理策略的利弊提供重要见解，并帮助解决整个冲击应用期间和可能以后涉及的业务管理问题。由于 ESG 可以用来适当地模拟正常和极端的市场条件，一个单一的结果集可以同时用于分析尾部风险的经济资本以及依赖于结果分布的中心部分建模的盈利能力。但缺点是它涉及更大的建模复杂性和计算需求。

表 10-4 给出了可用于模拟各种风险因子的 ESG 模型的非详尽列表。注意，这些模型中的许多都可以使用与市场一致的方法和现实世界的数据进行校准。

表 10-4 各种风险因素的经济情景

基础风险因子	典型的分布假定	模型
利率	利率变化服从正态分布；名义利率等于零	Hull-White 模型，LIBOR 市场模型，Jarrow-Yildirim 的通货膨胀和实际利率模型。债券收益率是利率、信用利差和久期的函数
股票	股票收益率服从正态分布	超额收益高于现金；使用对数正态布朗运动建模。如有必要，可使用 ARCH 或 GARCH 模型描述股息收益（dividend yields）率。通过稳定分布或机制转换模型来描述厚尾
资本收益率	资本收益率服从正态分布	通常类似于股票模型。使用 GARCH 模型可以适当地捕捉序列相关
利差	信用利差转移概率矩阵，利差变化服从正态分布	Jarrow-Landow-Turnbull 模型
汇率	汇率变化服从正态分布	对数正态布朗运动模型，无套利模型
相关性	通常假定恒定	使用状态转换模型来描述尾部依赖

10.3 资本配置

企业通过对不同的业务类别分别计算市场风险、信用风险、操作风险及业务风险的损失分布，并将所有的损失分布进行汇总得到整个机构所需的经济资本总量 $E_{\text{total}}=\sum_{i=1}^{n}E_i$。本节将探讨资本配置的问题，即如何将总经济资本分配给构成整体业务组合的不同子组合或资产，以确定它们对整体资本要求的附加贡献。

下面用数学术语来描述资本配置问题。设随机变量 $L_1,L_2,\cdots,L_d$ 表示与 d 个不同业务类别相对应的损失或者 d 个对应于资产负债表上不同资产类别的损失，总经济资本 $\varrho(L)=\varrho(L_1+L_2+\cdots+L_d)$，资本配置问题就是寻找一个合适的映射，该映射将 d 个业务（或资产）类别的损失 $L_1,L_2,\cdots,L_d$ 作为输入，将总经济资本 $\varrho(L)$ 作为输出，并将每个业务风险贡献向量 AC_i^{ϱ} 作为输出，且满足

$$\varrho(L)=\sum_{i=1}^{d}\mathrm{AC}_i^{\varrho}$$

这样的映射称为资本配置原则，有时也称为完全配置原则，因为总经济资本 $\varrho(L)$ 被分配到各个业务投资。

在现实中，总经济资本可以通过许多因素进行配置，包括风险类型、产品/产品组、地理位置、业务部门。资本配置的方法有很多，不同的方法适用于不同的目的。不过，一组好的资本配置方法应该满足以下属性：

- 无削价竞争（no undercut）：对子投资组合的分配资本不应超过其独立的资本需求；
- 对称性（symmetry）：如果两个子投资组合的风险度量值相同，那么这两个子组合的资本分配也应相同；
- 无风险配置性（risk-free allocation）：如果某个组合是无风险业务，那么分配给它的资本应为零。

本节介绍两类资本配置方法（边际分配法和博弈论配置法），并分别通过一个简单的示例予以说明。

假设公司有三个业务组合 X、Y 和 Z，每个业务组合的损失均服从正态分布，分别为 $X\sim N(50,10)$，$Y\sim N(40,7)$ 和 $Z\sim N(70,12)$。三个业务组合之间的相关系数矩阵如表 10－5 所示。

表 10－5　X、Y 和 Z 的相关系数矩阵

	X	Y	Z
X	1.0		
Y	0.8	1.0	
Z	0.3	0.2	1.0

我们选取 VaR 作为风险度量来计算经济资本。计算 VaR 时采用随机模拟法，根据（X,Y,Z）的联合分布进行 1 000 次模拟，得到三个边际损失和总损失 $X+Y+Z$ 的模拟值，并将模拟损失的 99.5%作为每个组合的 VaR，如表 10－6 所示。

表 10－6　投资组合 *X*、*Y* 和 *Z* 各自的 VaR 以及 *XYZ* 的 VaR

业务	所需经济资本
X	15.9
Y	8.8
Z	22.7
X、Y、Z 的经济资本简单加总	47.4
相关性加总后总经济资本需求	37

注意，三个业务组合的经济资本简单加总之和（47.4）大于总业务组合经济资本需求（37），说明相关性产生了分散化效应。本节的目的是将总经济资本需求（37）分配给业务组合 X、Y 和 Z。

10.3.1　边际分配法

资本的边际分配有多种方法：按比例（或线性）分配、离散边际贡献法、连续边际贡献法和 Myers-Read 配置法。下面对前三种方法进行介绍。

1. 按比例（或线性）分配

按比例（或线性）分配是最简单的方法。组合 XYZ 的总经济资本需求（包括分散化效应）按比例分配给 X、Y 和 Z。例如，组合 X 被分配的经济资本等于 12.4（$=37\times(15.9/47.4)$）。按比例（或线性）分配根据每个业务组合的个别资本要求，在业务组合中实现分散化收益。因此，它不会惩罚高度相关的业务组合。同样，它也不会奖励那些增加整体分散化效应的业务组合。表 10－7 给出了按比例（或线性）分配资本的结果。

表 10－7　按比例（或线性）分配资本的结果

业务	按比例（或线性）分配结果
X	12.4
Y	6.9
Z	17.7
XYZ	37

2. 离散边际贡献法

离散边际贡献法对每个子组合计算增量资本（incremental capital），然后根据增量资本的比例分配经济资本。增量资本的定义类似于递增 VaR，即等于包括某业务组合时与不包括该业务组合时的资本数量之差，例如，仅包含业务组合 YZ 的资本为 25.9。然后用总业务组合的资本 37 减去该资本，得到业务组合的边际风险金额对总投资组合的贡献。因此，业务 X 的离散边际贡献为 37－25.9＝11.1。类似可得到业务 Y 和 Z 的离散边际贡献是 5.6 和 13.4。

注意，将三个业务组合的离散边际贡献加总得到 30.1，并不等于总经济资本需求 37。因此为了使这些边际贡献加起来等于总投资组合风险，还应将边际贡献按比例缩放（在这个例子中是按 37/30.1 的系数），从而得到按比例缩放的边际贡献。例如 X 的边际贡献应等于 13.6（＝11.1×37/30.1）。离散边际贡献是连续边际贡献方法的近似。表 10－8 给出了 X、Y、Z 三个业务组合离散边际贡献的资本分配结果。

表 10－8 离散边际贡献的资本分配结果

业务	排除该业务后的资本	离散边际贡献	缩放后的边际贡献
X	25.9	11.1	13.6
Y	31.4	5.6	6.9
Z	23.6	13.4	16.5
XYZ		30.1	37

3. 连续边际贡献法

连续边际贡献法也称欧拉资本配置法。该方法计算总业务组合经济资本相对于每个单独业务组合的导数，再乘以单个业务组合的风险度量，得到该业务组合的连续边际贡献为

$$\lambda_i \frac{\partial \varrho(L)}{\partial \lambda_i}$$

式中，λ_i 为对第 i 个业务组合的经济资本。我们后面将说明欧拉资本配置法保证各个业务组合所分得的经济资本总和仍然为 $\partial \varrho(L)$。定义 Q_i 为 λ_i 增加 $\Delta\lambda_i$ 时经济资本相应的增加量，业务组合 i 的成分资本金的离散估计为$\frac{Q_i}{y_i}$，$y_i=\frac{\Delta\lambda_i}{\lambda_i}$。

例如，对于业务组合 X 的 VaR 增加 1%，经计算得到 XYZ 的经济资本需求将增加 0.81%。因此，业务组合 X 的连续边际贡献为 0.81×15.9＝12.9。表 10－9 显示了欧拉资本配置法的结果。

表 10－9 欧拉资本配置法的结果

业务	最初所需的经济资本λ_i	业务组合的变化/VaR 的变化$\frac{\partial \varrho(L)}{\partial \lambda_i}$	连续边际贡献（欧拉资本配置）
X	15.9	0.81	12.9
Y	8.8	0.71	6.2
Z	22.7	0.79	17.9
XYZ			37

注意，单个业务组合的连续边际贡献加起来就是业务组合 XYZ 的总资本。这种方法的缺点是，当单个业务组合之间存在负相关时，可能存在负贡献。

10.3.2 博弈论配置法

博弈论是一种广泛应用于冲突情境的决策方法。在风险分配中，如何在各子业务之间分享分散收益是一个矛盾的问题。每个子业务都受益于成为大型业务组合的一部分，但同时也会放弃一些自身收益。Lloyd Shapley 提出了以 Shapley 值作为合作博弈的分配方法，该方法可以反映各子业务对这个博弈的贡献，即综合考虑每个子业务在所有集合中的贡献。Shapley 值可以用以下数学表达式表示：

$$\phi_i = \frac{1}{S}\sum_{T\subseteq N\backslash i}\frac{|T|!(|N|-|T|-1)!}{|N|!}(v(T\cup i)-v(T))$$

式中，N 是参与博弈的玩家集合（即本例中的业务集合），i 是我们想要计算其 Shapley 值的玩家（业务），T 是排除 i 后的玩家集合，S 是所有可能的玩家数量，$v(T)$ 是玩家集合 T 所能获得的总收益（即本例中的风险，用经济资本衡量）。

这个公式可以解释为：对于玩家 i 来说，他对于整个博弈的收益，应该是在每个可能的集合中所产生的边际贡献的平均值：先计算边际贡献 $v(T\cup i)-v(T)$，即参与者 i 加入集合 T 后，集合总收益的增加量，然后使用权重因子对所有边际贡献进行加权平均。由于每个玩家的贡献是对称的，即对于任意两个玩家 i 和 j，当且仅当他们的位置交换时，他们的贡献也交换。因此，这个公式确保了 Shapley 值的公平性和对称性。Lloyd Shapley 提出了一组公理，称为 Shapley 公理，用于确保合作博弈的公正性和唯一性。这组公理要求任何合作博弈都必须满足以下四个条件：

- 对称性：如果两个玩家在游戏中所扮演的角色完全相同，则他们应该有相同的 Shapley 值。
- 边际贡献：每个玩家对于每个可能的集合、对于该集合中加入玩家所能产生的额外收益（即边际贡献）都应该是相等的。
- 独立可加性：如果将两个游戏合并成一个游戏，则这个合并游戏的 Shapley 值等于两个游戏的 Shapley 值之和。
- 零玩家：如果一个玩家不参与合作对策，则他的 Shapley 值应该为 0。

这些公理确保了合作对策的公正性和唯一性，也使 Shapley 值成为一种广泛应用于博弈论和机器学习的可解释的方法。

在本节的例子中，对于子业务 X，X 可以进入子业务组合 XY 或 XZ。利用离散边际贡献法分别计算 X 对这两个子业务组合的贡献值。例如，子业务组合 XY 的风险贡献（23.6）减去业务 Y 的风险贡献（6.9），得到 X 对子业务组合 XY 的新增风险贡献为 16.7。类似地，X 对子业务组合 XZ 的第二风险贡献（13.7）等于 XZ 的资本金（31.4）减去 Z 的资本金的第一收益分配（17.7）。

X 的第二平均价值（2nd in）是 15.2，等于 X 在所有可能的子业务组合（XY 和 XZ）的第二贡献的平均值，即 15.2=0.5(16.7+13.7)。表 10-10 给出了通过 Shapley 值进行分配的结果。

表 10-10 通过 Shapley 值进行分配的结果

	1st in	2nd in	Last in	平均	2nd in 计算结果	
X	12.4	15.2	11.1	12.9	16.7	13.7
Y	6.9	9.7	5.6	7.4	11.1	8.2
Z	17.7	19.0	13.4	16.7	18.9	19.0
XYZ				37		

这种资本配置方法的优点是不需要进行比例调整，每个业务组合的分配自然加起来就是总额。但也存在一些缺点。首先，计算量很大，对于大型业务组合，计算量呈指数级增长。其次，对于存在大量业务的情况，例如将业务 X 拆分为子业务 X_1 和 X_2，最后对 4 个投资组合进行计算，这时对 Y 和 Z 的分配也将发生变化，这就不是分配方法的理想属性。

为了解决这些问题，Aumann 和 Shapley 提出了 Aumann-Shapley 值，它允许大量业务同时存在。Aumann-Shapley 值代表风险的增加率，即投资组合规模的小幅增加会增加多少额外的风险。风险是根据所采用的风险度量计算的，它可以是前面提到的任何一种。Aumann-Shapley 值的优点是可以处理大量业务的情况，计算量比传统的资本配置方法少。

我们利用模拟技术可以计算出 Aumann-Shapley 值。Ruhm and Mango（2003）① 使用 Ruhm-Mango-Kreps（RMK）条件风险算法来完成这一计算。RMK 算法可以应用于许多不同的风险度量。在这篇论文中，Ruhm 和 Mango 运行了 10 000 个模拟，并确定了每个模拟的经济资本要求。然后对这些模拟进行排序，将需要最少经济资本的模拟排在第一位，需要最多经济资本的模拟排在最后一位。选择 2.275%的破产概率作为可容忍的概率。因此，从有序模拟的第 9 723 个到第 9 822 个之间选择一个区间。注意，这是模拟 9 772 和 9 773 之间的一个区间，在这个点上，破产概率为 1−2.275%。在这个区间内，将模拟所需的经济资本取平均，得到投资组合的模拟经济资本。

10.3.3 欧拉资本配置的理论性质

在上述资本配置法中，许多研究者对连续边际贡献法（欧拉资本配置法）的数学模型进行了大量理论研究。本小节对此进行简单概括。我们先引入一些记号和定义。

设公司有 d 个业务的损失 $L_1,L_2,\cdots,L_d$，定义 $L(\boldsymbol{\lambda})=\sum_{i=1}^{d}\lambda_i L_i$ 表示业务组合损失的加权和，其中权重向量 $\boldsymbol{\lambda}\in\boldsymbol{\Lambda}\subset\mathbb{R}^d\setminus\{\mathbf{0}\}$，$\boldsymbol{\Lambda}$ 表示所有权重向量组成的集合。我们通常要求 $\mathbf{1}\in\boldsymbol{\Lambda}$，则 $L(\mathbf{1})=L_1+L_2+\cdots+L_d$。设$\varrho$是在集合 M 上的风险度量，$\varrho:M\to\mathbb{R}$，r_ϱ 是与风险度量相关的函数，r_ϱ：$\boldsymbol{\Lambda}\to\mathbb{R}$，$r_\varrho(\boldsymbol{\lambda})=\varrho(L(\boldsymbol{\lambda}))$。当 $\boldsymbol{\lambda}=\mathbf{1}$ 时，$r_\varrho(\mathbf{1})=\varrho(L_1+L_2+\cdots+L_d)=\varrho(L)$。$r_\varrho(\boldsymbol{\lambda})$ 反映了不同业务权重与业务组合风险的关系。

---

① Ruhm, D. and Mango, D. A risk charge calculation based on conditional probability. 2003. http://www.actuaries.org/ASTIN/Colloquia/Berlin/Ruhm_Mango1.pdf.

1. 欧拉资本配置法的基本原理

欧拉资本配置法的原理来自欧拉定理。根据欧拉定理，若 r_ϱ 在 $\boldsymbol{\lambda}\in\boldsymbol{\Lambda}$ 上满足可微分和正齐性，即 $r_\varrho(t\boldsymbol{\lambda})=tr_\varrho(\boldsymbol{\lambda})$，则

$$r_\varrho(\boldsymbol{\lambda})=\sum_{i=1}^{d}\lambda_i\frac{\partial r_\varrho}{\partial\lambda_i}(\boldsymbol{\lambda})$$

当 $\boldsymbol{\lambda}=\mathbf{1}$ 时，$r_\varrho(\mathbf{1})$ 等于 $\varrho(L)$，记 $L=L_1+L_2+\cdots+L_d$ 表示总损失，于是有

$$\varrho(L)=\sum_{i=1}^{d}\frac{\partial r_\varrho}{\partial\lambda_i}(\mathbf{1})$$

于是对业务类别 i 应配置的经济资本等于

$$\mathrm{AC}_i^\varrho=\frac{\partial r_\varrho}{\partial\lambda_i}(\mathbf{1}),\quad 1\leqslant i\leqslant d \tag{10-3}$$

按照式（10-3）进行资本配置的原则称为欧拉资本配置原则，它适用于所有满足正齐性的风险度量指标，如 VaR（或 VaR 的均值调整）、标准差以及 ES 等多个风险指标。以下是一些例子。

（1）标准差和协方差贡献法。考虑风险度量函数 $r_{\mathrm{SD}}(\boldsymbol{\lambda})=\sqrt{\mathrm{var}(L(\boldsymbol{\lambda}))}$，损失向量 $(L_1,L_2,\cdots,L_d)$ 的协方差矩阵记为 $\boldsymbol{\Sigma}$，则 $r_{\mathrm{SD}}(\boldsymbol{\lambda})=(\boldsymbol{\lambda}^{\mathrm{T}}\boldsymbol{\Sigma}\boldsymbol{\lambda})^{1/2}$，由此得到业务类别 i 的风险贡献为

$$\mathrm{AC}_i^\varrho=\frac{\partial r_{\mathrm{SD}}}{\partial\lambda_i}(\mathbf{1})=\frac{(\boldsymbol{\Sigma}\mathbf{1})_i}{r_{\mathrm{SD}}(\mathbf{1})}=\frac{\sum_{j=1}^{d}\mathrm{cov}(L_i,L_j)}{r_{\mathrm{SD}}(\mathbf{1})}=\frac{\mathrm{cov}(L_i,L)}{\sqrt{\mathrm{var}(L)}} \tag{10-4}$$

这一公式称为协方差原则。如果我们考虑更普遍的形如 $\varrho(L)=E(L)+\kappa\mathrm{SD}(L)$ 的风险度量，则对于某些 $\kappa>0$，我们得到 $r_\varrho(\boldsymbol{\lambda})=\boldsymbol{\lambda}^{\mathrm{T}}E(L)+\kappa r_{\mathrm{SD}}(\boldsymbol{\lambda})$，因此

$$\mathrm{AC}_i^\varrho=E(L_i)+\kappa\frac{\mathrm{cov}(L_i,L)}{\sqrt{\mathrm{var}(L)}}$$

（2）VaR 和 VaR 贡献法。若 $r_{\mathrm{VaR}}^\alpha(\boldsymbol{\lambda})=q_\alpha(L(\boldsymbol{\lambda}))$，在这种情况下，Tasche（2001）利用隐函数定理证明，如果假设 $(L_1,L_2,\cdots,L_d)$ 具有联合密度函数，则

$$\mathrm{AC}_i^\varrho=\frac{\partial r_{\mathrm{VaR}}^\alpha}{\partial\lambda_i}(\mathbf{1})=E(L_i\mid L=q_\alpha(L)),\quad 1\leqslant i\leqslant d$$

（3）预期亏损和损失贡献法。考虑使用预期亏损 ES，对应的风险度量函数 $r_{\mathrm{ES}}^\alpha(\boldsymbol{\lambda})=E(L\mid L\geqslant q_\alpha(L(\boldsymbol{\lambda})))$，根据 VaR 和 ES 的关系式，可推出

$$r_{\mathrm{ES}}^\alpha(\boldsymbol{\lambda})=\frac{1}{1-\alpha}\int_\alpha^1 r_{\mathrm{VaR}}^u(\boldsymbol{\lambda})\mathrm{d}u$$

式中，$r_{\mathrm{VaR}}^u(\boldsymbol{\lambda})=q_u(L(\boldsymbol{\lambda}))$。我们再次计算关于 λ_i 的导数并应用欧拉定理。假定 r_{VaR}^u

(λ) 在 $\boldsymbol{\lambda}=\mathbf{1}$ 处有可微性，$L=L(\mathbf{1})$，则

$$\frac{\partial r_{\mathrm{ES}}^{\alpha}}{\partial \lambda_i}(\mathbf{1})=\frac{1}{1-\alpha}\int_{\alpha}^{1}\frac{\partial r_{\mathrm{VaR}}^{u}}{\partial \lambda_i}(\mathbf{1})\mathrm{d}u=\frac{1}{1-\alpha}\int_{\alpha}^{1}E(L_i\,|\,L=q_u(L))\mathrm{d}u$$

现在我们假设 L 的密度函数 $f_L(\cdot)$ 是严格单调的，这样 L 的分布函数的逆函数 $F_L^{-1}(\cdot)$ 存在且可微，定义 $v=q_u(L)=F_L^{-1}(u)$，则 $\mathrm{d}v/\mathrm{d}u=(f_L(v))^{-1}$，于是得到

$$\frac{\partial r_{\mathrm{ES}}^{\alpha}}{\partial \lambda_i}(\mathbf{1})=\frac{1}{1-\alpha}\int_{q_\alpha(L)}^{+\infty}E(L_i\,|\,L=v)f_L(v)\mathrm{d}v=\frac{1}{1-\alpha}E(L_i;L\geqslant q_\alpha(L))$$

因此，如果采用 ES 作为风险度量，则欧拉资本配置的形式如下：

$$\mathrm{AC}_i^{\varrho}=E(L_i\,|\,L\geqslant \mathrm{VaR}_\alpha(L)),\ L:=L(\mathbf{1})$$

AC_i^{ϱ} 被认为是投资 i（或业务线 i）的预期损失贡献。这是一个在实际中很流行的配置原则，通常被认为比协方差原则和基于 VaR 的配置原则更可取。

在椭圆分布假设下，欧拉资本配置法还具有很多优良性质。下面的命题说明无论我们把欧拉资本配置基于标准差、VaR 或预期亏损风险度量，还是实际上任意满足正齐性的风险度量，分配给每个投资组合的资本的相对金额总是相等的。因此这种情况下的配置非常简单，根据我们选择的风险度量，计算要分配的资本，然后按照式（10-5）给出简单的分配公式。

命题 10.3 假设损失向量（$L_1,L_2,\cdots,L_d$）的联合分布是以 $\mathbf{0}$ 为中心的椭圆分布，即 $\boldsymbol{L}\sim E_d(\mathbf{0},\boldsymbol{\Sigma},\boldsymbol{\psi})$，代表损失在其均值附近波动，如果风险度量 ϱ：$M\to\mathbb{R}$ 满足正齐性和平移不变性，则在欧拉资本配置法下，有

$$\frac{\mathrm{AC}_i^{\varrho}}{\mathrm{AC}_j^{\varrho}}=\frac{\sum_{k=1}^{d}\Sigma_{ik}}{\sum_{k=1}^{d}\Sigma_{jk}},\ 1\leqslant i,\ j\leqslant d \tag{10-5}$$

证明参考 McNeil et al.（2015）。

2. 分散化收益

假设风险度量 ϱ 是正齐次的且满足次可加性，$\varrho(L)\leqslant\sum_{i=1}^{d}\varrho(L_i)$，则投资组合所需的总经济资本小于单独业务单元所需的经济资本的综合。因此，在实践中，$\sum_{i=1}^{d}\varrho(L_i)-\varrho(L)$ 称为分散化收益。这种要求每个业务单元从分散化收益中获利是合理的，因为单位 i 的风险贡献不能超过单独的资本费用 $\varrho(L_i)$（否则会激励业务单元 i 离开公司（至少在理论上））。接下来我们说明欧拉资本配置原则确实能够满足下面的不等式：

$$\mathrm{AC}_i^{\varrho}\leqslant\varrho(L_i),\ 1\leqslant i\leqslant d \tag{10-6}$$

推导式（10-6）的关键在于证明以下不等式成立：对于一个凸正齐次函数

$f:\mathbb{R}^d \to \mathbb{R}$，它在 $\mathbb{R}^d \backslash \{0\}$ 中连续可微，对于所有 $\boldsymbol{\lambda}$，$\tilde{\boldsymbol{\lambda}}$，$\boldsymbol{\lambda} \neq -\tilde{\boldsymbol{\lambda}}$，有

$$f(\boldsymbol{\lambda}) \geqslant \sum_{i=1}^{d} \lambda_i \frac{\partial f(\boldsymbol{\lambda}+\tilde{\boldsymbol{\lambda}})}{\partial \boldsymbol{\lambda}_i} \tag{10-7}$$

由于风险度量 ϱ 是正齐次且次可加的，因此满足凸性。不妨令 $f=r_\varrho$，$\boldsymbol{\lambda}=\boldsymbol{e}_i$，将 $\tilde{\boldsymbol{\lambda}}=1-\boldsymbol{e}_i$ 代入式（10-7）中可得 $r_\varrho(\boldsymbol{e}_i) \geqslant \partial r_\varrho(\mathbf{1})/\partial \lambda_i$，因此有式（10-6）。

式（10-7）的证明比较简单。由于 f 是凸函数，所以对所有 $\boldsymbol{x},\boldsymbol{y} \in \mathbb{R}^d$，$\boldsymbol{x} \neq \mathbf{0}$，满足

$$f(\boldsymbol{y}) \geqslant f(\boldsymbol{x}) + \sum_{i=1}^{d} (y_i - x_i) \frac{\partial f(\boldsymbol{x})}{\partial x_i}$$

另外，根据欧拉定理，我们有 $f(\boldsymbol{x})=\sum_{i=1}^{d} x_i \partial f(\boldsymbol{x})/\partial x_i$，因此

$$f(\boldsymbol{y}) \geqslant \sum_{i=1}^{d} y_i \frac{\partial f(\boldsymbol{x})}{\partial x_i}$$

代入 $\boldsymbol{y}=\boldsymbol{\lambda}$，$\boldsymbol{x}=\boldsymbol{\lambda}+\tilde{\boldsymbol{\lambda}}$，即可推出式（10-7）。

根据 Kalkbrener（2005）和 Denault（2001）的研究，在适当的技术条件下，欧拉资本配置原则是唯一满足稍微强化分散化收益不等式式（10-6）的资产配置原则。预期亏损等一致性的风险度量为使用欧拉资本配置原则提供了更多支持。从实际应用的角度来看，在许多领域，特别是在信贷风险管理和贷款定价方面，使用预期亏损和预期亏损贡献可能是一个合理的选择。

欧拉资本配置原则还有一个优良的性质：它是唯一满足 RORAC 兼容性的资本配置原则。我们将在 10.4 节讨论这一性质。

10.4　风险绩效测评与资本配置

举例来说，一家银行有两名杰出的交易员，去年他们的表现都非常出色，每人为部门贡献了 1 000 万元利润。然而，如何比较他们的业绩，是否应该给予不同的薪酬和激励措施，以及他们中哪个更擅长在创造收益的同时控制风险，哪个正在从事的业务应该得到更大的支持，这些问题对于为他们提供与其风险和绩效相匹配的报酬，并决定未来扩张的业务类型至关重要。这是一个典型的风险绩效考核问题。

在经济资本概念出现之前，绩效考评通常采用资产报酬率（ROA）和股东权益报酬率（ROE）等简单的指标，但它们没有考虑风险因素，可能导致一些危险的行为。例如在预期收益很高但风险可能超出金融机构承受能力的市场或业务线上进行扩张，当情况恶化时，该机构可能会遭受重大损失。在系统化考虑风险与收益之间关系的工具出现之前，风险管理人员只能基于对交易产品的主观感觉做出类似的判断，缺乏足够科学客观的工具来支持决策。

为了解决这类问题，美国信孚银行（Bankers Trust）在 20 世纪 70 年代末提出了风

险调整后的资本收益率（RAROC）的概念。另一个类似的概念是风险调整后的绩效度量（RAPM），它可以为各种业务提供统一的经过风险调整的绩效度量，管理层和外部利益相关者可以使用这些度量标准来比较金融机构的经济盈利能力，而不是会计盈利能力，例如账面权益的报酬率。近年来，RAROC 已经广泛应用于银行和其他金融机构的内部决策，如信贷审批、资本分配和绩效评估等。它可以帮助机构在决策过程中平衡风险和收益，确保在追求盈利的同时也充分考虑风险管理和资本充足的要求。

本节将深入探讨风险调整后的资本收益率的概念，并阐述其在资本配置、绩效评估和业务决策等方面的作用。

10.4.1 风险调整后的资本收益率

风险调整后的资本收益率（RAROC）是考虑风险成本后的资本平均收益率，其计算公式中包括预期损失（EL）和非预期损失（UL）的调整，以及经济资本（EC）：

$$\text{RAROC}=(\text{收益}-\text{成本}-\text{预期损失})/\text{经济资本}\ (\text{或非预期损失})$$

这个公式反映了银行或金融机构在考虑风险成本后的资本平均收益率。通过将收益与预期损失相减，风险成本被纳入考量。经济资本是一个用于衡量机构能够承受的最大可能损失的数值，它基于机构的风险偏好和风险容忍度。在实际应用中，收益和成本还应考虑税收和转移支付等因素，此时

$$\begin{aligned}\text{RAROC}&=\frac{\text{经风险调整的某项业务的税后预期收益}}{\text{该业务对应的投资经济资本}}\\&=\frac{\text{收益}-\text{成本}-\text{预期损失}-\text{应纳税款}+\text{经济资本收益}+/-\text{转移支付}}{\text{该业务对应的投资经济资本}}\end{aligned}$$

其中：

- 收益可以包括业务产生的收益。
- 成本是与业务相关的直接费用（例如，工资、奖金、基础设施费用等）。
- 预期损失，即 $E(L_i)$，例如在银行信贷业务中的违约预期，它对应于银行必须预留作为经营成本的贷款损失准备金。预期损失还包括其他风险的预期损失，例如市场风险和操作风险。
- 应纳税款是用公司的实际税率计算出来的业务预期应缴纳的税款。
- 经济资本收益为对该项业务分配的经济资本收益。它通常假设该经济资本投资于无风险证券，例如政府债券。
- 转移支付和转移定价机制是针对业务单位和财务团队之间的，主要是指业务单位向财务团队支付的与其业务相关的融资成本、对冲利率风险和汇率风险的成本等费用。此外，转移支付还包括由总公司分配的间接成本。

还有一点需要说明的是，经济资本是金融机构必须预留的资本缓冲，用于弥补市场风险、信用风险、操作风险和其他风险（例如，商业风险和声誉风险）导致的最坏情况的损失（减去预期损失），其置信水平通常为必要的信赖水平（例如 99%）。经济资本与在险价值计算结果和金融机构的风险偏好直接相关，风险偏好由公司股东决定。

例 10－2　假设银行的年度直接营业成本为 900 万元，实际税率为 30%。银行持有一笔由 10 亿元零售存款融资组成的投资组合，转移定价利率为 6%。通过对投资组合相关的意外损失风险进行分析，银行将该投资组合的经济成本定为约 7 500 万元（即贷款金额的 7.5%）。对于银行来说，该经济资本必须投资于无风险政府债券，而非用于支持高风险活动。假设政府债券的无风险利率为 5%。该投资组合的预期年损失率为 1%（即预期年损失为 1 000 万元）。现在需要计算这项业务的风险调整后的资本收益率。

这笔 10 亿元公司贷款组合的名义收益率为 9%。如果我们忽略转移定价考虑因素，那么这笔贷款的税后风险调整后的资本收益率为

$$\text{RAROC}=\frac{(90-9-60-10+3.75)(1-0.3)}{75}=0.14=14\%$$

其中，9 000 万元为预期收益，900 万元为营业成本，6 000 万元为利息费用（10 亿元借入资金的 6%），1 000 万元为预期损失，375 万元（0.05×7 500）为经济资本收益。

该贷款组合的风险调整后的资本收益率为 14%。这个数字可以解释为支持该贷款组合所需的年税后预期收益率。

RAROC 是一种衡量银行和其他金融机构业务收益和风险的指标，不仅将风险带来的未来可预计的损失量化为当期成本，直接对当期盈利进行调整，衡量经风险调整后的收益大小，而且考虑为可能的最大风险进行资本储备，进而衡量资本的使用效益，使银行的收益与所承担的风险直接挂钩，与银行最终的盈利目标相统一。RAROC 的应用可以贯穿银行各个层面的经营管理，包括业务决策、发展战略、绩效考核、目标设定等多个方面。RAROC 为银行提供了一个重要的、统一的标准依据，可以帮助银行更好地管理风险和收益，优化资本结构，提高盈利能力和竞争力。RAROC 可以用于以下几个方面：

（1）同业比较和金融企业市值管理。通过计算经济资本，RAROC 可以准确衡量各个企业经营风险的能力，为同业比较和金融企业市值管理提供参考。

（2）机构内部各经营单元绩效评估与资本资源在各经营单元的配置。通过计算各经营单元的 RAROC，可以评价各经营单元的经济资本使用效率和绩效，优化资本资源、财务资源在各业务单元的配置，提高银行资源的使用效率。

（3）金融机构各项业务和各类客户的经济效益评估与资本资源在各项业务和各类客户之间的配置。通过计算各项业务、各类客户的 RAROC，可以评价各项业务、各类客户的风险收益率，优化资本资源在各项业务、各类客户上的配置，提高企业资本资源的使用效率。

（4）客户与产品定价。通过计算客户的预期损失率、损失率的波动率以及在特定风险偏好下的经济资本占用，RAROC 可以确定客户或产品的价格，指导市场营销策略。

RAROC 的应用有事前（即在年初）和事后（即在年末）两种形式。事前形式基于对将来预期收益的估算，事后形式基于实际的利润情况。采用事前形式，我们可以决定将来哪些部门应该缩减或扩大；采用事后形式，我们可以测算不同部门的表现并决定分红。

决定将来哪些部门应该缩减或扩大时，事后形式通常并不适用（虽然我们会倾向于这种做法）。某年的糟糕表现可能是由于信用损失比平均值要高，或者在某年出现了一次较大的操作风险损失，重大业务决策应基于管理人员对业务长期表现的预测。

10.4.2 欧拉资本配置与 RAROC 的兼容性

在资本配置问题中，我们还可以通过衡量和比较投资组合中不同投资的风险调整后的资本收益率（RAROC）来实现。用 RAROC 法进行资本配置的原理是：如果投资业务 i 的 RAROC 优于整个投资组合的 RAROC，那么只要稍微增加业务 i 的资本权重，整个投资组合的 RAROC 就会增加。这个原理表明，如果一项业务的风险调整后的资本收益率高于整个投资组合的风险调整后的资本收益率，那么对该业务增加资本的投资决策将提高整个投资组合的风险调整后的资本收益率。这与 RAROC 法的核心思想是一致的，即将资本分配给可以提供最高风险调整后的资本收益率的业务，以最大化整个投资组合的风险调整后的资本收益率。

欧拉资本配置原理和 RAROC 法的应用相互兼容。因此，欧拉资本配置原理为投资决策提供了合理的理论支持，将它与 RAROC 法结合使用，金融机构可以更好地管理风险和资本，优化投资组合，提高收益和效益。

为了说明这一点，我们在 RAROC 的计算公式中忽略成本和投资收益等因素，定义投资业务 i 的风险调整后的资本收益率为

$$\mathrm{RAROC}(L_i \mid L) := \frac{E(-L_i)}{\mathrm{AC}_i^{\varrho}}$$

其中，默认分母是严格正的。下面我们用数学术语来推导欧拉资本配置与 RAROC 的兼容性，即存在 $\varepsilon>0$，使得对所有 $0<h\leqslant\varepsilon$ 满足

$$\mathrm{RAROC}(L_i \mid L) > \mathrm{RAROC}(L) \Rightarrow \mathrm{RAROC}(L+hL_i) > \mathrm{RAROC}(L) \tag{10-8}$$

式（10-8）的简单证明如下：如果 $\mathrm{RAROC}(L_i \mid L)>\mathrm{RAROC}(L)$，则

$$\begin{aligned}\frac{\mathrm{d}}{\mathrm{d}h}\mathrm{RAROC}(L+hL_i)\Big|_{h=0} &= \frac{\mathrm{d}}{\mathrm{d}h}\,\frac{E(-(L+hL_i))}{r_\varrho(\mathbf{1}+h\boldsymbol{e}_i)}\Big|_{h=0} \\ &= \frac{1}{r_\varrho(\mathbf{1})^2}\left(E(-L_i)r_\varrho(\mathbf{1})-E(-L)\,\frac{\partial r_\varrho(\mathbf{1})}{\partial\lambda_i}\right)\end{aligned} \tag{10-9}$$

式中，$\boldsymbol{e}_i$ 表示第 i 个单位向量。由于 $\varrho(L)=r_\varrho(\mathbf{1})$ 且 $\mathrm{AC}_i^{\varrho}=\partial r_\varrho(\mathbf{1})/\partial\lambda_i$，因此只要 $E(-L_i)/\mathrm{AC}_i^{\varrho}>E(-L)/\varrho(L)$，就有 $(\mathrm{d}/\mathrm{d}h)\mathrm{RAROC}(L+hL_i)\mid_{h=0}>0$，也就是说业务 i 的资本权重稍微增加，整个投资组合的 RAROC 就会增加。

参考文献及扩展阅读

[1] McNeil, A. J., Frey, R., Embrechts, P. Quantitative risk management: concepts, techniques

and tools. Princeton：Princeton University Press，2015.

[2] Crouhy，M.，Galai，D.，Mark，R. (2000). A comparative analysis of current credit risk models. Journal of Banking and Finance，24：59－117.

[3] Crouhy，M.，Galai，D.，Mark，R. Risk management. New York：McGraw Hill，2000.

[4] Gouriéroux，C.，Laurent，J. P.，Scaillet，O. (2000). Sensitivity analysis of values at risk. Journal of Empirical Finance，7：225－245.

[5] Klaassen，P. and van Eeghen，I. Economic capital：how it works and what every manager needs to know. Amsterdam：Elsevier，2009.

[6] Matten，C. Managing bank capital：capital allocation and performance measurement. 2nd edition. New York：Wiley，2000.

[7] Marri，F. and Moutanabbir，K. (2022). Risk aggregation and capital allocation using a new generalized Archimedean copula. Insurance：Mathematics and Economics，102(1)：75－90.

[8] Pfeifer，D. and Nešlehová，J. (2004). Modeling and generating dependent risk processes for IRM and DFA. ASTIN Bulletin，34(2)：333－360.

[9] Ruhm，D. and Mango，D. (2003). A risk charge calculation based on conditional probability. http://www.actuaries.org/ASTIN/Colloquia/Berlin/Ruhm_Mango1.pdf.

[10] Tasche，D. (1999). Risk contributions and performance measurement. Preprint，https://www.researchgate.net/publication/2378752_Risk_Contributions_and_Performance_Measurement.

[11] Tasche，D. (2001). Conditional expectation as quantile derivative. arXiv preprint math/0104190.

[12] Tasche，D. (2002). Expected shortfall and beyond. Journal of Banking and Finance，26：1519－1533.

[13] Tasche，D. (2008). Capital allocation to business units and sub-portfolios：the Euler principle. Pillar II in the New Basel Accord：The Challenge of Economic Capital (Ed. A. Resti)，423－453.

[14] 米歇尔·克劳伊，丹·加莱，罗伯特·马克. 风险管理精要：第 2 版. 路蒙佳，译. 北京：中国金融出版社，2016.

[15] 菲利普·乔瑞. 风险价值 VAR——金融风险管理新标准：第 3 版. 郑伏虎，万峰，杨瑞琪，译. 北京：中信出版社，2010.

[16] 上海国家会计学院. 企业风险管理. 北京：经济科学出版社，2012.

[17] 米歇尔·科罗赫，丹·加莱，罗伯特·马克. 风险管理. 曾刚，罗晓军，卢爽，译. 北京：中国财政经济出版社，2005.

[18] 约翰·赫尔. 风险管理与金融机构：第 5 版. 王勇，董方鹏，张翔，译. 北京：机械工业出版社，2021.

附录 A

利率和利率期限结构

在该附录中，我们说明利率的定义以及常用的利率期限结构。

A.1 利　率

利率（到期收益率）是影响债券价格和风险最重要的因素。在固定收益证券的投资决策中，利率是最重要的决定因素。因此，深刻地理解利率对于债券投资是至关重要的。所有的债券收益率都包含一个共同因素：基准利率。任何债券的到期收益率都是在基准利率的基础上加一个正的价差，价差主要取决于债券的信用风险、流动性风险、税收状况以及期限等因素。该附录主要研究（基准）利率水平如何决定以及影响债券收益率的各种因素。利率是借款人（债务人）由于在一段时期内使用了贷款人（债权人）的资金而向贷款人支付的价格的一种度量。借款人最初从贷款人借到的资金总额为本金，为获得本金的暂时使用权而支付的价格就是利率，利率通常用单位时间（通常为一年）内本金的百分比来表示。利率通常也被看作资金的价格。

A.1.1 到期收益率

各种债务合约的现金流模式存在很大的差异，能够比较准确地衡量债务合约利率的指标是到期收益率。所谓到期收益率，就是使从债务合约上获得的未来一系列现金流的现值与其当前价格相等的利率。到期收益率可以用下式表示：

$$P=\sum_{i=1}^{N}\frac{\mathrm{CF}_i}{(1+r)^i}$$

式中，CF_i 为第 i 期的现金流，P 为债务合约当前的市场价格或市场价值，N 为期限数，r 为要求的到期收益率。

A.1.2 即期利率和远期利率

为了介绍利率期限结构理论，先介绍两个重要术语：即期利率（spot interest rate）和远期利率（forward interest rate）。所谓即期利率，就是零息债券（纯贴现债券）的到期收益率。即期利率可以用如下公式表示：

$$P_t = \frac{M_t}{1+s_t}$$

式中，P_t 为零息债券的价格，M_t 为零息债券到期日的价值，s_t 为即期利率。

远期利率是指从未来某个日期开始的远期债务合约所要求的利率，远期利率和即期利率的关系如下：

$$(1+s_{t-1})^{t-1}\times(1+f_{t-1,t})=(1+s_t)^t$$

上式进一步展开，可以推导出以下关系式：

$$(1+s_1)\times(1+f_{1,2})\times(1+f_{2,3})\times\cdots\times(1+f_{t-1,t})=(1+s_t)^t$$

式中，$f_{t-1,t}$ 为第 t 年的远期利率，即第 $t-1$ 年年底到第 t 年年底这一年时间里的远期利率；s_{t-1} 为第 $t-1$ 年的即期利率，s_t 为第 t 年的即期利率。

A.2 利率期限结构

在给定时点上，其他条件相同但到期期限不同的利率通常是不相等的。不同期限的利率水平之间的关系就构成了利率期限结构，也称为收益率曲线（yield curve）。利率的种类决定了利率期限结构的种类。根据利率的不同，常见的利率期限结构包括到期收益率曲线、互换利率期限结构、即期利率期限结构、平价到期收益率曲线、远期利率期限结构和瞬时远期利率期限结构等。通常来说，利率具有以下四个典型特征：名义利率的非负性，均值回归，利率变动非完全相关，短期利率比长期利率更具波动性。在市场中，我们可以观测到不同形状的利率期限结构，上升的利率期限结构最为常见，这意味着剩余期限越长，利率水平越高。如果利率期限结构接近水平（quasi-flat），说明短期和长期利率水平差异不大。下降的利率期限结构则意味着剩余期限越长，利率水平越低。驼峰状的（humped）利率期限结构可分为短端下降、长端上升和短端上升、长端下降两种。除此之外，有时市场中还会出现更为复杂多变的不规则的利率曲线形状。

为什么期限不同的债券的到期收益率会存在差异？解释不同期限债券收益率之间关系的利率期限结构理论主要有以下四种：

（1）无偏预期理论（unbiased expectation theory）；

（2）流动性偏好理论（liquidity preference theory）；

（3）特定期限偏好理论（preferred habitat theory）；

（4）市场分割理论（market segmentation theory）。

由于前三种理论都认可短期与长期利率行为的假说，并且假定当期长期债券的远期利率与市场对未来短期利率的预期密切相关，因此可统称为预期理论（expectation theory）。三者的不同之处在于，对是否有其他因素影响长期利率以及如何影响的观点不一。无偏预期理论主张，除了预期的未来短期利率外，没有其他的系统性因素影响长期利率。

利率期限结构是固定收益证券定价和风险管理的基础，然而在大部分情形下，我们无法直接得到利率期限结构。一般来说，到期收益率曲线和互换利率曲线上的主要数据可以直接从市场上获得，被认为是“市场曲线”（market curve）；而即期利率、平价到期收益率、远期利率和瞬时远期利率的期限结构则需要从市场数据中进一步估计，属于“隐含曲线”（implied curve）。但事实上，即使是市场曲线，我们所能直接获得的也只是离散的到期期限的利率数据。要形成连续的曲线，仍需从可得的数据中进一步拟合。因此，寻找合适的拟合方法，从市场价格中提炼出隐含的利率期限结构，是固定收益证券领域重要的基础性工作。下面主要介绍即期利率函数法。

大多数即期利率函数都是从利率期限结构动态模型推导而来的，例如 Nelson-Siegel（NS）及其拓展模型、扩展 Vasicek 模型、Cox-Ingersoll-Ross（CIR）模型、Longstaff-Schwartz 模型和 Chen 模型等。这里我们仅介绍最为常用的 NS 及其拓展模型。在该附录中，我们不介绍推导过程，直接给出即期利率函数形式的设定。

Nelson and Siegel（1987）从动态利率期限结构模型中推导出了指数形式的瞬时远期利率：

$$f(0,s)=\beta_0+\beta_1 e^{-\frac{s}{m}}+\beta_2 \frac{m}{s} e^{-\frac{s}{m}}$$

这里的 $f(0,s)$ 指的是当前 0 时刻下，未来 s 时刻开始的瞬时远期利率，待估参数为 β_0，β_1，β_2 和 m。根据即期利率与瞬时远期利率之间的关系，可推导出即期利率的函数形式为

$$R(0,s)=\frac{1}{s}\int_0^s f(0,\tau)\mathrm{d}\tau=\beta_0+\beta_1 \frac{1-e^{-\frac{s}{m}}}{s/m}+\beta_2\left(\frac{1-e^{-\frac{s}{m}}}{s/m}-e^{-\frac{s}{m}}\right)$$

可以看出，在 NS 模型中，瞬时远期利率曲线和即期利率曲线均受到 β_0，β_1，β_2 和 m 这 4 个参数的影响，而这 4 个参数都具有一定的经济含义。

在即期利率函数中，参数 β_0 的载荷为 1。1 是一个不会衰减的常数，这意味着 β_0 对所有期限利率的影响都是同步的。当到期期限趋于无穷大时，$r(\infty)=\beta_0$，因此可以认为 β_0 代表长期利率水平，通常称为利率期限结构的“长期因子”或“水平因子”。参数 β_1 的载荷为 $\frac{1-e^{-\frac{s}{m}}}{s/m}$，是一个从 1 开始并很快衰减至 0 的函数，因此 β_1 对短期利率的影响较大，随着期限增加，其影响的程度是递减的，通常称为“短期因子”。当期限趋于 0 时，$\beta_1=R(0,0)-\beta_0$，因此 β_1 也可以看作长短期利率之差，故而又常常称为“斜率因子”。参数 β_2 的载荷为 $\frac{1-e^{-\frac{s}{m}}}{s/m}-e^{-\frac{s}{m}}$，它是一个从 0 开始、先递增而后逐步衰减为 0 的函数，因此 β_2 对中期利率的影响要大于长期利率和短期利率，主要影响收益率曲线的弯曲度，通常称为“中期因子”或“曲度因子”。参数 m 则是函数的调整参数，它决定了 β_1 和 β_2 的衰减速度。如果 m 值较小，则 β_1 和 β_2 收敛的速度较快，能较好地拟合较长到期期限的收益率曲线。如果 m 值较大，则 β_1 和 β_2 收敛的速度较慢，能较好地拟合较短到期期限的收益率曲线。

NS 模型最主要的优点是其参数富有经济含义，β_0，β_1 和 β_2 这 3 个参数分别对应利

率期限结构的水平变化、斜率变化以及曲度变化，这与例 4-23 中主成分分析的结果之间显然存在自然的联系。同时，由于短期利率由 β_0 和 β_1 决定，而长期利率只由 β_0 决定，因此在 NS 模型下，短期利率的波动性一般比长期利率的波动性大，这一点也是与现实相符的。但 NS 模型的缺陷在于：虽然 NS 模型可以拟合出上升、下降、水平、先下降后上升的利率曲线，但却无法生成形状更丰富的曲线。

针对 NS 模型的这一不足，很多学者对其进行了拓展。其中以 Svensson（1994）对其进行的拓展最为常用，称为 Nelson-Siegel-Svensson（NSS）模型。NSS 模型的即期利率函数为

$$R(0,s)=\beta_0+\beta_1\frac{1-\mathrm{e}^{-\frac{s}{m_1}}}{s/m_1}+\beta_2\left(\frac{1-\mathrm{e}^{-\frac{s}{m_1}}}{s/m_1}-\mathrm{e}^{-\frac{s}{m_1}}\right)+\beta_3\left(\frac{1-\mathrm{e}^{-\frac{s}{m_2}}}{s/m_2}-\mathrm{e}^{-\frac{s}{m_2}}\right)$$

可以看出，NSS 模型是在 NS 模型的基础上增加了一个中期项、一个新的曲度参数 β_3 和一个新的调整参数 m_2，使得中短期部分的形状更加灵活多样，从而能够刻画出各种形状的利率期限结构。

A.3　随机利率模型

利率的变化不同于股票价格，需要开发特殊的模型来表现其特性，如正值性、无界性和均值回归。

Vasicek 介绍了第一个表现利率的均值回归性质的模型，而几何布朗运动是不具有均值回归性的。在 Vasicek 模型中，基于 Ornstein-Uhlenbeck 过程的短期利率过程 $(r_t)_{t\in\mathbb{R}_+}$ 满足方程

$$\mathrm{d}r_t=\beta(\alpha-r_t)\mathrm{d}t+\sigma\mathrm{d}B_t$$

式中，$(B_t)_{t\in\mathbb{R}_+}$ 是一个标准布朗运动。这个模型有一个人们感兴趣的性质，它是关于时间统计平稳的，即 r_t-r_s 的分布只依赖时间差 $t-s$，而它的缺点是允许 r_t 取负值。

Cox-Ingersoll-Ross（CIR）模型使用非线性方程

$$\mathrm{d}r_t=\beta(\alpha-r_t)\mathrm{d}t+r_t^{1/2}\sigma\mathrm{d}B_t$$

来解决 Vasicek 模型不能保证利率恒取正值的问题，其他的均值回归模型还包括 Courtadon（1982）模型

$$\mathrm{d}r_t=\beta(\alpha-r_t)\mathrm{d}t+\sigma r_t\mathrm{d}B_t$$

其中 α，β，σ 均是非负的，以及指数 Vasicek 模型

$$\mathrm{d}r_t=r_t(\eta-a\log r_t)\mathrm{d}t+\sigma r_t\mathrm{d}B_t$$

其中 a，η，σ 均是非负的。

常数方差弹性模型是为考虑随着标的资产幂次变化的非常数波动率而设计的。

Marsh-Rosenfeld（1983）模型

$$dr_t=(\beta r_t^{-(1-\gamma)}+\alpha r_t)dt+\sigma r_t^{\gamma/2}dB_t$$

其中 α，β，σ，γ 均为非负常数，包含大多数 CEV 模型。特别地，当 $\beta=0$ 时，我们得到标准的 CEV 模型

$$dr_t=\alpha r_t dt+\sigma r_t^{\gamma/2}dB_t$$

如果 $\beta=0$ 且 $\gamma=2$，就得到了 Dothan 模型

$$dr_t=\alpha r_t dt+\sigma r_t dB_t$$

上面讨论的大部分模型都可以推广到时间相依模型，其中最基本的例子就是 Ho-Lee 模型

$$dr_t=\theta(t)dt+\sigma dB_t$$

式中，$\theta(t)$ 是一个关于时间的确定函数。

Hull-White 模型如下：

$$dr_t=(\theta(t)-\alpha(t)r_t)dt+\sigma(t)dB_t$$

它是 Vasicek 模型的一个时间相依推广。CIR 模型也可以进行类似的时间相依推广，具有如下形式：

$$dr_t=(\eta(t)+\lambda(t)r_t)dt+\sqrt{\delta(t)+\gamma(t)r_t}\,dB_t$$

附录 B

远期合约和期货合约的定价

在该附录中，我们将讨论远期价格和期货价格与标的资产即期价格之间的关系。远期合约比期货合约更容易分析，这是因为远期合约不用每日结算，而是在到期日一次性结算。我们首先推导远期价格与即期价格之间一个重要的关系式，然后采用这一结果来研究商品的期货价格与即期价格之间的关系。

该附录中我们假定对于某些市场参与者而言，以下假设全部成立：

(1) 市场参与者进行交易时没有手续费。

(2) 市场参与者对所有交易利润都使用同一税率。

(3) 市场参与者能够以同样的无风险利率借入和借出资金。

(4) 当套利机会出现时，市场参与者会马上利用套利机会。

下面为本附录中的常用符号：

- S_0：远期或期货合约标的资产的当前价格。
- F_0：当前的远期或期货价格。
- r：按连续复利的无风险零息年利率，这一利率的期限对应合约的交易日（即 T 年以后）。

无风险利率 r 在理论上是指在无信用风险的前提下（即资金一定全被偿还的情况下），借入和借出资金的利率，无风险利率一般为 LIBOR，而不是国债利率。

B.1 资产的远期价格

B.1.1 不提供任何中间收入的投资资产

最容易定价的远期合约是基于不提供任何中间收入的投资资产的合约。无股息股票和零息债券都属于这类资产。考虑一项投资资产的远期价格，资产的当前价格为 S_0，并且不提供任何中间收入，F_0 与 S_0 的关系式为

$$F_0=S_0e^{rT}$$

如果 $F_0>S_0e^{rT}$，套利者可以买入资产并进入远期合作的空头来进行套利；如果 $F_0<S_0e^{rT}$，套利者可以卖空资产并进入远期合约的多头来进行套利。

例 1 考虑一个 4 个月期限的远期合约，这一合约的多头持有者可以在第 4 个月时买入从今天开始，1 年后到期的零息债券（这意味着当远期合约到期时，债券的剩余期限为 8 个月）。债券的当前价格为 930 元，我们假定 4 个月期限的无风险利率为每年 6%（连续复利）。因为零息债券不提供中间收入，我们可以采用上式，参数为 $T=4/12$，$r=0.06$，$S_0=930$。远期价格 F_0 为

$$F_0=930\mathrm{e}^{0.06\times4/12}=948.79(\text{元})$$

这一价格为今天成交的远期合约的交割价格。

B. 1. 2 提供已知中间收入的投资资产

本节考虑给投资者提供可预见中间收入的资产的远期价格，这类产品包括支付股息的股票及支付利息的债券。当投资资产在远期合约期限内提供的中间收入的贴现值为 I 时，我们有以下关系式

$$F_0=(S_0-I)\mathrm{e}^{rT}$$

例 2 考虑某股票 10 个月期限的远期价格，股票的当前价格为 50 元，我们假定对于所有期限的以连续复利计的无风险利率为 8%，在 3 个月、6 个月、9 个月后，股票会支付 0.75 元的股息。股息的现值 I 为

$$0.75\mathrm{e}^{-0.08\times3/12}+0.75\mathrm{e}^{-0.08\times6/12}+0.75\mathrm{e}^{-0.08\times9/12}=2.162(\text{元})$$

变量 T 为 10 个月，因此远期价格 F_0 为

$$F_0=(50-2.162)\mathrm{e}^{0.08\times10/12}=51.14(\text{元})$$

如果远期价格小于以上价格，则套利者能够以即期价格卖空股票并且进入远期合约多头；如果远期价格大于以上价格，则套利者可以进入远期合约的空头并且以即期价格买入股票。如果 $F_0>(S_0-I)\mathrm{e}^{rT}$，则套利者可以买入资产并且进入资产的远期合约的空头来获取盈利；如果 $F_0<(S_0-I)\mathrm{e}^{rT}$，则套利者可以卖空资产并且进入资产的远期合约的多头来获取盈利。如果不允许卖空交易，拥有资产的投资者可以卖出资产，并进入远期合约的多头来套利。

下面考虑对远期合约的标的资产支付一个已知的收益率，而非既定现金收入的情况。这意味着在付出中间收入时，其数量是资产价格的一定比例。

定义 q 为资产在远期期限内的平均年收益率，计算形式为连续复利，可以证明

$$F_0=S_0\mathrm{e}^{(r-q)T}$$

例 3 考虑一个 6 个月期限的远期合约，合约的标的资产在 6 个月期限内预计提供的中间收入等于资产价格的 2%。连续复利的无风险利率为 10%。资产价格为 25 元。这时 $S_0=25$，$r=0.10$，$T=0.5$。收益率为每年 4%（半年复利一次）。得出这一收益率在连续复利情形下为 3.96%。因此 $q=0.0396$，远期价格为

$$F_0=25\mathrm{e}^{(0.10-0.0396)\times0.5}=25.77(\text{元})$$

B.1.3　远期合约的定价

在刚刚进入远期合约时，其价格为 0，但在进入合约之后，远期合约的价值可能为正，也可能为负。对银行或其他金融机构来讲，每天计算这些合约的价值是非常重要的。采用前面引入的符号，假设 K 是以前成交的合约的交割价格，合约的交割日期是从今日起的 T 年之后，r 是期限为 T 年的无风险利率，变量 F_0 表示目前的远期价格，即若在今天成交，合约的交割价格。我们还定义 f 为远期合约今天的价值。如果今天正好是合约的最初成交日，那么交割价格 K 等于远期价格 F_0，而且合约的价值 f 是 0。随着时间的推移，K 保持不变，但远期价格 F_0 将会变动，而且远期合约的价值 f 可以为正或负。

对于远期合约的多头方（投资资产和消费资产），合约的价值是

$$f=(F_0-K)e^{-rT}$$

对于没有中间收入的资产远期合约，多头的价值为

$$f=S_0-Ke^{-rT}$$

对于支付收入的贴现值为 I 的资产，远期合约的价值为

$$f=S_0-I-Ke^{-rT}$$

提供收益率 q 的资产的远期合约多头的价值为

$$f=S_0e^{-qT}-Ke^{-rT}$$

当期货价格变化时，期货合约的盈亏等于其价格变化乘以持有期货的头寸数量。因为期货合约为每日结算，所以收益几乎马上就可以兑现。在期限小于几个月时，期货及远期价格的理论差异在大多数情形下可以忽略。

B.2　商品期货

接下来考虑商品期货，我们首先考虑类似黄金与白银这类投资资产的商品期货价格，然后考虑一项资产作为投资资产，并不一定只用于投资。我们所做的假设是：有些人持有这些资产的唯一目的是投资，当看到期货投资更为合理时，他们会变卖资产并进入期货的多头。

B.2.1　考虑消费资产的期货价格

在没有储存费用和中间收入时，投资资产的远期价格为

$$F_0=S_0e^{rT}$$

储存费用可视为负收入，假定 U 为期货期限内去掉所有收入后储存费用的贴现值，得到

$$F_0=(S_0+U)e^{rT}$$

例 4 考虑 1 年期的黄金期货合约。我们假定黄金不提供中间收入，并假定每年储存 1 盎司黄金的费用为 2 元，储存费在年末支付。黄金的即期价格为 450 元，对于所有期限无风险利率均为 7%。因此 $r=0.07$，$S_0=450$，$T=1$，以及

$$U=2e^{-0.07\times 1}=1.865$$

我们得出 F_0 的理论价格为

$$F_0=(450+1.865)e^{0.07\times 1}=484.63(\text{元})$$

如果期货的实际价格高于 484.63 元，那么套利者可以买入黄金并且同时进入 1 年期的期货来锁定一项盈利。如果期货的实际价格低于 484.63 元，这时已拥有黄金的投资者可以通过卖出黄金并进入期货多头来改善收益。

如果储存费用与商品价格成正比，这时的费用可视为负收益，可以得到

$$F_0=S_0e^{(r+w)T}$$

式中，w 为去掉资产所赚取的所有收益后储存费用占即期价格的比例。

B.2.2 消费商品期货

用于消费而不是投资的商品往往不提供中间收入，但这些商品往往具有很高的储存费用。我们接下来讨论如何由即期价格来确定期货价格的套利策略。有以下不等式：

$$F_0>(S_0+U)e^{rT}$$

为了利用这一关系式，套利者可以进行以下交易：

- 以无风险利率借入数量为 S_0+U 的资金，并用这一资金买入一单位商品且支付储存成本。
- 进入一单位商品的远期合约的空头。

如果我们将期货合约当作远期合约来考虑，即没有每日结算，以上策略在时间 T 产生盈利 $F_0-(S_0+U)e^{rT}$。对于任何商品，采取这一套利策略都没有问题。但是，当许多套利者都这样做时，S_0 会上升，F_0 会下降，直到不等式不再成立。接下来假设

$$F_0<(S_0+U)e^{rT}$$

对于某些商品，即期价格与商品支付的地点有关。我们在此假定商品的即期价格与期货价格的支付地相同。当商品为投资资产时，许多投资者持有商品是为了投资，当投资者发现以上关系后，会采用以下交易策略来获得盈利：

- 卖出商品，节省储存费用，并将所得资金以无风险利率来投资。
- 进入远期合约的多头。

将结果与持有商品进行比较，投资者在到期日的无风险盈利为 $(S_0+U)e^{rT}-F_0$。对于持有目的不是投资的商品而言，以上讨论不适用。当个人及公司持有商品的目的是获取其消费价值而不是其投资价值时，它们不愿意主动出售商品并买入期货合约，因为期货合约并不能用于消费（例如，我们不能将石油期货输入到石油加工厂）。因此，我

们没有任何理由说明不等式不成立。对于消费资产，我们所能肯定的是以下关系式：

$$F_0 \leqslant (S_0 + U)e^{rT}$$

如果储存费用表示成即期价格的比例 u，表达式为

$$F_0 \leqslant S_0 e^{(r+u)T}$$

因为商品持有者可能会认为将来持有某商品与不持有某商品相比会有一定的便利。一般来讲，持有实物资产可以确保工厂的正常运作，并从商品的暂时短缺中盈利，而持有期货合约并不一定能做到这一点。因持有商品而带来的好处有时称为商品的便利收益率（convenience yield）。如果储存成本为现金形式而且已知，其现值为 U，商品的便利收益率由以下关系式来定义：

$$F_0 e^{yT} = (S_0 + U)e^{rT}$$

如果单位商品的储存成本为即期价格的百分比，那么便利收益率 y 可以由以下关系式定义：

$$F_0 e^{yT} = S_0 e^{(r+u)T}$$

即

$$F_0 = S_0 e^{(r+u-y)T}$$

对于投资消费资产，期货价格满足

$$F_0 = S_0 e^{(c-y)T}$$

式中，y 为便利收益率。

附录 C

互换合约的定价

第一个互换（swap）合约签署于 20 世纪 80 年代初。从那之后，互换市场发展迅猛，现在互换合约在场外产品市场中起到了非常重要的作用。互换是指两家公司之间达成的在将来互换现金流的合约，在合约中，双方约定现金流的互换时间及现金流数额的计算方法。现金流的计算涉及利率、汇率及其他市场变量将来的价值。远期合约可以看作最简单的互换合约。假定现在是 2012 年 3 月 1 日，某公司签署了一个 1 年期的远期合约，在合约中这家公司同意在一年后以每盎司 1 200 美元的价格购买 100 盎司的黄金，一年后公司收到黄金就可以马上在现货市场将黄金变卖。这个在 2013 年 3 月 1 日生效的远期合约可以认为是一个互换合约，在此合约中，公司同意在一年后，也就是在 2013 年 3 月 1 日以现金 120 000 美元换取数量为 100S 美元的现金流，S 为一年后黄金的市场价格。远期合约可以等同于在今后的某单一时间现金流的互换，而互换合约通常可以在今后的若干时间互换现金流。在该附录中，我们将探讨互换的设计过程、应用方式以及定价方法。我们将主要说明两类市场上流行的互换：标准利率互换和固定息-固定息的货币互换。

C.1 互换合约的机制

最简单的互换合约为标准利率互换。在这种互换中，一家公司同意向另一家公司在今后若干年内支付在本金面值上按事先约定的固定利率与本金产生的现金流，作为回报，前者将收入以相同的本金产生的浮动利率现金流。

C.1.1 LIBOR

大多数利率互换合约中的浮动利率都采用 LIBOR，这一利率是指银行将资金存入其他具有 AA 信用等级的银行所得的利率，世界上所有的主要货币均提供 1 个月期、3 个月期、6 个月期及 12 个月期的 LIBOR 报价。在国内金融市场，最佳客户利率（prime rate）常常用作浮动息贷款的参考利率，LIBOR 常常用作国际金融市场中贷款的参考利率。

为了理解 LIBOR 的应用方式，考虑接下来这个例子。假设微软和英特尔在 2012 年 3 月 5 日签订了一个 3 年期的利率互换。合约约定双方每 6 个月互换现金流，其中微软向英特尔支付本金 1 亿美元所产生的固定利息（利率为 5%，每半年复利一次），而英特尔向微软支付同样本金所产生的浮动利息，浮动利息根据每个时间段开始时的 LIBOR 确定。

第 1 次利息互换发生在 2012 年 9 月 5 日，这是合约达成的 6 个月之后。微软将向英特尔支付 250 万美元，这是在本金为 1 亿美元及年利率为 5%的情况下在 6 个月的时间内产生的利息。英特尔将向微软支付浮动利息，其数额等于 1 亿美元乘以 2012 年 9 月 5 日之前 6 个月的利率确定日，即 2012 年 3 月 5 日所确定的 6 个月期的 LIBOR。假定 2012 年 3 月 5 日确定的 6 个月期的 LIBOR 为 4.2%，那么英特尔向微软支付的浮动利息为 0.5×0.042×10 000＝210 万美元。示意图见图 C－1。

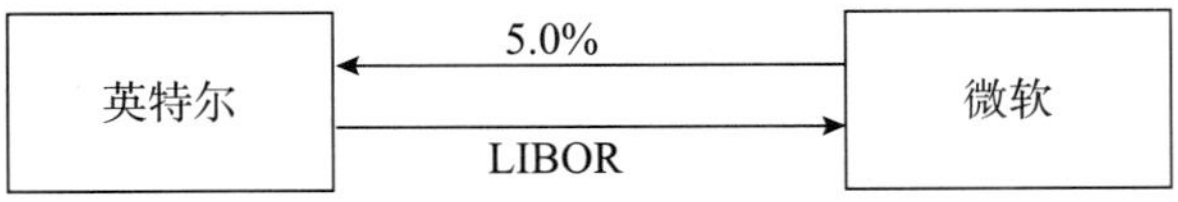

图 C－1 微软与英特尔之间的利率互换示意图

第 2 次利息互换发生在 2013 年 3 月 5 日，即合约签署一年以后。微软将向英特尔支付 250 万美元。英特尔将向微软支付浮动利息，其数量等于 1 亿美元乘以 2013 年 3 月 5 日之前 6 个月的利率确定日，即 2012 年 9 月 5 日确定的 6 个月期的 LIBOR。假定 2012 年 9 月 5 日确定的 6 个月期的 LIBOR 为 4.8%，因此英特尔向微软支付的浮动利息为 0.5×0.048×10 000＝240 万美元。

这一互换总共包括 6 笔利息的互换，其中固定利息总是 250 万美元，在浮动利息的付款日所支付的浮动利息是利用付款日之前已确定的 6 个月期的 LIBOR 计算的。在实践中，利率互换通常只需要一方支付互换现金流的差额。在例子中，2012 年 9 月 5 日微软向英特尔支付 40 万美元（250－210），2013 年 3 月 5 日微软向英特尔支付 10 万美元（250－240）。

表 C－1 展示了该例子中对应一组特定的 6 个月期的 LIBOR 所有的利息支付，该表是从微软公司的角度所看到的现金流。如果在以上互换中交换本金，那么交易性质并没有改变，这是因为固定利息以及浮动利息所取的方式并没有变化。表中的第 3 列对应于一个浮动利率债券多头的现金流，表中的第 4 列对应于一个固定利率债券空头的现金流。该表说明利率互换可以看作固定利率债券与浮动利率债券的互换。

表 C－1 微软支付本金 1 亿美元的固定利率并收入浮动利率的 3 年期利率互换的现金流

单位：百万美元

日期	6 个月 LIBOR（%）	收入的浮动现金流	支付的固定现金流	净现金流
2012 年 3 月 5 日	4.20			
2012 年 9 月 5 日	4.80	＋2.10	－2.50	－0.40
2013 年 3 月 5 日	5.30	＋2.40	－2.50	－0.10

续表

日期	6 个月 LIBOR（%）	收入的浮动现金流	支付的固定现金流	净现金流
2013 年 9 月 5 日	5.50	+2.65	−2.50	+0.15
2014 年 3 月 5 日	5.60	+2.75	−2.50	+0.25
2014 年 9 月 5 日	5.90	+2.80	−2.50	+0.30
2015 年 3 月 5 日		+2.95	−2.50	+0.45

表 C－2 展示了微软的头寸为浮动利率债券的长头寸及固定利率债券的空头的组合；英特尔的头寸为浮动利率债券的空头及固定利率债券的长头寸的组合。

表 C－2　微软支付本金 1 亿美元的固定利率并收入浮动利率的 3 年期利率互换的现金流

单位：百万美元

日期	6 个月 LIBOR（%）	收入的浮动现金流	支付的固定现金流	净现金流
2012 年 3 月 5 日	4.20			
2012 年 9 月 5 日	4.80	+2.10	−2.50	−0.40
2013 年 3 月 5 日	5.30	+2.40	−2.50	−0.10
2013 年 9 月 5 日	5.50	+2.65	−2.50	+0.15
2014 年 3 月 5 日	5.60	+2.75	−2.50	+0.25
2014 年 9 月 5 日	5.90	+2.80	−2.50	+0.30
2015 年 3 月 5 日		+102.95	−102.50	+0.45

在互换中，现金流的这种特性有助于解释为什么互换中的浮动利率在浮动利息支付前 6 个月就得以确定。对于微软公司而言，利率互换可将其浮动利率贷款转换为固定利率贷款。假定微软公司已经安排了以 LIBOR+10 个基点的利率借入面值 1 亿美元（一个基点是 1%的 1%，实际贷款利率为 LIBOR+0.1%）的贷款。

当微软公司进入互换合约后，它有以下 3 项现金流：

- 支付给外部贷款人的利率为 LIBOR+0.1%；
- 在互换合约中收入 LIBOR；
- 在互换合约中支付 5%。

以上 3 项现金流的净效果为支出现金流的利率为 5.1%。该互换将微软 LIBOR+10 个基点的浮动利率贷款转换为 5.1%的固定利率贷款。

对于英特尔公司而言，利率互换可将其固定利率贷款转换为浮动利率贷款。假定英特尔公司已经持有利率为 5.2%、面值为 1 亿美元的贷款。当英特尔公司进入互换合约后，它有以下 3 项现金流：

- 支付给外部贷款人的利率为 5.2%；
- 在互换合约中支付 LIBOR；
- 在互换合约中收入 5%。

以上 3 项现金流的净效果为支出现金流的利率为 LIBOR＋20 个基点（即 LIBOR＋0.2%）。该互换将英特尔 5.2%的固定利率贷款转换为 LIBOR＋0.2%的浮动利率贷款。微软与英特尔可能的互换方式见图 C－2。

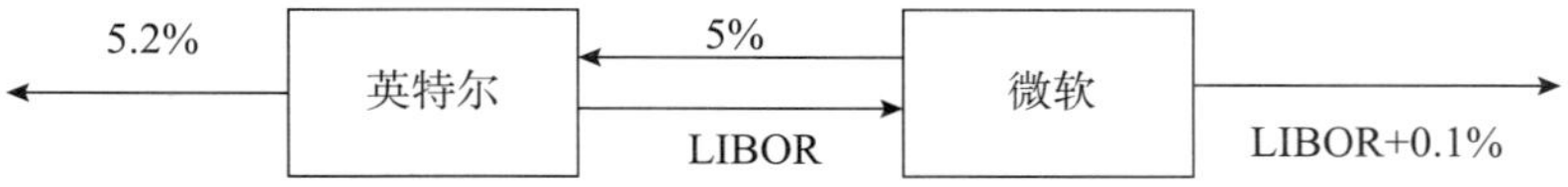

图 C－2　微软与英特尔采用利率互换来改变贷款的性质

利率互换也可以改变资产的性质。考虑实例中的微软公司。利用利率互换，微软公司可以将收入为固定利率的资产转换为收入为浮动利率的资产。假定微软拥有一只 3 年期债券，债券每年提供的券息为 4.7%。当微软公司进入互换合约后，它有以下 3 项现金流：

- 债券收入为 4.7%；
- 在互换合约中收入 LIBOR；
- 在互换合约中支付 5%。

以上 3 项现金流的净效果为收入现金流的利率等于 LIBOR 减去 30 个基点。因此对于微软来讲，互换的一种应用是将收入固定利率为 4.7%的资产转换为浮动利率为 LIBOR－0.3%的资产。接下来考虑英特尔公司。利率互换可将其浮动利率资产转换为固定利率资产。假定英特尔拥有一笔 1 亿美元的投资，其收益为 LIBOR 减去 20 个基点。当英特尔公司进入互换合约后，它有以下 3 项现金流：

- 投资收入为 LIBOR 减去 20 个基点；
- 在互换合约中支付 LIBOR；
- 在互换合约中收入 5%。

以上 3 项现金流的净效果为收入现金流的利率为 4.8%。对于英特尔来讲，利率互换可将其浮动利率等于 LIBOR 减去 20 个基点的资产转换为固定利率为 4.8%的资产。微软与英特尔可能的互换参见图 C－3。

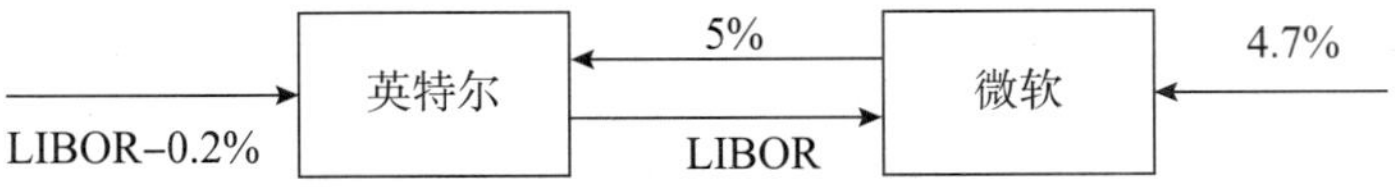

图 C－3　微软与英特尔采用利率互换来改变资产的性质

C.1.2　金融媒介的作用

一般来讲，类似微软和英特尔这样的非金融公司并不会像图 C－2 及图 C－3 所示的方式直接联系并进行互换交易。这些公司都会同银行或其他金融机构联系。金融机构将会安排标准型的固定与浮动美元利率互换，在每对相互抵消的交易中，金融机构的收入为 3～4 个基点（0.03%～0.04%）。

图 C－4 说明了在图 C－2 的情况下金融机构的角色。金融机构分别与微软公司及英特尔公司签署了两个相互抵消的互换。假定两家公司均不违约，金融机构肯定可以获得本金为 1 亿美元、年利率为 0.03%（3 个基点）的盈利（一年盈利大约为 3 万美元）。

微软最终以 5.115%（而不是图 C-2 所示的 5.1%）的利率贷款；英特尔最终以LIBOR+21.5 个基点（而不是图 C-2 所示的 LIBOR+20 个基点）的利率贷款。

图 C-4　金融机构介入时图 C-2 所对应的利率互换

图 C-5 说明了在图 C-3 情形下金融机构的角色。互换与前面一样，如果两家公司均不违约，那么金融机构肯定能赚取 3 个基点的利息。微软将会赚取 LIBOR 减去 31.5 个基点（而不是 LIBOR 减去 30 个基点）的利息，而英特尔将会赚取 4.785%（而不是图 C-3 中的 4.8%）的利息。

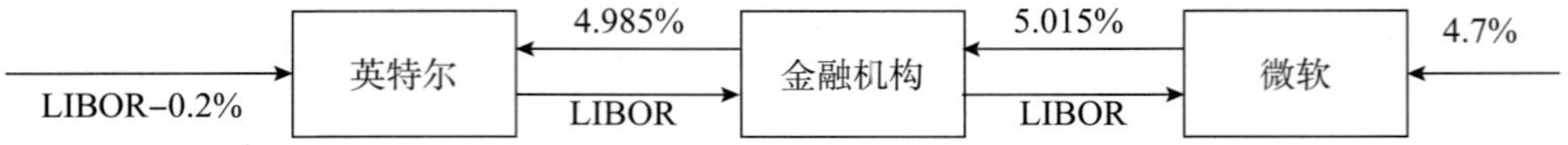

图 C-5　金融机构介入时图 C-3 所对应的利率互换

在每种情况下，金融机构都有两个单独的合约：一个是与英特尔的，另一个是与微软的。在大多数情况下，英特尔甚至不知道金融机构与微软进行了抵消性的互换合约，反之亦然。如果一家公司违约，金融机构必须履行与另一方的合约。金融机构的 3 个基点差价收入的一部分是补偿它所承受的由于交易对手违约而带来的信用风险。

C.1.3　做市商

在实践中，两家公司不可能同时与某家金融机构接触并持有相同而头寸相反的互换。因此，许多金融机构扮演着互换做市商的角色。这意味着金融交易对手之间的互换交易。做市商必须面对自身面临的风险，利息互换每半年一次。互换合约的做市商可以采用债券、远期利率合约、利率期货等产品来对冲风险。表 C-3 是某做市商可能给出的关于标准美元互换的报价。一般来讲，溢差的买卖价差为 3～4 个基点。买入卖出利率的平均值称为互换利率（swap rate），表 C-3 的最后一列为互换利率。

表 C-3　某利率互换市场中的互换利率买入和卖出报价（年利率，%）

期限	买入价	卖出价	互换利率
2	6.03	6.06	6.045
3	6.21	6.24	6.225
4	6.35	6.39	6.370
5	6.47	6.51	6.490
7	6.65	6.68	6.665
10	6.83	6.87	6.850

注：利息互换每半年一次。

考虑一个新的互换合约，该合约中的固定利率等于当前的互换利率，我们可以合理地假设这一互换的价值为 0。在表 C－2 中，我们可以看出互换的价值等于固定利率债券与浮动利率债券的价值差。定义：

- B_{fix} 为我们所考虑的互换中固定利率债券的价值；
- B_n 为我们所考虑的互换中浮动利率债券的价值。

因为交换的价值为 0，因此

$$B_{fix}=B_n$$

计算 LIBOR/互换零息利率曲线时，我们将用到这一结论。

C.2 天数计量惯例

天数计量惯例影响互换中支付利息的数额，前面例子中的利率并没有真正反映天数计量惯例。例如，由表 C－1 中 6 个月期的 LIBOR 所决定的利息，因为这里的利率为货币市场利率，因此 6 个月期的 LIBOR 的天数计量惯例为“实际天数/360”。表 C－1 中的第 1 笔浮动利息支付为 210 万美元，这一利息所对应的利率为 4.2%。因为 2012 年 3 月 5 日至 2012 年 9 月 5 日之间总共有 184 天，因此利息支付数额为

$$100\times 0.042\times \frac{184}{360}=2.146\ 7(\text{百万美元})$$

一般来讲，在一个互换合约中，一个以 LIBOR 计量的浮动利率的现金流等于 $LRn/360$，其中 L 为本金，R 为相应的 LIBOR，n 为从上一个付款日到今天的天数。固定利率的使用区间为一整年，为了保证利率有近似的可比性，我们要将 LIBOR 乘以 365/360 或将互换的固定利率乘以 360/365。

C.3 确认书

互换中的确认书（confirmation）是由交易双方代表签署的法律文件。确认书的初稿由总部在美国纽约的国际掉期与衍生工具协会（ISDA）提供。ISDA 已经开发出了一些主协议，这些主协议定义了合约的一些细节及互换合约中所采用的名词，也阐明了如果某交易方违约将如何对合约进行处理等。在图 C－6 中，我们展示了微软与某家金融机构（假设为高盛）在图 C－4 中的互换合约确认书的摘要。一份完整的确认书可能会指明 ISDA 标准文件对于这一交易所陈述的所有条款都成立。

确认书中阐明，业务天惯例（business day convention）为随后第一个工作日，即在遇到非工作日（如周末或节假日）时，交易的履行日期将顺延至下一个工作日，由所在国的日历确定哪些日期为工作日或节假日。

交易日(trade date):	2012年2月27日
生效日(effective date):	2012年3月5日
业务天惯例（所有天数）:	随后第1个工作日
假期日历（holiday calendar）:	美国
终止日（termination date）:	2015年3月5日
固定利息方	
固定利息付出方:	微软
固定利息名义本金:	1亿美元
固定利率:	年率5.015%
固定利率天数计量惯例:	实际天数/365(actual/365)
固定利率付款日:	2012年9月5日至2015年3月5日（包括这一天）之间的所有的3月5日及9月5日
浮动利息方	
浮动利息付出方:	高盛
浮动利息本金:	1亿美元
浮动利率:	6个月期的美元LIBOR
浮动利率天数计量惯例:	实际天数/360
浮动利率付款日:	2012年9月5日至2015年3月5日（包括这一天）之间的所有的3月5日及9月5日

图 C-6 业界示例

C.4 互换利率的实质

现在来说明互换利率的实质以及互换与 LIBOR 市场的关系。在 C.1.1 节我们曾经指出，LIBOR 是具有 AA 信用等级的银行由其他银行借入 1～12 个月期的资金的利率。表 C-3 显示，互换的利率等于以下两个利率的平均值：（a）做市商在互换合约中收入 LIBOR，并准备付出的固定利率（买入利率）；（b）做市商在互换合约中付出 LIBOR，并准备收入的固定利率（卖出利率）。

与 LIBOR 类似，互换利率并不是无风险利率，但是，它们同无风险利率非常接近。一家金融机构可以进行以下交易来使一定本金的投资收益率等于 5 年期的互换利率：

- 借给一家信用等级为 AA 的公司一笔资金，期限为 6 个月，在以后每 6 个月将相同数量的资金借给其他信用等级也为 AA 的公司。
- 进入一个 5 年期的互换交易，收入现金流为 LIBOR，支出现金流为 5 年期互换利率。

这些交易说明，5 年期的互换利率等于借给 AA 级公司 10 个 6 个月期的 LIBOR 短期资金的收益率。类似地，7 年期的互换利率等于借给 AA 级公司 14 个 6 个月期的 LIBOR 短期资金的收益率。对于其他期限的互换利率，我们也可以给出类似的解释。

C.5 确定 LIBOR/互换零息利率

衍生品交易员对衍生品定价时喜欢采用 LIBOR 利率作为无风险利率。使用 LIBOR

利率的一个问题是我们所能直接观测到的利率期限都不超过 12 个月。一种将 LIBOR 零息利率曲线延长到长于 2 年的方法是利用欧洲美元期货。一般来讲，欧洲美元可以用来将 LIBOR 零息利率曲线延长到 2 年，有时会长达 5 年，然后交易员利用利率互换来将 LIBOR 零息利率曲线再进一步延长。所得零息利率曲线有时称为 LIBOR 零息利率曲线，有时称为互换零息曲线。为了不引起混乱，我们将其称为 LIBOR/互换零息利率曲线。下面我们将描述如何利用互换利率来确定 LIBOR/互换零息利率曲线。

首先应注意的是，对于一只新发行的券息为 6 个月期的 LIBOR 的浮动利率债券，如果采用 LIBOR/互换零息利率曲线来对其进行定价，我们得出的价格总是本金价格（也称为平价），在 C.1.3 节中，我们指出，对于一笔新成交的互换交易，当固定利率等于互换利率时，$B_{\text{fix}}=B_n$。

例 1 假定 6 个月期、12 个月期、18 个月期的 LIBOR/互换零息利率分别为 4%、4.5%及 4.8%（按连续复利），2 年期互换零息利率（支付频率为每半年一次）为 5%。5%的互换零息利率意味着本金为 100 美元，券息年率 5%（券息每年支付两次）的价格为平价。如果 R 为 2 年期的零息利率，那么

$$2.5e^{-0.04\times0.5}+2.5e^{-0.045\times1.0}+2.5e^{-0.048\times1.5}+102.5e^{-2R}=100$$

上式的解为 $R=4.955\%$。

C.6 利率互换的定价

我们现在考虑利率互换的定价。在合约开始时，利率互换的价值为零或接近零。随着时间的变化，利率互换的价值可能为正，也可能为负。利率互换有两种定价方式：第一种方式是将利率互换视为两只债券的差；第二种方式是将利率互换视为由远期利率协议（FRA）组成的交易组合。

C.6.1 由债券价格来计算互换的价值

在利率互换中，本金不进行交换。但是如表 C-2 所示，我们可以假设本金在互换中进行交换，这一假设并不影响互换的价值。这么做以后，我们将收入固定利率并付出浮动利率的互换作为固定利率债券的多头与浮动利率债券的空头的组合，因此

$$V_{\text{swap}}=B_{\text{fix}}-B_n$$

式中，V_{swap} 为互换的价值；B_n 为互换中浮动利率债券的价值；B_{fix} 为互换中固定利率债券的价值。类似地，收入浮动利率并付出固定利率的互换可作为浮动利率债券的多头与固定利率债券的空头的组合，因此

$$V_{\text{swap}}=B_n-B_{\text{fix}}$$

固定利率债券的价值容易求得。为了计算浮动利率债券的价值，我们注意到债券在券息付出后等于其面值 L。因为在此时债券有“公平交易”价值，其中借贷人对于每个

计息区间所支付的利率为 LIBOR。

假定下一个互换现金流的时间为 t^*，在 t^* 支付的浮动利息（在前一个付款期已确定）为 k^*，在支付之后，如前所述，$B_n=L$，在支付利息之前，$B_n=L+k^*$。因此，浮动利率债券可以看作在 t^* 时刻提供单一现金流的产品，对这一现金流进行贴现，得出浮动利率债券今天的价值为

$$(L+k^*)e^{-r^*t^*}$$

式中，r^* 为 LIBOR/互换零息利率曲线上对应于 t^* 的利率。图 C－7 说明了以上论述。

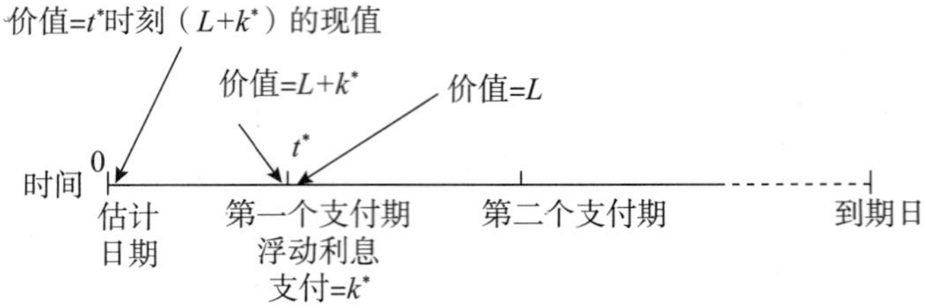

图 C－7　面值为 L 的在下一付款日 t^* 支付利息为 k^* 的浮动利率债券的定价

C. 6. 2　利用 FRA 对互换定价

互换合约等价于 FRA 的组合。考虑图 C－1 所示的微软与英特尔之间的互换合约，这一合约在 2012 年 3 月 5 日签署，付款频率为每半年一次。在合约成交时，我们已经知道第 1 个支付量为多少。其他 5 个支付量可以看作由 FRA 产生。2013 年 3 月 5 日的现金流互换可以看作固定利率 5%与 2012 年 9 月 5 日所观测到的浮动利率互换而形成的 FRA；2013 年 9 月 5 日的现金流互换可以看作固定利率 5%与 2013 年 3 月 5 日所观测到的浮动利率互换而形成的 FRA；等等。FRA 的定价可以假定远期利率在将来会得以实现。因为简单互换合约是 FRA 的组合，在这一合约定价中，我们可以假定远期利率在将来会实现，其定价过程如下：

- 利用 LIBOR/互换零息利率曲线计算每个决定互换现金流的 LIBOR 利率所对应的远期利率。
- 假定 LIBOR 等于远期利率，并计算互换现金流。
- 对现金流进行贴现（以 LIBOR/互换零息利率曲线为贴现率来决定互换的价值）。

在互换合约刚刚开始时，固定利率的设定往往是保证互换的价值为零。这意味着在初始时，互换中所有 FRA 的价值总和为零，但并不意味着每个 FRA 的价值为零。通常来讲，有些 FRA 有正价值，而有些 FRA 有负价值。

考虑图 C－1 所示的微软与英特尔之间的互换中的 FRA：

- 当远期利率＞5.0%时，对于微软而言，FRA＞0；
- 当远期利率＝5.0%时，对于微软而言，FRA＝0；
- 当远期利率＜5.0%时，对于微软而言，FRA＜0。

假定利率期限结构在互换刚刚成交时为上坡形，这意味着当 FRA 到期期限延长时，远期利率有所增大。因为所有 FRA 价值的总和为零，在初始付款日所对应的远期利率

一定小于5%；在互换末尾的付款日所对应的远期利率一定大于5%。因此初始付款日的FRA的价值为负，末尾付款日的FRA的价值为正。如果在互换刚刚成交时，利率曲线为下坡形，以上结论刚好相反。利率期限结构的形状对于互换中FRA的影响在图C-8中有所说明。

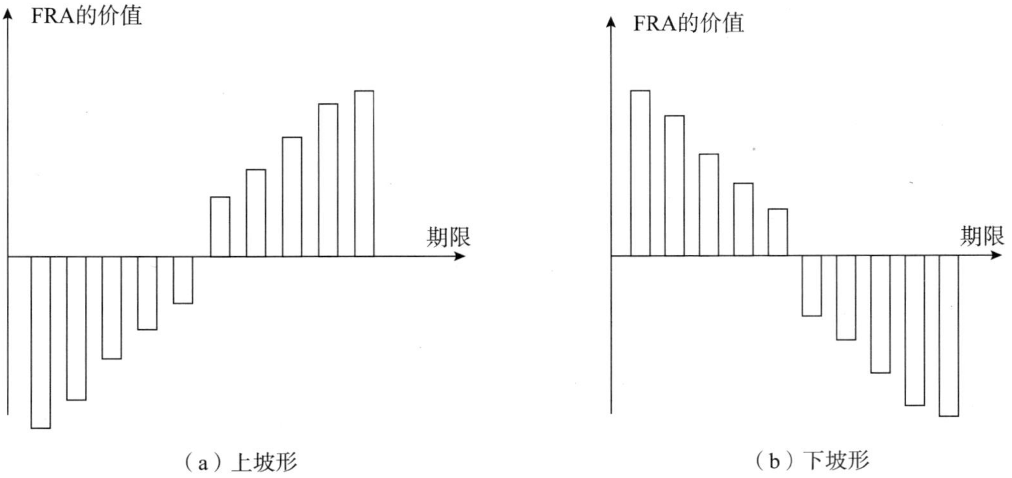

图C-8 互换合约中FRA的价值与期限的函数关系

C.7 货币互换

另一种较为流行的互换为货币互换，最简单的货币互换包括在某种货币下的利息及本金与另一种货币下的利息及本金的互换。货币合约要求阐明在两种不同货币下的本金。互换中通常包括起始及最终的货币互换。通常货币本金互换数额的选取在互换开始时的兑换率下大致相同，但在最后交换时两者的价值可能大不一样。

例2 考虑IBM与英国石油公司之间的一个虚拟的5年期的货币互换合约，互换的起始日期为2011年2月1日。假定IBM支付英镑的利率为5%，同时IBM从英国石油公司收入美元的利率为6%。现金流互换频率为一年一次，本金数额分别为1 800万美元及1 000万英镑。这一互换为固定息与固定息（fixed-for-fixed）的货币互换，互换之所以如此命名是因为每种货币所对应的均为固定利息。这一互换在图C-9中有所显示。最初，本金互换与图C-9中的箭头方向一致。因此，在互换开始，IBM首先支付1 800万美元并同时收入1 000万英镑。每年IBM收入108万美元（即1 800万美元的6%）并支付50万英镑（即1 000万英镑的5%）。在互换结束时，IBM支付1 000万英镑并收入1 800万美元。现金流如表C-4所示。

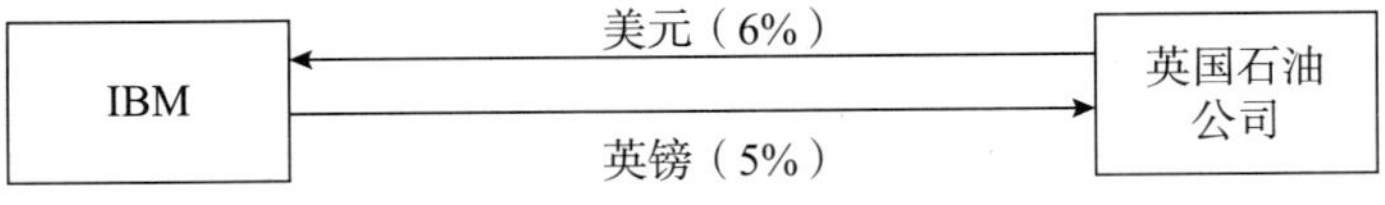

图C-9 货币互换

表 C-4 对于 IBM 而言某货币互换的现金流

日期	美元现金流（百万美元）	英镑现金流（百万英镑）	日期	美元现金流（百万美元）	英镑现金流（百万英镑）
2011 年 2 月 1 日	−18.00	+10.00	2014 年 2 月 1 日	+1.08	−0.50
2012 年 2 月 1 日	+1.08	−0.50	2015 年 2 月 1 日	+1.08	−0.50
2013 年 2 月 1 日	+1.08	−0.50	2016 年 2 月 1 日	+19.08	−10.50

我们这里所描述的互换可以将一种货币的贷款转化为另一种货币的贷款。假定 IBM 能够以 6%的利率发行 1 800 万美元的债券。货币互换可以将债券转化为英镑债券，债券本金为 1 000 万英镑，利率为 5%，最初的本金互换将最初债券的美元收费转化为英镑，之后货币互换的支付将美元利息及本金转化为英镑。

互换也可以用来转化资产的性质。假定 IBM 可以将 1 000 万英镑在英国投资 5 年，其收益率为年率 5%，IBM 认为美元价格同英镑价格比较会有所上涨，因此想将其投资转化为美元的投资。货币互换可以将英镑投资转化为收益率为 6%、本金为 1 800 万美元的投资。

下面介绍货币互换的定价。

类似于利率互换，固定息-固定息货币互换可以分解为两只债券的差或一组 FRA 的组合。

我们可以以债券的形式进行定价。如果定义 V_{swap} 为收入美元并支付外币的货币互换的美元价值，那么

$$V_{\text{swap}} = B_D - S_0 B_F$$

式中，B_F 为互换中外汇现金流所对应的债券，并以外币计量的价值；B_D 为互换中本国货币的现金流所对应的债券，并以美元计量的价值；S_0 为即期汇率（表达形式为一单位外币所对应的美元数量）。互换的价值可以由两个不同货币下的 LIBOR、国内货币的利率期限结构及即期汇率来确定。类似地，收入外币并同时支付美元的互换价值为

$$V_{\text{swap}} = S_0 B_F - B_D$$

下面的例子为上述公式的应用。

例 3 假定日元及美元的 LIBOR/互换零息利率曲线均为水平。日元利率为年率 4%，美元利率为年率 8%，以上利率均为连续复利。某金融机构进入一个货币互换，在互换中收入日元利率为 5%，付出美元利率为 9%，互换支付每年进行一次。两种货币的本金分别为 1 000 万美元及 12 亿日元。互换期限为 3 年，当前汇率为 1 美元兑 110 日元。计算结果见表 C-5。

表 C-5 以债券形式对货币互换定价

时间	美元债券现金流（百万美元）	美元现金流贴现值（百万美元）	日元债券现金流（百万日元）	日元现金流贴现值（百万日元）
1	0.8	0.731 1	60	57.65

续表

时间	美元债券现金流（百万美元）	美元现金流贴现值（百万美元）	日元债券现金流（百万日元）	日元现金流贴现值（百万日元）
2	0.8	0.668 2	60	55.39
3	0.8	0.610 7	60	53.22
3	10.0	7.633 8	1 200	1 064.30
总计		9.643 9		1 230.55

互换中所对应的美元债券的现金流在第 2 列显示，以 9%的利率进行贴现所得的结果在第 3 列显示；互换中所对应的日元债券的现金流在第 4 列显示，以 4%日元利率进行贴现所得的结果在最后一列显示。

美元债券价格 B_D 为 964.39 万美元，日元债券价格为 12.3055 亿日元。因此互换价格为

$$\frac{1\ 230.55}{110}-9.643\ 9=154.3(\text{万美元})$$

此外，互换可以以 FRA 组合的形式定价，互换合约中的每个固定息与固定息互换都可以看作一个 FRA。FRA 可以在假定远期汇率会实现的情况下定价。对于货币互换，我们可以采用类似假设。

货币互换在刚刚成交时，价值为零。采用成交时的汇率互换，如果两个本金相等，那么在本金刚刚交换后，互换的价值也为零。但是，类似于利率互换，这并不意味着互换中的每个 FRA 的价值都为零。可以证明，如果货币互换中两个利率非常不同，那么高利率的支付者所处的情形为：早期支付互换现金流的外汇远期的价值为负，而最后互换本金时的外汇远期的价值为正。低利率的支付者所处的情形刚好相反：早期支付互换现金流的外汇远期的价值为正，而最后互换本金时的外汇远期的价值为负。这些结果对于评估互换的信用风险十分重要。

例 4 考虑例 3 中的情形，假定日元及美元的 LIBOR/互换零息利率曲线均为水平，日元利率为年率 4%，美元利率为年率 9%，以上利率均为连续复利。某金融机构进入一个货币互换，在互换中收入日元的利率为 5%，支付美元的利率为 8%，支付互换每年进行一次。两种货币的本金分别为 1 000 万美元及 12 亿日元。互换期限为 3 年，当前汇率为 1 美元兑 110 日元。表 C-6 总结了计算结果。

金融机构每年支付 0.08×1 000 万＝80 万美元，并且同时收入 120 000×0.05＝6 000 万日元。另外，3 年后金融机构将支付 1 000 万美元并且收入 12 亿日元。即期汇率为每日元等于 0.009 091 美元，这时 $r=4\%$及 $r_f=9\%$，得出 1 年期的远期汇率为每日元等于

$$0.009\ 091e^{(0.09-0.04)\times 1}=0.009\ 557(\text{美元})$$

表 C-6 中所示的 2 年期及 3 年期汇率也可以采用类似方法来进行计算。FRA 的定价可以假定远期汇率会实现。如果 1 年期汇率实现，1 年期日元现金流的美元价值为

60×0.009 557=0.573 4（百万美元），因此1年期净现金流为−0.8+0.573 4=−0.226 6（百万美元），其贴现值为$-0.226\,6e^{-0.09\times1}=-0.207\,1$（百万美元），这一价值为1年期现金流互换所对应的FRA的价值。其他期限的FRA也可以采用类似方式计算。如表C-6所示，互换的价值为154.3万美元。这与例3中将互换分解为一只债券的多头及另一只债券的空头所计算的结果一致。

表C-6 以FRA组合形式对货币互换定价

时间	美元现金流（百万美元）	日元现金流（百万日元）	远期汇率	日元现金流的美元价值（百万美元）	净现金流的美元价值（百万美元）	贴现值（百万美元）
1	−0.8	60	0.009 557	0.573 4	−0.226 6	−0.207 1
2	−0.8	60	0.010 047	0.602 8	−0.197 2	−0.164 7
3	−0.8	60	0.010 562	0.633 7	−0.166 3	−0.126 9
3	−10.0	1 200	0.010 562	12.674 6	+2.674 6	2.041 6
总计						1.543 0

互换合约是两家公司之间私下达成的合约，这类合约包含信用风险。考虑一家金融机构，该机构与两家公司达成了相互抵消的互换合约（见图C-4和图C-5）。如果两家公司均不违约，金融机构完全处于对冲状态，其中一个互换合约价值的下降会被另一个合约价值的上升抵消。然而，如果互换交易的某一方陷入财务困境并违约，金融机构仍需要保持对另一方的合约承诺。假设图C-4中的合约在签署了一段时间后，金融机构与微软的互换合约的价值为正，但与英特尔的互换合约的价值为负。如果微软违约，金融机构将可能失去这份合约中所有的正价值。为了保持其对冲状态，金融机构必须寻找接替微软公司位置的第三方。为了吸引第三方，金融机构支付给第三方的数额几乎等于在微软违约前金融机构与微软之间合约的价值。只有当互换对金融机构具有正价值时，金融机构才会有信用风险敞口。

附录 D

期权定价的 B-S 模型

金融资产的价格随时间变化，形成一个随机过程。随机过程是用来描述一个随机变量随时间变化的统计学术语。观测到的价格是随机过程的一个实现。随机过程理论是对观测到的价格进行分析和做出统计推断的基础。该附录将资产价格看作一个连续时间随机过程。我们的目的是引入对金融资产和价格运动建模所需的统计理论和工具。下面首先介绍该附录中使用的一些股票期权的技术并对维纳过程做一个简要介绍。然后讨论一些扩散方程以及随机方程，包括著名的伊藤引理（Ito's lemma)。大多数期权定价公式是在资产价格服从一个扩散方程的假设下推导出来的。我们利用 Black-Scholes 公式（以下简称为 B-S 公式）来表示这种推导。

D.1 期权的定义

股票期权是一种金融契约，它赋予持有者在特定的日期以一个指定的价格交易一只指定的普通股票特定份额的权利。它有两种类型，即看涨期权和看跌期权。看涨期权赋予持有者购买某种标的资产的权利，看跌期权赋予持有者卖出某种标的资产的权利。契约中指定的价格称为敲定价格或执行价格。契约规定的日期称为到期日或截止日。美式期权可以在到期日之前的任何时刻执行，欧式期权只能在到期日执行。

股票期权的价值依赖于标的资产的价值。令 K 表示敲定价格，P 表示股价。对于看涨期权，当 $P>K$ 时，赚钱；当 $P=K$ 时，不赔不赚；当 $P<K$ 时，赔钱。对于看跌期权，当 $P<K$ 时，赚钱；当 $P=K$ 时，不赔不赚；当 $P>K$ 时，赔钱。一般而言，一个期权如果立即执行将对持有者导致正的现金流，则是赚钱的；如果立即执行将对持有者导致负的现金流，则是赔钱的；如果立即执行将导致零现金流，则是不赔不赚的。显然，只有赚钱的期权在实际中才会被执行。

D.2 连续时间随机过程

连续时间随机过程定义在一个概率空间（Ω,F,P）上，其中，Ω 是非空空间，F

是一个包含Ω的所有子集的σ-域，P是概率测度。过程可以写为$\{x(\eta,t)\}$，其中t表示时间并且在$[0,+\infty)$上连续。对于给定的t，$x(\eta,t)$是一个实值连续随机变量（即从Ω到实直线上的一个映射），η是Ω的元素。对于资产在t时刻的价格，$x(\eta,t)$的取值范围是非负实数集。对于一个给定的η，$\{x(\eta,t)\}$是一个时间序列，其值依赖于时刻t。为了简便，我们将连续时间随机过程写为$\{x_t\}$，即对于给定的t，x_t是一个随机变量。

D.2.1 维纳过程

一个连续时间随机过程$\{w_t\}$是一个维纳过程，如果它满足：

(1) $\Delta w_t=\varepsilon\sqrt{\Delta t}$，其中$\varepsilon$是一个标准正态随机变量；

(2) 对于所有的$j\leqslant t$，Δw_t与w_j独立。

第二个条件即马尔可夫性，说明在当前值w_t的条件下，该过程过去的任何新息$w_j(j<t)$与将来值$w_{t+l}(l>0)$是不相关的。由这个性质很容易看出，对任意两个不相交的时间段Δ_1与Δ_2，增量$w_{t_1+\Delta_1}-w_{t_1}$与增量$w_{t_2+\Delta_2}-w_{t_2}$是独立的。在金融中，马尔可夫性与弱式有效市场是相关的。

由第一个条件，Δw_t服从均值为0、方差为Δt的正态分布。也就是说，$\Delta w_t\sim N(0,\Delta t)$，下面考虑过程$w_t$。我们假定过程开始于$t=0$，初始值为$w_0$，这个值是固定的，而且通常设定为0。因而$w_t-w_0$可以看作许多微小增量的和。更具体地讲，定义$T=\frac{t}{\Delta t}$，这里$\Delta t$为一个很小的正增量，则

$$w_t-w_0=\sum_{i=1}^{T}\Delta w_i=\sum_{i=1}^{T}\varepsilon_i\sqrt{\Delta t}$$

式中，$\Delta w_i=w_{i\Delta t}-w_{(i-1)\Delta t}$。因为$\varepsilon_i$是独立的，所以有

$$E(w_t-w_0)=0$$

$$\mathrm{var}(w_t-w_0)=\sum_{i=1}^{T}\Delta t=T\Delta t=t$$

这样，w_t从0时刻到t时刻的增量是均值为0、方差为t的正态分布。规范地表示为，对于维纳过程w_t，我们有$w_t-w_0\sim N(0,t)$，这说明一个维纳过程的方差随时间区间长度而线性增加。

图D-1给出的是单位时间区间$[0,1]$上4个模拟的维纳过程，取$n=3\ 000$。这4幅图都开始于$w_0=0$，但是当时间递增时，漂移分开，说明维纳过程的方差随时间递增。

维纳过程可以通过Donsker定理进行随机模拟：

假定$\{z_i\}_{i=1}^{n}$是一个相互独立的标准正态随机变量序列。对于任意$t\in[0,1]$，令$[nt]$表示nt的整数部分。定义$w_{n,t}=\frac{1}{\sqrt{n}}\sum_{i=1}^{[nt]}z_i$，则当$n$趋于无穷时，$w_{n,t}$依分布收敛于一个$[0,1]$区间上的维纳过程$w_t$。

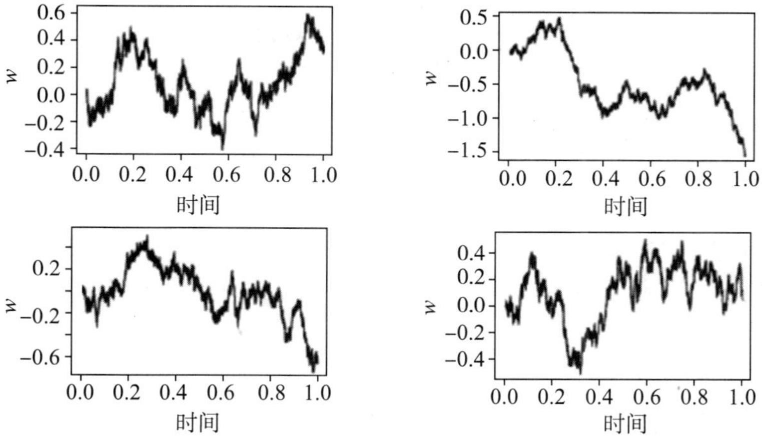

图 D-1 4 个模拟的维纳过程

产生维纳过程的 R 或 S-Plus 命令为

```
n=3000
epsi=rnorm(n,0,1)
w=cumsum(epsi)/sqrt(n)
plot(w,type='l')
```

D.2.2 广义维纳过程

维纳过程是一个特殊的随机过程：具有零漂移率以及与时间间隔的长度成比例的方差。这意味着期望的变化率为 0 而方差的变化率为 1。在实践中，随机过程的均值和方差以一种更加复杂的方式随时间演变，因此需要将随机过程进一步一般化。为了达到这个目的，我们考虑期望漂移率为 μ、方差变化率为 σ^2 的广义维纳过程。将这个过程用 x_t 来表示，并且用记号 dy 表示变量 y 的一个微小变化，则 x_t 的模型为

$$\mathrm{d}x_t = \mu\,\mathrm{d}t + \sigma dw_t \tag{1}$$

式中，w_t 是一个维纳过程。如果我们考虑式（1）的离散形式，那么从 $0\sim t$ 的增量为

$$x_t - x_0 = \mu t + \sigma\varepsilon\sqrt{t}$$

因此

$$E(x_t - x_0) = \mu t,\ \mathrm{var}(x_t - x_0) = \sigma^2 t$$

x_t 的增量对期望的增长率为 μ，对方差的增长率为 σ^2。式（1）中的 μ 与 σ 称为广义维纳过程 x_t 的漂移参数和波动率参数。

D.2.3 伊藤过程

广义维纳过程的漂移参数和波动率参数都不随时间变化。如果进一步扩展模型，允许 μ 和 σ 为随机过程 x_t 的函数，就有了一个伊藤过程。具体来讲，过程 x_t 是一个伊藤

过程，如果它满足

$$dx_t = \mu(x_t, t)dt + \sigma(x_t, t)dw_t \tag{2}$$

式中，w_t 是一个维纳过程。式（2）可改写为

$$x_t = x_0 + \int_0^t \mu(x_s, s)ds + \int_0^t \sigma(x_s, s)dw_s$$

式中，x_0 表示过程在零时刻的初始值。等式右边的最后一项是一个随机积分。式（2）称为一个随机扩散方程，$\mu(x_t, t)$和 $\sigma(x_t, t)$ 分别是漂移函数和扩散函数，维纳过程是一个特殊的伊藤过程。

D.3 伊藤引理

金融中利用连续时间模型时，通常假定资产的价格是一个伊藤过程。因此，为了导出金融衍生资产的价格，需要利用伊藤积分。本节主要回顾一下伊藤引理，并将它看作微积分中微分运算的自然推广，伊藤引理是随机积分的基础。

假定 x_t 是一个连续时间随机过程，满足

$$dx_t = \mu(x_t, t)dt + \sigma(x_t, t)dw_t$$

式中，w_t 是一个维纳过程。另外，$G(x_t, t)$ 是 x_t 和 t 的可微函数。那么

$$dG = \left[\frac{\partial G}{\partial x}\mu(x_t, t) + \frac{\partial G}{\partial t} + \frac{1}{2}\frac{\partial^2 G}{\partial x^2}\sigma^2(x_t, t)\right]dt + \frac{\partial G}{\partial x}\sigma(x_t, t)dw_t$$

例 1 作为一个简单的解释，考虑维纳过程的平方函数 $G(w_t, t) = w_t^2$。这里我们有 $\mu(w_t, t) = 0$，$\sigma(w_t, t) = 1$，而且

$$\frac{\partial G}{\partial w_t} = 2w_t, \quad \frac{\partial G}{\partial t} = 0, \quad \frac{\partial^2 G}{\partial w_t^2} = 2$$

因此

$$dw_t^2 = (2w_t \times 0 + 0 + \frac{1}{2} \times 2 \times 1)dt + 2w_t dw_t = dt + 2w_t dw_t$$

下面说明一个简单的应用。令 P_t 表示一只股票在 t 时刻的价格，它在 $[0, +\infty)$ 上连续。文献中通常假定 P_t 服从一个特殊的伊藤过程：

$$dP_t = \mu P_t dt + \sigma P_t dw_t \tag{3}$$

式中，μ 与 σ 都是固定的。令 $G(P_t, t) = \ln P_t$ 表示标的股票的对数价格，则有

$$\frac{\partial G}{\partial P_t} = \frac{1}{P_t}, \quad \frac{\partial G}{\partial t} = 0, \quad \frac{1}{2}\frac{\partial^2 G}{\partial P_t^2} = \frac{1}{2}\frac{-1}{P_t^2}$$

因此，根据伊藤引理，我们得到

$$\mathrm{dln}\ P_t=\left(\frac{1}{P_t}\mu P_t+\frac{1}{2}\frac{-1}{P_t^2}\sigma^2 P_t^2\right)\mathrm{d}t+\frac{1}{P_t}\sigma P_t \mathrm{d}w_t=\left(\mu-\frac{\sigma^2}{2}\right)\mathrm{d}t+\sigma \mathrm{d}w_t$$

这个结果说明如果价格是一个几何布朗运动，那么价格的对数服从一个一般的维纳过程，其漂移率为 $\mu-\sigma^2/2$，波动率为 σ^2。因此，价格的对数（即对数收益率）从当前时刻 t 到将来某时刻 T 的变化服从均值为 $(\mu-\sigma^2/2)(T-t)$、方差为 $\sigma^2(T-t)$ 的正态分布。若时间间隔 $T-t=\Delta$ 是固定的，而且我们对对数价格的等间隔的增量更感兴趣，那么增量序列就是一个均值为 $(\mu-\sigma^2/2)\Delta$、方差为 $\sigma^2\Delta$ 的高斯过程。

下面说明 μ 和 σ 的估计。式（3）的几何布朗运动中的两个未知参数 μ 与 σ 可以用经验方法来估计。假定我们有股价 P_t 在时间间隔 Δ（例如日、周或者月）上的 $n+1$ 个观测值，可用年来度量 Δ。观测到的价格表示为 $\{P_0,P_1,\cdots,P_n\}$，并且对 $t=1,2,\cdots,n$，令 $r_t=\ln P_t-\ln P_{t-1}$。

因为 $P_t=P_{t-1}\exp(r_t)$，其中 r_t 是第 t 个时间间隔上的连续复合收益率，假定股价 P_t 服从一个几何布朗运动，我们得到 r_t 服从均值为 $(\mu-\sigma^2/2)\Delta$、方差为 $\sigma^2\Delta$ 的正态分布。另外，r_t 不是序列相关的。

为了简便，定义 $\mu_r=E(r_t)=(\mu-\sigma^2/2)\Delta$，$\sigma_r^2=\mathrm{var}(r_t)=\sigma^2\Delta$。令 $\bar{r}$，s_r 分别表示数据的样本均值和标准差，即

$$\bar{r}=\frac{\sum_{t=1}^{n} r_t}{n},\quad s_r=\sqrt{\frac{1}{n-1}\sum_{t=1}^{n}(r_t-\bar{r})^2}$$

$\bar{r}$ 与 s_r 分别是 r_i 的均值和标准差的相合估计，即当 $n\to+\infty$ 时，$\bar{r}\to\mu_r$ 且 $s_r\to\sigma_r$。因此，我们可以通过

$$\hat{\sigma}=\frac{s_r}{\sqrt{\Delta}}$$

估计 σ。另外，可以表明该估计值的标准差渐近于 $\hat{\sigma}/\sqrt{2n}$。由 $\hat{\mu}_r=\bar{r}$，我们可以通过下式来估计 μ：

$$\hat{\mu}=\frac{\vec{r}}{\Delta}+\frac{\hat{\sigma}^2}{2}=\frac{\bar{r}}{\Delta}+\frac{s_r^2}{2\Delta}$$

例 2 考虑 2007 年思科系统股票的日对数收益率，共有 251 个观测值，样本均值和标准差分别为 -3.81×10^{-5} 和 0.017 4。对数收益率序列也表明没有序列相关性，p 为 0.42，$Q(12)=12.30$。所以，我们有

$$\hat{\sigma}=\frac{s_r}{\sqrt{\Delta}}=\frac{0.0174}{\sqrt{1.0/251.0}}=0.276,\quad \hat{\mu}=\frac{\bar{r}}{\Delta}+\frac{\hat{\sigma}^2}{2}=-0.0094$$

因此，2007 年思科系统股票的年期望收益率的估计为 -0.94%，标准差的估计为 27.6%。

D.4 股票价格与对数收益率的分布

如果假定一只股票的价格服从几何布朗运动

$$dP_t = \mu P_t dt + \sigma P_t dw_t$$

那么价格的对数服从一般的维纳过程

$$d\ln P_t = \left(\mu - \frac{\sigma^2}{2}\right) dt + \sigma dw_t$$

式中，P_t 为股票在 t 时刻的价格，w_t 是一个维纳过程。因此，对数价格从 t 时刻到 T 时刻的变化服从正态分布，即

$$\ln P_T - \ln P_t \sim N\left(\left(\mu - \frac{\sigma^2}{2}\right)(T-t), \sigma^2(T-t)\right)$$

因此，在给定 t 时刻的价格 P_t 的条件下，$T>t$ 时刻的对数价格服从正态分布，即

$$\ln P_T \sim N\left(\ln P_t + \left(\mu - \frac{\sigma^2}{2}\right)(T-t), \sigma^2(T-t)\right)$$

P_T 的（条件）均值和方差分别为

$$E(P_T) = P_t \exp[\mu(T-t)]$$
$$\text{var}(P_T) = P_t^2 \exp[2\mu(T-t)]\{\exp[\sigma^2(T-t)] - 1\}$$

注意，这个期望确认了 μ 是股票的期望收益率。

股价的先验分布可以用来做统计推断。例如，假定股票 A 的当前价格为 50 美元，股票的年期望收益率为 15%，年波动率为 40%，则股票 A 在 6 个月（0.5 年）内的期望价格和相应的方差由下式给出：

$$E(P_T) = 50\exp(0.15 \times 0.5) = 53.89$$
$$\text{var}(P_T) = 2\,500\exp(0.3 \times 0.5)[\exp(0.16 \times 0.5) - 1] = 241.91$$

从现在开始的 6 个月内价格的标准差为$\sqrt{241.91} = 15.55$。

令 r 表示从 t 时刻到 T 时刻每年的连续复合收益率，则我们有

$$P_T = P_t \exp[r(T-t)]$$

式中，T 和 t 是以年度量的。因此

$$r = \frac{1}{T-t} \ln \frac{P_T}{P_t}$$

有

$$\ln\frac{P_T}{P_t}\sim N\left(\left(\mu-\frac{\sigma^2}{2}\right)(T-t),\sigma^2(T-t)\right)$$

因此，每年的连续复合收益率的分布为

$$r\sim N\left(\mu-\frac{\sigma^2}{2},\frac{\sigma^2}{T-t}\right)$$

所以，连续复合收益率服从均值为$\mu-\sigma^2/2$、标准差为$\sigma/\sqrt{T-t}$的正态分布。

考虑一只年期望收益率为15%、年波动率为10%的股票。该股票在两年内的连续复合收益率的分布是正态的，每年的均值为0.15－0.01/2＝0.145（或14.5%），标准差为$0.1/\sqrt{2}=0.071$（或7.1%）。

D.5　B-S 微分方程的推导

本节利用伊藤引理和无套利假定，推导价格为 P_t 的股票的衍生未定权益的 B-S 微分方程。假定价格 P_t 服从几何布朗运动，并且 $G_t=G(P_t,t)$ 是关于 P_t 的衍生未定权益（例如一个看涨期权）的价格。由伊藤引理，得

$$\mathrm{d}G_t=\left(\frac{\partial G_t}{\partial P_t}\mu P_t+\frac{\partial G_t}{\partial t}+\frac{1}{2}\frac{\partial^2 G_t}{\partial P_t^2}\sigma^2P_t^2\right)\mathrm{d}t+\frac{\partial G_t}{\partial P_t}\sigma P_t\,\mathrm{d}w_t$$

这个过程以及前面结果的离散化形式为

$$\Delta P_t=\mu P_t\Delta t+\sigma P_t\Delta w_t$$

$$\Delta G_t=\left(\frac{\partial G_t}{\partial P_t}\mu P_t+\frac{\partial G_t}{\partial t}+\frac{1}{2}\frac{\partial^2 G_t}{\partial P_t^2}\sigma^2P_t^2\right)\Delta t+\frac{\partial G_t}{\partial P_t}\sigma P_t\Delta w_t$$

式中，ΔP_t，ΔG_t 分别为 P_t 和 G_t 在一个小时间区间 Δt 上的变化。构造组合策略是卖空衍生资产并多头持有$\frac{\partial G_t}{\partial P_t}$的股份，用 V_t 表示组合的价值，可知

$$V_t=-G_t+\frac{\partial G_t}{\partial P_t}P_t$$

则 V_t 的变化为

$$\Delta V_t=-\Delta G_t+\frac{\partial G_t}{\partial P_t}\Delta P_t$$

因此，我们有

$$\Delta V_t=\left(-\frac{\partial G_t}{\partial t}-\frac{1}{2}\frac{\partial^2 G_t}{\partial P_t^2}\sigma^2P_t^2\right)\Delta t$$

此方程并不涉及随机部分 Δw_t。因此，在无套利假设下，组合 V_t 在一个小时间区间 Δt

上一定是无风险的。换句话说，所用的假设蕴涵组合一定同时可以赚得与其他的短期无风险证券相同的收益；否则，在这个资产组合与短期无风险证券之间就存在套利机会。因此，我们有

$$\Delta V_t = rV_t\Delta t = (r\Delta t)V_t$$

式中，r 为无风险利率。我们有

$$\left(\frac{\partial G_t}{\partial t} + \frac{1}{2}\frac{\partial^2 G_t}{\partial P_t^2}\sigma^2 P_t^2\right)\Delta t = r\left(G_t - \frac{\partial G_t}{\partial P_t}P_t\right)\Delta t$$

所以

$$\frac{\partial G_t}{\partial t} + rP_t\frac{\partial G_t}{\partial P_t} + \frac{1}{2}\sigma^2 P_t^2\frac{\partial^2 G_t}{\partial P_t^2} = rG_t \tag{4}$$

这就是对衍生资产定价的 B-S 微分方程。可以通过解此方程来得到标的变量为 P_t 的衍生资产的价格。这样得到的解依赖于衍生资产的边界条件。对于一个欧式看涨期权而言，边界条件为

$$G_T = \max\{P_T - K, 0\}$$

式中，T 是到期时间，K 是执行价格。对于一个欧式看跌期权而言，边界条件变为

$$G_T = \max\{K - P_T, 0\}$$

例 3 作为一个简单例子，考虑股票的一个远期合约，不支付红利。在这种情况下，合约的价值由下式给出：

$$G_t = P_t - K\exp[-r(T-t)]$$

式中，K 是交割价格，r 是无风险利率，T 为到期日。我们有

$$\frac{\partial G_t}{\partial t} = -rK\exp[-r(T-t)],\quad \frac{\partial G_t}{\partial P_t} = 1,\quad \frac{\partial^2 G_t}{\partial P_t^2} = 0$$

代入式（4）的左边得到

$$-rK\exp[-r(T-t)] + rP_t = r\{P_t - K\exp[-r(T-t)]\}$$

等于式（4）的右边。因此，这的确满足 B-S 微分方程。

D.6 B-S 定价公式

Black and Scholes（1973）成功地求解了式（4）中的微分方程，得到了欧式看涨期权与看跌期权价格的精确公式。下面我们利用金融中所谓的风险中性定价来推导这些公式。

将漂移参数 μ 从 B-S 微分方程中去掉，在金融中这意味着此方程是与风险偏好独立

的。换句话说，风险偏好不能影响这个方程的解。此性质的一个完美结果就是能够假设投资者是风险中性的。在一个风险中性世界里，我们有如下结论：

- 所有证券的期望收益率都是无风险利率 r；
- 任何现金流的当前价值都可以通过将它的期望价值以无风险利率折现得到。

在风险中性世界里，一个欧式看涨期权在到期日的期望价值为

$$E_*(\max\{P_T-K,0\})$$

式中，E_* 表示在无风险世界中的期望价值。看涨期权在 t 时刻的价格为

$$c_t=\exp[-r(T-t)]E_*(\max\{P_T-K,0\})$$

然而，在风险中性世界里，我们有 $\mu=r$，$\ln P_T$ 服从正态分布：

$$\ln P_T \sim N\left(\ln P_t+\left(r-\frac{\sigma^2}{2}\right)(T-t),\sigma^2(T-t)\right)$$

令 $g(P_T)$ 表示 P_T 的概率密度函数，则看涨期权的价格为

$$c_t=\exp[-r(T-t)]\int_K^{+\infty}(P_T-K)g(P_T)\mathrm{d}P_T \tag{5}$$

通过积分的变量变换，我们有

$$c_t=P_t\Phi(h_+)-K\exp[-r(T-t)]\Phi(h_-) \tag{6}$$

式中 $\Phi(x)$ 是标准正态随机变量的累积分布函数在 x 点的值。

$$h_+=\frac{\ln(P_t/K)+(r+\sigma^2/2)(T-t)}{\sigma\sqrt{T-t}}$$

$$h_-=\frac{\ln(P_t/K)+(r-\sigma^2/2)(T-t)}{\sigma\sqrt{T-t}}=h_+-\sigma\sqrt{T-t}$$

实际中，$\Phi(x)$ 可以很容易地通过大多数统计软件包得到。

式（6）中的 B-S 看涨期权公式有一些好的解释。首先，如果在到期日执行期权，得到了股票，但我们必须支付交割价格。这个交换只有当期权是赚钱的（即 $P_T>K$）才会发生。当且仅当 $P_T>K$ 时，第一项 $P_t\Phi(h_+)$ 得到的股票的当前价值；当且仅当 $P_T>K$ 时，第二项 $-K\exp[-r(T-t)]\Phi(h_-)$ 是支付的执行价格的当前价值。第二个解释尤其有用，$\Phi(h_+)=\dfrac{\partial G_t}{\partial P_t}$ 是资产组合中不涉及不确定性和维纳过程的股份的数量。这个量就是套期保值交易中众所周知的 Δ。我们知道 $c_t=P_t\Phi(h_+)+B_t$，其中 B_t 为投资于资产组合（或衍生资产空头头寸）中的无风险债券的美元总量。可见从对 B-S 公式的检查中可以直接看出 $B_t=-K\exp[-r(T-t)]\Phi(h_-)$。公式中的 $P_t\Phi(h_+)$ 为股票投资总量，而 $K\exp[-r(T-t)]\Phi(h_-)$ 是借入总量。类似地，我们得到一个欧式看跌期权的价格为

$$p_t=K\exp[-r(T-t)]\Phi(-h_-)-P_t\Phi(-h_+)$$

因为标准正态分布关于均值零对称，所以有：对任意 x，$\Phi(x)=1-\Phi(-x)$。利用这个性质，我们有 $\Phi(-h_i)=1-\Phi(h_i)$。这样，计算看跌期权价格所需要的信息与计算看涨期权价格所需要的信息是相同的。另一种方法是利用正态分布的对称性，很容易证明

$$p_t-c_t=K\exp[-r(T-t)]-P_t$$

上式称为涨-跌平价公式，可用来从 c_t 中得到 p_t。

例 4 假设英特尔股票的当前价格是每股 80 美元，年波动率为 $\sigma=20\%$，进一步假设年无风险利率为 8%。那么一个执行价格为 90 美元、3 个月内到期的英特尔的欧式看涨期权的价格是多少？

由假设，我们有 $P_t=80$，$K=90$，$T-t=0.25$，$\sigma=0.2$，$r=0.08$。因此

$$h_+=\frac{\ln(80/90)+(0.08+0.04/2)\times 0.25}{0.2\sqrt{0.25}}=-0.927\,8$$

$$h_-=h_+-0.2\sqrt{0.25}=-1.027\,8$$

另外，我们有

$$\Phi(-0.927\,8)=0.176\,7,\ \Phi(-1.027\,8)=0.152\,0$$

因此，一个欧式看涨期权的价格为

$$c_t=80\Phi(-0.927\,8)-90\Phi(-1.027\,8)\exp(-0.02)=0.73(\text{美元})$$

对看涨期权的买者而言，只有股价上涨 10.73 美元时，才能达到得失平衡。

在相同的假设下，一个欧式看跌期权的价格为

$$p_t=90\exp(-0.08\times 0.25)\Phi(1.027\,8)-80\Phi(0.927\,8)=8.95(\text{美元})$$

这样，对于看跌期权的买者而言，股价需要额外升高 1.05 美元才能达到得失平衡。

例 5 前面例 4 中的敲定价格大大超出了当前股价，一个更现实的敲定价格是 81 美元。假设前面例 4 中的其他条件仍然成立，现在我们有 $P_t=80$，$K=81$，$r=0.08$，$T-t=0.25$，则 h_i 变为

$$h_+=\frac{\ln(80/81)+(0.08+0.04/2)\times 0.25}{0.2\sqrt{0.25}}=0.125\,775$$

$$h_-=h_+-0.2\sqrt{0.25}=0.025\,775$$

我们有 $\Phi(0.125\,775)=0.550\,0$，$\Phi(0.025\,775)=0.510\,3$，则一个欧式看涨期权的价格是

$$c_t=80\Phi(0.125\,775)-81\exp(-0.02)\Phi(0.025\,775)=3.49(\text{美元})$$

对于看涨期权的买者而言，股价必须上涨 4.49 美元才得失相等。在同样假设下的一个欧式看跌期权的价格为

$$p_t=81\exp(-0.02)\Phi(-0.025\,775)-80\Phi(-0.125\,775)=2.89(\text{美元})$$

对于看跌期权的买者而言，股票价格必须下跌 1.89 美元，才得失平衡。

参考文献

[1] Acerbi, C. and Tasche, D. (2002). On the coherence of expected shortfall. Journal of Banking and Finance, 26: 1487 - 1503.

[2] Amihud, Y. (2002). Illiquidity and stock returns: cross-section and time-series effects. Journal of Financial Markets, 5(1): 31 - 56.

[3] Artzner, P. and Delbaen, F. (1995). Default risk insurance and incomplete markets. Mathematical Finance, 5: 187 - 195.

[4] Artzner, P., Delbaen, F., Eber, J. M., et al. (1997). Thinking coherently. Risk, 10(11): 68 - 71.

[5] Artzner, P., Delbaen, F., Eber, J. M., et al. (1999). Coherent measures of risk. Mathematical Finance, 9: 203 - 228.

[6] Artzner, P., Delbaen, F., Eber, J. M., et al. (2007). Coherent multiperiod risk adjusted values and Bellman's principle. Annals of Operations Research, 152: 5 - 22.

[7] Basel Committee on Banking Supervision. (2003). The 2002 loss data collection exercise for operational risk: summary of the data collected. www. bis. org/bcbs/qis/ldce2002. pdf.

[8] Basel Committee on Banking Supervision. (2006). Basel II: international convergence of capital measurement and capital standards. www. bis. org/publ/bcbs128. htm.

[9] Basel Committee on Banking Supervision. (2004). International convergence of capital measurement and capital standards. www. bis. org/publ/bcbs107. htm.

[10] Basel Committee on Banking Supervision. (2011). Basel III: a global regulatory framework for more resilient banks and banking systems: revised version. www. bis. org/publ/bcbs189. htm.

[11] Basel Committee on Banking Supervision. (2012). Fundamental review of the trading book. www. bis. org/publ/bcbs219. htm.

[12] Basel Committee on Banking Supervision. (2013a). Fundamental review of the trading book: a revised market risk framework. www. bis. org/publ/bcbs265. htm.

[13] Basel Committee on Banking Supervision. (2013b). The regulatory framework: balancing risk sensitivity, simplicity and comparability. www. bis. org/publ/bcbs258. htm.

[14] Basel Committee on Banking Supervision. (2014). Operational risk: revisions to the simpler approaches. www. bis. org/publ/bcbs291. htm.

[15] Berndt, E. K., Hall, B. H., Hall, R. E., et al. (1974). Estimation and inference in nonlinear structural models. Annals of Economic and Social Measurement, 3: 653 - 665.

[16] Bollerslev, T. (1986). Generalized autoregressive conditional heteroskedasticity. Journal of Econometrics, 31(3): 307 - 327.

[17] Bollerslev, T., Chou, R. Y., Kroner, K. F. (1992). ARCH modeling in finance: a review of the theory and empiricial. Journal of Econometrics, 52: 5 - 59.

[18] Brown, A. Red-blooded risk: the secret history of Wall Street. Wiley, 2012.

[19] Brunnermeier, M. K. and Pedersen, L. H. (2009). Market liquidity and funding liquidity. Review of Financial Studies, 22(6): 2201 - 2238.

[20] Roncalli, T. Handbook of financial risk management. New York: Chapman and Hall/CRC, 2020.

[21] CME Group. 2010. CME SPAN: standard portfolio analysis of risk. www. cmegroup. com/clearing/files/span-methodology. pdf.

[22] Christoffersen, P. F. (1998). Default prediction error for testing asset and liability models. Journal of Derivatives, 6(1): 17 - 32.

[23] Corrigan, J., De Decker, J., Hoshino, T., et al. Aggregation of risks and allocation of capital. Milliman, Inc., 2009 - 9.

[24] Corwin, S. A. and Schultz, P. (2012). A simple way to estimate bid-ask spreads from daily high and low prices. Journal of Finance, 67(2): 719 - 760.

[25] Cox, J. C., Ingersoll, J. E., Ross, S. A. (1985). A general theory of affine interest rate models. Econometrica, 53(2): 385 - 407.

[26] Credit Suisse Financial Products. (1997). CreditRisk+: a credit risk management framework. www. csfb. com/creditrisk.

[27] Crouhy, M. G., Galai, D., Mark, R. (2000). A comparative analysis of current credit risk models. Journal of Banking and Finance, 24: 59 - 117.

[28] Crouhy, M., Galai, D., Mark, R. Risk management. New York: McGraw Hill, 2000.

[29] Crouhy, M. G., Jarrow, R. A., Turnbull, S. M. (2008). The subprime credit crisis of 2007. Journal of Derivatives, 16: 81 - 110.

[30] Giampieri, G., David, M., Growder, M. J. (2005). Analysis of default data using hidden Markov models. Quantitative Finance, 5: 27 - 34.

[31] Danielsson J. and de Vries, C. G. (2000). Value-at-risk and extreme returns. Annales d' Économie et de Statistique, 60: 239 - 270.

[32] Danielsson, J. and de Vries, C. G. (1997). Tail index and quantile estimation with very high frequency data. Journal of Empirical Finance, 4: 241 - 257.

[33] Davison, A. C. and Smith, R. L. (1990). Models for exceedances over high

thresholds. Journal of the Royal Statistical Society: Series B, 52(3): 393 - 442.

[34] Dekkers, A. L. M. and De Haan, L. (1989). On the estimation of extreme value index and large quantile estimation. Annals of Statistics, 17(4): 1795 - 1832.

[35] Derman, E., Ergener, D., Kani, I. (1995). Static options replication. Journal of Derivatives, 2(4): 78 - 95.

[36] Derman, E., Ergener, D., Kani, I. (1995). Static Options Replication. Journal of Derivatives, 2(4): 78 - 95.

[37] Ding, Z., Granger, C. W. J., Engle, R. F. (1993). A long memory property of stock market returns and a new model. Journal of Empirical Finance, 1: 83 - 106.

[38] Drehmann, M. and Nikolaou, K. (2010). Funding liquidity risk: definition and measurement. Journal of Banking and Finance, 37(7): 2173 - 2182.

[39] Duffe, D. and Pan, J. (1997). An overview of value at risk. Journal of Derivatives, 4(3): 7 - 49.

[40] Duffie, D. and Singleton, K. (1999). Modeling term structures of defaultable bonds. Review of Financial Studies, 12: 687 - 720.

[41] Duffie, D., Pan, J., Singleton, K. (2000). Transform analysis and asset pricing for affine jump-diffusions. Econometrica, 68: 1343 - 1376.

[42] Embrechts, P., Kluppelberg, C., Mikosch, T. (1997). Modelling extremal events for insurance and finance. Berlin: Springer, 1997.

[43] Engle, R. F., Ng, V. K. (1993). Measuring and testing the impact of news on volatility. Journal of Finance, 48: 1749 - 1778.

[44] Engle, R. F. (1982). Autoregressive conditional heteroscedasticity with estimates of the variance of United Kingdom inflation. Econometrica, 50(4): 987 - 1007.

[45] Fernandez, C., Steel, M. F. J. (1998). On Bayesian modeling of fat tails and skewness. Journal of the American Statistical Association, 93: 359 - 371.

[46] Finkelstein, G., Hoshino, T., Ino, R., et al. (2006). Economic capital modeling: practical considerations. Milliman, Inc.

[47] Frey, R. and McNeil, A. J. (2002). VaR and expected shortfall in portfolios of dependent credit risks: conceptual and practical insights. Journal of Banking and Finance, 26(7): 1317 - 1344.

[48] Frey, R. and McNeil, A. J. (2003). Dependent defaults in models of portfolio credit risk. Journal of Risk, 6(1): 59 - 92.

[49] Frey, R. and McNeil, A. J. Modelling dependent defaults. 2001. https://www.research-collection.ethz.ch/bitstream/handle/20.500.11850/147293/eth-26296-01.pdf.

[50] Frey, R. and Rösler, L. (2014). Contagion effects and collateralized credit value adjustments for credit default swaps. International Journal of Theoretical and Applied Finance, 17(7): 1450044.

[51] Garbade, D. Securities market. New York: McGraw Hill, 1985.

[52] Garman, M. (1996). Improving on VaR. Risk, 9(5): 61 - 63.

[53] Garman, M. and Kohlhagen, S. (1996). A convertible bond valuation model with default risk. Journal of Derivatives, 4(1): 5 - 27.

[54] Genest, C., Rémillard, B., Beaudoin, D. (2009). Goodness-of-fit tests for copulas: a review and a power study. Insurance: Mathematics and Economics, 44(2): 199 - 213.

[55] Glosten, L. R., Jagannathan, R., Runkle, D. E. (1993). On the relation between the expected value and the volatility of nominal excess return on stocks. Journal of Finance, 48: 1779 - 1801.

[56] Gordy, M. B. and Heitfield, E. (2002). Estimating default correlations from short panels of credit rating performance data. Technical Report, Federal Reserve Board.

[57] Gouriéroux, C., Laurent, J. P., Scaillet, O. (2000). Sensitivity analysis of values at risk. Journal of Empirical Finance, 7: 225 - 245.

[58] Gregory, J. Counterparty credit risk: the new challenge for financial markets. 2nd edition. Hoboken, NJ: John Wiley & Sons, 2012.

[59] Hamao, Y. and Hasbrouck, J. (1995). Securities trading in the absence of dealers: trades and quotes on the Tokyo Stock Exchange. Review of Financial Studies, 8(3): 849 - 878.

[60] Ho, T. S. and Lee, G. (1986). Term structure movements and pricing interest rate contingent claims. Journal of Finance, 41(5): 1011 - 1029.

[61] Huang, J. Z. and Huang, M. (2012). How much of the corporate-treasury yield spread is due to credit risk? Review of Asset Pricing Studies, 2(2): 153 - 202.

[62] Huang, J. Z., Lanfranconi, M., Patel, N., et al. Modeling credit correlations: an overview of the Moody's Analytics GCorr model. Moody's Analytics, 2012.

[63] Hull, J. and White, A. (1990). The pricing of options and corporate liabilities. Journal of Financial Economics, 2(3): 3 - 51.

[64] Hull, J., Predescu, M., White, A. (2010). The valuation of correlation dependent derivatives using a structural model. Journal of Credit Risk, 6(3): 99 - 132.

[65] Jorion, P. (2000). Risk management lessons from long-term capital management. European Financial Management, 6: 277 - 300.

[66] Morgan, J. P. Risk Metrics——Technical Document. New York: J. P. Morgan/Reuters, 1996.

[67] Jack L. King. Operational Risk: Measurement and Modelling. John Wiley & Sons, Ltd. Chichester, 2001.

[68] Keynes, J. M. Allgemeine theorie der beschäftigung, des zinses und des geldes. Berlin: Duncker & Humblot, 1936.

[69] Klaassen, P. and van Eeghen, I. Economic capital: how it works and what every manager needs to know. Amsterdam: Elsevier, 2009.

[70] Koopman, S. J., Lucas, A., Monteiro, A. (2008). The multi-state latent factor intensity model for credit rating transitions. Journal of Econometrics, 142: 399 - 424.

[71] Koopman, S. J., Lucas, A., Schwaab, B. (2012). Dynamic factor models with macro, frailty and industry effects for U. S. default counts: the credit crisis of 2008. Journal of Business and Economic Statistics, 30(4): 521 - 532.

[72] Koopman, S. J., Lucas, A., Klaassen, P. (2005). Empirical credit cycles and capital buffer formation. Journal of Banking and Finance, 29: 3159 - 3179.

[73] Kupiec, P. (1995). Techniques for verifying the accuracy of risk measurement models. Journal of Derivatives, 3(2): 73 - 84.

[74] Kyle, A. S. (1985). Continuous auctions and insider trading. Econometrica: Journal of the Econometric Society, 53: 1315 - 1335.

[75] Lehman, B. N., Modest, D. M., Azuma, M., et al. Liquidity and market microstructure on the Tokyo Stock Exchange. Toushikougaku, 1994.

[76] Lehmann, E. L. and D'Abrera, H. J. Nonparametrics: statistical methods based on ranks. San Francisco: Holden-Day, 1975.

[77] Markowitz, H. (1952). Portfolio selection. Journal of Finance, 7(1): 77 - 91.

[78] Matten, C. Managing bank capital: capital allocation and performance measurement. 2nd edition. Wiley, 2000.

[79] McNeil, A. J., Frey, R., Embrechts, P. Quantitative risk management: concepts, techniques and tools. Princeton: Princeton University Press, 2005.

[80] Nelson, C. R. and Siegel, A. F. (1987). Parsimonious modeling of yield curves. Journal of Business, 60(4): 473 - 489.

[81] Nelson, D. B. (1991). Conditional heteroskedasticity in asset returns: a new approach. Econometrica, 59: 347 - 370.

[82] Passarelli, D. Trading option greeks: how time volatility and other factors drive profits. 2nd edition. Hoboken, New Jersey: John Wiley & Sons, 2012.

[83] Pástor, L'. and Stambaugh, R. F. (2003). Liquidity risk and expected stock returns. Journal of Political economy, 111(3): 642 - 685.

[84] Pengelley, M. (2011). CVA melee. Risk, 24(2): 37 - 39.

[85] Picault, E. (2005). Calculating and hedging exposure, CVA, and economic capital for counterparty credit risk. In M. Pykhtin (Ed.), Counterparty Credit Risk Modeling. London: RiskBooks.

[86] Roll, R. (1984). A simple implicit measure of the effective bid-ask spread in an efficient market. Journal of Finance, 39(4): 1127 - 1139.

[87] Sarr, A. and Lybek, T. (2002). Measuring liquidity in financial markets. Available at SSRN 880932.

[88] Shaw, R. A., Smith, A. D., Spivak, G. S. (2011). Measurement and modelling of dependencies in economic capital. British Actuarial Journal, 16(3): 601 - 699.

[89] Taleb, N. N. Dynamic hedging: managing vanilla and exotic options. New York: John Wiley & Sons, 1997.
[90] Tasche, D. (1999). Risk contributions and performance measurement. Preprint, TU-München.
[91] Tasche, D. (2000). Conditional expectation as a quantile derivative. Preprint, TU-München. arXiv math/0104190.
[92] Tasche, D. (2002). Expected shortfall and beyond. Journal of Banking and Finance, 26: 1519-1533.
[93] Tasche, D. (2008). Capital allocation to business units and sub-portfolios: the Euler principle. Pillar II in the New Basel Accord: The Challenge of Economic Capital (Ed. A. Resti), 423-453.
[94] Taylor, S. J. (1994). Modeling stochastic volatility: a review and comparative study. Mathematical Finance, 4: 183-204.
[95] Hollander, M., Wolfe, D. A., Chicken, E. Nonparametric statistical methods. John Wiley & Sons, 2013.
[96] Whaley, R. E. (1993). Derivatives on market volatility: hedging tools long overdue. Journal of Derivatives, 1(1): 71-84.
[97] Zakoian, J. M. (1994). Threshold heteroscedastic models. Journal of Economic Dynamics and Control, 18: 931-955.
[98] Ruey S. Tsay. 金融数据分析导论——基于 R 语言. 李洪成，尚秀芬，郝瑞丽，译. 北京：机械工业出版社，2013.
[99] Ruey S. Tsay. 金融时间序列分析：第 3 版. 王远林，王辉，潘家柱，译. 北京：人民邮电出版社，2012.
[100] Alexander J. McNeil, Rüdiger Frey, Paul Embrechts. 量化风险管理——概念、技术和工具（修订版）. 卜永强，译. 北京：电子工业出版社，2020.
[101] 巴曙松，刘晓依，朱元倩. 巴塞尔Ⅲ：金融监管的十年重构. 北京：中国金融出版社，2019.
[102] 曾园. 银行操作风险贝叶斯网络量化控制研究. 金融监管研究，2017(8)：18-38.
[103] 陈辉，陈建成. 我国保险投资组合的模拟和金融风险测量研究. 统计研究，2008(11)：64-71.
[104] 陈倩. 基于极值理论的商业银行操作风险度量研究. 中国管理科学，2012，20(S1)：332-339.
[105] 陈文辉，等. 中国偿付能力监管改革的理论和实践. 北京：中国经济出版社，2015.
[106] 陈晓红，张泽京，王傅强. 基于 KMV 模型的我国中小上市公司信用风险研究. 数理统计与管理，2008(1)：164-175.
[107] 陈忠阳. 现代金融机构操作风险管理研究. 经济理论与经济管理，2008(6)：42-47.
[108] 樊欣，杨晓光. 操作风险度量：国内两家股份制商业银行的实证分析. 系统工

程，2004(5)：44－48.
[109] 何德旭，王学凯. 地方政府债务违约风险降低了吗？——基于31个省区市的研究. 财政研究，2020(2)：9－26.
[110] 洪源，胡争荣. 偿债能力与地方政府债务违约风险——基于KMV修正模型的实证研究. 财贸经济，2018，39(5)：21－37.
[111] 胡海鹏，方兆本. 投资组合VaR及其分解. 中国管理科学，2003(3)：2－6.
[112] 胡荣才，龙飞凤. 投资组合VaR分解的应用研究. 经济研究导刊，2010(5)：98－101.
[113] 黄金波，李仲飞，姚海祥. 基于CVaR两步核估计量的投资组合管理. 管理科学学报，2016，19(5)：114－126.
[114] 蒋彧，高瑜. 基于KMV模型的中国上市公司信用风险评估研究. 中央财经大学学报，2015(9)：38－45.
[115] 李斌，常闫芃，王颖慧，等. 多类型相关性下的保险业操作风险度量研究. 运筹与管理，2022，31(9)：189－195.
[116] 陆静，张佳. 基于极值理论和多元Copula函数的商业银行操作风险计量研究. 中国管理科学，2013，21(3)：11－19.
[117] 马若微. KMV模型运用于中国上市公司财务困境预警的实证检验. 数理统计与管理，2006(5)：593－601.
[118] 孟勇. 对Black-Litterman模型加入主观收益方法的改进. 统计研究，2012，29(2)：94－99.
[119] 米歇尔·克劳伊，丹·加莱，罗伯特·马克. 风险管理精要：第2版. 路蒙佳，译. 北京：中国金融出版社，2016.
[120] 米歇尔·科罗赫，丹·加莱，罗伯特·马克. 风险管理. 曾刚，罗晓军，卢爽，译. 北京：中国财政经济出版社，2005.
[121] 菲利普·乔瑞. 风险价值VAR——金融风险管理新标准：第3版. 郑伏虎，万峰，杨瑞琪，译. 北京：中信出版社，2010.
[122] 荣喜民，武丹丹，张奎廷. 基于均值-VaR的投资组合最优化. 数理统计与管理，2005(5)：96－103.
[123] 上海国家会计学院. 企业风险管理. 北京：经济科学出版社，2012.
[124] 沈根祥，张靖泽. 条件异方差动态Nelson-Siegel利率期限结构模型及其应用. 中国管理科学，2021，29(10)：1－11.
[125] 苏冬蔚，熊家财. 股票流动性、股价信息含量与CEO薪酬契约. 经济研究，2013，48(11)：56－70.
[126] 田新民，黄海平. 基于条件VaR（CVaR）的投资组合优化模型及比较研究. 数学的实践与认识，2004(7)：39－49.
[127] 韦艳华，张世英. Copula理论及其在金融分析上的应用. 北京：清华大学出版社，2008.
[128] 温琪，陈敏，梁斌. 基于Black-Litterman框架的资产配置策略研究. 数理统计与管理，2011，30(4)：741－751.

[129] 肖争艳. 精算模型. 北京：中国人民大学出版社，2013.
[130] 熊家财，苏冬蔚. 股票流动性与企业资本配置效率. 会计研究，2014(11)：54 - 60+97.
[131] 杨军. 风险管理与巴塞尔协议十八讲. 2 版. 北京：中国金融出版社，2020.
[132] 杨秀云，蒋园园，段珍珍. KMV 模型在我国商业银行信用风险管理中的适用性分析及实证检验. 财经理论与实践，2016，37(1)：34 - 40.
[133] 约翰·赫尔. 风险管理与金融机构：第 5 版. 王勇，董方鹏，张翔，译. 北京：机械工业出版社，2021.
[134] 约翰·赫尔. 期权、期货及其他衍生产品：第 10 版. 王勇，索吾林，译. 北京：机械工业出版社，2018.
[135] 张冀，谢远涛，杨娟. 风险依赖、一致性风险度量与投资组合——基于 Mean-Copula-CVaR 的投资组合研究. 金融研究，2016(10)：159 - 173.
[136] 张玲，杨贞柿，陈收. KMV 模型在上市公司信用风险评价中的应用研究. 系统工程，2004(11)：84 - 89.
[137] 张峥，刘力. 换手率与股票收益：流动性溢价还是投机性泡沫?. 经济学（季刊），2006(2)：871 - 892.
[138] 中国银保监会. 商业银行资本管理办法（征求意见稿）. 2021.
[139] 周月刚. 信用风险管理模型、度量、工具及应用. 北京：北京大学出版社，2017.

图书在版编目（CIP）数据

量化风险管理/肖争艳，关国卉编著. --北京：中国人民大学出版社，2024. 10. --(新编21世纪研究生系列教材). --ISBN 978-7-300-33262-8

Ⅰ. F272.35

中国国家版本馆CIP数据核字第202480CK26号

新编21世纪研究生系列教材·应用统计硕士（MAS）

量化风险管理

肖争艳　关国卉　编著

Lianghua Fengxian Guanli

出版发行	中国人民大学出版社		
社　　址	北京中关村大街31号	**邮政编码**	100080
电　　话	010－62511242（总编室）		010－62511770（质管部）
	010－82501766（邮购部）		010－62514148（门市部）
	010－62515195（发行公司）		010－62515275（盗版举报）
网　　址	http://www.crup.com.cn		
经　　销	新华书店		
印　　刷	北京溢漾印刷有限公司		
开　　本	787 mm×1092 mm　1/16	**版　　次**	2024年10月第1版
印　　张	26.75 插页1	**印　　次**	2024年10月第1次印刷
字　　数	627 000	**定　　价**	69.00元

中国人民大学出版社　理工出版分社

教师教学服务说明

中国人民大学出版社理工出版分社以出版经典、高品质的统计学、数学、心理学、物理学、化学、计算机、电子信息、人工智能、环境科学与工程、生物工程、智能制造等领域的各层次教材为宗旨。

为了更好地为一线教师服务，理工出版分社着力建设了一批数字化、立体化的网络教学资源。教师可以通过以下方式获得免费下载教学资源的权限：

★ 在中国人民大学出版社网站 www.crup.com.cn 进行注册，注册后进入“会员中心”，在左侧点击“我的教师认证”，填写相关信息，提交后等待审核。我们将在一个工作日内为您开通相关资源的下载权限。

★ 如您急需教学资源或需要其他帮助，请加入教师 QQ 群或在工作时间与我们联络。

中国人民大学出版社　理工出版分社

教师 QQ 群：229223561(统计2组) 982483700(数据科学) 361267775(统计1组)
教师群仅限教师加入，入群请备注（学校+姓名）

联系电话：010-62511967，62511076

电子邮箱：lgcbfs@crup.com.cn

通讯地址：北京市海淀区中关村大街 31 号中国人民大学出版社 802 室（100080）